주택조합 성공 필독서

주택조합 성공 필독서

발행일	2024년 4월 30일		
지은이	김경배		
펴낸이	손형국		
펴낸곳	(주)북랩		
편집인	선일영	편집	김은수, 배진용, 김부경, 김다빈
디자인	이현수, 김민하, 임진형, 안유경	제작	박기성, 구성우, 이창영, 배상진
마케팅	김회란, 박진관		
출판등록	2004. 12. 1(제2012-000051호)		
주소	서울특별시 금천구 가산디지털 1로 168, 우림라이온스밸리 B동 B113~115호, C동 B101호		
홈페이지	www.book.co.kr		
전화번호	(02)2026-5777	팩스	(02)3159-9637
ISBN	979-11-7224-049-3 13320 (종이책)		979-11-7224-050-9 15320 (전자책)

(주)북랩 성공출판의 파트너

북랩 홈페이지와 패밀리 사이트에서 다양한 출판 솔루션을 만나 보세요!

홈페이지 book.co.kr · **블로그** blog.naver.com/essaybook · **출판문의** book@book.co.kr

---

작가 연락처 문의 ▶ ask.book.co.kr

작가 연락처는 개인정보이므로 북랩에서 알려드릴 수 없습니다.

지역주택조합 성공 경험자가 알려주는

주택조합
성공
필독서

김경배 지음

북랩

서문

"내 생애 첫 번째 실수는 우리 남편을 만난 것이고, 두 번째 실수는 OO주택조합에 가입한 거다!"

시청사 옆 가로수에 걸린 현수막의 내용을 보면서 그 아픔과 분노, 절망의 마음이 전달되어 와 가슴이 아려 온다. 동병상련의 마음인지라 그 여운이 오래간다.

나도 얼마 전, 암울했던 지역주택조합의 긴 터널을 어렵게 어렵게 벗어나 하느님이 보우하사 드디어 밝은 빛을 본 경험이 있다.

대한민국의 많은 서민들의 바람인 집 한 칸 마련, 지역주택조합 제도의 취지는 이 바람을 충족시켜 줄 수 있는 매력적인 제도임에 틀림없다.

다만, 전제가 있다. 제대로만 추진된다면!

방송, 신문 및 인터넷 등에 지역주택조합의 부정적인 contents들이 난무한다. '성공률이 20%~30%나', '아니나, 5%~10%다'라는 수장들이 있긴 하지만 정확한 통계는 파악하기 어렵다. 하지만 지극히 낮은 것만은 분명한 사실이다.

성공률이 왜 낮을까? 그 이유는 간단하다. 제대로 추진되지 않았기 때문이다.

그렇다면 '왜 제대로 추진되지 않는지, 어떻게 하면 제대로 추진되는지, 서민들이 피해를 보지 않으려면 어떻게 해야 하는지'를 알면 좋겠는데, 이를 알 수 있기에는 일반인들이 접할 수 있는 정보가 너무나 제한적이고 중복적이고 어렵다.

인터넷에 있는 글들은 너무나 피상적이고 광고성 유인의 글들이 난무한다. 위험하니 가입하지 말라는 내용, 인터넷에 검색을 해 보거나 책을 통해서 누구나 알 수 있는 내용의 중복, 탈퇴나 환급에 대한 법률적 내용의 글이나 책 등은 제법 있으나, 주택조합 사업추진 과정 전반에서 발생하고 있는 문제 사안에 대해 종합적이고 체계적으로 또한 가렵고 아픈 곳을 제대로 긁어 주는, 도움이 될 만한 자료나 책 등을 찾기는 정말 어렵다.

일부이기는 하지만 분명히 성공한 조합들도 존재할 텐데, 조합 사업추진 과정에서 발생하는 숱한 종류의 어려움들을 겪었을 텐데, 어찌 된 일인지 겪었던 어려움이 무엇이고 그것을 어떻게 해결하고 극복해 내었는지 등에 대한 핵심 정보를 접하기는 하늘의 별 따기이다. 아마도 당사자로서 직접 부딪혀 시간과 노력을 투입하여 한 땀 한 땀 극복해 낸 경험을 한 사람이 별로 없어서일 것이다.

지금도 의문이 있는 사항들이 존재하지만, 그 답을 찾기에는 좀 쉽게 도움을 받을 만한 곳이 정말 없다. 대행사나 계약업체들은 모두가 조합 및 조합원들을 상대로 사기를 치고 이익이나 보려고 하는 것 같고, 관공서나 금융 기관들은 도움을 주기는커녕 군림하고 윽박지르는 것같고, 문턱은 한없이 높기만 하다. 시공사도 더 가져가려고 호시탐탐 기회를 노리는 것 같다. 불량 조합원들도 존재한다. 조합을 상대로 각종 압박과 소송 전을 서슴지 않는다. 사업지 인근 주민들의 민원도 정말 무섭기만 하다

이러한 상황에서도 필자가 관련된 조합(이하 필관조합으로 표기)은 숱한 어려움과 난관이 있었지만, 업무 대행사 없이 결국은 이를 직접 돌파하고 성공을 했다. 그것도 상처투성이의 성공이 아닌 제대로 된 성공!

가입에서부터 청산에 이르기까지 지역주택조합에 발생하는 어려움과 난관은 어떤 것들이 있는지, 어려움과 난관을 극복하면서 알게 된 내용들을 이 책에서 정리하고자 한다. 이를 통하여 주변에서 지금도 고통받고 있는 지역주택조합이나 조합원들이 어려움을 극복하는 데 다소나마 도움이 되기를 기대하고, 새로이 가입하는 사람들에게는 판단의 기준 및 든든한 나침반이 되었으면 한다.

평소에 직장 일도 잘하면서 꾸준히 저축과 재테크도 잘하여야 함을 모르는 사람은 없을 것이다.

필자도 큰 기업체에 근무하면서 평소 부동산에 대한 관심은 있었으나, 부동산에 대해 아는 수준은 아주 미미했으며, 부동산에 대해 제대로 알고자 하는 마음은 있었으나 어디서부터 어떻게 무엇을 알아야 하는지조차 제대로 모르다 보니 바쁜 일상 속에 묻히고 또 그러기를 반복했던 것 같다. 아마도 대부분의 직장인들은 약간의 차이는 있을지언정 필자와 비슷한 수준과 상황 이리라 생각한다.

필자는 가족이 가입한 주택조합이 어려움에 처한 상황을 초기에 파악하고, 이의 극복에 도움을 주고자 조합의 자문위원으로 참여하게 되었다. 처음부터 지식이나 경험이 많이 부족했지

만, 어려움을 극복하고자 하는 열의만큼은 하늘만큼 높았다. 어려움을 극복하기 위해 노력하는 과정 속에 사기꾼들의 수단이 얼마나 정교하고 악랄한지, 아파하는 조합원들의 고통이 얼마나 큰지, 관련된 제도나 시스템은 얼마나 부실한지, 관련된 기관·업체 및 소속한 사람들의 무관심과 무성의는 어떤 것인지 등을 좀 더 넓고 깊게 접할 수 있었으며, 이러한 상황을 알면 알수록 억울한 마음에 전투력은 더 올라가게 되었다. 조합에서 지출하는 1원도 왜 지불해야 하는지, 지불해야 하면 그 근거는 무엇이며, 계산은 정확히 된 것인가? 하나하나 파고들게 되는 이유가 되었다.

조합에 부과되는 각종 세금이나 부담금 및 비용 등에 대해서도 납부하는 것이 맞는 것인지, 금융 기관의 논법과 계산은 맞는 것인지, 맞다면 금액은 정확히 산정된 것인지 반드시 점검해 보아야 한다. 뒤에서 상세히 설명하겠지만, 잘못된 경우가 많다.

많은 문제와 부딪히고 이것을 극복하는 과정 속에서 자연스럽게 부동산과 관련한 법률(주택법, 건축법, 국토의 이용 및 계획에 관한 법률, 도시 및 주거 환경 정비법, 도로법, 민법, 각종 세금 및 부담금 관련 법률, 자치법규 등)에 대한 지식을 폭넓고 깊게, 체계적으로 습득할 수 있었고, Value Chain 상에 있는 많은 기관·업체·전문가들과 일을 하다 보니 부동산과 관련한 많은 지식을 자연스럽게 습득하게 되었다. 이제는 사기꾼들의 감언이설에 속아 넘어가지 않을 만한 수준이 아니라, 어디가 문제가 있고 어떻게 개선되어야 할지에 대한 제안을 할 수 있는 수준의 지식을 갖게 된 것 같다. 이러한 내용을 이번 출간하는 책에 다 담아내고자 한다.

따라서, 이 책은 평소 부동산 세계에 발을 내딛거나 부동산에 대한 제대로 된 시각을 갖는 데 필요한 기본 지식을 습득하고자 하는 직장인들에게 매우 유용하고, 민생 문제를 해결하는 데 혈의를 쏟고 있는 행정가 및 정책입안가들에게도 많은 시사점을 줄 수 있을 것으로 생각된다.

부동산에 대한 일반적인 지식들이 아주 소수의 전유물이 아니고 좀 더 폭넓게 많은 사람들에 공유되면 부동산 세계가 좀 더 맑아지고, 그래서 피해를 보는 시민들이 줄어들 뿐만 아니라 이와 관련된 공무원, 업체 임직원 및 전문가라는 분들도 좀 더 폭넓고 깊은 지식을 갖고 업무에 임하게 될 것으로 생각된다.

결과적으로 인류에게 꼭 필요한 핵심 요소인 의식주 중 주택과 관련된 분야에 대한민국의 좀 더 많은 인적 자원들이 이 책으로 인해 좀 더 손쉽게 참여할 수 있는 기회를 갖게 되는 데 일조할 수 있기를 기대해 본다.

부동산의 세계는 넓고도 무궁무진하다. 어느 정도 알았다 하더라도 세월이 흐르고 세대가 바뀌고 인구 구조가 변화하면 부동산 관련한 제도와 환경이 변화하므로 또 알아야 할 것들이 새로 생긴다. 평생을 두고 연구하고 관심을 가져 볼 만한 재미있을 분야이기는 하나, 얽히고설켜서 복잡하고, 알아야 할 것이 너무 방대하여 어디서부터 무엇을 해야 할지 몰라서 대다수 포기한다.

얽히고설킨 복잡한 실타래 같지만, 한쪽 끝부분을 잡고 꾸준히 당겨 보자. 복잡한 실타래의 한쪽 끝인 주택조합을 붙들고 하나하나 알아 가 보자. 알아가다 보면 어느새 주택조합뿐만 아니라 부동산과 관련된 각종 법률, 제도 및 시장을 이해하고 있는 자신을 발견하게 될 것이다. 최근에 우후죽순처럼 생겨서 광고하고 있는 민간임대주택 및 협동조합형 민간임대주택 등을 이해하고 판단하는 데도 도움이 될 것이다. 주택 문제를 해결할 뿐만 아니라 재무적 독립을 이룰 수 있는 효과적인 기초 준비를 한 것이다.

가입하면 큰일 난다고 겁주는 글들은 많다.

지역주택조합과 관련하여 시중에 출판되어 있는 책들이 있고 도움이 되는 면도 있으나, 범위가 제한적이고 지엽적인 문제에 집중해 있는 경향이 있다. 주택조합 가입의 처음서부터 성공적으로 추진되어 입주하고 해산·청산하는 데까지 필요한 지식을 종합적으로 알려 주는 글이나 책은 찾기가 어렵다. 전문가, 교수 또는 변호사분들의 글이나 책 내용은 이론, 연구 또는 문제 해결에 초점이 맞춰져 있다면 조합원이나 조합집행부가 추구하는 것은 주택조합이라는 이 비즈니스를 성공시켜야 하는 것이므로 바라보는 관점이나 문제의 종류가 차이가 있을 수밖에 없다. 종합적으로 이해해야 직접 스스로 판단을 할 수 있다. 가입하면 큰일이 나는지 마는지, 업무 대행사나 관련 있는 사람들이 하는 말 중 어디에 함정이 있는지, 문제에 봉착했을 때 어떻게 해야 하는지, 조합 임원이나 조합원들이 업무 대행사 없이 스스로 판단하고 이 비즈니스를 성공적으로 추진할 수 있도록 하는 데 필요한 모든 지식을 종합적이고 체계적으로 정리하는 것이 이 책 집필의 최종 목표이다.

평소에 조금씩 정리를 해 오다가 직장을 퇴직하기 직전에 부여된 휴가서부터 시작하여 퇴직하고도 벌써 약 넉 달이 흘렀으니 약 다섯 달 반의 기간에 걸쳐 신속히 집필 및 출판을 마무리하고자 서둘렀다. 밤낮을, 주중, 주말을 가리지 않고 달려서 이제 거의 종착지에 다다라 Review 해 보니 부족한 점 투성이고 아직도 모르는 부분이 많이 있음을 느끼게 된다. 이러한 부분을 모두 채워 출간을 하기에는 시일을 기약할 수 없어 부족하지만 그래도 도움 될 부분이 있을 테니 일단은 출간을 하자는 쪽으로 결심을 하게 되었다. 일단 완성된 내용으로 필요한 분들에게 도움이 될 수 있도록 하고, 그분들의 반응도 알아볼 겸 우선 1월 중순부터 '아무거나문제연구소(지역주택조합)'라는 이름의 블로그를 개설하여 운영하고 있다. 누구든지 주택조합에 대해 궁금하거나 해결하고 싶은 문제로 도움을 요청하면 해결책을 연구하여 전달해 주는 방식의 연구소다. 해결안을 모색하는 과정 속에서 습득한 지식이 블로그 속에 쌓이면, 향후 이를 정리하여 졸저에 추가로 반영하게 될 것이다. 일단 블로그에 대한 호응은 긍정적이다. 졸저나 블로그에 실린 내용들이 필요한 분들에게 조금이나마 도움이 되면 좋겠다는 바람을 가져 본다.

지난한 인고의 기간을 피눈물로 견뎌내고 성공적으로 입주가 가능할 수 있을 때까지 단합하고 기다리고 지지하고 응원해 준 283명의 조합원분들과 임원진, 초창기 어려운 시절 힘을 보태주신 자원봉사자분들, 길을 찾을 때마다 적절하고 현명한 조언을 해 준 정희권 변호사, 그리고 특히 어려움 속에서도 신뢰와 끈기로 훌륭한 리더십을 발휘하여 여기까지 올 수 있도록 해 준 서만인 조합장께 이 자리를 빌어 특별한 감사의 인사를 전한다.

2024년 4월
저자 **김경배**

contents

제17편 세금

제18편 부담금

제19편 완료

제1편

주택조합의 이해

1. 주택조합의 법적 근거

가. 무주택 서민들의 내집마련 지원을 위한 주택조합제도는 국민의 주거안정과 주거수준의 향상에 이바지함을 목적으로 하는 주택법에 그 근거를 두고 있다.

주택조합은 사업 추진 지역의 토지 등 소유자가 아니더라도 내집마련을 하고자 하는 무주택 서민들이 해당 지역의 토지를 매수하여 공동으로 주택을 건설하는 사업을 시행하기 위해 설립한 단체를 말한다.

주택조합제도는 일반분양제도 대비 서민들이 상대적으로 저렴한 가격에 내집마련을 할 수 있도록 공동으로 주택을 건축할 수 있게 하는데 그 취지가 있다.

주택조합제도는 청약 통장 가입자들에게 공급하는 일반분양제도에 대한 예외적인 제도로, 조합원 자격을 엄격히 제한하고 있다.

법률 및 목적	추진 주체(조합)
주택법 제1조(목적) 이 법은 쾌적하고 살기 좋은 주거환경 조성에 필요한 주택의 건설·공급 및 주택시장의 관리 등에 관한 사항을 정함으로써 **국민의 주거안정과 주거수준의 향상에 이바지함을 목적**으로 한다.	지역·직장주택조합은 사업 추진 지역의 토지 등 소유자가 아니더라도 내집마련의 목적을 가진 무주택 서민들이 해당 지역의 토지를 매수하여 공동주택을 건설하는 사업을 시행하기 위해 설립한 단체를 말한다.

나. 주택조합은 많은 수의 구성원이 사업계획승인을 받아 주택을 마련하거나 리모델링하기 위하여 결성한 단체를 말하는데, 종류로는 지역·직장·리모델링 주택조합이 있다. 지역 주택조합은 아래의 9개 권역별 지역에 거주하는 주민이 주택을 마련하기 위하여 설립한 조합이다.

주택법 제2조(정의) 이 법에서 사용하는 용어의 뜻은 다음과 같다.

11. "주택조합"이란 많은 수의 구성원이 제15조에 따른 사업계획의 승인을 받아 주택을 마련하거나 제 66조에 따라 리모델링하기 위하여 결성하는 다음 각 목의 조합을 말한다.

　가. 지역주택조합: 다음 구분에 따른 지역에 거주하는 주민이 주택을 마련하기 위하여 설립한 조합

　　1) 서울특별시·인천광역시 및 경기도

　　2) 대전광역시·충청남도 및 세종특별자치시

　　3) 충청북도

　　4) 광주광역시 및 전라남도

　　5) 전북특별자치도

　　6) 대구광역시 및 경상북도

　　7) 부산광역시·울산광역시 및 경상남도

　　8) 강원특별자치도

　　9) 제주특별자치도

　나. 직장주택조합: 같은 직장의 근로자가 주택을 마련하기 위하여 설립한 조합

　다. 리모델링주택조합: 공동주택의 소유자가 그 주택을 리모델링하기 위하여 설립한 조합

이하에서는 지역주택조합에만 집중하여 기술하고자 한다.

다. 주택조합은 재개발·재건축조합과는 태생 배경이나 적용 법률관계에서 큰 차이가 있다. 재개발·재건축은 도시환경을 개선하고 주거생활의 질을 높이는 데 이바지함을 목적으로 별도 법률로 제정되어 있는 도시 및 주거환경정비법(약칭 도시정비법 또는 도정법)에 근거하고 있어 법적 사항들이 잘 정비되어 있다고 볼 수 있으나, 지역주택조합은 재개발·재건축조합에 비해 상대적으로 법적 사항들이 덜 정비되어 있다라고 볼 수 있다.

하지만, 사업 추진 과정은 유사한 점이 많다. 따라서, 주택조합 사업을 추진하면서 판단이 필요한 사항이 발생하면 도정법을 참고하면 도움이 되는 경우가 많다.

법률 및 목적	추진 주체(조합)
도시 및 주거환경정비법 제1조(목적) 이 법은 도시기능의 회복이 필요하거나 주거환경이 불량한 지역을 계획적으로 정비하고 노후·불량건축물을 효율적으로 개량하기 위하여 필요한 사항을 규정함으로써 **도시환경을 개선하고 주거생활의 질을 높이는 데 이바지함을** 목적으로 한다.	재개발·재건축조합은 정비구역 내의 토지 등 소유자가 정비기반시설을 정비하고 주택 등 건축물을 개량하거나 건설하는 사업을 시행하기 위해 설립한 단체를 말한다.

2. 주택조합원이 되는 방법

주택조합에 가입하는 방법에는 다음과 같이 세 가지 종류가 있다.

가. 발기인으로 자동 가입. (조합원 모집 신고를 하는 날 주택조합에 가입한 것으로 본다.)

나. 조합원 자격에 해당되어 필요한 서류를 제출하고 가입을 신청. (조합설립인가 신청 전에 가입한 1차 조합원과, 조합설립인가 신청 후에 가입한 2차 조합원과 조합설립인가후 추가모집승인을 받아 조합에 가입한 3차 조합원으로 구분하기도 한다.)

다. 조합원 자격이나 권한, 입주자로 선정된 지위 등을 양도·상속·증여 및 판결 등으로 이전 받음.

3. 조합원의 권리 및 의무

권리	사업계획으로 정한 주택의 공급 청구권
	총회 출석, 발언 및 의결권
	임원 선출 및 피선출권
의무	부담금 등의 납부
	조합규약 및 주택조합 관계 법령 내용 준수
	조합 총회 의결 및 결정 사항 준수
기타	조합원의 의결권은 평등
	권한의 대리 행사는 원칙적으로 인정되지 않음. 다만, 조합원의 유고로 권한 행사가 불가할 경우는 성년자를 대리인으로 정하여 위임장을 제출하고 그 권한을 대리로 행사하게 할 수 있다.

4. 주택조합 등에 대한 주택규모별 공급비율에 관한 지침

지역·직장조합과 고용자가 건설하는 주택 중 해당 조합원과 종업원에게 공급되는 주택은 모두 국민주택규모 이하로 건설하도록 하고 있었지만, 다음의 내용과 같이 2014년 6월 13일부로 국토교통부 고시를 변경하여 전체 건설 호수의 75% 이상을 국민주택규모 이하로 건설할 수 있도록 규제를 완화했다. (국토교통부 고시 제2014-356호.) 이를 통해 시장 상황에 따라 주택조합 등이 일정 부분 자율적으로 공급 규모를 결정할 수 있게 되었다.

국토교통부 고시 제2014-356호, 2014. 6. 13. 시행

제1조(목적) 이 지침은 「주택법」(이하 "법"이라 한다) 제21조 및 같은 법 시행령 제21조제4항에 따라 주택조합 등이 건설하는 주택의 규모별 비율을 정하여 규모별로 적정하게 건설·공급하고자 함을 목적으로 한다.

제2조(적용범위) 이 지침은 법 제16조에 따라 사업계획승인을 받아 건설하는 다음 각 호의 주택에 적용한다.

    1. 법 제10조 및 제32조에 따른 지역·직장조합주택

    2. 법 제10조에 따른 고용자가 건설하는 주택

    3. < 삭 제 >

제3조 < 삭 제 >

제4조(지역·직장조합주택 등의 규모별 건설비율) 법 제10조제2항 및 제3항에 따른 지역·직장주택조합 및 고용자가 건설하는 주택 중 해당 조합원 및 종업원에게 공급되는 주택은 공급물량의 75% 이상을 국민주택규모 이하로 건설하여야 한다.

제5조 < 삭 제 >

제6조(규제의 재검토) 국토교통부장관은 「행정규제기본법」 제8조 및 「훈령·예규 등의 발령 및 관리에 관한 규정」(대통령훈령 제248호)에 따라 이 고시에 대하여 2014년 1월 1일을 기준으로 매 3년이 되는 시점(매 3년째의 12월 31일까지를 말한다)마다 그 타당성을 검토하여 개선 등의 조치를 하여야 한다.

부칙 <제2014-356호,2014.6.13.> 이 고시는 발령한 날부터 시행한다.

2017년도에 약간의 조문 변경내용 반영 및 타당성 검토 주기가 2년으로 변경된 바 있다.

국토교통부 고시 제2017-259호, 2017. 4. 26. 시행

제1조(목적) 이 지침은 「주택법」(이하 "법"이라 한다) 제35조 및 같은 법 시행령 제46조제1항에 따라 주택조합 등이 건설하는 주택의 규모별 비율을 정하여 규모별로 적정하게 건설·공급하고자 함을 목적으로 한다.

제2조(적용범위) 이 지침은 법 제15조에 따라 사업계획승인을 받아 건설하는 다음 각 호의 주택에 적용한다.

    1. 법 제5조 및 제11조에 따른 지역·직장조합주택

    2. 법 제5조에 따른 고용자가 건설하는 주택

    3. 삭제

제3조 삭제

제4조(지역·직장조합주택 등의 규모별 건설비율) 법 제5조제2항 및 제3항에 따른 지역·직장주택조합 및 고용자가 건설하는 주택 중 해당 조합원 및 종업원에게 공급되는 주택은 공급물량의 75% 이상을 국민주택규모 이하로 건설하여야 한다.

제5조 삭제

제6조(규제의 재검토) 국토교통부장관은 「행정규제기본법」 제8조 및 「훈령·예규 등의 발령 및 관리에 관한 규정」(대통령훈령 제334호)에 따라 이 고시에 대하여 2017년 1월 1일을 기준으로 매 2년이 되는 시점(매 2년째의 12월 31일까지를 말한다)마다 그 타당성을 검토하여 개선 등의 조치를 하여야 한다.

부칙 <제2017-259호,2017.4.26.> 이 고시는 공포한 날부터 시행한다.

현재 주택법에 규정된 내용은 다음과 같다.

주택법 제35조(주택건설기준 등)

① 사업주체가 건설·공급하는 주택의 건설 등에 관한 다음 각 호의 기준(이하 "주택건설기준등"이라 한다)은 대통령령으로 정한다.

6. 주택의 규모 및 규모별 건설비율

주택법 시행령 제46조(주택의 규모별 건설 비율)

① 국토교통부장관은 적정한 주택수급을 위하여 필요하다고 인정하는 경우에는 법 제35조제1항제6호에 따라 사업주체가 건설하는 주택의 75퍼센트(법 제5조제2항 및 제3항에 따른 주택조합이나 고용자가 건설하는 주택은 100퍼센트) 이하의 범위에서 일정 비율 이상을 국민주택규모로 건설하게 할 수 있다.

어떤 계기나 과정을 거쳤느냐는 사람마다 약간의 차이는 있지만 결과적으로 OO주택조합 가입 계약서에 서명을 함으로써 조합원이 된다.

주택조합에 막 가입한 사람들의 의견을 들어보면 주택조합도 일반 아파트 분양과 기의 비슷하다는 인식을 갖고 있는 것이 보통이다. 둘 사이에 엄연한 차이가 존재한다는 점을 알고서 주택조합에 가입한 조합원은 거의 없다고 보면 된다. 통상 주택조합에 가입한 사연들을 보면 대략 다음과 같다.

1. 지인의 소개로, 매체(인터넷이나 홍보 전단 등)의 홍보 내용을 보고 또는 우연히 들른 홍보관에서 주변 시세보다 낮은 분양 가격 제시 및 빨리 계약서를 작성하지 않으면 기회를 놓칠 수 있다는 홍보 요원 및 분양 상담사의 멘트와, 신탁사에서 자금 관리를 하고 있으니 안심해도 되며 조합설립 무산 시 전액 환불 해 준다면서 안심보장증서를 주고 일반 공중에게 알려진 브랜드의 시공사 및 유명 탤런트까지 광고에 내세우고 홍보관 한편에는 토지 확보율에 대해 보증한다는 변호사의 확인서까지 액자에 넣어 걸어 두고 있으니 안심하지 않을 수 없다.

   분양 상담사들은 보통 1명 가입당 수백만 원의 수당을 받는다. 그분들도 악의가 있는 것은 아닐 것이다. 그 분들도 이렇게 교육받았기 때문이기도 하며, 그분들 중 일부는 사실이라고 믿고 있고 일부는 직접 조합원으로 가입한 분들도 있다.

2. OO주택조합이 추진되는 사업지구 내 지주들이 조합원으로 가입하는 경우이다. 통상 주택조합이 본격적으로 추진되기 훨씬 이전부터 그 지역 내에 'OO주택조합 추진위원회'라는 조직이 결성되어 지주·주민들을 상대로 토지사용승낙 동의서 징구 또는 부동산매매예약계약을 체결하러 다니는데, 이때 그 지주에게 부동산을 조합에 매도하면 OO주택조합에 가입할 우선권 및 특혜(좋은 동·호수 배정, 일부 금액 할인 및 옵션 일부 무상 제공 등)를 주겠다고 하고 이에 동의한 지주들이 가입하게 되는 경우이다.

3. 가입 계약 시점에 본인이 조합원 자격이 안된다는 점을 알고 있었거나 알게 되었음에도 불구하고 홍보 요원, 분양 상담사 또는 일부 간부로 보이는 사람들이 나서서 준조합원(임의 세대 또는 임의 분양 등)으로 가입하면 된다, 또는 조합설립인가 신청 전에 집을 매도하거나 멸실하면 된다고 설득하여 가입하게 되는 경우이다.

지역주택조합이라는 내용은 가급적 드러내지 않으면서 고객 입장에서 보면 마치 일반 아파트 분양인 것으로 오인할 여지가 있도록 안내하며, 특히 가격이 싸다는 점을 강조한다. (추가 분담금이 발생할 수 있다는 점을 별도로 강조하여 언급하는 경우는 드물다.)

따라서 홍보관을 방문하여 설명을 들은 고객은 기회를 놓칠까 두려운 마음에 의외로 쉽게 조합 가입 계약서 및 각종 문건에 서명을 하게 된다. 그 자리에서 일부 금액을 송금까지 한다. 입금영수증을 발급해 주는 것은 당연하다.

어떤 문건에 어떤 내용이 포함되어 있는지 구체적으로 설명을 듣거나 확인할 겨를도 없이 급하게 서명을 하도록 하는 환경이 조성되어 얼떨결에 사인을 하게 되는 경우가 비일비재하다.

이 외에도 다양한 과정과 절차를 거쳐 가입한 조합원들도 있지만 대략적으로는 위의 경우로 가입하게 된다고 보면 된다.

최근 주택조합과 관련한 법들이 많이 개정되면서 잘못된 관행들이 많이 개선될 것으로 기대되기는 하지만, 정책이 있으니 또 대책을 세워 예상치 못한 허를 찌를 무리들이 있을 것이다. 이 책의 내용을 통해서 주택조합 전반에 대한 내용을 이해하여 허를 찔리지 않도록 하는데 도움이 되면 좋겠다.

	아파트, 상가 등 판매 물건의 건축을 완성하기 전에 이미지를 제공하기 위해 설치하는 건물로, 모형을 보고 자기 취향에 맞는 주택을 선택할 수 있도록 하는 길잡이 역할을 한다. **견본주택은 실제 분양 물건과 동일하게 건설**해야 하고 신축 공사를 진행하는 인근에 건축하도록 정해져 있다. 그러나 주택조합원 모집 단계에서의 건축 계획은 사업계획승인시의 건축 계획과 많은 차이가 있을 수 있으므로 모집 단계에서 견본주택은 법적 문제가 될 소지가 많다. 통상 모델 하우스로 부르고 있는데, 정식 명칭은 견본주택이다.
견본주택 **(or 모델 하우스)**	주택법 제60조(견본주택의 건축기준) ① 사업주체가 주택의 판매촉진을 위하여 견본주택을 건설하려는 경우 견본주택의 내부에 사용하는 마감자재 및 가구는 제15조에 따른 사업계획승인의 내용과 같은 것으로 시공·설치하여야 한다. ② 사업주체는 견본주택의 내부에 사용하는 마감자재를 제15조에 따른 사업계획승인 또는 마감자재 목록표와 다른 마감자재로 설치하는 경우로서 다음 각 호의 어느 하나에 해당하는 경우에는 일반인이 그 해당 사항을 알 수 있도록 국토교통부령으로 정하는 바에 따라 그 공급가격을 표시하여야 한다. 　1. 분양가격에 포함되지 아니하는 품목을 견본주택에 전시하는 경우 　2. 마감자재 생산업체의 부도 등으로 인한 제품의 품귀 등 부득이한 경우 ③ 견본주택에는 마감자재 목록표와 제15조에 따라 사업계획승인을 받은 서류 중 평면도와 시방서(示方書)를 갖춰 두어야 하며, 견본주택의 배치·구조 및 유지관리 등은 국토교통부령으로 정하는 기준에 맞아야 한다.
홍보관 **(분양 홍보관 or** **사전 홍보관)**	**견본주택 오픈 전 아파트 홍보를 위한 시설**로 입지 등 간단한 상담을 받을 수 있도록 만드는 것이 홍보관이다. 실물로 보여 주는 견본주택과 달리 편의시설, 입주민 서비스, 평면도 등으로 홍보한다. 견본주택은 아파트 사업 승인이 나야 사용할 수 있지만 홍보관은 문화, 집회시설로 허가를 받으면 승인을 받지 않아도 운영될 수 있다. 간혹 홍보관에 모형을 설치해 두고 견본주택으로 착각하도록 안내하는 경우도 있으나, 사업승인 전에는 견본주택을 설치할 수 없다. 즉, 견본주택대로 건축하지 않으면 위법이 되나, 홍보관에 있는 모형대로 건축하지 않아도 위법이 아니다.

제3장

초기 실질적인 추진과정

'일반 시민들 중 누군가'가 선의로 서로 잘 모르는 일반 사람들을 설득하여 조합 가입 계약서에 동의를 받아 조합을 결성하고, 조합원들의 자금을 갹출 받아 지주들을 잘 설득하여 조합 명의로 땅을 매입하고, 시공사를 선정하고 각종 기관과 업체의 협력과 지원을 이끌어 내어 건축을 하고, 입주를 완료한다. 결과적으로 조합원들은 상대적으로 저렴한 가격에 주택을 보유하게 되고, 이렇게 하는 것이 주택조합제도의 취지이다.

따라서, 이 일이 잘 추진되려면 '일반 시민들 중 누군가'에 해당하는 산파역을 잘할 수 있는 '누군가'가 필요하게 된다. (이하 필관조합의 사례를 활용하여 설명하여 보자.)

이 역할을 하는 것이 통상 'OO 마을 주택조합 추진위원회'(이하 A로 표기)와 '㈜OO개발'(이하 C로 표기)인데, 이들에 대해 잘 알아 둘 필요가 있다

대한민국의 많은 지역에서 그 지역 사정을 잘 아는 사람들 중 일부가 A를 결성하여 활동 중(OO 재개발·재건축·리모델링 등도 유사함)인데, 이들은 주로 사업 대상 지역 지주들을 대상으로 토지사용권원 확보, 부동산매매예약계약 체결 및 인허가에 대한 각종 서류를 확보하는 일을 하고 있다. (대체로 주로 땅 또는 토지 작업을 한다고 한다.)

A의 땅 작업이 어느 정도 진행되어 해당 주택건설대지의 일정 % 이상에 대해 토지사용권원의 일종인 토지사용승낙서 또는 부동산매매예약계약서를 확보하게 되면, A에게 일정 금액을 지불할 것을 약속하고 사업권을 매입하는 업체가 나타나게 되는데, 그 업체가 C이다. (C로부터 사업권을 매수한 C', 또는 C'로부터 사업권을 매수한 C"등이 있을 수 있는데, 통칭하여 C로 표현함.)

C는 추후 업무 대행사 역할을 하게 되는데, C는 A의 이름을 '(가칭) OO주택조합 추진위원회'(이하 B로 표기)로 변경시키고, A의 고유번호증 명의도 B로 변경시킨다.

그리고 C는 '(가칭) OO주택조합'(이하 D로 표기) 명의로 B에 속한 멤버들과 부지매입용역계약을 체결한다. 주요 내용은 B에 속한 멤버들이 700억에 토지매입 작업 완료, 토지 작업 50일 이내 완료, 계약을 위해 발생한 인·허가비 및 세금은 멤버들이 부담, 토지사용승낙서, 매매계약서, 재개발해제동의서(기존에 정비예정구역으로 지정되어 있는 경우 해당), 재소전 화의 신청서 및 인허가에 대한 각종 서류를 받아 D에게 제공하면, D는 700억을 책임(계약금 10%는 조합설립인가 전

지급, 잔금 90%는 사업승인 후 30일 이내 지급)지고 20억을 용역비로 B(즉, A와 동일)의 멤버들에게 지급한다는 것이다.

한마디로 A가 땅에 대한 사용권원 및 700억 이내에 매입할 수 있는 근거 서류들을 확보해서 C에게 가져오면, C는 추후 'OO주택조합'(이하 E로 표기) 돈으로 20억을 A에게 용역비로 주겠다는 내용을 복잡하게 해 놓은 것이다.

(용역비 20억 중 1.5억은 C가 B의 멤버들에게 미리 지급했으며, 분양 60% 시 5억, 조합설립 인가 후 10일 내 5.5억 그리고 조합모집 80% 이상과 토지 95% 이상 매입 시 즉시 잔금 8억 원을 지급한다는 조건임.)

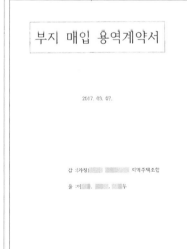

부지 매입 용역계약서

2017. 03. 07.

갑 :(가칭) ░░░░░░░ 지역주택조합

을 :이░ ░░░, ░무

제 3 조 (토지 총 매입금액)

※ 토지매입금액 : 일금칠백억원 (₩70,000,000,000)

제 4 조 (당사자의 채무 및 토지대금 지불조건)

1. "갑" 의 채무는 다음과 같다.
   ① "갑"은 제2조에 기술한 토지를 "을"이 제3조에 제시한 금액으로 매입 작업을 하였다면 매입금액 칠백억원(₩70,000,000,000)에 대한 책임을 진다.
   ② 토지 매입자금의 집행은 계약금 10%, 잔금 90%로 한다.
   ③ 토지계약금은 조합설립 인가 전 지급하며 잔금은 사업 승인 후 30일 이내에 한다.
   ④ 토지작업은 95%이상 에서 종료한다.

2. "을" 의 채무는 다음과 같다.
   ① 부지 매입금액은 칠백억 원(₩70,000,000,000) 이내에 토지매입 완료한다. (단, 사업부지내 단가가 높은 토지15%는 새로운 추진위에서 매도 재협의를 한다.)
   ② 토지작업은 50일 이내로 완료한다. (단, 사업부지 5%이내는 상호협의한다.)
   ③ 본 계약 시까지 발생한 각종 인허가 비용 및 세금은 "을" 이 책임진다.
   ④ 인허가 서류 및 토지에 관한 정본자료를 제공하고 적극 협조한다.
   ⑤ 매도인으로부터 토지사용 승낙서, 매매계약서, 재개발 해지동의서, 재소전 화의신청서 및 인허가에 대한 각종 서류를 받아 "갑"에게 제공하기로 한다.

제 5 조 (용역비 지불방법)

1. 총 금 액 : 20억 원
2. 지급방법 : 1) 계 약 시 : 5천만원 (2017.02.20.)
   1억원 (2017.02.21.)
   (본 계약서 전 이미 지급한 금액)
   2) 1차 중도금 : 5억 원 (분양 60%시)
   3) 2차 중도금 : 5억5천만원 (조합설립 인가 후 10일 이내)
   4) 잔 금 : 8억 원 (조합모집 80%이상과 토지95%이상 매입시 즉시)

4. 부가세는 별도로 한다.

명칭이 복잡하고 헷갈리게 되어 있는데, 이를 정리하면 다음과 같다.

A	OO마을 주택조합 추진위원회	땅 또는 토지 작업팀
B	(가칭) OO주택조합 추진위원회	C의 요청으로 A가 B로 개명된 것에 불과함
C	㈜OO개발	추후 업무 대행사
D	(가칭) OO주택조합	창립총회~조합설립인가까지 사용되는 조합 명칭
E	OO주택조합	조합설립인가 이후 조합의 정식 명칭

C는 B의 위원장 직인을 새로 만들어 확보·소지하고는 B의 이름으로 각종 엉터리 계약서를 만들어 횡령 및 배임에 활용한다.

필관조합에서 실제로 일어난 일을 요약하면 다음과 같다.

B가 C에게 업무 대행 용역을 맡기는 형태의 계약 체결(58.2억)	실질은 C가 B의 방조 아래 B의 직인을 갖고 C 및 C의 관계사와 용역계약을 체결한 것임
B가 C의 관계사 C-1과 홍보관 건축 계약 체결(27.0억)	
B가 C의 관계사 C-2와 조합원 모집계약 체결(41.1억)	
B가 C의 관계사 C-3와 광고 및 홍보 계약 체결(29.1억, 상가 별도)	
C가 C의 명의로 홍보관 임차계약을 하고 임차금을 E의 돈으로 지불(3.8억)하고, C가 다시 B 및 다른 조합에 홍보관을 전대차	B는 추후 D, E가 되므로 실질적으로는 조합이 이중으로 임차료를 부담하는 형태가 됨. C는 다른 조합으로부터도 임대료를 받음
C가 B의 이름으로 신탁사와 자금관리대리사무계약 체결	C가 B위원장 직인 유용. 신탁사는 미확인
창립총회후 C는 D, E가 모르게 B의 명의로 조합원 가입 계약 체결	횡령 목적임

'(가칭) OO주택조합 추진위원회'(B), '(가칭) OO주택조합'(D), 'OO주택조합'(E) 용어를 정확하게 사용하지 않아 문제가 발생하고 있는데, 이에 대해 알아보자.

엄밀한 의미로 보면 처음에는 B위원장(발기인과 동일인 일 가능성이 높음)이 활동을 시작하고, 창립총회를 통해 그 기능이 D조합장으로 이관되고, 조합설립인가를 통해 다시 E조합장으로 이관된다. (D와 E조합장은 동일인이다)

B위원장 직인은 창립총회에서 D조합장이 선출되면 없애야 하는데 창립총회 이후부터 조합설립인가 기간 동안에도 여전히 B위원장 직인이 사용되고 있다. (실제로는 C가 소지하고 무단으로 사용.)

이러한 현상이 발생하는 이유는 B의 멤버들은 주로 땅 작업을 하는 사람들인데, 이들은 사업권을 외상으로 C에게 매도한 사람들로 외상채권을 회수하기 위하여 C에게 협조할 수밖에 없어 B위원장 직인을 C가 보유하는 것을 방조하고, C는 횡령을 위해 이 직인을 활용하여 신탁사로부터 임의로 자금을 인출하고자 하는 의도가 있기 때문이다. (추후에 B는 재판정에서, C가 소지한 B의 직인을 알지 못한다고 주장함.)

또한, C는 부정한 방법의 자금 인출 기간을 최대한 길게 유지하고자 창립총회에서 선출된 D조합장은 조합설립인가 전까지는 여전히 D의 조합장이지 E의 조합장은 아니라는 논리로 업무 및 직인 인수인계를 하지 않고 버틴다.

창립총회에서 선출된 D조합장은 조합설립인가 시까지 여전히 D조합장이고, E의 조합장은 아닌 것은 맞지만 그렇다고 조합설립인가 시까지 조합장의 권한이 발생치 않는 것은 아니다. 그렇다고 C에게 인수인계를 강제할 뾰족한 수단과 방법도 없다. (다른 사례에서는 B, C가 동일 업체인 사업장도 있는 등 형태는 다양하게 나타날 수도 있다.)

일반 사람들은 이러한 사전의 내막을 전혀 모르는 상태에서 조합 가입 계약을 신청하게 된다. 법이 개정되어 2020년 7월 이후부터는 발기인(*)이 조합원 모집 신고 등 산파 역할을 표면적으로 주도하도록 되었는데, 그럼에도 불구하고 발기인은 A, B 또는 C와 관련된 인물일 가능성이 많고, 마음만 먹으면 상기와 같은 위험 요소가 얼마든지 여전히 존재할 수 있다고 보인다. (법에서는 발기인이 1명이 아닌 복수를 예정하고 있는 것으로 보인다.)

* 발기인은 주택건설대지의 50% 이상에 대한 토지사용권원 확보 후 관할관청에 조합원 모집 신고를 하여 수리되면 조합원을 공개모집 하게 된다. 발기인은 모집 신고를 하는 날 주택조합에 가입한 것으로 본다. (해당 주택건설대지의 50% 이상 토지사용권원 확보 및 발기인 관련 사항은 2020년 7월 24일 이후 최초로 조합원 모집 신고를 하는 경우부터 적용된다.)

📋 주의 당부 및 제언

사고를 미연에 방지하는 차원에서 다음과 같은 두 가지 방안을 제안한다.

1. 창립총회 직후 D조합장이 조합장 직인을 만들어 최대한 빠른 시일 내 세무서를 방문하여 고유번호증의 대표자를 변경하고, 신탁사에 연락하여 자금관리대리사무계약서 갱신을 추진해야 한다. C가 지원해 주지 않아 추진이 어려울 수 있으나, 창립총회에서 선출된 D조합장이 직접 신탁사에 연락하여 계약서의 갱신 없이 자금이 인출되면 책임을 묻겠다고 하고

그러한 내용을 담은 내용 증명을 신탁사에 발송하면, 신탁사는 B위원장 직인이 찍힌 자금 인출 요청서에 소극적으로 대응할 것이다. 그럼에도 불구하고 신탁사에서 인출이 이루어지면 향후 신탁사를 대상으로 소송으로 해결할 근거를 마련하게 되는 것이다.

2. 창립총회 석상에서 긴급 제안으로라도 B위원장 직인을 새로 선출된 D조합장에게 인계하는 순서를 넣어서 진행하여 해결한다. C가 받아들이지 않을 수 있으나, 창립총회 석상에서 비상한 각오로 쟁취해 내어야 사기·횡령·배임 사고를 미연에 어느 정도라도 방지할 수 있다.

3. 창립총회 전에 C가 B위원장 직인을 갖고 신탁사에 자금 인출을 하는 경우는 횡령이나 배임의 가능성이 아주 높으므로, 창립총회 전에는 인출을 금지하거나 보완하는 방안이 필요한데, 이에 대해서는 '제2편 제1장 업무 대행자 선정 및 업무대행계약 체결(자금 보관 업무 포함)' 파트에서 추가 설명 하겠다.

참고

수원고등법원 판결(2020나21196)에서는 부지 매입 용역계약은 토지 매수가 주된 용역인 계약으로 부동산 중개를 목적으로 하는 계약이라 판단한 바 있다. 따라서, 위 판결에 비추어 보면 공인중개사나 중개법인이 수행하지 않는 것은 공인중개사법을 위반하여 무효일 가능성이 높으므로 용역대금을 청구할 권리나 지급할 의무가 없는 것으로 보인다.

제4장 주택조합 가격이 싸다고 생각하는 이유

일반적으로 '아파트를 분양한다'라고 하는 것은, 사업자가 건축할 부지를 매입하고 사업계획승인을 받아 착공하기 직전에 일반 공중을 대상으로 분양 신청을 받아 주택공급에 관한 규칙에 따라 당첨자를 확정하는 것이다. (때로는 미분양도 발생하기도 하며, 일부 사업장은 후분양으로 진행되기도 한다.)

이때 사업자는 '토지비+직접 공사비+간접 공사비+분양 관련비+기타 비용(금융비 등)+이윤'을 감안하여 분양 가격을 책정하게 된다.

분양 가격이 너무 높다고 판단하는 사람들이 단체를 만들어 공동으로 집을 지으면 사업자가 가져가는 이윤을 0으로 할 수 있고, 다른 비용들도 줄여서 좀 더 싸게 집을 장만할 수 있을 텐데 하고 생각을 하게 되는데, 이를 실현 가능하도록 해 주는 것이 주택조합 제도이다.

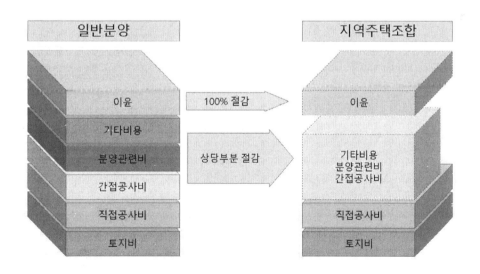

제5장 | 토지대금 조달 방법에 따른 조합 사업 방식 이해

주택조합의 사업 방식을 간략히 정리해 본다면 다음과 같이 2단계로 정리해 볼 수 있다.

1단계: 사람들이 모여서 단체를 만들어(조합 결성), 조합의 이름으로 토지를 매입.

2단계: 성공적으로 건축을 완료하고 해산하는 것.

2단계는 어떠한 주택조합도 유사한 방식으로 진행된다고 볼 수 있으나, 1단계는 조합별 사정에 따라 다양한 방식이 적용되고 있다.

이를 좀 더 잘 이해하기 위하여 실제 필관조합의 사례를 약간 각색하여 활용해 보자.

(사례)

건립하는 공동주택 규모는 400세대이며, 총 수입금은 2,030억 원(조합원 300명 세대당 4.6억, 일반분양 100명 세대당 5.7억, 상가 분양 80억)으로 가정해 보자.

공동주택을 짓는 데 소요되는 원가는 사업장별로 차이는 있겠지만(사업장 위치가 좋은 곳일수록 토지대 비율이 높아진다) 대략적으로 주택건설대지 43%(872.9억), 기반시설부지 4%(81.2억), 도급공사비 35%(710.5억), 기타 부대비용 18%(365.4억) 정도로 추정된다.

통상 조합원을 모집할 때 초기에는 계약금(통상 약 20%를 3회차로 분납, 10%는 조합설립인가 신청 전에 10%는 조합설립인가 신청 후 14일 이내 납부)만 내고 나머지(중도금 약 60%, 잔금 약 20%)는 대출로 진행된다.

따라서, 조합원 1인이 20%를 계약금으로 납부하면 0.92억(4.6억×20%)이며, 300명 전체 조합원이 납입하면 276억(0.92억×300명)이 된다.

착공 직전에 일반분양을 해야 하는데, 이를 위해 모델 하우스도 지어야 하고 공사가 진행되면 도급공사비도 지불해야 하고 기지출 비용 지급 및 향후 운영을 위해서도 상당한 금액이 필요하며, 착공을 위해서는 주택건설대지 대금을 전액 지급하고 소유권을 100% 가져와야 한다. 따라서 최소 596.9억 원(주택건설대지 대금 872.9억-(조합원 납입금 276억-α(기지출 비용)))이 부족하다. 대출이 필요하다. 즉, 지역주택조합 사업은 기본적으로 처음부터 대출을 일으켜서 진행하는 방식으로 설계되어 있다고 볼 수 있다.

2020년 1월 23일 주택법 개정 전에는 조합설립인가 신고 시 토지사용권원 80% 이상 확보 및 사업계획승인 신청 시 토지소유권 95% 이상 확보 의무만 있었으며, 통상 다음과 같이 운영되었다.

(법 개정 전 요약) 조합원 모집 신고→조합원 모집→창립총회 개최→주택건설대지 토지사용권원 80% 이상 확보→조합설립인가 신청→주택건설대지 계약금 10%인 82.93억 지급(872.9억×95%×10%=82.93억)→브릿지 대출 실행→주택건설대지 잔금 90%인 746.33억 지급(872.9억×95%×90%=746.33억)→토지소유권 95% 이상 확보→사업계획 신청 및 승인→잔여 토지 43.64억에 매도청구(872.9억-(82.93억+746.33억) = 43.64억)→토지소유권 100% 확보→착공 및 일반분양

주택건설대지 95%의 계약금 10%인 82.93억은 조합원이 납부한 계약금으로 지급하고, 잔금 90%인 746.33억 및 매도청구 대금 43.64억은(총 872.9억), 조합원이 납입한 계약금 잔여액 및 브릿지대출로 조달되어졌다(아래의 기본 방식에 해당.)

많은 조합의 경우, 조합원이 계약금으로 납부한 금액은 적고 조합원의 낮은 신용 및 은행·정부의 대출정책 변경 등 여러 가지 사유로 대출이 잘 안 이루어져 기간이 길어지면서 이탈하려는 조합원이 발생하고, 지주들은 개발 호재로 더 높은 가격을 받으려고 노력하고, 이렇게 하여 조합은 사면초가에 빠지게 되는 것이 일반적인 형태였다. 그러나 이러한 조건 속에서도 조합원들이 일치단결하여 어려움을 극복하여 성공하는 조합들도 있었다. 성공의 핵심 요인은 전체 조합원의 사업 성공에 대한 강한 열망과 성실한 집행부의 노력 및 조합원 상호 간 믿음을 기반으로 조합원들이 현금 납부를 많이 하고 현금을 납부한 사람이 또 신용 대출에도 참여하는 등의 방법으로 전체 조합원이 서로 도운 점이라고 볼 수 있다.

2020년 1월 23일 부로 주택법이 개정되어 조합원 모집 신고 시 토지사용권원 50% 이상 확보 및 조합설립인가 신고 시 토지소유권 15% 이상 확보 의무가 추가되었다.

따라서, 이제는 조합원 모집 신고 시 토지사용권원 50% 이상 확보, 조합설립인가 신고 시 토지사용권원 80% 이상 확보 및 토지소유권 15% 이상 확보, 사업계획승인 신청 시 토지소유권 95% 이상 확보, 착공 및 일반분양을 위해서는 토지소유권 100%를 확보해야 한다.

(법 개정 후 요약) 주택건설대지 토지사용권원 50% 이상 확보→조합원 모집 신고→조합원 모집→창립총회 개최→토지사용권원 80% 이상 확보→주택건설대지 토지소유권 15%이상 확보(872.9억×15%=130.935억)→조합설립인가 신청→브릿지대출 실행→토지소유권 80%이상 확보(872.9억×80%=698.32억)→사업계획 신청 및 승인→잔여 토지 매도청구(872.9억×5%=43.645억)→토지소유권 100% 확보→착공 및 일반분양

토지 15%에 대한 매매대금 130.935억은 조합원이 납부한 계약금으로 지급하고, 토지 80%에 대한 매매대금 및 매도청구 대금은 조합원이 납입한 계약금 및 브릿지대출로 조달하는 것으로 변경되었다고 볼 수 있다. (결과적으로 조합원이 납입한 계약금 276억 및 브릿지대출 596.9억으로 토지대 872.9억을 마련했다는 것은 변경 전과 동일함.)

일견 비슷한 것 같지만 다음과 같은 문제가 있다.

1. 초기 조합원 계약금으로 지급해야 하는 토지대가 82.93억에서 130.935억으로 48.005억 (57.9%)증가하여 조합의 자금경색을 초래할 가능성이 증가했다.

   (사례 조합의 경우 조합설립인가 신청 전에 조합원 모집을 위한 홍보관 건립비 25억, 광고홍보비 27억, 모집수수료 36억, 설계비 4억 등 총 92억이 지출되었으며, 조합원 계약금 20%인 276억의 절반인 138억은 조합설립인가 신청 후 14일 이내에 납입하게 되어 있었다.)

   즉, 조합원들이 납입해야 할 계약금 276억 원 중 138억은 조합설립인가 신청 전에는 납입되지 않으며, 납입된 138억(일부는 연체도 있지만 일단은 미고려) 중 92억은 기지출되어 최대로 조합에 남아 있는 잔액은 46억 원 정도이다.

   법 개정 전에는 주택건설대지 계약금으로 82.93억 원이 필요해서 36.93억(46억(276/2-92억)-82.93억)이 부족했는데, 법 개정 후에는 84.935억(46억(276/2-92억)-130.935억)이 부족하다는 뜻이다. 차이분 48.005억(36.93억-84.935억)은 단순한 적은 금액 차이가 아니고 사업 초기 성패를 좌우할 수 있을 정도로 중요한 역할을 할 수 있는 큰 금액이다.

2. 조합원들이 납입한 계약금으로 15% 토지대금 지급이 어려운 경우 조합설립인가도 이루어지기 전이라 대출도 힘들 테고, 발기인이 자납할 돈도 없을 테고, 자납을 하더라도 취득한 토지를 누구의 명의로 할 것인가 하는 문제가 발생할 수 있다. (발기인 명의로 할 경우 조합이 취득한 것이 아니고, 조합 명의로 취득할 경우 발기인이 채무를 부담했는데, 사업이 무산될 경우 발기인이 채무를 떠안을 위험을 우려하여 거부할 가능성이 높거나 상상외의 높은 수준의 대가를 요구할 수도 있다.)

3. 법 개정 전에는 매매 약정을 체결한 지주 95% 전원에게 토지대금의 10%를 계약금으로 동일한 시점에 줄 수 있었으나, 법 개정 후에는 매매 약정을 체결한 지주 15%에게만 토지대금 전액을 지급하고, 그 시점에 나머지 80%에게는 지급되는 금액이 없음에 따라 지주 간

분란으로 조합사업 추진에 큰 장애가 발생할 가능성이 생겼다.

조합원 보호를 위해 선의로 개정된 법이라고 생각되는데, 현실에서는 조합원을 더 힘들게 하는 것으로 작동할 가능성이 다분히 있다고 판단된다.

토지대금 마련방식에 따른 구분

구분	내용	비고
기본 방식 (혼합 방식)	조합원들이 현금으로 납부	조합원 전원의 현금 납부는 현실직으로 불가능
	지주 조합원은 현물 납부	지주는 조합원 자격을 갖추어야 함
	조합원들의 신용 대출로 납부	브릿지대출
지주 방식	지주 조합원 현물 납부	지주 조합원으로만 구성, 조합원 자격 갖추어야 함
대납 방식 (대여 방식)	대행사가 토지대금을 조달/납부	대행사,시공사 공동일 수도 있음
	시공사가 토지대금을 조달/납부	

사례로 본 방식은 위 표의 구분에서 기본 방식(혼합 방식)이라고 볼 수 있다. (현금 납부, 현물 납부 및 브릿지대출을 혼합한 방식임.) 지금까지는 혼합 방식이 가장 많이 활용되었으나 앞으로는 15% 토지 대금 마련이 어려워 점차 퇴색할 것으로 예상된다. (초기 계약금 비중을 높이는 조합의 출현도 예상됨. 주택조합제도 취지에 부합하지 않음.)

앞으로는 지주들이 직접 나서서 토지를 현물로 납부하는 방식으로 진행(조합원 자격 확보를 위해 조합설립인가 신청일 선에 사업구역 내 85m² 초과 보유 주택은 멸실 처리, 이주 및 임차비는 조합이 다양한 방법으로 부담하는 등)하거나, 업무 대행사나 시공사가 또는 공동으로 위험을 무릅쓰고 자금을 조달하여 토지를 확보하여 조합에 넘기고 업무대행권이나 시공권을 가져가는 대여 또는 대납 방식으로 진행하는 조합이 늘어날 것으로 예상된다.

대납 방식의 경우 조합원 입장에서는 안전성 측면에서는 더 나아졌다고는 볼 수 있으나, 문제는 이를 기화로 업무 대행사나 시공사는 조합에 대한 장악력을 키울 수 있고 반대 급부를 요구할 수밖에 없다. (조합은 선택권이 없어지고 가격이 높아질 가능성이 있다.)

그렇게 되면 대납 방식과 일반분양 방식의 가격 차이가 좁혀지고, 서민주택 마련 지원을 위한 지역주택조합제도의 취지가 무색해질 수 있다.

1. 지역주택조합 취지도 살리면서 안전성도 갖추도록 하는 최선의 방법 중 하나는 토지대금 마련을 위한 대출이 좀 더 잘 보장되는 것이 무엇보다 중요하다. 법이 강화되면 될수록 주택조합의 안전성이 올라가 대출이 더 잘되어야 할 텐데, 현실에서는 법이 강화되면 될수록 주택조합의 성공 가능성이 낮아져 더 대출이 안 되고 있다.

   사고를 줄이는 목표로 법 개정을 하려면 제일 확실한 방법은 역설적으로 주택조합제도를 폐지하면 된다. 법 개정의 방향성은 어떻게 하면 성공 확률을 더 높일 수 있는가 하는 것이 되어야 한다. 그 방향 속에서 사고도 방지하는 장치를 해야 한다. 법 개정의 방향성에 대해서 심각한 고민이 필요한 것으로 보인다.

2. 주택법 제11조(주택조합의 설립 등) 제2항제2호의 해당 주택건설대지의 15% 이상에 해당하는 토지의 소유권 확보 요건을, 사용권원을 확보한 토지에 대해서는 토지대금의 10% 이상을 계약금으로 지급하는 요건으로 개정할 것을 제언한다.

제언 전	1. 해당 주택건설대지의 80퍼센트 이상에 해당하는 토지의 사용권원을 확보할 것 2. **해당 주택건설대지의 15퍼센트 이상에 해당하는 토지의 소유권을 확보할 것**
제언 내용	1. 해당 주택건설대지의 80퍼센트 이상에 해당하는 토지의 사용권원을 확보할 것 2. **사용권원을 확보한 토지에 대해서는 토지대금의 10퍼센트 이상을 계약금으로 지급할 것**

제언 내용을 적용해 보면 실제 운영에서는 다음과 같이 된다.

> (제언 내용 적용) 주택건설대지 토지사용권원 50% 이상 확보→조합원 모집 신고→조합원 모집→창립총회 개최→토지 사용권원 80% 이상 확보→사용권원 확보 토지에 대해 토지대금의 10% 이상을 계약금으로 지급(872.9억×80%×10%=69.832억)→조합설립인가 신청→브릿지대출 실행→토지소유권 95% 이상 확보(872.9억×95%-69.832억=759.423억)→사업계획 신청 및 승인→잔여토지 매도청구(872.9억×5%=43.645억)→토지소유권 100% 확보→착공 및 일반분양

법 개정 전에는 주택건설대지 계약금으로 82.93억 원, 법 개정 후에는 130.935억 원이 필요하지만, 제언 내용으로 수정하면 69.832억 원만 있으면 되므로 이는 법 개정의 취지를 살리

면서 사업의 성공 가능성은 더 높일 수 있는 방안이라고 판단된다.

(다만, 주택건설대지에 대해 계약금만 지불하고 중도 해산을 해야 하는 경우에는 계약금을 전부 날릴 수 있지만, 토지를 일부 매입한 상태에서 중도 해산을 해야 하는 경우에는 잔여 재산이 좀 더 많은 장점이 있기는 하다.)

제2편

초기 추진 주체에 대한 이해

제1장 업무 대행자 선정 및 업무대행계약 체결(자금 보관 업무 포함)

주택조합이 진행되는 절차를 정리해 보면 대략 다음과 같다.

추진위 구성 → 사업계획 수립 → 토지 작업 → 조합규약등 필요 사항 준비 → 주택건설대지 토지사용권원 50% 이상 확보 → 시공(예정)사 선정 → 조합원 모집 신고 → 홍보관 건설 → 홍보 및 모집 활동 → 창립총회 개최

→ 토지사용권원 80% 이상 확보 → 토지소유권 15% 이상 확보 → 조합설립인가 신청(건설 예정 세대수의 50% 이상 모집되어야 함) → 건축심의 신청 → 브릿지대출 실행 → 토지소유권 80% 이상 확보(총 95% 이상 확보) → 공동사업주체 협약 체결 → 사업계획 신청 및 승인 → 철거 → 잔여 토지 매도청구(5% 미만) → 토지소유권 100% 확보 → 착공 및 일반분양 → 주택건설 공사 → 기반시설 토지 확보 → 기반시설, 간선시설 공사 → 사용검사 및 준공인가 → 입주 → 해산 → 청산

2020년 1월 23일 법 개정으로 주택건설대지 토지사용권원 50% 이상 및 토지소유권 15% 이상 확보 요건 신설됨

상기 진행 절차 중에 추진위 구성부터 창립총회 개최까지의 활동은 업무 대행사가 주도적이고 일방적으로 진행해 오면서 사회적으로 많은 문제를 야기시켜 왔다. (앞으로는 업무 대행사가 발기인을 내세워 이 역할을 대신하게 할 가능성이 높다.)

주택법은 주택조합이 주관이 되어 업무 대행사 및 시공사를 선정하는 등 주택조합이 주도적으로 업무를 수행하는 것을 전제로 다양한 법조문들을 갖추고 있으나, 실제 현장에서는 업무 대행사(또는 시공사와 결합하여)가 주도적으로 부지 물색 → 시공(예정)사 선정 → 조합원 모집 → 조합원 신용으로 자금 조달 → 건축 → 잔여세대 및 상가를 분양하는 등의 역할을 수행하는 경우가 많다.

주택조합과 업무 대행사와의 계약이 존재하는데, 그 계약서는 주택조합과 업무 대행사가 상호 협의와 합의로 작성되어 체결된 것이 아니고, 주택조합이 성립되기도 전에 업무 대행사가 일방적으로 작성하여 추진위원회(소속한 멤버들이 업무 대행사와 긴밀한 관계에 있는 사람들일 가능성이 아주 높음)와 계약을 체결하고 추후 창립총회에서 얼렁뚱땅 기 추진 업무 추인의 형태로 결의(조합원들은 계약서 내용을 볼 기회도 없음)된 것이다.

가입 계약 체결전 또는 창립총회 전에 계약서 내용 중 독소 조항은 없는지 반드시 점검해 보자.

용역비 규모가 과다하고 지급 시기가 사업 초기에 몰려 있지는 않는지?

갑과 을을 뒤바꿀 수 있는 내용은 없는지? (계약 해지가 어렵게 되어 있고, 일체의 업무를 대행사를 통해서 하게 하는 등)

손실은 조합이 부담, 이익은 업무 대행사도 향유하는 조항(지분제 등)은 없는지?

나의 큰 재산을 투자해야 하는 만큼 업무 대행사의 역량이나 도덕성을 점검(대행사가 어떤 실적이 있으며, 직원은 몇 명이나 있고 무슨 일을 하는지, 자본금의 규모는 어떠한지, 업계의 평판은 어떠한지 등)해 보아야 하는데, 이에 대한 정보가 하나도 없고 점검해 볼 기회조차 없다. 그래도 끈질기게 알아보자

관계 기관에서는 업무 대행과 관련한 문제점을 해소하고자 2017년 이후 업무 대행자의 자격 요건을 강화하고 업무 대행 업무의 범위를 정하고, 업무 실적을 보고하게 하는 등 주택법의 관련 내용을 상당 부분 개선해 왔다.

업무 대행사의 잘못된 관행이 많이 개선되어질 수 있을 것으로 기대되는 면도 있지만, 그럼에도 불구하고 업무 대행사의 잘못된 행태가 근절될 수 있을지는 아직은 미지수이다.

조합 및 조합원들은 가입 초기에 여러가지 어려움이 있겠지만, 법적 요건 외에도 업무 대행사의 경험, 역량 및 도덕성에 대해 반드시 점검해 보아야 한다.

업무 대행 관련 사항 중심으로 주택법의 개정된 내용을 살펴보자.

1. 업무 대행자의 요건(주택법 제11조의2제1항)

주택조합 및 주택조합의 발기인은 조합원 모집 등 주택법 제11조의2제2항에서 정하는 주택조합의 업무를 공동사업주체인 등록사업자 또는 주택법 제11조의2제1항제1~6호의 어느 하나에 해당하는 자로서 자본금 요건을 충족(법인인 경우 5억원 이상의 자본금, 개인인 경우 10억원 이상의 자산평가액을 보유)한 자가 대행할 수 있도록 했다. 위반 시 벌칙 조항이 있다.

> 주택법 제11조의2(주택조합업무의 대행 등), <2020. 7. 24. 이후 최초로 주택조합 및 주택조합의 발기인이 업무대행 계약을 체결하는 경우부터 적용>
> ① 주택조합(리모델링주택조합은 제외한다. 이하 이 조에서 같다) 및 주택조합의 발기인은 조합원 모집 등 제2항에 따른 주택조합의 업무를 제5조제2항에 따른 공동사업주체인 등록사업자 또는 다음 각 호의 어느 하나에 해당하는 자로서 대통령령으로 정하는 자본금을 보유한 자 외의 자에게 대행하게 할 수 없다. <개정 2017. 2. 8., 2020. 1. 23.>
> 1. 등록사업자
> 2. 「공인중개사법」 제9조에 따른 중개업자
> 3. 「도시 및 주거환경정비법」 제102조에 따른 정비사업전문관리업자

4. 「부동산개발업의 관리 및 육성에 관한 법률」 제4조에 따른 등록사업자

5. 「자본시장과 금융투자업에 관한 법률」에 따른 신탁업자

6. 그 밖에 다른 법률에 따라 등록한 자로서 대통령령으로 정하는 자

주택법 제24조의2(주택조합 업무대행자의 요건)

법 제11조의2제1항 각 호 외의 부분에서 "대통령령으로 정하는 자본금을 보유한 자"란 다음 각 호의 어느 하나에 해당하는 자를 말한다.

1. 법인인 경우: 5억원 이상의 자본금을 보유한 자

2. 개인인 경우: 10억원 이상의 자산평가액을 보유한 사람 [본조신설 2020. 7. 24.]

주택법 제101조(벌칙) 다음 각 호의 어느 하나에 해당하는 자는 3년 이하의 징역 또는 3천만원 이하의 벌금에 처한다. <개정 2016. 12. 2., 2018. 12. 18., 2020. 1. 23., 2020. 8. 18.>

1. 제11조의2제1항을 위반하여 조합업무를 대행하게 한 주택조합, 주택조합의 발기인 및 조합업무를 대행한 자

주택조합업무 대행가능한 자에 대해 좀 더 자세히 알아보자

구분	내용
공동사업주체인 등록사업자	다음의 어느 하나에 해당하는 자일 것 ㅇ 주택법에 따른 등록사업자 1. 자본금이 5억원(개인인 경우에는 자산평가액 10억원) 이상일 것 2. 「건설기술 진흥법 시행령」 별표 1에 따른 건축 분야 및 토목 분야 기술인 3명 이상을 보유하고 있을 것. 이 경우 「건설기술 진흥법 시행령」 별표 1에 따른 건설기술인으로서 다음 각 목에 해당하는 건설기술인 각 1명이 포함되어야 한다. 가. 건축시공 기술사 또는 건축기사 나. 토목 분야 기술인 3. 최근 5년간의 주택건설 실적이 100호 또는 100세대 이상일 것 ㅇ「건설산업기본법」 제9조에 따른 건설업(건축공사업 또는 토목건축공사업만 해당한다)의 등록을 한 자

등록사업자	단독주택 20호 이상, 공동주택 20세대 이상의 주택건설을 시행하거나 1만m² 이상의 대지조성사업을 시행하기 위해서 국토교통부 장관에게 등록한 사업자 (주택법 제4조, 시행령 제14조 및 제15조, 시행규칙 제4조 참조)	
「공인중개사법」 제9조에 따른 중개업자	공인중개사중 그 지역의 관할 시장, 군수, 구청장에게 중개업 등록을 한 중개업자(개인 또는 법인)	
「도시 및 주거환경정비법」 제102조에 따른 정비사업전문관리업자	자본금 10억(법인은 5억) 이상, 상근인력 5명 이상(건축사, 감정평가사, 공인회계사 또는 변호사, 법무사 또는 세무사, 정비사업 관련 3년 이상 업무를 했던 자중 공인중개사, 행정사 등), 사무실 기준을 충족하여 시·도지사에게 등록한 자	법인인 경우: 5억원 이상의 자본금을 보유한 자
「부동산개발업의 관리 및 육성에 관한 법률」 제4조에 따른 등록사업자	타인에게 공급할 목적으로 건축물의 연면적이 2,000m² 또는 연간 5,000m² 이상이거나 토지의 면적이 3,000m² 또는 연간 10,000m² 이상으로서 대통령령으로 정하는 규모 이상의 부동산 개발을 업으로 하려는 자로 시·도지사에게 등록한 자.	개인인 경우: 10억원 이상의 자산평가액을 보유한 사람
「자본시장과 금융투자업에 관한 법률」에 따른 신탁업자	신탁등록업체	
그 밖에 다른 법률에 따라 등록한 자로서 대통령령으로 정하는 자	하위법령 미제정 상태임.	

2. 업무 대행자의 대행 가능 업무(주택법 제11조의2제2항)

업무 대행자에게 대행하게 할 수 있는 업무는 다음과 같다.

> 주택법 제11조의2(주택조합업무의 대행 등), 〈2020.7.24일 이후 최초로 주택조합 및 주택조합의 발기인이 업무대행 계약을 체결하는 경우부터 적용〉
> ② 제1항에 따라 업무대행자에게 대행시킬 수 있는 주택조합의 업무는 다음 각 호와 같다. 〈개정 2020. 1. 23.〉
> 　1. 조합원 모집, 토지 확보, 조합설립인가 신청 등 조합설립을 위한 업무의 대행
> 　2. 사업성 검토 및 사업계획서 작성업무의 대행
> 　3. 설계자 및 시공자 선정에 관한 업무의 지원
> 　4. 제15조에 따른 사업계획승인 신청 등 사업계획승인을 위한 업무의 대행
> 　5. 계약금 등 자금의 보관 및 그와 관련된 업무의 대행
> 　6. 그 밖에 총회의 운영업무 지원 등 국토교통부령으로 정하는 사항

대행시킬 수 있는 업무에 대해 좀 더 자세히 알아보자

구분	내용
조합원 모집, 토지 확보, 조합설립인가 신청 등 조합설립을 위한 업무	조합설립인가를 받기 위해서는 신축예정세대수의 50%이상의 조합원을 모집해야 하며 주로 분양대행업체에게 일을 맡기는데 분양대행업체가 조합원 모집을 하는 과정에서 상담에 오류가 자주 발생하고 있으므로 상당한 주의가 필요하다. 사업의 성패는 토지확보에 크게 좌우되는데 각별한 노력과 주의가 필요하다. 또한 조합설립인가를 받기 위해서 조합규약 작성, 조합원모집 등을 초기부터 잘 준비·추진해야 한다.
사업성 검토 및 사업계획서 작성 업무	부동산 시장이 계속 변화하고 있기 때문에 꾸준히 사업성검토를 해야 함. 일반분양분이 많고 높은 가격에 분양될수록 조합원 입장에서는 추가부담금이 줄어들기 때문에 사업성에 중요한 부분이다.
설계자 및 시공자 선정에 관한 업무의 지원	지역사정을 잘 알고 있는 역량있는 설계자가 필요하며, 어떤 브랜드를 가지고 있는 시공사가 선정되느냐도 사업에 커다란 영향을 미친다.
사업계획승인 신청 등 사업계획승인을 위한 업무	지역주택조합사업에서 가장 중요한 이벤트는 바로 사업계획승인이다. 건축심의, 사업계획 심의, 토지소유권 확보 등의 업무도 포함한다.
계약금 등 자금의 보관 및 그와 관련된 업무	자금의 보관 및 인출업무(별도 기술)
그 밖에 총회의 운영업무 지원 등 국토교통부령으로 정하는 사항	1. 총회 일시·장소 및 안건의 통지 등 총회 운영업무 지원 2. 조합 임원 선거 관리업무 지원

3. 업무 실적 보고(주택법 제11조의2제4항)

업무 대행자는 분기마다 해당 업무의 실적보고서를 작성하여 해당 분기의 말일부터 20일 이내에 주택조합 또는 발기인에게 제출하여야 한다. 위반 시 벌칙 조항이 있다.

> 주택법 제11조의2(주택조합업무의 대행 등)
> ④ 제1항에 따른 업무대행자는 국토교통부령으로 정하는 바에 따라 사업연도별로 분기마다 해당 업무의 실적보고서를 작성하여 주택조합 또는 주택조합의 발기인에게 제출하여야 한다. <신설 2020. 1. 23.>

주택법 시행규칙 제7조의2(업무대행자의 업무범위 등) [본조신설 2017. 6. 2.] [제목개정 2020. 7. 24.]
② 업무대행자는 법 제11조의2제4항에 따라 업무의 실적보고서를 해당 분기의 말일부터 20일 이내에 주택조합 또는 주택조합의 발기인에게 제출해야 한다. <신설 2020. 7. 24.>

주택법 제104조(벌칙) 다음 각 호의 어느 하나에 해당하는 자는 1년 이하의 징역 또는 1천만원 이하의 벌금에 처한다. <개정 2019. 12. 10., 2020. 1. 23., 2020. 6. 9., 2020. 8. 18.>
1의2. 제11조의2제4항을 위반하여 실적보고서를 제출하지 아니한 업무대행자

4. 신의성실 의무 및 손해배상책임(주택법 제11조의2제5항)

업무 대행자는 신의·성실하게 업무를 수행하여야 하고, 자신의 귀책사유로 손해를 입힌 경우에는 그 손해를 배상할 책임이 있다.

주택법 제11조의2(주택조합업무의 대행 등)
⑤ 제1항부터 제4항까지의 규정에 따라 주택조합의 업무를 대행하는 자는 신의에 따라 성실하게 업무를 수행하여야 하고, 자신의 귀책사유로 주택조합(발기인을 포함한다) 또는 조합원(주택조합 가입 신청자를 포함한다)에게 손해를 입힌 경우에는 그 손해를 배상할 책임이 있다. <개정 2020. 1. 23.>

5. 기타(주택법 제11조의2제6항)

국토교통부장관은 공정거래위원회 위원장과 협의를 거쳐 표준업무대행계약서를 작성·보급할 수 있다.

주택법 제11조의2(주택조합업무의 대행 등)
⑥ 국토교통부장관은 주택조합의 원활한 사업추진 및 조합원의 권리 보호를 위하여 공정거래위원회 위원장과 협의를 거쳐 표준업무대행계약서를 작성·보급할 수 있다. <개정 2020. 1. 23.>

[계약금 등 자금의 보관 및 그와 관련된 업무의 대행(주택법 제11조2제3항)]

1. 주택조합 및 주택조합의 발기인은 계약금 등 자금의 보관 및 그와 관련된 업무를 신탁업자(법인인 경우 5억원 이상의 자본금, 개인인 경우 10억원 이상의 자산평가액을 보유한 사람이어야 함)가 대행하도록 하여야 한다. 위반 시 벌칙 조항이 있다.

   〈2020년 7월 24일 이전 사용검사를 받은 주택조합에 대하여는 제11조의2제3항의 개정 규정에도 불구하고 종전의 규정을 적용한다.〉

주택법 제11조의2(주택조합업무의 대행 등) ③ 주택조합 및 주택조합의 발기인은 제2항제5호에 따른 업무 중 계약금 등 자금의 보관 업무는 제1항제5호에 따른 신탁업자에게 대행하도록 하여야 한다. <신설 2020. 1. 23.>
주택법 제106조(과태료) ② 다음 각 호의 어느 하나에 해당하는 자에게는 1천만원 이하의 과태료를 부과한다. <개정 2016. 12. 2., 2019. 4. 23., 2020. 1. 23., 2021. 4. 13.> 　　1. 제11조의2제3항을 위반하여 자금의 보관 업무를 대행하도록 하지 아니한 자
부칙 제4조(자금의 보관 업무 대행에 관한 경과조치) 이 법 시행 이전 사용검사를 받은 주택조합에 대하여는 제11조의2제3항의 개정규정에도 불구하고 종전의 규정을 적용한다.
주택법 시행령 제24조의2(주택조합 업무대행자의 요건) 법 제11조의2제1항 각 호 외의 부분에서 "대통령령으로 정하는 자본금을 보유한 자"란 다음 각 호의 어느 하나에 해당하는 자를 말한다. 1. 법인인 경우: 5억원 이상의 자본금을 보유한 자 2. 개인인 경우: 10억원 이상의 자산평가액을 보유한 사람　　[본조신설 2020. 7. 24.]

2. 업무 대행자의 업무 실적 보고, 신의성실 의무 및 손해배상책임인 신탁업자에게도 동일하게 해당한다.
   - 분기마다 해당 업무의 실적보고서를 작성하여 해당 분기의 말일부터 20일 이내에 주택조합 또는 발기인에게 제출하여야 한다. 위반 시 벌칙 조항이 있다.
   - 신의·성실하게 업무를 수행하여야 하고, 자신의 귀책사유로 손해를 입힌 경우에는 그 손

해를 배상할 책임이 있다.

3. 계약금 등 자금의 보관 업무는 신탁업자가 대행하도록 하였지만 신탁업자에게 대행하게 했다고 해서 전적으로 안전하다고 생각해서는 안 된다. 신탁업자에게 대행하도록 함으로써 투명성은 제고될 수 있으나, 신탁업자는 자금관리대리사무계약에 의거 인출 요건만 맞으면 인출할 수밖에 없기 때문이다.

(필관조합 사례 : 2017년 3월 29일 체결된 자금관리대리사무계약 내용 중 신탁사의 업무 범위)

② 乙의 업무 범위
1. 조합원분담금, 업무대행용역비, 청약금 등 수납을 위한 계좌의 개설 및 통장보관, 입·출금 관리
2. 甲이 乙에게 요청하는 사업부지 매입대금 및 기타 사업비, 공사비 등 본 사업 관련 비용을 자금관리계좌 잔고 범위 내에서 집행·관리
3. 甲과 丙에게 자금관리계좌 내역 및 자금집행 내역을 정기적으로(또는 甲과 丙이 요청할 경우 수시로) 제공
4. 기타 상기 업무에 부속되는 업무 등
③ 丙의 업무 범위
1. 본조 제①항에서 정한 甲의 업무지원, 조합업무의 행정·회계업무의 지원, 조합원 구성 및 관리 지원, 시공사 선정 업무 지원, 甲이 조달해야하는 사업비 조달 지원 등 甲과 丙이 체결한(할) 업무대행계약에서 정한 사업진행상 필요한 업무 일체

---

4. 통상 조합원 모집 신고 전(창립총회를 통한 조합장이 선출되기도 전임)에 조합 자금관리의 주체 및 계획이 결정되어 있어야 하고, 이의 핵심내용인 자금보관에 대한 업무대행계약도 체결되어 있어야 한다. 따라서, 조합이 창립노 되기 전에 주진위원회, 업무 대행사 또는 발기인이 신탁사와 자금관리 업무대행계약을 체결할 수밖에 없다.

주택법 시행규칙 제7조의3(조합원 모집 신고)
① 법 제11조의3제1항에 따라 조합원 모집 신고를 하려는 자는 별지 제11호의2서식의 신고서에 다음 각 호의 서류를 첨부하여 관할 시장·군수·구청장에게 제출해야 한다. <개정 2020. 7. 24.>
3. 다음 각 목의 사항이 모두 포함된 조합원 모집공고안
다. 조합 자금관리의 주체 및 계획
5. 업무대행자를 선정한 경우에는 다음 각 목의 서류
나. 업무대행계약서

---

5. 창립총회를 통해 선출된 조합장은 제일 먼저 해야 할 일은 무조건 'B'의 직인을 확보하는 일이다. 그리고 자금 관리 대리 사무를 맡은 신탁사에 연락하여 갑의 대표자 변경을 원인으로 한 계약 변경 의사를 유선 및 내용 증명으로 전달하고, 여하한 경우에도 계약 변경 전에는 인출을 중지시켜야 한다.

6. 계약 체결자는 甲(위임자), 乙(신탁사) 및 丙(업무 대행사)으로 되어 있을 텐데, 계약 변경 시에는 업무 대행사 대신 총회에서 선출된 감사로 대체하는 것을 적극 검토해 보기 바란다. 업무 대행사는 자금 인출 요청서 작성 시 동의권을 근거로 향후 甲의 행세를 하려고 할 가능성이 크기 때문이다. 업무 대행사는 말 그대로 자금 인출 요청서 작성 시에 필요한 서류들을 준비하는 업무만 대행해 주면 된다.

7. 조합 가입 시 체결하는 거의 모든 가입 계약서에는 '계약서에 표시된 신탁사의 지정 계좌에 입금해야 하며, 이외의 계좌에 입금된 것은 인정하지 않으며, 다른 계좌로 입금하여 발생한 금융 사고에 대해서는 가입자에게 책임이 있고 조합이나 업무 대행사에는 일체의 이의도 제기할 수 없다'는 내용이 포함되어 있다. 그럼에도 불구하고 필관조합의 경우 많은 가입 신청자들이 다양한 이유로 업무 대행사의 꼬드김에 넘어가 업무 대행사가 안내하는 별도의 계좌로 입금하여 횡령을 당하였다. 추후 조합을 상대로 많은 소송이 제기되었으나, 법원에서 절대 받아들여질 수 없는 사안이다. 안타깝게도 피해자들이 소송비만 더 날린 결과가 되었다.

(필관조합의 가입 계약서 사례)

제7조 [조합원 분담금 및 그 관리]
① 조합원 분담금은 토지매입비, 건축공사비 등 본 사업 수행추진에 따른 사업비용(이하 "조합원 분담금"이라 한다)
② 을은 본 사업의 원활한 추진을 위하여 조합원 분담금 각각의 납부 일정에 따라 분담금을 차질 없이 납부하여야 한다.
③ 조합원 분담금 등 본 가입계약서, 조합규약 및 조합 총회 등에서 정한 분담금 등(업무대행비도 포함하며, 이하 같다)은 갑이 지정하는 본 조 제④항에 표기된 조합원 분담금 지정(입금) 계좌에 조합원이 개별 입금시킴을 원칙(무통장 입금 원칙)으로 하고, 해당 조합원 분담금 지정(입금) 계좌 이외의 계좌에 입금된 분담금 등의 입금은 일체 인정하지 않으며, 조합원 분담금 지정(입금)계좌가 아닌 계좌로 입금하여 발생한 금융사고에 대하여는 을에게 전적으로 책임을 귀속함과 동시에 을은 갑, 병 및 시공사 등에게 일체의 민·형사상 어떠한 이의도 제기할 수 없다.
④ 조합원 분담금 및 업무대행비 납입계좌

구 분	은 행	계좌번호	예 금 주
조합원분담금	⬛⬛⬛은행	⬛⬛⬛-⬛-⬛⬛⬛	⬛⬛⬛탁(주)
업무대행비	⬛⬛⬛은행	⬛⬛⬛-⬛-⬛⬛⬛	⬛⬛⬛신탁(주)
입금 시 주의사항	조합원 분담금 및 업무대행비 입금은 상기 각각의 지정(입금) 계좌에 무통장 입금 하여야 하며, 입금은 의뢰인 란에 반드시 조합원 성명을 기재하여야 함.		
기타사항	상기 각각의 지정(입금) 계좌는 중도금 대출시 또는 사업추진 과정 상 합리적 변경 사유가 발생하는 경우 변경될 수 있으며, 이 경우 갑은 을에 변경 사실을 별도 통지하기로 함.		

이 외에도 대법원은 판례를 통하여

갑이 을 지역주택조합과 조합 가입 계약을 체결하면서 분담금은 을 조합이 지정하는 신탁 회사 명의로 개설된 단독 계좌에 개별적으로 입금하도록 약정하였는데, 병 주식회사가 을 조합에 대한 용역비 청구 사건의 집행력 있는 판결 정본에 기초하여 을 조합의 갑에 대한 조합원 분담금 채권 및 분양 대금 채권에 대해 채권 압류 및 추심명령을 받아 그 결정이 갑에게 송달된 사안에서, 을 조합은 조합원에게 분담금 지급을 청구할 때 조합 가입 계약에서 정한 바에 따라 신탁 회사 명의 계좌로 납부하도록 요구할 수 있을 뿐 조합에 직접 지급하도록 요구할 수 없고, 변제 수령 권한도 없으므로, 조합원인 갑은 을 조합이 직접 분담금 지급을 청구할 경우 위 약정을 이유로 지급을 거절할 수 있고, 압류채권자인 병 회사에 대하여도 그 사유로 대항할 수 있다고 밝혔다. (대법원 2022. 6. 9. 선고 2021다270494 판결 [추심금])

또한, 자금관리대리사무계약 체결 시 약정한 내용에 따라 작성된 환불 요청서가 신탁사에 접수되지 않는 한 자금 반환 청구를 할 수 없다.

대법원 2023. 4. 13. 선고 2022다244836 판결 [추심금]
갑 등이 지역주택조합 추진위원회와 사이에 조합가입계약을 체결하였다가 탈퇴하기로 합의하면서 자신들이 납부한 조합원 분담금 및 업무대행비 전액을 반환받기로 약정하였다며 추진위원회를 상대로 소송을 제기하여 무변론 판결로 전부 승소한 다음, 승소판결에 따른 채권을 피보전채권으로 추진위원회를 대위하여 추진위원회와 자금관리 대리사무계약을 체결하고 조합원 분담금 등의 자금관리 업무를 수행하는 을 신탁회사를 상대로 자금관리 대리사무계약상 자금집행 요청권을 행사한 사안에서,
갑 등은 조합가입계약 및 갑 등이 조합가입계약 체결 시 제출한 '자금 인출·집행 동의서' 내용과 달리 추진위원회와 사이에 임의탈퇴 및 납부한 소합원 분담금과 업무추진비 전액을 반환받기로 합의한 것으로 보이므로,
을 회사가 자금집행의 절차, 요건, 범위에 관한 추진위원회와 사이의 자금관리 대리사무계약 조항을 이유로 추진위원회를 대위하여 자금집행 요청권을 행사하는 갑 등에게 대항할 수 있고, 이는 갑 등이 추진위원회를 상대로 무변론 승소판결을 받은 사정이 있더라도 달라지지 않는다고 할 것임

따라서, 조합 가입 신청자 및 조합원은 반드시 가입 계약서에 표시된 신탁사의 지정 계좌에 입금하여 금융 사고로 손해를 보지 않도록 할 필요가 있다.

필관조합에 실제 있었던 업무 대행사의 사고 사례의 운영실태를 한번 살펴보자.

1. 특정 지역에서 땅 작업을 하고 있는 A에게 C가 접근하여 사업권을 외상으로 매입하고 A의 명의를 B로 변경함. (고유번호증 명의도 A에서 B로 변경하였음.)

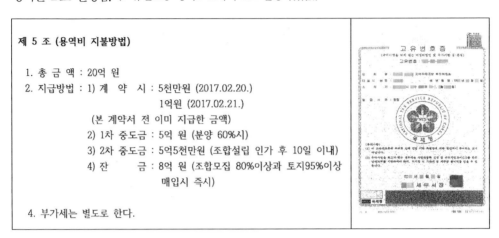

2. B가 C와 업무대행 계약을 체결함. 업무 대행비는 세대당 1,300~1,500만 원이고, 초기에 집행되도록 해 두는 등 독소 조항도 당연히 포함하고 있다.

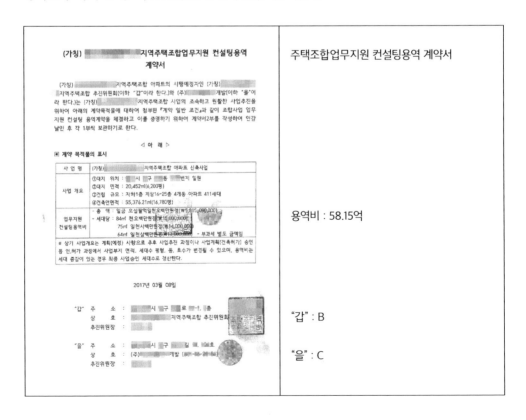

제 4 조 (용역비 지급시기 및 방법) ① 용역 총액 : 일금 오십팔억일천오백만원정(₩5,815,,000,000) (부가세별도) ▶ 계약 목적물 표시 상의 기준을 따름 ② 세 대 당 : 일금 일천오백만원정(₩15,000,000)과 일금 일천사백만원정 (₩14,000,0000) 일금 일천삼백만원(₩13,000,000)(부가세별도) ③ 용역비 지급시기 및 금액 	구 분	금 액	지급시기	비고
---	---	---	---
1차 업무대행비	50%	조합원가입 계약서	부가세 별도
2차 업무대행비	50%	계약 후 1개월 내			초기에 계약금 100% 지급 - 조합원 가입 계약 시 50% 지급 - 계약 후 1개월 내 50%
제 5 조 (대여(선 집행)비용 처리) 제4조의 업무대행 컨설팅 용역비와는 별도로 "을"이 본 사업과 관련하여 대여(선 집행)한 비용이 있는 경우 "갑"은 조합원 50%이상 모집 시에 "을"에게 일괄 지급하기로 한다.	C가 선집행한 토지 작업 용역비 등을 가져갈 수 있는 근거 마련
제 7 조 (사업시행의 총괄) ① 본 사업과 관련하여 "갑"이 별도로 외주용역을 발주한 경우, "갑"은 원활한 사업 진행을 위하여 "을"에게 해당 외주업체의 관리 업무를 총괄토록 위임한다. ② 또한 "갑"은 제①항의 의해 외주용역을 별도로 받은 자로 하여금 "을"의 총괄 업무에 따르도록 조치한다.	C가 주인 행세를 할 수 있는 근거 마련
제 11 조 (업무대행용역 중단 시의 보수 지급) ① "갑"은 상기 제10조①항에 의거 "을"과 계약을 해제, 해지 할 경우, "갑"은 해제, 해지 시점의 조합원 모집세대수로 정산하여 지급한다. ② "을"은 상기 제11조①항에 의거 "갑"과 계약을 해제, 해지 할 경우, "갑"은 조합원 모집세대수와 상관없이 계획세대수로 "을"에게 용역비를 지급한다. ③ "갑"과 "을"의 귀책사유와 상관없이 업무지원 용역의 일부 또는 전부가 중단 된 경우, "갑"은 "을"의 업무수행 여부와 관계없이 계획세대수의 용역비를 지급 하기로 한다.	C가 중도에 업무 대행사 지위를 상실하더라도 용역비 손실이 없도록 조치를 함
기타 ⑧ 본 계약의 목적인 본 사업의 원활하고 조속한 추진을 위하여 "갑"과 "을"이 추진 및 진행사항에 대해 이를 인정한다. ⑨ 본 (가칭) ▨▨▨▨▨▨지역주택조합이 시행하는 주택건설사업의 업무 효율성을 위하여 (주) ▨▨▨ 개발을 업무컨설팅용역사로 지정하여 승인하며, 업무 컨설팅 용역사로 하여금 조합의 위임을 받아 모든 업무를 관리대행 및 수행하게 한다. 이때 주택법시행령 제37조6항의 행으로 본다.	C가 기 추진한 업무에 대해 인정하도록 하고, 향후에도 모든 업무를 대행할 수 있는 근거를 마련함
⑩ 본 계약은 추후 사업진행 과정에서 "갑"의 대표자가 변경되어도 유효하며 변경된 대표자는 본 계약을 승계하여 유지한다.	B위원장이 D조합장 및 E조합장으로 변경되어도 업무 대행계약이 계속 유효하도록 함.

3. B위원장 직인을 C사가 보관함.

4. C가 B명의로 신탁사와 계약을 체결하고, B위원장 직인과 C대표의 직인이 찍히면 인출이 가능하도록 해 둠. 신탁사는 B위원장 직인 명의자와 직인 소지자를 직접 대면 확인하지 않음.

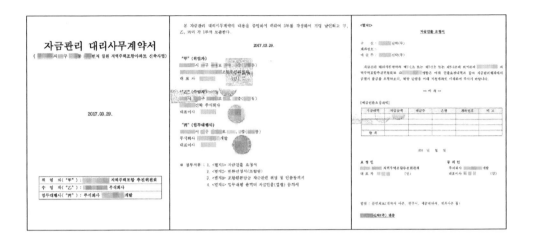

5. C는 조합원 모집 활동 시작함.

6. C는 B위원장에게 B위원장은 직인이 있는지도 모르고 불법 행위는 전적으로 C의 책임이며, 발생하는 모든 일에 대한 책임은 C에 있다는 내용의 확인서 및 B위원장은 타 조합 가입으로 조합원 자격을 상실함으로 창립총회 시부터 B위원장으로서의 권한 및 기 추진 업무에 대한 책임이 없으며, 향후 어떠한 책임도 전가하지 않겠다는 확약서를 B위원장에게 교부함. 조합이 B위원장에게 책임을 물으려 하자 B위원장은 확인서 세 가지를 조합에 제출함. B위원장은 추후 [확인서 3]의 첨부에 있는 부지매입용역계약서를 근거로 조합에 용역비 청구 소송을 하는 모순에 빠지기도 한 바 있다.

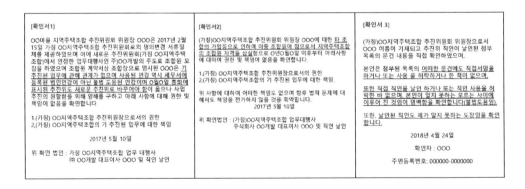

7. C는 B위원장 직인을 활용하여 신탁사에 자금 인출 요청을 하고, 실제로 자금이 인출됨. 인출요청서에 첨부된 8억 계약서는 대다수 업무 대행사와 관세 회사 간의 거래 내용인데, 가짜이거나 금액이 엄청 부풀려진 것임.

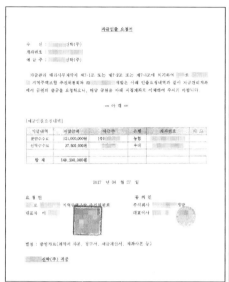 

8. 신탁사는 신탁계약서에 있는 직인과 동일한 직인이 찍힌 자금인출요청서를 보고 인출해 주었으므로 책임이 없다는 입장임.

9. 업무 대행사는 아무 내용도 모르는 조합 가입 신청자들이 모인 창립총회에서 구체적인 내용 설명이나 안내 없이 '추진위원회 기 수진 업무 추인의 건'을 통과시킴.

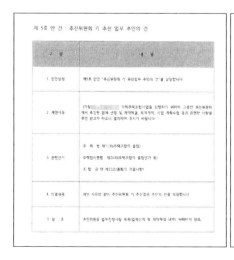 

10. 창립총회에서 '추진위원회 기 추진 업무 추인의 건'의 통과를 근거로 부풀려지거나 가짜인 계약서의 비용을 집중 집행함. 창립총회에서 새로 선출된 D조합장 직인이 아닌 B위원장 명의의 직인을 사용한 점을 지적하면 '조합설립인가를 득하기 전까지는 D조합장은 권한이 없다.'로 대응함. 외상으로 확보한 사업권 인수비 12억(선지급금 4억 포함)도 조합자금을 인출하여 지불함.

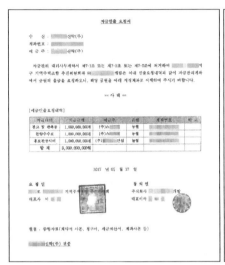

부지 매입 용역 계약서에는 용역비 20억 중 5.5억은 조합설립인가 후 10일 이내에 지급하도록 되어 있었고, 필관조합의 조합설립인가일은 2017년 9월 14일이다. 그러나, 신탁사는 조합설립인가도 전인 2017년 7월 6일 자금 인출 요청을 받아 2017년 7월 7일 자금 인출을 집행했다. 신탁사가 집행 사무를 소홀히 한 것으로 판단된다.

2017년 7월 6일 자금인출요청서를 보니 이 때는 또 다른 부지 매입 용역 계약서가 활용되었다. 계약서가 고무줄이고, 신탁사도 눈 뜬 장님이다.	
[제1편 제3장 초기 실질적인 추진 과정에 포함된 자료] **제 5 조 (용역비 지불방법)** 1. 총 금 액 : 20억 원 2. 지급방법 : 1) 계 약 시 : 5천만원 (2017.02.20.) 　　　　　　　　　　　1억원(2017.02.21.) 　　　　　　　　　(본 계약서 전 이미 지급한 금액) 　　　　　　　2) 1차 중도금 : 5억 원 (분양 60%시) 　　　　　　　3) 2차 중도금 : 5억5천만원 (조합설립 인가 후 10일 이내) 　　　　　　　4) 잔　　금 : 8억 원 (조합모집 80%이상과 토지95%이상 매입시 즉시) 4. 부가세는 별도로 한다.	**[2017년 7월 6일 자금 인출 요청서에 첨부된 자료]** **제 5 조 (용역비 지불방법)** ㉮ 총 금 액 : 20억 원 ㉯ 지급방법 : 1) 계약 시 : 2억 원(2017.02.16.) 　　　　　　　　　　　1억 원(2017.02.22.) 　　　　　　　2) 1차 중도금 : 5억 원 (분양 60%)시 　　　　　　　3) 2차 중도금 : 5억 원 (조합설립 인가 후 10일 이내) 　　　　　　　4) 잔　　금 : 7억 원 (조합모집 80%이상 시 즉시) * 부가세 별도

조합 가입 시 세대당 1,300만 원~1,500만 원의 업무 대행비는 411세대에 적용하면 총 58.15억에 해당하는데, 조합원 자격이 안 되는 사람을 준조합원으로 가입시키는 등의 형태를 취하여 실적을 부풀려 초기에 거의 다 인출해 갔다.

업무 대행사는 소수의 인력(업무 대행사 소속 인력은 10명 미만이며 핵심 인력은 2~3명에 불과한 것으로 추정)으로 1개의 사업장만 관리하는 것이 아니라 동시에 여러 곳의 사업장을 관리하고 있다.

세대당 1,300만 원~1,500만 원 정도의 업무 대행비 수령을 설계할 때는 홍보관 확보 및 운영, 조합원 모집비, 토지 확보 시 발생하는 비용, 대출 계약을 위해 발생하는 비용 등 실발생 비용 중 많은 부분을 업무 대행사가 감당한다는 전제에서 설정되었을 것으로 추정되나, 현실에서는 거의 모든 실발생 비용은 조합이 부담하는 점을 감안하면 업무 대행비는 상당폭 축소되어야 할 것으로 판단된다. (1년에 3억~5억 정도가 적정하지 않을까 짐작해 본다.)

C는 상기한 업무 대행비 외에도 조합이 창립도 되기 전에 조합 자금을 과도하게 집행·인출해 버리고, 창립총회에서 기 추진 업무에 넣어 대충 추인해 버리고 추후 잘못을 발견하여 환수를 받으려고 해도 자신들의 재산은 은닉하여 발각되어도 환수 불가능하게 해 두고 있었다.

과도하게 집행·인출하는 방법으로는 홍보관 건축·운영계약, 설계계약, 인허가계약, 광고홍보계약, 모집분양활동계약, 토지지주 작업 및 매입, 브릿지대출 용역 활동 등에 업무 대행사와 이해관계가 있는 업체와 계약금을 부풀려 계약을 하거나 자격이 안 되는 사람을 조합원으로 모집(통상 OS요원이라 함)하여 높은 실적을 달성한 것처럼 하여 조기에 자금을 집행하는 식이다.

자금을 보관하였다가 인출해 주는 신탁사도 자금 인출 절차를 정밀하게 설계하고 자금 인출 요청 시 야무지고 꼼꼼하게 점검하는 절차를 거친 후 인출할 것으로 기대되나, 현실은 너무나 허술하게 실세되고 느슨하게 운영되고 있었다.

사고가 생기고 나서 자세히 들여다보니 위에서 언급한 토지용역비 지급 사안과 같이 신탁사가 확인 절차를 제대로 수행했으면 방지될 수 있었을 것으로 보이는 사안이 많았다. 향후 신탁사를 대상으로 소송을 제기하는 방안을 적극 검토하고 있다. (업무 대행사를 상대로 소송을 할 경우 자금을 다 숨겨 버려 소송에 이겨도 자금을 환수하기는 어려운 점을 감안하여 신탁사를 대상으로 소송을 하는 것이 바람직할 것으로 판단하고 있다.)

더군다나, C는 조합 모르게 일반 공중을 상대로 조합 가입을 권유하면서 신탁사 계좌가 아닌 대행사 계좌로 계약금을 입금토록 하여 횡령을 하기도 했다.

C를 잘라 내고 새로운 업체와 계약을 하였는데, 조합의 이익을 최우선으로 하지 않는 것은 마찬가지였다. 브릿지대출 빛 PF 대출 실행 시에 조합에 충분한 정보 제공 없이 깜깜이로 일을

처리하고, 조합이 추후에 비용 발생이 과도하다고 인지하더라도 어쩔 수 없도록 만들었다.

뿐만 아니라 데이터나 정보 등을 중간에 독점하여 대행사를 통하지 않으면 일이 되지 않도록 만들어 결과적으로 갑과 을이 뒤바뀌는 상황을 만들어 조합의 목줄을 쥐려고 끊임없이 시도하였다.

따라서, 업무의 주도권은 확실하게 조합 집행부가 쥐고, 업무 대행사는 계약된 또는 지시된 범위 내의 일을 수행하고 그에 맞는 대행 수수료를 수령하게 하는 것이 최선이라고 판단된다.

이를 실현되도록 하기 위해서는 창립총회에서 '추진위원회 기 추진 업무 추인의 건'이 절대로 통과되어서는 안 된다.

조합 집행부가 업무 주도권을 확실하게 쥐려면 주택조합 업무 추진의 내용 전반을 제대로 이해하고 있어야 하는데, 이 책이 이를 가능토록 하는데 많은 도움이 될 것으로 확신한다.

📑 정책 제언

모집된 조합원들은 처음에는 지역주택조합에 대해 무지한 상태에 있는 데 반해 업무 대행사는 정보나 지식 측면에서 우월적 위치에 있다. 서민들의 내집마련을 지원하기 위한 주택조합제도가 정책적 목적을 달성하기 위해서는 업무 대행사가 우월적 지위를 남용하여 사기나 횡령으로 과도한 이익을 가져가는 것을 방지하고, 정당한 용역을 제공하고, 정당한 대가를 가져갈 수 있는 구조로 시급히 전환되어야 한다.

이를 위해서는 초기에는 조합원 모집 신고를 수리하는 권한을 가진 관할관청이 좀 더 적극적으로 역할을 수행하고, 창립총회 이후에는 조합 집행부가 책임감을 갖고 역할을 할 수 있도록, 관할관청이 지원할 수 있도록, 다양한 방안을 강구할 필요가 있겠다. 최근 개정된 법률 내용의 중요한 포인트 중 하나는 관할관청이 초기에 관여할 수 있는 여지와 폭을 엄청 확대·강화하였다는 것이다. 법 개정 취지에 발 맞추어 담당 공무원들의 역할을 기대하면서 다음의 정책 제언을 하고자 한다.

1. 관할관청(주로 구청임)에 조합원 모집 신고가 수리되어야 조합원 모집 활동이 가능하고, 조합원 모집 현장에서 처음으로 업무 대행비가 안내되는데, 일반 공중은 업무 대행비가 적정한 수준인지에 대해 전혀 판단을 할 수 없다. 따라서, 조합이 자금을 별도로 집행하는 구

조의 업무 대행 계약의 적정 용역비에 대한 가이드 라인을 국토교통부의 표준규약에 담을 필요가 있으며, 관할관청에서는 모집 신고 수리 시에 조합규약에 적정히 반영되어 있는지 확인할 필요가 있겠다.

2. 제출된 모든 서류에는 업무 대행비 및 계약금을 신탁사 계좌로 입금하게 되어 있고 다른 계좌로 입금하면 무효라고 되어 있음에도 불구하고, 홍보 및 가입 계약서를 작성하는 홍보관 현장에서는 다양한 명목과 이유로 신탁사 계좌가 아닌 다른 계좌로 입금을 유도하고 있는 실태이다. 현장을 감독하든지, 홍보관 입면에 신탁사 계좌로 입금치 않아 피해 보는 일이 없도록 하라는 취지의 현수막이라도 게시하게 할 필요가 있다.

3. 신탁사의 자금관리대리사무계약 체결 및 자금 인출 요청 시 확인 절차를 좀 더 구체화하는 방안을 마련하여 국토교통부의 표준규약에 반영할 필요가 있겠다. 구체화하는 방안으로 표준규약 제38조에 제③~⑥항을 추가하기를 희망하며, ②의 후단 내용중 일부(시공사와의 공사계약에 따라 시공사와 공동 명의의 계좌를 사용할 수 있다)의 삭제를 제안한다.

표준규약 제38조(자금의 운영 및 관리)

① 조합원의 부담금은 본 조합주택의 사업목적 이외에는 사용할 수 없다.

② 조합의 사업비는 조합이 지정한 금융기관에 예치하되, 시공사와의 공사계약에 따라 시공사와 공동명의의 계좌를 사용하거나, 신탁회사와 자금관리대리 사무 계약을 체결하여 신탁회사로 하여금 관리하도록 할 수 있다.

③ 발기인은 신탁사에 자금을 예치할 경우 직인 명의자와 신탁사 대표자(또는 위임자)가 직접 대면하여 자금관리대리사무계약을 체결하도록 하여야 하며, 조합의 직인 명의자가 직접 직인을 활용하여 계약을 체결하도록 해야 한다.

④ 신탁사는 계약 체결 시 및 자금인출요청서를 접수했을 때 직인 명의자가 직인을 직접 날인했는지 여부를 반드시 확인하여야 한다는 내용을 자금관리대리사무계약서에 포함하여야 한다.

⑤ 직인 명의자는 직인관리를 소홀히 하여 발생한 손해에 대해서는 어떠한 경우라도 직접 배상하여야 한다.

⑥ 직인 확인을 소홀히 하여 조합에 발생한 손해에 대해서는 신탁사가 배상할 책임이 있다는 내용을 자금관리대리사무계약 체결시에 반드시 포함되도록 한다.

제안 내용의 핵심 사항은 직인 명의자(발기인일 가능성이 큼)가 직접 직인을 활용하여 신탁사와 계약을 체결해야 하고, 자금 인출 요청 시에도 직인 명의자가 직접 직인을 날인해야 하며, 직인 관리를 소홀히 하여 발생한 손해에 대해서는 어떠한 경우에도 직인 명의자가 배상

할 책임이 있으며, 신탁사도 확인을 소홀히 해 발생하는 손해에 대해서는 책임이 있다는 내용을 자금관리대리사무계약서 체결 시 포함되도록 하자는 것이다.

4. 모집 신고 수리 시 자금 인출에 활용되는 직인 명의자 및 소지자의 직접 확인을 당부한다.

관할관청에서는 조합원 모집 신고 신청서 접수 시에 주택법 시행규칙 제7조의3(조합원 모집 신고) 제1항제3호 다목에 따라 '조합 자금 관리의 주체 및 계획안'을 접수받아야 하고, 또한 제5호 나목에 따라 업무 대행자(신탁업자도 계약금 등 자금의 보관 및 그와 관련된 업무를 대행하는 업무 대행자임)를 선정한 경우 '업무대행계약서'를 접수받아야 한다.

담당 공무원은 신청서 수리 전에 업무 대행사가 아닌 발기인 및 직인 명의자를 직접 호출·대면하여 신탁사와의 계약 중 자금인출요청서에 사용된 인출 요청인 직인의 진위 여부를 확인하고, 직인 명의자에게 명의자가 항상 직인을 소지하여야 함을, 또한 그러지 못한 경우, 책임을 져야 함을 반드시 주시시키도록 적극 행정을 할 것을 당부한다.

주택법 시행규칙 제7조의3(조합원 모집 신고)

① 법 제11조의3제1항에 따라 조합원 모집 신고를 하려는 자는 별지 제11호의2서식의 신고서에 다음 각 호의 서류를 첨부하여 관할 시장·군수·구청장에게 제출해야 한다. <개정 2020. 7. 24.>

   3. 다음 각 목의 사항이 모두 포함된 조합원 모집공고안

      다. 조합 자금관리의 주체 및 계획

   5. 업무대행자를 선정한 경우에는 다음 각 목의 서류

      나. 업무대행계약서

제2장 | 공동사업주체 및 사업주체

1. 공동사업주체의 정의

주택법에 공동사업주체에 대한 언급이 많은데, 복잡하고 혼란스럽다. 이에 대해 지세히 알아보자. 연간 단독주택 20호 또는 공동주택 20세대 이상의 주택건설사업을 시행하려는 자는 국토교통부장관에게 등록하여야 한다. (주택법 제4조제1항.) 다만, 등록사업자와 공동으로 주택건설사업을 하는 주택조합은 등록하지 않아도 된다고 되어 있다.

주택법 제4조(주택건설사업 등의 등록)

① 연간 대통령령으로 정하는 호수(戶數) 이상의 주택건설사업을 시행하려는 자 또는 연간 대통령령으로 정하는 면적 이상의 대지조성사업을 시행하려는 자는 국토교통부장관에게 등록하여야 한다. 다만, 다음 각 호의 사업주체의 경우에는 그러하지 아니하다.

1. 국가·지방자치단체

2. 한국토지주택공사

3. 지방공사

4. 「공익법인의 설립·운영에 관한 법률」제4조에 따라 주택건설사업을 목적으로 설립된 공익법인

5. 제11조에 따라 설립된 주택조합(제5조제2항에 따라 등록사업자와 공동으로 주택건설사업을 하는 주택조합만 해당한다)

6. 근로자를 고용하는 자(제5조제3항에 따라 등록사업자와 공동으로 주택건설사업을 시행하는 고용자만 해당하며, 이하 "고용자"라 한다)

주택법 시행령 제14조(주택건설사업자 등의 범위 및 등록기준 등)

① 법 제4조제1항 각 호 외의 부분 본문에서 "대통령령으로 정하는 호수"란 다음 각 호의 구분에 따른 호수(戶數) 또는 세대수를 말한다.

1. 단독주택의 경우: 20호

2. 공동주택의 경우: 20세대. 다만, 도시형 생활주택(제10조제2항제1호의 경우를 포함한다)은 30세대로 한다.

그러면 주택조합이 요건을 갖추어 등록하면 단독으로 주택건설사업을 할 수 있는 것으로 해석될 여지가 있는데 맞는가? 하는 의문이 생긴다.

또한, 주택법 제5조제2항에서도 많은 수의 구성원이 주택을 마련하기 위해 인가를 받은 주택조합은 자격 요건을 갖춘 등록사업자와 공동으로 사업을 시행할 수 있고, 이 경우 공동사업주체가 된다고 하고 있으므로, 주택조합이 단독으로 사업을 시행할 수 있는 것으로 해석될 여지가 충분히 있다.

주택법 제5조(공동사업주체)

② 제11조에 따라 설립된 주택조합(세대수를 증가하지 아니하는 리모델링주택조합은 제외한다)이 <u>그 구성원의 주택을 건설하는 경우에는 대통령령으로 정하는 바에 따라 등록사업자(지방자치단체·한국토지주택공사 및 지방공사를 포함한다)와 공동으로 사업을 시행할 수 있다. 이 경우 주택조합과 등록사업자를 공동사업주체로 본다.</u>

주택법 제11조(주택조합의 설립 등)

① <u>많은 수의 구성원이 주택을 마련하거나 리모델링하기 위하여 주택조합을 설립하려는 경우(제5항에 따른 직장주택조합의 경우는 제외한다)에는 관할 특별자치시장, 특별자치도지사, 시장, 군수 또는 구청장</u>(구청장은 자치구의 구청장을 말하며, 이하 "시장·군수·구청장"이라 한다)의 인가를 받아야 한다. 인가받은 내용을 변경하거나 주택조합을 해산하려는 경우에도 또한 같다.

이러한 해석의 여지에 대해 국토교통부는 질의회신을 통해 지역주택조합은 다른 등록사업자와 공동사업주체가 되지 않고서는 단독으로 조합원 주택건설사업을 시행할 수 없다고 밝혔다.

민원인 - 지역주택조합이 등록사업자로 등록하여 그 구성원의 주택을 건설하는 주택건설사업을 단독으로 시행할 수 있는지 여부(「주택법」 제5조제2항 등 관련)

[법제처 법령해석 사례 22-0488, 2023. 3. 7., 민원인]

1. 질의요지

「주택법」 제4조제1항 본문에서는 연간 대통령령으로 정하는 호수(戶數)(각주: 단독주택의 경우 20호, 공동주택의 경우 20세대(도시형 생활주택의 경우 30세대)를 말함(「주택법 시행령」 제14조제1항 참조).) 이상의 주택건설사업을 시행하려는 자 등은 국토교통부장관에게 등록하여야 한다고 규정하고, 같은 항 단서에서는 같은 항 각 호의 사업주체의 경우에는 그러하지 아니하다고 규정하면서, 같은 항 제5호에서는 "같은 법 제11조에 따라 설립된 주택조합(제5조제2항에 따라 등록사업자와 공동으로 주택건설사업을 하는 주택조합만 해당한다)"을 규정하고 있는 한편,

「주택법」 제5조제2항 전단에서는 같은 법 제11조에 따라 설립된 주택조합(세대수를 증가하지 아니하는 리모델링주택조합은 제외한다)이 그 구성원의 주택을 건설하는 경우에는 대통령령으로 정하는 바에 따라 등록사업자(각주: 「주택법」 제4조에 따라 등록을 한 자를 말하며, 이하 같음.)(지방자치단체·한국토지주택공사 및 지방공사를 포함한다)와 공동으로 사업을 시행할 수 있다고 규정하고 있고, 같은 항 후단에서는 이 경우 주택조합과 등록사업자를 공동사업주체로 본다고 규정하고 있는바,

「주택법」 제11조제1항에 따라 설립된 같은 법 제2조제11호가목에 따른 지역주택조합(이하 "지역주택조합"이라 함)은 같은 법 제4조제1항 본문에 따라 등록사업자로 등록하여 같은 법 제5조제2항에 따라 다른 등록사업자와 공동사업주체가 되지 않고서도 단독으로 그 구성원의 주택을 건설하는 주택건설사업(이하 "조합원주택건설사업"이라 함)을 시행할 수 있는지?(각주: 세대수를 증가하지 아니하는 리노넬링주택조합에 해당하시 않는 지역주택조합이 주택건설사업을 시행하고, 주택건설공사의 시공은 「주택법」 제34조제1항에 따른 주택건설공사의 시공자격을 갖춘 자가 담당하는 경우를 전제함.)

2. 회답
지역주택조합은 「주택법」 제5조제2항에 따라 다른 등록사업자와 공동사업주체가 되지 않고서는 단독으로 조합원주택건설사업을 시행할 수 없습니다.

3. 이유: 생략 (법제처 법령해석 사례에서 조회해 볼 수 있다. (https://www.moleg.go.kr))

그러면, 등록사업자와 공동사업주체가 되어 조합원주택건설사업을 시행한다 하더라도, 공동사업주체인 등록사업자에게는 업무 대행자 역할만 시키고, 시공은 다른 업체에 맡겨도 되는 것 아닌가? 하는 의문을 가질 수 있는데,

이러한 해석의 여지에 대해 국토교통부는 질의회신을 통해 주택조합이 등록사업자와 공동사업주체로시 주택건실사업을 시행하는 성우에는 그 주택을 반드시 해당 등록사업자가 시공하여야 한다고 밝혔다.

국토교통부 – 주택조합과 등록사업자가 공동사업주체로서 주택건설사업을 시행하는 경우 그 주택의 시공자(「주택법」 제10조제2항 등 관련)

안건번호15-0861 회신일자2016-03-04
1. 질의요지
「주택법」 제10조제2항에서는 같은 법 제32조에 따라 설립된 주택조합(세대수를 증가하지 아니하는 리모델링주택조합은 제외함)이 그 구성원의 주택을 건설하는 경우에는 대통령령으로 정하는 바에 따라 등록사업자(지방자치단체, 한국토지주택공사, 지방공사를 포함함)와 공동으로 사업을 시행할 수 있고, 이 경우 주택조합과 등록사업자를 공동사업주체로 본디고 규정하고 있는바,

「주택법」 제10조제2항에 따라 주택조합이 같은 법 제9조제1항에 따른 등록사업자와 공동사업주체로서 주택건설사업을 시행하는 경우, 그 주택을 반드시 해당 등록사업자가 시공하여야 하는지?

※ 질의배경

　　○ 민원인은 주택조합이 등록사업자와 공동사업주체로서 주택건설사업을 시행하는 경우에 해당 등록사업자가 반드시 직접 시공하여야 하는지에 대해 국토교통부에 문의하였는데, 국토교통부는 그러한 경우 해당 등록사업자가 반드시 직접 시공하여야 한다는 입장으로서 이를 명확히 하기 위하여 국토교통부에서 법령해석을 요청함.

2. 회답

「주택법」 제10조제2항에 따라 주택조합이 같은 법 제9조제1항에 따른 등록사업자와 공동사업주체로서 주택건설사업을 시행하는 경우에는 그 주택을 반드시 해당 등록사업자가 시공하여야 합니다.

3. 이유: 생략 (법제처 법령해석 사례에서 조회해 볼 수 있다. (https://www.moleg.go.kr))

즉, 주택조합은 다른 등록사업자와 공동사업주체가 되지 않고서는 단독으로 조합원주택건설사업을 시행할 수 없으며, 공동사업주체인 등록사업자가 반드시 시공을 해야 한다.

2. 공동사업주체가 해야 할 일은 다음과 같다.

가. 주택조합은 주택건설대지의 95퍼센트 이상의 소유권 확보.

나. 소유권을 확보한 대지에 대해 저당권등 말소.

다. 주택조합과 등록사업자 간에 주택법 시행령 제16조제1항 3호의 각목 내용에 대한 협약 체결.

라. 사업계획승인 신청.

주택법 시행령 제16조(공동사업주체의 사업시행)

① 법 제5조제1항에 따라 공동으로 주택을 건설하려는 토지소유자와 등록사업자는 다음 각 호의 요건을 모두 갖추어 법 제15조에 따른 사업계획승인을 신청하여야 한다.

　　2. 주택건설대지가 저당권·가등기담보권·가압류·전세권·지상권 등(이하 "저당권등"이라 한다)의 목적으로 되어 있는 경우에는 그 저당권등을 말소할 것. 다만, 저당권등의 권리자로부터 해당 사업의 시행에 대한 동의를 받은 경우는 예외로 한다.

3. 토지소유자와 등록사업자 간에 다음 각 목의 사항에 대하여 법 및 이 영이 정하는 범위에서 협약이 체결되어 있을 것

　　　　가. 대지 및 주택(부대시설 및 복리시설을 포함한다)의 사용·처분

　　　　나. 사업비의 부담

　　　　다. 공사기간

　　　　라. 그 밖에 사업 추진에 따르는 각종 책임 등 사업 추진에 필요한 사항

② 법 제5조제2항에 따라 공동으로 주택을 건설하려는 주택조합(세대수를 늘리지 아니하는 리모델링주택조합은 제외한다)과 등록사업자, 지방자치단체, 한국토지주택공사(「한국토지주택공사법」에 따른 한국토지주택공사를 말한다. 이하 같다) 또는 지방공사(「지방공기업법」 제49조에 따라 주택건설사업을 목적으로 설립된 지방공사를 말한다. 이하 같다)는 다음 각 호의 요건을 모두 갖추어 법 제15조에 따른 사업계획승인을 신청하여야 한다.

　　2. 주택조합이 주택건설대지의 소유권을 확보하고 있을 것. 다만, 지역주택조합 또는 직장주택조합이 등록사업자와 공동으로 사업을 시행하는 경우로서 법 제21조제1항제1호에 따라 「국토의 계획 및 이용에 관한 법률」 제49조에 따른 지구단위계획의 결정이 필요한 사업인 경우에는 95퍼센트 이상의 소유권을 확보하여야 한다.

3. 사업주체의 정의

주택법률 내용 중 사업주체라는 용어가 빈번하게 사용되고 있는데, 이에 대해 알아보자. 사업주체는 주택법 제2조제10호에 정의되어 있는데, 이 중에 주택조합 사업과 관련 있는 것은 다목의 등록한 주택건설업자(즉, 시공사를 말함) 및 라목의 주택건설사업 시행자(즉 주택조합을 말함)이다.

사업주체는 국가·지방자치단체 등 공공 단체뿐만 아니라 민간 사업자도 포함되는 폭넓은 개념이라 볼 수 있으며, 민간인인 주택조합 및 등록한 주택건설사업자도 사업주체에 해당한다.

주택법 제2조(정의) 이 법에서 사용하는 용어의 뜻은 다음과 같다.

10. "사업주체"란 제15조에 따른 주택건설사업계획 또는 대지조성사업계획의 승인을 받아 그 사업을 시행하는 다음 각 목의 자를 말한다.

　　가. 국가·지방자치단체

　　나. 한국토지주택공사 또는 지방공사

　　다. 제4조에 따라 등록한 주택건설사업자 또는 대지조성사업자

　　라. 그 밖에 이 법에 따라 주택건설사업 또는 대지조성사업을 시행하는 자

주택법 제4조(주택건설사업 등의 등록)

① 연간 대통령령으로 정하는 호수(戶數) 이상의 주택건설사업을 시행하려는 자 또는 연간 대통령령으로 정하는 면적 이상의 대지조성사업을 시행하려는 자는 국토교통부장관에게 등록하여야 한다.

② 제1항에 따라 등록하여야 할 사업자의 자본금과 기술인력 및 사무실면적에 관한 등록의 기준·절차·방법 등에 필요한 사항은 대통령령으로 정한다.

주택법 시행령 제14조(주택건설사업자 등의 범위 및 등록기준 등)

③ 법 제4조에 따라 주택건설사업 또는 대지조성사업의 등록을 하려는 자는 다음 각 호의 요건을 모두 갖추어야 한다. 이 경우 하나의 사업자가 주택건설사업과 대지조성사업을 함께 할 때에는 제1호 및 제3호의 기준은 중복하여 적용하지 아니한다. <개정 2017. 6. 2., 2018. 12. 11.>

　1. 자본금: 3억원(개인인 경우에는 자산평가액 6억원) 이상

　2. 다음 각 목의 구분에 따른 기술인력

　　가. 주택건설사업: 「건설기술 진흥법 시행령」 별표 1에 따른 건축 분야 기술인 1명 이상

　　나. 대지조성사업: 「건설기술 진흥법 시행령」 별표 1에 따른 토목 분야 기술인 1명 이상

　3. 사무실면적: 사업의 수행에 필요한 사무장비를 갖출 수 있는 면적

④ 다음 각 호의 어느 하나에 해당하는 경우에는 해당 각 호의 자본금, 기술인력 또는 사무실면적을 제3항 각 호의 기준에 포함하여 산정한다.

　1. 「건설산업기본법」 제9조에 따라 건설업(건축공사업 또는 토목건축공사업만 해당한다)의 등록을 한 자가 주택건설사업 또는 대지조성사업의 등록을 하려는 경우: 이미 보유하고 있는 자본금, 기술인력 및 사무실면적

　2. 위탁관리 부동산투자회사(「부동산투자회사법」 제2조제1호나목에 따른 위탁관리 부동산투자회사를 말한다. 이하 같다)가 주택건설사업의 등록을 하려는 경우: 같은 법 제22조의2제1항에 따라 해당 부동산투자회사가 자산의 투자·운용업무를 위탁한 자산관리회사(같은 법 제2조제5호에 따른 자산관리회사를 말한다. 이하 같다)가 보유하고 있는 기술인력 및 사무실면적

제3장 ‖ 발기인 상세 내용

주택법에서 발기인이라는 용어가 사용된 것은 2016년 8월 12일 이전에는 협회 설립과 관련된 것이 유일하다.

주택법 제82조(협회의 설립인가 등)

① 협회를 설립하려면 다음 각 호의 구분에 따른 인원수를 발기인으로 하여 정관을 마련한 후 창립총회의 의결을 거쳐 국토교통부장관의 인가를 받아야 한다. 주택사업자단체가 정관을 변경하려는 경우에도 또한 같다. 〈개정 2013. 3. 23., 2013. 8. 6.〉

   1. 주택사업자단체: 회원자격을 가진 자 50명 이상

   2. 주택관리사단체: 공동주택의 관리사무소장으로 배치된 자의 5분의 1 이상

   3. 삭제 <2015. 8. 11.>

② 국토교통부장관은 제1항에 따른 인가를 하였을 때에는 이를 지체 없이 공고하여야 한다. 〈개정 2013. 3. 23.〉

2016년 8월 12일 시행된 개정 법률에서 주택조합의 설립, 관련 자료의 공개, 벌칙 조항에도 발기인이라는 용어가 도입되었다. 이때만 해도 주택조합 발기인이 반드시 있어야 한다는 내용은 아니고, 주택조합 설립 절차를 초기에 진행하는 사람을 표현상 발기인이라는 용어로 사용하는 정도로 보인다.

제11조 (주택조합의 설립 등)	⑧ 주택조합(리모델링주택조합은 제외한다) 및 그 조합의 구성원(주택조합의 발기인을 포함한다)은 조합원 가입 알선 등 주택조합의 업무를 제5조제2항에 따른 공동사업주체인 등록사업자 또는 다음 각 호의 어느 하나에 해당하는 자에게만 대행하도록 하여야 한다.
제12조 (관련 자료의 공개)	① 주택조합의 발기인 또는 임원은 주택조합사업의 시행에 관한 다음 각 호의 서류 및 관련 자료가 작성되거나 변경된 후 15일 이내에 이를 조합원이 알 수 있도록 인터넷과 그 밖의 방법을 병행하여 공개하여야 한다. ② 제1항에 따른 서류 및 다음 각 호를 포함하여 주택조합사업의 시행에 관한 서류와 관련 자료를 조합의 구성원이 열람·복사 요청을 한 경우 주택조합의 발기인 또는 임원은 15일 이내에 그 요청에 따라야 한다. 이 경우 복사에 필요한 비용은 실비의 범위에서 청구인이 부담한다.

제102조 (벌칙)	다음 각 호의 어느 하나에 해당하는 자는 2년 이하의 징역 또는 2천만원 이하의 벌금에 처한다. 다만, 제5호 또는 제18호에 해당하는 자로서 그 위반행위로 얻은 이익의 50퍼센트에 해당하는 금액이 2천만원을 초과하는 자는 2년 이하의 징역 또는 그 이익의 2배에 해당하는 금액 이하의 벌금에 처한다. 3. 제12조제1항에 따른 서류 및 관련 자료를 거짓으로 공개한 주택조합의 발기인 또는 임원 4. 제12조제2항에 따른 열람·복사 요청에 대하여 거짓의 사실이 포함된 자료를 열람·복사하여 준 주택조합의 발기인 또는 임원

그러나, 2020년 1월 23일 시행된 개정 법률에서는 발기인의 자격 요건, 역할, 의무 및 책임, 벌칙 등에 대해서 구체적으로 정하였다.

발기인은 상법상의 용어로서 '설립 중의 회사'의 집행 기관으로서 정관의 작성 등 회사의 설립에 필요한 모든 행위를 할 권한을 가지며, 그 권한에 속하는 행위에 의하여 취득한 권리·의무는 설립 중의 회사에 귀속하며 설립과 동시에 회사에 귀속하는데, 주택법에서도 이 정도에 버금가는 의미로 발기인 개념을 도입한 것으로 보인다. 하나하나 자세히 살펴보자.

1. 주택조합 설립인가를 받기 위하여 조합원을 모집하려는 자는 50퍼센트 이상의 토지사용권원을 확보하여 시장·군수·구청장에게 신고하고, 공개모집의 방법으로 조합원을 모집하여야 한다. 위반 시 벌칙 조항이 있다.

주택법 제11조의3(조합원 모집신고 및 공개모집)

① 제11조제1항에 따라 지역주택조합 또는 직장주택조합의 설립인가를 받기 위하여 조합원을 모집하려는 자는 해당 주택건설대지의 50퍼센트 이상에 해당하는 토지의 사용권원을 확보하여 관할 시장·군수·구청장에게 신고하고, 공개모집의 방법으로 조합원을 모집하여야 한다. 조합 설립인가를 받기 전에 신고한 내용을 변경하는 경우에도 또한 같다. <개정 2020. 1. 23.>

주택법 102조(벌칙) 다음 각 호의 어느 하나에 해당하는 자는 2년 이하의 징역 또는 2천만원 이하의 벌금에 처한다. <개정 2016. 12. 2., 2018. 12. 18., 2019. 4. 23., 2019. 12. 10., 2020. 1. 23.>

2. 제11조의3제1항을 위반하여 신고하지 아니하고 조합원을 모집하거나 조합원을 공개로 모집하지 아니한 자

---

2. 모집 신고서에는 발기인 명단 등 모집 주체에 관한 자료 및 발기인이 자격이 있음을 증명하는 자료를 첨부하여 제출해야 하며, 모집 공고에는 발기인 등 모집 주체의 성명 및 주소를

포함해야 한다.

주택법 시행규칙 제7조의3(조합원 모집 신고)

① 법 제11조의3제1항에 따라 조합원 모집 신고를 하려는 자는 별지 제11호의2서식의 신고서에 다음 각 호의 서류를 첨부하여 관할 시장·군수·구청장에게 제출해야 한다. <개정 2020. 7. 24.>

　　1. 조합 발기인 명단 등 조합원 모집 주체에 관한 자료

　　1의2. 주택조합 발기인이 영 제24조의3제1항에 따른 자격이 있음을 증명하는 자료

주택법 제7조의4(조합원 공개모집)

② 조합원 모집공고에는 다음 각 호의 사항이 포힘되어아 한다. <개정 2019. 10. 29., 2020. 7. 24.>

　　1. 조합 발기인 등 조합원 모집 주체의 성명 및 주소(법인의 경우에는 법인명, 대표자의 성명, 법인의 주소 및 법인등록번호를 말한다)

---

3. 발기인은 조합원 모집 신고를 하는 날부터 조합원 자격을 보유하여야 하며, 조합원 모집 신고를 하는 날의 1년 전부터 해당 조합설립인가일까지 계속하여 9개 권역별 지역에 거주해야 한다. 시장·군수·구청장은 모집 신고를 수리하려는 경우, 주택전산망을 이용한 전산검색을 의뢰하여 자격을 확인해야 한다.

주택법 제11조의3(조합원 모집신고 및 공개모집)

⑥ 제1항에 따라 조합원을 모집하려는 주택조합의 발기인은 대통령령으로 정하는 자격기준을 갖추어야 한다. <신설 2020. 1. 23.>

주택법 시행령 제24조의3(주택조합 발기인의 자격기준 등)

① 법 제11조의3제6항에서 "대통령령으로 정하는 자격기준"이란 다음 각 호의 구분에 따른 요건을 말한다.

　　1. 지역주택조합 발기인인 경우: 다음 각 목의 요건을 모두 갖출 것

　　　가. 조합원 모집 신고를 하는 날부터 해당 조합설립인가일까지 주택을 소유(주택의 유형, 입주자 선정방법 등을 고려하여 국토교통부령으로 정하는 지위에 있는 경우를 포함한다)하는지에 대하여 제21조제1항제1호가목1) 또는 2)에 해당할 것

　　　나. 조합원 모집 신고를 하는 날의 1년 전부터 해당 조합설립인가일까지 계속하여 법 제2조제11호가목의 구분에 따른 지역에 거주할 것

주택법 시행규칙 제7조의3(조합원 모집 신고)

③ 시장·군수·구청장은 제1항에 따른 신고를 수리하려는 경우 국토교통부장관에게 「정보통신망 이용촉진 및 정보보호 등에 관한 법률」에 따라 구성된 주택전산망을 이용한 전산검색을 의뢰하여 영 제24조의3제1항제1호 또는 제2호에 따른 발기인 자격에 해당하는지를 확인해야 한다. <신설 2020. 7. 24.>

[본조신설 2017. 6. 2.]

---

4. 발기인은 조합원 모집 신고를 하는 날 주택조합에 가입한 것으로 본다.

> 주택법 제11조의3(조합원 모집신고 및 공개모집)
> ⑦ 제6항에 따른 주택조합의 발기인은 조합원 모집 신고를 하는 날 주택조합에 가입한 것으로 본다. 이 경우 주택조합의 발기인은 그 주택조합의 가입 신청자와 동일한 권리와 의무가 있다. <신설 2020. 1. 23.>

5. 조합원을 모집하는 자와 주택조합 가입 신청자는 주택법 제11조의3제8항 각 호의 사항이 포함된 주택조합 가입에 관한 계약서를 작성하여야 한다.

> 주택법 제11조의3(조합원 모집신고 및 공개모집)
> ⑧ 제1항에 따라 조합원을 모집하는 자(제11조의2제1항에 따라 조합원 모집 업무를 대행하는 자를 포함한다. 이하 "모집주체"라 한다)와 주택조합 가입 신청자는 다음 각 호의 사항이 포함된 주택조합 가입에 관한 계약서를 작성하여야 한다. <신설 2020. 1. 23.>
>   1. 주택조합의 사업개요
>   2. 조합원의 자격기준
>   3. 분담금 등 각종 비용의 납부예정금액, 납부시기 및 납부방법
>   4. 주택건설대지의 사용권원 및 소유권을 확보한 면적 및 비율
>   5. 조합원 탈퇴 및 환급의 방법, 시기 및 절차
>   6. 그 밖에 주택조합의 설립 및 운영에 관한 중요 사항으로서 대통령령으로 정하는 사항
>
> 주택법 시행령 제24조의3(주택조합 발기인의 자격기준 등)
> ② 법 제11조의3제8항제6호에서 "대통령령으로 정하는 사항"이란 다음 각 호의 사항을 말한다.
>   1. 주택조합 발기인과 임원의 성명, 주소, 연락처 및 보수에 관한 사항
>   2. 법 제11조의2제1항에 따라 업무대행자가 선정된 경우 업무대행자의 성명, 주소, 연락처(법인의 경우에는 법인명, 대표자의 성명, 법인의 주소 및 법인등록번호를 말한다) 및 대행 수수료에 관한 사항
>   3. 사업비 명세 및 자금조달계획에 관한 사항
>   4. 사업비가 증액될 경우 조합원이 추가 분담금을 납부할 수 있다는 사항
>   5. 법 제11조의6에 따른 청약 철회 및 가입비등(법 제11조의6제1항에 따른 가입비등을 말한다. 이하 같다)의 예치·반환 등에 관한 사항
> [본조신설 2020. 7. 24.]

6. 발기인 또는 임원은 주택법 제12조제1항 및 주택법 시행규칙 제11조제1항 각호의 내용이 포함된 실적보고서를 해당 분기의 말일부터 30일 이내에 작성해야 한다. 위반 시 벌칙 조

항이 있다.

주택법 제12조 (실적보고 및 관련 자료의 공개)

① 주택조합의 발기인 또는 임원은 다음 각 호의 사항이 포함된 해당 주택조합의 실적보고서를 국토교통부령으로 정하는 바에 따라 사업연도별로 분기마다 작성하여야 한다. <신설 2020. 1. 23.>

  1. 조합원(주택조합 가입 신청자를 포함한다. 이하 이 조에서 같다) 모집 현황

  2. 해당 주택건설대지의 사용권원 및 소유권 확보 현황

  3. 그 밖에 조합원이 주택조합의 사업 추진현황을 파악하기 위하여 필요한 사항으로서 국토교통부령으로 정하는 사항

주택법 시행규칙 제11조(실적보고 및 자료의 공개)

① 법 제12조제1항제3호에서 "국토교통부령으로 정하는 사항"이란 다음 각 호의 사항을 말한다. <신설 2020. 7. 24.>

  1. 주택조합사업에 필요한 관련 법령에 따른 신고, 승인 및 인·허가 등의 추진 현황

  2. 설계자, 시공자 및 업무대행자 등과의 계약체결 현황

  3. 수익 및 비용에 관한 사항

  4. 주택건설공사의 진행 현황

  5. 자금의 차입에 관한 사항

② 주택조합의 발기인 또는 임원은 법 제12조제1항에 따라 주택조합의 실적보고서를 해당 분기의 말일부터 30일 이내에 작성해야 한다. <신설 2020. 7. 24.>

주택법 제104조(벌칙) 다음 각 호의 어느 하나에 해당하는 자는 1년 이하의 징역 또는 1천만원 이하의 벌금에 처한다. <개정 2019. 12. 10., 2020. 1. 23., 2020. 6. 9., 2020. 8. 18.>

1의3. 제12조제1항을 위반하여 실적보고서를 작성하지 아니하거나 제12조제1항 각 호의 사항을 포함하지 않고 작성한 주택조합의 발기인 또는 임원

---

7. 발기인 또는 임원은 주택법 제12조제2항 및 주택법 시행령 제25조 각호의 서류 및 관련 자료가 작성되거나 변경된 후 15일 이내에 이를 조합원이 알 수 있도록 인터넷과 그 밖의 방법을 병행하여 공개하여야 한다. 위반 시 벌칙 조항이 있다. 사업시행계획서에 관한 사항을 인터넷으로 공개할 때에는 조합원의 50퍼센트 이상의 동의를 얻어 그 개략적인 내용만 공개할 수 있다. 위반 시 벌칙 조항이 있다.

주택법 제12조 (실적보고 및 관련 자료의 공개)

② 주택조합의 발기인 또는 임원은 주택조합사업의 시행에 관한 다음 각 호의 서류 및 관련 자료가 작성되거나 변경된 후 15일 이내에 이를 조합원이 알 수 있도록 인터넷과 그 밖의 방법을 병행하여 공개하여야 한다. <개정 2020. 1. 23.>

  1. 조합규약

  2. 공동사업주체의 선정 및 주택조합이 공동사업주체인 등록사업자와 체결한 협약서

  3. 설계자 등 용역업체 선정 계약서

  4. 조합총회 및 이사회, 대의원회 등의 의사록

  5. 사업시행계획서

  6. 해당 주택조합사업의 시행에 관한 공문서

  7. 회계감사보고서

  8. 분기별 사업실적보고서

  9. 제11조의2제4항에 따라 업무대행자가 제출한 실적보고서

  10. 그 밖에 주택조합사업 시행에 관하여 대통령령으로 정하는 서류 및 관련 자료

주택법 시행령 제25조(자료의 공개)

법 제12조제2항제10호에서 "대통령령으로 정하는 서류 및 관련 자료"란 다음 각 호의 서류 및 자료를 말한다. <개정 2020. 7. 24.>

1. 연간 자금운용 계획서

2. 월별 자금 입출금 명세서

3. 월별 공사진행 상황에 관한 서류

4. 주택조합이 사업주체가 되어 법 제54조제1항에 따라 공급하는 주택의 분양신청에 관한 서류 및 관련 자료

5. 전체 조합원별 분담금 납부내역

6. 조합원별 추가 분담금 산출내역

주택법 시행규칙 제11조(실적보고 및 자료의 공개)

③ 주택조합의 임원 또는 발기인은 법 제12조제2항제5호에 관한 사항을 인터넷으로 공개할 때에는 조합원의 50퍼센트 이상의 동의를 얻어 그 개략적인 내용만 공개할 수 있다. <개정 2020. 7. 24.>

주택법 제104조(벌칙) 다음 각 호의 어느 하나에 해당하는 자는 1년 이하의 징역 또는 1천만원 이하의 벌금에 처한다. <개정 2019. 12. 10., 2020. 1. 23., 2020. 6. 9., 2020. 8. 18.>

2. 제12조제2항을 위반하여 주택조합사업의 시행에 관련한 서류 및 자료를 공개하지 아니한 주택조합의 발기인 또는 임원

주택법 제102조(벌칙) 다음 각 호의 어느 하나에 해당하는 자는 2년 이하의 징역 또는 2천만원 이하의 벌금에 처한다. <개정 2016. 12. 2., 2018. 12. 18., 2019. 4. 23., 2019. 12. 10., 2020. 1. 23.>

3. 제12조제2항에 따른 서류 및 관련 자료를 거짓으로 공개한 주택조합의 발기인 또는 임원

8. 주택법 제12조제2항 및 제3항 각호의 서류 및 조합사업의 시행에 관한 서류와 관련 자료를 조합원이 사용목적 등을 적은 서면 또는 전자문서로 열람·복사 요청을 한 경우 발기인 또는 임원은 15일 이내에 그 요청에 따라야 한다. 이 경우 복사에 필요한 비용은 실비의 범위에서 청구인이 부담한다. 위반 시 벌칙 조항이 있다.

주택법 제12조 (실적보고 및 관련 자료의 공개)

③ 제2항에 따른 서류 및 다음 각 호를 포함하여 주택조합사업의 시행에 관한 서류와 관련 자료를 조합원이 열람·복사 요청을 한 경우 주택조합의 발기인 또는 임원은 15일 이내에 그 요청에 따라야 한다. 이 경우 복사에 필요한 비용은 실비의 범위에서 청구인이 부담한다. <개정 2020. 1. 23.>

　1. 조합원 명부

　2. 주택건설대지의 사용권원 및 소유권 확보 비율 등 토지 확보 관련 자료

　3. 그 밖에 대통령령으로 정하는 서류 및 관련 자료(하위 법령이 아직은 없음)

주택법 시행규칙 제11조(실적보고 및 자료의 공개)

④ 법 제12조제3항에 따른 주택조합 구성원의 열람·복사 요청은 사용목적 등을 적은 서면 또는 전자문서로 해야 한다. <개정 2020. 7. 24.>

주택법 제104조(벌칙) 다음 각 호의 어느 하나에 해당하는 자는 1년 이하의 징역 또는 1천만원 이하의 벌금에 처한다. <개정 2019. 12. 10., 2020. 1. 23., 2020. 6. 9., 2020. 8. 18.>

3. 제12조제3항을 위반하여 조합원의 열람·복사 요청을 따르지 아니한 주택조합의 발기인 또는 임원

주택법 제102조(벌칙) 다음 각 호의 어느 하나에 해당하는 자는 2년 이하의 징역 또는 2천만원 이하의 벌금에 처한다. <개정 2016. 12. 2., 2018. 12. 18., 2019. 4. 23., 2019. 12. 10., 2020. 1. 23.>

4. 제12조제3항에 따른 열람·복사 요청에 대하여 거짓의 사실이 포함된 자료를 열람·복사하여 준 주택조합의 발기인 또는 임원

---

9. 발기인 또는 임원은 주택법 시행규칙 제11조제5항 각 호의 서류 및 자료를 매년 2월말까지 정기적으로 시장·군수·구청장에게 제출하여야 한다. 위반 시 벌칙 조항이 있다

주택법 제12조 (실적보고 및 관련 자료의 공개)

④ 주택조합의 발기인 또는 임원은 원활한 사업추진과 조합원의 권리 보호를 위하여 연간 자금운용 계획 및 자금 집행 실적 등 국토교통부령으로 정하는 서류 및 자료를 국토교통부령으로 정하는 바에 따라 매년 정기적으로 시장·군수·구청장에게 제출하여야 한다. <신설 2019. 12. 10., 2020. 1. 23.>

주택법 시행규칙 제11조(실적보고 및 자료의 공개)

⑤ 법 제12조제4항에서 "연간 자금운용 계획 및 자금 집행 실적 등 국토교통부령으로 정하는 서류 및 자료"란 다음 각 호의 서류 및 자료를 말한다. <신설 2020. 6. 11., 2020. 7. 24.>

1. 직전 연도의 자금운용 계획 및 자금 집행 실적에 관한 자료

2. 직전 연도의 등록사업자의 선정 및 변경에 관한 서류

3. 직전 연도의 업무대행자의 선정 및 변경에 관한 서류

4. 직전 연도의 조합임원의 선임 및 해임에 관한 서류

5. 직전 연도 12월 31일을 기준으로 토지의 사용권원 및 소유권의 확보 현황에 관한 자료

⑥ 주택조합의 발기인 또는 임원은 제5항 각 호의 서류 및 자료를 법 제12조제4항에 따라 매년 2월말까지 시장·군수·구청장에게 제출해야 한다. <신설 2020. 6. 11., 2020. 7. 24.>

[제목개정 2020. 7. 24.]

주택법 제106조(과태료)

③ 다음 각 호의 어느 하나에 해당하는 자에게는 500만원 이하의 과태료를 부과한다. <개정 2019. 12. 10., 2020. 1. 23., 2021. 8. 10.>

1. 제12조제4항에 따른 서류 및 자료를 제출하지 아니한 주택조합의 발기인 또는 임원

10. 주택법 제13조제1항 각 호의 어느 하나에 해당하는 사람은 발기인 또는 임원이 될 수 없다.

주택법 제13조(조합임원의 결격사유 등)

① 다음 각 호의 어느 하나에 해당하는 사람은 주택조합의 발기인 또는 임원이 될 수 없다. <개정 2020. 1. 23., 2020. 6. 9.>

1. 미성년자·피성년후견인 또는 피한정후견인

2. 파산선고를 받은 사람으로서 복권되지 아니한 사람

3. 금고 이상의 실형을 선고받고 그 집행이 종료(종료된 것으로 보는 경우를 포함한다)되거나 집행이 면제된 날부터 2년이 지나지 아니한 사람

4. 금고 이상의 형의 집행유예를 선고받고 그 유예기간 중에 있는 사람

5. 금고 이상의 형의 선고유예를 받고 그 선고유예기간 중에 있는 사람

6. 법원의 판결 또는 다른 법률에 따라 자격이 상실 또는 정지된 사람

7. 해당 주택조합의 공동사업주체인 등록사업자 또는 업무대행사의 임직원

11. 발기인은 발기인 또는 조합원 자격 요건을 갖추지 아니하게 되거나 제13조제1항의 결격사유에 해당하는 경우, 그 지위를 상실하고 해당 임원은 당연히 퇴직한다.

> 주택법 제13조(조합임원의 결격사유 등)
>
> ② 주택조합의 발기인이나 임원이 다음 각 호의 어느 하나에 해당하는 경우 해당 발기인은 그 지위를 상실
> 하고 해당 임원은 당연히 퇴직한다. <개정 2020. 1. 23.>
>
>   1. 주택조합의 발기인이 제11조의3제6항에 따른 자격기준을 갖추지 아니하게 되거나 주택조합의 임원
>   이 제11조제7항에 따른 조합원 자격을 갖추지 아니하게 되는 경우
>
>   2. 주택조합의 발기인 또는 임원이 제1항 각 호의 결격사유에 해당하게 되는 경우

12. 지위가 상실된 발기인이 지위 상실 전에 관여한 행위는 유효하다.

> 주택법 제13조(조합임원의 결격사유 등)
>
> ③ 제2항에 따라 지위가 상실된 발기인 또는 퇴직된 임원이 지위 상실이나 퇴직 전에 관여한 행위는 그 효
> 력을 상실하지 아니한다. <개정 2020. 1. 23.>

13. 주택조합의 임원은 다른 주택조합의 임원, 직원 또는 발기인을 겸할 수 없다.

> 주택법 제13조(조합임원의 결격사유 등)
>
> ④ 주택조합의 임원은 다른 주택조합의 임원, 직원 또는 발기인을 겸할 수 없다. <신설 2020. 1. 23.>

14. 발기인은 모집 신고가 된 날부터 2년 이내 조합설립인가를 받지 못하는 경우, 해당 조합원
모집 신고가 수리된 날부터 2년이 되는 날부터 3개월 이내에 가입 신청자 전원으로 구성되
는 총회의결을 거쳐 사업의 종결 여부를 결정하여야 한다.
총회에서 사업종결 여부를 결정하는 경우 다음 각 호의 사항을 포함해야 한다.
- 사업의 종결 시 회계보고에 관한 사항
- 청산 절차, 청산금의 징수·지급방법 및 지급절차 등 청산 계획에 관한 사항
총회 의결 요건: 가입 신청자의 3분의 2 이상의 찬성으로 의결. 가입 신청자의 100분의 20
이상이 직접 출석, 단, 여러 사람의 집합을 제한하거나 금지하는 조치가 내려진 경우에는
제외한다.
사업의 종결을 결의한 경우에는 임원 또는 발기인이 청산인이 된다. 다만, 조합규약 또는
총회의 결의로 달리 정한 경우에는 그에 따른다.

주택법 제14조의2(주택조합의해산 등)

② 주택조합의 발기인은 제11조의3제1항에 따른 조합원 모집 신고가 수리된 날부터 2년이 되는 날까지 주택조합 설립인가를 받지 못하는 경우 대통령령으로 정하는 바에 따라 주택조합 가입 신청자 전원으로 구성되는 총회 의결을 거쳐 주택조합 사업의 종결 여부를 결정하도록 하여야 한다.

주택법 시행령 제25조의2(주택조합의 해산 등)

① 주택조합 또는 주택조합의 발기인은 법 제14조의2제1항 또는 제2항에 따라 주택조합의 해산 또는 주택조합 사업의 종결 여부를 결정하려는 경우에는 다음 각 호의 구분에 따른 날부터 3개월 이내에 총회를 개최해야 한다.

　　2. 법 제11조의3제1항에 따른 조합원 모집 신고가 수리된 날부터 2년이 되는 날까지 주택조합 설립인가를 받지 못하는 경우: 해당 조합원 모집 신고가 수리된 날부터 2년이 되는 날

② 법 제14조의2제2항에 따라 개최하는 총회에서 주택조합 사업의 종결 여부를 결정하는 경우 다음 각 호의 사항을 포함해야 한다.

　　1. 사업의 종결 시 회계보고에 관한 사항

　　2. 청산 절차, 청산금의 징수·지급방법 및 지급절차 등 청산 계획에 관한 사항

③ 법 제14조의2제2항에 따라 개최하는 총회는 다음의 요건을 모두 충족해야 한다. <개정 2021. 2. 19.>

　　1. 주택조합 가입 신청자의 3분의 2 이상의 찬성으로 의결할 것

　　2. 주택조합 가입 신청자의 100분의 20 이상이 직접 출석할 것. 다만, 제20조제5항 전단에 해당하는 경우는 제외한다.

　　3. 제2호 단서의 경우에는 제20조제5항 후단 및 같은 조 제6항에 따를 것. 이 경우 "조합원"은 "주택조합 가입 신청자"로 본다.

④ 주택조합의 해산 또는 사업의 종결을 결의한 경우에는 법 제14조의2제4항에 따라 주택조합의 임원 또는 발기인이 청산인이 된다. 다만, 조합규약 또는 총회의 결의로 달리 정한 경우에는 그에 따른다.

[본조신설 2020. 7. 24.]

주택법 시행령 제20조(주택조합의 설립인가 등)

⑤ 제4항에도 불구하고 총회의 소집시기에 해당 주택건설대지가 위치한 특별자치시·특별자치도·시·군·구(자치구를 말하며, 이하 "시·군·구"라 한다)에 「감염병의 예방 및 관리에 관한 법률」 제49조제1항제2호에 따라 여러 사람의 집합을 제한하거나 금지하는 조치가 내려진 경우에는 전자적 방법으로 총회를 개최해야 한다. 이 경우 조합원의 의결권 행사는 「전자서명법」 제2조제2호 및 제6호의 전자서명 및 인증서(서명자의 실제 이름을 확인할 수 있는 것으로 한정한다)를 통해 본인 확인을 거쳐 전자적 방법으로 해야 한다. <신설 2021. 2. 19.>

15. 총회를 소집하려는 주택조합의 임원 또는 발기인은 총회가 개최되기 7일 전까지 회의 목적, 안건, 일시 및 장소를 정하여 조합원 또는 주택조합 가입 신청자에게 통지하여야 한다.

위반 시 벌칙 조항이 있다

> 주택법 제14조의2(주택조합의해산 등)
> ③ 제1항 또는 제2항에 따라 총회를 소집하려는 주택조합의 임원 또는 발기인은 총회가 개최되기 7일 전까
> 지 회의 목적, 안건, 일시 및 장소를 정하여 조합원 또는 주택조합 가입 신청자에게 통지하여야 한다.

> 주택법 104조(벌칙) 다음 각 호의 어느 하나에 해당하는 자는 1년 이하의 징역 또는 1천만원 이하의 벌금
> 에 처한다. <개정 2019. 12. 10., 2020. 1. 23., 2020. 6. 9., 2020. 8. 18.>
> 4의3. 제14조의2제3항을 위반하여 총회의 개최를 통지하지 아니한 자

16. 발기인은 총회의 결과(사업의 종결을 결의한 경우에는 청산계획을 포함한다)를 총회 개최일부터
    10일 이내에 서면으로 관할 시장·군수·구청장에게 통지하여야 한다.

> 주택법 제14조의2(주택조합의해산 등)
> ⑤ 주택조합의 발기인은 제2항에 따른 총회의 결과(사업의 종결을 결의한 경우에는 청산계획을 포함한다)
> 를 관할 시장·군수·구청장에게 국토교통부령으로 정하는 바에 따라 통지하여야 한다.
> [본조신설 2020. 1. 23.][종전 제14조의2는 제14조의4로 이동 <2020. 1. 23.>]

> 주택법 시행규칙 제11조의2(총회 결과의 통지)
> 주택조합의 발기인은 법 제14조의2제5항에 따라 총회의 결과를 총회 개최일부터 10일 이내에 서면으로
> 관할 시장·군수·구청장에게 통지해야 한다.
> [본조신설 2020. 7. 24.] [종전 제11조의2는 제11조의3으로 이동 <2020. 7. 24.>]

17. 임원 또는 발기인은 계약금등(모든 수입)을 징수·보관·예치·집행 등 모든 거래 행위에 관
    하여 장부를 월별로 작성하여 증빙서류와 함께 해산 시까지 보관하여야 한다. (정보처리시
    스템을 통하여 장부 및 증빙서류를 작성하거나 보관할 수 있다.) 위반 시 벌칙 조항이 있다.

> 주택법 제14조의3(회계감사)
> ② 주택조합의 임원 또는 발기인은 계약금등(해당 주택조합사업에 관한 모든 수입에 따른 금전을 말한다)
> 의 징수·보관·예치·집행 등 모든 거래 행위에 관하여 장부를 월별로 작성하여 그 증빙서류와 함께 제
> 11조에 따른 주택조합 해산인가를 받는 날까지 보관하여야 한다. 이 경우 주택조합의 임원 또는 발기인
> 은 「전자문서 및 전자거래 기본법」 제2조제2호에 따른 정보처리시스템을 통하여 장부 및 증빙서류를 작
> 성하거나 보관할 수 있다.
> [본조신설 2020. 1. 23.]

전자문서 및 전자거래 기본법 제2조(정의)

이 법에서 사용하는 용어의 뜻은 다음과 같다. <개정 2020. 6. 9.>

2. "정보처리시스템"이란 전자문서의 작성·변환, 송신·수신 또는 저장을 위하여 이용되는 정보처리능력을 가진 전자적 장치 또는 체계를 말한다.

주택법 제104조(벌칙) 다음 각 호의 어느 하나에 해당하는 자는 1년 이하의 징역 또는 1천만원 이하의 벌금에 처한다. <개정 2019. 12. 10., 2020. 1. 23., 2020. 6. 9., 2020. 8. 18.>

4의5. 제14조의3제2항을 위반하여 장부 및 증빙서류를 작성 또는 보관하지 아니하거나 거짓으로 작성한 자

발기인의 역할중 업무대행과 관련한 사항을 정리해 보면 다음과 같다.

1. 업무 대행자 선정

주택조합 및 발기인은 공동사업주체인 등록사업자 또는 주택법 제11조의2제1항의 각 호에 해당하는 자에게 동조제2항의 업무를 대행하게 할 수 있다. 위반 시 벌칙 조항이 있다.

주택법 제11조의2(주택조합업무의 대행)

① 주택조합(리모델링주택조합은 제외한다. 이하 이 조에서 같다) 및 주택조합의 발기인은 조합원 모집 등 제2항에 따른 주택조합의 업무를 제5조제2항에 따른 공동사업주체인 등록사업자 또는 다음 각 호의 어느 하나에 해당하는 자로서 대통령령으로 정하는 자본금을 보유한 자 외의 자에게 대행하게 할 수 없다. <개정 2017. 2. 8., 2020. 1. 23.>

  1. 등록사업자

  2. 「공인중개사법」 제9조에 따른 중개업자

  3. 「도시 및 주거환경정비법」 제102조에 따른 정비사업전문관리업자

  4. 「부동산개발업의 관리 및 육성에 관한 법률」 제4조에 따른 등록사업자

  5. 「자본시장과 금융투자업에 관한 법률」에 따른 신탁업자

  6. 그 밖에 다른 법률에 따라 등록한 자로서 대통령령으로 정하는 자(하위법령 내용 없음)음

주택법 제101조(벌칙) 다음 각 호의 어느 하나에 해당하는 자는 3년 이하의 징역 또는 3천만원 이하의 벌금에 처한다. <개정 2016. 12. 2., 2018. 12. 18., 2020. 1. 23., 2020. 8. 18.>

1. 제11조의2제1항을 위반하여 조합업무를 대행하게 한 주택조합, 주택조합의 발기인 및 조합업무를 대행한 자

업무대행계약(신탁사와 체결한 자금관리대리사무계약도 마찬가지임)은 주택법 시행규칙 제7조제5 항 3의2호에 의거 총회 의결사항인데도 불구하고

> 주택법 시행규칙 제7조제5항 총회의결 필요사항
> 3의2. 법 제11조의2제1항에 따른 업무대행(이하 "업무대행자"라 한다)의 선정·변경 및 업무대행계약의
> 　　체결

주택법 시행규칙 제7조의3제1항 5호 나목에 의거 조합원 모집 신고서 제출 시 업무대행계 약서를 첨부해야 하는 점을 감안하면

> 주택법 시행규칙 제7조의3(조합원 모집 신고)
> ① 법 제11조의3제1항에 따라 조합원 모집 신고를 하려는 자는 별지 제11호의2서식의 신고서에 다음 각 호
> 　의 서류를 첨부하여 관할 시장·군수·구청장에게 제출해야 한다. <개정 2020. 7. 24.>
> 　5. 업무대행자를 선정한 경우에는 다음 각 목의 서류
> 　　나. 업무대행계약서

발기인이 조합설립인가도 전인 조합원 모집 신고 단계에서 업무 대행자를 선정하고 업무대 행계약을 체결할 수 있도록 하고 있음을 알 수 있으며, 이는 필요한 일로 판단된다. 다만, 업무 대행자 선정 및 업무대행계약의 체결은 총회 의결사항이므로 추후 반드시 조합설립인 가 후 총회에 상정하여 의결하여야 한다. 이렇게 함으로써 인가 전 비법인사단이 행한 조 치들이 인가 후 비법인사단으로 승계될 수 있다. (비법인 사단에 대해서는 다음 장에서 상세히 설 명하겠다.)

주택 건설 예정 세대수의 50% 이상 정도의 조합원이 모집되면 창립총회가 개최될 것인데, 창립총회에서 업무 대행자 선정 및 업무대행계약의 체결 내용을 '추진위원회 기 추진 업 무 추인의 건'에 포함하여 의결하는 것에 대해서는 절대 반대한다. 이에 대해서는 '제6편 제2장 추진위원회 기 추진 업무 추인하면 안 되는 이유' 파트에서 상세히 설명하겠다.

2. 신탁업자 선정

주택조합 및 발기인은 계약금 등 자금의 보관 업무는 신탁업자에게 대행하도록 하여야 한다.

> 주택법 제11조의2(주택조합업무의 대행)
> ③ 주택조합 및 주택조합의 발기인은 제2항제5호에 따른 업무 중 계약금 등 자금의 보관 업무는 제1항제5
> 호에 따른 신탁업자에게 대행하도록 하여야 한다. <신설 2020. 1. 23.>

3. 업무 대행사로부터 업무 보고 받음

업무 대행자는 분기마다 업무 실적보고서를 작성하여 해당 분기의 말일부터 20일 이내에 주택조합 및 발기인에게 제출하여야 한다.

> 주택법 제11조의2(주택조합업무의 대행)
> ④ 제1항에 따른 업무대행자는 국토교통부령으로 정하는 바에 따라 사업연도별로 분기마다 해당 업무의
> 실적보고서를 작성하여 주택조합 또는 주택조합의 발기인에게 제출하여야 한다. <신설 2020. 1. 23.>

> 주택법 시행규칙 제7조의2(업무대행자의 업무범위 등)
> ② 업무대행자는 법 제11조의2제4항에 따라 업무의 실적보고서를 해당 분기의 말일부터 20일 이내에 주
> 택조합 또는 주택조합의 발기인에게 제출해야 한다. <신설 2020. 7. 24.>

4. 배상책임

업무 대행자가 자신의 귀책사유로 주택조합, 발기인 및 조합원에게 손해를 입힌 경우, 배상해야 한다.

> 주택법 제11조의2(주택조합업무의 대행)
> ⑤ 제1항부터 제4항까지의 규정에 따라 주택조합의 업무를 대행하는 자는 신의에 따라 성실하게 업무를
> 수행하여야 하고, 자신의 귀책사유로 주택조합(발기인을 포함한다) 또는 조합원(주택조합 가입 신청자
> 를 포함한다)에게 손해를 입힌 경우에는 그 손해를 배상할 책임이 있다. <개정 2020. 1. 23.>

5. 적용시기

업무 대행자 선정 및 업무 대행자의 대행 업무 범위는 2020년 7월 24일 후 최초로 업무대행 계약을 체결하는 경우부터 적용한다.

> 주택법 부칙 제3조 (주택조합업무의 대행 등에 관한 적용례)
> 제11조의2제1항 및 제2항의 개정규정은 이 법 시행 후 최초로 주택조합 및 주택조합의 발기인이 업무대행 계약을 체결하는 경우부터 적용한다.

제4장 | 비법인사단 및 민법상의 조합에 대한 이해

조금 머리가 아픈 내용이지만 주택조합의 법적 성격을 제대로 이해하기 위해서는 비법인사단과 조합의 개념을 알아 두면 도움이 된다. 이것을 알아 두면 굳이 주택조합 일이 아니더라도 사회생활을 하는 데 도움이 될 수 있으니 참고 삼아 공부해 두자.

민법은 민법상의 권리능력을 가지는 주체로 자연인과 법인을 규정하고 있다.

> 권리능력(權利能力)이란 권리의 주체가 될 수 있는 자격이다. 법인격(法人格)이라고도 한다. 현대 사법(私法) 체계에서는 권리만 있고 의무는 없는 주체라든가 의무만 있고 권리는 없는 주체는 없으므로 권리의 주체는 당연히 의무의 주체이기도 하다. 권리와 의무의 주체를 인(人)이라고 하며, 인에는 자연적 생물로서의 사람인 자연인(自然人)과 일정한 목적을 가진 사람이나 재산의 모임에 법인격을 부여한 법인(法人)이 있다.
> 법인은 법이 인위적으로 재산이나 사람의 모임에 권리능력을 부여한 것이므로 권리능력 없는 사단이나 권리능력 없는 재단이 존재할 수 있다. 권리능력 없는 사단이나 재단은 원칙적으로 권리능력이 없으나 특별한 규정을 두어 이들 사이에서 발생하는 법률관계를 규율한다. 예를 들면 대한민국 민법에서는 사단법인은 물건을 단독으로 소유하고, 조합(조합은 권리능력이 없다)은 합유로서 소유하지만, 권리능력 없는 사단은 총유로서 물건을 소유한다. 또한 권리능력에 제한이 없는 자연인과 달리 법인은 성질에 의하여, 법률에 의하여, 목적에 의하여 권리능력이 제한된다. (출처: 위키백과의 내용 중 일부)

민사소송법은 당사자 능력에 관해서 민법 및 그 밖의 법률에 따른다고 하고 있으므로, 민법상 권리 능력이 있는 자연인, 법인은 민사소송법상 당사자 능력이 있다고 본다

따라서 민사소송이 발생하면 자연인인 사람과 마찬가지로 법인 또한 권리능력을 가지고 민사소송의 주체인 당사자(원고, 피고)가 될 수 있다.

> 민사소송법 제51조(당사자능력·소송능력 등에 대한 원칙)
> 당사자능력(當事者能力), 소송능력(訴訟能力), 소송무능력자(訴訟無能力者)의 법정대리와 소송행위에 필요한 권한의 수여는 이 법에 특별한 규정이 없으면 민법, 그 밖의 법률에 따른다.

여기서 법인이란 법률에 의하여 법인격이 부여된 단체 또는 재산을 의미하는데, 이러한 법인이

설립되기 위해서는 민법 제31조 내지 제33조의 규정에 따라 허가와 설립등기가 있어야만 한다. 문제는 사단(사람의 단체)으로서의 실체인 목적, 정관, 사원총회, 대표자 등이 있지만 허가나 설립 등기를 마치지 않아 법인격이 부여되지 않은 '법인 아닌 단체'가 존재할 수밖에 없는데, 이를 비법인사단, 법인 아닌 사단, 권리능력 없는 사단, 법인격 없는 사단이라고 표현한다.

비법인사단은 권리능력은 없지만 민사소송법 제52조에 의거 당사자 능력이 인정되므로 법적소송이 제기된 경우 비법인사단의 이름으로 소송이 가능한 것이다.

> 민사소송법 제52조(법인이 아닌 사단 등의 당사자능력)
> 법인이 아닌 사단이나 재단은 대표자 또는 관리인이 있는 경우에는 그 사단이나 재단의 이름으로 당사자가 될 수 있다.

비법인 사단과 관련하여 발생하는 많은 민사소송의 쟁점은 어떤 조직이 비법인사단에 해당하는지 여부에 대한 것과, 비법인사단의 총유인 재산이 적법하고 올바른 총유물의 관리 및 처분행위 절차에 따라 이루어지고 있는지 여부에 대한 것이다.

 참고 하나의 물건을 2인 이상의 다수인이 공동으로 소유하는 것을 공동 소유라고 하는데, 민법에서는 공동 소유를 다음과 같이 세 가지(총유, 공유, 합유)로 구분하고 있다.

(출처: 국가법령정보센터, 법령용어사전)

총유 (단체주의적 성격)	구성원으로 있는 동안 그 재산을 사용·수익할 수 있으나 구성원의 지위가 상실되면 권리도 상실되고, 지분을 요구할 수 없다. 법인 아닌 사단의 사원이 집합체로서 물건을 소유하는 공동 소유의 형태로(제275조) 물건의 관리·처분의 권한은 단체에 속하고, 그 물건을 사용·수익하는 권한은 각 단체원에 속하는 것으로 공동 소유 형태 중 가장 개인적인 색채가 약하다. 즉, 총유자 개인은 지분을 가지지 아니하고 분할을 청구할 수도 없다. 이 단체의 구성원 자격을 얻으면 물건을 사용·수익하는 권능(權能)을 취득하지만, 자격을 잃으면 당연히 권능도 잃는다. 자격의 취득·상실과 구성원의 사용·수익의 방법 등은 단체의 규약으로 정한다.

	여러 사람이 1개의 물건 위에 1개의 소유권을 분량적으로 분할하여 소유하는 것이다. 2인 이상의 사람이 동일한 물건을 공동으로 소유하는 형태를 공동 소유라고 하지만, 그중에서도 가장 일반적인 것이 공유이다(제262조 이하). 예를 들면 甲·乙·丙이 출자하여 한 필의 토지를 매수한 경우에는 원칙적으로 그 토지는 3자의 공유가 된다. 甲·乙·丙은 모두 토지 소유권을 행사할 수 있지만, 단독으로 소유하는 경우와 달라서 각자의 지분권에 해당하는 부분에 한해서만 소유권을 행사할 수 있다. 甲·乙·丙이 내부적으로 사용·수익의 비율을 정하고 있으면(지분의 비율) 그에 따라 사용·수익하나, 그러한 정함이 없으면 그 비율은 균등한 것으로 추정한다(제262조). 공유물의 조세 공과금도 지분의 비율에 따라 부담한다. 공유물의 보존 행위(수리 등)는 각 공유자가 단독으로 할 수 있으나, 기타 관리 행위(공유물의 이용 방법을 정하는 것 등)는 공유자의 지분의 과반수로 결정한다(제265조). 공유물을 변경하거나 처분하는 경우에는 공유자 전원의 동의가 필요하다(제264조). 공유물에 침해를 입히는 자가 있는 경우에는 그 침해자가 공유자 중 한 명이거나 공유자가 아닌 자라도 각 공유자는 단독으로 침해의 배제를 청구할 수 있다. 공유자는 원칙적으로 언제든지 공유 관계를 끊고 공유물의 분할을 청구할 수 있다. 분할은 우선 전원 협의에 의하여 이루어진다(제268조·제269조). 현물을 분할하든지(현물 분할), 매각하여 대금을 나누든지(대금 분할), 한 사람이 현물을 받고 다른 사람이 그 가격의 일부를 수취하는 것으로 하든지(가격 배상) 상관없다. 협의가 성립되지 아니한 때에는 법원에 분할을 청구할 수 있다(공유물 분할 청구권, 제269조). 법원은 원칙적으로 현물 분할을 하여야 하지만, 현물 분할이 불가능하거나 현물 분할을 하면 현저하게 가치가 떨어질 우려가 있을 때에는 경매하여 대금을 분할한다.
공유 **(개인주의적** **성격)**	
합유 **(동업자적** **성격)**	공동 소유의 한 형태로 공유와 총유의 중간 형태에 해당하는 것이다(제271조). 공유와 다른 점은 공유에는 각 공유자의 지분을 자유롭게 양도할 수 있고, 또 공유자의 누군가가 분할할 것을 희망하면 분할하여야 하는데, 합유에서는 각자가 지분을 가지고 있어도 자유롭게 양도할 수 없고, 분할도 인정되지 않고 제한되어 있는 점이다(제273조). 공유는 말하자면 편의상 일시 공동 소유의 형식을 가진 것으로 개인적 색채가 강하나, 합유는 공동의 목적을 위하여 어느 정도 개인적인 입장을 구속하는 것이다. 그러나 각자가 지분을 가지고 있는 점에서 총유보다는 개인적 색채가 강하다.

구분	총유	공유	합유
주체	법인격 없는 사단	여러 명의 개인, 단체	조합
색체	단체주의적	개인주의적	중간
지분	부존재	존재	존재
가입, 탈퇴	-	용이	곤란
분할 청구	-	자유원칙(단 제215조, 239조 제외)	제한 원칙
처분 변경	사원총회	전원 동의	전원 동의
지분 포기	-	자유	어려움
연원	게르만법	로마법	게르만법

비법인사단이 무엇인지 구체적으로 알아보자.

대법원은 "어떤 단체가 고유의 목적을 가지고 사단적 성격을 가지는 규약을 만들어 이에 근거하여 의사결정기관 및 집행 기관인 대표자를 두는 등의 조직을 갖추고 있고, 기관의 의결이나 업무 집행 방법이 다수결의 원칙에 의하여 행하여지며, 구성원의 가입, 탈퇴 등으로 인한 변경에 관계없이 단체 그 자체가 존속되고, 그 조직에 의하여 대표의 방법, 총회나 이사회 등의 운영, 자본의 구성, 재산의 관리 및 기타 단체로서의 주요 사항이 확정되어 있는 경우에 비법인사단으로서의 실체를 가진다"라고 하여 비법인사단이 성립될 수 있는 요건에 대하여 자세히 판시하였다. (대법원 2008. 5. 29. 선고 2007다63683 판결 [소유권이전등기] 참조)

위 판례에 따르면 비법인사단이 성립하기 위한 요건은

① 고유의 목적을 가질 것, ② 사단적 성격을 가진 규약을 만들어 이에 근거하여 의사결정기관 및 집행 기관인 대표자를 두는 등의 조직을 갖출 것, ③ 기관의 의결이나 업무 집행 방법이 다수결의 원칙에 의할 것, ④ 구성원의 가입, 탈퇴 등의 변경에 관계없이 단체 그 자체가 존속될 것, ⑤ 대표의 방법, 총회나 이사회 등의 운영, 자본의 구성, 재산의 관리 및 기타 단체로서의 주요 사항이 확정되어 있을 것 등으로 정리 할 수 있다.

비법인사단은 민법상 조합과 유사한 점이 많아 어떤 단체가 조합에 해당하는지 비법인사단에 해당하는지 여부가 문제되는 경우가 빈번하게 발생한다.

민법 제703조(조합의 의의)
① 조합은 2인 이상이 상호출자하여 공동사업을 경영할 것을 약정함으로써 그 효력이 생긴다.

이에 대하여 대법원은 조합과 비법인사단은 단체성의 강약에 의하여 구별된다는 입장인데, 조합은 계약 관계에 의하여 성립하는 것으로 단체성이 약하지만, 비법인사단은 사단으로서의 실체를 가지고 있기에 단체성이 강하므로 이러한 단체성에 따라 조합과 비법인사단을 구별할 수 있다는 것이다.

즉, 조합은 단체가 구성원으로부터 독립된 존재이지만, 단체로서의 단일성보다 구성원의 개성이 강하게 나타나는 단체로서, 단체 행동은 구성원 전원 또는 구성원 전원으로부터 대리권이 주어진 업무집행조합원 등에 의하여 행하여지고, 그 법률 효과 또한 구성원 전원에게 귀속되게 된다.

반면에 비법인사단의 경우 단체가 구성원의 개성보다 우선하며 단체의 행동은 비법인사단의 기관에 의하여 행해지고 그 법률 효과 또한 단체 자체에 귀속하는 것이지 구성원에게 귀속되지 않는 것이므로 결국 조합과 비법인사단의 구별은 구성원과 단체 중 무엇이 우선하는 존재인지 여부에 따라 판단되는 것이다.

비법인사단의 종류로는 종중, 교회, 사찰, 아파트입주자대표회의, 동창회, 학회, 주택조합 등이다. 이중 주택조합의 법적 성격에 대해서는 다음 장에서 좀 더 자세히 알아보자.

📖 참고 1 법인 vs 비법인 이해

구분	법인 (법에 의하여 권리·의무 주체로서의 자격을 부여받은 사람. 주무관청의 허가를 받아 설립)	비법인
사단 (일정한 목적하에 사람들이 결합한 단체)	재산출연이 선결적인 요소인 재단법인과는 다르게 '사람'이라는 구성원이 선결 요건임. 사원총회의 의사에 따르게 됨. 비영리뿐만 아리나 영리인 경우에도 설립 가능하고 임의 해산도 가능함.	사단의 성질을 갖고 있으나 법인으로 인정되지 않은 것을 말함. 사단과 유사한 규칙을 마련하고 사단의 총회 운영이나 재산 관리 방식이 사단법인과 비슷하게 조직돼 있으나, 주무관청의 허가를 받지 못하였거나 애초에 행정관청의 규제를 받기를 원치 않아 법인으로 설립하지 않은 단체들이 모두 여기에 속함. 학회나 아파트입주자대표회의, 아파트부녀회, 종중이 대표적임.
재단 (특정한 목적에 의해 만들어진 재산)	성격상 '재산' 출연이 필수적인 요건임. 설립자의 의사에 따르게 됨. 목적이 비영리인 경우에만 설립 가능하고, 임의 해산은 불가능함.	재단법인과 유사한 법률관계 등에 따라 사회적 활동을 전개하지만, 법인으로 인정되지 않은 것을 말함. 즉, '민법'상의 재단법인에 관한 규정 중 권리능력 부여에 따른 행위를 제외한 나머지에 국한해 활동하는 재단이라 할 수 있음. 대표적으로는 자선기금이나 장학재단이 있음.

* 법인을 사단과 재단으로 구분하는 방법 외에, 영리법인과 비영리법인으로 또는 공법인과 사법인으로 구분할 수도 있다.

참고 2 영리법인 vs 비영리법인 이해

구분	법인	
	영리법인	비영리법인
근거	민법 제39조, 상법.	민법 제32조, 공익법인법, 기타 개별법
목적	구성원의 경제적 이익을 위하여 설립. 법인의 이익을 구성원(사원, 또는 주주)에게 분배하는 것을 목적으로 함.	비영리를 목적으로 하는 법인. 즉 구성원의 경제적 이익을 목적으로 하지 아니하는 법인을 말함.
배분 여부	경제적 이익을 목적으로 설립되고 이익의 극대화를 위해 노력하며 법인 활동을 통해 창출한 수익을 법인의 구성원인 사원이나 주주에게 배분하는 것을 기본원리로 함.	법인 활동을 통해 창출한 이익은 법인의 구성원들에게 분배되지 아니하고 법인 고유의 재산으로 적립될 뿐임.
사단 재단	영리법인은 구성원의 이익 분배를 전제로 하므로 모두 사단법인의 형태를 취하게 되며 상법상 인정하고 있는 5가지 회사의 한 형태인 합명회사·합자회사·유한책임회사·주식회사·유한회사 등이 이에 해당함.	민법 제32조는 '비영리법인'을 '학술, 종교, 자선, 기예, 사교 기타 영리 아닌 사업을 목적으로 하는 사단 또는 재단'으로 규정하고 있음. 따라서 그러한 예시에 해당하는 법인 활동을 하면서 구성원에게 이익 분배를 하지 아니하는 법인은 비영리법인임.
비고	구성원이 없는 재단법인은 성질상 영리 법인이 될 수 없음.	비영리법인이라고 해서 반드시 불특정 다수인을 위한 '공익'을 목적으로 활동해야 하는 것은 아님(예, 동창회, 향우회 등). 또한 비영리법인이라고 해서 수익 활동을 전혀 하지 못하는 것은 아니고, 법인의 설립목적에 위배되지 아니하는 범위 내에서 수익 활동은 할 수 있지만(예, 학회의 참가비 징수 또는 발행 도서의 판매 등) 그러한 수익을 구성원들에게 분배하여서는 아니 됨. 비영리법인의 수익사업에 관하여는 영리법인과 동일하게 법인세법의 규정을 적용받음. 일반인들이 설립할 수 있는 비영리법인으로는 비영리사단법인과 비영리재단법인, 사회적협동조합이 있음.

제1편 총칙	제1장 통칙		
	제2장 인		
	제3장 법인		
	제4장 물건		
	제5장 법률행위		
	제6장 기간		
	제7장 소멸시효		
제2편 물권	제1장 총칙		
	제2장 점유권		
	제3장 소유권		
	제4장 지상권		
	제5장 지역권		
	제6장 전세권		
	제7장 유치권		
	제8장 질권		
	제9장 저당권		
제3편 채권	제1장 총칙		
	제2장 계약	제1절 총칙	
		제2절 증여	
		제3절 매매	
		제4절 교환	
		제5절 소비대차	
		제6절 사용대차	
		제7절 임대차	
		제8절 고용	
		제9절 도급	
		제10절 현상광고	
		제11절 위임	
		제12절 임치	
		제13절 조합	제703조 조합의 의의 ① 조합은 2인 이상이 상호출자하여 공동사업을 경영할 것을 약정함으로써 그 효력이 생긴다. ② 전항의 출자는 금전 기타 재산 또는 노무로 할 수 있다. 제704조 조합재산의 합유 제705조 금전출자지체의 책임 제706조 사무집행의 방법 제707조 준용규정 제708조 업무집행자의 사임,해임 제709조 업무집행자의 대리권추정 제710조 조합원의 업무,재산상태검사권 제711조 손익분배의 비율 제712조 조합원에 대한 채권자의 권리행사 제713조 무자력조합원의 채무와 타조합원의 변제책임 제714조 지분에 대한 압류의 효력 제715조 조합채무자의 상계의 금지 제716조 임의탈퇴 제717조 비임의 탈퇴 제718조 제명 제719조 탈퇴조합원의 지분의 계산 제720조 부득이한 사유로 인한 해산청구 제721조 청산인 제722조 청산인의 업무집행방법 제723조 조합원인 청산인의 사임,해임 제724조 청산인의 직무,권한과 잔여재산의 분배
		제14절 종신정기금	
		제15절 화해	
	제3장 사무관리		
	제4장 부당이득		
	제5장 불법행위		
제4편 친족			
제5편 상속			

제5장 ‖ 지역주택조합의 법적 성격

1. 주택조합의 법적 성격을 어떻게 보아야 하는지

주택조합은 등록사업자와 공동사업주체로서 일정한 목적을 달성하기 위해 결성된 조합원의 단체이다. 그러므로 사업주체는 조합, 조합원, 등록사업자로 구성된다고 볼 수 있다.

주택조합이 비법인사단과 조합 중 어느 것에 해당하는지 판단해야 하는 경우가 발생한다. 주택조합의 법적 성격을 비법인사단으로 보면 조합원은 등록사업자와 직접적인 관계가 없거나 법적 관계가 약해질 수 밖에 없게 된다.

주택조합의 법적 성격을 민법상 조합으로 보면 조합원은 조합이라는 단체와 함께 주택사업에 대한 권한과 책임을 공동으로 갖는 지위를 갖게 된다. 이 경우 조합채권자는 각 조합원에 대하여 그 권리를 행사할 수 있으므로 등록사업자도 조합원에 대해 직접적인 법률관계를 주장할 수 있다.

주택조합의 법적 성격을 비법인사단으로 보느냐 혹은 조합으로 보느냐에 따라 특히 조합원과 등록사업자 혹은 조합원과 조합의 채권자와의 관계가 다르게 평가될 수 있다.

따라서, 지역주택조합의 법적 성격이 무엇인가를 규명하는 것은 조합 및 조합원의 권리와 의무를 규정함에 있어서 매우 중요한 것이다.

2. 검토 의견

앞장에서 보았듯이 대법원이 주택조합의 법적 성격을 비법인사단이라고 판단하였다 하여 주택조합의 내·외부관계 모두를 비법인사단일 뿐 민법상 조합의 성격이 전혀 없다고 할 수 없다.

사단법인 제도를 인정하고 있는 취지와 조합 계약을 인정하는 취지는 서로 다르므로 이 양자는 이론상 양립이 가능한 것이다. 특히 하나의 단체에 대해 성격을 달리 하는 법률관계가 중첩적으로 존재하는 경우 각 법률관계별로 법적 성격을 판단해야 하고 이들을 하나의 단일 기준을 적용하여 비법인사단으로 분류하거나 조합으로 분류하는 것은 너무 단순하고 위험한 해석이다.

즉, A라는 사람을 두고 인종적으로는 황인족이라 할 수 있고, 성별로는 남자라고 할 수 있고, 국적으로는 한국인라고 할 수 있는 것과 같은 이치다.

주택조합은 주택법에 의해 탄생된 법률상의 단체로서 매우 다면적인 법률관계를 가지고 있다. 이러한 법률관계들 중에는 그 법적 성격면에서 비법인사단으로 규정되어야 할 것들과 조합으로 해석되어야 할 것들이 혼재되어 있다. 주택조합은 법률상 이중적 중첩적 다면적 성격을 갖고 있는 것이다.

개별적인 사안을 검토하면서 법적 성격을 조금 더 심층적으로 분석해 보자.

3. 지역주택조합의 사단적 성격

주택조합은 주택법상 사업을 시행하는 사업의 주체이므로 조합 구성원 개개인으로부터 독립된 실체가 필요하다. 특히 주택조합사업에서 건설되는 일반분양분 및 근린생활시설의 경우에는 조합이 이를 원시취득하여 수분양자에게 이전하는 절차를 거친다. 당연히 일반분양분(근린생활시설 분양분 포함)은 조합 명의로 보존등기 되어야 하고, 이 때 조합은 독자적인 행위주체로서 독립성(단체성)이 요구되므로 조합보다는 비법인사단으로 평가되는 것이 그 실질에 가깝다.

* 수분양자란?

> 부동산을 분양하는 사람을 분양자라고 하고, 부동산을 분양받는 사람을 수분양자라고 한다. (수분양자에서 수는 한자로 受 받을 수를 사용함)
> 즉 부동산을 분양하는 분양자와 분양계약을 체결한 상대방 사람을 의미하며, 수분양자는 아직 소유권을 취득하지는 않은 소유권 취득하기 전까지의 단계에 있는 사람이다.

4. 지역주택조합의 조합적 성격

주택조합은 그 소유의 자금으로 조합원의 건물을 신축 분양하는 것이 아니라 공정에 따라 조합원으로부터 각자 부담할 건축 자금을 제공받아 조합원의 자금으로 이를 건축하는 것이므로, 건축 절차의 편의상 조합 명의로 그 건축허가와 준공검사를 받았다고 하더라도 그 건물의 소유권은 일반인에게 분양된 주택 부분 및 복리시설 등을 제외하고는 특단의 사정이 없는 한 건축 자금의 제공자인 조합원들이 원시취득한 것으로 보아야 한다. (대법원 1994. 6. 24. 선고 93누18839 판결, 대법원 1996. 4. 12. 선고 96다3807 판결 참조.)

조합원분 공동주택의 소유권 귀속에 대응하여 공사비의 부담도 조합원 개개인에게 독립적으로 이루어지므로, 그 한도에서 주택조합의 법적 성격은 '조합'에 가깝다. 주택조합의 조합원이 조합사업의 성패에 전적으로 책임을 부담하게 되는 것도 역시 건축주로서의 측면 때문이다.

지역주택조합과 관련하여 발생하는 다양한 사안에 대해 효과적으로 대처하기 위해서는 상기한 두 가지 성격을 이해하고 있어야 할 것으로 판단된다.

제3편

조합원 자격 및 모집

지역주택조합의 조합원 자격은 다음과 같이 요약·정리해 볼 수 있다.

구분	내용	비고
1요건	조합설립인가 신청일부터	해당 주택건설대지가 투기과열지구 안에 있는 경우 경우(주택법 제63조)에는 조합설립인가 신청일 1년 전의 날부터임. - 조합 가입 이후 조합설립인가 신청 전에 투기과열지구로 지정되는 경우 조합원 자격 요건 유지 기간의 기산점이 언제부터인지? 에 대해 국토교통부는 '조합설립인가 신청일'부터 입주 가능일까지라고 회답함(국토교통부 2017. 12. 5. 11936 회신 참조)
	입주 가능일까지	입주 가능일에 대한 명문 규정은 없으나 사용검사필증 교부 후 주택조합에서 입주 통보를 하면서 입주 기간으로 지정된 최초일로 보아야 할 것으로 판단됨.
2요건	세대주를 포함한 세대원(세대주와 동일한 세대별 주민등록표에 등재되어 있지 아니한 세대주의 배우자 및 그 배우자와 동일한 세대를 이루고 있는 사람 포함) 전원이 주택을 소유(A)하고 있지 아니한 세대의 세대주이거나, 1명에 한정하여 주거전용면적 85m² 이하의 주택 1채를 소유한 세대의 세대주(B) 일 것.	A: 주택 소유 요건(별도 설명)
		B: 세대주 요건: 가장 실수하기 쉬운 부분이 세대주여야 하는 요건이다. 반드시 세대주만이 조합원이 될 수 있다. (별도 설명) 단, 근무·질병치료·유학·결혼 등 부득이한 사유로 세대주 자격을 일시적으로 상실한 경우에는 인가권자인 시장·군수·구청장이 그 부득이한 사유를 인정하는 경우에 한하여 조합원 자격이 있는 것으로 본다. (주택법 시행령 제21조제2항)
		세대원: 주민등록법상 동일한 주소에 등재된 세대주 외의 나머지 구성원으로 세대주의 배우자 또는 직계존·비속의 관계에 있는 구성원을 말한다. 따라서, 형제자매, 시부모와 며느리, 처부모, 사위, 법정 분가한 차남 이하 아들 및 출가한 딸, 미혼모 또는 이혼녀가 자녀를 부양하는 경우 등은 세대원이 아니라 동거인에 해당한다. - 직계 존속: 나의 선대(나를 출산하도록 한 친족((조)부모)) - 직계 비속: 나의 후대(나로부터 출산된 친족(자·손))
3요건	조합설립인가 신청일 현재 9개 권역별 해당 지역에 6개월 이상 거주하여 온 사람일 것. 설립인가신청일 이후 조합원의 거주지 변경에 대한 제한은 없다.	
4요건	본인 또는 배우자가 다른 지역 또는 직장 주택 조합원이 아닐 것	
판정	조합원 자격 판정 시점 및 자격 판정 방법(C, 별도 설명)	
기타	조합원의 사망으로 그 지위를 상속받는 자는 상기 요건에도 불구하고 조합원이 될 수 있다.	지위를 상속받아 조합원이 된 후에 85m² 초과 주택을 취득하면 어떻게 되는가 하는 질의에 법제처는 지위를 유지할 수 없다고 회답함. (법제처 법령해석 사례 안건번호 22-0938 참조.)

[관련 법조문]

수택법 시행령 제21조(조합원의 자격)

① 법 제11조에 따른 주택조합의 조합원이 될 수 있는 사람은 다음 각 호의 구분에 따른 사람으로 한다. 다만, 조합원의 사망으로 그 지위를 상속받는 자는 다음 각 호의 요건에도 불구하고 조합원이 될 수 있다. <개정 2019. 10. 22.>

1. 지역주택조합 조합원: 다음 각 목의 요건을 모두 갖춘 사람

　가. 조합설립인가 신청일(해당 주택건설대지가 법 제63조에 따른 투기과열지구 안에 있는 경우에는 조합 설립인가 신청일 1년 전의 날을 말한다. 이하 같다)부터 해당 조합주택의 입주 가능일까지 주택을 소유(주택의 유형, 입주지 선정방법 등을 고려하여 국토교통부령으로 정하는 지위에 있는 경우를 포함한다. 이하 이 호에서 같다)하는지에 대하여 다음의 어느 하나에 해당할 것

　　1) 국토교통부령으로 정하는 기준에 따라 세대주를 포함한 세대원[세대주와 동일한 세대별 주민등록표에 등재되어 있지 아니한 세대주의 배우자 및 그 배우자와 동일한 세대를 이루고 있는 사람을 포함한다. 이하 2)에서 같다] 전원이 주택을 소유하고 있지 아니한 세대의 세대주일 것

　　2) 국토교통부령으로 정하는 기준에 따라 세대주를 포함한 세대원 중 1명에 한정하여 주거전용면적 85제곱미터 이하의 주택 1채를 소유한 세대의 세대주일 것

　나. 조합설립인가 신청일 현재 법 제2조제11호가목의 구분에 따른 지역에 6개월 이상 계속하여 거주하여 온 사람일 것

　다. 본인 또는 본인과 같은 세대별 주민등록표에 등재되어 있지 않은 배우자가 같은 또는 다른 지역주택 조합의 조합원이거나 직장주택조합의 조합원이 아닐 것

② 주택조합의 조합원이 근무·질병치료·유학·결혼 등 부득이한 사유로 세대주 자격을 일시적으로 상실한 경우로서 시장·군수·구청장이 인정하는 경우에는 제1항에 따른 조합원 자격이 있는 것으로 본다.

③ 제1항에 따른 조합원 자격의 확인 절차는 국토교통부령으로 정한다.

A. 주택 소유 요건과 관련하여

(요약)

1. 당첨자의 지위에 있는 경우는 주택을 소유한 것으로 봄

2. 상속·유증 또는 주택소유자와의 혼인으로 주택을 취득하였을 때에는 부적격자로 통보받은 날부터 3개월 이내에 해당 주택을 처분하면 주택을 소유하지 아니한 것으로 봄.

3. 분양권등을 갖고 있거나 주택 또는 분양권등의 공유지분을 소유하고 있는 경우에는 주택을 소유하고 있는 것으로 봄.

4. 주택공급에 관한 규칙 제53조의 1~11 각 호의 어느 하나에 해당하는 경우에는 주택을 소유하지 아니한 것으로 봄.

1. 당첨자(당첨자의 지위를 승계한 자 포함)의 지위에 있는 경우는 주택을 소유한 것으로 본다.

> 주택법 시행규칙 제8조(조합원의 자격확인 등)
>
> ① 영 제21조제1항제1호가목 1)·2) 외의 부분에서 "국토교통부령으로 정하는 지위"란 「주택공급에 관한 규칙」 제2조제7호에 따른 당첨자(당첨자의 지위를 승계한 자를 포함한다)의 지위를 말한다.

[당첨자란? (주택공급에 관한 규칙 제2조 7호)]

> 주택공급에 관한 규칙 제2조(정의) 이 규칙에서 사용하는 용어의 뜻은 다음과 같다.
>
> 7. "당첨자"란 다음 각 목의 어느 하나에 해당하는 사람을 말한다. 다만, 분양전환되지 않는 공공임대주택(「공공주택 특별법」 제2조제1호가목에 따른 공공임대주택을 말한다. 이하 같다)의 입주자로 선정된 자는 제외하며, 법 제65조제2항에 따라 당첨 또는 공급계약이 취소되거나 그 공급신청이 무효로 된 자는 당첨자로 본다.
>
> 　가. 제3조제2항제1호 및 제5호에 따른 주택에 대하여 해당 사업계획승인일 당시 입주대상자로 확정된 자
>
>> 주택공급에 관한 규칙 제3조(적용대상)
>>
>> ② 제1항에도 불구하고 다음 각 호의 주택을 공급하는 경우에는 해당 호에서 정하는 규정만을 적용한다. 다만, 다음 각 호의 주택을 해당자에게 공급하고 남은 주택(제4호, 제6호 및 제6호의2는 제외한다)이 법 제15조제1항에 따른 호수 이상인 경우 그 남은 주택을 공급하는 경우에는 그렇지 않다. <개정 2016. 8. 12., 2017. 11. 24., 2018. 2. 9., 2018. 12. 11., 2019. 11. 1.>
>>
>> 　5. 법 제5조제2항에 따른 주택조합이 그 조합원에게 공급하기 위하여 건설하는 주택: 제22조, 제52조, 제57조
>
> 　나. 제3조제2항제7호가목에 따른 주택에 대하여 해당 관리처분계획인가일 당시 입주대상자로 확정된 자
>
> 　다. 제3조제2항제7호나목 및 제8호에 따른 주택을 공급받은 자
>
> 　라. 다음의 지역에서 제19조제5항에 따라 입주자로 선정된 사람
>
> 　　1) 법 제63조제1항에 따른 투기과열지구(이하 "투기과열지구"라 한다)
>
> 　　2) 법 제63조의2제1항제1호에 따라 지정되는 조정대상지역(이하 "청약과열지역"이라 한다)
>
> 　마. 제27조부터 제32조까지, 제35조에서 제49조까지, 「공공주택 특별법 시행규칙」 제19조에 따라 입주자로 선정된 자(제27조제5항 및 제28조제10항제1호에 따라 선착순의 방법으로 주택을 공급받는 자는 제외한다)
>
> 　바. 제26조 또는 제26조의2에 따라 예비입주자로 선정된 자로서 사업주체와 공급계약을 체결한 자(제26조제5항 본문 또는 제26조의2제4항에 따라 최초로 예비입주자를 입주자로 선정하는 경우로서 동·호수 배정의 추첨에 참가하여 동·호수를 배정받고 공급계약을 체결하지 않은 자를 포함한다)
>
> 　사. 제47조의3에 따라 입주자로 선정된 사람
>
> 　아. 법 제80조에 따라 주택상환사채를 매입한 자(상환 전에 중도 해약하거나 주택분양 전에 현금으로 상환받은 자는 제외한다)

자. 법 제64조제2항 단서 및 제3항에 따라 한국토지주택공사(「한국토지주택공사법」에 따른 한국토지주택공사를 말한다. 이하 같다) 또는 사업주체가 취득한 지위를 양도받은 자

차. 「공공주택 특별법 시행령」 제2조제1항제5호에 따른 분양전환공공임대주택(이하 "분양전환공공임대주택"이라 한다)을 공급받은 자

카. 분양전환공공임대주택의 입주자가 퇴거하여 사업주체에게 명도된 주택을 공급받은 자

2. 상속·유증 또는 주택소유자와의 혼인으로 주택 취득 시

조합원 중 상속·유증 또는 주택소유자와의 혼인으로 주택을 취득하였을 때에는 사업주체로부터 부적격자로 통보받은 날부터 3개월 이내에 해당 주택을 처분하면 주택을 소유하지 아니한 것으로 본다. 그 외의 사유로 인한 주택 소유 여부의 판정은 주택공급에 관한 규칙 제53조에 따른다.

> 주택법 시행규칙 제8조(조합원의 자격확인 등)
> ② 영 제21조제1항제1호가목1) 및 2)에서 "국토교통부령으로 정하는 기준"이란 각각 다음 각 호와 같다.
>   1. 상속·유증 또는 주택소유자와의 혼인으로 주택을 취득하였을 때에는 사업주체로부터 「주택공급에 관한 규칙」 제52조제3항에 따라 부적격자로 통보받은 날부터 3개월 이내에 해당 주택을 처분하면 주택을 소유하지 아니한 것으로 볼 것
>   2. 제1호 외의 경우에는 「주택공급에 관한 규칙」 제53조를 준용할 것

3. 주택공급에 관한 규칙 제53조

주택소유 여부를 판단할 때 분양권등을 갖고 있거나 주택 또는 분양권등의 공유지분을 소유하고 있는 경우에는 주택을 소유하고 있는 것으로 보되, 다음 1~11 각 호의 어느 하나에 해당하는 경우에는 주택을 소유하지 아니한 것으로 본다.

> 주택공급에 관한 규칙 제53조(주택소유 여부 판정기준)
> 주택소유 여부를 판단할 때 분양권등을 갖고 있거나 주택 또는 분양권등의 공유지분을 소유하고 있는 경우에는 주택을 소유하고 있는 것으로 보되, 다음 각 호의 어느 하나에 해당하는 경우에는 주택을 소유하지 아니한 것으로 본다. (이하 생략)

주택공급에 관한 규칙 제2조(정의)

7의2. "분양권등"이란 「부동산 거래신고 등에 관한 법률」 제3조제1항제2호 및 제3호에 해당하는 주택에 관한 다음 각 목의 어느 하나에 해당하는 지위를 말한다.

　　가. 주택을 공급받는 사람으로 선정된 지위

　　나. 주택의 입주자로 선정된 지위

　　다. 매매를 통해 취득하고 있는 가목 또는 나목의 지위

1호. 상속으로 주택의 공유지분을 취득한 사실이 판명되어 사업주체로부터 부적격자로 통보받은 날부터 3개월 이내에 그 지분을 처분한 경우

> 1. 상속으로 주택의 공유지분을 취득한 사실이 판명되어 사업주체로부터 제52조제3항에 따라 부적격자로 통보받은 날부터 3개월 이내에 그 지분을 처분한 경우

2호. 도시지역이 아닌 지역 또는 면의 행정구역(수도권은 제외한다)에 건축되어 있는 주택으로서 다음 각 목의 어느 하나에 해당하는 주택의 소유자가 해당 주택건설지역에 거주(상속으로 주택을 취득한 경우에는 피상속인이 거주한 것을 상속인이 거주한 것으로 본다)하다가 다른 주택건설지역으로 이주한 경우

> 2. 도시지역이 아닌 지역 또는 면의 행정구역(수도권은 제외한다)에 건축되어 있는 주택으로서 다음 각 목의 어느 하나에 해당하는 주택의 소유자가 해당 주택건설지역에 거주(상속으로 주택을 취득한 경우에는 피상속인이 거주한 것을 상속인이 거주한 것으로 본다)하다가 다른 주택건설지역으로 이주한 경우
> 　가. 사용승인 후 20년 이상 경과된 단독주택
> 　나. 85제곱미터 이하의 단독주택
> 　다. 소유자의 「가족관계의 등록 등에 관한 법률」에 따른 최초 등록기준지에 건축되어 있는 주택으로서 직계존속 또는 배우자로부터 상속 등에 의하여 이전받은 단독주택

3호. 개인주택사업자가 분양을 목적으로 주택을 건설하여 이를 분양 완료하였거나 사업주체로부터 부적격자로 통보받은 날부터 3개월 이내에 이를 처분한 경우

> 3. 개인주택사업자가 분양을 목적으로 주택을 건설하여 이를 분양 완료하였거나 사업주체로부터 제
> 52조제3항에 따른 부적격자로 통보받은 날부터 3개월 이내에 이를 처분한 경우

4호. 세무서에 사업자로 등록한 개인사업자가 그 소속 근로자의 숙소로 사용하기 위하여
주택을 건설하여 소유하고 있거나 사업주체가 정부시책의 일환으로 근로자에게 공급
할 목적으로 사업계획 승인을 받아 건설한 주택을 공급받아 소유하고 있는 경우

> 4. 세무서에 사업자로 등록한 개인사업자가 그 소속 근로자의 숙소로 사용하기 위하여 법 제5조제3
> 항에 따라 주택을 건설하여 소유하고 있거나 사업주체가 정부시책의 일환으로 근로자에게 공급
> 할 목적으로 사업계획 승인을 받아 건설한 주택을 공급받아 소유하고 있는 경우

5호. 주택공급신청자가 속한 세대가 20제곱미터 이하의 주택 또는 분양권등을 1호 또는 1
세대만 소유하고 있는 경우

> 5. 주택공급신청자가 속한 세대가 20제곱미터 이하의 주택 또는 분양권등을 1호 또는 1세대만 소유
> 하고 있는 경우

6호. 60세 이상의 직계존속(배우자의 직계존속을 포함한다)이 주택 또는 분양권등을 소유하고
있는 경우

> 6. 60세 이상의 직계존속(배우자의 직계존속을 포함한다)이 주택 또는 분양권등을 소유하고 있는
> 경우

7호. 건물등기부 또는 건축물대장등의 공부상 주택으로 등재되어 있으나 주택이 낡아 사
람이 살지 아니하는 폐가이거나 주택이 멸실되었거나 주택이 아닌 다른 용도로 사용
되고 있는 경우로서 사업주체로부터 부적격자로 통보받은 날부터 3개월 이내에 이를
멸실시키거나 실제 사용하고 있는 용도로 공부를 정리한 경우

> 7. 건물등기부 또는 건축물대장등의 공부상 주택으로 등재되어 있으나 주택이 낡아 사람이 살지 아니하는 폐가이거나 주택이 멸실되었거나 주택이 아닌 다른 용도로 사용되고 있는 경우로서 사업주체로부터 제52조제3항에 따른 부적격자로 통보받은 날부터 3개월 이내에 이를 멸실시키거나 실제 사용하고 있는 용도로 공부를 정리한 경우

8호. 무허가건물을 소유하고 있는 경우. 이 경우 소유자는 해당 건물이 건축 당시의 법령에 따른 적법한 건물임을 증명하여야 한다.

> 8. 무허가건물[종전의 「건축법」(법률 제7696호 건축법 일부개정법률로 개정되기 전의 것을 말한다) 제8조 및 제9조에 따라 건축허가 또는 건축신고 없이 건축한 건물을 말한다]을 소유하고 있는 경우. 이 경우 소유자는 해당 건물이 건축 당시의 법령에 따른 적법한 건물임을 증명하여야 한다.

9호. 주택공급신청자가 속한 세대가 소형·저가주택등을 1호 또는 1세대만 소유하고 있는 경우. (공공임대주택을 공급하는 경우에는 적용하지 않음.)

9. 주택공급신청자가 속한 세대가 소형·저가주택등을 1호 또는 1세대만 소유하고 있는 경우
주택공급에 관한 규칙 제2조(정의) 7의3. "소형·저가주택등"이란 전용면적 60제곱미터 이하로서 별표 1 제1호가목2)에 따른 가격이 1억원(수도권은 1억6천만원) 이하인 주택 또는 분양권등을 말한다.
별표1제1호가목2) 소형·저가주택등의 가격은 다음의 구분에 따라 산정한다. 다만, 2007년 9월1일 전에 주택을 처분한 경우에는 2007년 9월 1일 전에 공시된 주택공시가격(「부동산 가격공시에 관한 법률」 제16조 또는 제17조에 따라 공시된 가격을 말한다. 이하 이 별표에서 같다) 중 2007년 9월 1일에 가장 가까운 날에 공시된 주택공시가격에 따른다. 가) 입주자모집공고일 후에 주택을 처분하는 경우: 입주자모집공고일에 가장 가까운 날에 공시된 주택공시가격 나) 입주자모집공고일 이전에 주택이 처분된 경우: 처분일 이전에 공시된 주택공시가격 중 처분일에 가장 가까운 날에 공시된 주택공시가격 다) 분양권등의 경우: 공급계약서의 공급가격(선택품목에 대한 가격은 제외한다)

10호. 입주자를 선정하고 남은 주택을 선착순의 방법으로 공급받아 분양권등을 소유하고

있는 경우(해당 분양권등을 매수한 사람은 제외한다)

> 10. 제27조제5항 및 제28조제10항제1호에 따라 입주자를 선정하고 남은 주택을 선착순의 방법으로
>   공급받아 분양권등을 소유하고 있는 경우(해당 분양권등을 매수한 사람은 제외한다)
>
> 주택공급에 관한 규칙 제27조(국민주택의 일반공급)
> ⑤ 사업주체는 제1항부터 제4항까지의 규정에 따라 입주자를 선정하고 남은 주택이 있는 경우에는
>   제4조에도 불구하고 선착순의 방법으로 입주자를 선정할 수 있다.
>
> 주택공급에 관한 규칙 제28조(민영주택의 일반공급)
> ⑩ 사업주체는 다음 각 호이 어느 하나에 해당하는 경우에는 제4조에도 불구하고 선착순의 방법으
>   로 입주자를 선정할 수 있다. <개정 2016. 8. 12., 2018. 12. 11.>
>   1. 제1항부터 제9항까지의 규정에 따라 입주자를 선정하고 남은 주택이 있는 경우

11호. 임차인으로서 보증금의 전부 또는 일부를 돌려받지 못한 사람이 임차주택을 경매
또는 공매로 매수하여 소유하고 있는 경우. 다만, 그 주택이 다음 각 목의 어느 하나
에 해당하는 경우는 제외한다.

> 11. 임차인으로서 보증금의 전부 또는 일부를 돌려받지 못한 사람이 임차주택을 경매 또는 공매로
>   매수하여 소유하고 있는 경우. 다만, 그 주택이 다음 각 목의 어느 하나에 해당하는 경우는 제외
>   한다.
>   가. 주택가격이 1억5천만원(수도권은 3억원)을 초과하는 경우. 이 경우 주택가격의 산정은 별표 1
>   제1호가목2)를 준용한다.
>   나. 주거전용면적이 85제곱미터를 초과하는 경우

다만, 무주택세대구성원에 해당하는지 여부를 판단할 때 노부모 부양자에 대한 특별공급
또는 「공공주택 특별법 시행규칙」 별표 6 제2호 라목에 따른 특별공급(분양전환공공임대주
택은 제외한다)의 경우에는 제6호를 적용하지 않으며, 공공임대주택의 공급의 경우에는 제6
호, 제9호 및 제11호를 적용하지 않는다.

> 주택공급에 관한 규칙 제53조(주택소유 여부 판정기준)
> 다만, 무주택세대구성원에 해당하는지 여부를 판단할 때 제46조 또는 「공공주택 특별법 시행규칙」 별표 6
> 제2호라목에 따른 특별공급(분양전환공공임대주택은 제외한다)의 경우에는 제6호를 적용하지 않으며, 공
> 공임대주택의 공급의 경우에는 제6호, 제9호 및 제11호를 적용하시 않는다. <개정 2016. 5. 19., 2016. 8.
> 12., 2017. 11. 24., 2018. 12. 11., 2023. 5. 10., 2023. 11. 10.>

주택공급에 관한 규칙 제46조(노부모 부양자에 대한 특별공급)

공공주택 특별법 시행규칙 [별표 6] <개정 2023. 8. 4.>
분양전환공공임대주택 및 공공분양주택의 입주자 자격(제19조제1항 관련)
2. 특별공급
    라. 「주택공급에 관한 규칙」 제27조제1항의 제1순위에 해당하는 자로서 입주자 모집공고일 현재 65세
       이상의 직계존속(배우자의 직계존속을 포함한다)을 3년 이상 계속하여 부양(같은 세대별 주민등록
       표상에 등재되어 있는 경우에 한정한다)하고 있는 다음 각 목의 입주요건을 갖춘 무주택세대구성원
       (피부양자의 배우자도 무주택자이어야 하고 피부양자의 배우자가 주택을 소유하고 있었던 기간은
       무주택기간에서 제외한다)을 대상으로 한 차례에 한정하여 1세대 1주택의 기준으로 그 건설량의 5
       퍼센트의 범위에서 특별공급할 수 있다. 이 경우 제1순위에서 경쟁이 있으면 「주택공급에 관한 규칙」
       제27조제2항에 따라 입주자를 선정한다.
       1) 제13조제3항에 따른 자산요건을 충족할 것
       2) 국토교통부장관이 정하는 바에 따라 산정한 해당 세대의 월평균소득이전년도 도시근로자 가구당
          월평균소득의 120퍼센트(분양전환공공임대주택은 가구원 수가 2명인 경우에는 130퍼센트를 말
          한다) 이하일 것

주택공급에 관한 규칙 제27조(국민주택의 일반공급)

🔲 참고   주택 소유 여부에 대한 판단

1. 업무용 오피스텔, 기숙사, 고시원은 주택에 해당하지 않으나, 주거용 오피스텔 및 생활형 숙박시설은 주택에 포함된다. (정부의 정책 방향에 따라 변동이 있을 수 있음.)

2. 기존 주택을 매도한 날 신규 주택을 매수하여 동일 날 등기 접수가 이루어진 경우, 2채를 소유하였는지 여부에 대한 질의에 법제처는 1채를 소유한 것으로 본다고 유권 해석했다. (법제처 법령해석 사례 안건번호 19-0643 참조.)

3. 당첨자가 되었으나 조합설립인가신청일(해당 주택건설대지가 투기과열지구 안에 있는 경우에는 조합설립인가신청일 1년 전의 날을 말함) 전에 주택 또는 주택의 입주자로 선정된 지위를 전매한 자는 조합원 요건에 적합하나(법제처 법령해석 사례 안건번호 13-0067 참조), 설립인가 신청일 이후에 당첨자의 지위를 확보한 경우는 매우 조심해야 한다. 당첨자가 당첨된 집에 실제 입

주하여 살다가 매도하고 다른 주택을 매입하여 이사를 해도 당첨자의 지위는 그대로 유지되어 주택 2채를 소유한 것으로 볼 뿐만 아니라(법세서 법령해석 사례 안건번호 20-0153 참조), 입주 계약을 체결하지 않거나 입주 계약은 체결했으나 전매한 경우에도 당첨자의 지위는 그대로 유지되어 주택 2채를 소유한 것으로 본다. (법제처 법령해석 사례 안건번호 16-0270 참조.) 상기 내용들의 일부는 법원의 판결로 변경될 수 있는 여지가 있어 보이므로, 구체적 사안 발생 시점에는 그 당시의 기준으로 판단이 필요해 보인다.

> **참고** 전매 관련
>
> 사용검사 및 보존등기 이후 완성된 주택(부동산)을 파는 것을 매도라고 하는데, 사업계획승인을 받고 주택 건설대지의 소유권을 전부 확보 시 다른 사람에게 양도하는 것을 매도라고 하지 않고 전매라고 한다. 왜냐하면 주택(부동산)을 파는 것이 아니고 분양권(부동산이 아님)를 파는 것이기 때문이다.

4. 85m² 이하 주택 1채를 가진 세대주가 주택조합에 가입하여 해당 주택조합이 사업계획승인을 받아 조합원에게 분양하는 85m² 초과하는 주택의 입주 대상자로 확정되어 당첨자가 된 경우, 이러한 당첨자의 지위에 있는 자를 여전히 그 지역주택조합 조합원의 요건에 적합한 자로 볼 수 있는지 여부에 대한 질의에 법제처는 요건에 적합하다고 유권 해석 했다. (법제처 법령해석 사례 안건번호 16-0332 참조.)

5. 극히 짧은 기간 2주택을 보유하고 있었고, 애초에 매매 계약 자체는 매도를 완료하고 매수를 하는 것으로 하였으나 부득이한 사정으로 매수한 주택의 소유권이전등기가 먼저 이루어져서 일시적 2주택이 되었고, 2주택이 되면서 특별한 시세 차익을 얻었거나 세제상 혜택을 얻는 등 다른 이득을 얻은 것으로도 보이지 않는 사정 등을 종합하여 주택 법령을 잠탈할 의도가 없었다고 하여 조합원 지위가 유지된다고 하는 판결이 최근에 있는 점을 고려하여, 일시적으로 단기간 2주택이 된 경우에는 그 경위를 살펴서 적극적으로 대응을 한다면 지역주택조합 조합원 지위를 유지할 수도 있을 것이다.

6. 85m² 이하 규모의 주택 1채를 소유한 지역주택조합원의 배우자가 세대 분리 하여 역시 85m² 이하 규모의 주택 1채를 소유한 세대주인 자녀 세대에 편입되는 경우, 자녀의 주택수에 따른 조합원 자격에는 영향이 없다. (법제처 법령해석 사례 안건번호 20-0634 참조.)

7. 무주택자이거나 85m² 이하의 1주택 소유자인 조건을 유지하여야 하는 기간 중 이혼한 경우, 이혼일 이후부터 전 배우자의 주택 소유 여부는 확인하지 않는다.

이상의 내용 외에도 주택 소유 여부에 대한 판단이 어려운 상황이 다음과 같이 다수 발생한다. 도움이 필요할 때는 법제처의 법령해석을 조회(https://www.moleg.go.kr)해 보자.

민원인 - 주택공급신청자와 그 배우자가 각각 20제곱미터 이하의 주택을 소유한 경우가 무주택세대구성원에 해당하는지 여부(「주택공급에 관한 규칙」 제2조제4호 등 관련)
법제처 법령해서 사례 안건번호 21-0725, 회신일자 2021-12-01

1. 질의요지

「주택공급에 관한 규칙」 제2조제4호에서는 "무주택세대구성원"을 세대원 전원이 주택을 소유하고 있지 않은 세대의 구성원을 말한다고 규정하고 있고,

같은 규칙 제53조제5호에서는 20제곱미터 이하의 주택 또는 분양권등(각주: 「주택공급에 관한 규칙」 제2조제7호의2에 따른 분양권등(「부동산 거래신고 등에 관한 법률」 제3조제1항제2호 및 제3호에 해당하는 주택을 공급받는 사람으로 선정된 지위 등)을 말하며, 이하 같음)을 소유하고 있는 경우에는 주택을 소유하지 않은 것으로 본다고 규정(본문)하면서, 2호 또는 2세대 이상의 주택 또는 분양권등을 소유하고 있는 사람은 제외한다고 규정(단서)하고 있는바,

주택공급신청자와 그 배우자가 각각 20제곱미터 이하의 주택을 소유하고 있는 경우 주택공급신청자는 「주택공급에 관한 규칙」 제2조제4호에 따른 무주택세대구성원에 해당하는지?

※ 질의배경 : 민원인은 위 질의요지에 대한 국토교통부의 회신 내용에 이견이 있어 법제처에 법령해석을 요청함.

2. 회답

이 사안과 같이 주택공급신청자와 그 배우자가 각각 20제곱미터 이하의 주택을 소유하고 있는 경우 그 주택공급신청자는 「주택공급에 관한 규칙」 제2조제4호에 따른 무주택세대구성원에 해당하지 않습니다.

3. 이유

「주택공급에 관한 규칙」에서는 주택 소유 여부를 판정할 때 개별 규정에 따라 세대를 기준

(제28조제1항제1호 각 목 외의 부분 단서 및 같은 조 제6항제1호 등)으로 하거나, 세대 구성원 개인을 기준(제28조제8항제2호 등)으로 하고 있는바, 같은 규칙 제53소제5호에 따른 주택 또는 분양권등을 소유한 경우를 판정하는 기준이 세대별로 적용되는 기준인지, 아니면 세대 구성원 개인에게 적용되는 기준인지 여부는 같은 규칙 제2조제4호에 따른 무주택세대구성원의 의미, 같은 규칙 제53조에 따른 주택 소유 여부 판정기준 및 무주택세대구성원에 대한 주택공급 규정 등을 종합적으로 검토하여 판단해야 합니다.

먼저 「주택공급에 관한 규칙」 제2조제4호에서는 "무주택세대구성원"을 세대원 전원이 주택을 소유하고 있지 않은 세대의 구성원으로 정의하고 있는바, 이는 세대원 중 한 명이라도 주택을 소유하고 있다면 무주택세대에 해당하지 않는다는 의미인데,

"주택 소유" 여부의 판정 기준을 제시하고 있는 같은 규칙 제53조제5호를 함께 적용하면, 원칙적으로 세대원 중 한 명이 주택 또는 분양권등을 소유하는 경우라면 해당 세대와 세대원은 무주택세대 및 무주택세대구성원에 해당하지 않으나, 그 세대 구성원 한 명이 20제곱미터 이하의 주택이나 분양권등을 소유하는 경우에 해당한다면 해당 세대는 무주택세대로, 해당 세대의 구성원은 무주택세대구성원으로 본다는 의미라고 할 것입니다.

또한 「주택공급에 관한 규칙」에서는 국민주택은 무주택세대구성원에게 공급하고(제4조 및 제35조), 일정한 비율의 민영주택을 무주택세대구성원에게 1세대 1주택의 기준으로 공급(제36조)한다고 규정하여 무주택세대구성원에게 주택 등을 공급하는 경우 세대를 기준으로 하고 있는바, 무주택세대구성원인지 여부를 판정하기 위하여 같은 규칙 제53조제5호에 따라 주택 소유 현황을 판정하는 경우에도 세대별로 소규모 주택이나 분양권등을 소유하고 있는지를 기준으로 판정하는 것이 이와 같은 주택법령의 규정 체계에 부합하는 해석입니다.

아울러 「주택공급에 관한 규칙」 제53조제5호는 20제곱미터 이하의 소규모 주택을 소유한 경우 투기 목적 등과의 관련성이 크지 않다는 점을 고려하여 국민주택 등을 우선 공급받을 수 있는 "무주택세대구성원" 요건에 대한 예외를 규정한 것으로, 이러한 예외 규정의 해석은 입법 취지에 부합하는 범위에서 엄격하게 이루어져야 할 것인바, 같은 호의 요건을 세대의 구성원 개인에게 적용되는 규정이라고 볼 경우 세대원 다수가 20제곱미터 이하의 주택을 보유하고 있는 경우에도 해당 세대는 무수택세대에 해당하게 되고, 그러한 세대에 대

해서도 국민주택이나 일정한 범위의 민영주택이 우선 공급되는 결과가 초래되어 투기 목적이 없는 실수요자를 보호하려는 위 규정의 입법 취지를 훼손할 우려가 있다는 점도 이 사안을 해석할 때 고려해야 합니다.

한편 「주택공급에 관한 규칙」 제53조제5호 단서에서 2호 또는 2세대 이상의 주택 또는 분양권등을 소유한 사람은 제외한다고 규정하고 있어 같은 호 본문의 규정은 세대의 구성원을 기준으로 주택 소유 여부를 판단해야 한다는 의견이 있으나, 위와 같은 법령의 규정 체계 및 입법 취지에 비추어 보면, 같은 호 단서는 세대의 구성원 중 한 명이 소유한 주택이나 분양권등이 20제곱미터 이하인 경우는 주택을 소유하지 않은 것으로 보지만, 그 경우에도 해당 소유자가 2 이상의 주택이나 분양권등을 소유한 경우라면 해당 세대를 무주택세대로, 해당 세대의 구성원을 무주택세대구성원으로 볼 수 없다는 의미로 해석해야 할 것이므로 그러한 의견은 타당하지 않습니다.

따라서 주택공급신청자와 그 배우자가 각각 20제곱미터 이하의 주택을 소유하고 있는 경우 그 주택공급신청자는 「주택공급에 관한 규칙」 제2조제4호에 따른 무주택세대구성원에 해당하지 않는다고 보아야 합니다.

※ 법령정비 권고사항

「주택공급에 관한 규칙」 제53조에 따른 주택 소유 여부 판정기준은 그 기준이 적용되는 개별 규정에 따라 세대별 기준 또는 개인별 기준으로 적용될 수 있음에도 불구하고, 같은 조 제5호 단서에서는 "2호 또는 2세대 이상의 주택 또는 분양권등을 소유하고 있는 사람"이라는 문언을 사용하여 해당 기준이 개인별로 적용되는 것으로 해석될 소지가 있으므로 해당 규정을 개정해 줄 필요가 있습니다.

상기의 법령정비 권고사항에 따라 2023년 5월 10일부로 제53조제5호는 다음과 같이 개정됨.

개정 전	20제곱미터 이하의 주택 또는 분양권등을 소유하고 있는 경우. 다만, 2호 또는 2세대 이상의 주택 또는 분양권등을 소유하고 있는 사람은 제외한다.
개정 후	주택공급신청자가 속한 세대가 20제곱미터 이하의 주택 또는 분양권등을 1호 또는 1세대만 소유하고 있는 경우

2023년 11월 10일부로 제53조제9호의 내용도 개정됨.

개정 전	소형·저가주택등을 1호 또는 1세대만을 소유한 세대에 속한 사람으로서 제28조에 따라 주택의 공급을 신청하는 경우
개정 후	주택공급신청자가 속한 세대가 소형·저가주택등을 1호 또는 1세대만 소유하고 있는 경우
비고	소형·저가주택 1가구를 소유한 경우 민영주택 일반공급시에만 무주택으로 간주하던 것에서 공공임대 주택을 제외한 모든 주택의 공급에서 무주택으로 인정하도록 개정한 것임

\<Case Stydy 1>

한 사람이 아래의 1,2번 주택을 모두 보유한 경우, 1번 주택의 경우 주택공급에 관한 규칙 제53조제9호 "주택공급 신청자가 속한 세대가 소형·저가주택 등을 1호 또는 1세대만 소유하고 있는 경우로 보아 무주택으로 보는 것이 맞는 것인지? 즉, 총주택 보유수를 1채 또는 2채 중 어느 것으로 보아야 하는지?" (판단 결과에 따라 지역주택조합 조합원 자격 유무가 바뀔 수 있는 사안이다.)

> 1. 비수도권 도시 지역(00시00동) 주택전용면적 59.03㎡(사용승인일 : 1988.12.28) 1채 2023.01.01 개별주택
>   가격 26,400,000원임
> 2. 도시 지역(00구 000동가) 주택전용면적 84.75㎡ 1채 상기와 같이 보유하고 있는 경우

판단을 위해 국토교통부에 질의회신한 내용은 다음과 같다.

> 1. 질의요지
>   ○ 소유한 2세대의 주택 중 1세대가 소형·저가주택인 경우 주택청약 시 1주택자로 인정받을 수 있는지?
> 2. 회신내용
>   ○ 「주택공급에 관한 규칙」제53조제9호에 따르면, 주택공급신청자가 속한 세대가 소형·저가주택등을 1호 또는 1세대만 소유하고 있는 경우 주택을 소유하지 아니한 것으로 봅니다. (다만, 공공임대주택의 공급의 경우에는 해당 규정을 적용하지 않습니다.)
>   ○ 동 규칙 제53조 각 호에 해당하지 않는 주택의 소유가 상기 규정 적용에 영향을 주지는 않을 것으로 사료됩니다.

주택공급에 관한 규칙 제53조제9호는 주택소유 여부를 판단할 때 분양권 등을 갖고 있거나 주택 또는 분양권 등의 공유지분을 소유하고 있는 경우에는 주택을 소유하고 있는 것으로 보

되, 주택공급신청자가 속한 세대가 소형(60m² 이하)·저가(비수도권 1억 원 이하, 수도권 1.6억 원 이하) 주택 등을 1호 또는 1세대만 소유하고 있는 경우는 주택을 소유하지 아니한 것으로 본다는 내용으로, 소형·저가주택을 2호 또는 2세대를 소유한 경우는 2주택을 소유한 것으로 또한 소형·저가주택 1호 및 20m² 이하 소형주택 1호를 가져도 2주택을 소유한 것으로 본다는 것으로 해석된다.

따라서 소형·저가 주택 1호 및 상기 2번 항의 주택 1호를 소유한 것은 당연히 2주택을 소유한 것으로 보여진다.

국토교통부 회신 내용중 "동 규칙 제53조 각 호에 해당하지 않는 주택의 소유가 상기 규정 적용에 영향을 주지는 않을 것으로 사료됩니다."라는 회신 내용만으로는 상기 Case가 1주택자라로 조합원 자격이 있다고 할 수 있는 근거로 해석하기에는 무리가 있어 보인다.

<Case Stydy 2>

지역주택조합 2곳에 가입하는 것이 가능한지?

주택법률에서는 조합설립인가 신청일부터 입주 가능일까지 세대주를 포함한 세대원 전원이 주택을 소유하지 않거나 1명에 한정하여 85m² 이하의 주택을 소유한 세대의 세대주일 것을 정하고 있다. 단, 투기과열지구 안에 있는 경우는 조합설립인가 신청일 1년 전의 날부터 입주 가능일까지임.

주택법 시행령 제21조(조합원의 자격)

① 법 제11조에 따른 주택조합의 조합원이 될 수 있는 사람은 다음 각 호의 구분에 따른 사람으로 한다. 다만, 조합원의 사망으로 그 지위를 상속받는 자는 다음 각 호의 요건에도 불구하고 조합원이 될 수 있다. <개정 2019. 10. 22.>

  1. 지역주택조합 조합원: 다음 각 목의 요건을 모두 갖춘 사람

    가. 조합설립인가 신청일(해당 주택건설대지가 법 제63조에 따른 투기과열지구 안에 있는 경우에는 조합설립인가 신청일 1년 전의 날을 말한다. 이하 같다)부터 해당 조합주택의 입주 가능일까지 주택을 소유(주택의 유형, 입주자 선정방법 등을 고려하여 국토교통부령으로 정하는 지위에 있는 경우를 포함한다. 이하 이 호에서 같다)하는지에 대하여 다음의 어느 하나에 해당할 것

      1) 국토교통부령으로 정하는 기준에 따라 세대주를 포함한 세대원[세대주와 동일한 세대별 주민등록표에 등재되어 있지 아니한 세대주의 배우자 및 그 배우자와 동일한 세대를 이루고 있는 사람을 포함한다. 이하 2)에서 같다] 전원이 주택을 소유하고 있지 아니한 세대의 세대주일 것

> 2) 국토교통부령으로 정하는 기준에 따라 세대주를 포함한 세대원 중 1명에 한정하여 주거전용면적 85제곱미터 이하의 주택 1채를 소유한 세대의 세대주일 것

당첨자의 경우 다음과 같이 주택을 소유한 것으로 보는데,

> **주택법 시행규칙 제8조(조합원의 자격확인 등)**
> ① 영 제21조제1항제1호가목 1)·2) 외의 부분에서 "국토교통부령으로 정하는 지위"란 「주택공급에 관한 규칙」 제2조제7호에 따른 당첨자(당첨자의 지위를 승계한 자를 포함한다)의 지위를 말한다.

주택조합의 사업계획승인일 당시 입주 대상자로 확정된 자는 당첨자에 해당(주택공급에 관한 규칙 제2조제7호가목)하므로 사업계획승인을 받은 주택조합의 조합원은 1주택을 소유한 것이 된다.

> **주택공급에 관한규칙 제2조(정의)**
> 7. "당첨자"란 다음 각 목의 어느 하나에 해당하는 사람을 말한다. 다만, 분양전환되지 않는 공공임대주택(「공공주택 특별법」 제2조제1호가목에 따른 공공임대주택을 말한다. 이하 같다)의 입주자로 선정된 자는 제외하며, 법 제65조제2항에 따라 당첨 또는 공급계약이 취소되거나 그 공급신청이 무효로 된 자는 당첨자로 본다.
>   가. 제3조제2항제5호에 따른 주택에 대하여 해당 사업계획승인일 당시 입주대상자로 확정된 자

따라서, 세대주를 포함한 전체의 세대원이 1주택이라도 소유한 경우는 2곳의 조합에 가입할 수는 없으며, 만약 전원이 무주택이라면 세대주가 2곳의 조합에 가입하여도 2019년 10월 22일 이전에는 문제될 것이 없었다.

그러나 2019년 10월 22일 주택법 시행령 제21조제1항제1호에 다목이 신설되어 본인과 배우자가 지역 및 직장주택조합에 중복 가입하는 것이 금지되었다.

> **주택법 시행령 제21조(조합원의 자격)**
> ① 법 제11조에 따른 주택조합의 조합원이 될 수 있는 사람은 다음 각 호의 구분에 따른 사람으로 한다. 다만, 조합원의 사망으로 그 지위를 상속받는 자는 다음 각 호의 요건에도 불구하고 조합원이 될 수 있다. <개정 2019. 10. 22.>
>   1. 지역주택조합 조합원: 다음 각 목의 요건을 모두 갖춘 사람
>   다. 본인 또는 본인과 같은 세대별 주민등록표에 등재되어 있지 않은 배우자가 같은 또는 다른 지역주택조합의 조합원이거나 직장주택조합의 조합원이 아닐 것

B. 세대주 요건과 관련하여

우리 국민들은 거주 안정과 생활의 질 향상에 매우 관심이 많으며 여기에 큰 부분을 차지하는 것이 '주택'이며, '주택' 관련 문제를 매우 중요하게 여기고 있다. 그래서 정부는 '1세대 1주택' 비과세 혜택을 주거나, '무주택 세대주'에게 주택청약 관련 혜택을 주거나 '다주택자에게는 중과세를 부과하는 등 주택과 관련해 사안별로 다양한 혜택과 불이익을 주는 제도를 설계해 운영하고 있다.

이러한 제도 설계 및 운영과 관련해 매우 중요한 요소가 바로 '세대' 개념이다.

따라서 부동산에 관심 있으신 분은 '세대' 및 '세대주', '세대 분리'에 대한 내용을 잘 알고 있으면 주택 관련 절세나 주택 청약을 유리하게 할 수 있고, 절세 효과도 톡톡히 볼 수 있다.

'세대'란 주거 및 생계를 같이하는 집단을 뜻한다.

'세대주'는 세대를 대표하는 자를 의미하며, 세대주는 한 세대에서 단 한 명만 등록 가능하다.

세대주 조건은 다음과 같다.

기본적으로 결혼을 하여 배우자가 있어야 하고, 세대 구성원들의 생계를 유지할 수 있는 경제적 능력이 있어야 한다. 하지만 예외적으로 아래 조건을 충족하면 세대주가 될 수 있다.

1. 만 30세 이상인 경우
2. 정기적 소득이 중위소득 40% 이상으로 토지나 주택을 유지하고 관리할 수 있는 19세 이상 성년
3. 배우자가 사망하거나, 이혼한 경우
4. 가족의 사망으로 단독 세대 구성이 불가피한 경우

즉, 뚜렷한 소득이 없다 해도 만 30세 이상인 경우에는 결혼 여부와 상관없이 '세대주'가 될 수 있으며, 만 30세 이상이 안 됐다 하더라도 만 19세 이상 성년이 중위소득 40% 이상 정기적인 소득이 있으면 세대주가 될 수 있다.

그 외에도 배우자가 사망하거나 이혼한 경우에도 세대주가 될 수 있으며, 가족 사망으로 단독 세대 구성이 불가피한 경우 세대주가 될 수 있다. 예를 들어 소년·소녀 가장은 나이나 소득 요건을 충족하지 못하더라도 세대주로 등록 가능하다.

세대원이란 세대별 주민등록표상에 등재된 세대주 외의 나머지 구성원으로 세대주의 배우자 또는 직계 존·비속(직계 혈족)의 관계에 있는 구성원을 말한다. 따라서, 형제자매, 시부모와 며느리, 처부모, 사위, 법정분가 한 차남 이하 아들 및 출가한 딸, 미혼모 또는 이혼녀가 자녀를 부양하는 경우 등은 주민등록상에 등재되어 있기는 하지만 세대원이 아니라 동거인에 해당한다. 직계 존·비속 가족이지만 주민등록상에 등재되어 있지 않으면 세대원이 아니다.

세대원은 '생계를 함께하는 가족'을 뜻하므로, 생계를 달리하는 3촌 이상의 친척이 한 아파트에 살 경우 '임대차계약서(월세 계약서)'를 작성하고 거주지 행정복지센터에 가면 세대 분리 가능하다. 원칙적으로 아파트는 세대 분리가 불가능하지만, 직계 혈족이 아닌 경우 임대차계약서를 작성하면 세대 분리가 가능하다.

가령, 지방에 살던 조카가 직장 문제로 서울에 올라왔으나 집을 구할 수 없어 큰아버지 댁에 머물게 되었을 경우, 같은 아파트에 살더라도 임대차계약서(월세 계약서)를 쓰고 거주지 행정복지센터에 '세대 분리' 신청을 하면 세대 분리가 가능하다. 즉, 같은 주소지에 거주하지만 큰아버지와 조카는 각각 '세대주'가 된다.

가끔 조합원 중 여러 가지 사정으로 형제자매 집으로 주소를 이전하여 세대주 자격을 상실하여 조합원 자격을 상실하게 되어 자문을 구하는 경우가 있었다. 형제자매 집으로 주소를 이전할 때 세대 분리 하여 여전히 세대주로 할 수도 있었을 텐데 하는 아쉬움이 있다. 구청 및 조합에서 조합원 자격 심사 시에 전후 사정을 잘 설명하여 선처될 수 있도록 해 볼 여지가 있어 보인다.

[세대주 변경 및 세대 분리 방법]

1. 방문 신청 - 관할(거주지) 행정복지센터 방문

   기존 세대주와 변경할 세대주가 각각 본인의 신분증과 인감도장을 지참하여 신청하면 된다. 만약 두 사람 중 한 명만 방문한다면, 방문하지 못한 사람의 신분증과 인감도장을 챙겨 방문해 신청해야 한다.

   제일 간단한 건 기존 세대주와 변경할 세대주가 함께 가는 것이며, 두 명 중 한 명만 방문한다 하여도, 기존 세대주와 변경할 세대주의 신분증과 인감도장이 필요하다.

2. 온라인 신청 - 정부24 활용

정부24 사이트에서도 세대주 변경 및 세대 분리 신청이 가능하다. 단, 온라인 신청은 공인 인증서가 필요하고, 대리 신청은 불가능하다.

아파트처럼 원칙적으로 세대 분리가 불가능한 주택은 반드시 관할 행정복지센터에 방문하여 세대 분리 해야 한다. (준비물: 신분증, 인감도장, 임대차계약서 지참)

참고

예전에는 동사무소, 주민센터로 불리기도 했으나, 현재의 정확한 명칭은 행정복지센터이다. 행정복지센터는 시청 혹은 구청의 지도와 감독을 받는 최일선 행정기관으로서의 관공서를 일컫는 말이다. 주민자치회에서 운영하는 문화센터 프로그램 혹은 해당 프로그램을 여는 건물을 일컫는 주민자치센터와는 다르다.

C. 조합원 자격 판정 시점 및 자격 판정 방법

시장·군수·구청장은 조합설립인가, 사업계획승인, 사용검사 또는 임시 사용승인을 하려는 경우 및 조합원의 교체·신규 가입에 따른 변경인가를 하려는 경우 자격을 확인하여야 한다.

자격을 확인하기 위해서는 반드시 국토교통부장관에게 「정보통신망 이용촉진 및 정보보호 등에 관한 법률」에 따라 구성된 주택전산망을 이용한 전산 검색을 의뢰하는 방법으로 해야 한다.

> 주택법 시행규칙 제8조(조합원의 자격확인 등)
> ③ 시장·군수·구청장은 지역주택조합 또는 직장주택조합에 대하여 다음 각 호의 행위를 하려는 경우에는 국토교통부장관에게 「정보통신망 이용촉진 및 정보보호 등에 관한 법률」에 따라 구성된 주택전산망을 이용한 전산검색을 의뢰하여 영 제21조제1항제1호 및 같은 항 제2호에 따른 조합원 자격에 해당하는지를 확인해야 한다. <개정 2019. 10. 29.>
> 1. 법 제11조에 따라 주택조합 설립인가(조합원의 교체·신규가입에 따른 변경인가를 포함한다)를 하려는 경우
> 2. 해당 주택조합에 대하여 법 제15조에 따른 사업계획승인을 하려는 경우
> 3. 해당 조합주택에 대하여 법 제49조에 따른 사용검사 또는 임시 사용승인을 하려는 경우

다만, 동 내용은 인허가 시 해당 인허가권자가 조합원 자격 유지 여부를 전산 검색에 의하여 확인하도록 하는 것이지, 부적격을 통지할 때까지 조합원 자격에 부합한다거나 하는 것

은 아니며, 궁극적으로 조합원 자격 부합 여부는 본인이 사실 관계를 바탕으로 판단하여야 할 사항이다. 주택 소유 및 세대주 자격기준과 관련하여 이를 준수·유지하여야 할 책임은 전적으로 조합원 본인에게 있다.

🔲 정책 제언

1. 원활한 사업추진을 위하여 사업 구역 내 토지 소유자(지주)의 경우, 조합원 자격 부여 필요 있음. (이와 관련하여 기사 및 인터뷰 등 다양한 방식을 통해 필요성이 제기된 바 있음)

2. 자격 판정 절차 개선 필요

   조합원 자격기준 충족 여부를 심사하는 절차를 보면 다음과 같다.

   1단계. 조합은 조합원들이 제출한 자료를 취합하여 사전 심사를 하여 명백한 기준 위반이 아닌 경우 소명서를 첨부하여 관공서에 접수한다.

   2단계. 관공서는 제출받은 자료를 법률과 절차에 따라 심사하고, 필요하면 특정 조합원에 대한 추가 소명을 요구하기도 하여 최종 판단 결과를 조합에 통보한다.

   관공서는 때로는 제출받은 자료를 1차 심사하고 나서 특정 조합원을 조합이 제명하라고 요구하는 경우도 있다. 아마도 탈락을 통보할 경우 발생할 수 있는 민원을 사전 차단 하고자 하는 의도일 수도 있겠지만, 조합도 전후 사정을 참작해 보았을 때 명백한 기준 위반이라고 보기 어려운 면이 있는 경우 책임 문제가 따르고, 총회까지 소집하여 제명을 해야 하는 부담이 있어 관공서에서 탈락시키면 그에 따르겠다고 대응하게 된다. 이런 논란으로 상당한 시일이 소요되어 사업추진 일정 준수에 장애가 발생하곤 한다.

   주관적인 판단으로는 조합원의 소명을 받고 관공서에서 최종 결심 하고 그 내용을 조합에 통보하는 것이 올바른 일 처리로 판단된다.

   탈락한 조합원은 조합이나 관공서가 제대로 안내해 주지 않아 피해를 보았다면서 책임을 지라고 강변하기도 하고, 때로는 소송으로 가져가는 경우도 여럿 보았다. 결과는 100% 조합원의 잘못이다. 어려운 길을 걸어온 동료 조합원들이 이러한 어려운 상황에 봉착하지 않도록 조합도 조합원들에게 기준을 주기적으로 좀 더 적극적으로 안내해 주면 좋겠다.

제2장 | 조합원 공개모집까지의 과정

1. 조합원 모집에 이르기까지 일련의 과정을 요약해 보면 다음과 같다.

> 가. 법으로 정한 자격기준을 갖춘 발기인이
>
> 나. 해당 주택건설대지의 50% 이상에 해당하는 토지의 사용권원을 확보하여
>
> 다. 조합원 모집 관련 사항을 준비하여 관할 시장·군수·구청장에게 신고하여야 하며
>
> 라. 발기인은 조합원 모집 신고를 한 날 조합에 가입한 것으로 본다.
>
> 마. 신고받은 시장·군수·구청장은 다음의 역할을 해야 한다.
>
> - 발기인이 조합원 자격에 해당하는지를 확인
>
> - 수리할 수 없는 사항이 있는지 점검
>
> - 신고일로부터 15일 이내에 판단하여 적합할 경우 신고 수리, 신고대장에 기재, 신고인에게 필증 발급
>
> 바. 조합원 모집 신고 수리 이후에는 공개모집의 방법으로 조합원을 모집해야 함.
>
> 사. 조합원 모집 광고 방법
>
> 아. 가입 계약서에 포함되어야 하는 내용
>
> 자. 모집주체는 가입비 등의 예치·관리를 위해 필요한 조치를 해야 한다.
>
> 차. 가입 계약서에는 특히 청약 철회 및 가입비 등의 예치·반환에 관한 사항이 포함되어야 한다.
>
> 카. 30일 이후 가입비 등의 예치·반환에 관한 사항
>
> 타. 모집주체는 조합 가입서 내용을 가입 신청자가 이해할 수 있도록 설명하여야 하고,
>
> 파. 설명 내용을 신청자가 이해하였음을 증빙할 수 있도록 해야 한다.
>
> 하. 공개모집 이후 조합설립인가 전 조합원의 사망·자격상실·탈퇴 등으로 인한 결원을 충원하거나 미달된 조합원을 재모집하는 경우에는 신고하지 아니하고 선착순의 방법으로 조합원을 모집할 수 있다.

2. 각 절차별 상세내용

가. 발기인 자격기준: 조합원의 자격 요건과 동일하나 다음 두 가지 점에서 차이가 있다. 2020년 7월 24일 이후 최초로 조합원 모집 신고(변경 신고는 제외한다)를 하는 경우부터 적용.

1) 자격 유지 기간의 시작일이 조합설립인가 신청일이 아니라 조합원 모집 신고를 하는 날임

2) 거주 권역의 거주 기간이 조합설립인가 신청일 기준 6개월 전부터가 아니라, 모집 신고를 하는 날 기준 1년 전부터임

주택법 제11조의3(조합원 모집 신고 및 공개모집)

⑥ 제1항에 따라 조합원을 모집하려는 주택조합의 발기인은 대통령령으로 정하는 자격기준을 갖추어야 한다.

주택법 시행령 세24조의3(주택조합 발기인의 자격기준 등)

① 법 제11조의3제6항에서 "대통령령으로 정하는 자격기준"이란 다음 각 호의 구분에 따른 요건을 말한다.

　1. 지역주택조합 발기인인 경우: 다음 각 목의 요건을 모두 갖출 것

　　가. 조합원 모집 신고를 하는 날부터 해당 조합설립인가일까지 주택을 소유(주택의 유형, 입주자 선정방법 등을 고려하여 국토교통부령으로 정하는 지위에 있는 경우를 포함한다)하는지에 대하여 제21조제1항제1호가목1) 또는 2)에 해당할 것

　　나. 조합원 모집 신고를 하는 날의 1년 전부터 해당 조합설립인가일까지 계속하여 법 제2조제11호가목의 구분에 따른 지역에 거주할 것

나. 해당 주택건설대지의 50% 이상에 해당하는 토지의 사용권원을 확보하여 시장·군수·구청장에게 신고하고 공개모집의 방법으로 조합원을 모집해야 한다. 시행일인 2020년 7월 24일 이후 최초로 조합원 모집 신고(변경 신고는 제외한다)를 하는 경우부터 적용. 위반 시 벌칙 조항이 있다.

주택법 제11조의3(조합원 모집 신고 및 공개모집)

① 제11조제1항에 따라 지역주택조합 또는 직장주택조합의 설립인가를 받기 위하여 조합원을 모집하려는 자는 해당 주택건설대지의 50퍼센트 이상에 해당하는 토지의 사용권원을 확보하여 관할 시장·군수·구청장에게 신고하고, 공개모집의 방법으로 조합원을 모집하여야 한다. 조합 설립인가를 받기 전에 신고한 내용을 변경하는 경우에도 또한 같다. <개정 2020. 1. 23.>

주택법 제102조(벌칙) 다음 각 호의 어느 하나에 해당하는 자는 2년 이하의 징역 또는 2천만원 이하의 벌금에 처한다. <개정 2016. 12. 2., 2018. 12. 18., 2019. 4. 23., 2019. 12. 10., 2020. 1. 23.>

　2. 제11조의3제1항을 위반하여 신고하지 아니하고 조합원을 모집하거나 조합원을 공개로 모집하지 아니한 자

토지의 사용근원 확보와 관련하여 다음 사항을 알아두자.

1) 주택건설대지는 주택조합사업이 추진되는 전체 사업 구역 면적 중 기반시설(도로 및 공원 등) 면적을 제외하고 공동주택, 부대시설 및 복리시설이 건설되는 토지를 말한다. 사업계획승인을 받기 전 까지는 주택건설대지 및 사업 구역 면적은 가변적이나, 모집 신고 당시의 기준으로 50% 이상을 판단하면 된다.

2) 토지사용권원은 토지의 소유권을 포함해 지상권, 전세권, 사용대차 등 토지를 점유 또는 사용·수익하는 데 필요한 권리를 말하며, 토지 소유주가 자신이 소유한 토지의 사용을 허락하는 토지사용 승낙서도 토지사용권원의 일종이다. (용도를 지역주택조합 사업 부지로의 사용 승낙임을 명기하고, 인감증명서를 반드시 첨부해야 함.)

3) 조합원 모집 시 토지사용권원 50% 이상 확보 기준이 법 개정으로 2020년 7월 24일 시행되기 전에는 조합설립인가 신청을 위해 토지사용권원 80% 이상을 확보하는 기준만 있었다. 이 때는 조합원 모집이 이루어지고 난 이후이므로 사업추진이 어느 정도 가시권에 들어온 시점이라 토지사용 승낙서 징구가 상대적으로 수월했으나, 이제는 조합원을 모집하기 전에 토지사용 승낙서를 징구하는 것이어서 이전 대비 그리 수월하지는 않을 것이다. 그러나, 토지사용 승낙서가 확보되어 사업이 신속히 추진되어야 지주들도 부동산매매예약계약서상의 계약금을 받을 수 있으므로 지주들도 잘 협조해야 할 근거가 있는 셈이다.

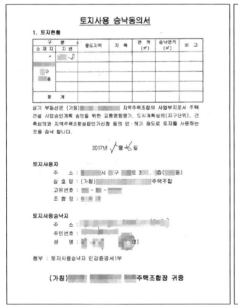
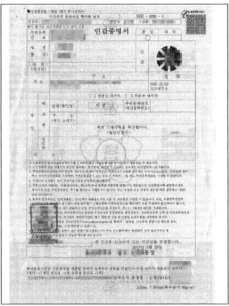

4) 주민 및 이해관계자는 지구단위계획구역 지정 및 지구단위계획 수립에 대하여 도시·군관리
   계획 입안을 제안할 수 있는데, 이를 위해서는 대상 토지 면적의 3분의 2 이상의 토지 소유
   자의 동의를 받아야 한다. (국·공유지 제외) 추진 계획을 잘 수립하여 지구단위계획 수립 시에
   토지사용 승낙서를 동시에 받을 수 있으면 일이 상호 훨씬 편리할 수 있을 것이다. 지구단위
   계획 관련해서는 '제10편 제3장 지구단위계획 수립 및 변경' 파트에 기술되어 있다.

5) 확보율을 계산할 때 고려해야 할 몇 가지 요소가 있다

   가) 연립주택이나 빌라의 경우 몇 집은 토지사용 승낙서를 받았으나 몇 집은 받지 못한 경
      우 확보율이 0이라는 설도 있으나, 실무적으로는 승낙받은 세대의 대지 지분 면적을 승
      낙받은 것에 포함하여 계산하고 있으며 합리적으로 판단된다.

   나) 토지사용 승낙서를 받은 세대의 토지가 일부는 주택건설대지에 포함되나 일부는 기반
      시설 면적에 포함되는 경우 주택건설대지에 포함되는 면적만 승낙분에 포함하여 계산
      해야 할 것으론 판단되나, 그 면적을 어떻게 산정해 낼 것인가 하는 의문이 있다. 사업
      계획승인으로 사업계획이 확정되지 않는 이상 그 이전에 이루어지는 계산들은 아직은
      정확한 것이 아니라는 점을 전제로 일이 추진된다. 따라서, 공개모집 시점 정도에는 지
      구단위계획 업체에서 토지 편입 조서가 마련되어 있을 텐데, 그 조서에서 주택건설대지
      로 산정해 놓은 면적을 승낙분에 포함하여 계산하면 될 것이다.

   다) 국·공유지를 포함하여 계산할 것인가 하는 의문이 있을 수 있는데, 아직은 사업계획승
      인 신청이 이루어진 것도 아니어서 기관 간에 레터가 오가고 할 단계도 아니므로 이 시
      점에는 고려할 요소가 아닌 것으로 판단된다. 그래도 필요한 상황이 발생하면 국·공유
      지를 확보한 것으로 산주하여 확보율을 산정하여 관할관청에 주장해 볼 여지는 있다.

다. 조합원 모집 신고

   조합원 모집 신고서 서식에 주택법 시행규칙 제7조의3제1항 각 호에서 정한 서류를 첨부하
   여 시장·군수·구청장에게 제출해야 한다.

주택법 시행규칙 제7조의3(조합원 모집 신고)

① 법 제11조의3제1항에 따라 조합원 모집 신고를 하려는 자는 별지 제11호의2서식의 신고서에 다음 각 호의 서류를 첨부하여 관할 시장·군수·구청장에게 제출해야 한다. 〈개정 2020. 7. 24.〉

1. 조합 발기인 명단 등 조합원 모집 주체에 관한 자료

1의2. 주택조합 발기인이 영 제24조의3제1항에 따른 자격이 있음을 증명하는 자료

2. 주택건설예정지의 지번·지목·등기명의자 및 도시·군관리계획상의 용도

2의2. 해당 주택건설대지의 50퍼센트 이상에 해당하는 토지의 사용권원을 확보하였음을 증명하는 서류

3. 다음 각 목의 사항이 모두 포함된 조합원 모집공고안

　가. 주택 건설·공급 계획 등이 포함된 사업의 개요

　나. 토지의 사용권원 또는 소유권의 확보 현황(확보면적 및 확보비율 등을 말한다) 및 계획

　다. 조합 자금관리의 주체 및 계획

4. 조합가입 신청서 및 계약서의 서식

5. 업무대행자를 선정한 경우에는 다음 각 목의 서류

　가. 영 제24조의2에 따른 자본금 또는 자산평가액을 보유하고 있음을 증명하는 서류(자산평가액의 경우에는 자산평가서를 포함한다)

　나. 업무대행계약서

조합 가입 신청서 및 계약서 서식에는 주택조합의 주요 사항이 기재되어야 하는데, 주요 사항은 조합규약의 내용이다. 따라서, 모집 신고 전에 조합규약이 준비되어 있어야 할 것으로 판단된다.

라. 주택조합의 발기인은 조합원 모집 신고를 하는 날 주택조합에 가입한 것으로 본다. 자격 요건을 갖추지 못한 발기인이 한 모집 신고 등 모든 행위는 무효이다. 따라서, 발기인의 자격 요건부터 확인하여야 할 것이다.

> 주택법 제11조의3(조합원 모집 신고 및 공개모집)
>
> ⑦ 제6항에 따른 주택조합의 발기인은 조합원 모집 신고를 하는 날 주택조합에 가입한 것으로 본다. 이 경우 주택조합의 발기인은 그 주택조합의 가입 신청자와 동일한 권리와 의무가 있다. <신설 2020. 1. 23.>

마. 신고받은 시장·군수·구청장의 역할

모집 신고를 받은 시장·군수·구청장은 국토교통부장관에게 「정보통신망 이용촉진 및 정보보호 등에 관한 법률」에 따라 구성된 주택전산망을 이용한 전산검색을 의뢰하여 발기인의 사격을 확인하여야 한다.

> 주택법 시행규칙 제7조의3(조합원 모집 신고)
>
> ③ 시장·군수·구청장은 제1항에 따른 신고를 수리하려는 경우 국토교통부장관에게 「정보통신망 이용촉진 및 정보보호 등에 관한 법률」에 따라 구성된 주택전산망을 이용한 전산검색을 의뢰하여 영 제24조의3제1항제1호 또는 제2호에 따른 발기인 자격에 해당하는지를 확인해야 한다. <신설 2020. 7. 24.>

또한, 시장·군수·구청장은 주택법 제11조의3제5항 각 호에 해당하는 경우에는 모집 신고를 수리할 수 없으며, 유사한 사항이 있을 때도 그러한 것으로 판단된다.

> 주택법 제11조의3(조합원 모집 신고 및 공개모집)
>
> ⑤ 시장·군수·구청장은 다음 각 호의 어느 하나에 해당하는 경우에는 조합원 모집 신고를 수리할 수 없다.
>
> 1. 이미 신고된 사업대지와 전부 또는 일부가 중복되는 경우
> 2. 이미 수립되었거나 수립 예정인 도시·군계획, 이미 수립된 토지이용계획 또는 이 법이나 관계 법령에 따른 건축기준 및 건축제한 등에 따라 해당 주택건설대지에 조합주택을 건설할 수 없는 경우
> 3. 제11조의2제1항에 따라 조합업무를 대행할 수 있는 자가 아닌 자와 업무대행계약을 체결한 경우 등 신고내용이 법령에 위반되는 경우
> 4. 신고한 내용이 사실과 다른 경우

조합원 모집 신고 및 공개모집 조항은 2016년 12월 2일 개정되어 2017년 6월 3일부터 시행되었는데, 제5항 2호에는 '이미 수립되었거나 수립예정인 도시·군계획, 이미 수립된 토지이용계획 또는 이 법이나 관계 법령에 따른 건축기준 및 건축제한 등에 따라 해당 주택건설대지에 조합주택을 건설할 수 없는 경우' 조합원 모집 신고를 수리할 수 없도록 하고 있다.

주택조합이 추진되는 사업 부지는 통상 사업계획승인을 통해 지구단위계획이 의제되는데,

지구단위계획이 의제되기도 전에 모집 신고를 통해 공개모집을 하고 있는 것이 현실이다. 조합원 모집 신고 내용이 '이미 수립되었거나 수립 예정인 도시·군계획, 이미 수립된 토지이용계획'을 전제로 하지 않은 경우 조합원 모집 시 신고된 내용은 4호에 있는 '신고한 내용이 사실과 다른 경우'에 해당되어 모집신고를 수리할 수 없는 사유에 해당하게 된다.

이러한 문제를 해결하기 위해서는 조합원 모집 신고 전에 지구단위계획 변경을 먼저 추진해야 할 것으로 판단된다.

시장·군수·구청장은 모집 신고후 15일 이내 수리 여부를 판단하여야 하며, 수리 시 다음의 양식으로 된 신고대장에 기록하고 신고필증을 교부해야 한다

주택법 제11조의3(조합원 모집 신고 및 공개모집)
④ 제1항에 따라 신고를 받은 시장·군수·구청장은 신고내용이 이 법에 적합한 경우에는 신고를 수리하고 그 사실을 신고인에게 통보하여야 한다.

주택법 시행규칙 제7조의3(조합원 모집 신고)
④ 시장·군수·구청장은 제1항에 따른 신고서가 접수된 날부터 15일 이내에 신고의 수리 여부를 결정·통지하여야 한다. ⑤ 제1항에 따른 신고를 수리하는 경우에는 별지 제11호의3서식의 신고대장에 관련 내용을 적고, 신고인에게 별지 제11호의4서식의 신고필증을 발급하여야 한다. <개정 2020. 7. 24.>

바. 조합원 공개모집

1) 9개 권역별 조합원 모집 대상 지역의 주민이 볼 수 있는 일간신문 및 관할 시·군·자치구의 인터넷 홈페이지에 게시하는 방법으로 모집공고를 하여야 한다.

주택법 시행규칙 제7조의4(조합원 공개모집)

① 법 제11조의3제1항에 따라 조합원을 모집하려는 자는 제7조의3에 따른 조합원 모집 신고가 수리된 이후 다음 각 호의 구분에 따른 방법으로 모집공고를 하여야 한다.

　　1. 지역주택조합: 법 제2조제11호가목의 구분에 따른 조합원 모집 대상 지역의 주민이 널리 볼 수 있는 일간신문 및 관할 시·군·자치구의 인터넷 홈페이지에 게시

2) 모집공고에 포함되어야 할 사항은 주택법 시행규칙 제7조의4제2항 각 호에서 정한 사항과 같으며, 이 외에 조합 가입 신청자가 알아야 할 사항 그 밖의 필요한 사항을 조합가입 신청장소에 게시한 후 별도의 안내서를 작성하여 조합가입 신청자에게 교부하여야 한다.

주택법 시행규칙 제7조의4(조합원 공개모집)

② 조합원 모집공고에는 다음 각 호의 사항이 포함되어야 한다. <개정 2019. 10. 29., 2020. 7. 24.>

　　1. 조합 발기인 등 조합원 모집 주체의 성명 및 주소(법인의 경우에는 법인명, 대표자의 성명, 법인의 주소 및 법인등록번호를 말한다)

　　2. 법 제11조의2제1항에 따른 업무대행자를 선정한 경우에는 업무대행자의 성명 및 주소(법인의 경우에는 법인명, 대표자의 성명, 법인의 주소 및 법인등록번호를 말한다)

　　3. 주택건설예정지의 지번·지목 및 면적

　　4. 토지의 사용권원 또는 소유권의 확보 현황(확보면적, 확보비율 등을 말한다) 및 계획

　　5. 주택건설 예정세대수 및 주택건설 예정기간

　　6. 조합원 모집세대수 및 모집기간

　　7. 조합원을 분할하여 모집하는 경우에는 분할 모집시기별 모집세대수 등 조합원 모집에 관한 정보

　　8. 호당 또는 세대당 주택공급면적 및 대지면적

　　9. 조합가입 신청자격, 신청시의 구비서류, 신청일시 및 장소

　　10. 계약금·분담금의 납부시기 및 납부방법 등 조합원의 비용부담에 관한 사항

　　11. 조합 자금관리의 주체 및 계획

　　12. 조합원 당첨자 발표의 일시·장소 및 방법

　　13. 부적격자의 처리 및 계약 취소에 관한 사항

　　14. 조합가입 계약일·계약장소 등의 계약사항

　　15. 동·호수의 배정 방법 등에 관한 사항

　　15의2. 동·호수는 법 제15조에 따른 사업계획승인일 이후에 배정한다는 사실과 구체적인 배정 시기의 결정 및 통지 방법

　　16. 조합설립인가 신청일(또는 신청예정일), 사업계획승인 신청예정일, 착공예정일 및 입주예정일

　　17. 조합원의 권리·의무에 관한 사항

　　18. 그 밖에 추가분담금 등 조합가입 시 유의할 사항으로서 시장·군수·구청장이 필요하다고 인정하는 사항

> ③ 조합원을 모집하려는 자는 제2항 각 호의 사항 외에 조합가입 신청자가 알아야 할 사항 그 밖의 필요한
> 사항을 조합가입 신청장소에 게시한 후 별도의 안내서를 작성하여 조합가입 신청자에게 교부하여야
> 한다.
>
> [본조신설 2017. 6. 2.]

사실 모집공고에 포함되어야 할 사항은 모집 신고서에 포함되어야 하므로 모집 신고서 제출전에 미리 준비되어 있어야 할 것이다.

또한 모집 신고서에 포함될 내용을 미리 준비하기 위해서는 조합규약이 사전에 준비되어 있어야 가능하다.

이렇게 보면 조합규약 내용이 무엇보다 먼저 미리 준비되어 있어야 한다. (조합규약에 포함되어야 할 사항들이 무엇인지는 '제8편 제1장 조합설립인가' 파트에 기술되어 있다.)

사. 조합원 모집 광고 방법

1) 모집주체가 조합원을 모집하기 위하여 광고를 하는 경우 다음의 내용이 포함되어야 하며, 일반인이 쉽게 인식할 수 있도록 글자의 크기 기준을 지켜야 한다.

> 주택법 제11조의5(조합원 모집 광고 등에 관한 준수사항) <개정 2020. 1.23, 시행 2020.07.24일>
> ① 모집주체가 주택조합의 조합원을 모집하기 위하여 광고를 하는 경우에는 다음 각 호의 내용이 포함
> 되어야 한다.
> 　1. "지역주택조합 또는 직장주택조합의 조합원 모집을 위한 광고"라는 문구
> 　2. 조합원의 자격기준에 관한 내용
> 　3. 주택건설대지의 사용권원 및 소유권을 확보한 비율
> 　4. 그 밖에 조합원 보호를 위하여 대통령령으로 정하는 내용
>
> 주택법 시행령 제24조의4(조합원 모집 광고 등에 관한 준수사항)
> ① 법 제11조의5제1항제4호에서 "대통령령으로 정하는 내용"이란 다음 각 호의 사항을 말한다.
> 　1. 조합의 명칭 및 사무소의 소재지
> 　2. 조합원 모집 신고 수리일
> ③ 모집주체(법 제11조의3제8항 각 호 외의 부분에 따른 모집주체를 말한다. 이하 같다)는 조합원 모집
> 광고를 할 때 다음 각 호의 요건을 모두 갖춘 크기로 법 제11조의5제1항 각 호의 내용을 표기하여 일
> 반인이 쉽게 인식할 수 있도록 해야 한다.
> 　1. 9포인트 이상일 것
> 　2. 제목이 아닌 다른 내용보다 20퍼센트 이상 클 것

2) 모집주체가 가입을 권유하거나 광고를 하는 경우 다음의 금지 행위를 하여서는 아니 된

다. 위반 시 벌칙 조항이 있다.

주택법 제11조의5(조합원 모집 광고 등에 관한 준수사항)

② 모집주체가 조합원 가입을 권유하거나 모집 광고를 하는 경우에는 다음 각 호의 행위를 하여서는 아니 된다.

　　1. 조합주택의 공급방식, 조합원의 자격기준 등을 충분히 설명하지 않거나 누락하여 제한 없이 조합에 가입하거나 주택을 공급받을 수 있는 것으로 오해하게 하는 행위

　　2. 제5조제4항에 따른 협약이나 제15조제1항에 따른 사업계획승인을 통하여 확정될 수 있는 사항을 사전에 확정된 것처럼 오해하게 하는 행위

> 주택법 제5조(공동사업주체)
> ④ 제1항부터 제3항까지에 따른 공동사업주체 간의 구체적인 업무·비용 및 책임의 분담 등에 관하여는 대통령령으로 정하는 범위에서 당사자 간의 협약에 따른다.

　　3. 사업추진 과정에서 조합원이 부담해야 할 비용이 추가로 발생할 수 있음에도 주택 공급가격이 확정된 것으로 오해하게 하는 행위

　　4. 주택건설대지의 사용권원 및 소유권을 확보한 비율을 사실과 다르거나 불명확하게 제공하는 행위

　　5. 조합사업의 내용을 사실과 다르게 설명하거나 그 내용의 중요한 사실을 은폐 또는 축소하는 행위

　　6. 그 밖에 조합원 보호를 위하여 대통령령으로 정하는 행위

주택법 시행령 제24조의4(조합원 모집 광고 등에 관한 준수사항)

② 법 제11조의5제2항제6호에서 "대통령령으로 정하는 행위"란 시공자가 선정되지 않았음에도 선정된 것으로 오해하게 하는 행위를 말한다.

주택법 제102조(벌칙) 다음 각 호의 어느 하나에 해당하는 자는 2년 이하의 징역 또는 2천만원 이하의 벌금에 처한다. <개정 2016. 12. 2., 2018. 12. 18., 2019. 4. 23., 2019. 12. 10., 2020. 1. 23.>

2의2. 제11조의5를 위반하여 조합원 가입을 권유하거나 조합원을 모집하는 광고를 한 자

---

3) 모집주체는 해당 주택조합의 인터넷 홈페이지가 있는 경우 조합원 모집 광고를 시작한 날부터 7일 이내에 광고한 매체 및 기간을 표시하여 그 인터넷 홈페이지에 해당 광고를 게재해야 한다.

주택법 제11조의5(조합원 모집 광고 등에 관한 준수사항)

③ 모집주체가 조합원 모집 광고를 하는 방법 및 절차, 그 밖에 필요한 사항은 대통령령으로 정한다.

주택법 시행령 제24조의4(조합원 모집 광고 등에 관한 준수사항)

④ 모집주체는 해당 주택조합의 인터넷 홈페이지가 있는 경우 조합원 모집 광고를 시작한 날부터 7일 이내에 광고한 매체 및 기간을 표시하여 그 인터넷 홈페이지에 해당 광고를 게재해야 한다.

[본조신설 2020. 7. 24.]

아. 조합원을 모집하는 자와 주택조합 가입 신청자는 다음의 사항이 포함된 주택조합 가입 계약서를 작성하여야 한다. 위반 시 벌칙 조항이 있다.

주택법 제11조의3(조합원 모집 신고 및 공개모집)

⑧ 제1항에 따라 조합원을 모집하는 자(제11조의2제1항에 따라 조합원 모집 업무를 대행하는 자를 포함한다. 이하 "모집주체"라 한다)와 주택조합 가입 신청자는 다음 각 호의 사항이 포함된 주택조합 가입에 관한 계약서를 작성하여야 한다. <신설 2020. 1. 23.>

1. 주택조합의 사업개요

2. 조합원의 자격기준

3. 분담금 등 각종 비용의 납부예정금액, 납부시기 및 납부방법

4. 주택건설대지의 사용권원 및 소유권을 확보한 면적 및 비율

5. 조합원 탈퇴 및 환급의 방법, 시기 및 절차

6. 그 밖에 주택조합의 설립 및 운영에 관한 중요 사항으로서 대통령령으로 정하는 사항

주택법 시행령 제24조의3(주택조합 발기인의 자격기준 등)

② 법 제11조의3제8항제6호에서 "대통령령으로 정하는 사항"이란 다음 각 호의 사항을 말한다.

1. 주택조합 발기인과 임원의 성명, 주소, 연락처 및 보수에 관한 사항

2. 법 제11조의2제1항에 따라 업무대행자가 선정된 경우 업무대행자의 성명, 주소, 연락처(법인의 경우에는 법인명, 대표자의 성명, 법인의 주소 및 법인등록번호를 말한다) 및 대행 수수료에 관한 사항

3. 사업비 명세 및 자금조달계획에 관한 사항

4. 사업비가 증액될 경우 조합원이 추가 분담금을 납부할 수 있다는 사항

5. 법 제11조의6에 따른 청약 철회 및 가입비등(법 제11조의6제1항에 따른 가입비등을 말한다. 이하 같다)의 예치·반환 등에 관한 사항

주택법 제106조(과태료)

① 다음 각 호의 어느 하나에 해당하는 자에게는 2천만원 이하의 과태료를 부과한다. <개정 2020. 1. 23.>

2. 제11조의3제8항에 따른 주택조합 가입에 관한 계약서 작성 의무를 위반한 자

자. 모집주체는 가입비 등의 예치·관리를 위해 다음과 같은 조치를 해야 한다.

2019월 12월 10일 조합가입 철회 및 가입비 등의 반환에 필요한 사항을 담은 주택법 11조의4를 신설, 2020년 1월 23일 11조의6으로 개정함. 2020년 6월 11일 시행 후 최초로 조합원 모집을 신청하는 경우부터 적용됨

1) 모집주체는 주택조합의 가입을 신청한 자가 주택조합 가입을 신청하는 때에 납부하여야 하는 가입비등을 다음의 예치기관 중 계약이 체결된 곳에 예치하도록 하여야 한다. 가입비등을 예치할 수 있는 기관은 은행, 체신관서, 보험회사, 신탁업자이다. 위반 시 벌칙 조항이 있다.

> 주택법 제11조의6(조합 가입 철회 및 가입비 등의 반환)
> ① 모집주체는 주택조합의 가입을 신청한 자가 주택조합 가입을 신청하는 때에 납부하여야 하는 일체의 금전(이하 "가입비등"이라 한다)을 대통령령으로 정하는 기관(이하 "예치기관"이라 한다)에 예치하도록 하여야 한다. <개성 2020. 1. 23.>

> 주택법 제24조의5(가입비등의 예치)
> ① 법 제11조의6제1항에서 "대통령령으로 정하는 기관"이란 다음 각 호의 기관을 말한다.
>   1. 「은행법」 제2조제1항제2호에 따른 은행
>   2. 「우체국예금·보험에 관한 법률」에 따른 체신관서
>   3. 「보험업법」 제2조제6호에 따른 보험회사
>   4. 「자본시장과 금융투자업에 관한 법률」 제8조제7항에 따른 신탁업자
> ② 모집주체는 제1항 각 호의 어느 하나에 해당하는 기관과 가입비등의 예치에 관한 계약을 체결해야 한다.

> 주택법 제102조(벌칙) 다음 각 호의 어느 하나에 해당하는 자는 2년 이하의 징역 또는 2천만원 이하의 벌금에 처한다. <개정 2016. 12. 2., 2018. 12. 18., 2019. 4. 23., 2019. 12. 10., 2020. 1. 23.>
> 2의3. 제11조의6제1항을 위반하여 가입비등을 예치하도록 하지 아니한 자

2) 조합가입 신청자는 조합가입 계약을 체결하면 위의 예치기관에 가입비등 예치신청서 양식을 작성하여 제출해야 한다. (별지 제14호의2서식)

> 주택법 시행령 제24조의5(가입비등의 예치)
> ③ 주택조합의 가입을 신청한 자는 주택조합 가입 계약을 체결하면 제2항에 따라 예치에 관한 계약을 체결한 기관(이하 "예치기관"이라 한다)에 국토교통부령으로 정하는 가입비등 예치신청서를 제출해야 한다.

> 주택법 시행규칙 제10조의2(가입비등의 예치)
> ① 영 제24조의5제3항에서 "국토교통부령으로 정하는 가입비등 예치신청서"란 별지 제14호의2서식의 가입비등 예치신청서를 말한다.

3) 신청서를 제출받은 예치기관은 가입비등을 예치기관의 명의로 예치해야 하고, 이를 다른 금융자산과 분리하여 관리해야 한다.

> 주택법 시행령 제24조의5(가입비등의 예치)
>
> ④ 예치기관은 제3항에 따른 신청서를 제출받은 경우 가입비등을 예치기관의 명의로 예치해야 하고, 이를 다른 금융자산과 분리하여 관리해야 한다.

4) 가입비 등을 예치한 예치기관의 장은 모집주체와 조합가입 신청자에게 가입비등 예치증서 양식을 작성하여 내주어야 한다. (별지 제14호의3서식)

> 주택법 시행령 제24조의5(가입비 등의 예치)
>
> ⑤ 예치기관의 장은 제4항에 따라 가입비등을 예치한 경우에는 모집주체와 주택조합 가입 신청자에게 국토교통부령으로 정하는 증서를 내주어야 한다.

> 주택법 시행규칙 제10조의2(가입비등의 예치)
>
> ② 영 제24조의5제5항에서 "국토교통부령으로 정하는 증서"란 별지 제14호의3서식의 가입비등 예치증서를 말한다.

차. 조합 가입 계약서에는 청약 철회 및 가입비 등의 예치·반환에 관한 사항이 포함되어야 한다.

1) 조합 가입 신청자는 가입비 등을 예치한 날부터 30일 이내에 주택조합 가입에 관한 청약을 철회할 수 있다.

> 주택법 제11조의6(조합 가입 철회 및 가입비 등의 반환)
>
> ② 주택조합의 가입을 신청한 자는 가입비등을 예치한 날부터 30일 이내에 주택조합 가입에 관한 청약을 철회할 수 있다.

2) 청약 철회를 서면으로 하는 경우에는 청약 철회의 의사를 표시한 서면을 발송한 날에 그 효력이 발생한다.

> 주택법 제11조의6(조합 가입 철회 및 가입비 등의 반환)
>
> ③ 청약 철회를 서면으로 하는 경우에는 청약 철회의 의사를 표시한 서면을 발송한 날에 그 효력이 발생한다.

3) 모집주체는 주택조합의 가입을 신청한 자가 청약 철회를 한 경우 청약 철회 의사가 도달한 날부터 7일 이내에 가입비등의 반환 요청서(별지 제14호의5서식)를 예치기관장에게 제출해야 한다. 위반 시 벌칙 조항이 있다.

> 주택법 제11조의6(조합 가입 철회 및 가입비 등의 반환)
>
> ④ 모집주체는 주택조합의 가입을 신청한 자가 청약 철회를 한 경우 청약 철회 의사가 도달한 날부터 7일 이내에 예치기관의 장에게 가입비등의 반환을 요청하여야 한다.

> 주택법 시행령 제24조의7(가입비등의 지급 및 반환)
>
> ① 모집주체는 법 제11조의6제4항에 따라 가입비등의 반환을 요청하는 경우 국토교통부령으로 정하는 요청서를 예치기관의 장에게 제출해야 한다.

> 주택법 시행규칙 제10조의4(가입비등의 지급 및 반환)
>
> ① 영 제24조의7제1항에서 "국토교통부령으로 정하는 요청서"란 별지 제14호의5서식의 가입비등 반환 요청서를 말하며, 해당 요청서를 제출할 때에는 청약 철회 요청서 사본을 첨부해야 한다.

> 주택법 제102조(벌칙) 다음 각 호의 어느 하나에 해당하는 자는 2년 이하의 징역 또는 2천만원 이하의 벌금에 처한다. <개정 2016. 12. 2., 2018. 12. 18., 2019. 4. 23., 2019. 12. 10., 2020. 1. 23.>
>
> 2의4. 제11조의6제4항을 위반하여 가입비등의 반환을 요청하지 아니한 자

4) 예치기관의 장은 가입비등의 반환 요청을 받은 경우 요청일부터 10일 이내에 그 가입비등을 예치한 자에게 반환하여야 한다.

> 주택법 제11조의6(조합 가입 철회 및 가입비 등의 반환)
>
> ⑤ 예치기관의 장은 제4항에 따른 가입비등의 반환 요청을 받은 경우 요청일부터 10일 이내에 그 가입비등을 예치한 자에게 반환하여야 한다.

5) 모집주체는 주택조합의 가입을 신청한 자에게 청약 철회를 이유로 위약금 또는 손해배상을 청구할 수 없다.

> 주택법 제11조의6(조합 가입 철회 및 가입비 등의 반환)
>
> ⑥ 모집주체는 주택조합의 가입을 신청한 자에게 청약 철회를 이유로 위약금 또는 손해배상을 청구할 수 없다.

6) 가입비 등을 예치한 날부터 30일 이내에는 조합규약에 구애됨 없이 탈퇴할 수 있고 가입비등을 환급받을 수 있다.

> 주택법 제11조의6(조합 가입 철회 및 가입비 등의 반환)
>
> ⑦ 제2항에 따른 기간 이내에는 제11조제8항 및 제9항을 적용하지 않는다.

> 제11조(주택조합의 설립 등)
>
> ⑧ 제7항에도 불구하고 조합원은 조합규약으로 정하는 바에 따라 조합에 탈퇴 의사를 알리고 탈퇴할 수 있다. <개정 2016. 12. 2.>
>
> ⑨ 탈퇴한 조합원(제명된 조합원을 포함한다)은 조합규약으로 정하는 바에 따라 부담한 비용의 환급을 청구할 수 있다. <개정 2016. 12. 2.>

7) 조합가입 신청자는 청약을 철회하는 경우 청약 철회 요청서 양식(별지 제14호의4서식)을 작성하여 모집주체에게 제출해야 하고, 모집주체는 이를 즉시 접수하고 접수증 양식(별지 제14호의4서식)에 접수일자 및 내용을 작성하여 해당 조합가입 신청자에게 발급해야 한다.

> 주택법 제11조의6(조합 가입 철회 및 가입비 등의 반환)
>
> ⑧ 제1항에 따라 예치된 가입비등의 관리, 지급 및 반환과 제2항에 따른 청약 철회의 절차 및 방법 등에 관한 사항은 대통령령으로 정한다.
>
> ---
>
> 주택법 시행령 제24조의6(주택조합 가입에 관한 청약의 철회)
>
> ① 주택조합 가입 신청자는 법 제11조의6제2항에 따라 주택조합 가입에 관한 청약을 철회하는 경우 국토교통부령으로 정하는 청약 철회 요청서를 모집주체에게 제출해야 한다.
>
> ② 모집주체는 제1항에 따른 요청서를 제출받은 경우 이를 즉시 접수하고 접수일자가 적힌 접수증을 해당 주택조합 가입 신청자에게 발급해야 한다.
>
> ---
>
> 주택법 시행규칙 제10조의3(주택조합 가입에 관한 청약의 철회)
>
> ① 영 제24조의6제1항에서 "국토교통부령으로 정하는 청약 철회 요청서"란 별지 제14호의4서식의 청약 철회 요청서를 말한다.
>
> ② 영 제24조의6제2항에 따른 접수증은 별지 제14호의4서식과 같다.

8) 30일이 지난 이후에 주택법에 의한 가입 철회가 불가한 경우 방문판매 등에 관한 법률에 의한 가입 철회를 검토해 볼 수 있다.

> 방문판매 등에 관한 법률 제8조(청약철회등)
>
> ① 방문판매 또는 전화권유판매(이하 "방문판매등"이라 한다)의 방법으로 재화등의 구매에 관한 계약을 체결한 소비자는 다음 각 호의 기간(거래 당사자 사이에 다음 각 호의 기간보다 긴 기간으로 약정한 경우에는 그 기간) 이내에 그 계약에 관한 청약철회등을 할 수 있다.
>
> 　1. 제7조제2항에 따른 계약서를 받은 날부터 14일. 다만, 그 계약서를 받은 날보다 재화등이 늦게 공급된 경우에는 재화등을 공급받거나 공급이 시작된 날부터 14일

2. 다음 각 목의 어느 하나의 경우에는 방문판매자등의 주소를 안 날 또는 알 수 있었던 날부터 14일

가. 제7조제2항에 따른 계약서를 받지 아니한 경우

나. 방문판매자등의 주소 등이 적혀 있지 아니한 계약서를 받은 경우

다. 방문판매자등의 주소 변경 등의 사유로 제1호에 따른 기간 이내에 청약철회등을 할 수 없는 경우

3. 제7조제2항에 따른 계약서에 청약철회등에 관한 사항이 적혀 있지 아니한 경우에는 청약철회등을 할 수 있음을 안 날 또는 알 수 있었던 날부터 14일

4. 방문판매업자등이 청약철회등을 방해한 경우에는 그 방해 행위가 종료한 날부터 14일

② 소비자는 다음 각 호의 어느 하나에 해당하는 경우에는 방문판매자등의 의사와 다르게 제1항에 따른 청약철회등을 할 수 없다. 다만, 방문판매자등이 제5항에 따른 조치를 하지 아니한 경우에는 제2호부터 제4호까지의 규정에 해당하더라도 청약철회등을 할 수 있다.

1. 소비자에게 책임이 있는 사유로 재화등이 멸실되거나 훼손된 경우. 다만, 재화등의 내용을 확인하기 위하여 포장 등을 훼손한 경우는 제외한다.

2. 소비자가 재화등을 사용하거나 일부 소비하여 그 가치가 현저히 낮아진 경우

3. 시간이 지남으로써 다시 판매하기 어려울 정도로 재화등의 가치가 현저히 낮아진 경우

4. 복제할 수 있는 재화등의 포장을 훼손한 경우

5. 그 밖에 거래의 안전을 위하여 대통령령으로 정하는 경우

③ 소비자는 제1항 또는 제2항에도 불구하고 재화등의 내용이 표시·광고의 내용과 다르거나 계약 내용과 다르게 이행된 경우에는 그 재화등을 공급받은 날부터 3개월 이내에, 그 사실을 안 날 또는 알 수 있었던 날부터 30일 이내에 청약철회등을 할 수 있다.

④ 제1항 또는 제3항에 따른 청약철회등을 서면으로 하는 경우에는 청약철회등의 의사를 표시한 서면을 발송한 날에 그 효력이 발생한다.

⑤ 방문판매자등은 제2항제2호부터 제4호까지의 규정에 따라 청약철회등을 할 수 없는 재화등의 경우에는 그 사실을 재화등의 포장이나 그 밖에 소비자가 쉽게 알 수 있는 곳에 분명하게 표시하거나 시용(試用) 상품을 제공하는 등의 방법으로 청약철회등의 권리행사가 방해받지 아니하도록 조치하여야 한다.

카. 30일 이후 가입비 등의 예치·반환에 관한 사항

1) 모집주체는 가입비 등을 예치한 날부터 30일이 지난 경우 예치기관의 장에게 가입비 등의 지급을 요청할 수 있다. 이 경우 모집주체는 지급요청서(별지 제14호의5)를 예치기관의 장에게 제출해야 한다.

> **주택법 시행령 제24조의7(가입비등의 지급 및 반환)**
> ② 모집주체는 가입비등을 예치한 날부터 30일이 지난 경우 예치기관의 장에게 가입비등의 지급을 요청할 수 있다. 이 경우 모집주체는 국토교통부령으로 정하는 요청서를 예치기관의 장에게 제출해야 한다.

> **주택법 시행규칙 제10조의4(가입비등의 지급 및 반환)**
> ② 영 제24조의7제2항 후단에서 "국토교통부령으로 정하는 요청서"란 별지 제14호의5서식의 가입비등 지급 요청서를 말하며, 해당 요청서를 제출할 때에는 법 제11조의2제3항에 따른 신탁업자의 업무 대행계약서 사본을 첨부해야 한다.

2) 예치기관의 장은 요청서를 받은 경우 요청일부터 10일 이내에 가입비등을 계약금 등 자금의 보관 업무를 대행하는 신탁업자에게 지급해야 한다.

> **주택법 시행령 제24조의7(가입비등의 지급 및 반환)**
> ③ 예치기관의 장은 제2항에 따라 요청서를 받은 경우 요청일부터 10일 이내에 가입비등을 법 제11조의2제3항에 따라 계약금 등 자금의 보관 업무를 대행하는 신탁업자에게 지급해야 한다.

3) 계약금 등 자금의 보관 업무를 대행하는 신탁업자는 지급받은 가입비 등을 신탁업자의 명의로 예치해야 하고, 이를 다른 금융자산과 분리하여 관리해야 한다.

> **주택법 시행령 제24조의7(가입비등의 지급 및 반환)**
> ④ 법 제11조의2제3항에 따라 계약금 등 자금의 보관 업무를 대행하는 신탁업자는 제3항에 따라 지급받은 가입비등을 신탁업자의 명의로 예치해야 하고, 이를 다른 금융자산과 분리하여 관리해야 한다.

4) 예치기관의 장은 정보통신망을 이용하여 가입비 등의 예치·지급 및 반환 등에 필요한 업무를 수행할 수 있다. 이 경우 예치기관의 장은 「전자서명법」에 따른 전자서명 및 인증서로 신청인의 본인 여부를 확인해야 한다.

> **주택법 시행령 제24조의7(가입비등의 지급 및 반환)**
> ⑤ 예치기관의 장은 정보통신망을 이용하여 가입비등의 예치·지급 및 반환 등에 필요한 업무를 수행할 수 있다. 이 경우 예치기관의 장은 「전자서명법」 제2조제2호 및 제6호에 따른 전자서명 및 인증서(서명자의 실제 이름을 확인할 수 있는 것을 말한다)로 신청인의 본인 여부를 확인해야 한다.

타. 모집주체는 가입 계약서에 포함된 주택법 제11조의3제8항 및 시행령 제24조의3제2항 각 호의 사항을 가입신청자가 이해할 수 있도록 설명하여야 한다.

주택법 제11조의4(설명의무)

① 모집주체는 제11조의3제8항 각 호의 사항을 주택조합 가입 신청자가 이해할 수 있도록 설명하여야 한다.

주택법 제11조의3(조합원 모집 신고 및 공개모집)

⑧ 제1항에 따라 조합원을 모집하는 자(제11조의2제1항에 따라 조합원 모집 업무를 대행하는 자를 포함한다. 이하 "모집주체"라 한다)와 주택조합 가입 신청자는 다음 각 호의 사항이 포함된 주택조합 가입에 관한 계약서를 작성하여야 한다. <신설 2020. 1. 23.>

　1. 주택조합의 사업개요

　2. 조합원의 자격기준

　3. 분담금 등 각종 비용의 납부예정금액, 납부시기 및 납부방법

　4. 주택건설대지의 사용권원 및 소유권을 확보한 면적 및 비율

　5. 조합원 탈퇴 및 환급의 방법, 시기 및 절차

　6. 그 밖에 주택조합의 설립 및 운영에 관한 중요 사항으로서 대통령령으로 정하는 사항

주택법 시행령 제24조의3(주택조합 발기인의 자격기준 등)

② 법 제11조의3제8항제6호에서 "대통령령으로 정하는 사항"이란 다음 각 호의 사항을 말한다.

　1. 주택조합 발기인과 임원의 성명, 주소, 연락처 및 보수에 관한 사항

　2. 법 제11조의2제1항에 따라 업무대행자가 선정된 경우 업무대행자의 성명, 주소, 연락처(법인의 경우에는 법인명, 대표자의 성명, 법인의 주소 및 법인등록번호를 말한다) 및 대행 수수료에 관한 사항

　3. 사업비 명세 및 자금조달계획에 관한 사항

　4. 사업비가 증액될 경우 조합원이 추가 분담금을 납부할 수 있다는 사항

　5. 법 제11조의6에 따른 청약 철회 및 가입비등(법 제11조의6제1항에 따른 가입비등을 말한다. 이하 같다)의 예치·반환 등에 관한 사항 [본조신설 2020. 7. 24.]

파. 모집주체는 설명한 내용을 가입 신청자가 이해하였음을 서면으로 확인 받아 가입신청자에게 교부하고 그 사본을 5년간 보관해야 한다. 위반 시 벌칙 조항이 있다.

주택법 제11조의4(설명의무)

② 모집주체는 제1항에 따라 설명한 내용을 주택조합 가입 신청자가 이해하였음을 국토교통부령으로 정하는 바에 따라 서면으로 확인을 받아 주택조합 가입 신청자에게 교부하여야 하며, 그 사본을 5년간 보관하여야 한다.

[본조신설 2020. 1. 23.][종전 제11조의4는 제11조의6으로 이동 <2020. 1. 23.>]

> **주택법 시행규칙 제7조의5(주택조합 가입 계약 설명 확인서)**
>
> 모집주체는 법 제11조의4제2항에 따라 별지 제11호의5서식의 조합 가입 계약 설명 확인서에 주택조합 가입 신청자의 확인을 받아 해당 신청자에게 교부해야 한다.
>
> [본조신설 2020. 7. 24.]

> **주택법 제106조(과태료)**
>
> ① 다음 각 호의 어느 하나에 해당하는 자에게는 2천만원 이하의 과태료를 부과한다. <개정 2020. 1. 23.>
>
>   3. 제11조의4제1항에 따른 설명의무 또는 같은 조 제2항에 따른 확인 및 교부, 보관 의무를 위반한 자

하. 재모집

공개모집 이후 조합설립인가 전 조합원의 사망·자격상실·탈퇴 등으로 인한 결원을 충원하거나 미달된 조합원을 재모집하는 경우에는 신고하지 아니하고 선착순의 방법으로 조합원을 모집할 수 있다.

> **주택법 제11조의3(조합원 모집 신고 및 공개모집)**
>
> ② 제1항에도 불구하고 공개모집 이후 조합원의 사망·자격상실·탈퇴 등으로 인한 결원을 충원하거나 미달된 조합원을 재모집하는 경우에는 신고하지 아니하고 선착순의 방법으로 조합원을 모집할 수 있다.

조합원 모집과 관련하여 다음과 같은 문제되는 상황들이 현장에서 많이 발생하고 있다. 가입을 결심하는 단계에서 실제로 이루어지고 있는 내용 및 상황들이므로 조합가입자들은 반드시 유의해야 한다.

혹시 가입을 결심하는 단계에 있다면 다음 표에 있는 내용만이라도 반드시 점검해 볼 것을 권한다.

구분	내용
불가능한 지주특혜 제공 약속	토지사용권원을 확보하는 단계에서 좀 더 손쉬운 방법으로 지주의 동의를 구하고자 지주에게 조합원 자격을 부여하겠다고 약속하는 경우이다. 현행법상 지주라고 특혜를 줄 수 있는 방법은 없다. 임의 분양 세대가 발생했을 때 우선 배려할 수는 있겠으나, 임의 분양 세대가 있을지? 임의 분양 세대가 있다 하더라도 지주와의 약속이 지켜질 수 있을지는 별도의 문제이다. 또한, 시스템에어콘 무료 설치 및 발코니 무료 확장 등의 감언이설로 유혹하는 경우도 있으나, 총회의 결의를 통과할 수 있을지는 별도의 문제이다.
지켜지기 어려운 임의 분양 약속 (준조합원)	조합원 자격기준을 충족하지 못하는 것이 명백한 사람에게 준조합원이라는 자격을 부여하는 업무 대행사들이 종종 있다. 업무 대행사가 이렇게 하는 이유는 임의 분양 세대가 있을 수 있는 점 때문이기도 하지만 가급적 실적을 부풀려 모집 수수료를 더 가져가려는 의도 때문이다. 업무 대행사는 가급적이면 많은 수의 조합원을 확보하여 자금 조달 등을 수월하게 하고 임의 분양이 어려우면 준조합원을 버리려는 전략이다. 임의 분양 세대가 있다 하더라도 업무 대행사의 의도대로 준조합원에게 임의 분양 될 수 있을지는 별도의 문제이다.
고의로 저렴한 분양가 제시	주택조합 조합원 모집가는 통상 일반분양 아파트 대비 상대적으로 가격이 저렴할 수 있는데, 모집주체가 쉽게 조합원을 모으고자 훨씬 더 저렴하게 광고를 함에 따라 욕심이 나기도 하고, 모집원의 부추김에 덩달아 한 사람 명의로 2채 3채씩 계약하는 경우도 발생한다. (주택조합은 한사람 명의로 최대 1채밖에 계약할 수 없음.) 훨씬 저렴하게 광고된 가격은 추후 추가 분담금의 형태로 가격이 점점 높아질 수밖에 없다.
의미 없는 안심보장증서 발급	창립총회 전 'OO 조합 추진위원회' 또는 '(가칭) OO조합' 업무 대행사가 홍보관에서 조합원을 모집하면서 신뢰감을 보여 주기 위하여 조합 설립이 안 되거나 또는 사업계획승인이 안 될 경우 환불한다는 내용들로 안심보장증서를 발급하고 있으나, 대다수의 경우 효력이 발휘되기는 어렵다. 사업이 무산될 경우 반환해 줄 돈도 없을 가능성이 크다.
신탁사라고 안심 불가	계약금은 공신력 있는 신탁사 등 금융기관에 납부하므로 안심해도 된다고 안내하고 있으나, 신탁사의 출금은 형식적 요건만 갖추면 가능하여, 정식 조합 출범 전 대행사에 의한 횡령 사고가 많이 발생하고 있다.
계약서에 명기된 예치 기관 외의 계좌로 송금 요구	많은 인파로 북새통인 홍보관 현장에서 조합 가입 계약서를 작성하는 경우 내용이 어렵고 복잡하며, 또한 양이 많아서 급한 마음에 안내자가 안내하는 바에 따라 서명을 하게 되는데, 설명 시 동·호 지정비 등 다양한 명분을 제시하면서 계약서에 명기된 예치 기관이 아닌 특정한 다른 계좌로 입금을 유도하는 경우도 있다. 계약서에 명기된 예치 기관 계좌로 입금되지 않는 것은 조합에 입금한 것이 아니므로 특히 유의해야 한다.
토지 확보는 토지 매입이 아님	홍보관 현장에서 토지 몇 퍼센트를 확보했으니 안심해도 된다고 안내를 하고 있는데, 확보한 것이 토지사용권원인지 아니면 토지소유권인지를 명확히 하지 않고 단순히 '토지 몇 퍼센트 확보'로 홍보하고 있다. 확보와 매입은 엄연히 다른 용어이다. 이는 교묘하게 일반 공중을 오인하게 하는 행위이다. 홍보관 안내 시 및 각종 홍보 자료 배포 시 제대로 안내하도록 강제하거나 관리감독 할 필요가 있다.

제3장 동·호수 지정

주택조합 가입 시에 동과 호수를 지정하여 계약을 하는 경우가 다수 있다. 그러나 주택조합 사업추진 과정에서 많은 변수들이 발생하고, 결국은 사업계획승인으로 건축 규모가 결정이 된다. 즉, 초기 계획과는 전혀 다른 규모의 건축이 될 가능성이 아주 높을 수 있다는 것이다. 따라서, 사업 초기에 계약한 동과 호수는 사업계획승인 시점에는 없어졌을 수도 있다. (많은 경우 그렇다.)

문제는 사업주체가 계약 시 공급을 약속했던 동과 호수를 제공할 수 없는 상태가 되었으므로, 조합원은 조합이 약속을 위반하였으므로 조합이 책임이 있고, 납입한 금전을 전부 반환하라고 주장하는 경우가 발생할 수 있다.

예전에는 조합원의 손을 들어 주는 하급심 판례들이 일부 있었으나, 최근 대법원은 "지역주택 조합사업 특성상 사업 추진 과정에서 최초 사업계획이 변경되는 등 사정이 발생할 수 있으므로 원고들 또한 이를 고려해 계약을 체결하면서 후일 아파트 단지 배치 등에 일부 차이가 발생하거나 사업계획이 변경되더라도 이의를 제기하지 않겠다는 취지의 각서를 작성했다"면 원고들이 당초 지정한 동·호수의 아파트를 공급받지 못하게 됐다는 사정만으로 계약 위반이라거나 피고의 아파트 공급이 불가능하게 되었다고 단정할 수 없다고 판단하였고, 대법원의 이러한 입장은 유지될 것으로 보인다. 따라서, 동·호수를 지정하면서 주택조합에 가입하는 사람은 동·호수가 변경될 수 있다는 점을 유의해야겠다.

대법원 2019. 11. 14. 선고 2018다212467 판결 [계약금반환등][미간행]

1) 변경된 시입계획에 의하더라도 신축되는 이 사건 아파트의 규모가 1,014세대에 이르러 원고는 피고로부터 당초 공급받기로 한 이 사건 아파트 (동·호수 생략) 대신 그와 비슷한 위치와 면적의 다른 아파트를 공급받을 가능성이 있으므로, 특별한 사정이 없는 한 이와 같은 정도의 변경은 이 사건 각서에서 예정한 범위 내의 아파트 단지 배치 및 사업계획의 변경에 해당한다고 볼 수 있다.

2) 지역주택조합사업의 특성상 사업추진 과정에서 최초 사업계획이 변경되는 등의 사정이 발생할 수 있으므로 원고 또한 이러한 점을 고려하여 이 사건 조합가입계약을 체결하면서 후일 아파트 단지 배치 등에 일부 차이가 발생하거나 사업계획이 변경되더라도 이의를 제기하지 않겠다는 취지의 이 사건 각서를 작성하여 교부한 것으로 보인다.

3) 따라시 원고가 당초 지정한 동·호수의 아파트를 공급받지 못하게 되었다는 사정만으로 이 사건 조합가입계약의 위반이라거나 원고에 대한 피고의 아파트 공급이 불가능하게 되었다고 단정할 수 없다

대법원 2022. 5. 12. 선고 2021다286116 판결 [총회결의무효확인등] [공2022하,1126]

주택법상 지역주택조합사업은 통상 지역주택조합 설립 전에 미리 조합원을 모집하면서 그 분담금 등으로 사업부지를 매수하거나 사용승낙을 얻고, 그 이후 조합설립인가를 받아 추가적으로 소유권을 확보하고 사업승인을 얻어 아파트 등 주택을 건축하는 방식으로 진행되므로, 그 진행과정에서 조합원의 모집, 재정의 확보, 토지매입작업 등 사업의 성패를 좌우하는 여러 변수들에 따라 최초 사업계획이 변경되는 등의 사정이 발생할 수 있다.

따라서 지역주택조합의 조합원이 된 사람이, 사업추진 과정에서 조합규약이나 사업계획 등에 따라 당초 체결한 조합가입계약의 내용과 다르게 조합원으로서의 권리·의무가 변경될 수 있음을 전제로 조합가입계약을 체결한 경우에는 그러한 권리·의무의 변경이 당사자가 예측가능한 범위를 초과하였다는 등의 특별한 사정이 없는 한 이를 조합가입계약의 불이행으로 보아 조합가입계약을 해제할 수는 없다.

안심보장증서의 내용은 조합별로 차이가 있겠지만 대부분 '조합 설립이 안 된다거나 사업계획 승인이 안 된다거나 추가 분담금이 발생한다거나 그러할 때 납입금을 반환할 테니 안심해라'는 정도의 내용일 텐데, 무슨 돈으로 반환할 것인가 하는 문제가 있다.

조합원 전원이 다 안심보장증서의 내용대로 보장받으려면 누구 돈으로 반환받을 것인가? 반환받을 돈이 없다.

그다음 문제는 주택조합은 비법인사단으로서 조합의 총유물인 재산을 처분하기 위해서는 총회의 결의가 필요한데, 총회의 결의를 거쳐서 조합에 채무를 안기는 안심보장증서가 발급되지는 않았을 것이다. 총회의 결의를 거치지 않은 발급은 효력이 없다. 가끔 추진위원회가 안심보장증서를 발급하였고 창립총회를 통해서 추진위원회의 기 추진 업무가 추인되었으므로 안심보장증서 발급에 대해 총회의 결의가 있었던 것으로 보는 판례도 있는 점을 감안하여, 창립총회에서 기 추진 업무를 추인할 때는 각별히 조심해야 한다. 안심보장증서를 발급하는 행위 자체가 기망 행위로 판단되어 조합 가입 계약을 취소해 버리는 판례도 있다. 마음만 순간 안심되고 실제로는 분란의 소지가 큰 안심보장증서 발급에 대단히 신중해야 하겠다.

안심보장증서의 효력에 대한 많은 논란이 있어 왔지만, 최근 이에 대한 대법원 판결이 나왔다. 주요 내용은 '안심보장증서상 환불 보장 약정은 조합 가입 계약과 전체적으로 하나의 계약인 것과 같은 관계에 있으므로, 환불 보장 약정이 무효라면 환불 보장 약정이 없더라도 조합 가입 계약을 체결하였을지에 관한 당사자들의 가정적 의사를 심리하여 조합 가입 계약의 무효 여부를 판단하여야 한다'는 것이다. 그러니 안심보장증서만을 너무 믿어서는 안 된다.

대법원 2022. 3. 17. 선고 2020다288375 판결 [부당이득금][공2022상,690]

【판결요지】

[1] 법률행위의 일부분이 무효인 때에는 그 전부를 무효로 하나, 그 무효 부분이 없더라도 법률행위를 하였을 것이라고 인정될 때에는 나머지 부분은 무효가 되지 아니한다(민법 제137조). 이와 같은 법률행위의 일부무효 법리는 여러 개의 계약이 체결된 경우에 그 계약 전부가 경제적, 사실적으로 일체로서 행하여져서 하나의 계약인 것과 같은 관계에 있는 경우에도 적용된다. 이때 그 계약 전부가 일체로서 하나의 계약인 것과 같은 관계에 있는 것인지의 여부는 계약 체결의 경위와 목적 및 당사자의 의사 등을 종합적으로 고려하여 판단해야 한다.

[2] 갑 등이 아파트 조성사업을 추진하는 을 지역주택조합 추진위원회로부터 '약정한 날까지 사업계획이 승인되지 않는 경우 납부한 전액의 환불을 보장한다.'는 취지가 포함된 안심보장증서를 받고 분양목적물에 관한 조합가입계약을 체결하여 계약금을 납입하였다가, 조합가입계약의 무효 등을 주장하며 납입금 반환을 구한 사안에서, 안심보장증서상 환불보장 약정은 조합가입계약에 따른 납입금에 관한 특약 사항을 정하기 위한 목적으로 조합가입계약에 수반하여 경제적, 사실적으로 일체로서 체결된 것이어서 전체적으로 하나의 계약인 것과 같은 관계에 있으므로, 위 환불보장 약정이 총회의 결의 없이 이루어진 총유물의 처분행위에 해당하여 무효라면, 법률행위의 일부무효의 법리에 따라 이와 일체로서 체결된 조합가입계약도 무효가 되는 것이 원칙이고, 다만 환불보장 약정이 없더라도 조합가입계약을 체결하였을 것임이 인정되는 경우에는 조합가입계약이 여전히 효력을 가지게 되므로, 이에 관한 당사자들의 가정적 의사를 심리하여 조합가입계약의 무효 여부를 판단하였어야 하는데도, 당사자들의 가정적 의사를 살펴보지도 아니한 채 조합가입계약이 무효라는 갑 등의 주장을 배척한 원심의 판단에는 법리오해 등 잘못이 있다고 한 사례.

제5장

임의 세대, 임의 분양 및 준조합원

주택공급에 관한 규칙 제3조의 내용에 따르면 주택조합이 그 조합원에게 공급하기 위하여 건설하는 주택으로서 해당자에게 공급하고 남은 주택이 30세대 이상인 경우, 그 남은 주택을 공급하는 것은 「주택공급에 관한 규칙」을 따라야 한다.

그러나, 해당자에게 공급하고 남은 주택이 30세대 미만이면 주택공급에 관한 규칙을 따르지 않고 임의로 당첨자를 결정할 수 있다.

주택공급에 관한 규칙 제3조(적용대상)

① 이 규칙은 사업주체(「건축법」 제11조에 따른 건축허가를 받아 주택 외의 시설과 주택을 동일 건축물로 하여 법 제15조제1항에 따른 호수 이상으로 건설·공급하는 건축주와 법 제49조에 따라 사용검사를 받은 주택을 사업주체로부터 일괄하여 양수한 자를 포함한다. 이하 제15조부터 제26조까지, 제28조부터 제32조까지, 제50조부터 제53조까지, 제56조, 제57조, 제59조부터 제61조까지에서 같다)가 법 제15조에 따라 사업계획 승인(「건축법」 제11조에 따른 건축허가를 포함한다)을 받아 건설하는 주택 및 복리시설의 공급에 대하여 적용한다. <개정 2016. 8. 12.>

② 제1항에도 불구하고 다음 각 호의 주택을 공급하는 경우에는 해당 호에서 정하는 규정만을 적용한다. 다만, 다음 각 호의 주택을 해당자에게 공급하고 남은 주택(제4호, 제6호 및 제6호의2는 제외한다)이 법 제15조제1항에 따른 호수 이상인 경우 그 남은 주택을 공급하는 경우에는 그렇지 않다. <개정 2016. 8. 12., 2017. 11. 24., 2018. 2. 9., 2018. 12. 11., 2019. 11. 1.>

　5. 법 제5조제2항에 따른 주택조합이 그 조합원에게 공급하기 위하여 건설하는 주택: 제22조, 제52조, 제57조

주택법 제15조(사업계획의 승인)

① 대통령령으로 정하는 호수 이상의 주택건설사업을 시행하려는 자 또는 대통령령으로 정하는 면적 이상의 대지조성사업을 시행하려는 자는 다음 각 호의 사업계획승인권자(이하 "사업계획승인권자"라 한다. 국가 및 한국토지주택공사가 시행하는 경우와 대통령령으로 정하는 경우에는 국토교통부장관을 말하며, 이하 이 조, 제16조부터 제19조까지 및 제21조에서 같다)에게 사업계획승인을 받아야 한다. 다만, 주택 외의 시설과 주택을 동일 건축물로 건축하는 경우 등 대통령령으로 정하는 경우에는 그러하지 아니하다. 〈개정 2021. 1. 12.〉

주택법 시행령 제27조(사업계획의 승인)

① 법 제15조제1항 각 호 외의 부분 본문에서 "대통령령으로 정하는 호수"란 다음 각 호의 구분에 따른 호수 및 세대수를 말한다. <개정 2018. 2. 9.>

　2. 공동주택: 30세대(리모델링의 경우에는 증가하는 세대수를 기준으로 한다). 다만, 다음 각 목의 어느 하나에 해당하는 공동주택을 건설(리모델링의 경우는 제외한다)하는 경우에는 50세대로 한다.

임의로 당첨된 사람은 전매제한, 재당첨 제한, 분양가 상한제 적용 및 실거주 의무 등 다양한 제한이나 의무를 적용받지 않는 혜택이 있을 수 있다.

이러한 점을 이용하여 업무 대행사가 조합원 모집 시 조합원의 자격 요건에 미달하는 사람들을 대상으로 조합 가입 계약을 체결하면서 준조합원 자격을 부여한다는 식으로 하고 있다.

사업계획승인 후 남은 세대가 30세대 미만이면 자격이 안 되는 조합 가입 신청자에게 임의 당첨자로 하겠다는 약속을 하는 것인데, 이는 가입 신청자에게 업무 대행비 및 분담금 납부 의무를 지우는 것이며, 가입 신청자는 미래의 불확실성에 베팅하는 것이다. 업무 대행사의 교묘한 말 장난에 그 불확실성이 확실성으로 계약을 체결하게 되는 형편이다.

업무 대행사 입장에서는 조합원 모집 실적에 포함할 수 있어서 모집 대행 수수료를 더 챙길 수 있고, 브릿지대출 시 신용 대출 대상자로 활용(*)할 수 있고 또한 업무 대행비를 더 챙길 수 있으니 준조합원을 희생양으로 삼는 것이다.

사업계획승인 후 잔여 세대가 30세대 미만일지는 아무도 모르는 일이며, 또한 이러한 임의 당첨자 결정에 대해 조합원 총회의 결의가 될 수 있는지에 대해서도 불확실성이 있는 일이다. 결과적으로 준조합원은 희생만 당하고 최종적으로는 팽당하는 처지에 놓일 가능성이 아주 높다.

이런 경우도 가정해 볼 수 있을 것 같다. 잔여 세대가 30세대 이상이면 주택공급에 관한 규칙이 적용되어 반드시 일반분양을 해야 하는데, 일반분양에서 미분양이 발생하는 경우가 있을 수 있고, 이때는 주택공급에 관한 규칙 제28조제10항에 의거 선착순의 방법으로 입주자를 선정할 수 있으므로, 준조합원에게 선착순의 기회를 부여하면 되는 것 아닌가하는 기대를 가질 수 있다.

주택공급에 관한 제28조(민영주택의 일반공급)

⑩ 사업주체는 다음 각 호의 어느 하나에 해당하는 경우에는 제4조에도 불구하고 선착순의 방법으로 입주자를 선정할 수 있다. <개정 2016. 8. 12., 2018. 12. 11.>

1. 제1항부터 제9항까지의 규정에 따라 입주자를 선정하고 남은 주택이 있는 경우

간혹, 사업주체 측에서 일반분양 가격을 높게 책정하여 미분양되도록 만들어서 준조합원들에게 공급하겠다는 달콤한 말을 하기도 한다. 그럴 수 있는 일이 아니다. 감언이설에 속아서는 안 되겠다.

주택법 제54조제1항에서는 사업주체가 입주자를 모집하려는 경우 시장·군수·구청장의 승인을

받아서 모집하도록 하고 있는데, 이를 위반할 경우에는 주택법 제102조제13호에 따라 2년 이하의 징역 또는 2천만 원 이하의 벌금에 처하도록 되어 있다.

주택법 제54조(주택의 공급)

① 사업주체(「건축법」 제11조에 따른 건축허가를 받아 주택 외의 시설과 주택을 동일 건축물로 하여 제15조제1항에 따른 호수 이상으로 건설·공급하는 건축주와 제49조에 따라 사용검사를 받은 주택을 사업주체로부터 일괄하여 양수받은 자를 포함한다. 이하 이 장에서 같다)는 다음 각 호에서 정하는 바에 따라 주택을 건설·공급하여야 한다. 이 경우 국가유공자, 보훈보상대상자, 장애인, 철거주택의 소유자, 그 밖에 국토교통부령으로 정하는 대상자에게는 국토교통부령으로 정하는 바에 따라 입주자 모집조건 등을 달리 정하여 별도로 공급할 수 있다. <개정 2018. 3. 13.>

1. 사업주체(공공주택사업자는 제외한다)가 입주자를 모집하려는 경우: 국토교통부령으로 정하는 바에 따라 시장·군수·구청장의 승인(복리시설의 경우에는 신고를 말한다)을 받을 것

또한, 주택조합이 사업주체가 되어 공급하는 주택의 분양 신청에 관한 서류 및 관련 자료는 작성되거나 변경된 후 15일 이내에 이를 조합원이 알 수 있도록 인터넷과 그 밖의 방법을 병행하여 공개하여야 하는데, 이를 공개하지 아니한 경우 1년 이하의 징역 또는 1천만 원 이하의 벌금, 이를 거짓으로 공개한 경우 2년 이하의 징역 또는 2천만 원 이하의 벌금에 처하도록 되어 있는데, 입주자 모집 공고 이전에 임의로 분양 계약을 체결하였음에도 이를 공개하지 않을 경우 상기 법률을 위반하게 되는 점 유의해야겠다.

준조합원 가입 계약이 처음부터 조합원 자격이 없어 원시적 이행 불능에 해당하거나 조합규약에 위반되어 무효라고 하는 의견도 있으나, 위약금 없이 환불을 받기는 쉽지 않다.

참고로 임의 당첨자, 임의 분양, 임의 세대, 준조합원 등은 같은 사안을 다른 용어로 부르는 차이에 불과하다.

* 브릿지대출 시 신용 대출 대상자로 활용 관련

주택조합 사업 추진에 있어서 인원이 많으면 사업 자금 조달에 유리한 면이 있어서, 사업주체 측에서 조합원 자격이 없는 사람에게 준조합원이라는 명칭을 부여하고는 브릿지대출에 참여시키고 있다.

추후에 준조합원이 탈퇴하려고 할 때 사업주체 측에서는 브릿지대출금 상환 및 브릿지대출에 따른 직·간접 금융 비용을 부담해야 한다고 압박을 하는 상황이 발생하여 이를 어떻게 해석해야 할지 몰라 난감한 경우가 있을 것이다.

브릿지대출 실행시 사업주체와 금융 기관이 체결한 계약서 내용을 보면 보통 다음의 내용이 포함 되어 있으며, 그 주요 내용은 조합원 자격에 결격사유가 없는 조합원 중 조합에서 정한 납부금 이상을 납부한 자 또는 그의 배우자·직계존속·직계비속을 대출계약자로 하며, 조합·조합장·업무 대행사·업무 대행사 대표가 연대 보증을 한다는 것이다.

"대출계약자"라 함은 본 협약에 의거 A금융기관과 개별 여신거래약정을 체결하는 조합원 또는 그 배우자, 직계존속, 직계비속으로서 다음에서 정한 대출적격을 구비한 자를 말한다.

대출적격이라 함은 A금융기관이 본 협약에 따라 취급하는 대출의 대상자는 조합의 조합원 또는 그 배우자, 직계존속, 직계비속 중에서 다음 각 목의 요건을 구비한 자로 한다. A금융기관은 본 협약에서 정한 조건에 따라 대출계약자에 대한 대출을 실행하고, 조합·조합장·업무대행사·업무대행사 대표는 이에 대해 연대보증 기타 본 협약에서 정한 의무사항을 이행한다.

1. 조합원 중 조합가입비 및 계약금 등 분담금의 [일십퍼센트(10%)] 이상 납입을 완료한 자 또는 그의 배우자, 직계존속, 직계비속일 것
4. 주택법 및 관련 법규상 지역주택 조합원 자격에 결격사유가 없는 자일 것 (해당지역 6개월 이상 거주자로서 무주택자 또는 주거전용면적 85m² 이하의 주택 1채의 소유자일 것 요건 포함)

조합원 지위가 없는 사람을 대출계약자로 하고 조합이 이를 연대 보증까지 하는 것은 총회의 결의를 거치지 않는 한 위법이다. 조합도 책임이 있다.

준조합원의 브릿지대출 참여로 조합이 혜택을 보았다. 준조합원의 조합 탈퇴의 승인 여부 및 환불금 산정 등의 이슈는 별도로 하더라도, 준조합원에게 대출금 상환 및 직·간접 금융 비용을 부담시킬 일은 아닌 것으로 보인다.

제6장

가입 계약 시의 계약금, 분담금 및 각종 비용 정의

조합원 모집 신고 시 조합가입 신청서 및 계약서의 서식을 첨부하도록 되어 있으며(주택법 시행규칙 제7조의3제1항 4호),

---

주택법 시행규칙 제7조의3(조합원 모집 신고)

① 법 제11조의3제1항에 따라 조합원 모집 신고를 하려는 자는 별지 제11호의2서식의 신고서에 다음 각 호의 서류를 첨부하여 관할 시장·군수·구청장에게 제출해야 한다. <개정 2020. 7. 24.>

　　4. 조합가입 신청서 및 계약서의 서식

조합원 모집공고에는 계약금·분담금의 납부시기 및 납부방법 등 조합원의 비용·부담에 관한 사항이 포함되도록 되어 있으며(주택법 시행규칙 제7조의4제2항 10호),

---

주택법 시행규칙 제7조의4(조합원 공개모집)

② 조합원 모집공고에는 다음 각 호의 사항이 포함되어야 한다. <개정 2019. 10. 29., 2020. 7. 24.>

　　10. 계약금·분담금의 납부시기 및 납부방법 등 조합원의 비용부담에 관한 사항

주택조합 가입 계약서에는 분담금 등 각종 비용의 납부예정금액, 납부시기 및 납부방법이 포함되어야 한다. (주택법 제11조의3제8항 3호)

주택법 제11조의3(조합원 모집 신고 및 공개모집)

⑧ 제1항에 따라 조합원을 모집하는 자(제11조의2제1항에 따라 조합원 모집 업무를 대행하는 자를 포함한다. 이하 "모집주체"라 한다)와 주택조합 가입 신청자는 다음 각 호의 사항이 포함된 주택조합 가입에 관한 계약서를 작성하여야 한다. <신설 2020. 1. 23.>

　　3. 분담금 등 각종 비용의 납부예정금액, 납부시기 및 납부방법

그러면 계약금, 분담금 및 각종 비용이 무엇인지에 대한 정의가 되어 있어야 할 텐데 그렇지 않아 실제 현실에서는 혼란스러운 상황이 많이 발생할 수 있다. 필관조합의 조합원 가입 계약서 내용의 일부는 이렇게 되어 있다.

칼럼별 제목에는 타입, 라인, 층별, 조합원 분담금, 업무대행비, 계, 계약금(분담금 1~3회차,업무대행비), 중도금(1~7회차), 잔금으로 표기되어 있으며,

타입	라인	층별	조합원분담금	업무대행비	계	계약금				중도금							잔금
						1회차		2회차	3회차	1회차	2회차	3회차	4회차	5회차	6회차	7회차	
						분담금	업무대행비	분담금	분담금	토지이전시							
						계약시	계약시	계약후 1개월 이내	조합설립 인가후 14일 이내	10% (무이자)	10%	10%	10%	10%	10%	5%	입주지정일

제일 밑에는 '위 조합원 분담금은 확정 분담금이며, 업무대행비가 포함되어 있음(단, 사업예정지 토지대금 상승율 5% 이상 시 추가 분담금이 발생할 수 있음.), 발코니확장비 미포함, 중도금 이자 후불제 적용'이라고 적혀 있다.

이를 본 많은 일반인들은 토지 대금에 따라 조금은 달라질 가능성은 있겠지만 '그래도 상당히 싼 가격이군, 발코니 확장비는 내는게 당연하지, 중도금 대출이자는 면제면 좋겠지만 그래도 후불이니 괜찮네'라는 정도의 느낌을 갖게 되고, 가입계약서에 서명을 하게 된다.

타입	라인	층별	조합원분담금	업무대행비	계	계약금 1회차 분담금(계약시)	업무대행비(계약시)	2회차 분담금(계약 후 1개월이내)	3회차 분담금(조합설립인가 신청 후 14일 이내)	중도금 1회차 토지이전시 10%(우대자)	2회차 10%	3회차 10%	4회차 10%	5회차 10%	6회차 10%	7회차 5%	잔금 입주지정일
75 (104동)	(2층)남동	1층	286,800	14,000	300,800	10,000	14,000		40,000	28,680	28,680	28,680	28,680	28,680	28,680	14,340	21,700
		2층	294,800	14,000	308,800					29,480	29,480	29,480	29,480	29,480	29,480	14,740	23,700
		3층	299,800	14,000	313,800					29,980	29,980	29,980	29,980	29,980	29,980	14,990	24,950
		4층-5층	303,800	14,000	317,800					30,380	30,380	30,380	30,380	30,380	30,380	15,190	25,950
		6층-9층	310,800	14,000	324,800					31,080	31,080	31,080	31,080	31,080	31,080	15,540	27,700
		10층-12층	317,800	14,000	331,800					31,780	31,780	31,780	31,780	31,780	31,780	15,890	29,450
		13층-15층	324,800	14,000	338,800					32,480	32,480	32,480	32,480	32,480	32,480	16,240	31,200
		16층-20층	328,800	14,000	342,800					32,880	32,880	32,880	32,880	32,880	32,880	16,440	32,200
		21층-24층	331,800	14,000	345,800					33,180	33,180	33,180	33,180	33,180	33,180	16,590	32,950
	(3층)남서	1층	268,680	14,000	282,680	10,000	14,000		40,000	26,868	26,868	26,868	26,868	26,868	26,868	13,434	17,170
		2층	286,800	14,000	300,800					28,680	28,680	28,680	28,680	28,680	28,680	14,340	21,700
		3층	291,800	14,000	305,800					29,180	29,180	29,180	29,180	29,180	29,180	14,590	22,950
		4층-5층	295,800	14,000	309,800					29,580	29,580	29,580	29,580	29,580	29,580	14,790	23,950
		6층-9층	302,800	14,000	316,800					30,280	30,280	30,280	30,280	30,280	30,280	15,140	25,700
		10층-12층	309,800	14,000	323,800					30,980	30,980	30,980	30,980	30,980	30,980	15,490	27,450
		13층-15층	316,800	14,000	330,800					31,680	31,680	31,680	31,680	31,680	31,680	15,840	29,200
		16층-20층	319,800	14,000	333,800					31,980	31,980	31,980	31,980	31,980	31,980	15,990	29,950
		21층-24층	323,800	14,000	337,800					32,380	32,380	32,380	32,380	32,380	32,380	16,190	30,950
84 (101동, 102동)	101동(1,2호)나	1층	330,100	15,000	345,100	13,500	15,000		45,000	33,010	33,010	33,010	33,010	33,010	33,010	16,505	24,025
		2층	339,100	15,000	354,100					33,910	33,910	33,910	33,910	33,910	33,910	16,955	26,275
		3층	345,100	15,000	360,100					34,510	34,510	34,510	34,510	34,510	34,510	17,255	27,775
		4층-5층	349,100	15,000	364,100					34,910	34,910	34,910	34,910	34,910	34,910	17,455	28,775
		6층-9층	357,100	15,000	372,100					35,710	35,710	35,710	35,710	35,710	35,710	17,855	30,775
		10층-12층	365,100	15,000	380,100					36,510	36,510	36,510	36,510	36,510	36,510	18,255	32,775
		13층-15층	373,100	15,000	388,100					37,310	37,310	37,310	37,310	37,310	37,310	18,655	34,775
		16층-20층	377,100	15,000	392,100					37,710	37,710	37,710	37,710	37,710	37,710	18,855	35,775
		21층-24층	381,100	15,000	396,100					38,110	38,110	38,110	38,110	38,110	38,110	19,055	36,775
	101동(3,4호) 102동(1,2,3,4호)나	1층	333,100	15,000	348,100	13,500	15,000		45,000	33,310	33,310	33,310	33,310	33,310	33,310	16,655	24,775
		2층	342,100	15,000	357,100					34,210	34,210	34,210	34,210	34,210	34,210	17,105	27,025
		3층	348,100	15,000	363,100					34,810	34,810	34,810	34,810	34,810	34,810	17,405	28,525
		4층-5층	352,100	15,000	367,100					35,210	35,210	35,210	35,210	35,210	35,210	17,605	29,525
		6층-9층	360,100	15,000	375,100					36,010	36,010	36,010	36,010	36,010	36,010	18,005	31,525
		10층-12층	368,100	15,000	383,100					36,810	36,810	36,810	36,810	36,810	36,810	18,405	33,525
		13층-15층	376,100	15,000	391,100					37,610	37,610	37,610	37,610	37,610	37,610	18,805	35,525
		16층-20층	380,100	15,000	395,100					38,010	38,010	38,010	38,010	38,010	38,010	19,005	36,525
		21층-24층	384,100	15,000	399,100					38,410	38,410	38,410	38,410	38,410	38,410	19,205	37,525

※ 위 조합원 분담금은 확정 분담금이며, 업무대행비가 포함되어 있음.
　(단, 사업예정지 토지대금 상승률 5% 이상 시 추가 분담금이 발생할 수 있음.)
※ 발코니확장비 미포함
※ 중도금 이자 후불제 적용

총 411세대 모집인데 저 돈을 다 합하면 그 돈으로 '토지대금+공사비+부대공사비+금융비용+간접비+각종 세금 등'이 모두 다 커버 될 수 있는지? 가입 신청자들 중에 이를 알려고 노력하는 사람을 거의 본 적이 없다. 일반 아파트 분양과 비슷한데 땅값이 어떻게 되느냐에 따라 조금 더 부담할 수 있겠구나 정도로만 여기는 것이 대부분이다.

건설 예정 세대수의 약 50%를 상회하는 정도의 조합원이 모집된 시점이 되면 창립총회가 개최되는데, 총회석상에서 '사업계획안 및 사업비 예산안 승인의 건'이 상정되고 통과된다.

제 3 호 안 건 : 사업계획(변경)(안) 및 사업비 예산(안) 승인의 건

구 분	내 용
1. 안건상정	제3호 안건 "사업계획(변경)(안) 및 사업비 예산(안) 승인의 건"을 상정합니다.
2. 제안사유	현재 추진 계획인 사업계획(변경)(안) 및 사업비 예산(안)을 총회에 상정하오니 승인하여 주시기 바랍니다.
3. 관련근거	주 택 법 제11조(주택조합의 설립 등) 주택법시행령 제20조(주택조합의 설립인가 등) 조 합 규 약 제23조(총회의 의결사항)
4. 의결내용	제안 사유와 같이 사업계획(변경)(안) 및 사업비 예산안을 승인합니다.
5. 참 조	1. 사업계획(변경)(안) 2. 사업비 예산(안) [가칭] ███████ 지역주택조합 조합 창립총회 책자 페이지25 - 28페이지 참조.

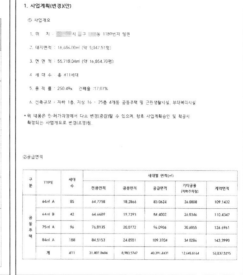

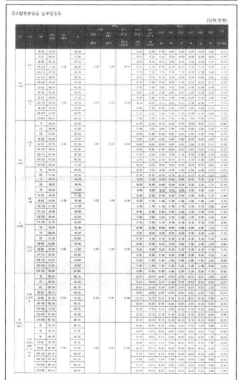

사업비 예산(안)을 접하고 '토지 취·등록세 및 이전 비용은 조합원이 개별 부담 하는구나, 시공사와 시공비 절충으로 적자 부분을 없앨 수 있구나, 사업 추진 과정에서 예산안이 변경될 수 있겠구나' 정도의 정보를 접하고 크게 문제 삼을 것이 없을 것처럼 보일 것이다.

필관조합의 경우 추후 사업계획승인 시 사업 규모가 기존의 411세대에서 384세대로 축소(6.6% 축소)되었으며, 사업부지 규모도 5,047.5평에서 4,756.1평으로 축소(5.8% 축소)되었다. 사업이 추진되면서 사업비 예산이 변경된 부분을 정리해 보자.

1. 상승할 것이라고 예고도 하지 않았고 예상치도 않았는데 실제로 대폭 상승한 항목.

    직접 공사비 예산은 569.5억 잡혀 있었으나 실제로는 703.3억(23% 상승) 발생, 모집 및 광고비는 예산은 71.1억 잡혀 있었으나 실제로는 123.0억(73% 상승) 발생, 설계 및 감리비 예산은 17.8억 잡혀 있었으나 실제로는 36.5억(105% 상승) 발생, 철거비 예산은 9.3억 잡혀 있었으나 실제로는 21.2억(128% 상승) 발생, 단지 외 공사비 예산은 3.0억 잡혀 있었으나 실제로는 21.0억(600% 상승) 발생했다.

2. 상승 가능성이 있을 것으로 예고는 했지만 너무 많이 상승한 항목.

    토지 대금 예산은 800억이었으나, 실제로는 950억 정도(19%, +150억 상승) 발생했다.

3. 처음부터 예고 및 예상도 안 했으며, 예산도 미편성인데 추가로 발생한 항목.

    학교용지분담금(약 15억), 법인세(약 14.5억), 부가가치세

4. 처음부터 예고도 없었고 예산도 미편성이지만 지나고 보니 예상했었어야 할 항목.

    브릿지대출(신용 및 토지담보) 이자 및 간접비, PF대출 이자 및 간접비, 중도금 대출 간접비, 복리시설 구축비, 지구단위계획비 등

한마디로 가입 계약서에 적혀 있는 분담금 금액과 실제로 납부한 결과와는 엄청난 차이가 발생한다. 이렇게 될 수밖에 없는 이유는 조합원을 모집하는 모집주체 측에서 조합원을 쉽게 모집하기 위하여 가입 계약서에 가급적 낮은 금액을 기입하려고 항목을 누락시키거나, 예산안에 항목은 포함되어 있어도 금액을 낮추는 방법을 택하기 때문이다.

필관조합에서 실제 발생한 비용항목을 다음 페이지에 가급적 상세히 정리해 두었다.

향후 이 표를 가지고 모집주체가 제시하는 분담금 및 예산안의 세부내용에 누락되어 있는 항목은 없는지를 확인하는 Check List 로 활용해 보길 권한다. 누락되어 있는 항목이 있다면 왜 그런지, 추후 별도로 청구하는 것인지를 모집주체에 질문하여 반드시 그 내용을 확인해 두자. 또한, 항목은 포함되어 있다 하더라도 그 금액은 합리적인 이해할 만한 수준인지도 점검해 두자.

Check List

	항목	비고
토지 매입	토지대금(사업부지 전체)	낮게 책정하는 경향이 있으므로 현실적인 금액인지 확인 필요
	취득세 및 법무사비	
	수용절차 진행비	도시계획시설에 편입되는 부지에 대한 감정 평가비 및 업무 대행비
	재산세(주택, 토지)	주택, 토지 매입 이후 발생하는 재산세(준공전까지 매년 발생)
	취득 부동산 관리비	주택, 토지 매입 이후 발생하는 수도, 전기 등 관리비
	토지매입 용역비	토지작업팀에 지급되는 사업권 인수비
직접 공사비	도급 공사비	공사비가 추가로 발생하는 조건은 무엇인지 확인 필요
	부가세	계산방법 및 예상규모 확인 필요
	발코니 확장비	조합원이 별도로 납부해야 하는지? 수분양지의 확징비 수령주체는?
	특화 공사비	직접공사비에 포함된 특화 공사는 무엇인지? 미리 확인 필요
간접 공사비	설계비	설계용역비
	감리비	건축, 소방통신, 전기전력
	각종 인입비	전기, 통신(SKT, KT, LGT 등 다수의 통신사)
	철거비용	건축물(석면 포함) 및 지장물(통신설비) 별도. 법 강화내용 반영
	급수 공사비	상수도 인입공사비
	단지외 공사비	기반시설 및 간선시설(비관리청 공사) 설치
	복리시설 구축비	Fitness Center/도서실/독서실 등 설치 및 비품 구입
	특수설비 설치	주차유도시스템 등 설치
	미술품 설치	미술작품 심의위원회에서 심의
조합원 모집	홍보관	조합창립 전에 이루어 지는 내용임(임차비, 건립비, 운영비)
	홍보, 광고비	조합창립 전에 이루어 지는 내용임(합리적인 규모인지 점검 필요)
	모집 수수료	조합창립 전에 이루어 지는 내용임(합리적인 규모인지 점검 필요)

일반 분양	견본주택	임차비, 설계비, 건립비, 디스플레이비, 운영비
	분양 수수료	합리적인 규모인지 점검 필요(잔여세대 및 상가)
	홍보·광고비	합리적인 규모인지 점검 필요
	보증 보험료	조합 및 시공사가 수분양자를 위해 보증보험에 가입
	중개 수수료	임의 분양세대 공인중개사 중개비
용역비	인허가추진 용역비	사업계획승인, 교육환경/지하안전/교통 영향평가, 지구단위계획 수립
	회계감사실시 및 기장	회계감사 총 3회 실시, 매월 기장료 지급
	측량 및 GIS DB구축	
	대행 용역비	신탁업무, 취득세, 개발이익부담금
부담금 및 제세공과	각종 부담금	학교용지, 상수도원인자, 하수도원인자, 광역교통시설, 개발이익
	보존등기비	일반분양 및 상가 대상분
	부가가치세	
	법인세	일반분양, 상가분양수익 및 기타 수익에 대한 과세
금융 비용	각종 대출 직간접비	브릿지대출, PF대출, 중도금대출 및 필요시 단기차입에 따른 발생 비용
기타	민원처리	소음, 분진, 경미한 사고
	소송비용	각종 분쟁 처리비용
	재산세	준공 이후 미분양분이 있는 경우 발생
	입대위 인계전 관리비	준공 전 관리사무소 인건비, 도시계획시설 운영비(가로등 전기비 등)
	조합운영비	고용원 및 집행부 급여, 사무실 운영비 등

제4편

공사도급계약

제1장 시공사 선정 및 공사도급계약 체결

실제 시공사를 선정하여 활용하는 과정을 살펴보자

통상 조합원 모집 전에 업무 대행사 또는 발기인이 자신들과 관련 있는 건설사를 임시 선정하여 '공사도급에 관한 계약'을 체결하고 조합원 모집 홍보 활동 시 활용하고, 창립총회에서 '공사도급에 관한 계약'을 추인하는 형태로 운영되고 있다.

이때의 건설사는 공동사업주체가 될 자발적 의지도 없으며 사업계획승인을 받은 단계도 아니므로, 아직은 단순한 시공사로서의 지위이므로 공동사업주체가 아니며 공동사업주체로서의 책임도 없다. 따라서 건설사는 귀책사유가 없으면 책임질 사항이 없으며, 웬만한 사안의 경우 시공사의 귀책사유를 입증하기도 쉽지 않다.

이후 조합설립인가를 거쳐 사업계획승인을 받아야 하는데, 이때 공동으로 사업을 시행하는 등록사업자는 다음의 A, B항 중 어느 하나의 요건을 갖추어야 한다.

A	ㅇ 주택법에 따른 등록사업자 　1. 자본금이 5억원(개인인 경우에는 자산평가액 10억원) 이상일 것 　2. 「건설기술 진흥법 시행령」 별표 1에 따른 건축 분야 및 토목 분야 기술인 3명 이상을 보유하고 있을 것. 이 경우 「건설기술 진흥법 시행령」 별표 1에 따른 건설기술인으로서 다음 각 목에 해당하는 건설기술인 각 1명이 포함되어야 한다. 　　가. 건축시공 기술사 또는 건축기사 　　나. 토목 분야 기술인 　3. 최근 5년간의 주택건설 실적이 100호 또는 100세대 이상일 것
B	ㅇ 「건설산업기본법」 제9조에 따른 건설업(건축공사업 또는 토목건축공사업만 해당한다)의 등록을 한 자

또한, 사업계획승인 신청을 위해서는 주택조합과 등록사업자간에 대지 및 주택의 사용·처분, 사업비의 부담, 공사기간 및 그 밖에 사업 추진에 따르는 각종 책임 등 사업 추진에 필요한 사항을 포함한 협약을 체결하여 관련한 서류들을 제출해야 한다.

주택법시행령 제16조(공동사업주체의 사업시행)

① 법 제5조제1항에 따라 공동으로 주택을 건설하려는 토지소유자와 등록사업자는 다음 각 호의 요건을 모두 갖추어 법 제15조에 따른 사업계획승인을 신청하여야 한다.

   3. 토지소유자와 등록사업자 간에 다음 각 목의 사항에 대하여 법 및 이 영이 정하는 범위에서 협약이 체결되어 있을 것

     가. 대지 및 주택(부대시설 및 복리시설을 포함한다)의 사용·처분

     나. 사업비의 부담

     다. 공사기간

     라. 그 밖에 사업 추진에 따르는 각종 책임 등 사업 추진에 필요한 사항

사업계획승인을 받음으로써 주택조합과 건설사는 공동사업주체로서 대외적으로 손해 배상 등의 책임을 공동으로 부담하게 되며, 민법상 동업 관계에 의한 조합 구성원으로서의 책임을 지게 될 수 있으며 또한 건설사와 조합원과의 관계에도 연결 고리가 생긴다고 볼 수 있다. (계약 및 협약 체결 시에 이러한 점에 매우 유의해서 살펴보아야 한다.)

공동사업주체로 보도록 하는 취지는 조합과 조합원을 좀 더 두텁게 보호하고자 하는 것으로 이해된다. 그러나, 현실에서는 건설사가 공동사업주체가 됨으로써 상호 이해관계가 충돌(사업계획변경, 추가 공사 발생, 계약 금액 인상 요구 등)하는 사안 발생시 특히 건설사가 합리적이지 못한 경우 많은 문제가 발생하고 있다.

도저히 계약관계를 유지하기 힘든 상황이 발생해도 공동사업주체여서 조합이 원하는 대로 되기 어려운 점이 많다. 조합 및 조합원을 보호하기 위하여 둔 조항이 조합 사업추진에 장애물로 작용하기도 하는 것이다. 따라서, 도급계약서 및 협약서 체결 시 유사시를 대비하여 모든 조항을 면밀히 검토해야 할 필요가 있다.

그러나 조합원들이 도급계약서를 공식적으로 볼 수 있는 기회가 창립총회 책자 외에는 별로 없는데, 이때도 '추진위원회 기 추진 업무 추인의 건'으로 얼렁뚱땅 넘어갈 가능성이 크다.

필자는 창립총회에서는 조합규약 제정의 건, 조합장 및 임원 선출 건 두가지 안건만 처리하고 창립총회에서 선출된 집행부가 이사회를 통해 시공사 선정 및 공사도급계약 체결의 건에 대해 상세히 검토하고 임시총회 안건으로 상정하여 임시총회에서 이 건을 처리하는 것이 반드시 필요하다고 본다.

첫 단계에서 도급계약서 내용을 제대로 정하지 못하면 추후 잘못을 발견해도 교정하기가 아주 어려운 만큼 주의해서 살펴보아야 한다.

2020년 1월 23일 개정되어 2020년 7월 24일부터 시행된 주택법 11조의5제2항 6호의 내용에 유의할 필요가 있다.

조합원 모집 광고 시에 시공자가 선정되지 않았음에도 선정된 것으로 오해하게 하는 행위를 하여서는 안 된다. 위반 시 벌칙 조항이 있다.

주택법 제11조의5(조합원 모집 광고 등에 관한 준수사항)

② 모집주체가 조합원 가입을 권유하거나 모집 광고를 하는 경우에는 다음 각 호의 행위를 하여서는 아니 된다.

   6. 그 밖에 조합원 보호를 위하여 대통령령으로 정하는 행위

주택법 시행령 제24조의4(조합원 모집 광고 등에 관한 준수사항)

② 법 제11조의5제2항제6호에서 "대통령령으로 정하는 행위"란 시공자가 선정되지 않았음에도 선정된 것으로 오해하게 하는 행위를 말한다.

주택법 제102조(벌칙)

다음 각 호의 어느 하나에 해당하는 자는 2년 이하의 징역 또는 2천만원 이하의 벌금에 처한다.

2의2. 제11조의5를 위반하여 조합원 가입을 권유하거나 조합원을 모집하는 광고를 한 자

필관조합의 실제 도급계약서를 기준으로 경험을 담아 몇가지 포인트를 언급하고자 한다.

1. 면적당 공사 금액이 확정되어 있는지를 살펴보아야 한다.

   총공사비는 '면적당 공사 금액'×'건축 연면적'으로 산정되고, 건축 연면적이 변동 시 총공사 금액이 변동되도록 되어 있는 것은 합리적으로 볼 수 있다. (사업 추진 과정에서 타당한 이유로 면적은 조금씩 가변적이다.)

   '면적당 공사 금액'이 변경될 수 있는 상황은 설계 변경이 있는 경우인데, 설계 변경이 이루어 지는 절차를 계약서 내에 명확히 정해 두어야 한다. 상당한 시일이 경과 후 시공사가 일전에 설계 변경 했으며, 관련 자료도 이렇게 있으니 조합은 비용을 지급해야 한다는 식으로 되어서는 절대 안 된다. '설계 변경이 없으면 공사 금액 조정이 없으며, 설계 변경은 반드시 조합의 공식 문건상 승인이 있는 경우에 한한다'라는 문구가 계약서에 들어가 있어야 하며 준수되어져야 한다.

2. 공사도급 금액 견적서 제출 시 기준시점 조건 제시

   조합에 견적서 제출 시 특정 기준 시점을 제시한다. 필관조합의 경우 시공사가 '2020년 1월 30일(건축심의 도서)'를 기준으로 공사금액을 산정한다고 견적서에 명기되어 있다.

지역주택조합 신축공사 견적조건

1. 2020년 1월 30일(건축심의도서)를 기준으로 공사금액 산정됨
2. 인입공사비, 미술장식품 제외
3. 지장물이설, 지장주, 통신주 지중화 비용 별도
4. 공사외 민원협의비용 제외
5. 건축공사 아파트 마감재 기준
   -. 마감재 적용기준 : 당사 대구역 오페라 Ⅶ(84E 타입기준)

이후 사업계획승인을 득하고 착공에 들어가려는 시점에 건설사가 구조심의 및 사업계획승인 과정에서 건축심의 당시 대비 철근, 레미콘, 파일 물량이 증가되고 차수 공사가 있어서 계약 금액을 조정해야 한다고 주장하는데, 주택조합은 스스로 이를 제대로 검토할 능력이 없어서 시공사의 요구대로 32억을 증액하여 새롭게 계약서를 작성할 수밖에 없었다. 추후에 파악된 내용이지만 조정한 물량만큼 증가하지 않았다. '건축심의 도서'를 기준으로 하되 향후 변동될 수 있는 내용이 무엇이며, 그때의 금액 산정은 어떻게 하고 검증은 어떻게 할 것인지 미리 명시해 두면 좀 나을 것 같다. 아니면, 증액을 하되 조건을 다는 방안도 있을 수 있다. 추가 투입 될 것으로 산정한 물량보다 적게 투입될 때는 감액한다는 조항을 추가하여 두는 것이다.

3. 물가변동으로 인한 계약금액의 조정에 관한 내용이다.

   '계약체결일로부터 실착공시까지 물가변동에 따른 공사비 조정을 적용하여야 하며, '기획재정부가 발표하는 소비자물가지수의 변동률을 적용'하여 공사비를 조정한다'는 내용은 합리적이다.

   제16조(물가변동으로 인한 계약금액의 조정)
   본 계약체결일로부터 실착공시까지 물가변동에 따른 공사비 조정을 적용하여야 하며, '기획재정부가 발표하는 소비자물가지수의 변동률'을 적용하여 공사비를 조정한다.

상기와 같은 계약서 문구가 있음에도 불구하고 시공사는 다음과 같은 내용을 담은 문건을 수차례 보내와서 조합을 성가시게 하곤 했다. (표 내에 있는 숫자도 비문이다.)

4. 또한, 국토부는 "물가변동으로 인한 계약금액의 조정은 하지 않는다"라는 내용이 명시되어 있는 경우 물가변동으로 인한 계약금액의 조정을 인정하지 아니할 상당한 이유가 없다면, 그 부분에 한정하여 도급계약의 내용이 무효가 될 수 있다.(국토교통부 2002.4.5.회신 "건설정책과-1644 질의에 대한 회신")는 유권해석으로 최근 많은 현장에서 착공 후 물가상승을 반영하여 공사도급계약을 조정하고 있는 현실을 감안하시어 아래와 같이 소비자물가지수를 반영한 공사도급계약을 조정을 요청드리오니, 성공적인 조합사업의 마무리를 위해 협조바랍니다.

- 아 래 -

(단위 : 원 / 부가세별도)

총공사비	건설공사비지수			물가연동 공사비	비 고
	2020.09	2022.12	증가율		
69,529,649,950	120.36	147.56	22.60%	1,571,291,524,294	

4. 대금 지급과 관련한 내용이다.

공사 진척률에 따라 공사 대금을 지불한다는 내용이 일견 보기에는 합리적인 것처럼 보인다. 공사 진척률이 계획보다 빠르면 계획된 금액보다 더 많은 금액을 지급해야 하는데, 무슨 돈으로 지불할 것인가? 조합의 자금수지계획이 빠듯하게 수립되어 있는데, 공사 진척률이 빠르다고 더 지급해야 한다면 연체가 될 수밖에 없다.

따라서 조합과 시공사가 도급금액 지급 계획(2개월 마다 목표 기성율 설정 및 목표 기성율 달성 시 지급 금액)을 공동으로 수립해 두고, 목표 기성율을 달성하거나 초과하면 계획된 지급금액을 지급하도록 할 필요가 있다.

또한 연체 이자율과 관련해서 '일반분양자의 분양금 연체 이자율 또는 연리 7% 중 높은 이자율을 적용'하는 것으로 되어 있는데, 공사도급계약 체결 약 1년 후에 일반분양자의 연체 이자율을 알 수 있었는데 9.62%였다. (실제 연체자도 별로 없다) 조합에 너무 불리한 내용이다. 낮은 이자율을 적용하는 것으로 변경하거나 일반분양자의 연체 이자율을 낮추어야 한다. 조합 집행부가 잘 모른다고 2개의 칸 중 1개의 칸을 공란으로 두었다가 추후에 1칸을 채워 넣는 아주 야비한 수법으로 이해된다.

공사도급계약 제19조 (대금지급)

① 계약시에 기성부분금에 관하여 명시한 때에는 "乙"은 이에 따라 기성부분에 대한 검사를 요청할 수 있으며, 이때 "甲"은 지체 없이 검사를 하고 그 결과를 "乙"에게 통지하여야 하며, 14일 이내에 통지가 없는 경우에는 검사에 합격한 것으로 본다.

② 기성부분은 공사감리원이 확인한 공사 진척율에 따라 산정한다.

③ "乙"은 제1항의 검사 완료 시 기성부분금의 청구를 위한 세금계산서를 발행하고, "甲"은 검사완료일로부터 7일이내에 검사된 내용에 따라 기성부분금을 "乙"에게 지급하여야 한다. 단, 준공기성의 지급기한은 입주지정기간 만료일로부터 30일이내로 한다.

④ "甲"이 공사대금을 지급기한내에 지급하지 못하는 경우 그 미지급금액에 대하여 지급기한의 다음날부터 지급하는 날까지의 일수에 일반분양자의 분양금 연체 이자율 또는 연리 7%중 높은 이자율을 적용하여 산출한 연체료를 지급하기로 하며, 공사대금을 선지급하는 경우 공사대금의 선지급에 대한 일반분양자 선납할인율 또는 연리 3%중 높은 이자율을 적용하여 계산한다.

공사도급계약 특수조건 제9조 (공사대금 지급에 대한 특칙)
일반조건 제19조 제3항 본문에도 불구하고, "乙"은 공사감리자의 기성확인원 작성에 근거하여 착공일로부터 매 2개월이 되는 달의 말일자를 기준하여 기성청구하고, "甲"은 "乙"의 기성청구일로부터 7일 이내에 확정하여 현금으로 지급하여야 한다.

5. 연체 이자 면제 조건 조항 반드시 필요하다.

조합은 수입과 지출, 특히 지출에 대해서 시기적으로 예산을 얼마나 책정해야 하는지에 대해 경험이 없어 별로 감이 없다. 따라서 공동사업주체인 시공사가 자체적으로 Cash Flow 계획을 수립하고 조합에 공유를 하여 운영된다.

조합은 시공사의 자금계획을 믿고 그에 맞추어 사업을 진행해 왔는데, 어느 날 위의 4번 항에서 본 것처럼 공사 속도가 빨랐다고 높은 기성율에 따른 공사 대금을 지급하라고 하니 조합자금이 부족하여 연체가 발생하고, 공사 마무리 시점에는 기성 준공을 지급하라고 하는데 조합원 및 일반분양 자의 잔금은 공사완료 후 입주시에 들어오게 되어 있으니 기성 준공을 지급할 방법이 없어 연체금이 발생하게 된다. 시공사가 짜 놓은 Cash Flow가 엉터리여서 조합에 자금 부족 현상이 발생하게 되고, 조합은 연체료를 걱정해야 하는 상황이 발생하는 것이다.

필관조합의 도급계약서에는 다음과 같이 연체이자 면제 조항을 두고 있었는데, 공사대금 미지급의 유일한 사유가 분양수입금의 입금액 부족이었고, 이는 입주시에 납입하게 되어 있었으므로 총회를 개최하여 추가분담금을 결의할 사항이 아니었다.

> 공사도급계약 특수조건 제5조 (분양 등)
>
> ⑤ 일반조건 제19조 제4항에도 불구하고, 다음 각호의 요건을 모두 갖춘 경우, 공사대금 미지급금에 대한 연체이자는 면제한다.
>
> 1. 공사대금을 미지급하게 된 유일한 사유가 분양수입금 부족인 경우
> 2. 조합총회에서 부족한 분양수입금을 만회할 수 있는 수준의 추가부담금을 부담하기로 결의한 경우.
>   단, 조합총회 개최일은 "甲"과 "乙"이 협의하여 정하기로 한다.

그러나, 시공사가 인정하지 않으려 해서 고통스러운 시간이 있었다.

> **6. 공사비 연체료 발생근거 및 공사비 연체료 선 변제**에 대해서는 공사도급계약 특수조건 제5조 제5항에 의거 분양수입금 부족 시 연체이자 면제 조항이 있지만, 해당 조항 제2호(총회일정 협의 및 추가부담금 결의)의 요건을 갖추지 못하여 연체료가 발생되며, 연체료의 경우 공사도급계약서 제19조(대금지급) 및 민법 제479조(비용, 이자, 원본에 대한 변제충당의 순서)에 따라 이자를 선 변제하였습니다.

이러한 상황을 감안하여 연체금이 발생하더라도, 연체 이자를 면제하는 조항을 좀 더 상세히 규정해 놓을 필요가 있겠다.

6. 자금관리사무대리계약 체결 시 채무 전액 상환 시 권한 자동 말소 조항을 추가할 것을 추천한다.

   PF대출이 발생할 때 대출금융 기관(은행)은 PF대출금 상환을 확실히 보장 받기 위해 조합, 시공사, 신탁사 및 은행을 당사자로 하는 자금관리사무대리계약을 조합의 비용으로 신탁사와 체결하도록 요구한다.

   조합이 신탁사로 자금 인출 요청을 할 때 마다 시공사와 은행의 동의를 받으라는 것이 주요 내용이다.

   중도금으로 PF대출을 전액 상환하고 나서 조합이 시공사와 은행에 자금관리대리사무계약 목적이 달성됨에 따라 대주(은행) 및 시공사의 역할이 더는 없으니 자금관리 대리사무 권한 말소 동의서 제출을 요구하였는 바, 은행은 응하였으나 시공사는 연체금, 연체료 및 추가 공사비를 지불하지 않으면 동의할 수 없다는 레터를 보내고 압박해 온 바 있다.

상기한 내용처럼 조합이 인정할 수 없는 연체금, 연체료 및 추가 공사비를 강제할 목적으로 시공사가 자금관리 대리사무 권한 말소 동의서 제출을 거부하는 행위는 조합 업무를 방해하는 것으로 업무방해죄로 책임을 물을 수 있으나, 이렇게 하는 데는 자금과 시간 그리고 에너지가 소요되는 바 쉽게 선택하기 어려운 방법이다.

따라서, 이러한 상황에 처하지 않으려면 자금관리 대리사무계약 체결 시 '조합이 채무 상환 시 대주(은행) 및 시공사의 동의 권한이 자동 말소'되는 조항을 넣어두는 것을 강력 추천한다.

7. 특화 공사에 대한 계약을 명확히 해 둘 필요가 있다.

공사가 마무리되어 갈 시점에 약간의 공사비를 더 들여서 공동주택의 품격을 좀 더 높이고자 하는 의견들이 나오게 된다.

품격을 더 높이고자 하는 공사를 특화 공사라 칭하는데, 특히 필로티, 현관, 엘리베이터 주변, 케노피, 마감재 변경 및 조경 강화 등 다양한 고급화 공사를 하게 되는데, 이의 계약을 명확히 해 두지 않으면 이를 기화로 시공사는 가외의 공사비를 얹어서 추가로 공사비를 청구하는 경향이 있다.

따라서 특화 공사를 할 때는 사전에 계약을 명확히 할 필요가 있으며, 계약금액 설정 시에는 특화공사를 하지 않았을 때 사용되어 졌을 원자재가 특화 공사 시에는 절감되므로 그 금액만큼 특화 공사비에서 차감되도록 해 두는 것이 합리적이다. 만약 차감해 주지 않으면, 경우에 따라서는 특화 공사를 기존의 시공사가 아닌 다른 업체와 계약을 할 수도 있다.

8. 공사도급계약뿐만 아니라 조합이 체결하는 모든 계약의 계약 해제와 관련해서 특별히 주의를 기울일 것을 당부한다. 조합이 갑으로서의 역할을 분명하게 할 수 있도록 하고, 품질이나 납기가 요구 수준에 미치지 못하면 언제라도 쉽게 계약을 해제할 수 있어야 하고, 이로 인한 책임에서 최대한 자유롭도록 해야 한다.

필관조합의 공사도급계약서의 계약 해제 조항은 다음과 같다.

공사도급계약 제26조 ("甲"의 계약해제 등)

① "甲"은 다음 각 호의 1에 해당하는 경우에는 계약의 전부 또는 일부를 해제 또는 해지할 수 있다.

  1. "乙"이 정당한 이유없이 약정한 착공기일을 경과하고도 공사에 착수하지 아니한 경우

  2. "乙"의 책임있는 사유로 인하여 준공기일내에 공사를 완성할 가능성이 없음이 명백한 경우

  3. "乙"의 부도, 파산 기타 이에 준하는 사유로 인하여 본 계약의 이행 및 사업의 계속 수행이 어렵다고 인정하는 경우

  4. 기타 "乙"의 계약조건 위반으로 인하여 계약의 목적을 달성할 수 없다고 인정되는 경우

② 제1항의 규정에 의한 계약의 해제 또는 해지는 "甲"이 "乙"에게 서면으로 계약의 이행기한을 정하여 통보한 후 기한 내에 이행되지 아니한 때 계약의 해제 또는 해지를 "乙"에게 통지함으로써 효력이 발생한다.

"乙"이 공사대금 증액 또는 추가 공사비를 요구하면서 "甲"의 업무를 방해하는 행위를 하거나 "甲"과의 협의 없이 공사를 중단하는 경우"를 추가할 필요가 있다. (시공사와 실제 발생한 경험을 반영)

또한, 건설사의 사회적 명성이 부정적으로 형성되거나 건설사가 재무 사정으로 부도·파산이 되었을 때 조합이 입을 피해를 미연에 방지할 수 있도록 하는 장치가 필요한데, 이를 위해 공사포기각서를 미리 받아 두거나 제소 전 화해를 해 둘 필요가 있다. 또한 파산 시에는 공사도급계약이 자동으로 해제되며 "乙"은 본 계약을 포기한 것으로 간주한다는 조항을 제3항으로 넣을 필요도 있다. (철거업체와 실제 발생한 경험을 반영)

> **참고** 제소 전 화해는 소를 제기하기 전에 양 당사자가 합의한다는 내용임. 일반 민사분쟁이 소송으로 발전하는 상황을 막기 위해 소를 제기하기 전에 지방법원 단독판사 앞에서 화해 신청을 하여 해결하는 과정을 말한다. 일반적인 소송 절차는 '소 제기→판결→집행'의 단계를 거치는데 이 과정에서 시간과 비용이 발생한다. 제소 전 화해를 하면 화해 조서는 판결문과 동일한 효력을 갖는다. 따라서 재판에 따른 시간을 절약할 수 있고 바로 집행권원을 확보하게 되어 강제 집행을 할 수 있다. 시간과 비용을 절약할 수 있는 것이다.

9. 마감재 부분에 대한 내용이다. 공사 대금 중 상당 부분을 차지하는 것이 마감재인데, 많은 경우 구체적으로 기준을 정하지 않고 해석의 여지가 넓은 애매모호한 표현과 방법으로 운영되는 경우가 많으며, 분쟁의 소지가 매우 많다. 따라서, 마감재 리스트를 받고 전문가에게 의견을 요청하고 실물을 확인하는 절차를 운영하길 권한다.

조합 사업을 추진하다 보면 도중에 계약 관계를 종료해야 하는 상황이 발생할 수 있다. 이러할 때 사용되는 용어와 그 법적 내용이 무엇인지 법제처 자료(찾기 쉬운 생활법령정보)를 기준으로 알아보자.

[해제]

1. **해제의 의의:** "해제"란 일단 유효하게 성립한 계약을 소급하여 소멸시키는 일방적인 의사표시를 말한다. 그리고 이러한 일방적인 의사 표시에 의하여 계약을 해소시키는 권리를 해제권이라고 한다.

2. **해제권의 발생 원인:** 해제권에는 ① 약정해제권과 ② 법정해제권이 있다. 약정해제권은 계약의 당사자가 해제권 보유에 관하여 특약을 한 경우에 계약에 의하여 발생하는 해제권이다. 법정해제권은 법률의 규정으로 당연히 발생하는 해제권을 말하는데, 「민법」에서는 이행지체(「민법」 제544조 및 제545조)와 이행불능(「민법」 제546조) 두 가지를 규정하고 있다.

구분	내용
이행지체의 경우	• 당사자 일방이 그 채무를 이행하지 않는 때에는 상대방은 상당한 기간을 정하여 그 이행을 최고하고 그 기간 내에 이행하지 않은 때에는 계약을 해제할 수 있다. 그러나 채무자가 미리 이행하지 않을 의사를 표시한 경우에는 최고를 요하지 않는다. (「민법」 제544조). ※ 관련 판례 　이행지체를 이유로 계약을 해제함에 있어서 그 전제요건인 이행의 최고는 반드시 미리 일 정기간을 명시하여 최고하여야 하는 것은 아니며 최고한 때로부터 상당한 기간이 경과하 면 해제권이 발생한다고 할 것이고, 매도인이 매수인에게 중도금을 지급하지 아니하였으니 매매계약을 해제하겠다는 통고를 한 때에는 이로써 중도금 지급의 최고가 있었다고 보아 야 하며, 그로부터 상당한 기간이 경과하도록 매수인이 중도금을 지급하지 아니하였다면 매도인은 매매계약을 해제할 수 있다(대법원 1994.11.25. 선고 94다35930 판결) • 계약의 성질 또는 당사자의 의사표시에 의하여 일정한 시일 또는 일정한 기간 내에 이행하지 않으면 계약의 목적을 달성할 수 없을 경우에 당사자 일방이 그 시기에 이행하지 아니한 때에 는 상대방은 상당한 기간을 정하여 이행을 최고하지 않고 계약을 해제할 수 있다. (「민법」 제 545조)
이행불능의 경우	• 채무자의 책임 있는 사유로 이행이 불능하게 된 때에는 채권자는 계약을 해제할 수 있다(「민 법」 제546조). ※ 관련판례 　이행불능을 이유로 계약을 해제하기 위해서는 그 이행불능이 채무자의 귀책사유에 의한 경우여야만 한다 할 것이므로(「민법」 제546조), 매도인의 매매목적물에 관한 소유권이전 의무가 이행불능이 되었다고 할지라도, 그 이행불능이 매수인의 귀책사유에 의한 경우에 는 매수인은 그 이행불능을 이유로 계약을 해제할 수 없다(대법원 2002.4.26. 선고 2000 다50497 판결).

※ 부수적 채무의 불이행을 이유로 계약을 해제할 수 있는지 여부
「민법」 제544조에 의하여 채무불이행을 이유로 계약을 해제하려면, 해당 채무가 계약의 목적 달성에 있어 필요불가결하고 이를 이행하지 않으면 계약의 목적이 달성되지 않아 채권자가 그 계약을 체결하지 않았을 것이라고 여겨질 정도의 주된 채무여야 하고, 그렇지 않은 부수적 채무를 불이행한 데에 지나지 않는 경우 에는 계약을 해제할 수 없다(대법원 2005.11.25. 선고 2005다53705, 53712 판결).

3. **해제권의 행사:** 계약 또는 법률의 규정에 의하여 당사자의 일방이나 쌍방이 해제의 권리가 있는 때에는 그 해제는 상대방에 대한 의사 표시로 한다. (「민법」 제543조제1항) 이러한 해제의 의사표시는 철회하지 못한다. (「민법」 제543조제2항). 당사자의 일방 또는 쌍방이 수인인 경우 에는 계약의 해제는 그 전원으로부터 또는 전원에 대하여 해야 하고, 이 경우 해제의 권리가 당사자 1인에 대하여 소멸한 때에는 다른 당사자에 대해서도 소멸한다. (「민법」 제547조)

4. 해제의 효과

구분	내용
계약의 소급적 실효	• 해제의 소급효: 「민법」 제548조제1항 본문에 따르면 계약이 해제되면 각 당사자는 상대방을 계약이 없었던 것과 같은 상태에 복귀케 할 의무를 부담한다. 계약에 따른 채무의 이행으로 이미 등기나 인도를 하고 있는 경우에 그 원인 행위인 채권계약이 해제됨으로써 원상회복 된다고 할 때 그 이론 구성에 관하여 소위 채권적 효과설과 물권적 효과설이 대립되어 있으나, 우리의 법제가 물권행위의 독자성과 무인성을 인정하고 있지 않는 점과 「민법」 제548조제1항 단서가 거래 안정을 위한 특별 규정이란 점을 생각할 때 계약이 해제되면 그 계약의 이행으로 변동이 생겼던 물권은 당연히 그 계약이 없었던 원상태로 복귀한다 할 것이다. (대법원 1977.5.24. 선고 75다1394 판결) • 제3자의 보호 문제: 당사자 일방이 계약을 해제한 때에는 제3자의 권리를 해하지 못한다. (「민법」 제548조제1항 단서) ※ 제3자에 해당하는 경우 　• 해제된 매매 계약의 매수인으로부터 목적물을 매수하여 소유권을 취득한 자. (대법원 1999.9.7. 선고 99다14877 판결) 　• 매수인과 매매 예약을 체결한 후 그에 기한 소유권이전청구권 보전을 위한 가등기를 마친 사람. (대법원 2014.12.11. 선고 2013다14569 판결) ※ 제3자에 해당하지 않는 경우 　• 계약상의 채권을 양도받은 양수인. (대법원 2000.8.22. 선고 2000다23433 판결) 　• 건축주 허가명의만을 양수한 자. (대법원 2007.4.26. 선고 2005다19156 판결) 　• 계약상의 채권 자체를 압류 또는 전부한 자. (대법원 2000.4.11. 선고 99다51685 판결)
원상회복 의무	• 당사자 일방이 계약을 해제한 때에는 각 당사자는 그 상대방에 대하여 원상회복의 의무가 있다. (「민법」 제548조제1항 본문). ※ 원상회복 반환의 범위 　• 계약 해제의 효과로서 원상회복 의무를 규정하는 「민법」 제548조제1항 본문은 부당이득에 관한 특별 규정의 성격을 가지는 것으로서, 그 이익 반환의 범위는 이익의 현존 여부나 청구인의 선의·악의를 불문하고 특단의 사유가 없는 한 받은 이익의 전부이다. (대법원 2014.3.13. 선고 2013다34143 판결) 　• 이 경우 반환할 금전에는 그 받은 날로부터 이자를 가하여야 한다. (「민법」 제548조제2항)
손해배상	• 계약의 해제는 손해배상의 청구에 영향을 미치지 않는다. (「민법」 제551조). ※ 상대방의 고의, 과실 필요 여부 　• 계약 상대의 채무불이행을 이유로 한 계약의 해지 또는 해제는 손해 배상의 청구에 영향을 미치지 아니하지만, 다른 특별한 사정이 없는 한 그 손해배상책임 역시 채무불이행으로 인한 손해배상책임과 다를 것이 없으므로, 상대방에게 고의 또는 과실이 없을 때에는 배상 책임을 지지 않는다. (대법원 2016.4.15. 선고 2015다59115 판결).
동시 이행의 문제	• 해제 시 각 당사자의 원상회복 의무는 동시 이행의 관계에 있다. (「민법」 549조). 다만, 판례는 원상회복의무뿐만 아니라 손해배상 의무의 경우에도 동시 이행 관계에 있다고 한다. (대법원 1996.7.26. 선고 95다25138, 25145 판결).

5. 해제권의 소멸

해제권 행사의 기간을 정하지 아니한 때에는 상대방은 상당한 기간을 정하여 해제권 행사 여부의 확답을 해제권자에게 최고할 수 있다. 다만, 이 기간 내에 해제의 통지를 받지 못한 때에는 해제권은 소멸한다. (「민법」제552조)

또한 해제권자의 고의나 과실로 인하여 계약의 목적물이 현저히 훼손되거나 이를 반환할 수 없게 된 때 또는 가공이나 개조로 인하여 다른 종류의 물건으로 변경된 때에는 해제권 은 소멸한다. (「민법」제553조)

 참고 최고: 일정한 행위를 하도록 상대방에게 요구(독촉)하는 의사의 통지

최고의 종류	의무 이행의 최고와 권리 행사의 최고로 나눌 수 있다. 전자에는 채무자에게 이행을 독촉함으로써 이행지체의 책임을 지게 하는 최고(민법 395조), 시효 중단을 위한 최고(174조), 해제권을 발생시키기 위한 최고(544주) 등이 있고, 후자에는 무능력자의 행위에 대한 추인의 최고(15조), 법인의 청산 절차에 있어서 청산인이 하는 채권신고의 최고(89조) 등이 있다.
최고의 효과	법률에 규정된 대로 어떤 이익 또는 불이익을 받는 데에 있다. 예컨대 최고로 인하여 시효 중단을 생기게 하거나, 이행지체 또는 계약해제권의 발생, 또는 무능력자의 행위에 대한 최고에 대하여 확답이 없을 때에는 법정대리인에 대한 최고의 경우는 그 행위를 추인한 것으로 보고, 특별한 절차를 요하는 경우에는 그 행위를 취소한 것으로 보는 것과 같다(15조 2·3항).

6. 합의 해제

계약 당사자 양쪽의 해제 합의에 의하여 계약의 효력을 소급적으로 소멸시킬 수 있다. 법정 해제는 채무불이행의 사유가 있을 때 일방적으로 행하는 단독 행위이지만, 합의 해제는 쌍 방의 계약이다. 합의 해제는 계약이므로 해제권이 없더라도 쌍방이 자유롭게 할 수 있다는 점에서 법정 해제와는 다르다.

따라서 합의 해제 시에는 민법 총칙 제3관(계약의 해제, 해지)의 규정은 적용되지 않는다. 즉, 합의 해제 시에 손해 배상에 관한 특약이 없는 한 채무불이행으로 인한 손해 배상을 청구 할 수 없고 반환금에 이자를 지급할 의무가 발생치 않는다.

[해지]

1. 해지의 의의: "해지"란 계속적인 계약을 장래에 향하여 실효시키는 것을 말한다. 이것은 장래에 향하여 계약을 소멸시키는 점에서 해제의 소급적 효력과는 구별하여야 한다.

2. 해지권의 발생: 해지권도 당사자의 계약 또는 법률의 규정에 의하여 발생한다. (「민법」 제543조제1항 참조)

3. 해지권의 행사: 해지는 상대방에 대한 의사 표시로 하고, 해지의 의사 표시는 철회하지 못한다. (「민법」 제543조제1항 및 제2항)

   당사자 일방 또는 쌍방이 수인인 경우에는 계약의 해지는 그 전원으로부터 또는 전원에 대하여 하여야 한다. 이 경우에 해지의 권리가 당사자 1인에 대하여 소멸한 때에는 다른 당사자에 대하여도 소멸한다. (「민법」 제547조)

4. 해지의 효과: 당사자 일방이 계약을 해지한 때에는 계약은 장래에 대하여 그 효력을 잃는다. (「민법」 제550조) 계약의 해지는 손해배상의 청구에 영향을 미치지 않는다. (「민법」 제551조)

5. 특약 설정: 해지 시점에 용역비 정산 지급 의무가 발생하나, 특약이 있으면 그에 따르므로 특약을 두는 것이 유리하다.

제3장 위임과 도급계약의 관계

당사자 일방이 어느 일을 완성할 것을 약정하고 상대방이 그 일의 결과에 대하여 보수를 지급할 것을 약정함으로써 그 효력이 생기는 도급과 달리, 위임은 당사자 일방이 상대방에 대하여 사무의 처리를 위탁하고 상대방이 이를 승낙함으로써 그 효력이 생긴다.

> 민법 제664조(도급의 의의)
> 도급은 당사자 일방이 어느 일을 완성할 것을 약정하고 상대방이 그 일의 결과에 대하여 보수를 지급할 것을 약정함으로써 그 효력이 생긴다.

> 민법 제680조(위임의 의의)
> 위임은 당사자 일방이 상대방에 대하여 사무의 처리를 위탁하고 상대방이 이를 승낙함으로써 그 효력이 생긴다.

조합은 불가피하게 계약을 해제·해지해야 하는 상황이 발생하는데, 이때 발생하는 중요한 문제가 손해배상책임이다. 계약의 실질이 도급계약 또는 위임계약 어느 것인지에 따라 손해배상책임에는 큰 차이가 발생한다.

도급계약인 경우, 이미 지출한 비용과 일의 완성으로 장래에 얻었을 이익을 합한 금액을 배상(미리 정해져 있지 않은 경우 청구사가 입증해야 함)해야 하나,

> 민법 제673조(완성전의 도급인의 해제권)
> 수급인이 일을 완성하기 전에는 도급인은 손해를 배상하고 계약을 해제할 수 있다.

위임계약의 경우 손해를 배상할 의무가 없으나 상대방이 불리한 시기에 해지한 때에는 그로 인해 생기는 손해를 배상해야 한다.

> 민법 제689조(위임의 상호해지의 자유)
> ① 위임계약은 각 당사자가 언제든지 해지할 수 있다.
> ② 당사자 일방이 부득이한 사유없이 상대방의 불리한 시기에 계약을 해지한 때에는 그 손해를 배상하여야 한다.

위임계약의 경우 불리한 시기에 계약을 해지한 것인가가 쟁점인 경우가 많은데, 통상의 위임계약 해지에서 불리한 시기로 인정받기는 쉽지 않다. (대법원 2015. 12. 23. 선고 2012다71411 판결요지 참조)

---

[1] 위임계약의 각 당사자는 민법 제689조 제1항에 따라 특별한 이유 없이도 언제든지 위임계약을 해지할 수 있다. 따라서 위임계약의 일방 당사자가 타방 당사자의 채무불이행을 이유로 위임계약을 해지한다는 의사표시를 하였으나 실제로는 채무불이행을 이유로 한 계약 해지의 요건을 갖추지 못한 경우라도, 특별한 사정이 없는 한 의사표시에는 민법 제689조 제1항에 따른 임의해지로서의 효력이 인정된다.

[2] 민법상의 위임계약은 유상계약이든 무상계약이든 당사자 쌍방의 특별한 대인적 신뢰관계를 기초로 하는 위임계약의 본질상 각 당사자는 언제든지 해지할 수 있고 그로 말미암아 상대방이 손해를 입는 일이 있어도 그것을 배상할 의무를 부담하지 않는 것이 원칙이며, 다만 상대방이 불리한 시기에 해지한 때에는 해지가 부득이한 사유에 의한 것이 아닌 한 그로 인한 손해를 배상하여야 하나, 배상의 범위는 위임이 해지되었다는 사실로부터 생기는 손해가 아니라 적당한 시기에 해지되었더라면 입지 아니하였을 손해에 한한다.

그리고 수임인이 위임받은 사무를 처리하던 중 사무처리를 완료하지 못한 상태에서 위임계약을 해지함으로써 위임인이 사무처리의 완료에 따른 성과를 이전받거나 이익을 얻지 못하게 되더라도, 별도로 특약을 하는 등 특별한 사정이 없는 한 위임계약에서는 시기를 불문하고 사무처리 완료 전에 계약이 해지되면 당연히 위임인이 사무처리의 완료에 따른 성과를 이전받거나 이익을 얻지 못하는 것으로 계약 당시에 예정되어 있으므로, 수임인이 사무처리를 완료하기 전에 위임계약을 해지한 것만으로 위임인에게 불리한 시기에 해지한 것이라고 볼 수는 없다.

때로는 계약 내용의 실질이 도급인지 위임인지 판단이 곤란한 경우도 있을 수 있다. 따라서, 계약 체결 시 약정해제권을 조합에 유리하게 할 수 있도록 해야 하며, 실제 계약 내용이 도급계약인지 위임계약인지 잘 살펴보아야 한다.

손해 배상과 관련하여 가급적이면 위임계약이 될 수 있도록 할 필요가 있다. 따라서, 위임계약인 업무대행계약체결이 도급계약으로 볼 수 있는 여지가 없도록 계약 체결 시 유의할 필요가 있겠다.

제5편

사업 시행 및 정보 공개

제1장 사업 시행

사업 시행과 관련하여 표준규약에 있는 내용과 필관조합의 규약에 있는 내용 위주로 살펴보자.

1. **시행 방법:** 표준규약의 내용은 필관조합의 규약 내용과 동일하다.

시공사는 사업계획승인 후는 법적으로 공동사업주체로서의 지위를 갖게 되고 표준규약 제40조제3항에 있는 내용이 포함된 약정을 체결하여야 한다.

필관조합의 경우 사업계획승인 신청 시점인 2020년 2월에 시공사와 공사도급계약을 체결하면서 동시에 약정을 체결하였다.

조합과 주택건설사업자는 제3항의 내용처럼 대지 및 주택(상가 등 복리시설 포함)의 사용·처분, 사업비의 부담, 공사 기간 그 밖에 사업 추진 상 각종의 책임 등에 관하여 법령이 정하는 범위 안에서 약정을 체결해야 하는 것으로 되어 있는데, 이는 조합과 조합원 및 일반분양자들을 보호하기 위한 것으로 이해된다. 하지만 이것이 어떻게 보호 장치로서 작동하는지는 잘 모르겠다.

대지 및 주택의 사용·처분은 주인인 조합 및 조합원 외 시공사가 왜 간섭하도록 해야 하는지, 사업비는 당연히 조합이 부담해야 하는 것인데 시공사가 무엇을 더 부담한다는 것인지, 공사와 관련된 것 이외의 사항에 대해서는 당연히 조합의 책임 사항일 텐데…. 조합의 책임을 시공사에 공동사업주체라는 명분을 활용하여 떠넘기면 시공사는 반드시 반대 급부를 요구할 텐데, 그것이 조합에 대한 시공사의 식민·신탁통치의 근거로 작동할 개연성도 있을 것 같다. 혹시나 모를 사고로 일반분양자나 조합을 보호하고자 하는 측면에서 이러한 제도가 설계된 것 같은데 시공 보증이나 분양 보증 제도 등이 있는데도 불구하고 이렇게 할 당위는 현재로서는 잘 모르겠다. 실제로 필관조합이 시공사와 체결한 협약서에는 별 중요한 내용이 없다.

> 표준규약 제40조(시행방법)
>
> ① 조합원이 토지매입자금과 건축비 등을 부담하고, 주택법령에 따른 주택건설사업자를 시공자로 하여 공동주택과 상가 등 복리시설을 건립한다. 이 경우 조합과 시공능력이 있는 주택건설사업자를 공동사업주체로 한다.
>
> ② 인·허가등 각종 행정절차, 설계·시공업체의 선정방법, 관리처분계획의 수립 등 전문지식이 요구되는 업무에 대해서는 전문기관 등에 자문을 구할 수 있다.
>
> ③ 조합은 주택건설사업자와 대지 및 주택(상가 등 복리시설 포함)의 사용. 처분, 사업비의 부담, 공사기간 그 밖에 사업추진 상 각종의 책임 등에 관하여 법령이 정하는 범위 안에서 약정을 체결하여야 한다.
>
> 【주】「주택법 시행령」 제16조제2항제3호는 위 사항에 관한 약정을 체결하어 사업계획승인 신청을 하도록 하고 있어, 이를 명확히 규정한 것으로 개별 조합의 여건에 따라 관련 사항을 보다 구체화 할 수도 있음.
>
> ④ 신축주택은 조합원에게 우선 공급하며, 남는 잔여주택 및 상가 등 복리시설은 주택법령에 따라 일반에게 분양한다.
>
> ⑤ 조합은 공동사업주체인 시공자와 별도로 정하는 약정에 따라 잔여주택 등을 분양하여 상환하거나 대물로 지급할 것 등을 조건으로 시공자에게 소요사업비의 일부를 직접 조달하도록 할 수 있다.
>
> 【주】토지매입비 등을 시공자로부터 대여받아 사업을 추진하는 경우가 있으므로 그 근거를 명확히 하고자 한 것임.

2. 사업시행기간: 종료 시점이 약간의 차이가 있다. 표준규약의 내용이 정확하다.

사업 시행의 시작일이 조합추진위원회를 구성한 날부터인지 여부는 잘 모르겠다. 추진위원회 구성한 날을 어떻게 특정해야 하는지 하는 의문도 있고, 필관조합의 사업계획승인서에는 사업기간의 시작일이 착공 년월인 2020. 9.로 적혀 있기도 하다. 사용 용도에 따라 달라지는 것이 아닌가 하는 의문이 있다.

> 표준규약 제41조(사업시행기간)
>
> 사업시행기간은 조합추진위원회를 구성한 날부터 주택법령에 따른 사용검사를 받고 청산업무가 종료되는 날까지로 한다.

> 필관조합의 규약 제37조(사업시행기간)
>
> 사업 시행기간은 조합 추진위원회를 구성한 날부터 주택법령에 의한 사용검사를 받고 조합의 청산 및 해산 업무가 종료되는 날까지로 한다.

□ 사업계획승인 내역

사 업 주 체	███████████████████████ ███████████		
사 업 위 치	███시 █구 █동 █ 외100필지		
대 지 면 적	15,750.0㎡		
건축면적(건폐율)	2,718.0744㎡(17.26%)	연면적(용적률)	54,723.7515㎡(245.41%)
층 수 / 동 수	지하2층, 지상24층~지상25층 / 공동주택 5개동		
용 도	공동주택(아파트 384세대) 및 부대·복리시설		
주 택 형 별	지역주택조합아파트	사 업 기 간	2020. 9. ~ 2023. 9.

3. 업무대행자의 선정 및 업무대행계약: 표준규약의 내용은 필관조합의 규약 내용과 동일하다.

규약을 잘 만들어 본 들 실제 실행에 있어서 담보되지 않으면 무용지물이다. 표준규약 제42조제제2항에 규정되어 있는 것처럼 '조합이 업무대행자에 대한 업무대행보수의 지급을 용역단계별로 순차적으로 지급하는 등 조합원의 손실을 방지하기 위한 조치'를 취하여야 하나, 용역사 C가 B의 직인을 갖고 마음대로 계약서를 만들고 창립총회에서 '추진위원회기 추진 업무 추인의 건'에 포함하여 통과시켜 버리니, 조치를 취할 수 있는 방법없이 옴짝달싹하지 못하고 당해 버리는 형국이다.

앞에서 제안한 것처럼 창립총회에서는 '조합규약 제정 동의의 건' 및 '조합장 및 임원 선임 동의의 건' 이 두가지 안건만 처리하도록 변경되어야 한다.

표준규약 제42조(업무대행자의 선정 및 업무대행계약)

① 조합은 조합의 조합원 가입 알선 등 주택조합의 업무를 공동사업 주체인 등록사업자 또는 다음 각 호의 어느 하나에 해당하는 자에게만 대행하도록 할 수 있다.

  1. ~6. 생략

② 조합은 업무대행자의 선정 및 업무대행계약의 체결 시 총회의 의결을 거쳐야 한다. 조합은 업무대행자에 대한 업무대행보수의 지급을 용역단계별로 순차적으로 지급하는 등 조합원의 손실을 방지하기 위한 조치를 취하여야 한다.

【주】 업무대행자가 조합설립인가 즉시 대부분의 업무대행비를 수령하였으나 그 후 사업추진이 답보되는 등의 문제가 발생하여 조합원의 손실이 초래되는 상황을 방지하고자 조합규약으로 보수지급시기를 합리적으로 정할 수 있도록 한 것임.

---

4. 시공자의 선정 및 사업시행계약: 표준규약의 내용은 필관조합의 규약 내용과 동일하다.

표준규약 제43조제4항에서 시공사와 체결한 계약서를 조합원이 열람·복사할 수 있도록 규정하고 있는데, 일부 조합에서는 이를 위반하여 열람·복사를 거부하는 경우도 발생하고 있다. 이는 주택법 제104조(벌칙)에 의거 1년 이하의 징역 또는 1천만 원 이하의 벌금에 처하도록 되어 있다.

표준규약 제43조(시공자의 선정 및 사업시행계약)

① 시공자는 「주택법」에 따른 공동사업주체의 요건을 갖추어야 하며, 총회의 의결을 거쳐 선정하여야 한다.

② 조합은 「주택법」에 따른 시공능력 있는 등록사업자와 공동으로 사업을 시행할 수 있다.

【주】주택조합이 그 구성원의 주택을 건설하는 경우에는 대통령령으로 정하는 바에 따라 등록사업자와 공동으로 사업을 시행할 수 있으며, 이 경우 주택조합과 등록사업자를 공동사업주체로 봄(「주택법」 제5조제2항).

【주】시공자의 선정·변경 및 공사계약의 체결은 주택법 시행규칙 제7조제5항에 따라 총회의 의결사항에 해당됨.

③ 조합은 총회의 의결을 거쳐 시공자와 공사 및 관련 사업비의 부담 등 사업시행의 전반에 관한 내용에 관하여 공사도급계약을 체결하여야 한다. 공사도급계약을 변경할 경우에도 같다. 다만, 조합원의 금전적 부담을 수반하지 않는 경미한 사항의 변경은 그러하지 아니하다.

【주】조합과 시공자간의 계약은 조합원의 권익보호 및 사업추진에 매우 중요한 사항이므로 조합과 시공자는 미리 공사 및 관련 사업비의 부담 등 사업시행 전반에 대한 내용을 협의한 후 총회의 인준을 받아 계약을 체결토록 한 것임. 다만, 경미한 사항의 경우에도 총회의 의결로 하는 경우 사업추진에 지장을 줄 수도 있으므로 금전적 부담이 수반되지 않는 경미한 사항 등은 총회의 의결 없이도 변경 가능하도록 한 것임.

④ 조합은 시공자와 체결한 계약서를 조합사무실에 비치하여야 하며, 조합원이 이의 열람 또는 복사를 원할 경우 이에 응하여아 한다.

---

5. 공동사업주체인 시공자의 의무: 표준규약의 내용은 필관조합의 규약 내용과 동일하다.

시공자가 조합과 공사도급계약서 외는 별도의 약정을 체결한 것이 없다 하더라도 청산 전까지 시공사는 법적으로 여전히 공동사업주체의 위치를 갖고 있다. 따라서, 조합이 행정 절차 이행을 위해 시공사의 협조가 필요할 때 시공사가 응하지 않으면 책임을 물을 수 있다.

표준규약 제44조(공동사업주체인 시공자의 의무)

① 시공자는 주택조합사업이 효율적으로 이루어지도록 선량한 관리자의 주의의무를 다하여야 한다.

② 조합은 사업의 효율적 추진을 위해 필요하다고 판단할 경우 인·허가 등 각종 행정절차 이행을 위한 업무에 대하여 시공자의 협조를 요청할 수 있으며 시공자는 이에 적극 협력하여야 한다.

③ 공동사업주체인 시공자는 시공자로서의 책임뿐만 아니라 자신의 귀책사유로 사업추진이 불가능하게 되거나 지연됨으로 인하여 조합원에게 가한 손해를 배상할 책임이 있다.

【주】「주택법」 제11조제4항의 내용을 규약에 반영시켜 공동사업주체인 시공자의 책임을 환기하고 시공자가 선량한 관리자의 주의의무를 다하도록 함.

6. 기성금 지급: 표준규약의 내용은 필관조합의 규약 내용과 동일하다.

공사계약서에 기성금 지급 스케줄을 정할 때 Cash Shortage가 발생치 않도록 잘 짜야 한다. 이에 대해서는 '제4편 제1장 시공사 선정 및 공사도급계약 체결' 파트에서 설명한 내용을 참고하자.

표준규약 제45조(기성금 지급)

공사 기성금의 지급은 시공자와의 공사계약서에 정한 바에 따른다.

【주】주택조합에 대한 시공보증제도가 도입되어 시공자가 부도 등으로 시공책임을 이행할 수 없게 되는 경우에 공사이행의 책임을 지도록 하고 있으나, 구체적인 시공보증계약의 내용에 따라 지체상금 등은 시공보증의 대상에서 제외될 수도 있으며, 모든 손해의 전보가 이루어진다고 단정할 수 없으므로 가급적 기성율에 따라 공사대금을 지급하는 것이 바람직함.

7. 부동산의 신탁: 표준규약의 내용은 필관조합의 규약 내용과 동일하다.

표준규약 제46조(부동산의 신탁)

① 조합원은 사업의 원활한 추진을 위하여 사업부지를 조합에 신탁등기하여야 한다.

② 조합은 수탁받은 재산권을 사업시행 목적에 적합하게 행사하여야 하며, 사업이 종료되면 즉시 신탁을 해제하여 당해 조합원에게 재산권을 반환하여야 한다.

③ 다음 각 호의 등기를 하는 경우에는 「민법」 제276조제1항과 「부동산등기법 시행규칙」 제56조제3호에 따른 조합원 총회의 의결은 별도로 받지 아니한다.

  1. 조합이 사업부지를 매입하는 경우 및 신탁을 원인으로 하는 등기

  2. 사업종료 또는 조합원 자격상실에 따른 신탁해지 등을 원인으로 하는 소유권 이전등기, 신탁원부 변경등기

  3. 사업지구 변경 또는 기타 토지의 매입 등 사업지구 승인면적 외의 부동산 매입에 따른 소유권 이전등기

4. 교환, 합병, 분할, 공유물 분할, 기부채납 등에 의하여 발생되는 각종 등기

5. 상가분양, 유치원매각, 학교부지매각 등에 따른 처분등기

【주】사업의 효율적 추진을 위하여 신탁등기에 관한 근거규정을 마련할 필요가 있음. 또한 효율적인 사업 추진을 위하여 사업추진을 위한 등기의 경우에는 별도의 조합원 총회의 의결 없이 신탁등기 등이 가능하도록 한 것임.

8. **부기등기:** 표준규약의 내용은 필관조합의 규약 내용과 동일하다. ('제15편 제4장 부기등기' 참조)

표준규약 제47조(부기등기)

조합은 토지를 취득한 후 사업부지에 대하여 사업계획승인신청과 동시에 「주택법」에 따른 부기등기를 할 수 있으며, 일반분양한 주택에 대하여 소유권보존등기와 동시에 부기등기를 할 수 있다.

【주】부기등기는 선분양제도하에서 입주예정자(일반분양자)들을 보호하기 위한 제도이므로 주택조합원이 주택조합에 대지를 신탁한 경우 부기등기를 하지 아니하여도 무방함(「주택법」 제61조제3항, 「주택법 시행령」 제72조제2항제1호 다목). 그러나, 「주택법 시행령」 제72조제2항제1호다목의 규정은 부기등기를 하지 아니할 수 있다는 취지이지 부기등기를 금지하는 취지는 아니므로 경우에 따라서는 부기등기를 할 수도 있을 것임.

9. **조합주택의 공급:** 동·호수 결정방법 및 동·호수별 분양가 산정 방법.

표준규약 제48조제3항의 동·호수 지정 방식과 관련하여 표준규약 내용처럼 운영하는 곳도 있지만, 많은 사업장에서는 조합가입 시기에 동·호수를 지정하여 계약을 하고 있기도 하다. 조합가입 시기에 예정했던 건축 계획이 수정 없이 그대로 사업계획승인으로 이어지기는 어렵다. 동·호수 사전 지정 방식으로 했을 때는 문제가 발생할 수 있는 것이다. 필관조합의 경우도 동·호수 사전 지정 방식이었는데, 가입 계약 시에는 411세대로 계획했었으나 결과적으로 384세대로 건축되었다. 동·호수를 조정해야 하는 데, 엄청 힘든 시간을 보낸 기억이 난다. 따라서, 가급적 표준규약의 내용처럼 운영하기를 추천한다.

제4항의 분양가 산정의 구체적인 방식은 사업장별로 많은 차이가 있을 수 있으며, 필관조합의 경우 다음과 같은 방법을 적용하여 산정했다.

> [층 지수(1층 90%, 2층 92%, 3층 94%, 4층 96%, 5층 98%, 6~15층 100%, 16층 이상 102%)
>
> ×향 지수(동 98%, 남서 100%, 남 102%)
>
> ×평면 지수(판상형 100%, 타워형 99%)×타입 지수(공동주택 100%)]×평당 가격

표준규약 제48조(조합주택의 공급)

① 조합원에게 공급하는 주택의 규모는 조합의 사업계획 및 사업계획승인의 내용에 따라 평형별로 확정한다.

② 신축주택의 평형별 배정은 조합원이 납입한 부담금을 기준으로 결정한다.

③ 조합원의 동·호수 결정은 조합이 결정한 지정시기에 공정한 추첨 방법에 의하여 결정한다. 세부적인 추첨 방법은 별도로 정할 수 있다.

【주】추첨시기 및 방법은 사업진행의 정도에 따라 조합원 총회 또는 이사회에서 결정할 수 있을 것임(예 : 입주일 3개월 전 등).

④ 동·호수에 따라 분양가격(조합원 부담금)의 차등을 둘 수 있으며, 이때에는 추첨 전에 분양가 또는 분양가 산정의 방법을 공개하여야 한다.

【주】동·호수에 따라 시가에 차이가 있는 경우에 이를 반영할 필요가 있으므로 그 경우에는 추첨 전에 분양가 또는 분양가산정방법을 공개하도록 하여 조합원들 사이의 분쟁을 예방할 필요가 있음. 분양가 산정이 완료되지 않은 경우에는 부동산전문회사(부동산투자자문회사, 감정평가회사) 등에 의뢰한 평가결과에 따른다는 정도의 내용을 공개하고, 추후 평가결과에 따라 정산할 수 있을 것임.

필관조합의 규약 제44조(지역주택조합 주택의 공급)

① 조합원에게 공급하는 주택의 규모는 조합의 사업계획 및 사업계획승인의 내용에 따라 공급형별로 확정한다.

② 신축주택의 공급형별 배정은 조합원이 납입한 분담금을 기준으로 결정한다.

③ 조합원의 동·호수 결정은 조합, 업무대행사 및 시공사가 사전 협의한 지정시기에 공정한 추첨 방법에 의하여 결정하되, 추첨방식 외에도 조합원 가입순서 및 조합원 자격을 동시에 충족한 조합원에 우선하여 아파트 공급하는 방식 등을 선택할 수 있다. 세부적인 공급 방식은 별도로 정할 수 있으며, 잔여분은 선착순 동·호수를 임의 지정할 수 있다.

④ 층별 및 동·호수에 따라 분양가격(조합원 분담금) 등의 차등을 둘 수 있다.

10. 일반분양: 표준규약의 내용은 필관조합의 규약 내용과 동일하다.

표준규약 제49조(일반분양)

① 조합원에게 분양하고 남는 주택이 30세대 이상인 경우에는 주택법령에 따라 일반에게 공개분양하여야 한다.

② 잔여주택이 30세대 미만인 경우와 상가 등 복리시설에 대하여는 조합원총회 또는 이사회의 의결에 따라 임의 분양할 수 있다.

---

11. 입주자로 선정된 지위의 전매 등: 표준규약의 내용은 필관조합의 규약 내용과 동일하다.

표준규약 제50조(입주자로 선정된 지위의 전매 등)

① 본 조합에서 공급하는 주택의 입주자로 선정된 지위는 주택법령 등 관계규정이 정하는 전매금지기간을 경과하지 아니한 때에 타인에게 전매(양도. 증여)할 수 없다.

② 조합원이 사업계획승인 후 제1항의 규정에도 불구하고 불법적으로 전매하였을 때에는 조합은 이사회의 의결로 해당 조합원을 제명할 수 있나.

【주】「주택법」 제64조제1항제1호 및 제3항, 같은 법 시행령 제22조제1항제2호나목투기과열지구 안에서 사업주체가 건설·공급하는 주택 또는 주택의 입주자로 선정된 지위에 대하여는 주택건설사업계획의 승인 이후에도 10년 이내의 범위에서 대통령령으로 정하는 기간이 지나기 전에는 이를 전매(매매·증여 등 일체의 행위를 포함하되, 상속·저당의 경우는 제외)할 수 없으며, 이의 전매를 알선하여서도 아니 된다. 이를 위반하여 전매가 이루어진 경우에 사업주체가 이미 납부된 입주금에 대하여 은행의 1년 만기 정기예금 평균이자율을 합산한 금액을 그 매수인에게 지급한 경우에는 그 지급한 날에 사업주체가 취득한 것으로 본다.

제2장 정보 공개(회계 감사 포함) 관련

주택조합의 발기인 또는 임원이 정보 공개와 관련하여 해야 할 일은 법으로 다음과 같이 정하고 있다.

1. 다음 사항이 포함된 주택조합의 분기별 실적보고서를 해당 분기의 말일부터 30일 이내에 작성하여야 한다. 위반 시 벌칙 조항이 있다.

> 주택법 제12조(실적보고 및 관련 자료의 공개) <개정 2020. 1.23, 시행 2020.07.24일>
> ① 주택조합의 발기인 또는 임원은 다음 각 호의 사항이 포함된 해당 주택조합의 실적보고서를 국토교통부령으로 정하는 바에 따라 사업연도별로 분기마다 작성하여야 한다. <신설 2020. 1. 23.>
> 　1. 조합원(주택조합 가입 신청자를 포함한다. 이하 이 조에서 같다) 모집 현황
> 　2. 해당 주택건설대지의 사용권원 및 소유권 확보 현황
> 　3. 그 밖에 조합원이 주택조합의 사업 추진현황을 파악하기 위하여 필요한 사항으로서 국토교통부령으로 정하는 사항
>
> 주택법 시행규칙 제11조(실적보고 및 자료의 공개)
> ① 법 제12조제1항제3호에서 "국토교통부령으로 정하는 사항"이란 다음 각 호의 사항을 말한다. <신설 2020. 7. 24.>
> 　1. 주택조합사업에 필요한 관련 법령에 따른 신고, 승인 및 인·허가 등의 추진 현황
> 　2. 설계자, 시공자 및 업무대행자 등과의 계약체결 현황
> 　3. 수익 및 비용에 관한 사항
> 　4. 주택건설공사의 진행 현황
> 　5. 자금의 차입에 관한 사항
> ② 주택조합의 발기인 또는 임원은 법 제12조제1항에 따라 주택조합의 실적보고서를 해당 분기의 말일부터 30일 이내에 작성해야 한다. <신설 2020. 7. 24.>
>
> 주택법 제104조(벌칙) 다음 각 호의 어느 하나에 해당하는 자는 1년 이하의 징역 또는 1천만원 이하의 벌금에 처한다. <개정 2019. 12. 10., 2020. 1. 23., 2020. 6. 9., 2020. 8. 18.>
> 1의3. 제12조제1항을 위반하여 실적보고서를 작성하지 아니하거나 제12조제1항 각 호의 사항을 포함하지 않고 작성한 주택조합의 발기인 또는 임원

2. 주택조합사업의 시행에 관한 다음 사항의 서류 및 관련 자료가 작성되거나 변경된 후 15일 이내에 이를 조합원이 알 수 있도록 인터넷과 그 밖의 방법을 병행하여 공개하여야 한다. 사업시행계획서를 인터넷으로 공개할 때에는 조합원의 50% 이상의 동의를 얻어 그 개략적인 내용만 공개할 수 있다. 위반 시 벌칙 조항이 있다.

주택법 제12조(실적보고 및 관련 자료의 공개)

② 주택조합의 발기인 또는 임원은 주택조합사업의 시행에 관한 다음 각 호의 서류 및 관련 자료가 작성되거나 변경된 후 15일 이내에 이를 조합원이 알 수 있도록 인터넷과 그 밖의 방법을 병행하여 공개하여야 한다. <개정 2020. 1. 23.>

　1. 조합규약

　2. 공동사업주체의 선정 및 주택조합이 공동사업주체인 등록사업자와 체결한 협약서

　3. 설계자 등 용역업체 선정 계약서

　4. 조합총회 및 이사회, 대의원회 등의 의사록

　5. 사업시행계획서

　6. 해당 주택조합사업의 시행에 관한 공문서

　7. 회계감사보고서

　8. 분기별 사업실적보고서

　9. 제11조의2제4항에 따라 업무대행자가 제출한 실적보고서

　10. 그 밖에 주택조합사업 시행에 관하여 대통령령으로 정하는 서류 및 관련 자료

주택법 시행령 제25조(자료의 공개)

법 제12조제2항제10호에서 "대통령령으로 정하는 서류 및 관련 자료"란 다음 각 호의 서류 및 자료를 말한다. <개정 2020. 7. 24.>

1. 연간 자금운용 계획서

2. 월별 자금 입출금 명세서

3. 월별 공사진행 상황에 관한 서류

4. 주택조합이 사업주체가 되어 법 제54조제1항에 따라 공급하는 주택의 분양신청에 관한 서류 및 관련 자료

5. 전체 조합원별 분담금 납부내역

6. 조합원별 추가 분담금 산출내역

주택법 제11조의2(주택조합업무의 대행 등)

④ 제1항에 따른 업무대행자는 국토교통부령으로 정하는 바에 따라 사업연도별로 분기마다 해당 업무의 실적보고서를 작성하여 주택조합 또는 주택조합의 발기인에게 제출하여야 한다. <신설 2020. 1. 23.>

> 주택법 시행규칙 제7조의2(업무대행자의 업무범위 등)
>
> ② 업무대행자는 법 제11조의2제4항에 따라 업무의 실적보고서를 해당 분기의 말일부터 20일 이내에 주택조합 또는 주택조합의 발기인에게 제출해야 한다. <신설 2020. 7. 24.>
>
> [본조신설 2017. 6. 2.] [제목개정 2020. 7. 24.]

> 주택법 시행규칙 제11조(실적보고 및 자료의 공개)
>
> ③ 주택조합의 임원 또는 발기인은 법 제12조제2항제5호에 관한 사항을 인터넷으로 공개할 때에는 조합원의 50퍼센트 이상의 동의를 얻어 그 개략적인 내용만 공개할 수 있다. <개정 2020. 7. 24.>

> 주택법 제104조(벌칙) 다음 각 호의 어느 하나에 해당하는 자는 1년 이하의 징역 또는 1천만원 이하의 벌금에 처한다. <개정 2019. 12. 10., 2020. 1. 23., 2020. 6. 9., 2020. 8. 18.>
>
> 2. 제12조제2항을 위반하여 주택조합사업의 시행에 관련한 서류 및 자료를 공개하지 아니한 주택조합의 발기인 또는 임원

> 주택법 제102조(벌칙) 다음 각 호의 어느 하나에 해당하는 자는 2년 이하의 징역 또는 2천만원 이하의 벌금에 처한다. <개정 2016. 12. 2., 2018. 12. 18., 2019. 4. 23., 2019. 12. 10., 2020. 1. 23.>
>
> 3. 제12조제2항에 따른 서류 및 관련 자료를 거짓으로 공개한 주택조합의 발기인 또는 임원

3. 주택조합사업의 시행에 관한 서류와 관련 자료를 조합원이 열람·복사 요청을 한 경우 15일 이내에 그 요청에 따라야 한다. 위반 시 벌칙 조항이 있다.

   이 경우 복사에 필요한 비용은 실비의 범위에서 청구인이 부담한다. 주택조합 구성원의 열람·복사 요청은 사용목적 등을 적은 서면 또는 전자문서로 해야 한다.

> 주택법 제12조(실적보고 및 관련 자료의 공개), 2019.12.10 개정되어 2020.6.11 시행됨
>
> ③ 제2항에 따른 서류 및 다음 각 호를 포함하여 주택조합사업의 시행에 관한 서류와 관련 자료를 조합원이 열람·복사 요청을 한 경우 주택조합의 발기인 또는 임원은 15일 이내에 그 요청에 따라야 한다. 이 경우 복사에 필요한 비용은 실비의 범위에서 청구인이 부담한다. <개정 2020. 1. 23.>
>
> 1. 조합원 명부
> 2. 주택건설대지의 사용권원 및 소유권 확보 비율 등 토지 확보 관련 자료
> 3. 그 밖에 대통령령으로 정하는 서류 및 관련 자료(아직 하위법령은 없음)

> 주택법 시행규칙 제11조(실적보고 및 자료의 공개)
>
> ④ 법 제12조제3항에 따른 주택조합 구성원의 열람·복사 요청은 사용목적 등을 적은 서면 또는 전자문서로 해야 한다. <개정 2020. 7. 24.>

주택법 제102조(벌칙) 다음 각 호의 어느 하나에 해당하는 자는 2년 이하의 징역 또는 2천만원 이하의 벌금에 처한다. <개정 2016. 12. 2., 2018. 12. 18., 2019. 4. 23., 2019. 12. 10., 2020. 1. 23.>

4. 제12조제3항에 따른 열람·복사 요청에 대하여 거짓의 사실이 포함된 자료를 열람·복사하여 준 주택조합의 발기인 또는 임원

주택법 제104조(벌칙) 다음 각 호의 어느 하나에 해당하는 자는 1년 이하의 징역 또는 1천만원 이하의 벌금에 처한다. <개정 2019. 12. 10., 2020. 1. 23., 2020. 6. 9., 2020. 8. 18.>

3. 제12조제3항을 위반하여 조합원의 열람·복사 요청을 따르지 아니한 주택조합의 발기인 또는 임원

법제처는 법령해석을 통해 "조합 구성원 명부의 열람·복사를 요청한 경우 주택조합의 발기인 또는 임원은 그 명부에 기재되어 있는 조합 구성원의 전화번호도 열람·복사해 주어야 한다"라고 회답했다.

민원인 – 조합 구성원 명부의 열람·복사 요청이 있는 경우 명부에 기재된 조합원 구성원의 전화번호도 열람·복사해 주어야 하는지 여부(「주택법」 제12조제2항제1호 등 관련)

법제처 법령해석 사례 안건번호17-0072 회신일자2017-05-25

1. 질의요지

「주택법」 제12조제1항에서는 주택조합의 발기인 또는 임원은 주택조합사업의 시행에 관한 조합규약(제1호) 등의 서류 및 관련 자료가 작성되거나 변경된 후 15일 이내에 이를 조합원이 알 수 있도록 인터넷과 그 밖의 방법을 병행하여 공개하여야 한다고 규정하고 있고, 같은 조 제2항 전단에서는 같은 조 제1항에 따른 서류 및 조합 구성원 명부 등을 포함하여 주택조합사업의 시행에 관한 서류와 관련 자료를 조합의 구성원이 열람·복사 요청을 한 경우 주택조합의 발기인 또는 임원은 15일 이내에 그 요청에 따라야 한다고 규정하고 있는바,

주택조합의 구성원이 「주택법」 제12조제2항 전단에 따라 조합 구성원 명부의 열람·복사를 요청한 경우 주택조합의 발기인 또는 임원은 그 명부에 기재되어 있는 조합 구성원의 전화번호도 열람·복사해 주어야 하는지?

※ 질의배경

ㅇ주택조합의 임원인 A는 조합원인 B로부터 "조합 구성원 명부"의 공개 요청을 받자, 명부에 포함된 조합원들의 전화번호까지도 공개해야 하는지 국토교통부에 질의하였고, 국토교통부에서는 주민등록번호를 제외한 사항은 공개해야 한다고 답변하자, 법제처에 법령해석을 요청함.

2. 회답

주택조합의 구성원이 「주택법」 제12조제2항 전단에 따라 조합 구성원 명부의 열람·복사를 요청한 경우 주택조합의 발기인 또는 임원은 그 명부에 기재되어 있는 조합 구성원의 전화번호도 열람·복사해 주어야 합니다.

3. 이유 : 생략 (법세저 법령해석 사례에서 조회해 볼 수 있다. https://www.moleg.go.kr)

4. 다음의 서류 및 자료를 매년 2월말까지 정기적으로 시장·군수·구청장에게 제출하여야 한다. 위반 시 벌칙 조항이 있다.

주택법 제12조(실적보고 및 관련 자료의 공개)

④ 주택조합의 발기인 또는 임원은 원활한 사업추진과 조합원의 권리 보호를 위하여 연간 자금운용 계획 및 자금 집행 실적 등 국토교통부령으로 정하는 서류 및 자료를 국토교통부령으로 정하는 바에 따라 매년 정기적으로 시장·군수·구청장에게 제출하여야 한다. <신설 2019. 12. 10., 2020. 1. 23.>

주택법 시행규칙 제11조(실적보고 및 자료의 공개)

⑤ 법 제12조제4항에서 "연간 자금운용 계획 및 자금 집행 실적 등 국토교통부령으로 정하는 서류 및 자료"란 다음 각 호의 서류 및 자료를 말한다. <신설 2020. 6. 11., 2020. 7. 24.>

1. 직전 연도의 자금운용 계획 및 자금 집행 실적에 관한 자료
2. 직전 연도의 등록사업자의 선정 및 변경에 관한 서류
3. 직전 연도의 업무대행자의 선정 및 변경에 관한 서류
4. 직전 연도의 조합임원의 선임 및 해임에 관한 서류
5. 직전 연도 12월 31일을 기준으로 토지의 사용권원 및 소유권의 확보 현황에 관한 자료

주택법 시행규칙 제11조(실적보고 및 자료의 공개)

⑥ 주택조합의 발기인 또는 임원은 제5항 각 호의 서류 및 자료를 법 제12조제4항에 따라 매년 2월말까지 시장·군수·구청장에게 제출해야 한다. <신설 2020. 6. 11., 2020. 7. 24.>

주택법 제106조(과태료)

③ 다음 각 호의 어느 하나에 해당하는 자에게는 500만원 이하의 과태료를 부과한다.

1. 제12조제4항에 따른 서류 및 자료를 제출하지 아니한 주택조합의 발기인 또는 임원

---

5. 주택조합사업의 시행에 관한 서류 및 관련 자료의 공개 및 열람·복사 등을 하는 경우에는 「개인정보 보호법」에 의하여야 한다.

주택법 제12조(실적보고 및 관련 자료의 공개)

⑤ 제2항 및 제3항에 따라 공개 및 열람·복사 등을 하는 경우에는 「개인정보 보호법」에 의하여야 하며, 그 밖의 공개 절차 등 필요한 사항은 국토교통부령으로 정한다. <개정 2019. 12. 10., 2020. 1. 23.>

[의견]

조합원 보호를 위한 차원에서 정보 공개와 관련한 법률 내용이 많이 강화되어 왔고 긍정적으로 기여한 바도 분명히 있지만 조합에 큰 부담으로 작용하는 내용도 상당히 있다.

업무 대행자, 임원 및 발기인이 잘못하지 않도록 가급적 많은 자료를 공개하도록 자세히 규정하고 있지만, 이를 위해 자료를 생성하고 보관하기 위하여 조합에 많은 비용을 발생하게 하는 것은 한번 재고해 보아야 할 것으로 생각된다.

업무 대행사에 지불하는 수십억 원의 돈도 대단한 낭비요소이고, 끊임없이 업무 대행사를 견제·감독하는 숨바꼭질에 들이는 에너지도 매우 큰 낭비 요소여서 필관조합은 업무 대행사가 없다. 모든 일을 조합 스스로 한다. (조합장 1명과 고용한 사무장 1명, 그리고 비상근 임원 몇 명이 모두 다이다.) 사무장 1명을 제외한 조합장과 임원은 월급도 없다. 무료 봉사다. (사업이 거의 성공되었을 때 조합 총회를 통하여 조합장과 임원에 대한 인센티브 지급안건이 결의되긴 했다.)

조합과 조합원 간에 필요한 자료와 정보를 충분히 제공하고 신뢰와 소통으로 똘똘 뭉쳐 사업을 잘 추진하고 있는데, 법으로 무엇을 추가로 하라고 하는 것은 모두 추가 비용이 발생하는 요소이다. 필요한 통제는 강화해야 하지만, 무조건 통제는 조합에 비용을 발생시키는 행위이므로 신중히 결정되어야 할 것이다. 자료공개에 관한 법률내용에 대해 필자의 의견을 정리해 보면 다음과 같다.

1. 「주식회사 등의 외부감사에 관한 법률(이하 외감법으로 표기)」에 따른 기준을 적용한 회계감사보고와 관련해서 개신이 필요해 보인다. 회계감사를 통하여 점검되고 공개되어야 할 정보가 무엇인지를 먼저 규명하고, 그러한 정보를 필요하면 회계법인에 의뢰하여 생산할 수 있겠지만, 조합이 스스로 생산할 수도 있어야 한다. 비싼 비용을 들여 생산되는 현재의 회계감사보고서에 포함된 정보를 활용하는 사람이 누구인지 대단히 궁금하다. 조합도 아니고 조합원도 아닌 것은 100% 확실하다. 그러면 보고서를 제출받은 공무원은 큰 도움이 되는 것인가? 그렇지 않은 것 같다. 회계감사보고서 제출로 인해 얻고자 했던 효익을 명확히 하고, 그것을 달성하는데 필요한 타당성이 있는 자료가 제출될 수 있도록 제도를 개선할 필요가 있다. 아마도 많은 내용은 조합이 직접 작성해서 제출할 수 있을 것으로 보이고, 외부 감사는 Check & Balance 차원에서만 최소화하여 실시되어야 할 것으로 보인다.

   현재 조합에 요구되는 회계감사와 관련한 규정 내용은 다음과 같다.

가. 주택조합은 다음의 3가지 경우에 해당하는 날로부터 30일 이내에 외감법에 따른 회계 감사기준을 적용하여 외감법에 따른 감사인의 회계 감사를 받아야 한다.

- 주택조합 설립인가를 받은 날부터 3개월이 지난 날
- 사업계획승인을 받은 날부터 3개월이 지난 날
- 사용검사 또는 임시 사용승인을 신청한 날

또한, 표준규약 제19조(임원의 직무 등) 제3항에서도 감사는 "조합원 1/10이상의 요청이 있을 때에는 공인회계사에게 회계감사를 의뢰하여 공인회계사가 작성한 감사보고서를 제출하여야 한다.'로 정하고 있기도 하다. (필관조합의 규약에는 조합원 1/3이상의 서면요청이 있을 때임)

주택법 시행령 제26조(주택조합의 회계감사)
① 법 제14조의3제1항에 따라 주택조합은 다음 각 호의 어느 하나에 해당하는 날부터 30일 이내에 「주식회사 등의 외부감사에 관한 법률」 제2조제7호에 따른 감사인의 회계감사를 받아야 한다. <개정 2018. 10. 30., 2020. 7. 24.>

   1. 법 제11조에 따른 주택조합 설립인가를 받은 날부터 3개월이 지난 날
   2. 법 제15조에 따른 사업계획승인(제27조제1항제2호에 따른 사업계획승인 대상이 아닌 리모델링인 경우에는 법 제66조제2항에 따른 허가를 말한다)을 받은 날부터 3개월이 지난 날
   3. 법 제49조에 따른 사용검사 또는 임시 사용승인을 신청한 날

주택법 시행령 제26조(주택조합의 회계감사)
② 제1항에 따른 회계감사에 대해서는 「주식회사 등의 외부감사에 관한 법률」 제16조에 따른 회계감사기준을 적용한다. <개정 2018. 10. 30.>

표준규약 제19조(임원의 직무 등)
③ 감사는 조합의 업무 및 재산상태와 회계를 감사하며 정기총회에 감사결과보고서를 제출하여야 한다. 이 경우 조합원 1/10이상의 요청이 있을 때에는 공인회계사에게 회계감사를 의뢰하여 공인회계사가 작성한 감사보고서를 제출하여야 한다.
【주】조합회계 등 감사의 업무에 관하여 의혹이 있을 경우 공인회계사에게 회계감사를 의뢰토록 하여 의혹을 해소할 수 있도록 한 것으로 요청정족수는 조합의 규모 등에 따라 1/20, 1/5, 1/3 등으로 적정하게 조정할 수 있음.

필관조합의 규약 제19조(임원의 직무 등)
③ 감사는 조합의 업무 및 재산 상태와 회계의 관하여 감사하며 정기총회에 감사결과 보고서를 제출하여야 한다. 다만, 이 경우 조합원 1/3이상의 서면요청이 있을 때에는 공인회계사에게 회계감사를 의뢰하여 공인회계사가 작성한 감사보고서를 제출하여야 한다. 이 경우 회계감사비용은 공인회계사 회계감사를 요청한 조합원이 부담하여야 한다.

나. 주택조합의 임원 또는 발기인은 계약금등의 징수·보관·예치·집행 등 모든 거래 행위에 관하여 장부를 월별로 작성하여 그 증빙서류와 함께 주택조합 해산인가를 받는 날까지 보관하여야 한다. 이 경우 「전자문서 및 전자거래 기본법」 제2조제2호에 따른 정보처리시스템을 통하여 장부 및 증빙서류를 작성하거나 보관할 수 있다. 위반 시 벌칙 조항이 있다. (개정 2020년 1월 23일, 시행 2020년 7월 24일)

주택법 제14조의3(회계감사)

② 주택조합의 임원 또는 발기인은 계약금등(해당 주택조합사업에 관한 모든 수입에 따른 금전을 말한다)의 징수·보관·예치·집행 등 모든 거래 행위에 관하여 장부를 월별로 작성하여 그 증빙서류와 함께 제11조에 따른 주택조합 해산인가를 받는 날까지 보관하여야 한다. 이 경우 주택조합의 임원 또는 발기인은 「전자문서 및 전자거래 기본법」 제2조제2호에 따른 정보처리시스템을 통하여 장부 및 증빙서류를 작성하거나 보관할 수 있다.

[본조신설 2020. 1. 23.]

전자문서 및 전자거래 기본법 제2조(정의)

2. "정보처리시스템"이란 전자문서의 작성·변환, 송신·수신 또는 저장을 위하여 이용되는 정보처리 능력을 가진 전자적 장치 또는 체계를 말한다.

[전문개정 2012. 6. 1.]

주택법 제104조(벌칙) 다음 각 호의 어느 하나에 해당하는 자는 1년 이하의 징역 또는 1천만원 이하의 벌금에 처한다. <개정 2019. 12. 10., 2020. 1. 23., 2020. 6. 9., 2020. 8. 18.>

4의5. 제14조의3제2항을 위반하여 장부 및 증빙서류를 작성 또는 보관하지 아니하거나 거짓으로 작성한 자

다. 회계감사를 한 자는 회계감사 결과를 회계감사 종료일부터 15일 이내에 관할 시장·군수·구청장과 해당 주택조합에 각각 통보하여야 한다. 위반시 벌칙조항이 있다.

주택법 제14조의3(회계감사)

① 주택조합은 대통령령으로 정하는 바에 따라 회계감사를 받아야 하며, 그 감사결과를 관할 시장·군수·구청장에게 보고하여야 한다.

주택법 시행령 제26조(주택조합의 회계감사)

③ 제1항에 따른 회계감사를 한 자는 회계감사 종료일부터 15일 이내에 회계감사 결과를 관할 시장·군수·구청장과 해당 주택조합에 각각 통보하여야 한다.

라. 시장·군수·구청장은 제3항에 따라 통보받은 회계감사 결과의 내용을 검토하여 위법 또는 부당한 사항이 있다고 인정되는 경우에는 그 내용을 해당 주택조합에 통보하고 시정을 요구할 수 있다.

2. 분기마다 작성해야 하는 다음의 실적 보고 관련 내용을 자세히 살펴보자.

- 조합원(주택조합 가입 신청자 포함) 모집 현황 - 해당 주택건설대지의 사용권원 및 소유권 확보 현황 - 주택조합사업에 필요한 관련 법령에 따른 신고, 승인 및 인·허가 등의 추진 현황	- 설계자, 시공자 및 업무 대행자 등과의 계약 체결 현황 - 수익 및 비용에 관한 사항 - 주택건설공사의 진행 현황 - 자금의 차입에 관한 사항

가. 조합원 모집은 그렇게 긴 기간 동안 진행되는 것이 아니고 초반에 짧은 기간에 집중되는 경향이 있으므로 조합설립인가 승인 시 까지는 좀 더 빈번히 실적 공개가 되어야 할 필요가 있다. 따라서, 분기별로 작성하는 "조합원(주택조합 가입 신청자 포함) 모집 현황"을 "조합가입 신청자 모집 현황(조합설립인가 승인 시까지만 매월 작성)"로 변경할 필요가 있다. 또한, 사업계획승인 이후는 조합원 모집이 불가능하다. 그럼에도 불구하고 분기마다 보고한다는 것은 뭔가 안 맞다.

나. "해당 주택건설대지의 사용권원 및 소유권 확보 현황" 관련해서도, 95% 이상 토지소유권을 확보해야 사업계획승인 신청이 가능하고 100%가 되어야 착공이 가능하다. 착공 이후에도 주택건설대지의 사용권원 및 소유권 확보 현황을 분기마다 작성한다는 것은 뭔가 안 맞다.

다. "설계자, 시공자 및 업무 대행자 등과의 계약체결 현황"에 대해 분기별로 실적 보고서를 작성해야 하는데 설계자, 시공자 및 업무 대행자와의 계약 체결은 총회 결의 사항이고, 이때 전 조합원에게 공개되는데, 분기별로 실적을 작성할 내용이 없다. 따라서, "설계사, 시공사 및 업무 대행사를 제외한 총회 결의를 거치지 않고 체결한 계약 현황"으로 변경을 건의한다.

라. "수익 및 비용에 관한 사항"은 매일 작성한 것을 분기마다 한번 집계하여 작성하라는 정도로 이해된다.

마. "주택건설공사의 진행현황"은 필요시마다 공유되고 있는데, 현실은 분기 1회 이상 공유되고 있다.

바. "자금의 차입에 관한 사항"도 차입 시 총회 의결을 거쳐서 하는데, 분기마다 작성할 중요한 내용이 무엇인지 잘 판단이 서지 않는다.

2번 항의 취지는 상기 8가지 정도의 항목에 걸쳐서 변동이 있거나 공유할 가치가 있는 사항을 분기별로 집계·작성하라는 정도로 이해된다. 그에 맞추어 법조문이 다시 정리될 필요가 있겠다.

3. 작성되거나 변경된 후 15일 이내에 공개해야 하는 내용에 대해 살펴보자.

- 조합규약 - 공동사업주체의 선정 및 주택조합이 공동사업주체인 등록사업사와 체결한 협약서 - 설계자 등 용역업체 선정 계약서 - 조합총회 및 이사회, 대의원회 등의 의사록 - 사업시행계획서 - 해당 주택조합사업의 시행에 관한 공문서 - 회계감사보고서 - 분기별 사업실적보고서	- 업무대행자가 해당 분기의 말일부터 20일 이내에 주택조합 또는 주택조합의 발기인에게 제출한 실적보고서 - 연간 자금운용 계획서 - 월별 자금 입출금 명세서 - 월별 공사진행 상황에 관한 서류 - 주택조합이 사업주체가 되어 공급하는 주택의 분양신청에 관한 서류 및 관련 자료 - 전체 조합원별 분담금 납부내역 - 조합원별 추가 분담금 산출내역

가. "조합규약", "공동사업주체의 선정 및 등록사업자와 체결한 협약서", "설계자 등 용역업체 선정 계약서" 및 "조합원별 추가 분담금 산출내역"은 총회 결의사항이므로 총회 자료에 포함되어 이미 공개된 정보이다. 삭제되어야 한다.

나. "사업시행계획서", "시행에 관한 공문서"가 뜻하는 문서가 무엇인지 애매하다. 누구를 위한 자료인지도 현재로서는 잘 모르겠다. 이것이 무엇을 의미하는지 규명하기 위하여 시간을 투입해야 하고 필요한 자료를 만드는 데도 비용이 발생한다. 꼭 공개가 필요한 사항이라고 판단되면 좀 더 분명하게 표현해 둘 필요가 있다

다. 외감법에 따른 기준을 적용하여 작성되는 "회계감사보고서"는 앞에서 언급했듯이 목적에 맞는 대체 수단을 개발하여 변경해야 한다.

라. "분기별 사업실적보고서", "연간 자금운용 계획서", "월별 자금 입출금 명세서", "월별 공사진행 상황에 관한 서류"는 조합과 조합원 외 누가 필요한 정보일까? 조합과 조합원이 자체적으로 결정하여 운영할 수 있어야 한다.

마. "발기인에게 제출된 업무대행사의 실적보고서를 공개"하라고 되어 있는데 업무 대행사가 없으면 공개하지 않아도 되는 것인지? 업무 대행사가 없어도 실적 보고서에 담겼어야 할 내용 중 중요한 사항은 공개되어야 할 것으로 보인다.

바. "주택조합이 사업주체가 되어 공급하는 주택의 분양신청에 관한 서류 및 관련 자료"가 무엇인지 특정되지 않는 어려움이 있다.

사. "전체 조합원별 분담금 납부내역"이 아니라 "조합원 개인별 분담금 납부내역"이 각 개인에게 공개되어야 하는 것은 아닌지, 변경이 필요해 보인다.

아. 의사록 공개는 타당한 것으로 보인다.

4. 조합원이 열람·복사 요청을 한 경우 15일 이내에 그 요청에 따라야 한다는 내용에 대해서는 별다른 이견은 없다.

다만, 공개해야 할 자료의 범위와 깊이가 너무 광범위하여 잘못하면 일부 조합원들이 조합 업무 방해에 악용할 소지도 있어 보인다. 조합에 정보를 열람·복사 신청할 때 서면 또는 전자문서로 하였을 텐데, 기록을 잘 유지·관리하여 사용 목적을 벗어나 악용할 경우 제재할 수 있도록 해야 할 것으로 보인다.

5. 매년 2월 말까지 시장·군수·구청장에게 제출해야 하는 내용을 자세히 살펴보자

> - 직전 연도의 자금운용 계획 및 자금 집행 실적에 관한 자료
> - 직전 연도의 등록사업자의 선정 및 변경에 관한 서류
> - 직전 연도의 업무대행자의 선정 및 변경에 관한 서류
> - 직전 연도의 조합임원의 선임 및 해임에 관한 서류
> - 직전 연도 12월 31일을 기준으로 토지의 사용권원 및 소유권의 확보 현황에 관한 자료

    가. "직전 연도의 자금운용 계획 및 자금 집행 실적에 관한 자료", "직전 연도의 등록사업자의 선성 및 변경에 관한 서류" 및 "직전 연도의 업무대행자의 선정 및 변경에 관한 서류"를 제출 받은 시장·군수·구청장은 조합에 어떠한 효익을 줄 수 있는 것인가? 어떠한 효익도 없을 것으로 판단되므로 삭제되어야 한다.

    나. "직전 연도의 조합임원의 선임 및 해임에 관한 서류"는 사업계획변경승인 대상으로 이미 신고된 내용인데 다시 제출해야 할 이유가 없다고 판단된다.

    다. 조합원 모집인가 신청 시, 조합설립인가 신고 시, 사업계획승인신청 시 및 착공신고 시 서류에 토지사용권원 확보 및 토지 매입 현황을 보고하고 있는데, 매년 말 기준으로 또 보고를 받아야 할 이유는 없다고 판단된다.

업무 대행사를 규제하기 위하여 보고나 공개 항목을 늘려가는 규제는 그럴 수 있다라고 생각된다. (단, 업무 대행사가 늘어난 업무로 인한 추가 비용을 조합에 청구하지 않는다는 전제하에서.)

그러나 업무 대행사 없이 한 푼이라도 절감하기 위하여 조합과 조합원이 단결하여 자율적으로 잘 헤쳐 니기고 있는 조합에는 상기의 규제가 쏙 필요한가? 더 필요한 규제는 없는가 하는 관점에서 항목 하나하나를 점검하고 개선해 나가기를 기대한다.

조합 내부의 갈등으로 어려움에 봉착한 곳이 많은 것 같다. 비상대책위원회다, 소송 제기다, 억울하다 등등…. 갈등의 골이 깊을수록, 해결되지 않고 갈등의 시간이 지속될수록 조합원들의 피해는 눈덩이처럼 늘어난다.

브릿지대출이나 PF대출이 있는 상태이면 금융 비용이 늘어날 테고, 시공사는 연체 이자를 물린다고 난리일 테고…. 결과는 조합원들의 추가 분담금으로 돌아온다.

갈등 해소의 첫걸음은, 주장은 그만하고 사실을 신속하고 정확히 확인하고 공유하는 것이다.

사실확인 방법은 조합의 감사, 조합의 뜻있는 조합원, 외부의 회계 감사, 또는 수사 기관 등 누군가가 조합 명의로 된 모든 통장의 금융 거래 기록을 다운 받아 거래 건별로 사용 내역을 기록하여 보는 것이다. 사용 내역 거래 기록란에는 자금이 인출될 때는 반드시 신탁사에 자금인출요청서를 보내어 집행했을 테니 조합 또는 신탁사에 보관하고 있는 자금인출인출요청서를 받아 거래 기록을 추출하여 적으면 된다.

조합 운영비 통장으로 이체받아 집행한 비용은 자금인출요청서가 따로 없다. 회계감사보고서에 기록되어 있을 수 있지만 부실할 수 있다. 이에 대해서는 조합 사무실에서 별도기록으로 관리되고 있으므로 조합 집행부가 소명하면 된다.

거래 건수가 많아서 힘든 작업이겠지만 사실 관계를 규명하거나 투명한 조합 활동이 되도록 하는 데는 제일 확실한 방법이다. 은행의 금융 거래 기록 및 자금인출요청서는 조합을 통해서 당연히 확보할 수 있는 자료이고, 이 자료의 공개를 거부하면 거부하는 그 사람은 반드시 요주의 대상이다.

이 작업이 끝나면 거래 기록별로 분류하여 각 항목별로 지출된 합계금액이 얼마인지 알 수 있다.

의문이 있는 기록이 보이면 이것을 기준으로 심층 파악해 보면 된다. 예를 들어 토지대가 950억 원으로 과도하다고 판단되면, 또는 철거비 금액이 25억으로 과도하다고 판단되면 자금인출요청서에 첨부되어 있는 계약서를 확인해 보면 된다.

필관조합에서는 빠른조회에 필요한 계좌번호와 비밀번호를 조합원 모두와 공유하고 있어, 조합원 누구나 조합명의 통장의 모든 거래 내역을 실시간으로 조회하고 엑셀 자료로 다운받을 수 있다.

또한 조합원 누구나 조합 사무실을 방문하여 자금인출요청서를 열람해 볼 수 있고, 필요하다고 인정된 조합원은 PDF 파일로도 송부받아 볼 수 있다. 금융 거래 기록, 자금인출요청서 이 두 가지 자료 확인으로 조합 내부의 불신과 갈등을 신속히 해소하자.

📋 정책 제언

주택법에서 여러 정보 공개 항목을 규정하고 있는데, 금융 거래 기록과 자금인출요청서를 조합 설립 전에는 전체 조합가입 신청자에게 조합 설립 이후에는 전체 조합원이 열람할 수 있도록 하면 효과가 클 것으로 예상한다.

제6편

창립총회

제1장 창립총회

1. 창립총회 소집

주택 건설 예정 세대수의 50% 이상 정도의 조합원이 모집되면, 통상 '(가칭) OO주택조합 추진위원회' 위원장 명의로 창립총회를 소집하게 된다.

> 창립총회는 반드시 건설 예정 세대수의 50% 이상이 모집되어야만 개최 가능한 것인가?
>
> 50% 미만으로 모집된 상태에서도 창립총회를 개최하여 대출이나 토지 매수 등에 대한 결의가 필요한 상황이 있을 수 있는데, 50%가 모집되지 않아 창립총회가 개최되지 않는다면 문제가 될 상황도 발생할 수 있는 것 아닌가? 하는 의문이 있을 수 있다.
>
> 결론은 주택조합에 대해 적용되는 주택법, 시행령 및 시행규칙 어디에도 이에 대한 언급은 없으므로 50% 미만이어도 창립총회 개최는 가능하다.
>
> 다만, 주택조합은 설립인가~사용검사 기간 동안 건설 예정 세대수의 50% 이상의 조합원을 구성해야 하는데, 사업추진 과정에서 여러 사정으로 건설 예정 세대수가 변동될 가능성에 대해 대처하고 사업 자금 조달의 용이성을 확보하려면 가급적 50% 이상 많이 모집이 되면 좋다. 또한 소수 인원으로 창립총회를 개최하게 될 경우, 집행부 선출의 정당성이 문제 될 수도 있고, 조합장 선출 동의서나 조합규약 자필 서명을 받는 과정에서 반발이 발생하여 전체 조합의 분위기를 부정적으로 흐르게 할 가능성이 있다는 점 등을 고려한다면 가능하다면 50%를 초과 모집한 상태에서 창립총회를 개최하는 것이 성공 가능성을 높일 수 있는 요인이 된다고 생각된다.

추진위원회 위원장이 반드시 발기인이어야 한다는 법은 없으나 위원장이 발기인이 아닌 것은 이상한 일이다. 위원장이 창립총회 석상의 의장이 되는 것은 당연하나, 이러저러한 사정으로 다른 사람이 등단하는 것도 이상한 일(위원장이 대행사와의 묵계로 무엇인가를 횡령·배임 등을 하고 향후에 책임을 지지 않기 위해 자리를 피했을 가능성이 큼)이므로 그 연유가 무엇인지 반드시 상세히 설명되어야 한다.

2. 선물 및 기념품 제공

창립총회에서 대행사 직원들이 다양한 선물 및 기념품 또는 소모품(생수, 수건, 손 선풍기, 휴지 등) 등을 제공하는 것에 고무되어 감사 인사 표시뿐만 아니라 대행사가 하는 일에 호의를 갖게 되는데, 모든 비용은 대행사의 돈이 아니라 조합원 여러분들의 돈이다.

대행사는 선물 및 기념품을 제공한 것을 기화로 그보다 몇 배에 해당하는 금액을 조합 계좌에서 인출해 갈 것이다. 한 푼이라도 절감하려는 대행사가 아니라 물량 공세를 하려는 대행사는 무조건 의심해야 한다.

3. 진행자

창립총회 진행은 임시 의장과 사회자가 주도하게 되는데, 창립총회 석상의 임시 의장은 '(가칭) OO주택조합 추진위원회' 위원장(업무 대행사에 사업권을 매도한 땅 작업을 한 사람일 가능성 또는 대행사와 유착 관계에 있는 인물일 가능성이 있음. 창립총회가 무사히 잘 끝나야 외상으로 매도한 사업권에 대한 돈을 받을 수 있는 등의 입장임.) 또는 발기인(추진위원장과 동일인일 가능성도 있음.)이고, 사회자는 업무 대행사의 임·직원일 것이다. 이렇게 되면 창립총회를 일방적으로 끌고 갈 판이 깔리는 것이다.

참석한 조합 가입 신청자들이 이것저것 궁금점을 해소하거나 의심스러운 점을 지적하고 제대로 된 대답을 듣고자 하나 사회자나 의장이 숭도에 대중 대답으로 뭉개 버리는데, 참석한 가입 신청자들은 단체가 아니라 각각 개인이고, 제공된 정보도 거의 없고, 주택조합에 대한 이해도 부족하여 진행자를 당해 낼 재간이 없어 창립총회가 일방적으로 진행되는 것이 일반적이다.

4. 안건

창립총회 안건에는 조합규약 제정 동의의 건, 조합장 및 임원 선임 동의의 건, 추진위원회기 추진 업무 추인의 건, 사업 계획안 동의 및 사업비 예산 승인의 건, 시공 예정사 OO㈜

선정 및 계약 체결 이사회 위임의 건, 총회 의결 내용 이사회 위임의 건 등을 포함한 다양한 안건이 포함되는데 대부분의 경우 원안대로 의결되고 있는 실정이다.

'조합규약 제정 동의의 건'은 표준규약도 제정되어 있고, 관할관청에서 모집 신고 시 접수하게 되어 있어 담당 공무원이 어느 정도 점검하여 수리할 것으로 보여지므로 독소 조항이 없다면 통과되어도 될 것으로 보인다. (최소한 표준규약과 차이나는 부분이 무엇이고 그 사유는 무엇인지를 알아보아야 한다.)

'조합장 및 임원 선임 동의의 건'은 추진위원회나 업무 대행사가 추천한 후보를 배제하고 현장에서 새로운 인물이 선출되는 경우도 다수 발생하고 있는데, 업무 대행사와의 결탁 가능성이 있는 인물이 배제되었다고는 하더라도 새로 선출된 임원이 여전히 주택조합의 업무 및 속성을 잘 모를 가능성이 상당히 크므로 이것으로 위험이 축소되거나 제거되었다고 보기는 어렵다. 업무 대행사는 조합장 및 임원 후보자가 누구인지 창립총회 책자 배포 시에 처음 공개하는데, 늦었기는 하지만 그래도 주택조합 가입 신청자들이 내 재산을 지키는데 최선의 노력을 한다는 마음과 자세로 후보자의 평판을 점검하고 누가 더 나은, 믿을 수 있는 인물인지 점검하는 활동을 적극적으로 할 필요가 있다.

'추진위원회 기 추진 업무 추인의 건'은 너무도 중요한 사안이라 다음 장에서 별도로 설명하겠다.

기타 다른 안건은 절대로 통과되어서는 안 된다. 창립총회에서 통과되지 않으면 조합원들이 손해를 본다고 주장할 수 있는데 근거 없는 협박이다. 새로 선출된 조합장 및 임원이 신규 제정된 조합규약에 따라 향후 처리하면 된다. 이렇게 하는 것이 올바른 일 처리라고 생각한다.

5. 안건 상정 순서

창립총회이다 보니 아직은 아무것도 정해진 것이 없다. 따라서 논리적으로 판단해 보면 제일 먼저 임시 의장(추진위원회 위원장 또는 발기인일 가능성이 높음)이 조합규약(선거관리위원회 규정이 있으면 포함)을 상정하여 의결하고, 의결된 조합규약에 따라 조합장 및 임원을 선출하고 선출된 조합장 및 임원이 인사만 하고 마치고 여타 안건은 새로 선출된 집행부가 업무 대행자 또는 발기인을 통해 조합 사정을 충분히 파악한 뒤 검토를 거쳐 차기 총회를 소집하여

처리하는 게 올바른 방법일 것이다.

지금까지 대부분의 경우, 모든 안건을 임시 의장이 한꺼번에 상정하고 안건별로 일괄 투표 처리 하고 있는데 아직 절차적 문제가 제기된 적은 없었던 것 같으나,

조합규약 확정 및 조합장·임원 선출 안건을 제외한 여타 안건이 조합규약에서 정하고 있는 절차(조합 총회에 상정할 안건의 사전 심의·결정은 대다수 조합의 규약에서 대의원회 또는 이사회의 기능으로 정하고 있음)를 지키지 않고 창립총회 안건으로 상정되는 것은 절차적 하자가 분명히 있고, 많은 경우 업무 대행사들의 전횡의 방법으로 활용되고 있는 바 반드시 개선이 필요한 부분으로 판단된다.

표준규약 제30조(이사회의 사무) 이사회는 다음 각호의 사무를 집행한다.
2. 총회에 상정할 안건의 심의·결정

표준규약 제26조(대의원회의 직무) 대의원회는 다음 각 호의 사항을 심의·의결한다.
1. 총회 부의안건의 사전심의 및 총회로부터 위임받은 사항

---

* 필관조합에서는 대의원회는 운영하지 않았으며, 사업 초창기에 조합원들로 자원봉사단이 구성되어 운영(무급)되었다. 업무 대행사가 없는 상태에서 필요 사항들을 조합원들에게 전달하고, 조합원의 총의를 모아 내는 데 아주 효과적이고 유용했다.

6. 안건 결의 방법

조합원의 의사를 확인할 수 있는 방법(거수, 기립, 표결 등)이 별도로 정해져 있는 것은 없다. 조합규약에서 정하는 바가 있으면 그에 따르면 된다.

7. 의사 정족수

회의가 성립하는 데 필요한 최소한의 구성원 수를 의미하며, 창립총회에서 의결을 하는 경우에는 조합원의 100분의 20 이상이 직접 출석하여야 한다.

> 주택법 시행령 제20조(주택조합의 설립인가 등)
>
> ④ 총회의 의결을 하는 경우에는 조합원의 100분의 10 이상이 직접 출석하여야 한다. 다만, 창립총회 또는 제3항에 따라 국토교통부령으로 정하는 사항을 의결하는 총회의 경우에는 조합원의 100분의 20 이상이 직접 출석하여야 한다. <신설 2017. 6. 2.>

* 창립총회 또는 국토교통부령으로 정하는 사항을 의결할 경우, 100분의 20 이상 직접 출석, 그 이외의 경우, 100분의 10 이상이 직접 출석하여야 한다.

> 국토교통부령으로 정하는 사항(주택법 시행규칙 제7조 제5항)
>
> 1. 조합규약(영 제20조제2항 각 호의 사항만 해당한다)의 변경
> 2. 자금의 차입과 그 방법·이자율 및 상환방법
> 3. 예산으로 정한 사항 외에 조합원에게 부담이 될 계약의 체결
> 3의2. 법 제11조의2제1항에 따른 업무대행자(이하 "업무대행자"라 한다)의 선정·변경 및 업무대행계약의 체결
> 4. 시공자의 선정·변경 및 공사계약의 체결
> 5. 조합임원의 선임 및 해임
> 6. 사업비의 조합원별 분담 명세 확정(리모델링주택조합의 경우 법 제68조제4항에 따른 안전진단 결과에 따라 구조설계의 변경이 필요한 경우 발생할 수 있는 추가 비용의 분담안을 포함한다) 및 변경
> 7. 사업비의 세부항목별 사용계획이 포함된 예산안
> 8. 조합해산의 결의 및 해산시의 회계 보고

조합원의 대리인이 조합원 본인을 대리하여 출석하는 경우는 직접 출석에 포함되지 않는다.(법제처 법령해석 사례 안건번호 19-0497 참조)

> 민원인 - 주택조합 조합원 본인의 대리인이 총회에 출석한 경우 "직접 출석"에 해당하는지 여부(「주택법 시행령」 제20조제4항 등 관련)
>
> 1. 질의요지
>
> 「주택법 시행령」 제20조제4항에서 규정하고 있는 조합원의 100분의 10 이상의 직접 출석 또는 조합원의 100분의 20 이상의 직접 출석에는 조합원의 대리인이 조합원 본인을 대리하여 출석하는 경우가 포함되는지?
>
> 2. 질의배경
>
> 민원인은 위 질의요지에 대해 국토교통부에 문의하였으나 대리인의 출석은 「주택법 시행령」 제20조제4항의 직접 출석에 해당하지 않는다는 회신을 받자 이에 이견이 있어 법제처에 법령해석을 요청함.
>
> 3. 회답
>
> 「주택법 시행령」 제20조제4항에서 규정한 직접 출석에 조합원의 대리인이 조합원 본인을 대리하여 출석하는 경우는 포함되지 않습니다.
>
> 4. 이유 : 생략 (법제처 정부입법지원시스템에서 검색, https://www.lawmaking.go.kr)

8. 의결 정족수

의사 결정의 효력을 발휘하는데 필요한 구성원의 수(예시: 출석 조합원의 과반수), 조합설립인가 신청 시에 의결 정족수 및 의결 절차를 포함한 조합규약을 제출토록 하고 있다.

주택법 시행령 제20조(주택조합의 설립인가 등)

① 법 제11조제1항에 따라 주택조합의 설립·변경 또는 해산의 인가를 받으려는 자는 신청서에 다음 각 호의 구분에 따른 서류를 첨부하여 주택건설대지(리모델링주택조합의 경우에는 해당 주택의 소재지를 말한다. 이하 같다)를 관할하는 시장·군수·구청장에게 제출해야 한다. 〈개정 2019. 10. 22., 2020. 7. 24.〉

  1. 설립인가신청: 다음 각 목의 구분에 따른 서류

    가. 지역주택조합 또는 직장주택조합의 경우

      3) 조합원 전원이 자필로 연명(連名)한 조합규약

② 제1항제1호가목3)의 조합규약에는 다음 각 호의 사항이 포함되어야 한다. 〈개정 2017. 6. 2., 2020. 7. 24.〉

  9. 총회의 의결을 필요로 하는 사항과 그 의결정족수 및 의결절차

표준규약에는 일반 결의(과반수 출석으로 개의하고 출석 조합원의 과반수 찬성으로 의결)와 더 강화된 방법인 특별 결의(재적조합원 2/3 이상의 출석과 출석 조합원 2/3 이상의 찬성으로 의결)를 정하고 있으며, 이는 대부분의 조합에서 활용되고 있는 방법이다.

표준규약 제24조(총회의 의결방법)

② 총회는 이 규약에 달리 정함이 없는 한 재적조합원 과반수의 출석으로 개의하고 출석조합원의 과반수 찬성으로 의결한다.

③ 제1항에 불구하고 다음 각 호에 관한 사항은 재직조합원 2/3 이상의 출석과 출석조합원 2/3 이상의 찬성으로 의결한다.

  1. 사업종료의 경우를 제외하고 조합해산을 의결하는 경우

  2. 조합규약의 변경

  【주】조합의 존폐에 관계되는 중요사항의 경우 의결정족수를 강화할 수 있으며, 의결요건의 강화 정도 및 구체적인 내용은 조합의 실정에 따라 달리 정할 수 있을 것임.

④ 조합원은 서면이나 대리인을 통하여 의결권을 행사할 수 있다. 이 경우 제1항에 따른 직접 참석으로 보지 아니한다.

⑤ 조합원은 제3항에 따라 서면으로 의결권을 행사하는 때에는 안건내용에 대한 의사를 표시하여 총회 전일까지 조합에 도착되도록 제출하여야 한다.

⑥ 조합원은 제3항에 따라 대리인으로 하여금 의결권을 행사하는 때에는 성년자를 대리인으로 정하여 조합에 위임장을 제출하여야 한다.

대법원은 판결을 통해 의결 정족수를 정하는 기준이 되는 출석 조합원은 당초 총회에 참석한 모든 조합원을 의미하는 것이 아니라, 문제가 된 결의 당시 회의장에 남아 있던 조합원만을 의미하고, 회의 도중 스스로 회의장에서 퇴장한 조합원은 이에 포함되지 않는다고 밝히고 있다. (대법원 2010. 4. 29. 선고 2008두5568 판결 참고)

9. 서면 결의

2004년 1월에 배포된 표준규약 제7항에는 '조합원의 4/5 이상에 의한 서면에 의한 합의(서면 의결)가 있는 때에는 총회의 의결이 있는 것으로 본다'는 내용이 있었는데 2016년 12월 배포된 표준규약 및 2022년 5월에 배포된 현재의 표준규약에는 빠져 있다. 일견 총회 개최에 따른 시간적·비용적 관점에서 필요한 면도 있을 것으로도 보이는데 아쉽다. 필요한 조합에서는 조합규약으로 넣으면 좋을 것이다. 조합별로 사정이 다를 수 있으니 도입 여부를 신중히 결정할 필요가 있어 보인다.

> 국토교통부 2004.1월 배포 표준규약 제24조(총회의 의결방법)
> ⑦ 조합원의 4/5 이상에 의한 서면에 의한 합의(서면의결)가 있는 때에는 총회의 의결이 있는 것으로 본다.
> 【주】안건에 대하여 조합원들 사이에 이견이 없으나 현실적인 여건으로 인하여 총회출석이 어려운 경우도 많기 때문에 조합원 4/5 이상의 절대다수의 서면에 의한 합의로써 총회의결을 갈음할 수 있도록 하여 조합운영의 편의를 도모한 것임. 「집합건물의 소유 및 관리에 관한 법률」 (집합건물의소유및관리에관한법률 제41조는 '집합건물의 관리단집회에서 결의할 것으로 정한 사항에 대하여 구분소유자 및 의결권의 각 4/5이상의 서면에 의한 합의가 있는 때에는 관리단집회의 결의가 있는 것으로 본다'고 정하고 있는데, 위 법률규정을 원용한 것임

10. 전자 투표

총회의 소집 시기에 해당 주택건설 대지가 위치한 자치구에 「감염병의 예방 및 관리에 관한 법률」 제49조 제1항 제2호에 따라 여러 사람의 집합을 제한하거나 금지하는 조치가 내려진 경우에는 전자적 방법으로 총회를 개최해야 한다. 이 경우 조합원의 의결권 행사는 「전자서명법」 제2조제2호 및 제6호의 전자 서명 및 인증서(서명자의 실제 이름을 확인할 수 있

는 것으로 한정한다)를 통해 본인 확인을 거쳐 전자적 방법으로 해야 한다. (주택법 시행령 제 20조 제5항)

전자적 방법으로 총회를 개최하려는 경우 총회의 의결 사항, 전자 투표를 하는 방법, 전자 투표 기간, 그 밖에 전자 투표 실시에 필요한 기술적인 사항을 조합원에게 사전에 통지해야 한다. (주택법 시행령 제20조 제6항)

주택법 시행령 제20조(주택조합의 설립인가 등)

⑤ 제4항에도 불구하고 총회의 소집시기에 해당 주택건설대지가 위치한 특별자치시·특별자치 도·시·군·구(자치구를 말하며, 이하 "시·군·구"라 한다)에 「감염병의 예방 및 관리에 관한 법률」 제49 조제1항제2호에 따라 여러 사람의 집합을 제한하거나 금지하는 조치가 내려진 경우에는 전자적 방법으로 총회를 개최해야 한다. 이 경우 조합원의 의결권 행사는 「전자서명법」 제2조제2호 및 제6호의 전자 서명 및 인증서(서명자의 실제 이름을 확인할 수 있는 것으로 한정한다)를 통해 본인 확인을 거쳐 전자 적 방법으로 해야 한다. <신설 2021. 2. 19.>

⑥ 주택조합은 제5항에 따라 전자적 방법으로 총회를 개최하려는 경우 다음 각 호의 사항을 조합원에게 사전에 통지해야 한다. <신설 2021. 2. 19.>

1. 총회의 의결사항
2. 전자투표를 하는 방법
3. 전자투표 기간
4. 그 밖에 전자투표 실시에 필요한 기술적인 사항

앞으로 IT 기술이 발전해 갈수록 전자적 총회가 많아질 것으로 예상되는데, 이에 대한 제 도적 보완이 더 필요해 보이고, 노약자나 고령자에 대한 배려도 필요할 것으로 판단된다.

11. 창립총회 회의록

조합설립인가 신청서에 창립총회 회의록을 제출해야 한다.

주택법 시행령 제20조(주택조합의 설립인가 등)

① 법 제11조제1항에 따라 주택조합의 설립·변경 또는 해산의 인가를 받으려는 자는 신청서에 다음 각 호 의 구분에 따른 서류를 첨부하여 주택건설대지(리모델링주택조합의 경우에는 해당 주택의 소재지를 말 한다. 이하 같다)를 관할하는 시장·군수·구청장에게 제출해야 한다. 〈개정 2019. 10. 22., 2020. 7. 24.〉

1. 설립인가신청: 다음 각 목의 구분에 따른 서류
   가. 지역주택조합 또는 직장주택조합의 경우
      1) 창립총회 회의록

회의록과 관련하여 표준규약 및 민법에서는 다음과 같이 정하고 있는데, 창립총회 개최자는 임시 의장이며, 개최 전에 아직 조합장 및 임원이 선임되지 않은 점을 감안하면 창립총회 회의록에 기명 날인 해야 하는 사람이 누구인지 판단해야 하는 문제가 있다. 임시 의장만 기명날인하면 될 것으로 보인다.

표준규약 제34조(회의록 작성 및 관리)

① 조합은 총회·대의원회·이사회의 회의록을 작성하여 보관하여야 한다.

② 회의록에는 다음 각 호의 사항을 기재하여 조합장 및 출석한 이사, 대의원, 감사가 기명날인하여 조합사무소에 비치하거나 조합 인터넷홈페이지에 게시하여 조합원이 열람할 수 있도록 하여야 한다.

　1. 회의의 일시 및 장소

　2. 출석자의 수

　3. 회의 안건

　4. 의사진행과정 및 의결사항

【주】 총회·대의원회·이사회의 회의내용 및 결과에 대해 모든 조합원이 수시로 확인할 수 있도록 함으로써 집행부의 조합운영에 투명성과 공정성을 기하도록 한 것임

민법 제76조(총회의 의사록)

① 총회의 의사에 관하여는 의사록을 작성하여야 한다.

② 의사록에는 의사의 경과, 요령 및 결과를 기재하고 의장 및 출석한 이사가 기명날인하여야 한다.

③ 이사는 의사록을 주된 사무소에 비치하여야 한다.

대법원은 판결을 통해 법인의 총회 또는 이사회 등의 의사에는 의사록을 작성하여야 하고, 의사록에는 의사의 경과, 요령 및 결과 등을 기재하고 이와 같은 의사의 경과 요령 및 결과 등은 의사록을 작성하지 못하였다든가 또는 이를 분실하였다는 등의 특단의 사정이 없는 한 이 의사록에 의하여서만 증명된다고 밝혔다. (대법원 2010. 4. 29. 선고 2008두5568 판결 참고)

제2장 추진위원회 기 추진 업무 추인하면 안 되는 이유

창립총회 안건 중 '추진위원회 기 추진 업무 추인의 건'은 절대로 원안대로 의결하면 안 된다.

사회자를 포함한 창립총회를 주관하는 모든 사람, 발기인, 임시 의장, 조합장 및 임원으로 추천된 인물들 또한 100% '(가칭) OO주택조합 추진위원회'(B) 또는 업무 대행 업체(C)와 관련된 인물들인 반면, 창립총회에 참석한 조합원들은 서로 잘 모르는 상태에서 개개인의 신분으로 참석해 있기 때문에 주택조합에 대한 지식 수준 및 정보량에서 비교될 수 없을 정도로 불균형한 상태이다.

추진위원회 기 추진 업무 내용과 관련해서는 통상 창립총회 책자에는 두루뭉술하게 기술되어 있고, 총회장에서도 충실한 안내나 설명 없이 안건으로 상정하고 충분한 질의 응답 할 것을 요구하면 총회 시간 과다 소요 및 회의실 예약 시간 부족 등을 이유로 회피하고 통과를 종용하는 경우가 대다수이다

추진위원회 기 추진 업무 추인 건의 실제 내용은 창립총회 이전에 B, C가 추진한 모든 업무 및 특히 계약 등에 대해서 조합원들이 승인하고 책임지겠다는 의미인데, 그 내용 속에는 B, C의 불법 행위도 있을 수 있고, 조합원들의 재산권에 중대한 영향을 미칠 수 있는 내용들도 다수 포함되어 있다.

필관조합의 창립총회에서 통과된 기 추진 업무 추인의 건에 대한 실제 내용은 다음과 같다.

이상하리만큼 이상의 내용 이상 제공되는 정보 또는 자료는 없다. 약간의 질의응답이 있을 수 있지만 이상의 내용을 벗어나지 않는다. 총회석상에서 안건이 통과되지 않으면 큰일 날 것처럼 안내하고 분위기를 만들고 실제로 그대로 통과된다.

창립총회에서 추진위원회 기 추진 업무가 추인되었다는 명분으로 창립총회 종료 후 며칠 내에 설계비, 광고비, 모집비, 업무 대행비, 홍보관 공사비, 토지 계약금 등의 명목으로 엄청난 금액을 집행해 버렸다. 한참 시일이 지난 후에 밝혀진 일이지만 광고비, 모집비, 홍보관 공사비는 거의 다 가짜이거나 엄청나게 부풀려져 있었으며, 계약 업체 대다수는 업무 대행 업체(C)와 관련 있는 바지회사였다. 소송을 하여 이겨도 이미 자금을 다 은닉하거나 폐업해 버려 환수해 올 방법도 없다.

창립총회에서 선출된 조합장 및 임원들이 학습 및 전문가의 조력을 받아 '추진위원회 기 추진 업무 추인의 건'에 포함된 내용을 제대로 파악·판단하고 조합원들이 알 수 있도록 한 상태에서 창립총회를 속개하든지 임시총회를 개최하여 안건으로 상정하는 것이 바람직하다.

B, C가 차기 총회 개최의 어려움(시간 및 비용 과다소요 등)을 주장할 수 있는데, 회의실은 수십만 원의 소액으로 확보할 수 있으며 회의 자료도 수십만 원의 소액으로 준비할 수 있다. 문제는 조합원들이 참석하는 시간을 내어 주어야 하는데, 이처럼 중차대한 일에 조합원들이 시간을 내어야 하는 것은 너무도 당연하다 할 수 있다.

[관할관청에 건의 및 정책 제언사항]

1. 조합원 모집을 위해서는 관공서에 조합원 모집 신고를 하여야 하므로 관공서에서는 언제 어디서 몇 명의 조합원을 모집하는지 파악하고 있다.

   조합원 모집에 참여하는 일반 시민은 관공서에서 허가한 모집 활동이므로 불법 행위가 없을 것으로 심리적으로 신뢰하고 있다.

   실제 조합원 모집 현장에서는 잘못 된 또는 오인할 수 있는 정보들로 일반 시민을 현혹하는 일이 비일비재하다. 향후 문제가 생겨 민원이나 소송으로 사회적 비용이 많이 발생하고 있다.

   조합원 모집 단계에서 불법 행위가 없도록 모집 활동을 감독하고, 특히 홍보관에서 불법 행위가 없도록 관계 인력을 홍보관에 파견 운영하여 불법 모집 활동(토지 확보율 오도, 신탁사가 아닌 다른 계좌 안내, 일반분양인 것처럼 위장, 준조합원 모집, 확정 분양가로 안내 등)을 근절하여 피해 보는 서민이 없도록 할 필요가 있다.

관계 인력은 담당 공무원일 수도 있고, 관공서에서 임명한 전문가 식견을 갖춘 자원봉사자 또는 특별 자문역일 수도 있을 것 같다.

2. B 또는 C의 불법시도 행위를 근절하기 위해 지역주택조합 창립총회의 안건을 다음 두 가지로만 제한할 필요가 있다.

가. 조합규약 제정 동의의 건

나. 조합 임원(조합장, 이사 및 감사)선임의 건

여타 필요한 안건은 새로 선임된 조합장 및 임원들이 주도하여 차기 총회를 개최·상정하도록 하면 된다.

사실 창립총회에서는 조합을 창립하는데 필요한 상기한 두 가지 안건만 처리하는 게 타당한 것으로 판단된다.

총회에 안건을 상정할 것인지 여부를 판단하는 것도 이사회 및 대의원회의 몫인데, 창립총회에 상기한 두 가지 외의 다른 안건이 상정된다는 것은 이사회를 거치지 않은 것이므로 일관성도 없고, 정당하지도 못하다고 판단된다.

창립총회에서 선출된 집행부가 판단하기 전에 집행되는 모든 비용은 전액 업무 대행사의 선 지출이며(조합 가입 신청자가 납부한 업무 대행비나 분담금과는 무관), 창립총회에서 선출된 집행부가 추진위원회 기 추진 업무 내용을 분석·판단하여 추인하기로 한 사안에 대해서만 조합 가입 신청사가 납부한 업무 대행비나 분담금으로 집행할 수 있도록 해야 한다.

따라서, 조합가입 예치금은 30일간만 예치해 둘 것이 아니라, 추인에 대한 판단 이후 30일까지 예치해 두어야 하는 것이 타당하다고 판단된다.

창립총회에서 선출된 집행부가 기 추진 업무의 특정 항목에 대해 추인을 거부하거나 중도 사업 종결을 추진하면, 추진위원회의 기 집행 비용은 매몰 원가가 된다. 이렇게 되면, 추진위원회는 비용 집행이 따르는 업무를 신중하게 처리할 수밖에 없을 것이다.

이를 실현하기 위한 소극적 방법으로는 국토교통부에서 발간하는 지역·직장주택조합 표준규약 제23조(총회의 의결사항)의 내용을 제안 내용처럼 개정하기를 건의한다.

현재	제안 내용
표준규약 제23조(총회의 의결사항) ① 다음 각호의 사항은 총회의 의결을 거쳐 결정한다. 　1. 조합 규약의 변경 　2. 자금의 차입과 그 방법·이율 및 상환방법 　3. 예산으로 정한 사항 외에 조합원에 부담이 될 계약 　4. 시공자의 선정·변경 및 공사계약의 체결 　5. 조합임원의 선임 및 해임 　6. 사업시행계획의 결정 및 변경. 단, 법령에 의한 변경 및 인허가과정에서 변경된 경우는 제외한다. 　7. 사업비의 조합원별 분담 명세 　8. 조합해산의 결의 및 해산시 회계보고 　9. 업무대행자 선정·변경 및 업무대행계약의 체결 　10. 예산 및 결산의 승인 　11. 기타 주택법령 및 이 규약 또는 조합설립 인가조건에서 총회의 의결을 요하는 사항 　12. 업무규정, 회계규정, 보수규정, 선거관리규정 등 조합내부 규정의 제정 및 개정 【주】「주택법 시행규칙」제7조제5항의 내용 등을 반영하여 반드시 총회의 의결을 거쳐야 할 내용을 명시한 것으로, 사업시행에 있어서 핵심적인 사항에 대하여는 가급적 총회에서 조합원 스스로가 결정하도록 하여야 할 것임. ② 제1항에 따른 총회의 의결사항은 대의원회, 이사회 등에 위임할 수 없다, 【주】재건축·재개발 조합의 주요한 총회의결사항은 대의원회가 대행할 수 없도록 하여 조합원의 총회의결권을 보호하고 있음. 이를 준용함.	제23조(총회의 의결사항) ① 다음 각호의 사항은 총회의 의결을 거쳐 결정한다. **다만 창립총회에서는 조합규약의 제정 및 조합 임원의 선임 안건만 처리할 수 있다.** 이하 좌동

더 적극적 방법으로는 주택법 시행령 제20조(주택조합의 설립인가 등)의 내용을 제안 내용처럼 개정하기를 건의한다.

현재	제안 내용
주택법 시행령 세20조(수택조합의 설립인가 등)	주택법 시행령 제20조(주택조합의 설립인가 등)
① 법 제11조제1항에 따라 주택조합의 설립·변경 또는 해산의 인가를 받으려는 자는 신청서에 다음 각 호의 구분에 따른 서류를 첨부하여 주택건설대지(리모델링주택조합의 경우에는 해당 주택의 소재지를 말한다. 이하 같다)를 관할하는 시장·군수·구청장에게 제출해야 한다. <개정 2019. 10. 22., 2020. 7. 24.> 1. 설립인가신청: 다음 각 목의 구분에 따른 서류 가. 지역주택조합 또는 직장주택조합의 경우 3) 조합원 전원이 자필로 연명(連名)한 조합규약	좌동
② 제1항제1호가목3)의 조합규약에는 다음 각 호의 사항이 포함되어야 한다. <개정 2017. 6. 2., 2020. 7. 24.> 9. 총회의 의결을 필요로 하는 사항과 그 의결정족수 및 의결절차	좌동 9. 총회의 의결을 필요로 하는 사항과 그 의결정족수 및 의결절차. 다만 창립총회에서는 조합규약의 제정 및 조합 임원의 선임 안건만 처리할 수 있다

또한, 설립인가 신청서에 신청인은 반드시 창립총회에서 선출된 조합장이 되도록 하고 신청인이 직접 출석하여 서류를 제출·접수하도록 해야 한다. 신청인란에는 선출된 조합장 이름이 기입되어 있다 하더라도 B 또는 C의 다른 사람이 날인하여 다른 사람이 제출하는 경우도 허다하다. 반드시 조합장 본인이 직접 제출·접수하도록 하여 사고를 미연에 방지할 수 있도록 해야 한다. 그래야 담당 공무원도 향후 책임에서 자유로울 수 있다.

제안내용이 채택될 경우 가입비등의 예지반환에 관한 조항도 다음과 같이 조정 될 필요가 있다.

현재	제안 내용
주택법 제11조의6(조합 가입 철회 및 가입비 등의 반환) ② 주택조합의 가입을 신청한 자는 가입비등을 예치한 날부터 30일 이내에 주택조합 가입에 관한 청약을 철회할 수 있다.	주택법 제11조의6(조합 가입 철회 및 가입비 등의 반환) ② 주택조합의 가입을 신청한 자는 총회에서 추진위원회 기 추진업무에 추인에 대한 결정이 된 날부터 30일 이내에 주택조합 가입에 관한 청약을 철회할 수 있다.

3. 창립총회에서 선출된 임원들이 B 또는 C에게 자료(조합원 명단, 자금 입출금 현황, 토지관련 사항 등) 제출을 요구해도 조합설립인가 승인 전에는 정식 임원이 아니라고 주장하면서 자료 제출을 거부하고 그 기간 동안에 불법 행위 또는 조합에 손실을 입히는 행위를 하는 경우도 발생하고 있다. 물론 B 및 C의 주장은 타당하지 않으나 조합 임원이 요구한 자료를 제출하지 않는데 대해 현실적으로 강제할 방법도 사실 없다. 따라서 총회에서 선출된 임원은 조합설립인가 승인 전이라도 총회 선출일부터 임원임을 명확히 해 둘 필요가 있다.

이를 실현하기 위해 국토교통부에서 발간하는 지역·직장주택조합 표준규약 제17조(임원의 임기)의 내용을 제안 내용처럼 개정하기를 건의한다.

현재	제안 내용
표준규약 제17조(임원의 임기) 임원의 임기는 3년으로 하되, 연임할 수 있다. 【주】임원의 임기를 사업종료시까지로 할 경우 조합원의 견제기능이 미치지 못하여 조합임원의 부조리가 발생할 개연성이 높아지므로 임기를 제한한 것임.	표준규약 제17조(임원의 임기) 임원의 임기는 총회에서 선출된 날부터 3년으로 하되, 연임할 수 있다.

제7편

기관

제1장 총회, 대의원회 및 이사회

[총회]

총회와 관련하여 표준규약에 있는 내용과 필관조합의 규약에 있는 내용 위주로 살펴보자.

1. 총회의 설치

규약 제22조제2항의 창립총회 소집권자에 약간의 차이가 있는데 표준규약의 내용이 바람직하다. 필관조합의 규약 제2항은 악의가 있는 업무 대행사가 의도적으로 직무 대행자가 소집할 수 있도록 한 것이다. 직무 대행자가 하도록 하는 규약이 있다면 그 사유가 무엇인지 상세하고도 구체적으로 설명을 요구해야 한다.

규약 제22조제3항에서 매년 1회 정기총회를 개최해야 함을 규정하고 있으며, 표준규약과 달리 필관조합의 규약에서는 이사회 의결로 생략할 수 있도록 하고 있는데, 생략할 수 있도록 하는 것이 바람직한 것으로 판단된다.

필관조합은 2017년 5월 14일 창립총회를 개최한 이후 2020년 9월 착공하기 전까지 3년 5개월 동안 총 11번의 총회가 개최되었으며, 착공 이후 사용승인까지 2년 7개월 동안 단 1번의 총회가 개최되었다. 이제 해산·청산총회 정도만 남겨두고 있다.

즉, 조합원들의 총의를 모을 사안이 있을 때는 언제든지 개최했고, 사안이 없을 때는 개최하지 않았다. 이렇게 하는 것이 현실적이고 훨씬 더 실용적·합리적이라고 생각한다. 필관조합의 경우 총회 불참 시 10만원의 벌금이 부과된다.

따라서, 매년 1회 의례적으로 정기총회를 개최해야 한다는 표준규약의 내용(정기총회는 매년 회계 연도 종료 후 3개월 내에 개최한다. 다만, 부득이한 사정이 있는 경우에는 대의원회 또는 이사회 의결로 일시를 변경할 수 있다.)은 하루하루 생업에 종사하는 조합원들이 총회 불참 시 벌금을 물어야 하는 문제가 있으므로 '정기총회는 매년 회계연도 종료 후 3개월 내에 개최할 수 있다. 부득이한 사정이 있는 경우에는 이사회 의결로 일시를 변경할 수 있다. 또한 필요시에는 이사회 의결로 정기총회를 생략할 수 있다.'로 변경하는 것이 좋을 것으로 판단된다.

한편, 굳이 정기총회 및 임시총회로 구분할 실익이 없다. 그냥 창립총회를 1차 총회로 보고, 이후부터는 2차 총회, 3차 총회 등으로 해 가면 될 것으로 판단된다. 조합규약으로 정하면 된다.

그리고 총회개최 비용에 대해서 언급하면, 업무 대행사가 진행하면 생각 보다 큰 금액을 청구할 것이다. 하지만 조합이 직접 운영하면 정말 소액이 소요된다. (회의장 사용료, 속기록 작성비, 총회 소집 통지 및 총회 자료 발송비, 영상 녹화료 정도 소요됨. 운영은 조합 집행부 및 조합원 중 자원봉사로 해결.) 총회 개최에 큰돈 들 것으로 미리 겁먹지 말자. 또한, 업무 대행사가 진행하면 자신의 일이 아닌 남의 일이므로 시의적절한 시기에 안건상정이 되지 않거나 중요 사항이 누락되는 경우도 있을 수 있어 조합에 큰 피해를 입힐 수 있다. (필관조합에서 실제 발생한 일임.)

표준규약 제22조(총회의 설치)

① 조합에는 조합원 전원으로 구성되는 총회를 둔다.

② 총회는 창립총회, 정기총회, 임시총회로 구분하며 조합장이 소집한다. 다만, 창립총회는 주택조합추진위원회 위원장, 발기인 등이 소집한다.

③ 정기총회는 매년 회계연도 종료 후 3개월 내에 개최한다. 다만, 부득이한 사정이 있는 경우에는 대의원회 또는 이사회 의결로 일시를 변경할 수 있다.

필관조합의 규약 제22조(조합 총회의 설치)

① 조합에는 조합원 전원으로 구성되는 조합 총회를 둔다.

② 조합 총회는 창립총회, 정기총회, 임시총회로 구분하며 조합장이 소집한다. 다만, 창립총회는 지역주택조합 추신위원상 또는 그 직무를 대행하는 자가 소집한다.

③ 정기총회는 매년 1회 12월 중에 개최할 수 있다. 부득이한 사정이 있는 경우에는 이사회 의결로 일시를 변경할 수 있다. 회계연도 내에 임시총회가 개최된 경우에는 이사회 의결로 정기총회를 생략할 수 있다.

규약 제22조제4항에서 임시총회 개최 요구 요건으로 표준규약은 '재적 조합원 20% 이상이나 재적 대의원 2/3 이상 또는 감사 전원'을 규정하고 있는데, 필관조합의 규약은 '재적조합원 2/3 이상 또는 감사 전원'으로 정하고 있다.

대의원회를 운영하고 있지 않은 경우, 소집 요구의 허들을 '재적 조합원 20% 이상 또는 감사 전원'으로 조정하여 허들을 낮출 필요가 있을 것으로 판단된다. 즉, 견제는 쉽게 하도록 하고, 운영은 실용직으로 하자는 것이다.

규약 제22조제5항은 표준규약과 필관조합의 규약 내용이 동일하며, 의견이 없다.

표준규약 제22조(총회의 설치)

④ 임시총회는 다음 각 호의 경우에 개최한다.

    1. 조합장이 필요하다고 인정하는 경우

    2. 재적조합원 1/5 이상이나 재적대의원 2/3 이상 또는 감사 전원으로부터 안건을 명시하여 서면에 의
       한 임시총회의 소집요구가 있을 경우

⑤ 제4항 제2호의 경우 조합장은 필요성 유무에 불구하고 1개월 이내에 임시총회를 개최하여야 한다. 이
   경우 7일 이내에 조합장이 총회소집요구에 응하지 않을 경우에는 총회소집을 요구한 조합원, 대의원, 감
   사는 법원의 총회소집허가를 얻어 총회를 소집할 수 있다. 총회소집을 요구한 조합원, 대의원, 감사가 법
   원에 총회소집 허가 신청을 한 뒤에는 조합장은 같은 안건을 목적으로 한 총회를 소집할 수 없다.

필관조합의 규약 제22조(조합 총회의 설치)

④ 임시총회는 다음 각 호의 경우에 개최한다.

    1. 조합장이 필요하다고 인정하는 경우

    2. 재적조합원 2/3이상 또는 감사 전원으로부터 안건을 명시하여 서면(개인 인감증명서 첨부)에 의한
       임시총회의 소집요구가 있을 경우

⑤ 본 조 제4항 제2호의 경우 조합장은 필요성 유무에도 불구하고 1개월 이내에 임시총회를 개최하여야 한
   다. 이 경우 7일 이내에 조합장이 임시총회 소집요구에 응하지 않을 경우에는 임시총회 소집을 요구한
   재적조합원, 감사는 법원의 임시총회 소집허가를 얻어 임시총회를 소집할 수 있다. 임시총회 소집을 요
   구한 조합원, 감사가 법원에 임시총회 소집허가 신청을 한 뒤에는 조합장은 같은 안건을 목적으로 한 임
   시총회를 소집할 수 없다.

민법에 명시된 임시총회 관련 내용은 다음과 같다.

민법 제70조(임시총회)

① 사단법인의 이사는 필요하다고 인정한 때에는 임시총회를 소집할 수 있다.

② 총사원의 5분의 1 이상으로부터 회의의 목적사항을 제시하여 청구한 때에는 이사는 임시총회를 소집하
   여야 한다. 이 정수는 정관으로 증감할 수 있다.

③ 전항의 청구있는 후 2주간내에 이사가 총회소집의 절차를 밟지 아니한 때에는 청구한 사원은 법원의 허
   가를 얻어 이를 소집할 수 있다.

규약 제22조제6항에서 총회를 개최하는 경우에는 총회의 목적·안건·일시·장소 등에 관하여 미리 이사회의 의결을 거쳐야 하는 것으로 되어 있는데, 이사회 의결을 거치는 게 타당하나, 여러 가지 이유로 이사회 의결을 거치지 않는 경우가 있다. 그러나 그것이 총회의 중대한 하자가 아닌 경우 반드시 무효가 되지는 않는다. 중대한 하자 여부에 대해서는 판단이

작용하는 부분이므로 좀 더 객관적이고 합리적인 사유를 필요로 한다고 볼 수 있다. 따라서, 가급적이면 이사회의 의결을 거치도록 하는 것이 좋다.

표준규약 제22조(총회의 설치)

⑥ 제2항부터 제4항까지에 따라 총회를 개최하는 경우에는 <u>총회의 목적·안건·일시·장소 등에 관하여 미리 이사회의 의결을 거쳐야 한다.</u>

필관조합의 규약 제22조(조합 총회의 설치)

⑥ 본 조 제2항 내지 제4항의 규정에 의하여 조합 총회를 개최하는 경우에는 조합 총회의 목적, 안건, 일시, 장소 등에 관하여 미리 이사회의 의결을 거쳐야 한다.

규약 제22조제7항은 총회의 목적·안건·일시·장소 등을 공고하거나 통지하는 기한을 명시하고 있는데, 요즘 SNS가 발달하고 있는 상황에서 군이 많은 비용이 드는 방법보다는 저렴하면서도 확실한 통지가 되도록 하는 방법으로 개선될 필요도 있어 보인다.

예를 들면, 밴드나 카페 또는 카톡에 자료를 올리고 내용을 확인한 조합원이 전달받았음을 표시하면 그것으로 통지에 갈음할 수 있도록 하면 된다. (수신으로 확인되지 않는 조합원에게만 등기 우편 발송하면 됨.) 조합규약에서 정하면 가능하다.

표준규약 제22조(총회의 설치)

⑦ 제2항부터 제5항까지에 따라 총회를 개최하는 경우에는 <u>회의개최 14일전부터 회의목적·안건·일시·장소 등을 조합사무소의 게시판에 게시하거나, 인터넷홈페이지 등을 통하여 공고하여야 하며, 각 조합원에게는 회의개최 10일전까지 등기우편으로 이를 발송, 통지하여야 한다.</u> 다만, 긴급을 요하여 이사회의 의결로서 정한 경우에는 위 공고기간을 단축할 수 있으나, 최소한 7일 이상의 공고기간은 부여하여야 한다.

필관조합의 규약 제22조(조합 총회의 설치)

⑦ 본 조 제2항 내지 제5항 규정에 의하여 조합 총회를 개최하는 경우에는 <u>회의개최 14일전부터 조합 총회의 목적, 안건, 일시, 장소 등을 조합사무실의 게시판에 게시하거나 인터넷 홈페이지 등을 통하여 공고하여야 하며, 각 조합원에게 회의 개최 10일 전 까지 등기우편으로 이를 발송, 통지하여야 한다.</u> 다만, 긴급을 요하여 이사회의 의결로서 정한 경우에는 위 공고기간을 단축할 수 있으나, 최소한 7일 이상의 공고기간은 부여(이 경우 5일 전까지 등기우편으로 이를 발송, 통지하기로 함)하여야 한다.

2. 총회의 의결 사항

규약 제23조제1항의 내용은 표준규약, 필관조합의 규약, 국토교통부령으로 정한 사항 들이 거의 대동소이하다. 따라서, 가급적이면 표준규약으로 운영해도 될 것이다. 규약 제23조제1항 3호(주택법 시행규칙 제7조제5항 3호)에 있는 예산으로 정한 사항 외에 조합원에게 부담이 될 계약의 체결에 대해서는 상당히 유의할 필요가 있다.

예산으로 정한 사항 외에 조합원에게 부담이 될 계약의 체결은 총회 의결 사항인데 이때의 의결은 사전 의결을 의미한다. (조합원들의 의사가 반영될 수 있도록 절차적 보장을 하는 등의 목적으로 도시정비법에 따른 정비사업에서 적용되는데, 이는 주택법에서도 마찬가지로 판단된다.)

조합이 추진하는 모든 업무의 구체적 내용을 총회에서 사전에 결의한다는 것은 여러모로 어려움이 있을 수 있으므로 추진하려는 계약의 목적과 내용, 그로 인해 조합원들이 감당해야 할 부담의 정도를 개략적으로 밝히고 총회의 의결을 거쳐 대의원회나 이사회로 위임하는 것도 가능하다. 만약, 총회 의결 사항인데 대표가 총회 결의 없이 계약을 체결한 경우, 그 효과는 어떻게 되는 것일까? 하는 의문을 가져볼 수 있다. 이에 대해서는 대법원 판례(대법원 2003. 7. 22. 선고 2002다64780 판결) 요지가 판단에 도움이 될 것이다.

⑴ 비법인사단의 총유물의 관리 및 처분에 관하여는 정관이나 규약에 정한 바가 있으면 이에 따라야 하고, 그에 관한 정관이나 규약이 없으면 사원 총회의 결의에 의하여 하는 것이므로 정관이나 규약에 정함이 없는 이상 사원 총회의 결의를 거치지 않은 총유물의 관리 및 처분행위는 무효라고 할 것이나, 총유물의 관리 및 처분 행위라 함은 총유물 그 자체에 관한 법률적·사실적 처분 행위와 이용, 개량 행위를 말하는 것으로서 비법인사단이 건축 사업의 시행을 위하여 설계용역계약을 체결하는 것은 단순한 채무 부담 행위에 불과하여 총유물 그 자체에 대한 관리 및 처분 행위라고 볼 수 없다.

⑵ 비법인사단의 대표자가 정관에서 사원 총회의 결의를 거쳐야 하도록 규정한 대외적 거래 행위에 관하여 이를 거치지 아니한 경우라도, 이와 같은 사원 총회 결의 사항은 비법인사단의 내부적 의사 결정에 불과하다 할 것이므로, 그 거래 상대방이 그와 같은 대표권 제한 사실을 알았거나 알 수 있었을 경우가 아니라면 그 거래 행위는 유효하다고 봄이 상당하고, 이 경우 거래의 상대방이 대표권 제한 사실을 알았거나 알 수 있었음은 이를 주장하는 비법인사단측이 주장·입증하여야 한다.

표준규약 제23조(총회의 의결사항)

① 다음 각호의 사항은 총회의 의결을 거쳐 결정한다.

　　1. 조합 규약의 변경

　　2. 자금의 차입과 그 방법·이율 및 상환방법

　　3. 예산으로 정한 사항 외에 조합원에 부담이 될 계약

　　4. 시공자의 선정·변경 및 공사계약의 체결

　　5. 조합임원의 선임 및 해임

　　6. 사업시행계획의 결정 및 변경. 단, 법령에 의한 변경 및 인·허가과정에서 변경된 경우는 제외한다.

　　7. 사업비의 조합원별 분담 명세

　　8. 조합해산의 결의 및 해산시 회계보고

　　9. 업무대행자 선정·변경 및 업무대행계약의 체결

　　10. 예산 및 결산의 승인

　　11. 기타 주택법령 및 이 규약 또는 조합설립 인가조건에서 총회의 의결을 요하는 사항

　　12. 업무규정, 회계규정, 보수규정, 선거관리규정 등 조합내부 규정의 제정 및 개정.

필관조합의 규약 제23조(조합 총회의 의결사항)

① 다음 각 호의 사항은 조합 총회의 의결을 거쳐 결정한다.

　　1. 조합규약의 변경

　　2. 자금의 차입과 그 방법, 이율 및 상환방법

　　3. <u>예산으로 정한 사항 및 조합규약에서 정한 사항 외에 조합원에 부담이 될 계약</u>

　　4. 시공사의 선정, 변경 및 공사계약의 체결

　　5. 조합임원 및 대의원 선임 및 해임

　　6. 사업비의 조합원별 분담내역 및 납부방법

　　7. 조합해산 및 청산의 결의와 해산 시 회계보고

　　8. 예산 및 결산의 승인

　　9. 기타 주택법령 및 본 조합규약 또는 지역주택 조합 설립인가(변경인가 포함), 사업계획승인 등 인·허
　　　가 조건에서 조합 총회의 의결을 요하는 사항

　　10. 사업시행 계획의 결정 및 변경(단, 관계 법령에 의한 변경 및 인·허가과정에서 변경된 것은 제외함)

　　11. 업무 대행사 선정에 대한 사항

　　12. 기타 이사회에서 결정한 사항

국토교통부령으로 정하는 사항(주택법 시행규칙 제7조 제5항)

1. 조합규약(영 제20조제2항 각 호의 사항만 해당한다)의 변경

2. 자금의 차입과 그 방법·이자율 및 상환방법

3. 예산으로 정한 사항 외에 조합원에게 부담이 될 계약의 체결

3의2. 법 제11조의2제1항에 따른 업무대행자(이하 "업무대행자"라 한다)의 선정·변경 및 업무대행계약의
       체결

4. 시공자의 선정·변경 및 공사계약의 체결

5. 조합임원의 선임 및 해임

6. 사업비의 조합원별 분담 명세 확정(리모델링주택조합의 경우 법 제68조제4항에 따른 안전진단 결과에
   따라 구조설계의 변경이 필요한 경우 발생할 수 있는 추가 비용의 분담안을 포함한다) 및 변경

7. 사업비의 세부항목별 사용계획이 포함된 예산안

8. 조합해산의 결의 및 해산시의 회계 보고

규약 제23조제2항의 내용은 큰 차이를 보인다. 필관조합의 경우 악의가 있는 업무 대행사가 의도적으로 총회에서 조합장에게 위임할 수 있도록 한 것으로 보인다. 구체적 내용의 집행에 대해서는 이사회 및 조합장에게 위임할 수 있어도 총회 의결사항 안건의 본질에 대해서는 위임하는 것은 옳지 않다. 표준규약의 내용대로 운영되어야 한다.

표준규약 제23조(총회의 의결사항)
② 제1항에 따른 총회의 의결사항은 대의원회, 이사회 등에 위임할 수 없다.

필관조합의 규약 제23조(조합 총회의 의결사항)
② 본 조 제1항의 규정에 의한 조합 총회의 의결사항에 대하여는 구체적 안건에 관하여 조합 총회의 의결
   을 거쳐서 이사회 조합장 등에게 위임하기 전에는 다른 조직이나 기관으로 하여금 조합 총회의 권한을
   대행하게 할 수 없다.

3. 총회의 의결방법: '제6편 제1장 창립총회' 파트에서 설명된 내용을 참고하면 된다.

[대의원회]

필관조합에서는 대의원 제도를 운영하지 않아서 관련 내용이 조합규약에는 없다. 규모가 몇천 세대가 되면 여러 가지 이유로 대의원회가 필요하겠지만 그렇지 않은 경우 대의원회를 운영하

면 집행부와 조합원 사이에 한 단계가 더 생겨서 소통이 복잡해지고 분란이 생길 여지가 확대되는 면도 있어 가급적이면 구성하지 않는 것이 더 나을 것으로 판단된다.

표준규약 제25조(대의원회의 설치)

① 조합에는 대의원회를 둘 수 있다.

② 대의원회는 조합원 ○명당 1인을 기준으로 선출하며, 대의원의 총수는 ○명 이상 ○명 이내로 한다.

【주】소규모 주택조합의 경우에는 총회, 이사회 이외에 별도의 대의원회가 불필요하지만, 대규모 주택조합의 경우에는 대의원회가 필요할 수 있으므로 조합의 실정(예 : 조합원 20명당 대의원 1명)에 따라 대의원회 구성여부를 자율적으로 결정하면 될 것임.

표준규약 제26조(대의원회의 직무)로 3가지 사항을 정하고 있는데, 이사회에서 충분히 다룰 수 있는 내용으로 판단된다.

표준규약 제26조(대의원회의 직무) 대의원회는 다음 각 호의 사항을 심의·의결한다.

1. 총회 부의안건의 사전심의 및 총회로부터 위임받은 사항

2. 예산 및 결산안의 심의

3. 비위방지 등을 위한 감사요청권 등 기타 규약으로 정하는 사항

【주】감사는 부정 등을 발견했을 때는 대의원회 또는 총회에 보고하여야 하고(제19조제4항) 이사회는 감사요청권이 있음(제33조).

📄 **참고 1** 대의원회의 소집

표준규약 제27조(대의원회의 소집)

① 대의원회는 의장이 필요하다고 인정하는 때에 소집한다. 다만, 대의원 1/3 이상이 회의목적 사항을 제시하고 대의원회의 소집을 요구하는 때에는 의장은 즉시 대의원회를 소집하여야 한다. 이 경우 의장이 대의원회의를 소집하지 않을 경우에는 회의소집을 요구하는 대의원 공동명의로 소집할 수 있다.

② 대의원회의 소집은 회의개최 7일전까지 회의목적·안건·일시·장소 등을 조합사무소의 게시판에 게시하거나, 인터넷홈페이지 등을 통하여 공고하여야 하며 각 대의원에게는 등기우편으로 이를 발송, 통지하여야 한다. 다만, 긴급을 요하여 이사회의 의결로써 정한 경우에는 그러하지 아니하다.

📄 **참고 2** 대의원회의 의결방법

표준규약 제28조(대의원회의 의결방법)

① 대의원회는 재적대의원 과반수의 출석으로 개의하고 출석대의원 과반수 찬성으로 의결한다.

② 제24조제4항 및 제5항(서면 및 대리인에 의한 의결권행사) 규정은 대의원회에 준용한다.

[이사회]

이사회와 관련하여 표준규약에 있는 내용과 필관조합의 규약에 있는 내용 위주로 살펴보자.

1. 이사회의 설치: 표준규약의 내용은 필관조합의 규약 내용과 동일하며, 의견이 없다.

> 표준규약 제29조(이사회의 설치)
>
> ① 조합에는 조합의 사무를 집행하기 위하여 조합장과 이사로 구성하는 이사회를 둔다.
>
> ② 이사회는 조합장이 소집하며, 조합장은 이사회의 의장이 된다.

2. 이사회의 사무: 표준규약의 내용으로도 충분하다고 본다.

아래에 있는 필관조합의 규약 제26조제1항 내용 중 1, 12, 14, 15호는 표준규약에 있는 내용과 동일하므로 무난하다. 13호는 2004년 1월에 배포된 국토교통부 표준규약에 있었으나 2016년 1월에 배포된 국토교통부 표준규약에는 빠졌다. '업무규정 등 조합 내부 규정의 재정 및 개정'은 총회에서 결정하는 것이 타당할 것으로 보인다. 3~11호 내용은 기본적으로 총회 결의사항에 해당한다. 이사회로 위임하기 위해서는 실행 측면에서 필요한 업무로 국한하여야 할 것이다. 2호도 예산 및 결산안의 심의이므로 결과적으로 총회에서 다루어질 내용이다. 제26조제2항에서 제1항 3, 5, 6, 7, 8호의 경우 조합 총회의 의결을 거쳐야 하나, 원활한 사업 진행을 위해 이사회의 의결로써 결정·집행하며, 이 경우 조합 총회에서 결정한 것으로 본다고 되어 있는데, 상당히 문제가 있다고 본다.

> 3. 지역주택 주택조합 조합업무 일체 총괄[조합원모집, 조합인가 및 변경, 조합원 관리, 조합 자금 차입·관리·집행, 조합의 청산 및 해산 동·호수 추첨(또는 지정) 업무 등 기타조합 업무 추진에 따른 모든 업무 일체]
>
> 5. 업무추진에 따른 관련업체 선정 및 계약체결(시공 예정사, 업무대행예정사,건축설계사, 지구단위계획 수립 및 구역지정 용역사, 법무사, 변호사, 회계사, 신탁사, 세무사 등) 및 관리 업무 일체
>
> 6. 시공사와의 공사도급계약(가계약 포함)체결 및 시공에 따른 감독 업무 일체
>
> 7. 사업부지 내 지장물 철거 및 사업관련 민원 처리 업무 일체
>
> 8. 단지 내외 추가 공사(도로 등)계약과 관련된 업무 일체

필관조합의 규약은 C가 만든 것으로 창립총회 제1호 안건으로 '조합규약 제정 동의의 건'을 상정하여 원안 그대로 통과시켰는데, 처음부터 C가 전횡을 일삼을 불손한 의도를 갖고 이사회의 권한을 엄청 강화해 둔 것으로 보인다.

표준규약 제30조(이사회의 사무) 이사회는 다음 각호의 사무를 집행한다.

1. 조합의 예산 및 통상사무의 집행

2. 총회에 상정할 안건의 심의·결정

3. 기타 조합의 운영 및 사업시행에 관하여 필요한 사항

4. 총회에서 위임한 사항

필관조합의 규약 제26조(이사회의 의결사항 및 사무)

① 이사회는 다음 각 호의 사항을 의결하거나 사무를 집행한다.

  1. 조합의 예산 및 통장(계좌) 사무의 집행

  2. 예산 및 결산안의 심의

  3. 지역주택 주택조합 조합업무 일체 총괄[조합원모집, 조합인가 및 변경, 조합원 관리, 조합 자금 차입·관리·집행, 조합의 청산 및 해산 동·호수 추첨(또는 지정) 업무 등 기타조합 업무 추진에 따른 모든 업무 일체]

  4. 토지매입, 기부채납 토지, 잔여 토지 매각업무 등 일체

  5. 업무추진에 따른 관련업체 선정 및 계약체결(시공 예정사, 업무대행예정사,건축설계사,지구단위계획 수립 및 구역지정 용역사, 법무사, 변호사, 회계사, 신탁사, 세무사 등) 및 관리 업무 일체

  6. 시공사와의 공사도급계약(가계약 포함)체결 및 시공에 따른 감독 업무 일체

  7. 사업부지 내 지장물 철거 및 사업관련 민원 처리 업무 일체

  8. 단지 내외 추가 공사(도로 등)계약과 관련된 업무 일체

  9. 잔여세대 일반분양 및 상가분양 업무 일체

  10. 조합원 소유권 이전 및 조합 칭신, 해산 업무 일체

  11. 인·허가 업무 일체

  12. 조합 총회에 상정할 안건의 심의, 결정

  13. 업무규정 등 조합내부 규정의 재정 및 개정

  14. 조합 총회에서 위임한 사항

  15. 기타 조합의 운영 및 사업시행 등에 관한 업무 일체

② 본 조 제1항 중 3,5,6,7,8호의 경우 주택법 시행규칙 제17조 제5항에 의거 반드시 조합 총회의 의결을 거쳐야 하나, 원활한 사업진행을 위해 이사회의 의결로써 결정·집행하며, 이 경우 조합 총회 에서 결정한 것으로 본다.

3. 이사회의 소집: 표준규약의 내용과 필관조합의 규약 내용은 동일하며, 의견이 없다.

> 표준규약 제31조(이사회의 소집)
> ① 이사회는 조합장이 필요하다고 인정할 경우에 수시로 개최할 수 있다.
> ② 이사회의 소집은 회의 개최 1주일 전에 전 임원에게 서면으로 통지하여야 한다. 단 긴급을 요할 시에는 그러하지 아니하다.

4. 이사회의 의결 방법: 표준규약의 내용과 필관조합의 규약 내용은 동일하며, 의견이 없다.

> 표준규약 제32조(이사회의 의결 방법)
> 이사회는 구성원 과반수의 출석으로 개의하고 출석 구성원 과반수의 찬성으로 의결한다.

5. 감사의 이사회 출석권한 및 감사요청: 표준규약의 내용과 필관조합의 규약내용은 동일하며, 의견이 없다. (대의원 부분 제외)

> 표준규약 제33조(감사의 이사회 출석권한 및 감사요청)
> ① 감사는 이사회에 출석하여 의견을 진술할 수 있다. 다만, 의결권은 가지지 아니한다.
> ② 이사회 및 대의원회는 조합운영상 필요하다고 인정될 때에는 감사에게 조합의 회계 및 업무에 대한 감사를 실시하도록 요청할 수 있다.
> 【주】이사회의 어용화를 방지하기 위하여 대의원회에도 감사요청권한을 부여한 것임.

6. 회의록 작성 및 관리: 필관조합의 규약내용은 표준규약의 내용과 동일하며, 의견이 없다. (대의원 부분 제외)

> 표준규약 제34조(회의록 작성 및 관리)
> ① 조합은 총회·대의원회·이사회의 회의록을 작성하여 보관하여야 한다.
> ② 회의록에는 다음 각 호의 사항을 기재하여 조합장 및 출석한 이사, 대의원, 감사가 기명날인하여 조합사무소에 비치하고 조합 인터넷홈페이지에 게시하여 조합원이 열람할 수 있도록 하여야 한다.
>   1. 회의의 일시 및 장소
>   2. 출석자의 수
>   3. 회의 안건
>   4. 의사진행과정 및 의결사항
> 【주】총회·대의원회·이사회의 회의내용 및 결과에 대해 모든 조합원이 수시로 확인할 수 있도록 함으로써 집행부의 조합운영에 투명성과 공정성을 기하도록 한 것임.

제2장 **임원**

임원과 관련하여 표준규약에 있는 내용과 필관조합의 규약에 있는 내용을 상호 비교하면서
경험을 반영하여 살펴보자.

1. **임원의 수와 피선출권:** 필관조합의 경우 조합장 1인과 임원 4인, 감사 2인으로 운영되었는
   데, 충분한 인원이다.

> 표준규약 제15조(임원의 수와 피선출권)
> 본 조합에는 조합장 1인과 ○인 이내의 이사 및 2인 이내의 감사를 둔다. 조합원이 아닌 자는 임원으로 선
> 출될 수 없다.
> 【주】조합의 대표로서 조합장 1인을 두고, 조합의 실정에 맞게 적정한 수의 이사를 두도록 함. 주택조합의
> 　　특성상 조합원이 아닌 자의 임원 피선출권을 금지하여야 함.

2. **임원의 선출:** 필관조합의 규약내용에는 '임원은 추진위원장 또는 조합장이 임의로 선정(선
   출)할 수 있으며'라는 부분이 있는데, 악용될 수 있는 여지가 있으며, 굳이 넣어야 할 필요
   는 없다. 따라서 표준규약의 내용만으로도 충분하다.

> 표준규약 제16조(임원의 선출)
> 임원은 총회에서 재적조합원 과반수의 출석과 출석 조합원 과반수의 찬성으로 선출한다. 다만, 1차 투표에
> 서 정족수에 미달되어 선출이 불가능한 경우에는 다득표자 2인을 상대로 2차 투표를 실시하고, 2차 투표
> 에서도 정족수에 미달된 경우 3차 투표를 통해 최다득표수로 선출할 수 있다.
> 【주】조합 임원의 선임과 해임은 「주택법 시행규칙」 제7조제5항에 따라 총회의 의결사항임.

> 필관조합의 규약 제16조(임원의 선출)
> 임원은 추진위원장 또는 조합장이 임의로 선정(선출)할 수 있으며, 신규선출 또는 교체 등의 상황이 발생하
> 는 경우 조합 총회에서 재적 조합원 과반수의 출석과 출석조합원 과반수의 동의로 선출 또는 추인하여야
> 한다. 다만, 1차 투표에서 정족수에 미달되어 선출이 불가능한 경우에는 다득표자가 2인을 상대로 2차 투
> 표를 실시하며, 2차 투표에서도 정족수가 미달된 경우에는 3차 투표를 통해 최다득표수로 선출할 수 있다.

3. **임원의 임기:** 분란의 소지를 없애기 위해 임원의 임기는 총회에서 '선임된 날'이 아닌 '선출된 날'부터로 운영할 필요가 있다.

임원 특히 조합장의 리더십은 매우 중요하다. 사심 없이 투명하게 운영하고 성실하게 솔선수범하면 조합원의 신뢰가 확보되고, 이러한 신뢰를 바탕으로 빈틈없고 야무지게 일 처리를 하면서 객관적 자료를 바탕으로 논리적으로 소통까지 잘하면 최고의 리더십이 발휘되는 것이다. 이러한 리더십을 발휘하고 있는 조합장을 3년이 되었다고 바꾸는 것은 잘못된 일이고, 이러한 리더십을 발휘하지 못하는 조합장을 3년 동안 직을 맡도록 하는 것도 잘못된 일이다.

3년 연임으로 하는 것이 좋은지, 사업 종료 시까지로 운영하는 것이 좋은지는 상기한 점을 감안하여 사업장별로 달리 결정할 필요가 있다.

(필관조합의 규약 내용은 2004년 1월 배포된 표준규약의 내용과 동일하다.)

표준규약 제17조(임원의 임기)
임원의 <u>임기는 3년으로 하되, 연임할 수 있다.</u>

필관조합의 규약 제17조(임원의 임기)
임원의 임기는 <u>선임된 날부터 다음 각 호의 경우를 제외하고는 사업종료(정산 및 해산) 시까지 한다.</u>
1. 자진사퇴 한 경우
2. 본 조합규약 제 18조 제1항의 규정에 의한 결격 사유가 발생한 경우
3. 조합 총회의 의결에 의해 해임되는 경우

2004년 1월에 배포된 국토교통부 표준규약 제17조(임원의 임기)
임원의 임기는 선임된 날부터 다음 각 호의 경우를 제외하고는 사업종료시까지로 한다.
1. 자진사퇴한 경우
2. 제18조의 제1항에 따른 결격사유가 발생한 경우
3. 총회의 의결에 따라 해임되는 경우

---

4. **임원의 결격사유:** 필관조합의 규약 내용은 2016년 12월 배포된 표준규약의 내용과 동일하다. 2022년 5월 배포된 표준규약의 내용이 좀 더 세밀하게 변경되었으므로 활용해야 할 것 같다.

표준규약의 제18조제1항은 주택법 제13조제1항과 동일하다. 주택법 제13조제2항~제4항의 내용이 개정되었으니 표준규약에도 반영되어야 하겠다. 법 위반 시 벌칙 조항이 있다.

다만, 필관조합의 규약 제18조제2항은 사업 추진과 관련하여 조합 집행부를 흔들려는 소송이 예상되는 시점에 혹시나 사소한 사유로 조합장 및 임원진들의 지위와 자격에 제한이 발생할 수 있는 상황을 해소할 필요가 있다고 판단되어 조합장 및 임원진들의 지위와 자격 유지를 통해 원활한 사업 추진을 지원하고자 총회 결의로 변경하였다.

표준규약 제18조(임원의 결격사유 및 자격상실 등)

① 다음 각 호의 어느 하나에 해당하는 사람은 조합의 임원이 될 수 없다.

    1. 미성년자. 피성년후견인. 피한정후견인

    2. 파신신고를 받은 사람으로서 복권되지 아니한 사람

    3. 금고이상의 실형을 선고 받고 그 집행이 종료(종료된 것으로 보는 경우를 포함한다)되거나 집행이 면제된 날부터 2년이 경과되지 아니한 사람

    4. 금고이상의 형의 집행유예를 선고 받고 그 유예기간 중에 있는 사람

    5. 금고 이상의 형의 선고유예를 받고 그 선고유예기간 중에 있는 사람

    6. 법원의 판결 또는 다른 법률에 따라 자격이 상실 또는 정지된 사람

    7. 본 주택조합의 공동사업주체인 등록사업자 또는 업무대행사의 임직원

② 제1항 각 호의 사유가 발생하면 해당 임원은 당연히 퇴직된다.

③ 제2항에 따라 퇴직된 임원이 퇴직 전에 관여한 행위는 그 효력을 상실하지 아니한다.

④ 임원 및 대의원으로 선임된 후 그 직무와 관련한 형사사건으로 기소될 경우에는 확정판결이 있을 때까지 이사회 또는 대의원회 의결에 따라 직무수행자격을 정지시킬 수 있으며, 그 사건으로 벌금이상의 형의 선고를 받은 임원 및 대의원은 그 날부터 자격을 상실한다. 자격을 상실한 경우 즉시 새로운 임원 및 대의원을 선출하여 관할관청의 변경인가를 받아야 한다.

【주】당해 주택조합의 시공사(공동사업주체인 등록사업자), 업무대행사의 임직원이 조합임원이 될 경우 조합원의 권익보다는 시공사 등의 이익을 추구할 가능성이 있으므로 시공사 등의 임직원에 대하여 조합임원의 자격을 제한하고자 한 것임(「주택법」 제13조제1항제7호).

【주】조합임원의 선임과 해임은 총회의 의결사항이고 직무와 관련된 사건으로 기소된 후 확정판결까지의 기간이 장기화될 경우 해당 임원의 자격시비 등으로 조합 업무추진에 지장이 많음을 감안한 것임.

⑤ 발기인 또는 임원이 제2항에 따라 퇴직하거나 제8조에 따른 조합원 자격을 갖추지 아니하여 발기인 또는 임원의 지위를 상실하게 되는 경우 즉시 조합에 알려야 한다.

【주】발기인 또는 임원의 지위변동 사항은 타인이 알기 어렵기 때문에 그 사실을 조합에 알리도록 함.

필관조합의 규약 개정후 제18조(임원의 결격사유 및 자격상실 등)

② 임원으로 선임된 후 그 직무와 관련한 형사사건 중 형법 제355조(횡령, 배임), 제356조(업무상의 횡령과 배임), 제357조(배임수증재) 등의 죄를 범하고 벌금 이상의 형의 선고를 받은 임원은 그 날로부터 자격을 상실하고, 위 범죄를 제외하고 임원의 그 직무와 관련한 형사사건의 경우에는 500만원 이상의 벌금형이 확정되었을 때 임원은 그 날로부터 자격을 상실한다.

필관조합의 규약 개정전 제18조(임원의 결격사유 및 자격상실 등)

① 다음 각 호의 자는 조합의 임원에 선임될 수 없다.

　　1. 미성년자, 금치산자, 한정치산자 또는 파산자로서 복권되지 아니한 자

　　2. 법원의 판결 또는 법률에 의하여 자격이 상실되거나 정지된 자

　　3. 금고 이상의 형을 선고 받고 그 집행이 종료되거나 집행을 받지 아니하기로 확정 된 후 5년이 경과
　　　되지 아니한 자

　　4. 금고 이상의 형을 선고 받고 그 집행유예 기간이 완료 된 날로부터 2년이 경과되지 아니한 자 또는
　　　선고유예를 받고 그 선고 유예기간중에 있는 자

　　5. 본 주택조합의 시공사 또는 조합업무 자문 용역사(업무대행사)의 임직원

② 임원으로 선임된 후 그 직무와 관련한 형사 사건으로 기소 될 경우에는 확정 판결이 있을 때까지 이사
　회 의결에 따라 직무수행 자격을 정지시킬 수 있으며, 그 사건으로 벌금 이상의 형의 선고를 최종 확정
　받은 임원은 그날부터 자격을 상실한다. 자격을 상실한 경우 즉시 새로운 임원을 선출하여 관할 인·허가
　권자의 변경 인가를 받아야 한다.

주택법 제13조(조합임원의 결격사유 등), <①~③은 2020.07.24일 이후 최초로 조합원 모집신고(변경 신고
는 제외한다)를 하는 경우부터 적용>

① 다음 각 호의 어느 하나에 해당하는 사람은 주택조합의 발기인 또는 임원이 될 수 없다. <개정 2020. 1.
　23., 2020. 6. 9.>

　　1. ~ 7. 표준규약의 내용과 동일함

② 주택조합의 발기인이나 임원이 다음 각 호의 어느 하나에 해당하는 경우 해당 발기인은 그 지위를 상실
　하고 해당 임원은 당연히 퇴직한다. <개정 2020. 1. 23.>

　　1. 주택조합의 발기인이 제11조의3제6항에 따른 자격기준을 갖추지 아니하게 되거나 주택조합의 임원
　　　이 제11조제7항에 따른 조합원 자격을 갖추지 아니하게 되는 경우

　　2. 주택조합의 발기인 또는 임원이 제1항 각 호의 결격사유에 해당하게 되는 경우

③ 제2항에 따라 지위가 상실된 발기인 또는 퇴직된 임원이 지위 상실이나 퇴직 전에 관여한 행위는 그 효
　력을 상실하지 아니한다. <개정 2020. 1. 23.>

④ 주택조합의 임원은 다른 주택조합의 임원, 직원 또는 발기인을 겸할 수 없다. <신설 2020. 1. 23.>

[제목개정 2020. 1. 23.] <2020.7.24일 이후 최초로 선임되는 주택조합의 임원부터 적용한다.>

주택법 제106조(과태료)

① 다음 각 호의 어느 하나에 해당하는 자에게는 2천만원 이하의 과태료를 부과한다. <개정 2020. 1. 23.>

　　4. 제13조제4항을 위반하여 겸직한 자

5. 임원의 직무: 표준규약의 내용과 필관조합의 규약 내용은 제3항을 제외하고는 거의 동일하다. 제3항은 공인회계사에 의한 회계 감사와 판련한 내용이나. 필자는 제3항의 내용 중 공인회계사에게 의뢰하여 회계감사보고서를 제출하도록 하는 부분을 삭제해야 한다고 본다. 의혹이 있는 경우, 그에 맞는 도구로 진단하고 처방하여 해결책을 찾아야지 모든 의혹에 회계 감사가 만능이 절대로 될 수 없다. 또한 회계 감사 비용도 만만찮다. 필요하면 총회를 소집하여 올바른 해결책을 안건으로 상정·의결하고, 그 안건의 제안 내용에 맞추어 처리하면 된다.

제8항은 이전에 배포된 표준규약에서는 "조합에 상근하는 임직원은~"으로 되어 있었으나, 2022년 5월 배포된 표준규약에서는 '조합의 임직원은~'로 변경되었다.

표준규약 제19조(임원의 직무 등)

① 조합장은 조합을 대표하고 조합의 사무를 총괄하며 총회와 대의원회 및 이사회의 의장이 된다.

② 이사는 이사회에 부의된 사항을 심의·의결하며 이 규약 또는 업무규정이 정하는 바에 따라 조합의 사무를 분담한다.

③ 감사는 조합의 업무 및 재산상태와 회계를 감사하며 정기총회에 감사결과보고서를 제출하여야 한다. 이 경우 조합원 1/10 이상의 요청이 있을 때에는 공인회계사에게 회계감사를 의뢰하여 공인회계사가 작성한 감사보고서를 제출하여야 한다.

【주】조합회계 등 감사의 업무에 관하여 의혹이 있을 경우 공인회계사에게 회계감사를 의뢰토록 하여 의혹을 해소할 수 있도록 한 것으로 요청정족수는 조합의 규모 등에 따라 1/20, 1/5, 1/3 등으로 적정하게 조정할 수 있음.

④ 감사는 조합의 재산관리 또는 업무집행이 공정하지 못하거나 부정이 있음을 발견하였을 때에는 대의원회 또는 총회에 보고하여야 하며, 조합장에게 보고를 위한 회의를 소집할 것을 요구할 수 있다. 이 경우 감사의 회의소집요구에도 불구하고 조합상이 회의를 소집하지 아니하는 경우에는 감사가 직접 회의를 소집할 수 있다. 회의소집 절차와 의결방법 등은 제22조제6항 및 제7항, 제24조, 제27조, 제28조의 규정을 준용한다.

⑤ 조합장이 자기를 위한 조합과의 계약이나 소송에 관련되었을 경우에는 감사가 조합을 대표한다.

⑥ 조합장이 유고로 인하여 그 직무를 수행할 수 없을 때에는 이사 중에서 연장자순에 따라 그 직무를 대행한다.

⑦ 조합은 그 사무를 집행하기 위하여 필요하다고 인정하는 때에는 조합의 인사규정이 정하는 바에 따라 상근하는 임원 또는 유급직원을 들 수 있다.

【주】상근임원의 종류 및 상근임원의 업무범위·권한·의무, 유급 직원의 수 및 직함, 업무내용 등을 별도의 인사규정을 마련하여 운영하도록 한 것이나, 조합의 규모나 성격에 따라 별도의 인사규정이 없이 규약에 직접 정할 수도 있을 것임.

⑧ 조합의 임직원은 같은 목적의 사업을 시행하는 다른 조합 또는 시공사 및 유사단체의 임직원을 겸할 수 없다.

【주】「주택법」 제13조제4항 참조. 조합의 이익과 상반대는 이익을 취하는 것을 방지하고, 임직원의 책임감을 도모하기 위함.

> 필관조합의 규약 제19조(임원의 직무 등)
>
> ③ 감사는 조합의 업무 및 재산 상태와 회계의 관하여 감사하며 정기총회에 감사결과 보고서를 제출하여
> 야 한다. 다만, 이 경우 조합원 1/3이 상의 서면요청이 있을 때에는 공인회계사에게 회계감사를 의뢰하
> 여 공인회계사가 작성한 감사보고서를 제출하여야 한다. 이 경우 회계감사비용은 공인회계사 회계감사
> 를 요청한 조합원이 부담하여야 한다.
>
> ⑧ 조합의 상근하는 임직원은 같은 목적의 사업을 시행하는 다른 조합 또는 시공사 및 유사단체의 임직원
> 을 겸할 수 없다.

6. 임원의 사임 및 해임: 표준규약의 내용과 필관조합의 규약 내용은 동일하다.

실제로 운영해 보면서 느낀 점은 불성실한 임원이 업무를 보지 않고 이사회나 총회에도 불
참하면서 사임서도 제출하지 않아 애를 먹이는 경우에 제2항을 적용하여 해임할 수 있을
것으로 보이나, 같은 조합원에 대해서 감사가 총회석상에서 이러이러한 문제가 있어서 해임
안을 상정한다고 하는 것이 여간 부담스러운 일이 아니다. 이런 부분 때문에 조합장이 해
당 임원에게 사임서 제출을 요청할 수 있는 근거가 필요하다. 조합장의 요청에도 불구하고
거부한다면 할 수 없이 제2항의 절차를 진행하는 형태가 필요하다. 따라서 제2항 말미에
단서 조항을 달아 "단, 조합장은 해당 임원 또는 감사에게 사임서 제출을 요구할 수 있다."
를 추가할 필요가 있다고 본다. (아니면 조합규약에라도 반영하자.)

> 표준규약 제20조(임원의 사임 및 해임 등)
>
> ① 임원이 자의로 사임하는 경우에는 서면에 의한 사임서를 제출하여야 한다. 조합장 및 감사의 경우에는
> 사임서가 총회, 대의원회 또는 이사회에 제출되어 수리된 때, 나머지 임원의 경우에는 사임서가 조합장
> 에게 제출되어 수리된 때에 사임의 효력이 발생한다. 사임의 효력이 발생한 때에는 사임서를 수리한 기
> 관(조합장의 경우에는 총회, 대의원회 또는 이사회, 기타 임원의 경우에는 조합장)의 동의가 없는 한 임
> 의로 사임을 철회할 수 없다.
>
> 【주】임원을 사임하는 경우에 사임의 효력발생시기가 불투명하고, 사임 이후에 사임의사를 철회하는 경우
> 에도 임원 자격유무를 둘러싸고 분쟁이 발생하는 경우가 많으므로 사임의 효력발생시기 및 철회가 가
> 능한지 여부를 명확하게 규정하여 혼선을 방지하고자 한 것임.
>
> ② 임원은 그 선임 절차에 따라 해임할 수 있다. 이 때 감사는 임원에 대한 해임사유에 대하여 총회에 보고
> 할 수 있으며, 감사의 해임일 경우 조합장이 해임사유에 대하여 총회에 보고할 수 있다.
>
> 【주】조합장을 비롯한 임원의 해임은 선임과 같은 절차로 행하여지도록 한 것임. 조합임원의 선임 및 해임
> 은 「주택법 시행규칙」 제7조제5항에 따라 총회의결사항임.
>
> ③ 제1항 및 제2항에 따라 임원이 사임하거나 해임되는 경우에 임원 선임절차에 따라 즉시 새로운 임원을
> 선출하여야 하며 새로운 임원이 선임, 취임할 때까지는 종전의 임원이 직무를 수행한다.

④ 제3항의 경우 사임하거나 해임되는 임원이 새로운 임원이 선임, 취임할 때까지 직무를 수행하는 것이 적합하지 아니하다고 인정될 때에는 이사회 또는 대의원회의 의결에 따라 그의 직무수행을 정지하고 조합장이 임원의 직무를 수행할 자를 임시로 선임할 수 있다. 다만, 조합장이 사임 또는 해임되거나 제18조제2항에 따른 직무수행자격의 정지기간 동안에는 감사가 임원의 직무를 수행할 자를 임시로 선임할 수 있다.

7. 임직원의 보수 등: 필관조합의 초기 규약내용은 표준규약의 내용과 동일했다.

그러나 필관조합의 경우, C 업체의 사기·배임·횡령 등으로 초창기에 타절하고 아주 큰 어려움에 직면하여, 조합원들 중 무급 자원봉사자의 활동과 조합 임원들의 무급 활동이 이루어져 따로 보수 규정을 만들지 못했다. 살려고 발버둥 치는 시기에 아무도 보상을 바라고 일하지 않았다. 어떻게든 어려움을 극복하기 위해 전심전력을 다하였다. 결과적으로 조합이 어려움을 극복하고 정상 가도에 들어서고 나서 뜻있는 조합원들의 제안으로 조합 임원진에 대한 인센티브 지급안이 총회에 상정되어 의결되었다. 감사한 일이다.

주변의 주택조합 운영 형태를 보면 수십억 원을 들여 업무 대행사를 운영(필관조합의 경우 업무 대행비 58.2억원)하고, 이와는 별도로 조합장은 월 최소 몇백만 원 이상의 월급에 판공비 및 인센티브까지 받는다. 임원들도 그 정도는 아니지만 상당한 보상을 받는다. 그런다고 일을 빈틈없이 야무지게 한다고 하기도 어렵다.

사업을 성공으로 만 이끌어 준다면 조합장 및 임원에 대한 보상은 이보다 더 높아도 괜찮다고 본다. 더군다나 업무 대행사 없이 유급 직원 1~2명으로만 운영한다면 더 많은 보상을 해야 한다고 본다.

표준규약 제21조(임직원의 보수 등)
① 조합은 상근임원 또는 비상근 임원에 대하여 별도로 정하는 보수규정에 따라 보수를 지급할 수 있으며, 임원이 그 직무를 수행함으로써 발생되는 경비를 지급할 수 있다.
② 유급직원에 대하여 조합이 정하는 별도의 보수규정에 따라 보수를 지급하여야 한다.
③ 유급직원은 조합의 인사규정(또는 규약의 인사에 관한 규정 제○조 제○항)이 정하는 바에 따라 조합장이 임명한다. 이 경우 임명결과에 대해 사후에 총회 또는 대의원회의 인준을 받아야 하며 인준을 받지 못하면 즉시 해임하여야 한다.

8. 집행부에 대한 관심과 지원 필요

주택조합 사업은 수년이 걸리는 장기 레이스이다. 처음에는 선의와 희생정신으로 임원으로 출마하여 일을 시작했으나, 시일이 갈수록 힘은 들고 동력은 떨어질 수밖에 없다. 악의적인 일부 조합원들이 집행부를 맹렬하게 공격하고 관할관청의 협조는 요원하고 호시탐탐 기회를 노리는 계약업체들을 상대하고 끊임없는 민원에 지치지 않고 대처하려면 조합원들의 관심, 응원과 지원이 지속적으로 꼭 필요하다. 조합원을 대신해서 재산을 지켜 주는 사람이 임원들이다. 각종 회의에 적극적인 참석, 조합이 요청하는 사항에 대한 적극적인 호응, SNS 대화에 신속한 응대 등이 임원들을 힘 나게 한다. 내 재산을 잘 지키려면 임원들이 힘이 나도록 만들자.

제3장 | 명예훼손

명예훼손과 관련하여 형법 제33장 '명예에 관한 죄'에 규정되어 있는 내용들을 살펴보자.

공연히 사실을 적시하여 명예를 훼손한 자는 명예훼손으로 처벌(2년 이하의 징역이나 금고 또는 500만원 이하의 벌금)되며, 허위의 사실인 경우 가중 처벌(5년 이하의 징역, 10년 이하의 자격정지 또는 1천만원 이하의 벌금)된다. 진실한 사실로서 공공의 이익에 관한 때에는 처벌되지 않는다. (위법성의 조각)

형법 제307조(명예훼손)

① 공연히 사실을 적시하여 사람의 명예를 훼손한 자는 2년 이하의 징역이나 금고 또는 500만원 이하의 벌금에 처한다. <개정 1995. 12. 29.>

② 공연히 허위의 사실을 적시하여 사람의 명예를 훼손한 자는 5년 이하의 징역, 10년 이하의 자격정지 또는 1천만원 이하의 벌금에 처한다. <개정 1995. 12. 29.>

형법 제310조(위법성의 조각)

제307조제1항의 행위가 진실한 사실로서 오로지 공공의 이익에 관한 때에는 처벌하지 아니한다.

사람을 비방할 목적으로 출판물 등에 의해 공연히 사실을 적시하여 명예를 훼손한 자는 처벌(3년 이하의 징역이나 금고 또는 700만원 이하의 벌금)되며, 허위의 사실인 경우 가중 처벌(7년 이하의 징역, 10년 이하의 자격정지 또는 1천500만원 이하의 벌금)된다.

형법 제309조(출판물 등에 의한 명예훼손)

① 사람을 비방할 목적으로 신문, 잡지 또는 라디오 기타 출판물에 의하여 제307조제1항의 죄를 범한 자는 3년 이하의 징역이나 금고 또는 700만원 이하의 벌금에 처한다. <개정 1995. 12. 29.>

② 제1항의 방법으로 제307조제2항의 죄를 범한 자는 7년 이하의 징역, 10년 이하의 자격정지 또는 1천500만원 이하의 벌금에 처한다. <개정 1995. 12. 29.>

공연히 허위의 사실을 적시하여 사자의 명예를 훼손한 자는 처벌(2년 이하의 징역이나 금고 또는 500만원 이하의 벌금)된다.

> 형법 제308조(사자의 명예훼손)
> 공연히 허위의 사실을 적시하여 사자의 명예를 훼손한 자는 2년 이하의 징역이나 금고 또는 500만원 이하의 벌금에 처한다. <개정 1995. 12. 29.>

공연히 사람을 모욕한 자도 처벌(1년 이하의 징역이나 금고 또는 200만원 이하의 벌금)된다.

> 형법 제311조(모욕)
> 공연히 사람을 모욕한 자는 1년 이하의 징역이나 금고 또는 200만원 이하의 벌금에 처한다. 〈개정 1995. 12. 29.〉

사자의 명예훼손이나 모욕의 죄는 고소가 있어야 공소를 제기할 수 있으며(친고죄), 명예훼손 (출판물 등에 의한 것 포함)의 죄는 피해자의 명시한 의사에 반하여 공소를 제기할 수 없다. (반의 사불벌죄)

> 형법 제312조(고소와 피해자의 의사)
> ① 제308조와 제311조의 죄는 고소가 있어야 공소를 제기할 수 있다. <개정 1995. 12. 29.>
> ② 제307조와 제309조의 죄는 피해자의 명시한 의사에 반하여 공소를 제기할 수 없다. <개정 1995. 12. 29.>

명예훼손죄가 성립되기 위해서는 공연성이 있어야 하고, 피해 당사자가 정확히 특정될 수 있어야 하고, 비방할 목적이 있어야 하고(출판물 등 및 정보 통신망에 의한 경우), 구체적 내용을 적시 (허위의 경우 가중 처벌)하여야 한다.

모욕죄가 성립되기 위해서는 공연성이 있어야 하고, 피해 당사자가 특정될 수 있어야 하고, 욕설(사람의 명예 감정을 훼손할 만한 추상적 가치 판단이어야 함, 구체적인 사실을 표현한 경우는 명예훼손에 해당함)이 있어야 한다.

공연성이란, 비록 개별적으로 한 사람에게 사실을 유포하더라도 이로부터 불특정 또는 다수인에게 전파될 가능성이 있다면 공연성 요건을 충족한다.

> 대법원 2011. 9. 8. 선고 2010도7497 판결 [명예훼손][공2011하,2167]
> 명예훼손죄에서 '공연성'은 불특정 또는 다수인이 인식할 수 있는 상태를 의미하므로 비록 개별적으로 한 사람에 대하여 사실을 유포하더라도 이로부터 불특정 또는 다수인에게 전파될 가능성이 있다면 공연성의 요건을 충족하지만, 이와 달리 전파될 가능성이 없다면 특정한 한 사람에 대한 사실의 유포는 공연성이 없다.

요즘 IT 기술이 발전함에 따라 SNS가 일상생활에서 요긴하게 활용되고 있다. 주택조합과 관련한 정보통신망법에 의한 명예훼손죄 기사들이 자주 보인다.

정보통신망 이용촉진 및 정보보호 등에 관한 법률 제70조(벌칙)

① 사람을 비방할 목적으로 정보통신망을 통하여 공공연하게 사실을 드러내어 다른 사람의 명예를 훼손한 자는 3년 이하의 징역 또는 3천만원 이하의 벌금에 처한다. <개정 2014. 5. 28.>

② 사람을 비방할 목적으로 정보통신망을 통하여 공공연하게 거짓의 사실을 드러내어 다른 사람의 명예를 훼손한 자는 7년 이하의 징역, 10년 이하의 자격정지 또는 5천만원 이하의 벌금에 처한다.

③ 제1항과 제2항의 죄는 피해자가 구체적으로 밝힌 의사에 반하여 공소를 제기할 수 없다.

[전문개정 2008. 6. 13.]

죄가 성립하기 위해서는 공연성이 중요한데, 두 사람 간의 대화를 공연성이 있다라고 하지는 않는다. 3명 이상이 있는 단톡방이나 카페 등에서 하는 경우는 공연성이 있다고 본다. "사실을 말했는데 죄가 되느냐?"라고 반문하는 경우가 있다. Yes! 사실을 적시해도 명예를 훼손하면 죄가 되며, 허위 사실로 명예를 훼손하면 가중 처벌 받는다. 정보통신망법에 의한 명예훼손은 출판물 등에 의한 명예훼손보다 처벌수준이 높다.

주택조합의 경우, 상호 이해관계가 다른 여러 사람이 있을 가능성이 많은데, 주변인들의 동조나 공감과 동의를 이끌어 내고자 욕설을 포함한 과도한 추측성 글들을 게시하는 경우들이 있을 수 있는데, 명예훼손 또는 모욕죄로 처벌될 수 있으므로 매우 조심해야 한다.

명예훼손 또는 모욕을 한 경우 사안이 중대하지 않고 동종 전과도 없다면 제일 먼저 해야 할 것은 진심 어린 사과와 합의로 저벌을 면하는 것이다. 반의사불벌죄에 해당한다. 처벌 수위는 다음 순으로 갈수록 커진다.

무죄판결<수사기관의 선처인 기소유예<법원에서 받는 선고유예<벌금<실형

명예훼손 및 모욕죄는 의외로 쉽게 성립하고 처벌 수위도 높다. 불필요하거나 추측성 글을 SNS에 게시하는 일은 가급적 자제하는 것이 좋다.

간혹 조합원이 주택조합 사업에 대한 비방 및 허위 사실 유포 등의 사유로 제명을 당하는 경우가 있는데 조합에 막대한 손해를 끼쳤는지 사실상 조합의 업무를 방해한 정도에 이르렀는지 등에 대해 법원에서 매우 엄격하게 판단하므로 대부분의 경우 타당한 제명으로 인정받기는 상당히 어렵다.

제4장 녹취록의 법적 효력

통신비밀보호법에 의거 공개되지 아니한 타인 간의 대화는 녹음 또는 청취하지 못하게 되어 있다. 이 규정은 대화 당사자 외의 제3자가 당사자 동의 없이 녹음하는 경우는 금지되지만, 제3자가 아닌 대화에 직접 참여한 당사자는 다른 참여자의 동의를 받지 않고 녹음해도 문제가 없다는 것으로 해석되고 있다.

통신비밀보호법 제3조(통신 및 대화비밀의 보호)

① 누구든지 이 법과 형사소송법 또는 군사법원법의 규정에 의하지 아니하고는 우편물의 검열·전기통신의 감청 또는 통신사실확인자료의 제공을 하거나 공개되지 아니한 타인간의 대화를 녹음 또는 청취하지 못한다. 다만, 다음 각호의 경우에는 당해 법률이 정하는 바에 의한다.

그러나 녹음 내용은 공정한 법률 관계에 관한 것(사생활 침해나 명예훼손 등의 부당한 목적으로 녹음하는 것은 불법일 가능성이 높음)이어야 하고, 또한 녹음 방법은 정당하고 공정(상대방의 의사나 표정을 왜곡하거나 조작하지 않을 것)해야 한다.

녹음 파일을 증거로 효력을 갖도록 하기 위해서는 공개된 대화의 녹음 파일을 국가 공인 자격을 갖춘 전문 속기사가 문서화 한 녹취록을 만들어 속기사의 공증을 받아 제출하면 된다.

공개된 대화인가의 판단 여부는 내가 그 대화에 참여하고 있는가가 기준이다. 상대방의 인지 또는 동의 여부와는 상관이 없다.

내가 대화에 참여는 하지 않았지만 그 대화에 참여한 누군가가 녹음을 해서 나에게 증거로 준다면 활용할 수 있을까? 그런데 그 녹음 파일을 전달해 준 사람이 본인은 나서기 싫다고 자신의 이름은 빼 달라고 할 경우, 어떻게 활용이 가능할 수 있을까? 담당 수사관에게 '가명'으로 활용 가능한지에 대해 문의해 보면, 활용 가능하다고 하는 상황도 충분히 있을 수 있다고 한다. 이 부분은 꼭 법률 전문가나 담당 수사관에게 확인한 후에 진행하는 것이 좋겠다.

대법원 2014. 5. 16. 선고 2013도16404 판결 [통신비밀보호법위반][미간행]

통신비밀보호법 제3조 제1항은 법률이 정하는 경우를 제외하고는 공개되지 아니한 타인 간의 대화를 녹음 또는 청취하지 못하도록 정하고 있고, 제16조 제1항은 제3조의 규정에 위반하여 공개되지 아니한 타인 간의 대화를 녹음 또는 청취한 자(제1호)와 제1호에 의하여 지득한 대화의 내용을 공개하거나 누설한 자(제2호)를 처벌하고 있다. 이와 같이 공개되지 아니한 타인 간의 대화를 녹음 또는 청취하지 못하도록 한 것은, 대화에 원래부터 참여하지 않는 제3자가 그 대화를 하는 타인들 간의 발언을 녹음 또는 청취해서는 아니 된다는 취지이다. 따라서 3인 간의 대화에서 그중 한 사람이 그 대화를 녹음 또는 청취하는 경우에 다른 두 사람의 발언은 그 녹음자 또는 청취자에 대한 관계에서 통신비밀보호법 제3조 제1항에서 정한 '타인 간의 대화'라고 할 수 없으므로, 이러한 녹음 또는 청취하는 행위 및 그 내용을 공개하거나 누설하는 행위가 통신비밀보호법 제16조 제1항에 해당하지 않나고 볼 수 없다(대법원 2006. 10. 12. 선고 2006도4981 판결 등 참조).

대법원 2011. 9. 8. 선고 2010도7497 판결 [명예훼손][공2011하,2167]

수사기관 아닌 사인(사인)이 피고인 아닌 사람과의 대화내용을 녹음한 녹음테이프는 형사소송법 제311조, 제312조 규정 이외의 피고인 아닌 자의 진술을 기재한 서류와 다를 바 없으므로, 피고인이 녹음테이프를 증거로 할 수 있음에 동의하지 아니하는 이상 그 증거능력을 부여하기 위해서는, 첫째 녹음테이프가 원본이거나 원본으로부터 복사한 사본일 경우 복사과정에서 편집되는 등의 인위적 개작 없이 원본 내용 그대로 복사된 사본일 것, 둘째 형사소송법 제313조 제1항에 따라 공판준비나 공판기일에서 원진술자의 진술에 의하여 녹음테이프에 녹음된 각자의 진술내용이 자신이 진술한 대로 녹음된 것이라는 점이 인정되어야 한다.

제8편

조합설립인가 및 추가모집

제1장 조합설립인가

1. 공개모집 및 창립총회 이후 주택조합을 설립하려는 경우

주택조합설립인가를 받으려는 자는 관할 특별자치시장, 특별자치도지사, 시장·군수·구청장의 인가를 받아야 하는데 이를 위해서는 해당 주택건설대지의 80% 이상에 해당하는 토지의 사용권원을 확보해야 하고 또한, 해당 주택건설대지의 15% 이상에 해당하는 토지의 소유권을 확보해야 한다. 〈2020년 7월 24일 이후 최초로 조합원 모집 신고(변경 신고는 제외한다)를 하는 경우부터 적용〉

> 주택법 제11조(주택조합의 설립 등)
> ① 많은 수의 구성원이 주택을 마련하거나 리모델링하기 위하여 주택조합을 설립하려는 경우(제5항에 따른 직장주택조합의 경우는 제외한다)에는 관할 특별자치시장, 특별자치도지사, 시장, 군수 또는 구청장(구청장은 자치구의 구청장을 말하며, 이하 "시장·군수·구청장"이라 한다)의 인가를 받아야 한다. 인가받은 내용을 변경하거나 주택조합을 해산하려는 경우에도 또한 같다.
> ② 제1항에 따라 주택을 마련하기 위하여 주택조합설립인가를 받으려는 자는 다음 각 호의 요건을 모두 갖추어야 한다. 다만, 제1항 후단의 경우에는 그러하지 아니하다. <개정 2020. 1. 23.>
> 　1. 해당 주택건설대지의 80퍼센트 이상에 해당하는 토지의 사용권원을 확보할 것
> 　2. 해당 주택건설대지의 15퍼센트 이상에 해당하는 토지의 소유권을 확보할 것

가. 해당 주택건설대지의 80% 이상에 해당하는 토지사용권원 확보와 관련한 내용은 조합원 모집을 위한 50% 이상 토지사용권원 확보를 설명하는 단계에서 기술한 내용과 동일하므로 여기서는 생략한다.

나. 해당 주택건설대지의 15% 이상에 해당하는 토지의 소유권 확보에 대해 검토해 보자.

발기인들이 조합설립인가 신청 전에 조합 명의로 주택건설대지의 15% 이상을 매입해야 하는데 무슨 돈으로 매입할 것이며, 매입한다 하더라도 조합 설립이 안 되거나 사업이 좌초한다면 누가 책임지고 누가 손해를 볼 것인지 등이 아주 불명확하다. 발기인들이 위험을 감수한다면 발기인들은 반대 급부를 원할 것이고, 이것은 원가 및 위험을 증가시키는 요인이다.

230   주택조합 성공 필독서

조합이 설립되기도 전인데 조합명의로 부동산등기를 하려면 어떻게 해야할까?

일단은 창립총회를 통하여 인가진 비법인사단이 구성되어야 한다. 그리고 조합가입신정자들이 납부한 계약금 등으로 토지대금을 지급하고 등록번호를 부여 받아 인가전 비법인사단 명의로 취득하였다가 조합설립인가후 총회에서 의결하여 인가후 비법인사단으로 승계하는 방법이 필요해 보인다.

계약금이 부족하여 차입으로 부동산을 매입하는 경우에도 명의를 발기인이나 업무대행자 등이 아닌 반드시 비법인사단 명의로 하여야 한다.(등록번호 부여 관련 법률내용 및 각종서식 : 부동산등기법 제48조 및 제49조, 법인 아닌 사단·재단 및 외국인의 부동산등기용 등록번호 부여절차에 관한 규정 제5조, 제7조 및 제7조의2, 법인 아닌 사단·재단 및 외국인의 부동산등기용 등록번호 부여절차에 관한 규정 시행규칙 제5조 참조)

15% 이상의 토지를 매입할 돈이 있다면 차라리 그 돈으로 주택건설대지 전체에 대해 계약금을 지급하는 용도로 사용하는 것이 사업의 성공 가능성을 훨씬 더 높일 수 있을 텐데, 많은 아쉬움이 있는 입법으로 판단된다. (상세 내용 및 정책 제언은 '제1편 제5장 토지대금 조달 방법에 따른 조합 사업 방식 이해' 파트에서 상세히 설명한 바 있어 생략한다)

앞으로는 사업 부지는 있으나 분양에 자신이 없거나 불확실성을 줄이고자 하는 건설사가 보유한 공공택지가 아닌 사업 부지를 주택조합에 양도(또는 토지 매입 자금을 조합에 대여)하고 건설사는 시공사(공동사업주체)로 참여하는 형태로 운영되는 사업장이 늘어날 것으로 예상된다. 사업 부지 양도(또는 대여) 시 건설사는 어느 정도 이윤(높은 이자)을 붙일 것으로 예상되는데, 이것은 조합 입장에서는 원가 상승 요인이고 또한 시공사 선택권이 제한되는 단점이 있다.

다. 소유권이 확보된 토지의 신탁에 대해 알아보자. (국토교통부가 발간한 설명 자료 중심으로)

1) 지역주택조합의 사업 추신 방식은 조합 명의로 토지를 매입하고 그 지상에 건물을 신축하여 조합원에게 분양하고 남는 나머지 주택 및 부대·복리시설을 일반분양 하는 방식으로 이루어짐.

2) 토지 매입 시 조합설립인가를 받은 조합의 경우 조합 명의로 소유권 이전 등기를 하며(인가 전 비법인사단의 경우도 마찬가지로 판단됨), 동시에 조합원들이 조합에 지분을 신탁하였다는 의미의 신탁 등기를 병행하고 있는 것이 일반적임.

3) 신탁 등기는 주택조합의 조합원 소유로 되어있는 대상 토지 등에 대하여 일정 기간 동안 주택조합에 관리 처분을 시키는 것임.

- 신탁 등기는 조합원 상호간의 권리를 보호하고, 사업을 원활하게 추진하기 위해 실시하며, 신탁 등기를 하지 않으면 불편이 따를 수 있음.

4) 신탁 등기를 하지 않으면 발생하는 불편한 점

- 신축 아파트의 면적이 변경될 경우, 조합원의 대지 지분 변동에 따른 등기 절차가 복잡함.

- 일반분양자들에 대한 지분 등기 이전 절차가 매우 복잡할 뿐만 아니라 많은 비용이 소요됨.

- 신탁 등기를 하지 않을 경우 조합원 개개인이 사업 시행자가 되므로 일반분양자의 분양계약서에 조합원 전원이 날인하여야 함.

- 건물 사용검사 후 일반분양자에 대한 소유권 이전 등기 시 조합원 전원의 매도용 인감증명서를 첨부해야 하므로 번잡함.

5) 주택조합은 신탁된 조합원의 재산권을 주택조합 사업 시행 목적에 적합하게 행사하고, 사업이 종료되면 즉시 신탁을 해지하고 조합원에게 재산권을 반환함.

표준규약 제46조(부동산의 신탁), 필관조합의 규약 제42조 내용과 동일함

① 조합원은 사업의 원활한 추진을 위하여 사업부지를 조합에 신탁등기하여야 한다.

② 조합은 수탁받은 재산권을 사업시행 목적에 적합하게 행사하여야 하며, 사업이 종료되면 즉시 신탁을 해제하여 당해 조합원에게 재산권을 반환하여야 한다.

③ 다음 각 호의 등기를 하는 경우에는 「민법」 제276조제1항과 「부동산등기법 시행규칙」 제56조 제3호에 따른 조합원 총회의 의결은 별도로 받지 아니한다.

　1. 조합이 사업부지를 매입하는 경우 및 신탁을 원인으로 하는 등기

　2. 사업종료 또는 조합원 자격상실에 따른 신탁해지 등을 원인으로 하는 소유권 이전등기, 신탁원부 변경등기

　3. 사업지구 변경 또는 기타 토지의 매입 등 사업지구 승인면적 외의 부동산 매입에 따른 소유권 이전등기

　4. 교환, 합병, 분할, 공유물 분할, 기부체납 등에 의하여 발생되는 각종 등기

　5. 상가분양, 유치원매각, 학교부지매각 등에 따른 처분등기

【주】사업의 효율적 추진을 위하여 신탁등기에 관한 근거규정을 마련할 필요가 있음. 또한 효율적인 사업추진을 위하여 사업추진을 위한 등기의 경우에는 별도의 조합원 총회의 의결 없이 신탁등기 등이 가능하도록 한 것임.

---

2. 조합설립인가 신청서에는 다음의 서류를 첨부하여 주택건설대지를 관할하는 시장·군수·구청장에게 제출해야 한다.

주택법 시행령 제20조(주택조합의 설립인가 등)

① 법 제11조제1항에 따라 주택조합의 설립·변경 또는 해산의 인가를 받으려는 자는 신청서에 다음 각 호의 구분에 따른 서류를 첨부하여 주택건설대지(리모델링주택조합의 경우에는 해당 주택의 소재지를 말한다. 이하 같다)를 관할하는 시장·군수·구청장에게 제출해야 한다. 〈개정 2019. 10. 22., 2020. 7. 24.〉

　1. 설립인가신청: 다음 각 목의 구분에 따른 서류

　　가. 지역주택조합 또는 직장주택조합의 경우

　　　1) 창립총회 회의록

　　　2) 조합장선출동의서

　　　3) 조합원 전원이 자필로 연명(連名)한 조합규약

　　　4) 조합원 명부

　　　5) 사업계획서

　　　6) 해당 주택건설대지의 80퍼센트 이상에 해당하는 토지의 사용권원을 확보하였음을 증명하는 서류

　　　7) 해당 주택건설대지의 15퍼센트 이상에 해당하는 토지의 소유권을 확보하였음을 증명하는 서류

　　　8) 그 밖에 국토교통부령으로 정하는 서류

주택법 시행규칙 제7조(주택조합의 설립인가신청 등)

① 영 제20조제1항 각 호 외의 부분에 따른 신청서는 별지 제9호서식에 따른다.

② 영 제20조제1항제1호가목5)에 따른 사업계획서에는 다음 각 호의 사항을 적어야 한다.

　1. 조합주택건설예정세대수

　2. 조합주택건설예정지의 지번·지목·등기명의자

　3. 도시·군관리계획(「국토의 계획 및 이용에 관한 법률」 제2조제4호에 따른 도시·군관리계획을 말한다. 이하 같다)상의 용도

　4. 대지 및 주변 현황

③ 영 제20조제1항제1호가목8)에서 "국토교통부령으로 정하는 서류"란 다음 각 호의 서류를 말한다. <개정 2020. 7. 24.>

　2. 조합원 자격이 있는 자임을 확인하는 서류

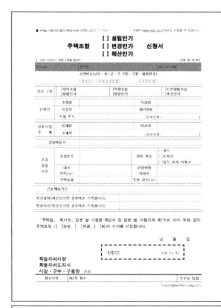

담당 공무원은 '주택조합 설립인가 신청서'의
신청인 '이름'과 '서명 또는 인'란이

창립총회에서 선출된 조합장의 이름이 쓰여져 있는지 그리고
'서명 또는 인'란에 표기된 것이 조합장의 것은 맞는지 반드시
확인해 보아야 한다.

간혹 신청인란에는 새로 선출된 조합장의 이름이 맞게 쓰여
있으나 '서명 또는 인'란에는 추진위원회 위원장 것을 사용하
는 일이 종종 있다

담당 공무원이 책임에서 자유로우려면 이를 반드시 올바르게
확인해야 할 것이다.

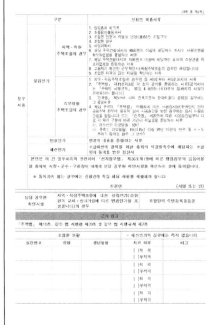

[첨부 서류]

1. 창립총회 회의록
2. 조합장선출동의서
3. 조합원 전원이 자필로 연명(連名)한 조합규약
4. 조합원 명부
5. 사업계획서
6. 해당 주택건설대지의 80퍼센트 이상에 해당하는 토지의
   사용권원을 확보하였음을 증명하는 서류
7. 해당 주택건설대지의 15퍼센트 이상에 해당하는 토지의 소
   유권을 확보하였음을 증명하는 서류
8. 고용자가 확인한 근무확인서(직장주택조합의 경우만 해당
   합니다)
9. 조합원 자격이 있는 자임을 확인하는 서류

조합원 명부 양식: 왼쪽 표 참조

필관조합의 경우, 신청인란에 이름은 창립총회에서 선출된 조합장의 이름이 인쇄되어 있고 도
장은 '(가칭) ㅇㅇ주택조합 추진위원회' 위원장 직인이 찍혀 있었다. (대행사가 악의를 갖고 그렇게 한
것이다)

3. 조합원 전원이 자필로 연명(連名)한 조합규약에는 다음 각호의 사항이 포함되어야 한다.

> 주택법 시행령 제20조(주택조합의 설립인가 등)
> ② 제1항제1호가목3)의 조합규약에는 다음 각 호의 사항이 포함되어야 한다. 〈개정 2017. 6. 2., 2020. 7. 24.〉
> 　1. 조합의 명칭 및 사무소의 소재지
> 　2. 조합원의 자격에 관한 사항
> 　3. 주택건설대지의 위치 및 면적
> 　4. 조합원의 제명·탈퇴 및 교체에 관한 사항
> 　5. 조합임원의 수, 업무범위(권리·의무를 포함한다), 보수, 선임방법, 변경 및 해임에 관한 사항
> 　6. 조합원의 비용부담 시기·절차 및 조합의 회계
> 　6의2. 조합원의 제명·탈퇴에 따른 환급금의 산정방식, 지급시기 및 절차에 관한 사항
> 　7. 사업의 시행시기 및 시행방법
> 　8. 총회의 소집절차·소집시기 및 조합원의 총회소집요구에 관한 사항
> 　9. 총회의 의결을 필요로 하는 사항과 그 의결정족수 및 의결절차
> 　10. 사업이 종결되었을 때의 청산절차, 청산금의 징수·지급방법 및 지급절차
> 　11. 조합비의 사용 명세와 총회 의결사항의 공개 및 조합원에 대한 통지방법
> 　12. 조합규약의 변경 절차
> 　13. 그 밖에 조합의 사업추진 및 조합 운영을 위하여 필요한 사항

4. 주택조합 설립인가 여부의 결정

시장·군수·구청장은 나음 각 호의 사항을 종합적으로 검토하여 주택조합의 설립인가 여부를 결정하여야 한다. 이 경우 그 주택건설대지가 이미 인가를 받은 다른 주택조합의 주택건설대지와 중복되지 아니하도록 하여야 한다.

시장·군수·구청장은 검토 과정에서 행정정보의 공동이용을 통해 조합원의 주민등록표등본을 확인해야 하며, 신청인이 확인에 동의하지 않는 경우에는 해당 서류를 직접 제출하도록 해야 한다.

> 주택법 시행령 제20조(주택조합의 설립인가 등)
> ⑨ 시장·군수·구청장은 해당 주택건설대지에 대한 다음 각 호의 사항을 종합적으로 검토하여 주택조합의 설립인가 여부를 결정하여야 한다. 이 경우 그 주택건설대지가 이미 인가를 받은 다른 주택조합의 주택건설대지와 중복되지 아니하도록 하여야 한다. <2017.6.2일 세7항으로 신설되었다가 2021.2.19일 제9항으로 이동됨>

1. 법 또는 관계 법령에 따른 건축기준 및 건축제한등을 고려하여 해당 주택건설대지에 주택건설이 가능한지 여부

2. 「국토의 계획 및 이용에 관한 법률」에 따라 수립되었거나 해당 주택건설사업기간에 수립될 예정인 도시·군계획(같은 법 제2조제2호에 따른 도시·군계획을 말한다)에 부합하는지 여부

3. 이미 수립되어 있는 토지이용계획

4. 주택건설대지 중 토지 사용에 관한 권원을 확보하지 못한 토지가 있는 경우 해당 토지의 위치가 사업계획서상의 사업시행에 지장을 줄 우려가 있는지 여부

주택법 시행규칙 제7조(주택조합의 설립인가신청 등)

④ 법 제11조제1항에 따라 지역·직장주택조합의 설립인가신청(조합원의 교체·신규가입에 따른 변경인가신청을 포함한다)을 받은 특별자치시장, 특별자치도지사, 시장, 군수 또는 구청장(구청장은 자치구의 구청장을 말하며, 이하 "시장·군수·구청장"이라 한다)은 「전자정부법」 제36조제1항에 따른 행정정보의 공동이용을 통해 조합원의 주민등록표등본을 확인해야 하며, 신청인이 확인에 동의하지 않는 경우에는 해당 서류를 직접 제출하도록 해야 한다. <개정 2019. 10. 29.>

가. 주택조합설립인가 시에 관할관청이 상기한 1~4호를 종합적으로 검토한다는 것은 사전 검증 기능을 엄청 강화했다는 것으로, 굉장히 바람직한 것으로 판단된다.

나. 주택건설대지가 이미 인가를 받은 다른 주택조합의 주택건설대지와 중복되지 않도록 하여야 한다는 내용도 업무 대행사들의 불법 활동을 제어할 수 있는 좋은 수단이다.

5. 설립인가시 공고

시장·군수·구청장은 주택조합의 설립인가를 한 경우, 다음의 사항을 해당 지방자치단체의 인터넷 홈페이지에 공고해야 한다.

주택법 시행령 제20조(주택조합의 설립인가 등)

⑩ 시장·군수·구청장은 법 제11조제1항에 따라 주택조합의 설립인가를 한 경우 다음 각 호의 사항을 해당 지방자치단체의 인터넷 홈페이지에 공고해야 한다. 이 경우 공고한 내용이 법 제11조제1항에 따른 변경인가에 따라 변경된 경우에도 또한 같다. <신설 2020. 7. 24., 2021. 2. 19.>

1. 조합의 명칭 및 사무소의 소재지

2. 조합설립 인가일

3. 주택건설대지의 위치

4. 조합원 수

5. 토지의 사용권원 또는 소유권을 확보한 면적과 비율

토지의 사용권원 또는 소유권을 확보한 면적과 비율을 공고하는 것은 그 이전에는 이것을 알기가 정말 어려웠고, 분란도 많았던 점을 고려하면 매우 의미 있고 발전된 내용이라고 평가한다.

6. 설립인가시 후속 행정조치

시상·군수·구청장은 주택조합 설립인가 시에 주택조합설립인가대장에 저고(특별한 사유가 없으면 전자적 처리가 가능한 방법으로 작성·관리하여야 한다) 주택조합 설립 인가필증을 신청인에게 발급하여야 한다.

> 주택법 시행규칙 제7조(주택조합의 설립인가신청 등)
> ⑦ 시장·군수·구청장은 법 제11조제1항에 따라 주택조합의 설립 또는 변경을 인가하였을 때에는 별지 제
>   10호서식의 주택조합설립인가대장에 적고, 별지 제11호서식의 인가필증을 신청인에게 발급하여야 한다.
> ⑨ 제7항에 따른 주택조합설립인가대장은 전자적 처리가 불가능한 특별한 사유가 없으면 전자적 처리가
>   가능한 방법으로 작성·관리하여야 한다.

7. 주택조합 설립인가를 받으면 '(가칭) ○○주택조합'이 비로소 정식 '○○주택조합'으로 성립하게 된다.

8. 주택조합 설립인가일부터 사용검사일 기간 동안 주택건설 세대수의 50% 이상의 조합원으로 구성해야 한다. (조합원은 최소 20명 이상이어야 함)

> 주택법 시행령 제20조(주택조합의 설립인가 등)
>
> ⑦ 주택조합(리모델링주택조합은 제외한다)은 법 제11조에 따른 주택조합 설립인가를 받는 날부터 법 제49조에 따른 사용검사를 받는 날까지 계속하여 다음 각 호의 요건을 모두 충족해야 한다. <개정 2019. 10. 22., 2021. 2. 19.>
>
> 1. 주택건설 예정 세대수(설립인가 당시의 사업계획서상 주택건설 예정 세대수를 말하되, 법 제20조에 따라 임대주택으로 건설·공급하는 세대수는 제외한다. 이하 같다)의 50퍼센트 이상의 조합원으로 구성할 것. 다만, 법 제15조에 따른 사업계획승인 등의 과정에서 세대수가 변경된 경우에는 변경된 세대수를 기준으로 한다.
>
> 2. 조합원은 20명 이상일 것

1. 조합은 설립인가를 받은 후에는 해당 조합원을 교체하거나 신규로 가입하게 할 수 없다. 다만, 조합원 수가 주택 건설 예정 세대수를 초과하지 아니하는 범위에서 시장·군수·구청장에게 추가모집안을 제출하여 승인받은 경우 추가모집이 가능하다.

> 주택법 시행령 제22조(지역·직장주택조합 조합원의 교체·신규가입 등)
> ① 지역주택조합 또는 직장주택조합은 설립인가를 받은 후에는 해당 조합원을 교체하거나 신규로 가입하게 할 수 없다. 다만, 다음 각 호의 어느 하나에 해당하는 경우에는 예외로 한다. <개정 2019. 10. 22.>
> 　1. 조합원 수가 주택건설 예정 세대수를 초과하지 아니하는 범위에서 시장·군수·구청장으로부터 국토교통부령으로 징하는 바에 따라 조합원 추가모집의 승인을 받은 경우

또한, 다음의 사유로 결원이 발생한 범위에서 충원하는 경우 교체하거나 신규로 가입하게 할 수 있다.

> 주택법 시행령 제22조(지역·직장주택조합 조합원의 교체·신규가입 등)
> ① 지역주택조합 또는 직장주택조합은 설립인가를 받은 후에는 해당 조합원을 교체하거나 신규로 가입하게 할 수 없다. 다만, 다음 각 호의 어느 하나에 해당하는 경우에는 예외로 한다. <개정 2019. 10. 22.>
> 　2. 다음 각 목의 어느 하나에 해당하는 사유로 결원이 발생한 범위에서 충원하는 경우
> 　　가. 조합원의 사망
> 　　나. 법 제15조에 따른 사업계획승인 이후[지역주택조합 또는 직장주택조합이 제16조제2항제2호 단서에 따라 해당 주택건설대지 전부의 소유권을 확보하지 아니하고 법 제15조에 따른 사업계획승인을 받은 경우에는 해당 주택건설대지 전부의 소유권(해당 주택건설대지가 저당권등의 목적으로 되어 있는 경우에는 그 저당권등의 말소를 포함한다)을 확보한 이후를 말한다]에 입주자로 선정된 지위(해당 주택에 입주할 수 있는 권리·자격 또는 지위 등을 말한다)가 양도·증여 또는 판결 등으로 변경된 경우. 다만, 법 제64조제1항제1호에 따라 전매가 금지되는 경우는 제외한다.
> 　　다. 조합원의 탈퇴 등으로 조합원 수가 주택건설 예정 세대수의 50퍼센트 미만이 되는 경우
> 　　라. 조합원이 무자격자로 판명되어 자격을 상실하는 경우
> 　　마. 법 제15조에 따른 사업계획승인 등의 과정에서 주택건설 예정 세대수가 변경되어 조합원 수가 변경된 세대수의 50퍼센트 미만이 되는 경우

2. 조합원 추가모집의 승인을 받으려는 경우에는 다음 각 호의 사항이 포함된 추가모집안을 작성하여 시장·군수·구청장에게 제출하여야 한다.

> 주택법 시행규칙 제9조(지역·직장주택조합 조합원의 추가모집 등) 지역주택조합 또는 직장주택조합은 영 제22조제1항제1호에 따라 조합원 추가모집의 승인을 받으려는 경우에는 다음 각 호의 사항이 포함된 추가 모집안을 작성하여 시장·군수·구청장에게 제출하여야 한다.
>
> 1. 주택조합의 명칭·소재지 및 대표자의 성명
>
> 2. 설립인가번호·인가일자 및 조합원수
>
> 3. 법 제5조제2항에 따라 등록사업자와 공동으로 사업을 시행하는 경우에는 그 등록사업자의 명칭·소재 지 및 대표자의 성명
>
> 4. 조합주택건설 대지의 위치 및 대지면적
>
> 5. 조합주택건설 예정세대수 및 건설 예정기간
>
> 6. 추가모집 세대수 및 모집기간
>
> 7. 호당 또는 세대당 주택공급면적
>
> 8. 부대시설·복리시설 등을 포함한 사업개요
>
> 9. 사업계획승인신청예정일, 착공예정일 및 입주예정일
>
> 10. 가입신청자격, 신청시의 구비서류, 신청일시 및 장소
>
> 11. 조합원 분담금의 납부시기 및 납부방법 등 조합원의 비용부담에 관한 사항
>
> 12. 당첨자의 발표일시·장소 및 방법
>
> 13. 이중당첨자 또는 부적격당첨자의 처리 및 계약취소에 관한 사항
>
> 14. 그 밖에 시장·군수·구청장이 필요하다고 인정하여 요구하는 사항

3. 충원 또는 교체되는 조합원의 자격요건 충족 여부의 판단은 조합설립인가 신청일을 기준으로 한다. 다만, 상속의 경우에는 조합원 자격 요건을 필요로 하지 아니한다.

> 주택법 시행령 제22조(지역·직장주택조합 조합원의 교체·신규가입 등)
> ② 제1항 각 호에 따라 조합원으로 추가모집되거나 충원되는 자가 제21조제1항제1호 및 제2호에 따른 조합 원 자격 요건을 갖추었는지를 판단할 때에는 해당 조합설립인가 신청일을 기준으로 한다.

> 주택법 시행령 제21조(조합원의 자격)
> ① 법 제11조에 따른 주택조합의 조합원이 될 수 있는 사람은 다음 각 호의 구분에 따른 사람으로 한다. 다 만, 조합원의 사망으로 그 지위를 상속받는 자는 다음 각 호의 요건에도 불구하고 조합원이 될 수 있다.
>
> 1. 지역주택조합 조합원: 다음 각 목의 요건을 모두 갖춘 사람
>
> 가. ~ 다. 생략

4. 조합원 추가모집에 따른 주택조합의 변경인가 신청은 주택건설사업계획 승인신청일까지 완료하여야 한다.

> 주택법 시행령 제22조(지역·직장주택조합 조합원의 교체·신규가입 등)
> ③ 제1항 각 호에 따른 조합원 추가모집의 승인과 조합원 추가모집에 따른 주택조합의 변경인가 신청은 법 제15조에 따른 사업계획승인신청일까지 하여야 한다.

5. 종선에는 1~2차 조합원으로 구분하다가, 이제는 1~3차 조합원으로 구분한다.

> 2022. 5월 배포 표준규약 제7조(용어의 정의) 이 규약에서 사용하는 용어의 의미는 다음과 같다.
> 5. 1차 조합원 : 조합원 모집신고 후 조합에 가입한 조합원
> 6. 2차 조합원 : 조합설립인가 당시의 조합원 또는 이들의 지위를 승계한 자
> 7. 3차 조합원 : 조합설립인가 후 추가모집승인을 받아 조합에 가입한 조합원
> 【주】조합의 사업형태에 따라 조합원들이 조합에 납입하는 금액의 성격을 명확히 할 필요가 있음. 조합운영비 등을 별도로 징구하지 않는 조합이 있을 수 있으며, 조합의 형편에 따라 필요한 사항을 정하면 될 것임
>
> 2016.12월 배포 표준규약 제7조(용어의 정의) 이 규약에서 사용하는 용어의 의미는 다음과 같다.
> 5. 1차 조합원 : 조합설립인가 당시의 조합원 또는 이들의 지위를 승계한 자
> 6. 2차 조합원 : 조합설립인가 후 추가모집승인을 받아 조합에 가입한 조합원
> 【수】조합의 사업형태에 따라 조합원들이 조합에 납입하는 금액의 성격을 명확히 할 필요가 있음. 조합운영비 등을 별도로 징구하지 않는 조합이 있을 수 있으며, 조합의 형편에 따라 필요한 사항을 정하면 될 것임.
>
> 필관조합의 규약 제7조(용어의 정리) 본 조합규약에서 사용하는 용어의 의미는 다음 가 호와 같다.
> 6. 1차 조합원 : 지역주택조합 설립인가 신청일 이전 조합 가입신청자 또는 신청자의 지위를 계승한 자
> 7. 2차 조합원 : 지역주택조합 설립인가 신청일 이후 추가모집 승인을 받아 조합에 가입한 조합원 또는 조합원의 지위를 승계한 자

늦게 가입한 2차 조합원들이 1차 조합원에 비해 불이익한 처우를 받는 것을 방지할 목적으로 다음과 같은 사항을 규약으로 제정해 둔 곳도 많다.

> 필관조합의 규약 제14조(추가모집 조합원의 권리보호)
> 조합이 조합원을 추가 모집한 경우 추가 모집된 조합원(2차 조합원)이 지역주택조합 설립인가 당시의 조합원(1차 조합원) 숫자를 상회할 경우, 조합 임원에 대하여 다시 조합 총회를 소집하여 신임여부를 확인하여야 한다. 또한 추가 모집 조합원 수에 비례하여 신임 이사를 충원할 수 있다.

제9편

건축 심의

제1장 | 법률상 건축허가 행위

1. 건축허가 대상

건축 행위를 하려면 기본적으로 건축법에 따른 건축허가를 받아야 하는데, 21층 이상인 경우에는 특별시장이나 광역시장의 허가를 받아야 한다.

건축법 제11조(건축허가)

① 건축물을 건축하거나 대수선하려는 자는 특별자치시장·특별자치도지사 또는 시장·군수·구청장의 허가를 받아야 한다. 다만, 21층 이상의 건축물 등 대통령령으로 정하는 용도 및 규모의 건축물을 특별시나 광역시에 건축하려면 특별시장이나 광역시장의 허가를 받아야 한다. <개정 2014. 1. 14.>

건축법 시행령 제8조(건축허가)

① 법 제11조제1항 단서에 따라 특별시장 또는 광역시장의 허가를 받아야 하는 건축물의 건축은 층수가 21층 이상이거나 연면적의 합계가 10만 제곱미터 이상인 건축물의 건축(연면적의 10분의 3 이상을 증축하여 층수가 21층 이상으로 되거나 연면적의 합계가 10만 제곱미터 이상으로 되는 경우를 포함한다)을 말한다. 다만, 다음 각 호의 어느 하나에 해당하는 건축물의 건축은 제외한다. <개정 2008. 10. 29., 2009. 7. 16., 2010. 12. 13., 2012. 12. 12., 2014. 11. 11., 2014. 11. 28.>

1. 공장
2. 창고
3. 지방건축위원회의 심의를 거친 건축물(특별시 또는 광역시의 건축조례로 정하는 바에 따라 해당 지방건축위원회의 심의사항으로 할 수 있는 건축물에 한정하며, 초고층 건축물은 제외한다)

요약하면 다음과 같다.

건축 행위	인허가권자
건축 또는 대수선	특별자치시장·특별자치도지사 또는 시장·군수·구청장
층수 21층 이상 or 연면적의 합계가 10만m² 이상인 건축물의 건축(연면적의 3/10 이상을 증축하여 층수가 21층 이상으로 되거나 연면적의 합계가 10만m² 이상으로 되는 경우 포함)	**특별시장·광역시장**
공장, 창고, 지방건축위원회의 심의를 거친 건축물(초고층 건축물 제외)	득별자치시장·특별자지도지사 또는 시장·군수·구청장

2. 건축신고 대상

건축 규모가 상대적으로 작은 경우에는 건축신고로 대체할 수 있다. 건축신고로 이루어지는 공사는 건축허가와 달리 감리가 불필요하고 시공 시 종합 면허가 없어도 된다.

건축법 제14조(건축신고)
① 제11조에 해당하는 허가 대상 건축물이라 하더라도 다음 각 호의 어느 하나에 해당하는 경우에는 미리 특별자치시장·특별자치도지사 또는 시장·군수·구청장에게 국토교통부령으로 정하는 바에 따라 신고를 하면 건축허가를 받은 것으로 본다. <개정 2009. 2. 6., 2011. 4. 14., 2013. 3. 23., 2014. 1. 14., 2014. 5. 28.>
  1. 바닥면적의 합계가 85제곱미터 이내의 증축·개축 또는 재축. 다만, 3층 이상 건축물인 경우에는 증축·개축 또는 재축하려는 부분의 바닥면적의 합계가 건축물 연면적의 10분의 1 이내인 경우로 한정한다.
  2. 「국토의 계획 및 이용에 관한 법률」에 따른 관리지역, 농림지역 또는 자연환경보전지역에서 연면적이 200제곱미터 미만이고 3층 미만인 건축물의 건축. 다만, 다음 각 목의 어느 하나에 해당하는 구역에서의 건축은 제외한다.
    가. 지구단위계획구역
    나. 방재지구 등 재해취약지역으로서 대통령령으로 정하는 구역
  3. 연면적이 200제곱미터 미만이고 3층 미만인 건축물의 대수선
  4. 주요구조부의 해체가 없는 등 대통령령으로 정하는 대수선
  5. 그 밖에 소규모 건축물로서 대통령령으로 정하는 건축물의 건축

건축법 시행령 제11조(건축신고)

① 법 제14조제1항제2호나목에서 "방재지구 등 재해취약지역으로서 대통령령으로 정하는 구역"이란 다음 각 호의 어느 하나에 해당하는 지구 또는 지역을 말한다. <신설 2014. 10. 14.>

  1. 「국토의 계획 및 이용에 관한 법률」제37조에 따라 지정된 방재지구(防災地區)

  2. 「급경사지 재해예방에 관한 법률」제6조에 따라 지정된 붕괴위험지역

② 법 제14조제1항제4호에서 "주요구조부의 해체가 없는 등 대통령령으로 정하는 대수선"이란 다음 각 호의 어느 하나에 해당하는 대수선을 말한다. <신설 2009. 8. 5., 2014. 10. 14.>

  1. 내력벽의 면적을 30제곱미터 이상 수선하는 것

  2. 기둥을 세 개 이상 수선하는 것

  3. 보를 세 개 이상 수선하는 것

  4. 지붕틀을 세 개 이상 수선하는 것

  5. 방화벽 또는 방화구획을 위한 바닥 또는 벽을 수선하는 것

  6. 주계단·피난계단 또는 특별피난계단을 수선하는 것

③ 법 제14조제1항제5호에서 "대통령령으로 정하는 건축물"이란 다음 각 호의 어느 하나에 해당하는 건축물을 말한다. <개정 2008. 10. 29., 2009. 8. 5., 2012. 4. 10., 2014. 10. 14., 2014. 11. 11., 2016. 6. 30.>

  1. 연면적의 합계가 100제곱미터 이하인 건축물

  2. 건축물의 높이를 3미터 이하의 범위에서 증축하는 건축물

  3. 법 제23조제4항에 따른 표준설계도서(이하 "표준설계도서"라 한다)에 따라 건축하는 건축물로서 그 용도 및 규모가 주위환경이나 미관에 지장이 없다고 인정하여 건축조례로 정하는 건축물

  4. 「국토의 계획 및 이용에 관한 법률」제36조제1항제1호다목에 따른 공업지역, 같은 법 제51조제3항에 따른 지구단위계획구역(같은 법 시행령 제48조제10호에 따른 산업·유통형만 해당한다) 및 「산업입지 및 개발에 관한 법률」에 따른 산업단지에서 건축하는 2층 이하인 건축물로서 연면적 합계 500제곱미터 이하인 공장(별표 1 제4호너목에 따른 제조업소 등 물품의 제조·가공을 위한 시설을 포함한다)

  5. 농업이나 수산업을 경영하기 위하여 읍·면지역(특별자치시장·특별자치도지사·시장·군수가 지역계획 또는 도시·군계획에 지장이 있다고 지정·공고한 구역은 제외한다)에서 건축하는 연면적 200제곱미터 이하의 창고 및 연면적 400제곱미터 이하의 축사, 작물재배사(作物栽培舍), 종묘배양시설, 화초 및 분재 등의 온실

④ 법 제14조에 따른 건축신고에 관하여는 제9조제1항을 준용한다. <개정 2008. 10. 29., 2014. 10. 14.>

미리 특별자치시장·특별자치도지사 또는 시장·군수·구청장의 건축신고로 건축허가를 대체할
수 있는 행위를 요약해 보면 다음과 같다.

증축, 개축, 재축	바닥면적의 합계가 85 m² 이내	3층 이상 건축물인 경우 증축,개축,재축하려는 부분의 바닥면적 합계가 건축물 연면적의 1/10 이내인 경우로 한정
건축 (신축)	연면적이 200 m² 미만 & 3층 미만의 건축	국토계획법에 따른 관리지역, 농림지역 또는 자연환경보전지역에 해당할 것. 지구단위계획구역 및 재해취약지역(방재지구, 붕괴위험지역) 에서의 건축은 제외
	소규모 건축물의 건축	1. 연면적의 합계가 100 m² 이하인 건축물 2. 건축물의 높이를 3 미터 이하의 범위에서 증축하는 건축물 3. 용도 및 규모가 주위환경이나 미관에 지장이 없다고 인정하여 건축조례로 정하는 건축물 4. 공업지역, 지구단위계획구역 및 산업단지에서 건축하는 2층 이하인 건축물로서 연면적 합계 500 m² 이하인 공장 5. 농업이나 수산업을 경영하기 위하여 읍·면지역에 건축하는 연면적 200제곱미터 이하의 창고 및 연면적 400 m² 이하의 축사, 작물재배사(作物栽培舍), 종묘배양시설, 화초 및 분재 등의 온실
대수선	연면적이 200 m² 미만 & 3층 미만인 건축물	
	주요구조부의 해체가 없는 대수선	1. 내력벽의 면적을 30 m² 이상 수선하는 것 2. 기둥을 세 개 이상 수선하는 것 3. 보를 세 개 이상 수선하는 것 4. 지붕틀을 세 개 이상 수선하는 것 5. 방화벽 또는 방화구획을 위한 바닥 또는 벽을 수선하는 것 6. 주계단·피난계단 또는 특별피난계단을 수선하는 것

3. 사업계획승인 대상

단독주택 30호 이상, 공동주택 30세대 이상 등 건축 규모가 상대적으로 커지면 건축법이 아닌 주택법이 적용되어 건축허가가 아닌 사업계획승인을 받아야 하는데, 대지면적이 10만 m² 미만인 경우, 특별시장·광역시장·특별자치시장·특별자치도지사 또는 시장·군수가 승인 권자이다.

주택법 제15조(사업계획의 승인)

① 대통령령으로 정하는 호수 이상의 주택건설사업을 시행하려는 자 또는 대통령령으로 정하는 면적 이상의 대지조성사업을 시행하려는 자는 다음 각 호의 사업계획승인권자(이하 "사업계획승인권자"라 한다. 국가 및 한국토지주택공사가 시행하는 경우와 대통령령으로 정하는 경우에는 국토교통부장관을 말하며, 이하 이 조, 제16조부터 제19조까지 및 제21조에서 같다)에게 사업계획승인을 받아야 한다. 다만, 주택 외의 시설과 주택을 동일 건축물로 건축하는 경우 등 대통령령으로 정하는 경우에는 그러하지 아니하다. <개정 2021. 1. 12.>

  1. 주택건설사업 또는 대지조성사업으로서 해당 대지면적이 10만제곱미터 이상인 경우: 특별시장·광역시장·특별자치시장·도지사 또는 특별자치도지사(이하 "시·도지사"라 한다) 또는 「지방자치법」 제198조에 따라 서울특별시·광역시 및 특별자치시를 제외한 인구 50만 이상의 대도시(이하 "대도시"라 한다)의 시장

  2. 주택건설사업 또는 대지조성사업으로서 해당 대지면적이 10만제곱미터 미만인 경우: 특별시장·광역시장·특별자치시장·특별자치도지사 또는 시장·군수

주택법 시행령 제27조(사업계획의 승인)

① 법 제15조제1항 각 호 외의 부분 본문에서 "대통령령으로 정하는 호수"란 다음 각 호의 구분에 따른 호수 및 세대수를 말한다. <개정 2018. 2. 9.>

  1. 단독주택: 30호. 다만, 다음 각 목의 어느 하나에 해당하는 단독주택의 경우에는 50호로 한다.

    가. 법 제2조제24호 각 목의 어느 하나에 해당하는 공공사업에 따라 조성된 용지를 개별 필지로 구분하지 아니하고 일단(一團)의 토지로 공급받아 해당 토지에 건설하는 단독주택

    나. 「건축법 시행령」 제2조제16호에 따른 한옥

  2. 공동주택: 30세대(리모델링의 경우에는 증가하는 세대수를 기준으로 한다). 다만, 다음 각 목의 어느 하나에 해당하는 공동주택을 건설(리모델링의 경우는 제외한다)하는 경우에는 50세대로 한다.

    가. 다음의 요건을 모두 갖춘 단지형 연립주택 또는 단지형 다세대주택

      1) 세대별 주거전용면적이 30제곱미터 이상일 것

      2) 해당 주택단지 진입도로의 폭이 6미터 이상일 것. 다만, 해당 주택단지의 진입도로가 두 개 이상인 경우에는 다음의 요건을 모두 갖추면 진입도로의 폭을 4미터 이상 6미터 미만으로 할 수 있다.

        가) 두 개의 진입도로 폭의 합계가 10미터 이상일 것

나) 폭 4미터 이상 6미터 미만인 진입도로는 제5조에 따른 도로와 통행거리가 200미터 이내일 것

나. 「도시 및 주거환경정비법」 제2조제1호에 따른 정비구역에서 같은 조 제2호가목에 따른 주거환경개선사업(같은 법 제23조제1항제1호에 해당하는 방법으로 시행하는 경우만 해당한다)을 시행하기 위하여 건설하는 공동주택. 다만, 같은 법 시행령 제8조제3항제6호에 따른 정비기반시설의 설치계획대로 정비기반시설 설치가 이루어지지 아니한 지역으로서 시장·군수·구청장이 지정·고시하는 지역에서 건설하는 공동주택은 제외한다.

② 법 제15조제1항 각 호 외의 부분 본문에서 "대통령령으로 정하는 면적"이란 1만제곱미터를 말한다.

요약하면 다음과 같다.

사업계획 승인대상		단독주택 30호 or 공동주택 30세대 이상 주택건설사업, 또는 1만m² 이상 대지조성사업
승인권자	대지면적 10만m²	이상	특별시장·광역시장·특별자치시장·도지사 또는 특별자치도지사
			서울특별시·광역시 및 특별자치시를 제외한 인구 50만 이상의 대도시의 시장
		미만	특별시장·광역시장·특별자치시장·특별자치도지사 또는 시장·군수
주택 외의 시설과 주택을 동일 건축물로 건축하는 주상복합 경우 등 대통령령으로 정하는 경우에는 사업계획 승인이 아닌 건축허가 대상임.			

(공동주택 30세대가 아닌 50세대 이상을 건축하는 경우의 기준에 대해서는 언급을 생략함.)

주택법 제15조 1항 단서조항에 '주택 외의 시설과 주택을 동일 건축물로 건축하는 경우 등 대통령령으로 정하는 경우에는 그러하지 아니하다'라고 되어 있는데, 이때의 대통령령 내용(주택법 시행령 제27조 4항)은 다음과 같으며, 해당 건축에 대해서는 사업계획승인이 아닌 건축허가로 가능하다는 뜻이다.

주택법 시행령 제27조(사업계획의 승인)

④ 법 제15조제1항 각 호 외의 부분 단서에서 "주택 외의 시설과 주택을 동일 건축물로 건축하는 경우 등 대통령령으로 정하는 경우"란 다음 각 호의 어느 하나에 해당하는 경우를 말한다.

1. 다음 각 목의 요건을 모두 갖춘 사업의 경우

가. 「국토의 계획 및 이용에 관한 법률 시행령」 제30조제1호다목에 따른 준주거지역 또는 같은 조 제2호에 따른 상업지역(유통상업지역은 제외한다)에서 300세대 미만의 주택과 주택 외의 시설을 동일 건축물로 건축하는 경우일 것

나. 해당 건축물의 연면적에서 주택의 연면적이 치지하는 비율이 90퍼센트 미만일 것

준주거지역 또는 상업지역에서 300세대 미만의 주택과 주택 외의 시설을 동일건축물로 건축하는 경우이면서 해당 건축물의 연면적에서 주택의 연면적이 차지하는 비율이 90% 미만인 것을 말하는데, 이 조항이 적용되는 대표적인 경우는 주상복합으로 보면 이해하기 쉽다.

상가 비율이 10% 이상이고 300세대 미만인 주상복합으로 건축하면 주택법에 따른 사업계획승인 대상이 아닌 건축법에 따른 건축허가 대상이 되므로 인허가 기간이 짧고 요건도 간단하며 또한 PF가 쉬워지고, 금융 비용이 적게 들어 사업성이 상당히 개선된다.

참고로 건축법과 주택법의 차이를 알아보자

구분	목적	절차
건축법	건축물의 대지·구조·설비 기준 및 용도 등을 정하여 건축물의 안전·기능·환경 및 미관을 향상시킴으로써 공공복리의 증진에 이바지하는 것을 목적으로 함	건축주→건축허가→착공/시공→사용승인
주택법	쾌적하고 살기 좋은 주거환경 조성에 필요한 주택의 건설·공급 및 주택시장의 관리 등에 관한 사항을 정함으로써 국민의 주거안정과 주거수준의 향상에 이바지함을 목적으로 함	사업주체→사업계획승인→착공/시공→사용검사

즉, 건축법은 주택을 포함한 건축물의 안전·기능·환경 및 미관 향상을 주안점으로 하는 법령인데, 주택법은 건축물 중에서 쾌적하고 살기 좋은 주거환경을 조성하기 위해 중요한 주택에 대한 특별한 규정을 마련한 법령이라고 생각하면 된다. 주택법은 주택을 건설할 때 일반 건축물보다 강화된 주택 건설 규정을 적용하고 승인받은 사업계획대로 건설되었는지 사전 점검과 품질 검사를 받을 의무를 규정하고 있다.

건축법을 적용받으면 커뮤니티 시설과 같은 부대시설을 갖추지 않아도 되며, 입주 전에 지방자치단체의 품질 검사나 사전 예비 점검 등의 의무 점검 대상도 아니어서 가급적이면 주택법 적용을 피하기 위해 편법 사례가 발생하고 있다. (부실 공사의 가능성이 높아짐)

240여 호의 단독주택을 건축하면서 한 단지가 아닌 50가구 미만의 5개 필지로 쪼개 건축법에 따른 건축허가를 받아 문제 된 경우도 있었다. 건축법을 적용받으면 커뮤니티 시설 등 공동주택이 갖추어야 하는 시설을 만들지 않아도 되고 지자체의 품질 검수나 사전 예비 점검 등 각종 의무 점검 대상에서 제외되는 점을 노린 것이다. 이는 주택법 시행령 제27조제1항 2호 단서 조항에 의거 50가구 미만 단지로 건축허가를 받으면 주택법이 아닌 건축법을 적용할 수 있는 내용을 활용한 것이다.

4. 사업시행계획인가 대상

재건축, 재개발 등 도시 및 주거환경정비법에 따른 정비사업으로 진행되는 경우에는 사업시행계획인가를 받아야 한다.

> 도시 및 주거환경 정비법 제50조(사업시행계획인가)
> ① 사업시행자(제25조제1항 및 제2항에 따른 공동시행의 경우를 포함하되, 사업시행자가 시장·군수등인 경우는 제외한다)는 정비사업을 시행하려는 경우에는 제52조에 따른 사업시행계획서(이하 "사업시행계획서"라 한다)에 정관등과 그 밖에 국토교통부령으로 정하는 서류를 첨부하여 시장·군수등에게 제출하고 사업시행계획인가를 받아야 하고, 인가받은 사항을 변경하거나 정비사업을 중지 또는 폐지하려는 경우에도 또한 같다. 다만, 대통령령으로 정하는 경미한 사항을 변경하려는 때에는 시장·군수등에게 신고하여야 한다.

요약하면 다음과 같다

내용	인허가권자
정비사업 시행(변경, 중지, 폐지 포함)	시장·군수의 인가
경미한 사항 변경	시장·군수에게 신고

[요약]

건축법, 주택법, 도정법의 내용을 다음과 같이 요약해 볼 수 있다.

건축법	건축허가	- 증축,개축,재축 : 바닥면적 85 m² 초과 - 신축 : 연면적 200 m² 이상, 3층 이상, - 소규모가 아닌 대수선 : 연면적 100 m² 초과, 증축하여 3층 이상됨 - 주택법 : 준주거지역 또는 상업지역에서 300세대 미만의 주택과 주택 외의 시설을 동일건축물로 건축하는 경우이면서 해당 건축물의 연면적에서 주택의 연면적이 차지하는 비율이 90퍼센트 미만 - 도정법 적용대상 아닌 것
	건축신고	- 바닥면적 합계가 85 m² 이내의 증축·개축 또는 재축. 다만, 3층 이상 건축물인 경우에는 증축·개축 또는 재축하려는 부분의 바닥면적 합계가 건축물 연면적의 10분의 1 이내인 경우로 한정. - 「국토의 계획 및 이용에 관한 법률」에 따른 관리지역, 농림지역 또는 자연환경보전지역에서 연면적이 200 m² 미만이고 3층 미만인 건축물의 건축. 다만, 다음 각 목의 어느 하나에 해당하는 구역에서의 건축은 제외. 가. 지구단위계획구역 나. 방재지구 등 재해취약지역으로서 대통령령으로 정하는 구역 - 연면적이 200 m² 미만이고 3층 미만인 건축물의 대수선
주택법	사업계획승인	- 단독주택 30호, 공동주택 30가구 이상 - 1만 m² 이상의 대지조성 - 도시형 생활주택 30가구 이상 - 주상복합 300세대 이상
도정법	사업시행계획인가	도시환경정비사업 - 재개발 - 재건축 - 주거환경개선사업

제2장 건축위원회 및 건축 심의

건축물을 건축하려는 자는 건축법 제11조에 따라 "건축허가"를 받아야 하는 것과는 별도로 건축법 제4조에 따른 "건축위원회 심의"를 받도록 하고 있다.

규정 체세상 건축허가 절차와 건축위원회 심의 절차는 구분되고 실무상으로도 두 절차가 분리·운영되고 있어 건축위원회의 심의를 일반적인 건축허가 절차의 일부분으로 보기는 어렵다.

건축법 제11조(건축허가)

① 건축물을 건축하거나 대수선하려는 자는 특별자치시장·특별자치도지사 또는 시장·군수·구청장의 허가를 받아야 한다. 다만, 21층 이상의 건축물 등 대통령령으로 정하는 용도 및 규모의 건축물을 특별시나 광역시에 건축하려면 특별시장이나 광역시장의 허가를 받아야 한다. <개정 2014. 1. 14.>

건축법 제4조(건축위원회)

① 국토교통부장관, 시·도지사 및 시장·군수·구청장은 다음 각 호의 사항을 조사·심의·조정 또는 재정(이하 이 조에서 "심의등"이라 한다)하기 위하여 각각 건축위원회를 두어야 한다. <개정 2009. 4. 1., 2013. 3. 23., 2014. 5. 28.>

  1. 이 법과 조례의 제정·개정 및 시행에 관한 중요 사항

  2. 건축물의 건축등과 관련된 분쟁의 조정 또는 재정에 관한 사항. 다만, 시·도지사 및 시장·군수·구청장이 두는 건축위원회는 제외한다.

  3. 건축물의 건축등과 관련된 민원에 관한 사항. 다만, 국토교통부장관이 두는 건축위원회는 제외한다.

  4. 건축물의 건축 또는 대수선에 관한 사항

  5. 다른 법령에서 건축위원회의 심의를 받도록 규정한 사항

따라서 "건축허가"를 받거나 의제되었다 해서 "건축위원회 심의" 절차를 생략할 수는 없다고 보아야 하고, 그와 같이 해석하는 것이 건축허가의 공정성·전문성을 확보하기 위해 도입한 건축위원회 심의 제도의 취지에도 부합한다. (대법원 2007. 10. 11. 선고 2007두1316 판결 참조)

또한, 주택법 제18조 제1항 및 제5항에서는 주택건설 사업 계획의 승인권자는 필요하다고 인정하는 경우 건축법에 따른 건축위원회의 심의 등 관련 법률상의 심의를 통합하여 심의할 수 있고 이러한 통합 심의를 거친 경우 건축법에 따른 건축위원회의 심의 등 관련 법률상의 심의

를 거친 것으로 본다고 규정하고 있는데,

이는 주택건설사업 추진시 개별법에 따라 각각 거쳐야 하는 건축위원회 심의 등을 주택건설 사업 계획의 승인권자가 공동위원회를 구성하여 통합 심의 할 수 있도록 하여 주택건설 관련 인허가 기간을 단축하기 위해 도입된 것으로써 건축위원회 심의 등이 각 개별법상 반드시 거쳐야 하는 필수적 절차임을 전제로 한 것으로 보인다.

주택법 제18조(사업계획의 통합심의 등)

① 사업계획승인권자는 필요하다고 인정하는 경우에 도시계획·건축·교통 등 사업계획승인과 관련된 다음 각 호의 사항을 통합하여 검토 및 심의(이하 "통합심의"라 한다)할 수 있다.

　　1. 「건축법」에 따른 건축심의

　　2. 「국토의 계획 및 이용에 관한 법률」에 따른 도시·군관리계획 및 개발행위 관련 사항

　　3. 「대도시권 광역교통 관리에 관한 특별법」에 따른 광역교통 개선대책

　　4. 「도시교통정비 촉진법」에 따른 교통영향평가

　　5. 「경관법」에 따른 경관심의

　　6. 그 밖에 사업계획승인권자가 필요하다고 인정하여 통합심의에 부치는 사항

⑤ 통합심의를 거친 경우에는 제1항 각 호에 대한 검토·심의·조사·협의·조정 또는 재정을 거친 것으로 본다.

공동주택 건축과 관련하여서는 건축법 제4조제2항을 통하여 건축위원회가 건축계획·건축구조·건축설비 등의 분야별 전문위원회를 두어 운영할 수 있도록 하고 있으며,

---

건축법 제4조(건축위원회)

② 국토교통부장관, 시·도지사 및 시장·군수·구청장은 건축위원회의 심의등을 효율적으로 수행하기 위하여 필요하면 자신이 설치하는 건축위원회에 다음 각 호의 전문위원회를 두어 운영할 수 있다. <개정 2009. 4. 1., 2013. 3. 23., 2014. 5. 28.>

　　1. 건축분쟁전문위원회(국토교통부에 설치하는 건축위원회에 한정한다)

　　2. 건축민원전문위원회(시·도 및 시·군·구에 설치하는 건축위원회에 한정한다)

　　3. 건축계획·건축구조·건축설비 등 분야별 전문위원회

③ 제2항에 따른 전문위원회는 건축위원회가 정하는 사항에 대하여 심의등을 한다. <개정 2009. 4. 1., 2014. 5. 28.>

④ 제3항에 따라 전문위원회의 심의등을 거친 사항은 건축위원회의 심의등을 거친 것으로 본다. <개정 2009. 4. 1., 2014. 5. 28.>

제5항을 통하여 건축위원회의 조직 및 운영, 그 밖의 필요한 사항은 국토교통부령이나 해당 지방자치단체의 조례로 정하도록 하고 있다.

> 건축법 제4조(건축위원회)
> ⑤ 제1항에 따른 각 건축위원회의 조직·운영, 그 밖에 필요한 사항은 대통령령으로 정하는 바에 따라 국토교통부령이나 해당 지방자치단체의 조례(자치구의 경우에는 특별시나 광역시의 조례를 말한다. 이하 같다)로 정한다. <개정 2013. 3. 23.>

국토교통부에서 제정한 건축위원회 심의기준은 고시되어 있으며(국토교통부 고시 제2023-57호 2023. 2. 1 개정), 자치 단체에서 운영하고 있는 건축조례(건축위원회 관련 사항 포함)는 자치법규정보시스템에 들어가서 조회해 볼 수 있다.

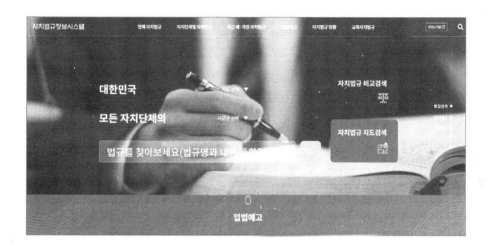

필관조합의 경우 2018년 11월 9일 광역시에 건축심의 신청서를 제출하고 여러 우여곡절을 거치고 천신만고 끝에 만 1년 만인 2019년 11월 8일 건축위원회로부터 조건부 의결 결과를 통보받고, 12월에 조치 완료를 확인받았다.

이 외에도 건축법 시행령 제5조의6(전문위원회 구성 등)에서 정한 각 분야의 전문위원회를 구성·운영할 수 있으며, 건축법 시행령 제5조의5(지방건축위원회) 제6항제2호 차목에 따라 건축구조 분야 등 전문분야에 대해서는 분야별 해당 전문위원회에서 심의를 해야 하며, 이는 착공 신고 전에 이루어져야 한다. 필관조합의 경우 2020년 6월 23일 건축구조분야 전문위원회 심의가 있었으며 2020년 7월 8일 조건부 의결 결과를 통보받았다. 그리고 2020년 8월에 조치 완료 확인을 받아 심의를 통과했다.

심의 과정에서 느낀 점은 여기서 다 적을 수는 없지만, 대단히 수긍하기 힘들고 참아내기 힘듦의 연속이었다. 그 기간 동안 조합원들이 받은 고통은 말로 다 할 수 없다. 자세히 설명하고 이해를 도울 수 있는 소통의 과정이 좀 더 충실히 있었더라면 그 고통이 조금은 경감될 수 있었을 텐데 하는 많은 아쉬움이 남는다.

일부 다른 지역에서는 이미 도입되어 적용되고 있는 리모델링이 쉬운 구조 적용 시 용적률 완화를 받을 수 있는 제도가 우리 지역에는 없어서, 국토교통부 유권 해석을 요청하고 그 결과를 받아 시의 자체 기준이 마련되었는데, 이 과정에서도 상당한 기간 손실을 입었다. 추후에 파악한 내용이지만 2015년 8월에 우리 광역시에서 수립한 도시 및 주거환경정비 기본계획 자료를 보니 인센티브 운영 기준이 별첨되어 있는데, 제6장에 지속가능한 공동주택 건립에 따른 인센티브 제공 항목 중의 하나로 리모델링이 용이한 공동주택을 명시하고 있으며, 별지 제8호에 리모델링이 용이한 공동주택 평가계획서가 포함되어 있었다. 그러면 금번에 시에서 마련한 자체 기준은 무엇이란 말인가? 관련 공무원들과 지방의회 의원들의 적극적인 업무 자세가 필요함을 느낀 대목이다.

이 이외에도 건축 심의서 부터 착공 신고까지의 각 단계에 걸쳐 받아야 할 인허가 사항이 수없이 많은데 정리해 보면 대략 다음과 같다. (상세한 기술은 생략함.)

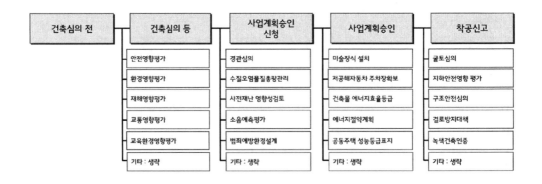

건축심의 전	건축심의 등	사업계획승인 신청	사업계획승인	착공신고
안전영향평가	경관심의	미술장식 설치	굴토심의
환경영향평가	수질오염물질총량관리	저공해자동차 주차장확보	지하안전영향 평가
재해영향평가	사전재난 영향성검토	건축물 에너지효율등급	구조안전심의
교통영향평가	소음예측평가	에너지절약계획	결로방지대책
교육환경영향평가	범죄예방환경설계	공동주택 성능등급표지	녹색건축인증
기타 : 생략	기타 : 생략	기타 : 생략	기타 : 생략

[필관조합의 경우 용역으로 수행한 인허가 항목 및 항목별 소요 비용 실적]

구분		금액	비고
환경영향평가	일조환경영향평가	800만 원	vat 별도
지구단위계획	지구단위계획	24,000만 원	vat 별도
	재해영향평가		
	개발행위허가		
	지형현황측량		
교육환경영향평가		2,500만 원	vat 별도
교통영향평가		5,000만 원	vat 제외
		6,000만 원	vat 포함
재해 및 지하안전 영향평가		7,870만 원	vat 별도

인·허가 시에 요구되었던 풍동 실험에 대해 참고로 살펴보자.

필관조합의 경우 건축구조 전문위원회 심의 결과 조건부 의결 결정을 받았다.

심의내용중 "풍동 실험 결과에 의한 하중으로 검토할 것(기초시공 전까지)",

"조치의견 17 - 102, 104동은 풍동실험 수행 할 것(기초공사 전까지 제출)"이라는 내용이 포함되어 있었다.

■ 건축위원회 심의기준 [별지 제2호서식]

건축구조 전문위원회 심의 주요결과

• [　]에는 해당하는 곳에 'O' 표시를 합니다.

운영기관	건축주택과	심의일자	2020. 6. 23

건축종별	[O]신축, [　]증축 [　]대수선, [　]기타
건축주	성명(법인명) 지역주택조합 외 1

대지현황	대지위치	
	지번	관련지번 외 100필지
	대지면적 15,750 ㎡	용도지역(지구, 구역) 제2종일반주거지역

건축물현황	건축면적 2,178.0744 ㎡	건폐율 17.26 %	층수 지하 : 2층 / 지상 : 25층
	주용도 공동주택	구조 철근콘크리트구조	건축물 동수 5 동
	최고높이 72.05 m	용적률 245.41 %	연면적 합계 54,723.7515 ㎡

심의내용	구 분	주요 심의결과
	구조분야	○ 건물공조 시스템으로 설계하였으므로 각동별 shear force Ratio를 검토 할 것. ○ 102동 (C3, C4), 104동(C3, C4) 상부근과 하부수근을 도면에 표시하여 시공에 반영 할 것 ○ 아파트 수평변위로 주차장 연결부에 가해지는 수평력 검토 제시 　(102동, 103동, 104동, 105동) ○ 101동 및 101동 수변 터파기 완료 후 지내력 테스트를 통해 설계 지내력 이상인지를 확인 할 것. ○ 풍동 실험 결과에 의한 하중으로 검토 할 것(기초시공 전까지) ○ 옹벽 및 인저 철근의 상세 정착 이음 상세 첨부 ○ Delay Joint zoning을 재검토 ○ 조치의견 13 - 103동 추가 할 것(기초공사 전까지 제출) ○ 조치의견 14 - 하중조합 및 설계도서 제출 ○ 조치의견 15 - 지하1층 밑면을 맞출 것 ○ 조치의견 16 - 0.5B에 내해 con'c wall로 변경된 부분에 대해서는 건축 도면을 수정하여 제출 ○ 조치의견 17 - 102, 104동은 풍동실험 수행 할 것(기초공사 전까지 제출) ○ 조치의견 18 - 수정할 것 ○ 조치의견 19 - 수축으로 제하 할 것 ○ 조치의견 20 - 연결보 대체 설계안으로 설계바람 ○ 조치의견 23 - 반영바람 ○ 조치의견 24 - 건물 수변 1bay에 대해서는 RC SLAB로 계획하여 설계 바람 ○ 조치의견 25 - 검토근거 제출 할 것 ○ 조치의견 26 - 보완할 것
	토질·기초 분야	○ 흙막이 보고서에 대한 조치계획이 보고서에 반영되지 않았으므로 조치 내용을 보고서에 반영하여 다시 제출하시기 바람.

심의결과	[　] 원안 의결　　[O] 조건부 의결　　[　] 재검토 의결　　[　] 부결
	※ 작성기준(건축위원회 심의기준 9.3 관련) 　• 원안 의결 : 상정안건에 대하여 수정없이 원안대로 의결 　• 조건부 의결 : 상정안건에 별도의 내용을 부가하거나 제외하는 등의 일부 조건을 부여하여 건축사가 반영하도록 하는 의결 　• 재검토 의결 : 상정안건을 다시 검토 보완하여 추후 위원회에서 다시 심의토록 의결 　• 부결 : 상정안건이 건축법령 등에 위반되거나 심의요건이 물충분하여 부결시키기로 의결 　　(단, 「건축위원회 심의기준」 2.3 가목에서 라목까지 사유에 해당하여야 함)

210㎜×297㎜[백상지 80g/㎡]

필관조합은 이를 위해 전문업체와 계약을 했는데, 계약금액이 무려 7,000만 원(vat 별도)이나 되었다. 업무 대행사의 횡령으로 조합원들이 아주 고통을 받고 있고 풍동 실험에 대한 부정적인 뉴스 및 신문기사들도 있던 터라, 일반 정서로는 꼭 필요할 것 같지 않은 풍동 실험에 거금을 사용하도록 하는 것에 대해 조합원들의 온갖 억측과 부정적인 의견들이 많았다. 확인할 수 없으니 넘어갈 수밖에 없었지만 풍동 실험의 당위성, 효과 및 투명성이 좀 더 확보될 수 있도록 하는 노력이 필요해 보인다. 개별 사업장마다 풍동 실험을 부담시키는 것이 꼭 필요한 일인지 일반의 공감을 확보하는 일이 우선되어야 하겠으며, 그래도 꼭 필요한 일이면 비용과 기간을 획기적으로 줄일 수 있는 기술과 제도를 국토교통부 차원에서 마련할 필요가 있어 보인다.

-풍동실험 용역 계약서-

계약내용	용 역 명	■■■■ ■■■■■■■■ 공동주택 풍동실험
	용역범위	외장재설계용 풍하중 평가 구조골조설계용 풍하중 및 사용성 평가
	용역기간	2020.07.09-2020.09.14(협의)
	계약금액	일금칠천만원(₩70,000,000) 단, VAT 별도
	담 당 자	■■■■ 소장

발주자인 (주)■■■■■■■■(이하 "갑"이라 한다)과 계약당사자인 ㈜■■■■■■ 기업부설연구센터(이하 "을"이라 한다)는 상호 대등한 입장에서 위 풍동실험용역에 대한 계약을 체결하고 신의에 따라 성실하게 계약상의 의무를 이행할 것을 확약하며, 이 계약의 증거로서 계약서를 작성하여 당사자가 기명날인한 후 각각 1통씩 보관한다.

2020년 07월 09일

	(갑) 발주자		(을) 계약당사자
상 호	■■■■■■■■주택조합	상 호	㈜ ■■■■
주 소	■■■	주 소	■■■ ■■ ■ ■■■
등록번호	■■■	등록번호	■■■
전화번호	■■■	전화번호	■■■
대 표 자	■■■	대 표 자	■■■

1. 계약에 관한 일반사항
가. 용역의 수행 방법 : 풍압실험을 행하여 외장재 설계를 위한 풍하중을 평가하여 제시하고 풍력실험을 행하여 구조골조 설계를 위한 풍하중과 건축물 최상층에서의 사용성을 평가하여 제시한다.
나. 상호협주
1) "갑"은 "을"이 본 연구를 통하여 수행능력이 없다고 인정될 경우에는 "을"에게 이를 통보하여 본 계약을 해제 및 해지할 수 있다.
2) "을"은 "갑"이 본 계약을 위배하여 원활한 연구수행이 극히 곤란하다고 인정될 경우에는 3주간 기간을 두고 "갑"에게 통고한 후 본 계약을 해제 및 해지할 수 있다.
3) "1"에 의하여 해제 및 해지할 경우에는 "갑"은 기 지급된 선급금 및 공기 지연으로 인하여 발생하는 손해금액을 청구하고 "을"은 1개월 이내에 이를 지급한다.
4) "2"에 의하여 해제 및 해지할 경우에는 "을"은 해제 및 해지된 날부터 1개월 이내에 중단 시까지의 연구비 정산서 및 연구보고서를 "갑"에게 제출하고 집행정산에 의하여 연구비를 정산한다.
2. 결과 납품
가. 기한 : 용역기간내 착수시점으로부터 1차보고서는 7주 이내, 최종보고서는 9주 이내로 한다.
※ 착수시점 : 풍동실험에 필요한 도면일체와 구조를 동적특성자료를 갑으로부터 을이 제공받은 시점으로 한다.
1) 1차보고서 내용 : 용역에 대한 풍동실험을 행하여 구조골조설계용 풍하중 및 사용성 평가 결과.
2) 최종보고서 내용 : 1차보고서의 내용과 외장재설계용 풍하중 평가 결과를 반영한 최종적인 보고서.
나. 제출방법 : 1차보고서는 PDF파일로 제공, 최종보고서는 PDF파일과 제본 5부로 한다.
3. 용역대금
가. 지불방법 : 계약시 30%를 14일 이내, 잔금은 최종보고서 제출 후 1개월 이내.
나. 계좌정보 : ㈜ ■■■■■, ■■■, ■■■-■■■■-■■.
4. 기타 사항
가. : 계약에서 정하지 아니한 사항이나 본 계약 업무 수행방법 등 세부사항에 관하여 본 계약서의 해석상 분명하지 아니한 점이 있는 경우에는 (갑)과 (을)의 합의에 의한다.
나. 이 계약과 관련하여 상호 간에 분쟁이 발생한 경우에는 "갑"과 "을"은 관계법령과 사회통념을 기준으로 협의하여 해결하되, 협의를 이루지 못할 경우 소송은 "갑"의 관할법원으로 한다. -끝-

제4장 건폐율, 용적률 및 대지 지분 등

1. 건폐율

대지면적에 대한 건축면적(대지에 건축물이 둘 이상 있는 경우에는 이들 건축면적의 합계)의 비율을 말한다.

> 건축법 제55조(건축물의 건폐율)
> 대지면적에 대한 건축면적(대지에 건축물이 둘 이상 있는 경우에는 이들 건축면적의 합계로 한다)의 비율(이하 "건폐율"이라 한다)의 최대한도는 「국토의 계획 및 이용에 관한 법률」 제77조에 따른 건폐율의 기준에 따른다. 다만, 이 법에서 기준을 완화하거나 강화하여 적용하도록 규정한 경우에는 그에 따른다.

2. 용적률

대지면적에 대한 연면적(대지에 건축물이 둘 이상 있는 경우에는 이들 연면적의 합계)의 비율을 말한다. 용적률을 산정할 때에는 지하층의 면적, 지상층의 주차용(해당 건축물의 부속용도인 경우만 해당)으로 쓰는 면적, 주민공동시설의 면적, 초고층 건축물의 피난안전구역의 면적은 제외한다.

> 건축법 제56조(건축물의 용적률)
> 대지면적에 대한 연면적(대지에 건축물이 둘 이상 있는 경우에는 이들 연면적의 합계로 한다)의 비율(이하 "용적률"이라 한다)의 최대한도는 「국토의 계획 및 이용에 관한 법률」 제78조에 따른 용적률의 기준에 따른다. 다만, 이 법에서 기준을 완화하거나 강화하여 적용하도록 규정한 경우에는 그에 따른다.

3. 필관조합의 실 적용 사례

가. 사업부지 구성 내역

구분		내용		
기반 시설	도로	5,221.5 m²(23.7%) 보행자도로 366포함	6,269.5 m²(28.5%)	1,579.5평
	공원	1,048.0 m²(4.8%)		317.0평
대지		15,722.5 m²(71.5%)		4,756.1평
사업부지(합계)		21,992.0 m²(100%)		6,652.6평

나. 공동주택 면적

Type	세대수	전용 면적(m²)	주거공용면적(m²)			분양 면적(m²)	기타공용면적(m²)			지하 주차장(m²)	계약 면적(m²)
			벽체공유	계단공유	소계		부대시설	기계전기	소계		
59	122	59.7186 (18.06평)	6.8570	13.7858	20.6428	80.3614 (24.31평)	4.2595	0.9253	5.1848	26.5741	112.1203 (33.92평)
75	96	75.9378 (22.97평)	8.6478	17.5299	26.1777	102.1155 (30.89평)	5.4163	1.1766	6.5929	33.7915	142.4999 (43.11평)
84	166	84.8107 (25.66평)	7.8878	19.5781	27.4659	112.2766 (33.96평)	6.0492	1.3141	7.3633	37.7397	157.3796 (47.61평)
합계	384	28,654.2742 (8,667.92평)	2,976.1176	6,614.7116	9,590.8292	38,245.1034 (11,569.14평)	2,043.7925	443.9826	2,487.7751	12,750.8272 (3,857.13평)	53,483.7057 (16,178.82평)

다. 시설면적

구분		주차시설	정로당	어린이집	관리 사무실	MDF실	방재실	주민 공동시설	작은 도서관	기계실	전기실	발전 기실	정화실 1	경비실 2	소계	주차 + 부대 복리시설 소계	아파트 소계	근생시설	합계
지상	1층	286.7374	95.9867	237.9928				49.8150						23.4158	407.2103	693.9477	1,370.6411		1,370.6411
지하	1층	6,119.8390			100.392	26.0852	28.9562	1,585.0410	70.1280	58.6602			25.9398		1,695.2524	7,815.0614	7,915.0614	1,307.7471	9,722.8085
	2층	6,344.2708								184.2284	169.9390	31.1550			385.3224	6,729.5932	6,729.5932		6,729.5932
지상면적		286.7374	95.9867	237.9928				49.8150						23.4158	407.2103	693.9477	38,939.0511		38,939.0511
지하층면적		12,464.1098			100.392	26.0852	28.9562	1,585.0410	70.1280	242.8886	169.9390	31.1550	25.9398		2,080.5648	14,544.6546	14,544.6546	1,307.7471	15,852.4017
용면적소계		12,750.8272	95.9867	237.9928	100.392	26.0852	28.9562	1,634.8560	70.1280	242.8886	169.9390	31.1550	25.9398	23.4158	2,487.7751	15,238.6023	53,483.7057	1,307.7471	54,791.4528
건축면적			95.9867	239.2597				49.8150						23.4158	408.4768	408.4768	2,718.0744		2,718.0744

라. 건폐율, 용적률

용도별	전체 연면적	지상층 연면적	지하층 연면적	건축면적	용적률 산정면적	용적률,건폐율
아파트	53,483.7057 m² (16,178.8평)	38,939.0511 m² (11,779.1평)	14,544.6546 m² (4,399.8평)	2,718.0744 m² (822.2평)	* 38,652.3137 m² (11,692.3평)	용적률 = 245.84% (=38,652.3137÷15,722.5)
근린생활 시설	1,307.7471 m² (395.6평)	-	1,307.7471 m² (395.6평) * 주차 371.5775 포함	-	-	* 지상 주차면적 제외 (38,939.0511 - 286.7374 = 38,652.3137)
계	54,791.4528 m² (16,574.4평)	38,939.0511 m² (11,779.1평)	15,852.4017 m² (4,795.4평)	2,718.0744 m² (822.2평)	38,652.3137 m² (11,692.3평)	건폐율 = 17.29% (=2,718.0744÷15,722.5)

마. 세대당 대지 지분

Type	세대수 (a)	전용 면적(b)	a×b	세대당 대지지분	비고(15,347.2398 산정근거)
59	122	59.7186	7,285.6692 m²	31.9853 m² (59.7186÷28,654.2742×15,347.2398)	동면적합계 54,791.4528(100%) = 아파트 53,483.7057(97.6132%) + 근생 1,307.7471(2.3868%)
75	96	75.9378	7,290.0288 m²	40.6723 m² (75.9378÷28,654.2742×15,347.2398)	대지면적 15,722.5(4,756.05625평)
84	166	84.8107	14,078.5762 m²	45.4246 m² (84.8107÷28,654.2742×15,347.2398)	= 아파트 97.6132% **15,347.2398(4,642.54004평)** + 근생 2.3868% 375.2602 (113.51621평)
합계	384		28,654.2742 m²		

＊ 면적 관련 이해

- 평방미터(m²)를 평수로 환산: 평방미터(m²)×0.3025

  평수를 평방미터(m²)로 환산: 평수/3.305785124

- 헤베: 면적을 나타내는 단위임. 가로 및 세로 각각 1m일 때 1헤베라고 함.

  평방미터(m²)를 일본어로 '헤이베이'로 읽는데, 우리나라에 들어오면서 말하기 쉽게 헤

  베로 변형이 된 듯함.

- 루베: 체적(부피)을 나타내는 단위임. 가로 ,세로 및 높이 각각 1m일 때 1루베라고 함.

  입방미터(m³)를 일본어로 '류우베이'로 읽는데, 우리나라에 들어오면서 말하기 쉽게

  루베로 변형이 된 듯함.

제10편

지구단위계획

주택조합이 추진되는 지역이 나대지일 수도 있지만 기존의 노후화된 도시 지역일 수도 있다. 노후화된 도시 지역은 도시 및 주거환경정비법에 의거 정비예정구역(주거환경개선, 재개발 또는 재건축)으로 지정되어 있을 수도 있다.

정비예정구역은 10년 단위로 수립(5년 단위로 타당성 검토)되는 도시·주거환경정비 기본계획에 의해 지정되어 고시되어 있으며, 기본계획에는 주로 주거지 관리계획(생활권계획), 정비예정구역의 지정·관리 및 건축물 밀도계획을 포함하고 있다.

정비예정구역은 주거환경개선, 재개발 및 재건축으로 분류하는데, 주거환경개선 구역명은 'A-??', 재개발 구역명은 'B-??', 재건축 구역명은 'C-??'로 통상 표기되고 있다.

「도시 및 주거환경정비법」 제4조(도시·주거환경정비기본계획의 수립)

① 특별시장·광역시장·특별자치시장·특별자치도지사 또는 시장은 관할 구역에 대하여 도시·주거환경정비 기본계획(이하 "기본계획"이라 한다)을 10년 단위로 수립하여야 한다. 다만, 도지사가 대도시가 아닌 시로서 기본계획을 수립할 필요가 없다고 인정하는 시에 대하여는 기본계획을 수립하지 아니할 수 있다.

② 특별시장·광역시장·특별자치시장·특별자치도지사 또는 시장(이하 "기본계획의 수립권자"라 한다)은 기본계획에 대하여 5년마다 타당성을 검토하여 그 결과를 기본계획에 반영하여야 한다. <개정 2020. 6. 9.>

이러한 지역에 주택조합을 추진하려면 정비예정구역을 해제해야 한다. 필관조합의 사업부지는 정비예정구역(재개발)으로 지정되어 있었는데 2017년 5월 해제되었으며, 해제될 당시의 관련 법률 내용은 다음과 같았다.

도시 및 주거환경정비법 제4조의3(정비구역등 해제)

④ 특별시장, 광역시장, 특별자치시장, 특별자치도지사, 시장 또는 군수는 다음 각 호의 경우 지방도시계획위원회의 심의를 거쳐 정비구역등의 지정을 해제할 수 있다. 이 경우 제1호 및 제2호에 따른 구체적인 기준 등에 필요한 사항은 시·도조례로 정한다. <개정 2015. 9. 1., 2016. 1. 27.>

　　1. 정비사업의 시행에 따른 토지등소유자의 과도한 부담이 예상되는 경우

　　2. 정비예정구역 또는 정비구역의 추진 상황으로 보아 지정 목적을 달성할 수 없다고 인정하는 경우

　　3. 토지등소유자의 100분의 30 이상이 정비구역등(추진위원회가 구성되지 아니한 구역에 한한다)의 해제를 요청하는 경우

　　4. 제6조제1항제1호에 따른 방법으로 시행하고 있는 주거환경개선사업은 정비구역이 지정·고시된 날부터 10년 이상 경과하고, 추진 상황으로 보아 지정 목적을 달성할 수 없다고 인정되는 경우로서 토지등소유자의 3분의 2 이상이 정비구역의 해제에 동의하는 경우

⑦ 특별시장, 광역시장, 특별자치시장, 특별자치도지사, 시장 또는 군수는 제3항 또는 제4항에 따라 정비구역등을 해제하는 경우(제3항 단서에 따라 해제하지 아니한 경우를 포함한다)에는 그 사실을 해당 지방자치단체의 공보에 고시하고 국토교통부장관에게 통보하여야 하며, 관계 서류를 일반인이 열람할 수 있도록 하여야 한다. <개정 2013. 3. 23., 2015. 9. 1., 2016. 1. 27.>

[본조신설 2012. 2. 1.]

필관조합 사업부지 지역의 정비예정구역 해제 시 고시내용은 다음과 같다.

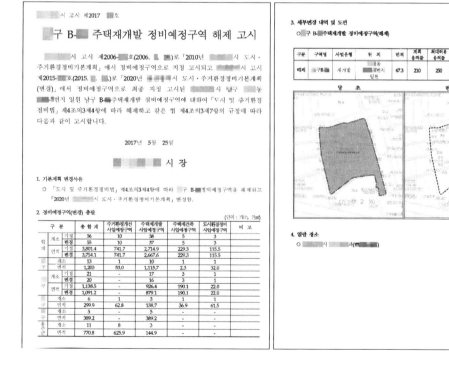

정비구역 지정 예정~사업시행계획인가에 관한 법률 내용은 다음과 같다. (도시정비법 제20조 요약)

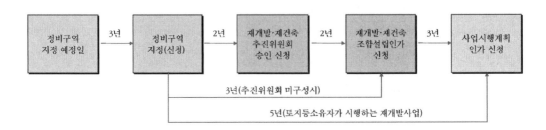

정비구역으로 지정된 토지에 주택조합을 추진하려면 정비구역 지정을 해제해야 한다.

상기 자료에 기입된 기간(년)은 다음 단계를 진행해야 하는 최대의 기간이다. 이를 충족하지 못하면 정비구역 지정권자는 정비구역을 해제해야 하며, 구청장등은 특별시장·광역시장에게 정비구역 해제를 요청하여야 한다.

도시정비법 제20조(정비구역등의 해제)

① 정비구역의 지정권자는 다음 각 호의 어느 하나에 해당하는 경우에는 정비구역등을 해제하여야 한다. <개정 2018. 6. 12.>

1. 정비예정구역에 대하여 기본계획에서 정한 정비구역 지정 예정일부터 3년이 되는 날까지 특별자치시장, 특별자치도지사, 시장 또는 군수가 정비구역을 지정하지 아니하거나 구청장등이 정비구역의 지정을 신청하지 아니하는 경우

2. 재개발사업·재건축사업[제35조에 따른 조합(이하 "조합"이라 한다)이 시행하는 경우로 한정한다]이 다음 각 목의 어느 하나에 해당하는 경우

    가. 토지등소유자가 정비구역으로 지정·고시된 날부터 2년이 되는 날까지 제31조에 따른 조합설립추진위원회(이하 "추진위원회"라 한다)의 승인을 신청하지 아니하는 경우

    나. 토지등소유자가 정비구역으로 지정·고시된 날부터 3년이 되는 날까지 제35조에 따른 조합설립인가(이하 "조합설립인가"라 한다)를 신청하지 아니하는 경우(제31조제4항에 따라 추진위원회를 구성하지 아니하는 경우로 한정한다)

    다. 추진위원회가 추진위원회 승인일부터 2년이 되는 날까지 조합설립인가를 신청하지 아니하는 경우

    라. 조합이 조합설립인가를 받은 날부터 3년이 되는 날까지 제50조에 따른 사업시행계획인가(이하 "사업시행계획인가"라 한다)를 신청하지 아니하는 경우

3. 토지등소유자가 시행하는 재개발사업으로서 토지등소유자가 정비구역으로 지정·고시된 날부터 5년이 되는 날까지 사업시행계획인가를 신청하지 아니하는 경우

② 구청장등은 제1항 각 호의 어느 하나에 해당하는 경우에는 특별시장·광역시장에게 정비구역등의 해제를 요청하여야 한다.

이후 절차로는 30일 이상 주민 공람, 의견 청취 → 지방의회 의견 청취 → 60일 내 의견 제시 (60일 경과 시 이의가 없는 것으로 봄) → 지방도시계획위원회 심의(재정비촉진지구에서는 도시재정비위원회의 심의) → 정비구역 등을 해제 → 공보에 게시, 국토교통부장관에게 보고, 일반인 열람의 과정을 진행해야 한다. 정비구역 지정권자는 정비구역 해제 사유가 되더라도 토지등 소유자가 100분의 30 이상의 동의로 해당 기간이 도래하기 전까지 연장을 요청하는 경우 또는 정비사업의 추진 상황으로 보아 주거환경의 계획적 정비 등을 위하여 정비구역등의 존치가 필요하다고 인정하는 경우, 해당 기간을 2년의 범위에서 연장할 수 있다.

도시정비법 제20조(정비구역등의 해제)

③ 특별자치시장, 특별자치도지사, 시장, 군수 또는 구청장등이 다음 각 호의 어느 하나에 해당하는 경우에는 30일 이상 주민에게 공람하여 의견을 들어야 한다.

　1. 제1항에 따라 정비구역등을 해제하는 경우

　2. 제2항에 따라 정비구역등의 해제를 요청하는 경우

④ 특별자치시장, 특별자치도지사, 시장, 군수 또는 구청장등은 제3항에 따른 주민공람을 하는 경우에는 지방의회의 의견을 들어야 한다. 이 경우 지방의회는 특별자치시장, 특별자치도지사, 시장, 군수 또는 구청장등이 정비구역등의 해제에 관한 계획을 통지한 날부터 60일 이내에 의견을 제시하여야 하며, 의견제시 없이 60일이 지난 경우 이의가 없는 것으로 본다.

⑤ 정비구역의 지정권자는 제1항부터 제4항까지의 규정에 따라 정비구역등의 해제를 요청받거나 정비구역등을 해제하려면 지방도시계획위원회의 심의를 거쳐야 한다. 다만, 「도시재정비 촉진을 위한 특별법」 제5조에 따른 재정비촉진지구에서는 같은 법 제34조에 따른 도시재정비위원회(이하 "도시재정비위원회"라 한다)의 심의를 거쳐 정비구역등을 해제하여야 한다. <개정 2021. 4. 13.>

⑥ 제1항에도 불구하고 정비구역의 지정권자는 다음 각 호의 어느 하나에 해당하는 경우에는 제1항제1호부터 제3호까지의 규정에 따른 해당 기간을 2년의 범위에서 연장하여 정비구역등을 해제하지 아니할 수 있다.

　1. 정비구역등의 토지등소유자(조합을 설립한 경우에는 조합원을 말한다)가 100분의 30 이상의 동의로 제1항제1호부터 제3호까지의 규정에 따른 해당 기간이 도래하기 전까지 연장을 요청하는 경우

　2. 정비사업의 추진 상황으로 보아 주거환경의 계획적 정비 등을 위하여 정비구역등의 존치가 필요하다고 인정하는 경우

⑦ 정비구역의 지정권자는 제5항에 따라 정비구역등을 해제하는 경우(제6항에 따라 해제하지 아니한 경우를 포함한다)에는 그 사실을 해당 지방자치단체의 공보에 고시하고 국토교통부장관에게 통보하여야 하며, 관계 서류를 일반인이 열람할 수 있도록 하여야 한다.

반면에 정비구역 지정권자는 도시정비법 제21조제1항 각 호의 어느 하나에 해당하는 경우에는, 기한이 도래하지 않아도 지방도시계획위원회의 심의를 거쳐 정비구역등을 직권해제할 수 있다.

도시정비법 제21조(정비구역등의 직권해제)

① 정비구역의 지정권자는 다음 각 호의 어느 하나에 해당하는 경우 지방도시계획위원회의 심의를 거쳐 정비구역등을 해제할 수 있다. 이 경우 제1호 및 제2호에 따른 구체적인 기준 등에 필요한 사항은 시·도조례로 정한다. <개정 2019. 4. 23., 2020. 6. 9.>

1. 정비사업의 시행으로 토지등소유자에게 과도한 부담이 발생할 것으로 예상되는 경우

2. 정비구역등의 추진 상황으로 보아 지정 목적을 달성할 수 없다고 인정되는 경우

3. 토지등소유자의 100분의 30 이상이 정비구역등(추진위원회가 구성되지 아니한 구역으로 한정한다)의 해제를 요청하는 경우

4. 제23조제1항제1호에 따른 방법으로 시행 중인 주거환경개선사업의 정비구역이 지정·고시된 날부터 10년 이상 지나고, 추진 상황으로 보아 지정 목적을 달성할 수 없다고 인정되는 경우로서 토지등소유자의 과반수가 정비구역의 해제에 동의하는 경우

5. 추진위원회 구성 또는 조합 설립에 동의한 토지등소유자의 2분의 1 이상 3분의 2 이하의 범위에서 시·도조례로 정하는 비율 이상의 동의로 정비구역의 해제를 요청하는 경우(사업시행계획인가를 신청하지 아니한 경우로 한정한다)

6. 추진위원회가 구성되거나 조합이 설립된 정비구역에서 토지등소유자 과반수의 동의로 정비구역의 해제를 요청하는 경우(사업시행계획인가를 신청하지 아니한 경우로 한정한다)

정비구역등의 직권해제의 절차에 관하여는 제20조제3항부터 제5항까지 및 제7항을 준용한다.

도시정비법 제21조(정비구역등의 직권해제)

② 제1항에 따른 정비구역등의 해제의 절차에 관하여는 제20조제3항부터 제5항까지 및 제7항을 준용한다.

정비구역등을 해제하여 추진위원회 구성승인 또는 조합설립인가가 취소되는 경우 정비구역의 지정권자는 해당 추진위원회 또는 조합이 사용한 비용의 일부를 대통령령으로 정하는 범위에서 시·도조례로 정하는 바에 따라 보조할 수 있다.

도시정비법 제21조(정비구역등의 직권해제)

③ 제1항에 따라 정비구역등을 해제하여 추진위원회 구성승인 또는 조합설립인가가 취소되는 경우 정비구역의 지정권자는 해당 추진위원회 또는 조합이 사용한 비용의 일부를 대통령령으로 정하는 범위에서 시·도조례로 정하는 바에 따라 보조할 수 있다.

도시정비법 시행령 제17조(추진위원회 및 조합 비용의 보조)

① 법 제21조제3항에서 "대통령령으로 정하는 범위"란 다음 각 호의 비용을 말한다.

   1. 정비사업전문관리 용역비

   2. 설계 용역비

   3. 감정평가비용

   4. 그 밖에 해당 법 제31조에 따른 조합설립추진위원회(이하 "추진위원회"라 한다) 및 조합이 법 제32조, 제44조 및 제45조에 따른 업무를 수행하기 위하여 사용한 비용으로서 시·도조례로 정하는 비용

② 제1항에 따른 비용의 보조 비율 및 보조 방법 등에 필요한 사항은 시·도조례로 정한다.

제2장 | 국토계획 및 지구단위계획

대한민국의 국토는 한정되어 있으며 한정된 국토를 공공복리를 증진시키고, 국민의 삶의 질을 향상시키는 데 효과적이고 효율적으로 활용할 필요가 있다.

따라서, 이러한 목적을 달성하기 위하여 국토의 이용·개발과 보전을 위한 계획의 수립 및 집행 등에 필요한 사항을 정하는 법률이 필요한데, 이러한 내용을 담은 것이 국토의 계획 및 이용에 관한 법률(이하 국토계획법으로 표기)이다.

국토계획법 내용 중 각종 계획 간의 관계 속에서 지구단위계획의 의미 파악을 위해 필요한 부분을 발췌·정리해 보면 다음과 같다.

국가계획	광역도시계획	도시·군계획
"국가계획"이란 중앙행정기관이 법률에 따라 수립하거나 국가의 정책적인 목적을 이루기 위하여 수립하는 계획 중 국토계획법 제19조 제1항 제1호부터 제9호까지에 규정된 사항이나 도시·군관리계획으로 결정하여야 할 사항이 포함된 계획을 말한다.	"광역도시계획"이란 광역계획권(국토계획법 제10조에 정의)의 장기 발전방향을 제시하는 계획을 말한다.	"도시·군계획"이란 특별시, 광역시, 특별자치시, 특별자치도,시 또는 군(광역시의 관할구역에 있는 군은 제외)의 관할구역에 대하여 수립하는 공간 구조와 발전 방향에 대한 계획인데, 도시·군기본계획과 도시·군관리계획으로 구분된다. * 도시·군기본계획: 특별시, 광역시, 특별자치시, 특별자치도, 시 또는 군의 관할구역에 대하여 기본적인 공간 구조와 장기 발전방향을 제시하는 종합계획으로서 도시·군관리계획 수립의 지침이 되는 계획. * 도시·군관리계획: 특별시, 광역시, 특별자치시, 특별자치도, 시 또는 군의 개발·정비 및 보전을 위하여 수립하는 토지 이용, 교통, 환경, 경관, 안전, 산업, 정보통신, 보건, 복지, 안보, 문화 등에 관한 다음의 계획 - 용도지역·용도지구의 지정 또는 변경에 관한 계획 - 개발제한구역, 도시자연공원구역, 시가화조정구역, 수산자원보호구역의 지정 또는 변경에 관한 계획 - 입지규제최소구역의 지정 또는 변경에 관한 계획과 입지규제최소구역계획 - 지구단위계획구역의 지정 또는 변경에 관한 계획과 지구단위계획 - 기반시설의 설치·정비 또는 개량에 관한 계획 - 도시개발사업이나 정비사업에 관한 계획

국가계획을 수립하려는 중앙행정기관의 장은 미리 지방자치단체의 장의 의견을 듣고 충분히 협의해야 함.	광역도시계획은 국가계획에 부합되어야 하며, 광역도시계획의 내용이 국가계획의 내용과 다른 때에는 국가계획의 내용이 우선됨.	도시·군계획은 광역도시계획 및 국가계획에 부합되어야 하며, 광역도시계획이 수립되어 있는 지역에 대하여 수립하는 도시·군기본계획은 그 광역도시계획에 부합되어야 하며, 도시·군계획의 내용이 광역도시계획의 내용과 다를 때는 광역도시계획의 내용이 우선된다.
		도시·군계획은 특별시와 광역시 그리고 특별 자치시 그리고 특별 자치도와 시 또는 군의 관할구역에서 수립되는 다른 법률에 따른 토지의 이용과 개발 및 보전에 관한 계획의 기본이 됨.
		"지구단위계획"이란 도시·군계획 수립 대상지역의 일부에 대하여 토지 이용을 합리화하고 그 기능을 증진시키며 미관을 개선하고 양호한 환경을 확보하며, 그 지역을 체계적·계획적으로 관리하기 위하여 수립하는 도시·군관리계획을 말한다.

지구단위계획구역은 도시·군계획 수립 대상 지역의 일부에 대하여 토지 이용을 합리화하고 그 기능을 증진시키며 미관을 개선하고 양호한 환경을 확보하며, 그 지역을 체계적·계획적으로 관리하기 위하여 국토계획법에 따라 도시·군관리계획으로 결정·고시된 구역을 말한다.

지구단위계획구역의 지정은 도시·군관리계획에서 계획한 지역 또는 시·군 안에서 특별한 문제점이나 잠재력이 있는 곳으로서 지구단위계획을 통한 체계적·계획적 개발 또는 관리가 필요한 지역을 대상으로 함을 원칙으로 한다.

지구단위계획구역을 지정할 때에는 당해 구역 및 주변 지역의 토지이용, 경관 현황, 교통 여건, 관련 계획 등을 함께 고려하여 지구단위계획으로 의도하는 목적이 달성될 수 있는지 그 타당성을 면밀히 검토하여야 한다.

국토의 계획 및 이용에 관한 법률 제51조(지구단위계획구역의 지정 등)

① 국토교통부장관, 시·도지사, 시장 또는 군수는 다음 각 호의 어느 하나에 해당하는 지역의 전부 또는 일부에 대하여 지구단위계획구역을 지정할 수 있다. <개정 2011. 4. 14., 2011. 5. 30., 2011. 8. 4., 2013. 3. 23., 2013. 7. 16., 2016. 1. 19., 2017. 2. 8.>

1. 제37조에 따라 지정된 용도지구
2. 「도시개발법」 제3조에 따라 지정된 도시개발구역
3. 「도시 및 주거환경정비법」 제8조에 따라 지정된 정비구역
4. 「택지개발촉진법」 제3조에 따라 지정된 택지개발지구
5. 「주택법」 제15조에 따른 대지조성사업지구
6. 「산업입지 및 개발에 관한 법률」 제2조제8호의 산업단지와 같은 조 제12호의 준산업단지
7. 「관광진흥법」 제52조에 따라 지정된 관광단지와 같은 법 제70조에 따라 지정된 관광특구

8. 개발제한구역·도시자연공원구역·시가화조정구역 또는 공원에서 해제되는 구역, 녹지지역에서 주거·상업·공업지역으로 변경되는 구역과 새로 도시지역으로 편입되는 구역 중 계획적인 개발 또는 관리가 필요한 지역

8의2. 도시지역 내 주거·상업·업무 등의 기능을 결합하는 등 복합적인 토지 이용을 증진시킬 필요가 있는 지역으로서 대통령령으로 정하는 요건에 해당하는 지역

8의3. 도시지역 내 유휴토지를 효율적으로 개발하거나 교정시설, 군사시설, 그 밖에 대통령령으로 정하는 시설을 이전 또는 재배치하여 토지 이용을 합리화하고, 그 기능을 증진시키기 위하여 집중적으로 정비가 필요한 지역으로서 대통령령으로 정하는 요건에 해당하는 지역

9. 도시지역의 체계적·계획적인 관리 또는 개발이 필요한 지역

10. 그 밖에 양호한 환경의 확보나 기능 및 미관의 증진 등을 위하여 필요한 지역으로서 대통령령으로 정하는 지역

② 국토교통부장관, 시·도지사, 시장 또는 군수는 다음 각 호의 어느 하나에 해당하는 지역은 지구단위계획구역으로 지정하여야 한다. 다만, 관계 법률에 따라 그 지역에 토지 이용과 건축에 관한 계획이 수립되어 있는 경우에는 그러하지 아니하다. <개정 2011. 4. 14., 2013. 3. 23., 2013. 7. 16.>

1. 제1항제3호 및 제4호의 지역에서 시행되는 사업이 끝난 후 10년이 지난 지역

2. 제1항 각 호 중 체계적·계획적인 개발 또는 관리가 필요한 지역으로서 대통령령으로 정하는 지역

③ 도시지역 외의 지역을 지구단위계획구역으로 지정하려는 경우 다음 각 호의 어느 하나에 해당하여야 한다. <개정 2011. 4. 14.>

1. 지정하려는 구역 면적의 100분의 50 이상이 제36조에 따라 지정된 계획관리지역으로서 대통령령으로 정하는 요건에 해당하는 지역

2. 제37조에 따라 지정된 개발진흥지구로서 대통령령으로 정하는 요건에 해당하는 지역

3. 제37조에 따라 지정된 용도지구를 폐지하고 그 용도지구에서의 행위 제한 등을 지구단위계획으로 대체하려는 지역

④ 삭제 <2011. 4. 14.>

[전문개정 2009. 2. 6.]

지구단위계획은 도시의 정비·관리·보전·개발 등 지구단위계획구역의 지정 목적, 주거·산업·유통·관광휴양·복합 등 지구단위계획구역의 중심 기능, 해당 용도지역의 특성, 그 밖에 대통령령으로 정하는 사항(지역 공동체의 활성화, 안전하고 지속 가능한 생활권의 조성, 해당 지역 및 인근 지역의 토지 이용을 고려한 토지이용계획과 건축계획의 조화)을 고려하여 수립해야 한다.

지구단위계획이 결정되면 결과적으로 건축물의 용도, 종류, 규모에 따라 제한을 강화하거나 완화하고 건폐율과 용적률 또한 강화하거나 완화하게 된다.

국토의 계획 및 이용에 관한 법률 제52조(지구단위계획의 내용)

① 지구단위계획구역의 지정목적을 이루기 위하여 지구단위계획에는 다음 각 호의 사항 중 제2호와 제4호의 사항을 포함한 둘 이상의 사항이 포함되어야 한다. 다만, 제1호의2를 내용으로 하는 지구단위계획의 경우에는 그러하지 아니하다. <개정 2011. 4. 14., 2021. 1. 12.>

　1. 용도지역이나 용도지구를 대통령령으로 정하는 범위에서 세분하거나 변경하는 사항

　1의2. 기존의 용도지구를 폐지하고 그 용도지구에서의 건축물이나 그 밖의 시설의 용도·종류 및 규모 등의 제한을 대체하는 사항

　2. 대통령령으로 정하는 기반시설의 배치와 규모

　3. 도로로 둘러싸인 일단의 지역 또는 계획적인 개발·정비를 위하여 구획된 일단의 토지의 규모와 조성계획

　4. 건축물의 용도제한, 건축물의 건폐율 또는 용적률, 건축물 높이의 최고한도 또는 최저한도

　5. 건축물의 배치·형태·색채 또는 건축선에 관한 계획

　6. 환경관리계획 또는 경관계획

　7. 보행안전 등을 고려한 교통처리계획

　8. 그 밖에 토지 이용의 합리화, 도시나 농·산·어촌의 기능 증진 등에 필요한 사항으로서 대통령령으로 정하는 사항

② 지구단위계획은 도로, 상하수도 등 대통령령으로 정하는 도시·군계획시설의 처리·공급 및 수용능력이 지구단위계획구역에 있는 건축물의 연면적, 수용인구 등 개발밀도와 적절한 조화를 이룰 수 있도록 하여야 한다. <개정 2011. 4. 14.>

③ 지구단위계획구역에서는 제76조부터 제78조까지의 규정과 「건축법」 제42조·제43조·제44조·제60조 및 제61조, 「주차장법」 제19조 및 제19조의2를 대통령령으로 정하는 범위에서 지구단위계획으로 정하는 바에 따라 완화하여 적용할 수 있다.

④ 삭제 <2011. 4. 14.>

[전문개정 2009. 2. 6.]

제3장 | 지구단위계획 수립 및 변경

지구단위계획의 수립·변경은 지역주택 사업의 성패를 가르는 매우 중요한 내용이다. 지역주택 조합 가입을 고려할 경우, 지구단위계획 수립·변경이 아직 안 된 현장은 '부정적 요인' 중 한 가지에 들어간다.

물론, 지금 현재 지구단위계획 수립·변경이 완료되지 않았다고 해서 무조건 배제하라는 건 아니다. 주택법 개정으로 인해 최소한 2017년 6월 3일 이후 조합원 모집신고필증을 득하고, 조합원을 모집한 현장은 지자체에서 필증을 발급해 주기 전 어느 정도 필터링을 하였을 것이다.

때문에 지역주택조합 가입을 결정하기 전에 해당사업부지의 지구단위계획 수립·변경 승인사항에 대해 적극적으로 확인해 보고, 지구단위계획구역으로 이미 지정되어 있다면 사업 진행의 중요한 단계중 하나를 통과했기에 사업의 성공 확률도 더 높아진 것으로 간주할 수 있다.

지구단위계획의 수립·변경을 간단히 표현하면 단독주택들이 밀집한 지역은 통상 1종 일반주거지역일 가능성이 높은데, 이 지역의 땅을 확보하여 공동주택을 지으려면 2종 또는 3종 일반주거지역으로 종상향을 해야 하는데, 종상향하는 절차가 지구단위계획 변경이라고 할 수 있다.

지구단위계획 변경은 자치 단체가 스스로 할 수도 있지만, 주민 제안에 의해 할 수도 있다. 주택조합 사업 지역에서는 통상 지주들의 2/3 이상(토지 면적 기준)의 동의서를 받아서 주민 제안에 따른 지구단위변경을 추진하게 된다. (국토계획법 시행령 제19조의2제2항 참조)

지구단위계획이 수립되어 있는 곳에서는 지구단위계획변경을 하는 것이고, 지구단위계획이 수립되지 않은 곳에서는 지구단위계획구역을 지정하고 지정된 곳에 지구단위계획을 수립하는 절차가 진행되는데, 통상 많은 경우에는 구역 지정 절차와 지구단위계획 수립 절차가 동시에 진행된다고 볼 수 있다.

'지구단위계획 수립 또는 변경안'을 접수한 행정청은 신청 접수일로부터 45일 이내에 반영여부를 통보하여야 하고, 부득이한 사정이 있을 때는 1회에 한하여 30일을 연장할 수 있다. 실무적으론 1회를 연장해서 서류를 보완할 수 있는 기간을 주는 경우가 많다.

시·도지사가 지구단위계획(지구단위계획과 지구단위계획구역을 동시에 결정할 때에는 지구단위계획구역의 지정 또는 변경에 관한 사항을 포함할 수 있다)을 결정하려면 대통령령으로 정하는 바에 따라 「건축법」 제4조에 따라 시·도에 두는 건축위원회와 도시계획위원회가 공동으로 하는 심의를 거쳐야 한다.

국토의 계획 및 이용에 관한 법률 제30조(도시·군관리계획의 결정)

③ 국토교통부장관은 도시·군관리계획을 결정하려면 중앙도시계획위원회의 심의를 거쳐야 하며, 시·도지사가 도시·군관리계획을 결정하려면 시·도도시계획위원회의 심의를 거쳐야 한다. 다만, 시·도지사가 지구단위계획(지구단위계획과 지구단위계획구역을 동시에 결정할 때에는 지구단위계획구역의 지정 또는 변경에 관한 사항을 포함할 수 있다)이나 제52조제1항제1호의2에 따라 지구단위계획으로 대체하는 용도지구 폐지에 관한 사항을 결정하려면 대통령령으로 정하는 바에 따라 「건축법」 제4조에 따라 시·도에 두는 건축위원회와 도시계획위원회가 공동으로 하는 심의를 거쳐야 한다. <개정 2013. 7. 16., 2017. 4. 18.>

국토의 계획 및 이용에 관한 법률 제113조(지방도시계획위원회)

① 다음 각 호의 심의를 하게 하거나 자문에 응하게 하기 위하여 시·도에 시·도도시계획위원회를 둔다. <개정 2011. 4. 14., 2013. 3. 23.>

  1. 시·도지사가 결정하는 도시·군관리계획의 심의 등 시·도지사의 권한에 속하는 사항과 다른 법률에서 시·도도시계획위원회의 심의를 거치도록 한 사항의 심의

  2. 국토교통부장관의 권한에 속하는 사항 중 중앙도시계획위원회의 심의 대상에 해당하는 사항이 시·도지사에게 위임된 경우 그 위임된 사항의 심의

  3. 도시·군관리계획과 관련하여 시·도지사가 자문하는 사항에 대한 조언

  4. 그 밖에 대통령령으로 정하는 사항에 관한 심의 또는 조언

국토의 계획 및 이용에 관한 법률 제25조(도시·군관리계획의 결정)

② 법 제30조제3항 단서 또는 제7항에 따라 건축위원회와 도시계획위원회가 공동으로 지구단위계획을 심의하려는 경우에는 다음 각 호의 기준에 따라 공동위원회를 구성한다. <개정 2012. 4. 10., 2014. 1. 14., 2021. 1. 26., 2022. 1. 18.>

  1. 공동위원회의 위원은 건축위원회 및 도시계획위원회의 위원중에서 시·도지사 또는 시장·군수가 임명 또는 위촉할 것. 이 경우 법 제113조제3항에 따라 지방도시계획위원회에 지구단위계획을 심의하기 위한 분과위원회가 설치되어 있는 경우에는 당해 분과위원회의 위원 전원을 공동위원회의 위원으로 임명 또는 위촉하여야 한다.

  2. 공동위원회의 위원 수는 30명 이내로 할 것

  3. 공동위원회의 위원중 건축위원회의 위원이 3분의 1 이상이 되도록 할 것

  4. 공동위원회 위원장은 제1호에 따라 임명 또는 위촉한 위원 중에서 시·도지사 또는 시장·군수가 임명 또는 위촉할 것

유의해야 할 점은, 각 지자체마다 지구단위계획 수립 기준이 다르기 때문에, 조합 추진 주체측에서 사업 전에 미리 확인하고 추진하는 것이 필요하다.

지구단위계획의 입안 및 결정 절차는 다음과 같다.

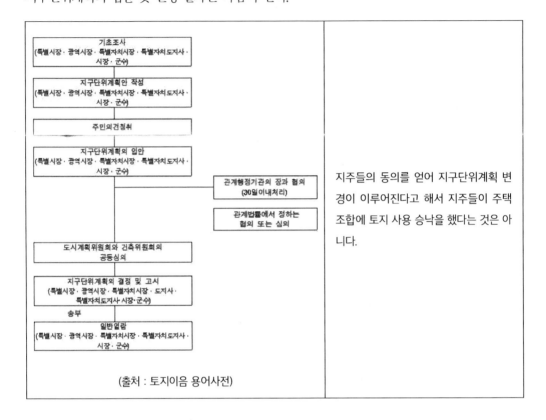

기초조사
(특별시장·광역시장·특별자치시장·특별자치도지사·
시장·군수)

지구단위계획안 작성
(특별시장·광역시장·특별자치시장·특별자치도지사·
시장·군수)

주민의견청취

지구단위계획의 입안
(특별시장·광역시장·특별자치시장·특별자치도지사·
시장·군수)

관계행정기관의 장과 협의
(30일 이내처리)

관계법률에서 정하는
협의 또는 심의

도시계획위원회와 건축위원회의
공동심의

지구단위계획의 결정 및 고시
(특별시장·광역시장·특별자치시장·도지사·
특별자치도지사 시장·군수)

송부

일반열람
(특별시장·광역시장·특별자치시장·특별자치도지사·
시장·군수)

(출처 : 토지이음 용어사전)

지주들의 동의를 얻어 지구단위계획 변경이 이루어진다고 해서 지주들이 주택조합에 토지 사용 승낙을 했다는 것은 아니다.

지주 입장에서는 토지의 가치를 높이는 지구단위계획 변경에 반대할 이유는 없다고 볼 수 있지만, 어떻게 활용할지는 전적으로 지주의 자유이다.

조합원 모집신고를 받은 시장·군수·구청장은 주택법 제11조의3 제5항 내용에 있는 것처럼 해당 주택건설대지에 조합주택을 건설할 수 없는 경우 모집 신고를 수리할 수 없는 것으로 되어 있다. 즉, 모집 신고가 수리되었다는 것은 공동주택을 지을 수 있는 2종 또는 3종 일반주거지역으로 변경되었거나 변경될 수 있다고 시장·군수·구청장이 판단했다는 의미이다.

주택법 제11조의3(조합원 모집 신고 및 공개모집)

⑤ 시장·군수·구청장은 다음 각 호의 어느 하나에 해당하는 경우에는 조합원 모집 신고를 수리할 수 없다.

   1. 이미 신고된 사업대지와 전부 또는 일부가 중복되는 경우

   2. 이미 수립되었거나 수립 예정인 도시·군계획, 이미 수립된 토지이용계획 또는 이 법이나 관계 법령에 따른 건축기준 및 건축제한 등에 따라 해당 주택건설대지에 조합주택을 건설할 수 없는 경우

   3. 제11조의2제1항에 따라 조합업무를 대행할 수 있는 자가 아닌 자와 업무대행계약을 체결한 경우 등 신고 내용이 법령에 위반되는 경우

   4. 신고한 내용이 사실과 다른 경우

[3분의 2 이상의 동의]

'국토계획법 제26조 제1항'에 따라서 '지구단위계획 수립·변경' 신청을 하려면 해당 지역 대상 토지면적의 3분의 2 이상의 동의를 필요로 한다. (시행령 제19조의2 제2항 제2호). '대상토지'의 범위는, '지구단위계획 수립·변경'을 신청하는 전체 지역 토지 중에서, 국·공유지를 제외한 토지 이다.

국토의 계획 및 이용에 관한 법률 제26조(도시·군관리계획 입안의 제안)

① 주민(이해관계자를 포함한다. 이하 같다)은 다음 각 호의 사항에 대하여 제24조에 따라 도시·군관리계획을 입안할 수 있는 자에게 도시·군관리계획의 입안을 제안할 수 있다. 이 경우 제안서에는 도시·군관리계획도 서와 계획설명서를 첨부하여야 한다. <개정 2011. 4. 14., 2015. 8. 11., 2017. 4. 18., 2021. 1. 12.>

   1. 기반시설의 설치·정비 또는 개량에 관한 사항

   2. 지구단위계획구역의 지정 및 변경과 지구단위계획의 수립 및 변경에 관한 사항

   3. 다음 각 목의 어느 하나에 해당하는 용도지구의 지정 및 변경에 관한 사항

     가. 개발진흥지구 중 공업기능 또는 유통물류기능 등을 집중적으로 개발·정비하기 위한 개발진흥지구로 서 대통령령으로 정하는 개발진흥지구

     나. 제37조에 따라 지정된 용도지구 중 해당 용도지구에 따른 건축물이나 그 밖의 시설의 용도·종류 및 규모 등의 제한을 지구단위계획으로 대체하기 위한 용도지구

   4. 입지규제최소구역의 지정 및 변경과 입지규제최소구역계획의 수립 및 변경에 관한 사항

국토의 계획 및 이용에 관한 법률 시행령 제19조의2(도시·군관리계획 입안의 제안)

② 법 제26조제1항에 따라 도시·군관리계획의 입안을 제안하려는 자는 다음 각 호의 구분에 따라 토지소유자의 동의를 받아야 한다. 이 경우 동의 대상 토지 면적에서 국·공유지는 제외한다. <개정 2022. 1. 18.>

  1. 법 제26조제1항제1호의 사항에 대한 제안의 경우: 대상 토지 면적의 5분의 4 이상

  2. 법 제26조제1항제2호부터 제4호까지의 사항에 대한 제안의 경우: 대상 토지 면적의 3분의 2 이상

예를 들어 지역주택조합 사업 부지의 20%가 국·공유지일 경우, 지구단위계획 수립·변경 신청 시 국·공유지를 제외한 '80% 토지 면적의 2/3 이상의 동의'만 요하는 것이다.

제4장 | 용도지역, 용도지구 및 용도구역

지구단위계획 관련한 내용 중 용도지역, 용도지구, 용도구역 용어들이 많이 보이는데, 이것이 무엇인지 알아보자.

1. 용도지역

용도지역은 토지의 이용 및 건축물의 용도, 건폐율, 용적률, 높이 등을 제한함으로써, 토지를 경제적이고 효율적으로 이용하고 공공복리 증진을 도모하기 위해 전 국토에 걸쳐 빠짐없이 서로 중복되지 않게 도시관리계획으로 결정하는 지역을 의미한다. 용도지역을 계획할 때에는 합리적인 공간 구조의 형성, 교통 계획, 기반시설 배치 계획, 주거환경보호 및 경관 등과의 상호 관련성을 고려하여 도시의 규모 또는 시가지의 특성에 따라 적절히 지정한다. 국토계획법 제6조(국토의 용도 구분)에서 토지의 이용실태 및 특성, 장래의 토지 이용 방향, 지역 간 균형발전 등을 고려하여 국토를 도시지역, 관리지역, 농림지역 및 자연환경보전지역으로 구분하고 있다.

국토계획법 제6조(국토의 용도 구분)

국토는 토지의 이용실태 및 특성, 장래의 토지 이용 방향, 지역 간 균형발전 등을 고려하여 다음과 같은 용도지역으로 구분한다.

1. 도시지역: 인구와 산업이 밀집되어 있거나 밀집이 예상되어 그 지역에 대하여 체계적인 개발·정비·관리·보전 등이 필요한 지역
2. 관리지역: 도시지역의 인구와 산업을 수용하기 위하여 도시지역에 준하여 체계적으로 관리하거나 농림업의 진흥, 자연환경 또는 산림의 보전을 위하여 농림지역 또는 자연환경보전지역에 준하여 관리할 필요가 있는 지역
3. 농림지역: 도시지역에 속하지 아니하는 「농지법」에 따른 농업진흥지역 또는 「산지관리법」에 따른 보전산지 등으로서 농림업을 진흥시키고 산림을 보전하기 위하여 필요한 지역
4. 자연환경보전지역: 자연환경·수자원·해안·생태계·상수원 및 문화재의 보전과 수산자원의 보호·육성 등을 위하여 필요한 지역

국토계획법 제36조 제1항에 의거 국토교통부장관, 시·도지사 또는 대도시 시장은 도시지역(주거, 상업, 공업, 녹지), 관리지역(보전관리, 생산관리, 계획관리), 농림지역 및 자연환경보전지역중 해당하는 용도지역의 지정 또는 변경을 도시·군관리계획으로 결정해야 하며,

국토계획법 제36조 제2항에 의거 국토교통부장관, 시·도지사 또는 대도시 시장은 대통령령으로 정하는 바에 따라 상기한 용도지역을 도시·군관리계획결정으로 다시 세분하여 지정하거나 변경할 수 있다.

국토계획법 제36조(용도지역의 지정)

① 국토교통부장관, 시·도지사 또는 대도시 시장은 다음 각 호의 어느 하나에 해당하는 용도지역의 지정 또는 변경을 도시·군관리계획으로 결정한다.

  1. 도시지역: 다음 각 목의 어느 하나로 구분하여 지정한다.

    가. 주거지역: 거주의 안녕과 건전한 생활환경의 보호를 위하여 필요한 지역

    나. 상업지역: 상업이나 그 밖의 업무의 편익을 증진하기 위하여 필요한 지역

    다. 공업지역: 공업의 편익을 증진하기 위하여 필요한 지역

    라. 녹지지역: 자연환경·농지 및 산림의 보호, 보건위생, 보안과 도시의 무질서한 확산을 방지하기 위하여 녹지의 보전이 필요한 지역

  2. 관리지역: 다음 각 목의 어느 하나로 구분하여 지정한다.

    가. 보전관리지역: 자연환경 보호, 산림 보호, 수질오염 방지, 녹지공간 확보 및 생태계 보전 등을 위하여 보전이 필요하나, 주변 용도지역과의 관계 등을 고려할 때 자연환경보전지역으로 지정하여 관리하기가 곤란한 지역

    나. 생산관리지역: 농업·임업·어업 생산 등을 위하여 관리가 필요하나, 주변 용도지역과의 관계 등을 고려할 때 농림지역으로 지정하여 관리하기가 곤란한 지역

    다. 계획관리지역: 도시지역으로의 편입이 예상되는 지역이나 자연환경을 고려하여 제한적인 이용·개발을 하려는 지역으로서 계획적·체계적인 관리가 필요한 지역

  3. 농림지역

  4. 자연환경보전지역

② 국토교통부장관, 시·도지사 또는 대도시 시장은 대통령령으로 정하는 바에 따라 제1항 각 호 및 같은 항 각 호 각 목의 용도지역을 도시·군관리계획결정으로 다시 세분하여 지정하거나 변경할 수 있다.

국토계획법 시행령 제30조제1항의 용도지역, 제84조의 용도지역안에서의 건폐율 및 제85조의 용도지역 안에서의 용적률의 내용을 요약·정리하면 다음과 같다.

용도지역 (국토계획법 시행령 제30조)			주요 내용 (국토계획법 시행령 제30조 & 국토계획법 제6조 및 제36조)	건폐율 (국토계획법 시행령 제84조)	용적률 (국토계획법 시행령 제85조)
도시지역	주거지역	제1종 전용주거지역	단독주택 중심의 양호한 주거환경을 보호하기 위하여 필요한 지역	50% 이하	50~100%
		제2종 전용주거지역	공동주택 중심의 양호한 주거환경을 보호하기 위하여 필요한 지역	50% 이하	50~150%
		제1종 일반주거지역	저층주택을 중심으로 편리한 주거환경을 조성하기 위하여 필요한 지역	60% 이하	100~200%
		제2종 일반주거지역	중층주택을 중심으로 편리한 주거환경을 조성하기 위하여 필요한 지역	60% 이하	100~250%
		제3종 일반주거지역	중고층주택을 중심으로 편리한 주거환경을 조성하기 위하여 필요한 지역	50% 이하	100~300%
		준 주거지역	주거기능을 위주로 이를 지원하는 일부 상업기능 및 업무기능을 보완하기 위하여 필요한 지역	70% 이하	200~500%
	상업지역	중심상업지역	도심·부도심의 상업기능 및 업무기능의 확충을 위하여 필요한 지역	90% 이하	200~1500%
		일반상업지역	일반적인 상업기능 및 업무기능을 담당하게 하기 위하여 필요한 지역	80% 이하	200~1300%
		근린상업지역	근린지역에서의 일용품 및 서비스의 공급을 위하여 필요한 지역	70% 이하	200~900%
		유통상업지역	도시내 및 지역간 유통기능의 증진을 위하여 필요한 지역	80% 이하	200~1100%
	공업지역	전용공업지역	주로 중화학공업, 공해성 공업 등을 수용하기 위하여 필요한 지역	70% 이하	150~300%
		일반공업지역	환경을 저해하지 아니하는 공업의 배치를 위하여 필요한 지역	70% 이하	150~350%
		준공업지역	경공업 그 밖의 공업을 수용하되, 주거기능·상업기능 및 업무기능의 보완이 필요한 지역	70% 이하	150~400%
	녹지지역	보전녹지지역	도시의 자연환경·경관·산림 및 녹지공간을 보전할 필요가 있는 지역	20% 이하	50~80%
		생산녹지지역	주로 농업적 생산을 위하여 개발을 유보할 필요가 있는 지역	20% 이하	50~100%
		자연녹지지역	도시의 녹지공간의 확보, 도시확산의 방지, 장래 도시용지의 공급 등을 위하여 보전할 필요가 있는 지역으로서 불가피한 경우에 한하여 제한적인 개발이 허용되는 지역	20% 이하	50~100%
관리지역		보전관리지역	자연환경 보호, 산림 보호, 수질오염 방지, 녹지공간 확보 및 생태계 보전 등을 위하여 보전이 필요하나, 주변 용도지역과의 관계 등을 고려할 때 자연환경보전지역으로 지정하여 관리하기가 곤란한 지역	20% 이하	50~80%
		생산관리지역	농업·임업·어업 생산 등을 위하여 관리가 필요하나, 주변 용도지역과의 관계 등을 고려할 때 농림지역으로 지정하여 관리하기가 곤란한 지역	20% 이하	50~80%
		계획관리지역	도시지역으로의 편입이 예상되는 지역이나 자연환경을 고려하여 제한적인 이용·개발을 하려는 지역으로서 계획적·체계적인 관리가 필요한 지역	40% 이하	50~100%
농림지역			도시지역에 속하지 아니하는 농지법에 따른 농업진흥지역 또는 산지관리법에 따른 보전산지등으로서 농림업을 진흥시키고 보전하기 위하여 필요한 지역	20% 이하	50~80%
자연환경보전지역			자연환경·수자원·해안·생태계·상수원 및 「국가유산기본법」 제3조에 따른 국가유산의 보전과 수산자원의 보호·육성 등을 위하여 필요한 지역	20% 이하	50~80%

2. 용도지구

용도지역의 행위 제한을 강화하거나 완화해 그 기능을 향상시키고 용도지역의 미관, 안전 같은 부분을 보다 나은 방향으로 개선하기 위하여 도시관리계획으로 결정하는 일단의 지역을 말한다. 용도지구로 지정된 곳은 필요한 경우 지구단위계획을 수립하여 지구지정 목적에 적합하게 개발하거나 관리할 수 있다.

용도지구는 「국토계획법」에 따라 경관지구, 고도지구, 방화지구, 방재지구, 보호지구, 취락지구, 개발진흥지구, 특정용도제한지구, 복합용도지구 등 9가지로 구분되고, 필요에 따라 동법 시행령 및 해당 지방자치단체의 조례로 더욱 세분하여 정할 수 있다.

국토계획법 제37조(용도지구의 지정)

① 국토교통부장관, 시·도지사 또는 대도시 시장은 다음 각 호의 어느 하나에 해당하는 용도지구의 지정 또는 변경을 도시·군관리계획으로 결정한다. <개정 2011. 4. 14., 2013. 3. 23., 2017. 4. 18.>

1. 경관지구: 경관의 보전·관리 및 형성을 위하여 필요한 지구

2. 고도지구: 쾌적한 환경 조성 및 토지의 효율적 이용을 위하여 건축물 높이의 최고한도를 규제할 필요가 있는 지구

3. 방화지구: 화재의 위험을 예방하기 위하여 필요한 지구

4. 방재지구: 풍수해, 산사태, 지반의 붕괴, 그 밖의 재해를 예방하기 위하여 필요한 지구

5. 보호지구: 「국가유산기본법」 제3조에 따른 국가유산, 중요 시설물(항만, 공항 등 대통령령으로 정하는 시설물을 말한다) 및 문화적·생태적으로 보존가치가 큰 지역의 보호와 보존을 위하여 필요한 지구

6. 취락지구: 녹지지역·관리지역·농림지역·자연환경보전지역·개발제한구역 또는 도시자연공원구역의 취락을 정비하기 위한 지구

7. 개발진흥지구: 주거기능·상업기능·공업기능·유통물류기능·관광기능·휴양기능 등을 집중적으로 개발·정비할 필요가 있는 지구

8. 특정용도제한지구: 주거 및 교육 환경 보호나 청소년 보호 등의 목적으로 오염물질 배출시설, 청소년 유해시설 등 특정시설의 입지를 제한할 필요가 있는 지구

9. 복합용도지구: 지역의 토지이용 상황, 개발 수요 및 주변 여건 등을 고려하여 효율적이고 복합적인 토지이용을 도모하기 위하여 특정시설의 입지를 완화할 필요가 있는 지구

10. 그 밖에 대통령령으로 정하는 지구

---

3. 용도구역

토지의 이용 및 건축물의 용도, 건폐율, 용적률, 높이 등에 대한 용도지역 및 용도지구의 제한을 강화하거나 완화함으로써 시가지의 무질서한 확산 방지, 계획적이고 단계적인 토지이용의 도모, 토지 이용의 종합적 조정·관리 등을 위하여 도시관리계획으로 결정하는 일단의 지역을 말한다.

용도구역은 개발제한구역, 도시자연공원구역, 시가화조정구역, 수산자원보호구역, 입지규제최소구역 등 5가지로 구분된다. 개발제한구역, 도시자연공원구역, 수산자원보호구역 경우에는 소관 법률인 「개발제한구역의 지정 및 관리에 관한 특별조치법」, 「도시공원 및 녹지 등에 관한 법률」, 「수산자원관리법」 에서 행위 제한 사항을 별도로 규정하고 있다.

국토계획법 제38조(개발제한구역의 지정)

① 국토교통부장관은 도시의 무질서한 확산을 방지하고 도시주변의 자연환경을 보전하여 도시민의 건전한 생활환경을 확보하기 위하여 도시의 개발을 제한할 필요가 있거나 국방부장관의 요청이 있어 보안상 도시의 개발을 제한할 필요가 있다고 인정되면 개발제한구역의 지정 또는 변경을 도시·군관리계획으로 결정할 수 있다.

② 개발제한구역의 지정 또는 변경에 필요한 사항은 따로 법률로 정한다.

국토계획법 제38조의2(도시자연공원구역의 지정)

① 시·도지사 또는 대도시 시장은 도시의 자연환경 및 경관을 보호하고 도시민에게 건전한 여가·휴식공간을 제공하기 위하여 도시지역 안에서 식생(植生)이 양호한 산지(山地)의 개발을 제한할 필요가 있다고 인정하면 도시자연공원구역의 지정 또는 변경을 도시·군관리계획으로 결정할 수 있다.

② 도시자연공원구역의 지정 또는 변경에 필요한 사항은 따로 법률로 정한다.

국토계획법 제39조(시가화조정구역의 지정)

① 시·도지사는 직접 또는 관계 행정기관의 장의 요청을 받아 도시지역과 그 주변지역의 무질서한 시가화를 방지하고 계획적·단계적인 개발을 도모하기 위하여 대통령령으로 정하는 기간 동안 시가화를 유보할 필요가 있다고 인정되면 시가화조정구역의 지정 또는 변경을 도시·군관리계획으로 결정할 수 있다. 다만, 국가계획과 연계하여 시가화조정구역의 지정 또는 변경이 필요한 경우에는 국토교통부장관이 직접 시가화조정구역의 지정 또는 변경을 도시·군관리계획으로 결정할 수 있다.

② 시가화조정구역의 지정에 관한 도시·군관리계획의 결정은 제1항에 따른 시가화 유보기간이 끝난 날의 다음날부터 그 효력을 잃는다. 이 경우 국토교통부장관 또는 시·도지사는 대통령령으로 정하는 바에 따라 그 사실을 고시하여야 한다.

국토계획법 제40조(수산자원보호구역의 지정)

해양수산부장관은 직접 또는 관계 행정기관의 장의 요청을 받아 수산자원을 보호·육성하기 위하여 필요한 공유수면이나 그에 인접한 토지에 대한 수산자원보호구역의 지정 또는 변경을 도시·군관리계획으로 결정할 수 있다. <개정 2011. 4. 14., 2013. 3. 23.> [전문개정 2009. 2. 6.]

국토계획법 제40조의2(입지규제최소구역의 지정 등)

① 제29조에 따른 도시·군관리계획의 결정권자(이하 "도시·군관리계획 결정권자"라 한다)는 도시지역에서 복합적인 토지이용을 증진시켜 도시 정비를 촉진하고 지역 거점을 육성할 필요가 있다고 인정되면 다음 각 호의 어느 하나에 해당하는 지역과 그 주변지역의 전부 또는 일부를 입지규제최소구역으로 지정할 수 있다.

　1. 도시·군기본계획에 따른 도심·부도심 또는 생활권의 중심지역

　2. 철도역사, 터미널, 항만, 공공청사, 문화시설 등의 기반시설 중 지역의 거점 역할을 수행하는 시설을 중심으로 주변지역을 집중적으로 정비할 필요가 있는 지역

　3. 세 개 이상의 노선이 교차하는 대중교통 결절지로부터 1킬로미터 이내에 위치한 지역

　4. 「도시 및 주거환경정비법」 제2조제3호에 따른 노후·불량건축물이 밀집한 주거지역 또는 공업지역으로 정비가 시급한 지역

　5. 「도시재생 활성화 및 지원에 관한 특별법」 제2조제1항제5호에 따른 도시재생활성화지역 중 같은 법 제2조제1항제6호에 따른 도시경제기반형 활성화계획을 수립하는 지역

　6. 그 밖에 창의적인 지역개발이 필요한 지역으로 대통령령으로 정하는 지역

해당 토지의 용도를 확인하려면 '토지이음' 사이트에서 주소를 검색하여 확인할 수 있다.

제11편

사업계획승인

제1장 사업계획승인

공동주택 30세대 이상의 주택건설사업을 시행하려는 자 또는 1만m² 이상의 대지조성사업을 시행하려는 자는 다음의 사업계획승인권자에게 사업계획승인을 받아야 한다.

- 대지면적이 10만m² 이상인 경우: 특별시장·광역시장·특별자치시장·도지사 또는 특별자치도 지사 또는 대도시의 시장
- 대지면적이 10만m² 미만인 경우: 특별시장·광역시장·특별자치시장·특별자치도지사 또는 시 장·군수

주택법 제15조(사업계획의 승인)

① 대통령령으로 정하는 호수 이상의 주택건설사업을 시행하려는 자 또는 대통령령으로 정하는 면적 이상 의 대지조성사업을 시행하려는 자는 다음 각 호의 사업계획승인권자(이하 "사업계획승인권자"라 한다. 국 가 및 한국토지주택공사가 시행하는 경우와 대통령령으로 정하는 경우에는 국토교통부장관을 말하며, 이하 이 조, 제16조부터 제19조까지 및 제21조에서 같다)에게 사업계획승인을 받아야 한다. 다만, 주택 외 의 시설과 주택을 동일 건축물로 건축하는 경우 등 대통령령으로 정하는 경우에는 그러하지 아니하다. 〈개정 2021. 1. 12.〉

1. 주택건설사업 또는 대지조성사업으로서 해당 대지면적이 10만제곱미터 이상인 경우: 특별시장·광역시 장·특별자치시장·도지사 또는 특별자치도지사(이하 "시·도지사"라 한다) 또는 「지방자치법」 제198조에 따라 서울특별시·광역시 및 특별자치시를 제외한 인구 50만 이상의 대도시(이하 "대도시"라 한다)의 시장

2. 주택건설사업 또는 대지조성사업으로서 해당 대지면적이 10만제곱미터 미만인 경우: 특별시장·광역 시장·특별자치시장·특별자치도지사 또는 시장·군수

주택법 시행령 제27조(사업계획의 승인)

① 법 제15조제1항 각 호 외의 부분 본문에서 "대통령령으로 정하는 호수"란 다음 각 호의 구분에 따른 호수 및 세대수를 말한다. <개정 2018. 2. 9.>

2. 공동주택: 30세대(리모델링의 경우에는 증가하는 세대수를 기준으로 한다). 다만, 다음 각 목의 어느 하나에 해당하는 공동주택을 건설(리모델링의 경우는 제외한다)하는 경우에는 50세대로 한다.

② 법 제15조제1항 각 호 외의 부분 본문에서 "대통령령으로 정하는 면적"이란 1만제곱미터를 말한다.

주택조합은 설립인가를 받은 날부터 2년 이내에 주택법 제15조에 따른 사업계획승인을 신청하여야 한다.

> 주택법 시행령 제23조(주택조합의 사업계획승인 신청 등)
> ① 주택조합은 설립인가를 받은 날부터 2년 이내에 법 제15조에 따른 사업계획승인(제27조제1항제2호에 따른 사업계획승인 대상이 아닌 리모델링인 경우에는 법 제66조제2항에 따른 허가를 말한다)을 신청하여야 한다.

- 조합설립 인가일로부터 3년 이내에 사업계획승인을 득하지 못하여 해산 여부를 결정하여야 하는 절차는 '제19편 제1장 중도 해산 및 사업 종결' 파트에서 상세히 기술한다.

> 주택법 제14조의2(주택조합의 해산 등)
> ① 주택조합은 제11조제1항에 따른 주택조합의 설립인가를 받은 날부터 3년이 되는 날까지 사업계획승인을 받지 못하는 경우 대통령령으로 정하는 바에 따라 총회의 의결을 거쳐 해산 여부를 결정하여야 한다.

사업계획승인을 받으려는 자는 해당 주택건설대지의 소유권을 확보해야 한다. 다만, 예외의 내용이 주택법 제21조 제1항 1호에 기술되어 있는데, 법 조문이 괄호와 중간 설명문이 아주 많아 복잡해서 이해하기가 매우 어렵다.

> 주택법 제21조(대지의 소유권 확보 등)
> ① 제15조제1항 또는 제3항에 따라 주택건설사업계획의 승인을 받으려는 자는 해당 주택건설대지의 소유권을 확보하여야 한다. 다만, 다음 각 호의 어느 하나에 해당하는 경우에는 그러하지 아니하다. <개정 2020. 1. 23.>
> 1. 「국토의 계획 및 이용에 관한 법률」 제49조에 따른 지구단위계획(이하 "지구단위계획"이라 한다)의 결정(제19조제1항제5호에 따라 의제되는 경우를 포함한다)이 필요한 주택건설사업의 해당 대지면적의 80퍼센트 이상을 사용할 수 있는 권원(權原)[제5조제2항에 따라 등록사업자와 공동으로 사업을 시행하는 주택조합(리모델링주택조합은 제외한다)의 경우에는 95퍼센트 이상의 소유권을 말한다. 이하 이 조, 제22조 및 제23조에서 같다]을 확보하고(국공유지가 포함된 경우에는 해당 토지의 관리청이 해당 토지를 사업주체에게 매각하거나 양여할 것을 확인한 서류를 사업계획승인권자에게 제출하는 경우에는 확보한 것으로 본다), 확보하지 못한 대지가 제22조 및 제23조에 따른 매도청구 대상이 되는 대지에 해당하는 경우

따라서, 이를 풀어서 간략히 표현해 보면 다음과 같다.

주택건설사업계획의 승인을 받으려는 자는 해당 주택건설대지의 소유권을 100% 확보하여야 한다. 다만, 다음 각 호의 어느 하나에 해당하는 경우에는 그러하지 아니하다.

1. 지구단위계획의 결정이 필요한 주택건설사업의 해당 대지면적의 80% 이상을 사용할 수 있는 권원(權原)을 확보(*)하고, 확보하지 못한 대지가 매도청구 대상이 되는 대지에 해당하는 경우 또는 등록사업자와 공동으로 사업을 시행하는 주택조합의 경우에는 95% 이상의 소유권을 확보하고, 확보하지 못한 대지가 매도청구 대상이 되는 대지에 해당하는 경우

* 국·공유지가 포함된 경우에는 해당 토지의 관리청이 해당 토지를 사업주체에게 매각하거나 양여할 것을 확인한 서류를 사업계획승인권자에게 제출하는 경우에는 권원을 확보한 것으로 본다.

즉, 공동사업주체인 주택조합은 주택건설대지면적의 95% 이상 소유권을 확보해야 사업계획승인 신청이 가능하다.

사업계획승인권자는 필요하다고 인정하는 경우 도시계획·건축·교통 등 사업계획승인과 관련된 건축심의, 도시·군관리계획 및 개발행위 관련 사항, 광역교통 개선대책, 교통영향평가, 경관심의 및 사업계획승인권자가 필요하다고 인정한 사항을 통합하여 심의할 수 있다.

주택법 제18조(사업계획의 통합심의 등)

① 사업계획승인권자는 필요하다고 인정하는 경우에 도시계획·건축·교통 등 사업계획승인과 관련된 다음 각 호의 사항을 통합하여 검토 및 심의(이하 "통합심의"라 한다)할 수 있다.

1. 「건축법」에 따른 건축심의
2. 「국토의 계획 및 이용에 관한 법률」에 따른 도시·군관리계획 및 개발행위 관련 사항
3. 「대도시권 광역교통 관리에 관한 특별법」에 따른 광역교통 개선대책
4. 「도시교통정비 촉진법」에 따른 교통영향평가
5. 「경관법」에 따른 경관심의
6. 그 밖에 사업계획승인권자가 필요하다고 인정하여 통합심의에 부치는 사항

통합심의를 신청하는 경우 위의 제1항 각 호와 관련된 서류를 첨부하여야 한다. 이 경우 사업 계획승인권자는 통합심의를 효율적으로 처리하기 위하여 필요한 경우 제출기한을 정하여 제 출하도록 할 수 있다.

> 주택법 제18조(사업계획의 통합심의 등)
> ② 제15조제1항 또는 제3항에 따라 사업계획승인을 받으려는 자가 통합심의를 신청하는 경우 제1항 각 호와 관 련된 서류를 첨부하여야 한다. 이 경우 사업계획승인권자는 통합심의를 효율적으로 처리하기 위하여 필요 한 경우 제출기한을 정하여 제출하도록 할 수 있다.

통합심의를 하는 경우에는 다음 각 호의 어느 하나에 해당하는 위원회에 속하고 해당 위원회 위원장의 추천을 받은 위원들과 사업계획승인권자가 속한 지방자치단체 소속 공무원으로 소 집된 공동위원회를 구성하여 통합심의를 하여야 한다. 공동위원회 구성에 대해서는 주택법 시 행령 제33조의 내용에 따른다.

> 주택법 제18조(사업계획의 통합심의 등)
> ③ 사업계획승인권자가 통합심의를 하는 경우에는 다음 각 호의 어느 하나에 해당하는 위원회에 속하고 해당 위원회의 위원장의 추천을 받은 위원들과 사업계획승인권자가 속한 지방자치단체 소속 공무원으로 소집된 공동위원회를 구성하여 통합심의를 하여야 한다. 이 경우 공동위원회의 구성, 통합심의의 방법 및 절차에 관한 사항은 대통령령으로 정한다.
>   1. 「건축법」에 따른 중앙건축위원회 및 지방건축위원회
>   2. 「국토의 계획 및 이용에 관한 법률」에 따라 해당 주택단지가 속한 시·도에 설치된 지방도시계획위원회
>   3. 「대도시권 광역교통 관리에 관한 특별법」에 따라 광역교통 개선대책에 대하여 심의권한을 가진 국가교 통위원회
>   4. 「도시교통정비 촉진법」에 따른 교통영향평가심의위원회
>   5. 「경관법」에 따른 경관위원회
>   6. 제1항제6호에 대하여 심의권한을 가진 관련 위원회

> 주택법 시행령 제33조(공동위원회의 구성)
> ① 법 제18조제3항에 따른 공동위원회(이하 "공동위원회"라 한다)는 위원장 및 부위원장 1명씩을 포함하여 25 명 이상 30명 이하의 위원으로 구성한다.
> ② 공동위원회 위원장은 법 제18조제3항 각 호의 어느 하나에 해당하는 위원회 위원장의 추천을 받은 위원 중 에서 호선(互選)한다.
> ③ 공동위원회 부위원장은 사업계획승인권자가 속한 지방자치단체 소속 공무원 중에서 위원장이 지명한다.
> ④ 공동위원회 위원은 법 제18조제3항 각 호의 위원회의 위원이 각각 5명 이상이 되어야 한다.

통합심의를 한 경우 특별한 사유가 없으면 심의 결과를 반영하여 사업계획을 승인하여야 하며, 통합심의를 거친 경우에는 검토·심의·조사·협의·조정 또는 재정을 거친 것으로 본다.

주택법 제18조(사업계획의 통합심의 등)

④ 사업계획승인권자는 통합심의를 한 경우 특별한 사유가 없으면 심의 결과를 반영하여 사업계획을 승인하여야 한다.

⑤ 통합심의를 거친 경우에는 제1항 각 호에 대한 검토·심의·조사·협의·조정 또는 재정을 거친 것으로 본다.

사업계획승인권자가 사업계획을 승인할 때 개별법의 인·허가 등에 관하여 미리 관계 행정기관의 장과 협의한 사항에 대해서는 해당 인·허가 등을 받은 것으로 보며, 승인고시가 있는 때는 관계 법률에 따른 고시가 있는 것으로 본다.

이러한 인허가 의제 제도는 대규모 개발사업과 같이 하나의 목적 사업을 수행하기 위해 여러 법률에서 규정된 인·허가 등이 필요한 경우 그 창구를 단일화하고 절차를 간소화하여 비용과 시간을 절감함으로써 국민의 권익을 보호하려는 취지에서 도입된 것이다.

따라서, 사업계획승인을 받는다는 것은 주택법 제19조제1항에 있는 1호~25호의 인허가 사항을 받은 것으로 의제된다는 뜻이다.

주택법 제19조(다른 법률에 따른 인가·허가 등의 의제 등)

① 사업계획승인권자가 제15조에 따라 사업계획을 승인 또는 변경 승인할 때 다음 각 호의 허가·인가·결정·승인 또는 신고 등(이하 "인·허가등"이라 한다)에 관하여 제3항에 따른 관계 행정기관의 장과 협의한 사항에 대하여는 해당 인·허가등을 받은 것으로 보며, 사업계획의 승인고시가 있는 때에는 다음 각 호의 관계 법률에 따른 고시가 있는 것으로 본다. <개정 2016. 1. 19., 2016. 12. 27., 2021. 7. 20., 2022. 12. 27.>

1~25 생략

인·허가등의 의제를 받으려는 자는 사업계획승인을 신청할 때에 해당 법률에서 정하는 관계 서류를 함께 제출하여야 한다.

주택법 제19조(다른 법률에 따른 인가·허가 등의 의제 등)

② 인·허가등의 의제를 받으려는 자는 제15조에 따른 사업계획승인을 신청할 때에 해당 법률에서 정하는 관계 서류를 함께 제출하여야 한다.

사업계획승인권자는 사업계획을 승인하려는 경우 그 사업계획에 주택법 제19조제1항 각 호의 어느 하나에 해당하는 사항이 포함되어 있는 경우에는 해당 법률에서 정하는 관계 서류를 미리 관계 행정기관의 장에게 제출한 후 협의하여야 한다. 이 경우 협의 요청을 받은 관계 행정기관의 장은 사업계획승인권자의 협의 요청을 받은 날부터 20일 이내에 의견을 제출하여야 하며, 그 기간 내에 의견을 제출하지 아니한 경우에는 협의가 완료된 것으로 본다.

> 주택법 제19조(다른 법률에 따른 인가·허가 등의 의제 등)
> ③ 사업계획승인권자는 제15조에 따라 사업계획을 승인하려는 경우 그 사업계획에 제1항 각 호의 어느 하나에 해당하는 사항이 포함되어 있는 경우에는 해당 법률에서 정하는 관계 서류를 미리 관계 행정기관의 장에게 제출한 후 협의하여야 한다. 이 경우 협의 요청을 받은 관계 행정기관의 장은 사업계획승인권자의 협의 요청을 받은 날부터 20일 이내에 의견을 제출하여야 하며, 그 기간 내에 의견을 제출하지 아니한 경우에는 협의가 완료된 것으로 본다.

사업계획승인권자의 협의 요청을 받은 관계 행정기관의 장은 해당 법률에서 규정한 인·허가등의 기준을 위반하여 협의에 응하여서는 아니 된다.

> 주택법 제19조(다른 법률에 따른 인가·허가 등의 의제 등)
> ④ 제3항에 따라 사업계획승인권자의 협의 요청을 받은 관계 행정기관의 장은 해당 법률에서 규정한 인·허가 등의 기준을 위반하여 협의에 응하여서는 아니 된다.

50% 이상의 국민주택을 건설하는 사업주체가 다른 법률에 따른 인·허가등을 받은 것으로 보는 경우에는 관계 법률에 따라 부과되는 수수료 등을 면제한다.

> 주택법 제19조(다른 법률에 따른 인가·허가 등의 의제 등)
> ⑤ 대통령령으로 정하는 비율 이상의 국민주택을 건설하는 사업주체가 제1항에 따라 다른 법률에 따른 인·허가등을 받은 것으로 보는 경우에는 관계 법률에 따라 부과되는 수수료 등을 면제한다.

> 주택법 시행령 제36조(수수료 등의 면제 기준)
> 법 제19조제5항에서 "대통령령으로 정하는 비율"이란 50퍼센트를 말한다.

[사업계획승인 신청 시 제출해야 할 서류]

사업계획승인 신청서에 다음 1~8번의 서류를 첨부하여 사업계획승인권자에게 제출하여야
한다.

> 주택법 제15조(사업계획의 승인)
> ② 제1항에 따라 사업계획승인을 받으려는 자는 사업계획승인신청서에 주택과 그 부대시설 및 복리시설의
> 배치도, 대지조성공사 설계도서 등 대통령령으로 정하는 서류를 첨부하여 사업계획승인권자에게 제출
> 하여야 한다.

1. 사업계획서, 주택과 그 부대시설 및 복리시설의 배치도

> 주택법 시행령 제27조(사업계획의 승인)
> ⑥ 법 제15조제2항에서 "주택과 그 부대시설 및 복리시설의 배치도, 대지조성공사 설계도서 등 대통령령으
> 로 정하는 서류"란 다음 각 호의 구분에 따른 서류를 말한다.
>   1. 주택건설사업계획 승인신청의 경우: 다음 각 목의 서류. 다만, 제29조에 따른 표본설계도서에 따라
>   사업계획승인을 신청하는 경우에는 라목의 서류는 제외한다.
>   가. 신청서
>   나. 사업계획서
>   다. 주택과 그 부대시설 및 복리시설의 배치도

2. 토지를 수용하거나 사용하려는 경우 다음의 서류
   - 토지 또는 건물의 소재지·지번·지목 및 면적, 소유권과 소유권외의 권리의 명세 및 그 소
     유자·권리자의 성명·주소(도시·군계획시설사업의 시행자로 지정받고자 할 때 필요)
   - 수용 또는 사용할 토지 또는 건물의 소재지·지번·지목 및 면적, 소유권과 소유권외의 권
     리의 명세 및 그 소유자·권리자의 성명·주소(실시계획 작성 및 인가 시에 필요)

> 주택법 시행령 제27조(사업계획의 승인)
> ⑥ 1. 마. 「국토의 계획 및 이용에 관한 법률 시행령」 제96조제1항제3호 및 제97조제6항제3호의 사항을
>   적은 서류(법 제24조제2항에 따라 토지를 수용하거나 사용하려는 경우만 해당한다)

> 국토의 계획 및 이용에 관한 법률 시행령 제96조(시행자의 지정)
>
> ① 법 제86조제5항의 규정에 의하여 도시·군계획시설사업의 시행자로 지정받고자 하는 자는 다음 각호의 사항을 기재한 신청서를 국토교통부장관, 시·도지사 또는 시장·군수에게 제출하여야 한다. <개정 2008. 2. 29., 2012. 4. 10., 2013. 3. 23.>
>
>   3. 토지 또는 건물의 소재지·지번·지목 및 면적, 소유권과 소유권외의 권리의 명세 및 그 소유자·권리자의 성명·주소

> 국토의 계획 및 이용에 관한 법률 시행령 제97조(실시계획의 인가)
>
> ⑥ 법 제88조제5항에서 "대통령령으로 정하는 사항"이란 다음 각 호의 사항을 말한다. <개정 2005. 9. 8., 2008. 9. 25., 2011. 7. 1., 2012. 4. 10., 2018. 11. 13., 2021. 7. 6.>
>
>   3. 수용 또는 사용할 토지 또는 건물의 소재지·지번·지목 및 면적, 소유권과 소유권외의 권리의 명세 및 그 소유자·권리자의 성명·주소

3. 다음의 요건을 증명하는 서류

  가. 등록사업자 관련사항(다음 둘 중 하나에 해당하는 자일 것)

   - 자본금이 5억 원(개인인 경우에는 자산평가액 10억 원) 이상일 것, 건축 분야 및 토목 분야 기술인 3명 이상을 보유하고 있을 것(건축시공 기술사 또는 건축기사, 토목 분야 기술인 각 1인 포함되어야 함), 최근 5년간의 주택건설 실적이 100호 또는 100세대 이상일 것

   - 「건설산업기본법」에 따른 건설업의 등록을 한 자

  나. 지구단위계획의 결정이 필요한 사업인 경우에는 95퍼센트 이상의 소유권을 확보 (저당권등으로부터 자유로울 것)

  디. 주택조합과 등록사업자 간에 내시 및 주택의 사용·처분, 사업비의 부담, 공사기간, 그 밖에 사업 추진에 따르는 각종 책임 등 사업 추진에 필요한 사항에 대해 협약이 체결되어 있을 것

> 주택법 시행령 제27조(사업계획의 승인)
>
> ⑥ 1. 바. 제16조 각 호의 사실을 증명하는 서류(공동사업시행의 경우만 해당하며, 법 제11조제1항에 따른 주택조합이 단독으로 사업을 시행하는 경우에는 제16조제1항제2호 및 제3호의 사실을 증명하는 서류를 말한다)

> 주택법 시행령 제16조(공동사업주체의 사업시행)
>
> ① 법 제5조제1항에 따라 공동으로 주택을 건설하려는 토지소유자와 등록사업자는 다음 각 호의 요건을 모두 갖추어 법 제15조에 따른 사업계획승인을 신청하여야 한다.
>
>   1. 등록사업자가 다음 각 목의 어느 하나에 해당하는 자일 것

가. 제17조제1항 각 호의 요건을 모두 갖춘 자

주택법 시행령 제17조(등록사업자의 주택건설공사 시공기준)
① 법 제7조에 따라 주택건설공사를 시공하려는 등록사업자는 다음 각 호의 요건을 모두 갖추어야 한다. <개정 2018. 12. 11., 2019. 10. 22.>
1. 자본금이 5억원(개인인 경우에는 자산평가액 10억원) 이상일 것
2. 「건설기술 진흥법 시행령」 별표 1에 따른 건축 분야 및 토목 분야 기술인 3명 이상을 보유하고 있을 것. 이 경우 「건설기술 진흥법 시행령」 별표 1에 따른 건설기술인으로서 다음 각 목에 해당하는 건설기술인 각 1명이 포함되어야 한다.
   가. 건축시공 기술사 또는 건축기사
   나. 토목 분야 기술인
3. 최근 5년간의 주택건설 실적이 100호 또는 100세대 이상일 것

주택법 제7조(등록사업자의 시공)
① 등록사업자가 제15조에 따른 사업계획승인(「건축법」에 따른 공동주택건축허가를 포함한다)을 받아 분양 또는 임대를 목적으로 주택을 건설하는 경우로서 그 기술능력, 주택건설 실적 및 주택규모 등이 대통령령으로 정하는 기준에 해당하는 경우에는 그 등록사업자를 「건설산업기본법」 제9조에 따른 건설사업자로 보며 주택건설공사를 시공할 수 있다. <개정 2019. 4. 30.>
② 제1항에 따라 등록사업자가 주택을 건설하는 경우에는 「건설산업기본법」 제40조·제44조·제93조·제94조, 제98조부터 제100조까지, 제100조의2 및 제101조를 준용한다. 이 경우 "건설사업자"는 "등록사업자"로 본다. <개정 2019. 4. 30.>

나. 「건설산업기본법」 제9조에 따른 건설업(건축공사업 또는 토목건축공사업만 해당한다)의 등록을 한 자
2. 주택건설대지가 저당권·가등기담보권·가압류·전세권·지상권 등(이하 "저당권등"이라 한다)의 목적으로 되어 있는 경우에는 그 저당권등을 말소할 것. 다만, 저당권등의 권리자로부터 해당 사업의 시행에 대한 동의를 받은 경우는 예외로 한다.
3. 토지소유자와 등록사업자 간에 다음 각 목의 사항에 대하여 법 및 이 영이 정하는 범위에서 협약이 체결되어 있을 것
   가. 대지 및 주택(부대시설 및 복리시설을 포함한다)의 사용·처분
   나. 사업비의 부담
   다. 공사기간
   라. 그 밖에 사업 추진에 따르는 각종 책임 등 사업 추진에 필요한 사항

② 법 제5조제2항에 따라 공동으로 주택을 건설하려는 주택조합(세대수를 늘리지 아니하는 리모델링 주택조합은 제외한다)과 등록사업자, 지방자치단체, 한국토지주택공사(「한국토지주택공사법」에 따른 한국토지주택공사를 말한다. 이하 같다) 또는 지방공사(「지방공기업법」 제49조에 따라 주택건설사업을 목적으로 설립된 지방공사를 말한다. 이하 같다)는 다음 각 호의 요건을 모두 갖추어 법 제15조에 따른 사업계획승인을 신청하여야 한다.

1. 등록사업자와 공동으로 사업을 시행하는 경우에는 해당 등록사업자가 제1항제1호의 요건을 갖출 것

2. 주택조합이 주택건설대지의 소유권을 확보하고 있을 것. 다만, 지역주택조합 또는 직장주택조합이 등록사업자와 공동으로 사업을 시행하는 경우로서 법 제21조제1항제1호에 따라 「국토의 계획 및 이용에 관한 법률」 세49조에 따른 지구단위계획의 결정이 필요한 사업인 경우에는 95퍼센트 이상의 소유권을 확보하여야 한다.

3. 제1항제2호 및 제3호의 요건을 갖출 것. 이 경우 제1항제2호의 요건은 소유권을 확보한 대지에 대해서만 적용한다.

4. 다른 법률에 따른 인가·허가 등의 의제 등과 관련한 서류(상세내용은 앞에서 설명되어 생략함)

주택법 시행령 제27조(사업계획의 승인)
⑥ 1. 사. 법 제19조제3항에 따른 협의에 필요한 서류

5. 공공시설의 귀속에 관한 사항을 기재한 서류

- 공공시설의 종류와 토지의 세목

- 준공검사 증명 서면

주택법 시행령 제27조(사업계획의 승인)
⑥ 1. 아. 법 제29조제1항에 따른 공공시설의 귀속에 관한 사항을 기재한 서류

주택법 제29조(공공시설의 귀속 등)
① 사업주체가 제15조제1항 또는 제3항에 따라 사업계획승인을 받은 사업지구의 토지에 새로 공공시설을 설치하거나 기존의 공공시설에 대체되는 공공시설을 설치하는 경우 그 공공시설의 귀속에 관하여는 「국토의 계획 및 이용에 관한 법률」 제65조 및 제99조를 준용한다. 이 경우 "개발행위허가를 받은 자"는 "사업주체"로, "개발행위허가"는 "사업계획승인"으로, "행정청인 시행자"는 "한국토지주택공사 및 지방공사"로 본다.

> 국토계획법 제65조(개발행위에 따른 공공시설 등의 귀속)
>
> ⑥ 개발행위허가를 받은 자가 행정청이 아닌 경우 개발행위허가를 받은 자는 제2항에 따라 관리청에 귀속
> 되거나 그에게 양도될 공공시설에 관하여 개발행위가 끝나기 전에 그 시설의 관리청에 그 종류와 토지
> 의 세목을 통지하여야 하고, 준공검사를 한 특별시장·광역시장·특별자치시장·특별자치도지사·시장 또
> 는 군수는 그 내용을 해당 시설의 관리청에 통보하여야 한다. 이 경우 공공시설은 준공검사를 받음으로
> 써 그 시설을 관리할 관리청과 개발행위허가를 받은 자에게 각각 귀속되거나 양도된 것으로 본다. <개정
> 2011. 4. 14.>
>
> ⑦ 제1항부터 제3항까지, 제5항 또는 제6항에 따른 공공시설을 등기할 때에 「부동산등기법」에 따른 등기원
> 인을 증명하는 서면은 제62조제1항에 따른 준공검사를 받았음을 증명하는 서면으로 갈음한다. <개정
> 2011. 4. 12.>

> 국토계획법 제99조(공공시설 등의 귀속)
>
> 도시·군계획시설사업에 의하여 새로 공공시설을 설치하거나 기존의 공공시설에 대체되는 공공시설을 설치
> 한 경우에는 제65조를 준용한다. 이 경우 제65조제5항 중 "준공검사를 마친 때"는 "준공검사를 마친 때(시
> 행자가 국토교통부장관, 시·도지사 또는 대도시 시장인 경우에는 제98조제4항에 따른 공사완료 공고를 한
> 때를 말한다)"로 보고, 같은 조 제7항 중 "제62조제1항에 따른 준공검사를 받았음을 증명하는 서면"은 "제
> 98조제3항에 따른 준공검사증명서(시행자가 국토교통부장관, 시·도지사 또는 대도시 시장인 경우에는 같
> 은 조 제4항에 따른 공사완료 공고를 하였음을 증명하는 서면을 말한다)"로 본다. <개정 2011. 4. 14., 2013.
> 3. 23.>
>
> [전문개정 2009. 2. 6.]

6. 주택조합설립인가서

> 주택법 시행령 제27조(사업계획의 승인)
>
> ⑥ 1. 자. 주택조합설립인가서(주택조합만 해당한다)

7. 공업화주택 인정 서류 및 주택건설공사 시공기준을 충족하는 등록사업자 요건 충족 증명 서류

> 주택법 시행령 제27조(사업계획의 승인)
>
> ⑥ 1. 차. 법 제51조제2항 각 호의 어느 하나의 사실 또는 이 영 제17조제1항 각 호의 사실을 증명하는 서류
> (「건설산업기본법」 제9조에 따른 건설업 등록을 한 자가 아닌 경우만 해당한다)

주택법 제51조(공업화주택의 인정 등)

② 국도ㅍ통부칭관, 시·노시사 또는 시상·군수는 다음 각 호의 구분에 따라 주택을 건설하려는 자에 대하여 「건설산업기본법」 제9조제1항에도 불구하고 대통령령으로 정하는 바에 따라 해당 주택을 건설하게 할 수 있다.

    1. 국토교통부장관: 「건설기술 진흥법」 제14조에 따라 국토교통부장관이 고시한 새로운 건설기술을 적용하여 건설하는 공업화주택

    2. 시·도지사 또는 시장·군수: 공업화주택

주택법 시행령 제17조(등록사업자의 주택건설공사 시공기준)

① 법 제7조에 따라 주택건설공사를 시공하려는 등록사업자는 다음 각 호의 요건을 모두 갖추어야 한다. <개정 2018. 12. 11., 2019. 10. 22.>

    1. 자본금이 5억원(개인인 경우에는 자산평가액 10억원) 이상일 것

    2. 「건설기술 진흥법 시행령」 별표 1에 따른 건축 분야 및 토목 분야 기술인 3명 이상을 보유하고 있을 것. 이 경우 「건설기술 진흥법 시행령」 별표 1에 따른 건설기술인으로서 다음 각 목에 해당하는 건설기술인 각 1명이 포함되어야 한다.

        가. 건축시공 기술사 또는 건축기사

        나. 토목 분야 기술인

    3. 최근 5년간의 주택건설 실적이 100호 또는 100세대 이상일 것

8. 제정된 규칙 없음

주택법 시행령 제27조(사업계획의 승인)

⑥ 1. 카. 그 밖에 국토교통부령으로 정하는 서류

제2장 ┃ 사업계획승인 취소

사업주체는 승인받은 사업계획대로 사업을 시행하여야 하고, 승인받은 날부터 5년 이내 공사를 시작하여야 한다. 다만, 사업계획승인권자는 주택법 시행령 제31조 각 호의 어느 하나에 해당하는 사유가 있다고 인정하는 경우에는 사업주체의 신청을 받아 그 사유가 없어진 날부터 1년의 범위에서 공사의 착수기간을 연장할 수 있다.

주택법 제16조(사업계획의 이행 및 취소 등)

① 사업주체는 제15조제1항 또는 제3항에 따라 승인받은 사업계획대로 사업을 시행하여야 하고, 다음 각 호의 구분에 따라 공사를 시작하여야 한다. 다만, 사업계획승인권자는 대통령령으로 정하는 정당한 사유가 있다고 인정하는 경우에는 사업주체의 신청을 받아 그 사유가 없어진 날부터 1년의 범위에서 제1호 또는 제2호 가목에 따른 공사의 착수기간을 연장할 수 있다.

    1. 제15조제1항에 따라 승인을 받은 경우: 승인받은 날부터 5년 이내

주택법 시행령 제31조(공사 착수기간의 연장)

법 제16조제1항 각 호 외의 부분 단서에서 "대통령령으로 정하는 정당한 사유가 있다고 인정하는 경우"란 다음 각 호의 어느 하나에 해당하는 경우를 말한다.

1. 「매장문화재 보호 및 조사에 관한 법률」 제11조에 따라 문화재청장의 매장문화재 발굴허가를 받은 경우
2. 해당 사업시행지에 대한 소유권 분쟁(소송절차가 진행 중인 경우만 해당한다)으로 인하여 공사 착수가 지연되는 경우
3. 법 제15조에 따른 사업계획승인의 조건으로 부과된 사항을 이행함에 따라 공사 착수가 지연되는 경우
4. 천재지변 또는 사업주체에게 책임이 없는 불가항력적인 사유로 인하여 공사 착수가 지연되는 경우
5. 공공택지의 개발·조성을 위한 계획에 포함된 기반시설의 설치 지연으로 공사 착수가 지연되는 경우
6. 해당 지역의 미분양주택 증가 등으로 사업성이 악화될 우려가 있거나 주택건설경기가 침체되는 등 공사에 착수하지 못할 부득이한 사유가 있다고 사업계획승인권자가 인정하는 경우

사업계획승인권자는 사업주체가 승인받은 날부터 5년 이내 공사를 시작하지 아니하는 경우, 대지소유권을 상실한 경우, 부도·파산 등으로 공사의 완료가 불가능한 경우의 어느 하나에 해당하는 경우 그 사업계획의 승인을 취소할 수 있다. 단, 제2호 또는 제3호에 해당하는 경우 주택분양보증이 된 사업은 제외한다.

> 주택법 제16조(사업계획의 이행 및 취소 등)
>
> ④ 사업계획승인권자는 다음 각 호의 어느 하나에 해당하는 경우 그 사업계획의 승인을 취소(제2호 또는 제3호에 해당하는 경우「주택도시기금법」제26조에 따라 주택분양보증이 된 사업은 제외한다)할 수 있다. <개정 2021. 1. 5.>
>
> 　1. 사업주체가 제1항(제2호나목은 제외한다)을 위반하여 공사를 시작하지 아니한 경우
>
> 　2. 사업주체가 경매·공매 등으로 인하여 대지소유권을 상실한 경우
>
> 　3. 사업주체의 부도·파산 등으로 공사의 완료가 불가능한 경우

사업계획승인권자는 제4항제2호 또는 제3호의 사유로 사업계획승인을 취소하고자 하는 경우에는 사업주체에게 사업계획 이행, 사업비 조달 계획 등이 포함된 사업 정상화 계획을 제출받아 계획의 타당성을 심사한 후 취소 여부를 결정하여야 한다.

> 주택법 제16조(사업계획의 이행 및 취소 등)
>
> ⑤ 사업계획승인권자는 제4항제2호 또는 제3호의 사유로 사업계획승인을 취소하고자 하는 경우에는 사업주체에게 사업계획 이행, 사업비 조달 계획 등 대통령령으로 정하는 내용이 포함된 사업 정상화 계획을 제출받아 계획의 타당성을 심사한 후 취소 여부를 결정하여야 한다. <개정 2021. 1. 5.>

> 주택법 시행령 제32조(사업계획승인의 취소)
>
> 법 제16조제5항에서 "사업계획 이행, 사업비 조달 계획 등 대통령령으로 정하는 내용"이란 다음 각 호의 내용을 말한다. <개정 2021. 7. 6.>
>
> 1. 공사일정, 준공예정일 등 사업계획의 이행에 관한 계획
>
> 2. 사업비 확보 현황 및 방법 등이 포함된 사업비 조달 계획
>
> 3. 해당 사업과 관련된 소송 등 분쟁사항의 처리 계획

4항에도 불구하고 사업계획승인권자는 해당 사업의 시공자 등이 해당 주택건설대지의 소유권 등을 확보하고 사업주체 변경을 위하여 사업계획의 변경승인을 요청하는 경우에 이를 승인할 수 있다.

> 주택법 제16조(사업계획의 이행 및 취소 등)
>
> ⑥ 제4항에도 불구하고 사업계획승인권자는 해당 사업의 시공자 등이 제21조제1항에 따른 해당 주택건설대지의 소유권 등을 확보하고 사업주체 변경을 위하여 제15조제4항에 따른 사업계획의 변경승인을 요청하는 경우에 이를 승인할 수 있다. <개정 2021. 1. 5.>

■■■■■시 ■구 고시 제2020-■호

주택건설사업계획(■■■■■■■■■지역주택조합) 승인, 도시관리계획(지구단위계획구역 및 지구단위계획)결정 및 지형도면 고시

■■■■시 ■구 ■■■동 ■■■번지 일원 주택건설사업계획을 「주택법」 제15조, 같은법 시행령 제27조에 따라 주택건설사업계획을 승인하고, 같은법 시행령 제30조에 따라 다음과 같이 고시하며, 「국토의 계획 및 이용에 관한 법률」 제30조 및 같은법 시행령 제25조에 따라 도시관리계획(지구단위계획) 결정하고 「토지이용규제 기본법」 제8조에 따라 지형도면을 고시합니다.

2020년 ■월 ■일

■■■■■시 ■■■장

1. 사업계획 승인 내역
가. 사업시행자
  1) 사업의 명칭 : ■■■■■■■지역주택조합 아파트[공동주택 및 부대·복리시설]
  2) 사업주체
    가) 주 소 : ■■■■■시 ■구 ■■로 ■, ■■■■ ■■■■■■
    나) 성 명 : ■■■■■■■지역주택조합 조합장 ■■■ 외 1개사
  3) 사업위치 : ■■■■■시 ■구 ■■■동 ■■■번지 일대

나. 사업개요

구 분	내 용	비고
사 업 주 체	○ ■■■■■■■지역주택조합 ■■■■	
사 업 위 치	○ ■■■■■시 ■구 ■■■동 ■■■번지 일대	
대 지 면 적	○ 15,750.00㎡ (사업구역면적: 22,035㎡, 기부시설면적: 6,285㎡)	
건 축 면 적	○ 2,718.0744㎡	
건 축 연 면 적	○ 54,723.7515㎡	
건 폐 율	○ 17.26%	
용 적 률	○ 245.41%	
동 수(층/부)	○ 5동 / 13동	
세 대 수	○ ■■■세대	
주 택 형 별	○ 지역주택조합 아파트	
사 업 비	○ 210,359,001천원	

2. 사업시행기간 : 2020. 9. 1. ~ 2023. 9. 1.

3. 법률에 의한 인·허가 등의 의제 등
○ 「건축법」 제11조에 따른 건축허가, 「국토의 계획 및 이용에 관한 법률」 제30조에 따른 도시관리계획(지구단위계획구역 및 지구단위계획)의 결정, 같은 법 제56조에 따른 개발행위의 허가 등 본 주택건설사업계획 승인 신청되어, 「주택법」 제19조 규정에 따라 다른 법률에 따른 인가·허가 등의 의제사항을 포함합니다. (해당분만 포함)

4. 승인관련서류는 ■■■■■시 ■■청(건축허가과)에 비치하여 이해관계인에게 보입니다.

■「국토의 계획 및 이용에 관한 법률」 제30조의 규정에 의한 도시관리계획의 결정

I. 지구단위계획구역 결정조서
■ 지구단위계획구역 결정조서

구분	도면표시번호	구역명	위치	면적(㎡)			비고
				기정	변경	변경후	
신설	254	■■■■■지구단위계획구역	■구 ■■동 ■■번지 일대		증 22,035	22,035	구역신설

○ 지구단위계획구역 결정사유서

도면표시번호	구역명	변경내용	변경사유
254	■■■■■지구단위계획구역	· 지구단위계획구역 신설 - A=22,035㎡	· 「주택법」에 따른 주택건설사업에 대한 체계적 계획적 관리를 위해지구단위계획구역을 신설

II. 지구단위계획 결정조서
가. 용도지역·용도지구의 세분 및 세분된 용도지역·용도지구간의 변경에 관한 도시관리계획 결정조서 (변경없음)

■ 용도지역 결정조서
○ 총괄조서

구 분		면적(㎡)			구성비(%)	비고
		기정	변경	변경후		
합계		1,144,600,986.7	-	1,144,600,986.7	100.0	
주거지역	소계	67,229,335.0		67,229,335.0	5.9	
	제1종전용주거지역	506,457.9		506,457.9	0.1	
	제1종일반주거지역	12,765,683.7		12,765,683.7	1.1	
	제2종일반주거지역	36,556,252.9		36,556,252.9	3.2	
	제3종일반주거지역	11,381,710.4		11,381,710.4	1.0	
	준주거지역	6,019,230.1		6,019,230.1	0.5	
상업지역	소계	7,626,562.6		7,626,562.6	0.7	
	중심상업지역	372,425.0		372,425.0	0.1	
	일반상업지역	6,824,761.7		6,824,761.7	0.6	
	근린상업지역	164,375.9		164,375.9	0.0	
	유통상업지역	265,000.0		265,000.0	0.0	
공업지역	소계	81,473,918.2		81,473,918.2	7.1	
	일반공업지역	75,841,913.6		75,841,913.6	6.6	
	준공업지역	5,632,004.6		5,632,004.6	0.5	
녹지지역	소계	515,086,684.4		515,086,684.4	45.0	
	보전녹지지역	17,298,520.0		17,298,520.0	1.5	
	생산녹지지역	16,352,730.0		16,352,730.0	1.4	
	자연녹지지역	481,435,434.4		481,435,434.4	42.1	
관리지역	소계	62,281,576.9		62,281,576.9	5.4	
	보전관리지역	40,549,571.9		40,549,571.9	3.5	
	생산관리지역	12,832,037.0		12,832,037.0	1.1	
	계획관리지역	8,899,968.0		8,899,968.0	0.8	
농림지역		283,130,267.1		283,130,267.1	24.7	
자연환경보전지역		43,644,421.0		43,644,421.0	3.8	
미지정지역		84,128,221.5		84,128,221.5	7.4	

주) 기정은 ■■■■시 고시 제2020-123호(2020.5.14.) 「도시관리계획(재정비)「지구 지구단위계획」(결정·변경)」및 지형도면 고시 사항임

○ 용도지역 결정조서(구역 내)

용도지역		면적(㎡)			구성비(%)	비고
		기정	변경	변경후		
합 계		22,035	-	22,035	100.0	
주거지역	제2종일반주거지역	21,680	-	21,680	98.4	
상업지역	일반상업지역	355	-	355	1.6	

나. 기반시설의 배치와 규모에 관한 도시관리계획 결정(변경)조서
1) 교통시설
■ 도로
가) 도로 총괄표

구분	합 계			1 류			2 류			3 류		
	노선수	연장	면적	노선수	연장	면적	노선수	연장	면적	노선수	연장	면적
계	10 (6)	1,767 (694)	14,080 (5,210)				5 (3)	970 (335)	7,553 (2,686)	5 (3)	797 (359)	6,527 (2,524)
중로	1 (1)	214 (214)	2,902							1 (1)	214 (214)	2,902 (1,602)
소로	9 (5)	1,553 (480)	11,148 (3,608)				5 (3)	970 (335)	7,553 (2,686)	4 (2)	583 (145)	3,595 (922)

주) ( )는 구역내 연장 및 면적임

나) 도로 결정(변경) 조서

구분	등급	류별	번호	폭원(m)	기능	연장(m)	기점	종점	사용형태	주요경과지	최초결정일	비고
신설	소로	2	139	10	국지도로	55 (55)	중3-441	소3-로55	일반도로			노선신설
기정	소로	2	307	8	국지도로	303	소2-306	중1-321	일반도로		'07.7.12 208호	'13.11.14 용고247호
변경	소로	2	307	8	국지도로	303 (157)	소2-306	중1-321	일반도로			일부구간 선형변경
기정	소로	2	308	8	국지도로	238	소3-238	중1-321	일반도로		'07.7.12 208호	
변경	소로	2	308	8	국지도로	54	소2-512	소2-307	일반도로			노선축소 및 기점변경 (구역외)
기정	소로	2	234	6	국지도로	530	소2-307	소1-53	일반도로		'94.3.21 40호	
변경	소로	2	234	6	국지도로	395	소2-512	소1-53	일반도로			노선축소 및 기점변경 (구역외)
변경	소로	2	512	8	국지도로	135 (135)	소2-307	소3-234	일반도로			노선신설
폐지	소로	2	236	6	국지도로	68	소2-307	소2-308	일반도로		'94.3.21 40호	
기정	소로	2	237	6	국지도로	600	대3-5	소1-53	일반도로		'94.3.21 40호	
변경	소로	2	237	6	국지도로	43 (43)	대3-5	소2-307	일반도로			노선축소 및 기점변경 (구역외)
변경	소로	2	351	6-8	국지도로	435	소1-139	소1-53	일반도로			노선형변경 (구역외)
신설	소로	2	513	8	국지도로	43	대3-5	소2-307	일반도로			노선신설
기정	소로	2	238	6-10	국지도로	210	소2-307	소1-50	일반도로		'94.3.3 경과43호	'05.6.23 57호
변경	중로	3	441	12 -15	국지도로	214 (214)	소2-307	소1-50	일반도로			노선명변경 신설
신설	소로	3	보55	4	국지도로	90 (90)	소1-139	소2-512	특수도로			노선신설

주) ( )는 구역내 폭원 및 연장임

○ 도로 변경사유서

변경전 도로명	변경후 도로명	변경내용	변경사유
-	소로1-139	• 노선신설 - B=10m, L=55m	• 공동주택단지 주변교통의 원활한 소통을 위해 노선신설
-	소로2-513	• 노선신설 - B=8m, L=43m	• 공동주택단지 주변교통의 원활한 소통을 위해 노선신설
소로2-307	소로2-307	• 일부구간 선형변경 - L=157m	• 공동주택건설에 따른 일부구간 선형변경
소로2-306	소로2-306	• 노선축소 및 기점변경 - L=206m → 54m	• 공동주택건설에 따른 노선 축소 및 기점변경
소로3-234	소로3-234	• 노선축소 및 기점변경 - L=530m → 395m	• 공동주택건설에 따른 노선 축소 및 기점변경
소로3-234	소로3-512	• 노선명 신설 - B=8m, L=135m	• 소로3-234호선 노선분리에 따른 노선명 신설
소로3-236	-	• 노선폐지	• 공동주택건설에 따른 단지내부 도로 폐지
소로3-237	소로3-237	• 노선축소 및 종점변경 - L=600m → 43m	• 공동주택건설에 따른 노선 축소 및 종점변경
소로3-237	소로3-351	• 노선명 신설 - B=6~8m, L=435m	• 소로3-237호선 노선분리에 따른 노선명 신설
소로3-238	중로3-441	• 노선명 신설 - B=12~15m, L=214m	• 소로3-238호선 확폭에 따른 노선 명 신설
-	소로3-b55	• 노선신설 - B=4m, L=50m	• 시민들의 안전 및 편의 향상을 위해 보행자전용도로 신설

2) 공간시설
■ 공원 결정조서

구분	도면 표시번호	공원명	시설의 세분	위치	면적(㎡) 기정	면적(㎡) 변경	면적(㎡) 변경후	최초 결정일	비고
신설	141	공원	소공원	▦구 ▦▦동 ▦▦번지 일원		증) 1,075	1,075		

○ 공원 결정사유서

도면 표시번호	공원명	변경내용	변경사유
141	공원	소공원 신설 (A=1,075㎡)	• 공동주택 및 인근주민들의 휴식 및 여가공간으로 이용할 수 있도록 공원신설

Ⅲ. 141호 공원조성계획 결정조서
■ 총괄조서

구분	면적(㎡)	구성비(%)	비고
총계	1,075	100.00%	
시설면적	211	19.63%	
녹지면적	864	80.37%	
건축면적	-	-	
건축연면적	-	-	

■ 시설계획 결정조서

구분		부지면적(㎡)	구성비(%)	건축면적(㎡)	건축연면적(㎡)	비고
총계		1,075	100.00	-	-	
시설소계		211	19.63	-	-	
기반시설	도로	91	8.47	-	-	
휴양시설		25	2.33	-	-	
운동시설		95	8.84	-	-	
녹지		864	80.37	-	-	

■ 세부시설 결정조서

시설명		부호	부지면적(㎡)	건축면적(㎡)	건축연면적(㎡)	비고
합계		-	1,075	-	-	
시설면적		-	211			
기반시설	도로	-	91			
휴양시설	휴게쉼터	1	25			
운동시설	활력마당	2	95			
녹지		-	864			

■ 도로 결정조서

구분	등급	류별	번호	폭원(m)	연장(m)	면적(㎡)	기능	시점	종점	비고
	총 계				76	91				
신설	산책로	-	1	1.2	70	84	산책로	동측구역계	동측구역계	
신설	산책로	-	2	1.2	6	7	산책로	동측구역계	산책로	

다. 가구 및 획지의 규모와 조성에 관한 도시관리계획 결정조서

구분	도면 번호	가구 번호	면적(㎡)	획지 획지번호	획지 위치	획지 면적(㎡)	비고
합 계		-	-			16,825	
신설	-	1B	16,825	1	▦▦구 ▦▦동 ▦▦▦번지 일원	15,750	공동주택용지
				2	▦▦▦구 ▦▦동 ▦▦번지 일원	1,075	A호 소공원

○ 변경사유서

도면 번호	가구 또는 획지번호	변경내용	변경사유
-	1B-1, 1B-2	• 가구 및 획지 신설	• 체계적인 지구단위계획 관리를 위해 가구 및 획지 범위 부여

라. 건축물에 대한 용도·건폐율·용적률·높이·배치·형태·색채·건축선에 관한 도시관리계획 결정조서

도면번호	위치	구분		계 획 내 용
1B-1		용도	허용	• 「주택법」 제2조에 의한 공동주택 및 부대복리시설
			불허	• 허용용도 이외의 용도
		건폐율		• 60%이하
		용적률		• 249%이하(①+②) ① 원 화(기반시설제공에 따른 완화) - 「▦▦▦▦시 지구단위계획수립지침」 3-3-1의 기준용적률+[1.5×(공공시설 등의 부지로 제공 하는 면적×공공시설 등 제공부지의 용적률)÷ 공공시설 등의 부지 제공 후의 대지면적] 이내 ② 완 화(리모델링이 쉬운 구조) - 「건축법」 제8조 및 같은법 시행령 제6조2에 따라 "리모델링이 쉬운 구조"로 건축 시, 용적률 완화 ※ 리모델링이 쉬운 구조의 공동주택 신축시 기준 용적률의 100분의 120범위 이내에서 관련 규정 에 따라 건축위원회 심의를 통해 완화 여부 결 정
		높 이		• 25층 이하

Ⅳ. 도시관리계획 결정도 : 게재생략
1. 도시관리계획 결정(변경)도
2. 지구단위계획총괄도
3. 지구단위계획구역 결정도
4. 용도지역·지구에 관한 도시관리계획 결정도(변경없음)
5. 기반시설의 배치와 규모에 관한 도시관리계획 결정(변경)도
6. 가구 및 획지의 규모와 조성에 관한 도시관리계획 결정도
7. 건축물에 관한 도시관리계획 결정도
8. 141호 소공원 조성계획 결정도

■「국토의 계획 및 이용에 관한법률」 제32조, 「토지이용규제기본법」 제8조의 규정에 의한 지형도면 고시
1. 도시관리계획(▦▦▦▦▦▦▦ 지구단위계획구역 및 지구단위계획) 결정에 대한 지형도면 고시도 : 게재생략
2. 관계도서는 ▦▦▦▦시 ▦구청(건축허가과)에 비치하여 이해관계인에게 보이고 있습니다.

사업계획승인을 득하고 나면 시공사나 조합에서 공급계약서를 작성하자고 한다. 조합가입계약서가 있는데 공급계약서는 무엇인지 궁금증을 갖게 되기도 한다.

주택조합은 토지 소유권의 95% 이상을 확보한 이후 주택법 제15조에 따라 사업계획승인을 받아야만 사업이 확정되는 특징이 있다. 따라서, 사업계획승인 전에는 주택을 공급한다는 보장이 없기 때문에 입주계약을 할 수 없는 상황이었다.

주택공급에 관한 규칙 제2조 제7호 가목은 사업계획승인일 당시 입주대상자로 확정된 자를 당첨자로 규정하고 있으며, 주택공급에 관한 규칙 제2조 제7의2호 가~다목에 해당하는 경우를 분양권등으로 규정하고 있다. 따라서, 조합원은 사업계획승인일 비로소 당첨자가 되어 분양권을 취득하게 되어 주택을 공급받을 수 있게 되는 것이다.

주택공급에 관한 규칙 제2조(정의) 이 규칙에서 사용하는 용어의 뜻은 다음과 같다. <개정 2016. 5. 19., 2016. 8. 12., 2017. 9. 20., 2017. 11. 24., 2018. 12. 11., 2021. 5. 28., 2021. 11. 16., 2023. 11. 10.>

　7. "당첨자"란 다음 각 목의 어느 하나에 해당하는 사람을 말한다. 다만, 분양전환되지 않는 공공임대주택(「공공주택 특별법」 제2조제1호가목에 따른 공공임대주택을 말한다. 이하 같다)의 입주자로 선정된 자는 제외하며, 법 제65조제2항에 따라 당첨 또는 공급계약이 취소되거나 그 공급신청이 무효로 된 자는 당첨자로 본다.

　　가. 제3조제2항제1호 및 제5호에 따른 주택에 대하여 해당 <u>사업계획승인일 당시 입주대상자로 확정된 자</u>

　7의2. "분양권등"이란 「부동산 거래신고 등에 관한 법률」 제3조제1항제2호 및 제3호에 해당하는 주택에 관한 다음 각 목의 어느 하나에 해당하는 지위를 말한다.

　　가. <u>주택을 공급받는 사람으로 선정된 지위</u>

　　나. <u>주택의 입주자로 선정된 지위</u>

　　다. <u>매매를 통해 취득하고 있는 가목 또는 나목의 지위</u>

주택공급에 관한 규칙 제3조(적용대상)

① 이 규칙은 사업주체(「건축법」 제11조에 따른 건축허가를 받아 주택 외의 시설과 주택을 동일 건축물로 하여 법 제15조제1항에 따른 호수 이상으로 건설·공급하는 건축주와 법 제49조에 따라 사용검사를 받은 주택을 사업주체로부터 일괄하여 양수한 자를 포함한다. 이하 제15조부터 제26조까지, 제28조부터 제32조까지, 제50조부터 제53조까지, 제56조, 제57조, 제59조부터 제61조까지에서 같다)가 법 제15조에 따라 사업계획 승인(「건축법」 제11조에 따른 건축허가를 포함한다)을 받아 건설하는 주택 및 복리시설의 공급에 대하여 적용한다. <개정 2016. 8. 12.>

② 제1항에도 불구하고 다음 각 호의 주택을 공급하는 경우에는 해당 호에서 정하는 규정만을 적용한다. 다만,
다음 각 호의 주택을 해당자에게 공급하고 남은 주택(제4호, 제6호 및 제6호의2는 제외한다)이 법 제15조제
1항에 따른 호수 이상인 경우 그 남은 주택을 공급하는 경우에는 그렇지 않다. <개정 2016. 8. 12., 2017. 11.
24., 2018. 2. 9., 2018. 12. 11., 2019. 11. 1.>
5. 법 제5조제2항에 따른 주택조합이 그 조합원에게 공급하기 위하여 건설하는 주택: 제22조, 제52조, 제
57조

부동산 거래 신고 등에 관한 법률 제3조(부동산 거래의 신고)
① 거래당사자는 다음 각 호의 어느 하나에 해당하는 계약을 체결한 경우 그 실제 거래가격 등 대통령령으로
정하는 사항을 거래계약의 체결일부터 30일 이내에 그 권리의 대상인 부동산등(권리에 관한 계약의 경우에
는 그 권리의 대상인 부동산을 말한다)의 소재지를 관할하는 시장(구가 설치되지 아니한 시의 시장 및 특별
자치시장과 특별자치도 행정시의 시장을 말한다)·군수 또는 구청장(이하 "신고관청"이라 한다)에게 공동으
로 신고하여야 한다. 다만, 거래당사자 중 일방이 국가, 지방자치단체, 대통령령으로 정하는 자의 경우(이하
"국가등"이라 한다)에는 국가등이 신고를 하여야 한다. <개정 2017. 2. 8., 2019. 8. 20.>
1. 부동산의 매매계약
2. 「택지개발촉진법」, 「주택법」 등 대통령령으로 정하는 법률에 따른 부동산에 대한 공급계약
3. 다음 각 목의 어느 하나에 해당하는 지위의 매매계약
가. 제2호에 따른 계약을 통하여 부동산을 공급받는 자로 선정된 지위
나. 「도시 및 주거환경정비법」 제74조에 따른 관리처분계획의 인가 및 「빈집 및 소규모주택 정비에 관한
특례법」 제29조에 따른 사업시행계획인가로 취득한 입주자로 선정된 지위

 참고

사업계획승인일 당시 입주대상자로 확정된 자(즉, 조합원)에 대해 부동산 거래 신고등에 관한 법률 제3조의 내용
에 따라 거래신고를 해야 하는지에 대한 의문이 있다. 어떤 자치단체에서는 신고를 하지 않아 과태료가 부과되었
다고 한다. 주관적인 생각으로는 실제 거래가 발생한 사항이 아닌데 거래신고를 한다는 것은 상당히 부자연스럽
다. 정리가 필요한 사항으로 보인다.

그러면, 사업계획승인시 확정된 내용을 포함한 공급되는 주택에 대한 상세내용이 기록된 계약
서가 필요한데 주택조합 가입계약서에는 그러한 상세내용이 없다. 그래서 새로이 공급계약을
체결하여야 하며 체결되는 문건이 공급계약서인 것이다. 당첨된 일반분양자도 마찬가지로 공
급계약을 체결해야 하며, 이에 대해 주택공급에 관한 규칙 제59조에서 다음과 같이 규정하고
있는 것이다. (공동사업주체인 조합 및 시공사와 조합원 또는 일반분양자가 계약체결의 당사자임.)
공동사업주체는 정당한 당첨사 및 입주자로 선정된 사람과 공급계약을 체결하여야 한다.

주택공급에 관한 규칙 제59조(주택의 공급계약)

① 사업주체는 제52조 및 제57조에 따른 전산검색 및 세대주, 세대원 등의 확인 결과에 따른 <u>정당한 당첨자 및 제19조제5항, 제26조제5항, 제47조의3제2항에 따라 선정된 사람과 공급계약을 체결하여야 한다.</u> <개정 2018. 12. 11., 2023. 7. 31.>

주택공급에 관한 규칙 제52조(입주대상자 자격 확인 등)

주택공급에 관한 규칙 제57조(당첨자의 명단관리)

주택공급에 관한 규칙 제19조(입주자모집 방법)

주택공급에 관한 규칙 제26조(일반공급 예비입주자의 선정)

주택공급에 관한 규칙 제47조의3(불법전매 등으로 계약취소된 주택의 재공급)

공동사업주체와 주택을 공급받는 자(공급받은 자로부터 매수한 자를 포함한다)가 체결하는 주택공급계약서에는 주택공급에 관한 규칙 제59조제3항 각 호의 내용이 포함되어야 한다. 공급계약서의 내용이 조합가입계약서에 있는 내용과 일관성을 유지할 수 있도록 각별히 주의해야 한다(특히 연체료율, 각종 비용부담의 주체, 탈퇴 및 환급금에 관한 사항 등). 일반분양자용 공급계약서의 내용은 조합원용과는 다르다.

주택공급에 관한 규칙 제59조(주택의 공급계약)

③ 사업주체와 주택을 공급받는 자(공급받은 자로부터 매수한 자를 포함한다)가 체결하는 <u>주택공급계약서에는 다음 각 호의 내용이 포함되어야 한다.</u> <개정 2016. 11. 15., 2017. 11. 24., 2018. 12. 11., 2019. 11. 1., 2021. 2. 2., 2022. 12. 29.>

1. 입주예정일

1의2. 실제 입주가 가능한 날의 통보에 관한 사항

1의3. 공급계약 주택의 계약자별 전매행위 제한기간

1의4. 삭제 <2023. 2. 28.>

2. 연대보증인 또는 분양보증기관의 분양보증을 받은 경우에는 보증약관 등 보증내용

2의2. 제16조제1항제3호에 따른 구분지상권에 관한 사항

3. 호당 또는 세대당 주택공급면적(공동주택인 경우에는 주거전용면적, 주거공용면적 및 그 밖의 공용면적을 구분하여 표시하여야 한다) 및 대지면적

4. 입주금과 그 납부시기

5. 연체료의 산정 및 납부방법

6. 지체상금(遲滯償金)의 산정 및 지급방법

7. 주택도시기금이나 금융기관으로부터 주택건설자금의 융자를 받아 입주자에게 제공하는 경우 입주자가 납부할 입주금으로의 융자전환 계획, 그 이자를 부담하는 시기 및 입주자가 융자전환을 원하지 아니하는 경우의 사업주체에 대한 융자금 상환절차. 이 경우 주택공급계약서에는 입주자가 납부할 입주금으로의 융자전환을 원하지 아니하는 경우에는 세대별 융자금액에 해당하는 입주금을 입주자가 주택건설자금을 융자한 은행이 관리하는 계좌에 직접 납부하여 사업주체에 대한 융자금이 상환되게 할 수 있는 내용이 포함되어야 한다.

8. 「공동주택관리법 시행령」 제36조 및 제37조에 따른 하자담보책임의 기간 및 범위

9. 해약조건

10. 공공임대주택의 경우 「공공주택 특별법 시행규칙」 제25조에 따른 관리 및 임대기간만료 후의 재계약에 관한 사항

11. 분양전환공공임대주택인 경우 분양시기, 분양예정가격의 산출 등 분양전환조건에 관한 사항

12. 이중당첨 및 부적격당첨 등으로 인한 계약취소에 관한 사항

13. 「주택도시기금법 시행령」 제8조에 따른 제2종국민주택채권 매입의무 위반으로 인한 계약취소에 관한 사항

14. 그밖에 입주자모집승인권자가 필요하다고 인정하는 사항

공동사업주체는 분양보증기관의 분양보증을 받아 입주자를 모집하여 공급계약을 체결하는 경우 보증약관등 보증내용(보증이행 대상이 아닌 사항을 포함한다)을 주택을 공급받는 자가 이해할 수 있도록 설명하여야 하며, 서명 또는 기명날인의 방법으로 주택을 공급받는 자의 확인을 받아야 한다.

주택공급에 관한 규칙 제59조(주택의 공급계약)
④ 사업주체(제18조 각 호의 사업주체는 제외한다)는 분양보증기관의 분양보증을 받아 입주자를 모집하여 공급계약을 체결하는 경우 제3항제2호에 따른 보증약관등 보증내용(보증이행 대상이 아닌 사항을 포함한다)을 주택을 공급받는 자가 이해할 수 있도록 설명하여야 하며, 서명 또는 기명날인의 방법으로 주택을 공급받는 자의 확인을 받아야 한다. <개정 2016. 5. 19., 2017. 11. 24.>

공동사업주체는 위의 제59조제3항제7호에 해당하는 사항이 있는 경우에는 주택공급계약서안을 미리 입주자모집승인권자에게 제출하여야 한다.

공동사업주체는 분양보증기관의 분양보증을 받아 입주자를 모집하여 공급계약을 체결한 경우에는 공급계약체결 후 10일 이내에 계약자명단을 분양보증기관에 통보하여야 한다.

제12편

조합원 지위 변동

제1장 조합원 교체 및 신규 가입

주택법은 기본적으로 주택조합 설립인가 이후에는 조합원 교체 및 신규가입을 금지하고 있다. 다만, 주택법 시행령 제22조제1항 1호(추가모집) 및 2호(결원 충원)에 해당하는 경우는 예외로 하고 있다. ('제8편 제2장 설립인가 후 추가모집 및 결원 충원 관련' 파트에서 기술한 내용 참고)

1. 추가모집

조합원 수가 주택건설 예정 세대수를 초과하지 아니하는 범위에서 시장·군수·구청장으로부터 국토교통부령으로 정하는 바에 따라 조합원 추가모집의 승인을 받은 경우

2. 결원충원

가. 조합원의 사망

나. 사업계획승인 이후 주택건설대지 전부의 소유권(해당 주택건설대지가 저당권등의 목적으로 되어 있는 경우에는 그 저당권등의 말소를 포함한다)을 확보한 이후에 입주자로 선정된 지위가 양도·증여 또는 판결 등으로 변경된 경우

다. 조합원의 탈퇴 등으로 조합원 수가 주택건설 예정 세대수의 50% 미만이 되는 경우

라. 조합원이 무자격자로 판명되어 자격을 상실하는 경우

마. 사업계획승인 등의 과정에서 주택건설 예정 세대수가 변경되어 조합원 수가 변경된 세대수의 50% 미만이 되는 경우

주택법 시행령 제22조(지역·직장주택조합 조합원의 교체·신규가입 등)

① 지역주택조합 또는 직장주택조합은 설립인가를 받은 후에는 해당 조합원을 교체하거나 신규로 가입하게 할 수 없다. 다만, 다음 각 호의 어느 하나에 해당하는 경우에는 예외로 한다. <개정 2019. 10. 22.>

　　1. 조합원 수가 주택건설 예정 세대수를 초과하지 아니하는 범위에서 시장·군수·구청장으로부터 국토교통부령으로 정하는 바에 따라 조합원 추가모집의 승인을 받은 경우

　　2. 다음 각 목의 어느 하나에 해당하는 사유로 결원이 발생한 범위에서 충원하는 경우

　　　가. 조합원의 사망

　　　나. 법 제15조에 따른 사업계획승인 이후[지역주택조합 또는 직장주택조합이 제16조제2항제2호 단서에 따라 해당 주택건설대지 전부의 소유권을 확보하지 아니하고 법 제15조에 따른 사업계획승인을 받은 경우에는 해당 주택건설대지 전부의 소유권(해당 주택건설대지가 저당권등의 목적으로 되어 있는 경우에는 그 저당권등의 말소를 포함한다)을 확보한 이후를 말한다]에 입주자로 선정된 지위(해당 주택에 입주할 수 있는 권리·자격 또는 지위 등을 말한다)가 양도·증여 또는 판결 등으로 변경된 경우. 다만, 법 제64조제1항제1호에 따라 전매가 금지되는 경우는 제외한다.

　　　다. 조합원의 탈퇴 등으로 조합원 수가 주택건설 예정 세대수의 50퍼센트 미만이 되는 경우

　　　라. 조합원이 무자격자로 판명되어 자격을 상실하는 경우

　　　마. 법 제15조에 따른 사업계획승인 등의 과정에서 주택건설 예정 세대수가 변경되어 조합원 수가 변경된 세대수의 50퍼센트 미만이 되는 경우

조합원으로 추가모집되거나 충원되는 자가 조합원 자격 요건을 갖추었는지를 판단할 때에는 해당 조합설립인가 신청일을 기준으로 한다.

주택법 시행령 제22조(지역·직장주택조합 조합원의 교체·신규가입 등)

② 제1항 각 호에 따라 조합원으로 추가모집되거나 충원되는 자가 제21조제1항제1호 및 제2호에 따른 조합원 자격 요건을 갖추었는지를 판단할 때에는 해당 조합설립인가 신청일을 기준으로 한다.

조합원 추가모집의 승인과 조합원 추가모집에 따른 주택조합의 변경인가 신청은 사업계획승인 신청일까지 하여야 한다.

주택법 시행령 제22조(지역·직장주택조합 조합원의 교체·신규가입 등)

③ 제1항 각 호에 따른 조합원 추가모집의 승인과 조합원 추가모집에 따른 주택조합의 변경인가 신청은 법 제15조에 따른 사업계획승인신청일까지 하여야 한다.

제2장 | 조합원 지위 양도

제1장의 '2. 결원충원' 이 가능한 사유 중 '나'항에서 사업계획승인 이후에 입주자로 선정된 지위의 양도가 언급되어 있는데, 이와 관련한 규약의 내용은 다음과 같다. (실무에서는 표준규약 제11조제3항의 내용이 포함되지 않은 조합규약들도 일부 있는 것으로 보인다.)

표준규약 제11조(조합원 지위의 양도)

① 조합원이 그 권리를 양도할 때에는 관계법령에 적합하여야 하며, 관할 시·군·구청에서 양도계약서에 검인을 받아 조합에서 권리의무승계계약서를 작성하여야 한다. 양도 즉시 검인 및 권리의무승계계약서를 작성하지 아니한 경우 이로 인한 불이익에 대하여 해당조합원은 조합에 이의를 제기할 수 없다.

② 조합은 검인받은 양도계약서 사본을 제출받아 권리의무승계계약서에 첨부하여 보관하고 조속히 조합설립인가권자에게 조합원변경인가를 신청하여야 한다. 양도자는 변경인가를 받을 때까지 조합원자격을 유지하여야 하며, 양수자는 변경인가를 받아야 조합원이 될 수 있다.

【주】전매 등으로 조합원의 권리가 양도되는 경우가 많으나 관계법령에 위배되는 전매가 있을 수 있으므로 이를 방지하고, 아울러 조합이 조속히 조합원 변경인가를 처리할 수 있도록 하여 사업추진에 지장을 초래하는 것을 방지하고자 함

③ 제1항에 따른 양도계약서 및 권리의무승계계약서에는 인감도장으로 날인하여야 하고, 인감증명서를 첨부하여야 한다.

【주】조합원 지위의 양도에 관한 사항은 조합원의 재산상 매우 중요한 사항이므로 조합원의 권익보호를 위하여 조합원 본인의 인감을 날인토록 하는 것임. 다만, 인감날인 및 인감증명서의 첨부는 조합원의 지위를 양도하는 경우 이외에도 조합원의 권리행사에 매우 중요한 다른 규정에서도 총회의 의결을 거쳐 포함시킬 수 있을 것임

필관조합의 규약 제11조(조합원 지위의 양도)

조합원이 그 권리를 양도할 때에는 관계 법령에 적합하여야 하며, 시·군·구청에서 양도계약서에 검인을 받아 조합에서 권리의무 승계(명의변경) 확인서를 작성하지 아니한 경우, 이로 인한 불이익에 대하여 해당 조합원은 조합에 일체의 이의를 제기할 수 없다.

조합은 검인받은 양도계약서 사본을 제출받아 권리의무 승계(명의변경) 확인서에 첨부하여 보관하고, 지역주택조합 설립인가권자에게 조합원 변경인가를 신청하여야 한다. 단, 변경인가 신청은 조합장이 일정수가 확보된 후 이사회의 결의에 의해 결정된 시기에 일괄 신청하기로 하고, 양도자는 변경인가를 받을 때까지 조합원 자격을 유지하여야 하며, 양수자는 변경인가를 득해야 만 조합원의 자격이 유효하다. 만일, 변경인가 신청 시 양수

310   주택조합 성공 필독서

자가 조합원의 자격을 취득하지 못하는 경우 이 문제의 해결은 전적으로 양도자 및 양수자간에 해결해야 하며, 이 경우 양도자 및 양수자는 조합, 업무대행사 및 시공사 등에 일체의 이의를 제기할 수 없다.

※ 검인: 부동산계약이 이루어진 것을 신고하여 이를 확인한 도장을 받는 행위

[전매 및 전매제한]

사업계획승인 이후 주택건설대지 전부의 소유권(해당 주택건설대지가 저당권등의 목적으로 되어 있는 경우에는 그 저당권등의 말소를 포함한다)을 확보한 이후에 입주자로 선정된 지위가 양도·증여 또는 판결 등으로 변경되는 경우 이것은 전매(轉賣)에 해당한다. (매매·증여나 그 밖에 권리의 변동을 수반하는 모든 행위를 포함하되, 상속의 경우는 제외됨.)

주택법에서는 투기과열지구에서 건설·공급되는 주택, 조정대상지역에서 건설·공급되는 주택, 분양가상한제 적용주택 및 공공택지 외의 택지에서 건설·공급되는 주택 및 도시정비법에 따른 공공재개발사업에서 건설·공급되는 주택에 해당하는 경우에는 10년 이내의 범위에서 대통령령으로 정하는 기간이 지나기 전에는 그 주택을 전매하거나 전매를 알선할 수 없도록 하고 있다. 위반 시 벌칙 조항이 있다.

전매제한 기간은 최대 10년이나 주택의 수급 상황 및 투기 우려 등을 고려하여 대통령령으로 지역별로 달리 정할 수 있으며, 2023년 4월 7일 이후부터 최대 3년까지 많이 줄어든 상태이다. 수도권 중 공공 택지와 규제 지역의 경우 3년, 과밀억제권역의 경우 1년, 기타 지역은 6개월 동안 전매 제한 기간이 적용되고 있다. 비수도권이면 공공 택지 또는 규제 지역일 경우 최대 1년, 광역시의 도시 지역의 경우 6개월을 적용하며 기타 지역은 전매제한을 하지 않고 있다.

전매 가능 시작 시점은 대체로 사업계획승인일이라고 하나, 정확하게는 사업계획승인 이후 주택건설대지 전부의 소유권을 확보한 이후이다. (저당권등의 목적으로 되어 있는 경우, 그 저당권등의 말소를 전제로 함.) 통상 착공 가능한 시점부터 전매가 가능하다고도 하나, 착공은 매도청구 확정판결 전에 가능하다는 점을 고려하면 정확한 표현은 아니라고 볼 수 있다.

주택법 제64조(주택의 전매행위 제한 등)

① 사업주체가 건설·공급하는 주택[해당 주택의 입주자로 선정된 지위(입주자로 선정되어 그 주택에 입주할 수 있는 권리·자격·지위 등을 말한다)를 포함한다. 이하 이 조 및 제101조에서 같다]으로서 다음 각 호의 어느 하나에 해당하는 경우에는 10년 이내의 범위에서 대통령령으로 정하는 기간이 지나기 전에는 그 주택을 전매(매매·증여나 그 밖에 권리의 변동을 수반하는 모든 행위를 포함하되, 상속의 경우는 제외한다. 이하 같다)하거나 이의 전매를 알선할 수 없다. 이 경우 전매제한기간은 주택의 수급 상황 및 투기 우려 등을 고려하여 대통령령으로 지역별로 달리 정할 수 있다. <개정 2017. 8. 9., 2020. 8. 18., 2021. 4. 13.>

   1. 투기과열지구에서 건설·공급되는 주택

   2. 조정대상지역에서 건설·공급되는 주택. 다만, 제63조의2제1항제2호에 해당하는 조정대상지역 중 주택의 수급 상황 등을 고려하여 대통령령으로 정하는 지역에서 건설·공급되는 주택은 제외한다.

   3. 분양가상한제 적용주택. 다만, 수도권 외의 지역 중 주택의 수급 상황 및 투기 우려 등을 고려하여 대통령령으로 정하는 지역으로서 투기과열지구가 지정되지 아니하거나 제63조에 따라 지정 해제된 지역 중 공공택지 외의 택지에서 건설·공급되는 분양가상한제 적용주택은 제외한다.

   4. 공공택지 외의 택지에서 건설·공급되는 주택. 다만, 제57조제2항 각 호의 주택 및 수도권 외의 지역 중 주택의 수급 상황 및 투기 우려 등을 고려하여 대통령령으로 정하는 지역으로서 공공택지 외의 택지에서 건설·공급되는 주택은 제외한다.

   5. 「도시 및 주거환경정비법」 제2조제2호나목 후단에 따른 공공재개발사업(제57조제1항제2호의 지역에 한정한다)에서 건설·공급하는 주택

⑦ 국토교통부장관은 제1항을 위반한 자에 대하여 10년의 범위에서 국토교통부령으로 정하는 바에 따라 주택의 입주자자격을 제한할 수 있다. <신설 2020. 8. 18.>

주택법 제101조(벌칙)

다음 각 호의 어느 하나에 해당하는 자는 3년 이하의 징역 또는 3천만원 이하의 벌금에 처한다. 다만, 제2호 및 제3호에 해당하는 자로서 그 위반행위로 얻은 이익의 3배에 해당하는 금액이 3천만원을 초과하는 자는 3년 이하의 징역 또는 그 이익의 3배에 해당하는 금액 이하의 벌금에 처한다. <개정 2016. 12. 2., 2018. 12. 18., 2020. 1. 23., 2020. 8. 18.>

2. 제64조제1항을 위반하여 주택을 전매하거나 이의 전매를 알선한 자

주택을 공급받은 자의 생업상의 사정 등으로 전매가 불가피하다고 인정되는 경우로서 주택법 시행령 제73조제4항 각 호의 어느 하나에 해당하는 경우 전매제한 규정은 적용하지 아니한다. 다만, 분양가상한제 적용 주택을 공급받은 자가 전매하는 경우에는 한국토지주택공사가 그 주택을 우선 매입할 수 있다.

주택법 제64조(주택의 전매행위 제한 등)

② 제1항 각 호의 주택을 공급받은 자의 생업상의 사정 등으로 전매가 불가피하다고 인정되는 경우로서 대통령령으로 정하는 경우에는 제1항을 적용하지 아니한다. 다만, 제1항제3호의 주택을 공급받은 자가 전매하는 경우에는 한국토지주택공사가 그 주택을 우선 매입할 수 있다. <개정 2017. 8. 9., 2020. 8. 18.>

주택법 시행령 제73조(전매행위 제한기간 및 전매가 불가피한 경우)

④ 법 제64조제2항 본문에서 "대통령령으로 정하는 경우"란 다음 각 호의 어느 하나에 해당하여 한국토지주택공사(사업주체가 「공공주택 특별법」 제4조의 공공주택사업자인 경우에는 공공주택사업자를 말한다)의 동의를 받은 경우를 말한다. <개정 2017. 11. 7., 2021. 2. 19., 2021. 10. 14.>

　1. 세대원(법 제64조제1항 각 호의 주택을 공급받은 사람이 포함된 세대의 구성원을 말한다. 이하 이 조에서 같다)이 근무 또는 생업상의 사정이나 질병치료·취학·결혼으로 인하여 세대원 전원이 다른 광역시, 특별자치시, 특별자치도, 시 또는 군(광역시의 관할구역에 있는 군은 제외한다)으로 이전하는 경우. 다만, 수도권 안에서 이전하는 경우는 제외한다.

　2. 상속에 따라 취득한 주택으로 세대원 전원이 이전하는 경우

　3. 세대원 전원이 해외로 이주하거나 2년 이상의 기간 동안 해외에 체류하려는 경우

　4. 이혼으로 인하여 입주자로 선정된 지위 또는 주택을 배우자에게 이전하는 경우

　5. 「공익사업을 위한 토지 등의 취득 및 보상에 관한 법률」 제78조제1항에 따라 공익사업의 시행으로 주거용 건축물을 제공한 자가 사업시행자로부터 이주대책용 주택을 공급받은 경우(사업시행자의 알선으로 공급받은 경우를 포함한다)로서 시장·군수·구청장이 확인하는 경우

　6. 법 제64조제1항제3호부터 제5호까지의 어느 하나에 해당하는 주택의 소유자가 국가·지방자치단체 및 금융기관(제71조제1호 각 목의 금융기관을 말한다)에 대한 채무를 이행하지 못하여 경매 또는 공매가 시행되는 경우

　7. 입주자로 선정된 지위 또는 주택의 일부를 배우자에게 증여하는 경우

　8. 실직·파산 또는 신용불량으로 경제적 어려움이 발생한 경우

법을 위반하여 전매가 이루어진 경우, 사업주체가 매입비용을 그 매수인에게 지급한 경우에는 그 지급한 날에 사업주체가 해당 입주자로 선정된 지위를 취득한 것으로 보며, 한국토지주택공사가 분양가상한제 적용주택을 우선 매입하는 경우에도 매입비용을 준용하되, 해당 주택의 분양가격과 인근지역 주택매매가격의 비율 및 해당 주택의 보유기간 등을 고려하여 대통령령으로 정하는 바에 따라 매입금액을 달리 정할 수 있다. (별표3-2의 표기는 생략함.)

> 주택법 제64조(주택의 전매행위 제한 등)
>
> ③ 제1항을 위반하여 주택의 입주자로 선정된 지위의 전매가 이루어진 경우, 사업주체가 매입비용을 그 매수인에게 지급한 경우에는 그 지급한 날에 사업주체가 해당 입주자로 선정된 지위를 취득한 것으로 보며, 제2항 단서에 따라 한국토지주택공사가 분양가상한제 적용주택을 우선 매입하는 경우에도 매입비용을 준용하되, 해당 주택의 분양가격과 인근지역 주택매매가격의 비율 및 해당 주택의 보유기간 등을 고려하여 대통령령으로 정하는 바에 따라 매입금액을 달리 정할 수 있다. <개정 2020. 8. 18.>

> 주택법 시행령 제73조의2(분양가상한제 적용주택의 매입금액)
>
> 한국토지주택공사가 법 제64조제2항 단서에 따라 우선 매입하는 분양가상한제 적용주택의 법 제64조제3항에 따른 매입금액은 별표 3의2와 같다. [본조신설 2021. 2. 19.]

분양가상한제 적용주택 및 공공택지 외의 택지에서 건설·공급되는 주택을 공급하는 경우에는 그 주택의 소유권을 제3자에게 이전할 수 없음을 소유권에 관한 등기에 부기등기하여야 한다. 한국토지주택공사가 우선 매입한 주택을 공급하는 경우에도 동일하다.

> 주택법 제64조(주택의 전매행위 제한 등)
>
> ④ 사업주체가 제1항제3호 및 제4호에 해당하는 주택을 공급하는 경우에는 그 주택의 소유권을 제3자에게 이전할 수 없음을 소유권에 관한 등기에 부기등기하여야 한다. <개정 2017. 8. 9.>
> ⑥ 한국토지주택공사가 제2항 단서에 따라 우선 매입한 주택을 공급하는 경우에는 제4항을 준용한다.

부기등기는 주택의 소유권보존등기와 동시에 하여야 하며, 부기등기에는 "이 주택은 최초로 소유권이전등기가 된 후에는 「주택법」 제64조제1항에서 정한 기간이 지나기 전에 한국토지주택공사 외의 자에게 소유권을 이전하는 어떠한 행위도 할 수 없음"을 명시하여야 한다.

> 주택법 제64조(주택의 전매행위 제한 등)
>
> ⑤ 제4항에 따른 부기등기는 주택의 소유권보존등기와 동시에 하여야 하며, 부기등기에는 "이 주택은 최초로 소유권이전등기가 된 후에는 「주택법」 제64조제1항에서 정한 기간이 지나기 전에 한국토지주택공사(제64조제2항 단서에 따라 한국토지주택공사가 우선 매입한 주택을 공급받는 자를 포함한다) 외의 자에게 소유권을 이전하는 어떠한 행위도 할 수 없음"을 명시하여야 한다.

그런데 지역주택조합 조합원 지위를 양도하는 계약이 사업계획승인 이전에 이루어지는 경우가 제법 많이 발생하고 있는 것 같다. 이 경우 조합원 지위를 양도하는 계약이 무효가 되는 것이 아닌가? 하는 의문이 생긴다.

대법원은 주택의 전매 행위를 제한하는 주택법 규정이 전매 계약의 사법적 효력까지 무효로 하는 규정은 아니라고 일관되게 밝히고 있다.

지역주택조합의 경우 사업계획승인 이후 입주자로 선정된 지위가 양도된 경우에는 결원 충원이 가능한 것으로 규정하고 있으므로, 위 금지규정은 조합원 지위의 양도를 전면적으로 금지하는 취지라기보다는, 한시적 제한의 취지로 해석함이 타당하다. 또한 대법원이 주택의 전매 행위를 제한하는 주택법 규정의 전매 계약의 사법적 효력까지 무효로 하는 규정이 아니라고 일관되게 밝히고 있는 점을 보더라도 지역주택조합의 사업계획승인 전 조합원 지위 양도를 금지하고 있는 주택법 규정은 단속규정에 불과할 뿐 효력규정으로 보기는 어렵다 할 것이므로, 주택법의 금지 규정에서 정한 금지 기간 내에, 즉 사업계획승인 전에 조합원 지위 양도 계약이 이루어졌다 하더라도, 그 양도 계약이 주택법의 금지 규정을 위반한 무효라고 볼 수 없다.

제3장 조합원 탈퇴, 환불금 지급 시기·규모 및 가입계약 취소 관련

1. 탈퇴, 환불금 지급시기 및 규모

2016년 12월 2일부로 개정되고 2017년 6월 3일부로 시행된 주택법 제11조제7~9항의 주요 내용은 조합규약에 정하는 바에 따라 임의 탈퇴가 가능하고 비용 환급 청구권이 신설되었다는 것이다.

주택법 제11조(주택조합의 설립 등)

⑦ 제1항에 따라 인가를 받는 주택조합의 설립방법·설립절차, 주택조합 구성원의 자격기준·제명·탈퇴 및 주택조합의 운영·관리 등에 필요한 사항과 제5항에 따른 직장주택조합의 설립요건 및 신고절차 등에 필요한 사항은 대통령령으로 정한다. <개정 2016. 12. 2.>

⑧ 제7항에도 불구하고 조합원은 조합규약으로 정하는 바에 따라 조합에 탈퇴 의사를 알리고 탈퇴할 수 있다. <개정 2016. 12. 2.>

⑨ 탈퇴한 조합원(제명된 조합원을 포함한다)은 조합규약으로 정하는 바에 따라 부담한 비용의 환급을 청구할 수 있다. <개정 2016. 12. 2.>

부칙

제1조(시행일) 이 법은 공포 후 6개월이 경과한 날부터 시행한다.

제2조(조합 탈퇴 및 환급 청구 등에 관한 적용례) 제11조제7항부터 제9항까지의 개정규정은 이 법 시행 후 최초로 같은 조 제1항에 따라 주택조합설립인가(변경 인가를 포함한다. 이하 같다)를 받아 설립된 주택조합부터 적용한다.

2004년 1월 국토교통부가 표준규약을 개정하면서, 재건축 조합의 경우와 같이 임의탈퇴 및 비용환급청구권을 제12조에 반영하였으며, 2022. 5월 개정된 표준규약 제12조에도 여전히 동일하게 유지되고 있다.

표준규약 제12조(조합원의 탈퇴·자격상실·제명)

① 조합원은 임의로 조합을 탈퇴할 수 없다. 다만, 부득이한 사유가 발생하여 조합원이 조합을 탈퇴하고자 할 때에는 15일 이전에 그 뜻을 조합장에게 서면으로 통고하여야 하며, 조합장은 총회 또는 대의원회의 의결로써 탈퇴 여부를 결정하여야 한다.

【주】조합원의 개인적 사정에 따라 빈번하게 탈퇴가 이루어진다면 사업추진에 지장이 많으므로 원칙적으로 임의탈퇴는 불허하되, 총회 등의 의결에 따르도록 한 것이며 총회 또는 대의원회의 의결 여부는 조합원 수, 단지규모, 탈퇴가 조합에 미치는 영향 등을 감안하여 결정하면 될 것임.

② 관계법령 및 이 규약에서 정하는 조합원 자격에 해당하지 않게 된 자의 조합원 자격은 자동 상실된다.

【주】관계법령 및 규약에서 정하는 조합원 자격에 해당하지 않게 된 경우 조합원의 자격이 조합내부의 별도 절차(총회 또는 대의원회 의결 등)나 행정절차(변경인가 등)를 받을 때까지 지속되는지 여부에 대한 논란을 방지하고자 함.

③ 조합원이 다음 각 호에 해당하는 경우 등 조합원으로서의 의무를 이행하지 아니하여 조합에 손해를 입힌 경우에는 대의원회 또는 총회의 의결에 따라 조합원을 제명할 수 있다. 이 경우 제명 전에 해당조합원에 대해 소명기회를 부여하여야 하되, 소명기회를 부여하였음에도 이에 응하지 아니한 경우에는 소명기회를 부여한 것으로 본다.

　1. 부담금 등을 지정일까지 2회 이상 계속 납부하지 않을 경우

　2. 조합의 목적에 위배되는 행위를 하여 사업추진에 막대한 피해를 초래하였을 경우

【주】소수의 조합원이 의무를 불이행하여 조합에 피해를 주는 경우에는 해당조합원을 제명할 수 있도록 하되, 조합이 이를 남용할 소지도 있으므로 소명기회를 부여토록 한 것임

④ 탈퇴, 조합원자격의 상실, 제명 등으로 조합원의 지위를 상실한 자에 대하여는 조합원이 납입한 제 납입금에서 소정의 공동부담금을 공제한 잔액을 환급청구일로부터 30일 이내에 지급하되, 총회의 의결로서 공제할 공동부담금 및 환급시기를 따로 정할 수 있다.

【주】조합원의 지위를 상실한 경우에는 조속하게 납입금을 반환하도록 하여 분쟁을 방지하고자 함. 다만, 주택조합의 사정에 따라서는 자금능력의 부족으로 조속한 환급이 불가능한 경우가 있고, 이러한 경우에도 조속한 상환을 강제한다면 잔존 조합원의 피해가 클 것이므로 예외적으로 총회의 의결로서 환급시기를 사업완료 후 등으로 조정할 수 있도록 규정한 것임

그러나 여전히 임의탈퇴 인정 여부, 환불금 지급 시기 및 규모에 대한 이슈가 발생하고 있다. 이에 대해 좀 더 쉽게 이해할 수 있도록 다음과 같이 극단적 상황을 가정하여 설명해 보자.

2명이 모여서 공동으로 땅을 사서 직접 집을 짓되, 일정 금액은 각출하고 부족한 돈은 은행에 신용으로 빚을 내고 준공 이후에는 주택담보대출로 전환하기로 약속했다.

혹시나 도중에 1명이 대체자도 구하지 않고 이탈하면 집값의 10%를 위약금으로 부담하고 환불금이 있으면 대체자가 구해져 입금이 되거나 준공 후 매수자가 나타나 입금이 되면 그

돈으로 환불하기로 약속하고 문서로 남겼다.

은행에서 차입을 하려고 하니 은행에서는 사업성이 검증되면 PF대출을 해 주겠는데 아직 사업성이 검증이 안되니 PF대출은 불가하다고 하면서, 각자를 대상으로 신용대출을 해 줄 수 있으며 또한 매입한 땅을 담보로 제공하면 토지담보대출을 해 줄 수 있다고 한다. 이를 통상 브릿지대출(신용대출+토지담보대출 개념임)이라고 하는데, 이는 통상 1년 기한의 고금리 이며 두 사람 중 한 명을 대표자로 하여 대표자가 연대 보증할 것을 요구한다.

우여곡절 끝에 건축허가(주택건설사업계획승인)가 되면 이제는 사업성이 확보되니 브릿지대 출을 상대적으로 금리가 저렴한 PF대출로 전환하게 된다. (PF대출금은 주로 조합원으로부터 중 도금을 받아 상환하게 되며, 조합은 금융기관과 중도금 대출에 대한 협상을 하여 조합원에게 안내하며 이자는 후불제로 운영하는 경우가 많다.)

그러는 사이 한 명이 여러 사정으로 탈퇴를 하려고 한다. 탈퇴하려는 사람이 자신을 대신 하는 다른 사람을 구해 오면 문제는 해결이 된다.

대체자도 없으면 남은 사람이 혼자서 건축을 계속해야 하는데, 자금 조달에 상당한 애로를 겪게 될 것이며, 자금 조달이 되지 않아 사업추진이 어렵게 될 경우 대출기관은 토지를 경 매로 넘길 것이고, 사업은 망한다. 넣은 돈은 한 푼도 찾지 못할 가능성이 크다. 연대 보증 한 대표자는 빚더미에 올라앉는다.

어렵게 자금 조달이 이루어져서 건축이 완료되고 지어진 집이 무사히 판매가 완료되면(거 의 불가능하겠지만) 탈퇴한 사람은 넣은 돈에서 위약금(예, 집값의 10%) 및 각종 공제금(대출금 및 이자 등)을 공제한 나머지 돈을 회수할 수 있다.

이렇게 이해를 하고 사안을 바라보면 다양한 문제에 대한 해결책이 어느 정도 잘 보일 것 이다.

가. 임의 탈퇴 인정 여부

주택법 제11조제8항에 의거 "조합원은 조합규약으로 정하는 바에 따라 조합에 탈퇴 의 사를 알리고 탈퇴할 수 있다"라고 되어 있으나, 표준규약을 포함한 많은 조합의 규약에 서는 "조합원은 임의로 조합을 탈퇴할 수 없다. 다만, 부득이한 사유가 발생하여 조합원 이 조합을 탈퇴하고자 할 때에는 15일 이전에 그 뜻을 조합장에게 서면으로 통고하여 야 하며, 조합장은 총회 또는 대의원회의 의결로써 탈퇴 여부를 결정하여야 한다"로 규 정하고 있다.

판례에서도 부득이한 사유가 있었는지 여부, 총회 또는 대의원회의 의결이 있었는지 여부에 대한 점을 중요한 판단의 요소로 여기고 있어서 현실적으로 임의 탈퇴를 인정받기는 쉽지 않다.

주택조합에 가입한다는 것은 사업추진에 공동으로 참여한다는 것이므로 사업을 성공시켜야 하는 책임이 따르는 일이다. 참여와 탈퇴가 자유로운 임의의 단체가 절대 아니다. 임의로 탈퇴하면 약속을 믿고 참여한 다른 사람에게 피해를 주는 행위이다.

그러다 보니 의도적으로 부부 간에 세대주를 교체하거나 85m²를 초과하는 주택을 매입하는 등으로 자격이 자동 상실 되도록 하는 방법을 사용하는 경우가 있는데, 법원도 이를 인정하고 있다.

조합도 임의 탈퇴 신청을 무조건적으로 불허하는 것보다는 부득이한 사유 발생을 폭넓게 해석하여 타당한 이유라고 판단될 때는 가급적 신속히 받아 주되, 환불금 지급 시기를 현실적으로 조합이 환불금을 지급해 줄 수 있을 때 지급하는 방법으로 대응하는 것이 상호 도움이 될 것으로 판단된다.

나. 환불금 지급 시기

주택조합에 가입한다는 것은 나와 조합의 계약이기도 하지만 본질적인 것은 조합원들 간의 약속이다. 그런데, 중간에 조합원의 변심이나 고의 또는 실수로 탈퇴하거나 제명된 경우 조합 사업추진에 차질이 발생할 수 있는 상황이 된다.

표준규약 제12조제4항에서 환불금을 "환급청구일로부터 30일 이내에 지급하되, 총회의 의결로서 공제될 공동부담금 및 환납시기를 따로 정할 수 있다"로 정하고 있는데, 따로 정하지 않으면 환급청구일로부터 30일내에 지급해야 한다는 내용이 된다. 이는 조합사업에 중대한 차질을 야기할 수 있는 조항이므로 조합규약 설계 시 그대로 포함할 것인지 유의하여 살펴보아야 할 것이다.

많은 조합의 규약에서 환불 시기는 준공 후 1개월 내 이사회를 개최하여 결정한다. 단, 해약분에 대한 동·호수에 조합원이나 일반분양자가 대체되어 입금이 완료된 경우 입금 완료 후 1개월 내 이사회를 개최하여 조기 환불을 결정할 수 있다고 정하고 있는데, 충분히 이유 있는 내용이다. 조기에 환불금을 수령하고자 소송을 제기하는 사람도 있는데, 조합사업의 특성상 조기에 수령하기는 아주 어렵다. 조합에서 환급해 줄 돈이 있어야 하는데 없기 때문에 규약에 그렇게 정해 두고 있다. 이를 두고 조합의 횡포라고 주장하는 사람들이 있다. 필자는 너무나 타당한 조항으로 판단한다. 변심으로 탈퇴한 조합원으로 인해 남은 조합원들이 피해를 보거나 사업이 망하도록 할 수는 없는 것이다.

대법원은 단체내부의 규정은 특별한 사정이 없는 한 그것이 선량한 풍속 기타 사회질서에 위반되는 등 사회관념상 현저히 타당성을 잃은 것이거나 결정절차가 현저히 정의에 어긋난 것으로 인정되는 경우 등을 제외하고는 이를 유효한 것으로 시인하여야 하는 것으로 판결했다. 따라서, 가입자는 사전에 이에 대해 충분히 인지하고 있어야 할 것이다.

대법원 1992. 11. 24. 선고 91다29026 판결

【판결요지】

가. 단체의 구성원이 단체내부규정의 효력을 다투는 소는 당사자 사이의 구체적인 권리 또는 법률관계의 존부확인을 구하는 것이 아니므로 부적법하다.

다. 법인의 정관이나 그에 따른 세부사업을 위한 규정 등 단체내부의 규정은 특별한 사정이 없는 한 그것이 선량한 풍속 기타 사회질서에 위반되는 등 사회관념상 현저히 타당성을 잃은 것이거나 결정절차가 현저히 정의에 어긋난 것으로 인정되는 경우 등을 제외하고는 이를 유효한 것으로 시인하여야 한다.

(출처: 대법원 1992. 11. 24. 선고 91다29026 판결 [복지점수감점취소등] > 종합법률정보 판례)

다. 환불금 규모

표준규약 제12조제4항에서 "조합원이 납입한 제 납입금에서 소정의 공동부담금을 공제한 잔액"을 환불금으로 산정하는 것으로 하고 있는데, 위약금이 없는 것이 이해하기 어렵고 또한 소정의 공동부담금이 무엇인지에 대한 다툼이 발생할 수 있다.

많은 사업장에서는 위약금은 업무 대행비 및 조합원 분담금 총액의 10%, 15% 등으로 정하고 있고, 공동 분담금이 무엇인지에 대해 훨씬 더 상세히 정하고 있는 사업장도 많다.

필관조합에서 현재 운영하고 있는 규약 내용을 다음과 같이 공유한다.

조합규약 제12조(조합원의 탈퇴·자격상실·제명)

① 탈퇴, 조합원 자격의 상실, 제명 등으로 조합원의 지위를 상실한 자에 대하여 위약금 및 환불금은 다음과 같이 한다.

1. 위약금은 조합원 분담금 총액의 10%(총회에서 추가분담금 부과안이 가결된 이후 탈퇴신청서를 제출한(또는 제명된) 조합원의 분담금 총액은 가입시의 분담금에 추가분담금을 합산한 금액)로 한다.

   단, 가입계약서 제8조 [연체료 등]의 ③ 및 ④항 적용 대상자의 위약금 산정은 그에 따르며, 또한 지주로서 확약서를 제출하거나 조합과의 특약이 있는 경우 그에 따름

2. 환불금은 다음과 같이 산정하며 환불금은 이자 없이 탈퇴지 본인 계좌로 환불처리 하며, 업무대행비는 환불대상이 아니다.

   (조합 지정 신탁계좌에 납입한 분담금 + 지주의 상계처리한 금액 + 조합원을 차주로 한 각종 대출 원리금) -

   (위약금 + 연체료 + 조합을 차주로 한 조합원 몫의 각종 대출(토지담보대출 등)의 이자 + 조합원을 차주로 한 각종 대출(신용대출 등)의 원리금 및 이자 + 조합을 차주로 한 조합원 몫의 각종 대출 및 조합원을 차주로 하는 각종 대출을 실행하는데 발생한 제반 수수료/ 법무비/컨설팅비/신탁사 이용비 등의 금액 중 조합원 각자에게 배분된 몫 + 사업부지 이전으로 발생되는 토지의 취득세,등록세 및 이전비용 + 신탁등기(변경) 해지비)

   단, 조합원을 차주로 하는 각종 대출을 실행하는데 협조하지 않고 자납도 하지 않은 조합원에 대해서는 상기의 "조합원을 차주로 하는 각종 대출을 실행하는데 발생한 제반 수수료/ 법무비/컨설팅비/신탁사 이용비 등의 금액 중 조합원 각자에게 배분된 몫" 대신 대출 발생일 부터 탈퇴신청서 제출일(또는 제명일) 까지의 기간에 대해 조합규약에서 정한 연체료를 부과함.

3. 환불시기는 준공후 1개월내 이사회를 개최하여 결정한다(단, 해약분에 대한 동·호수에 조합원이나 일반분양자가 대체되어 입금이 완료된 경우 입금완료후 1개월내 이사회를 개최하여 조기 환불을 결정할 수 있다).

위의 내용은 많은 소송을 경험하고 나서 표현의 애매모호함으로 인해 발생할 수 있는 논란을 불식시키고자 개정하여 운영된 실제 조합규약 내용이다. 사업장마다 다를 수 있지만 애매모호한 표현은 결국 조합원과 조합 모두에게 불이익이므로 가급적 상세히 기술하여 두는 것이 좋다. 조합가입계약서, 조합규약, 공급계약서에도 환불금 관련 내용이 언급되어 있을 텐데, 논란의 소지가 없도록 상호 일관성이 유지될 수 있도록 해야 한다. 상기 조항이 탈퇴한 또는 제명된 조합원에게 불리한 약관에 해당한다는 일부 의견이 있으나, 조합에 반환할 돈이 들어와야 환불금을 지급할 수 있는 지극히 상식적인 현실을 도외시한 의견에 불과하다.

상기 내용들이 약관규제법에 위배되어 무효라는 주장도 일부 있고, 실제 하급심 재판에서 인정된 사례도 있지만 결국 상급심에서 기각되었다.

간혹, 자격이 자동 상실되면 위약금이 줄거나 없어지는 것으로 오해하여 인위적으로 조합원 자격을 상실(부부 간에 세대주 변경 등)한 후에 막대한 비용을 들여 조합원 자격이 없다는 것을 확인받는 소송까지 제기하는 사람도 있다. 대다수 조합의 규약에는 임의탈퇴에 의하든 아니면 자격 자동 상실의 방법에 의하든 상관없이 위약금은 집값(분담금)의 몇 퍼센트로 정해져 있다. 자격 자동 상실의 방법으로 탈퇴한다고 위약금이 줄어들지 않는다.

위약금과 관련한 많은 소송의 결과는 위의 내용과 거의 100% 동일하다. 업계에서는 답이 정해져 있는 주제이다. 그런데도 이러한 주제로 패소를 한 변호사가 또 다른 조합원을 원고로 하여 동일한 소송을 제기하는 경우도 있다. 위약금도 억울하다고 판단하여 소송을 한 조합원이 소송비 및 변호사비까지 떠안게 된다.

환불금의 규모 및 환불금의 지급 시기에 대해 조합원들이 명확히 알 수 있도록 조합규약에 좀 더 상세히 기술하여 불필요하게 시간과 금전을 추가 낭비하지 않도록 하는 노력이 필요해 보인다.

라. 조합원 지위 등

조합원 자격요건 충족여부와 조합원 지위 존재여부에 대해 그 관계를 잘 알면 다양한 사안 발생시 판단이 좀 더 쉬워진다. 이에 대해 알아보자.

지역주택조합 조합원 자격은 조합설립인가 신청일을 기준으로 판단한다. 따라서, 가입계약 시부터 조합원 자격을 갖추지 못한 경우라고 하더라도 조합설립인가 신청일 이전에는 세대주를 변경한다든지 이사를 한다든지 하는 등의 방법으로 조합원 자격을 갖출 수 있으므로 조합설립인가 신청 전까지는 조합원 지위는 유지되다가 조합설립인가 신청을 하게 되면 더 이상 조합원 자격을 갖출 수 없게 되는 바, 이때 비로소 조합원 지위를 상실하게 된다.

조합설립인가 신청일 이후에 조합원 자격을 갖추지 못한 상태에서 조합가입계약을 체결하게 되면 조합원 자격을 갖출 수 있는 방법이 없으므로 조합가입계약이 체결된 시점에 바로 조합원 지위를 상실하게 된다.

조합원 지위가 있는 상태에서 사업계획승인이 되면 입주자로 선정된 지위(=주택에 입주할 수 있는 권리·자격·지위 등)를 획득하게 되며, 주택공급에 관한 규칙 제2조제7호에 따라 입주대상자로 확정된 자는 당첨자로 분류되며, 또한 주택공급에 관한 규칙 제2조제7의2호에 따라 주택의 입주자로 선정된 지위는 분양권등으로 분류되며, 주택공급에 관한 규칙 제53조에 따라 분양권등을 갖고 있는 경우에는 주택을 소유하고 있는 것으로 본다.

가입	조합설립인가 신청		사업계획 승인
조합원 자격 요건 미충족자 조합 가입 → 가입시 조합원 지위 획득	여전히 미충족 (조합원 지위는 유지됨)	→ 조합설립인가 신청일 조합원 지위 상실	
	조합설립인가 신청 전 자격 요건 충족 (조합원 지위 여전히 유지됨)	→ 여전히 조합원 지위 유지	→ 입주자로 선정된 지위 획득 = 주택에 입주할 수 있는 지위 = 입주대상자로 확정된 자 = 당첨자 = 분양권등
		→ 여전히 조합원 지위 유지 → 신청일 이후 조합원 자격 미충족시 조합원 지위도 상실됨	-
-	-	조합원 자격 요건 미충족자가 조합설립인가 신청일 이후 가입하면 → 가입 당일 조합원 지위 상실	-

조합설립인가 신고 시에 관할관청에서 국토교통부의 전산검색을 통하여 조합원 자격기준 충족여부를 심사하며, 이후에도 사업계획승인 신청 시 및 사용검사 신청 시 두 차례 더 심사한다. (제3편 제1장의 'C. 조합원 자격 판정 시점 및 자격 판정 방법' 참고.)

환불금 산정을 위해 공제할 비용을 특정해야 할 경우

조합원 지위를 상실하기 이전에 발생한 비용은 부담시킬 수 있으나, 조합원 지위 상실 이후에 발생된 비용의 경우에는 부담시킬 합리적인 이유가 있는 특별한 사정이 없는 한 해당 비용을 부담시킬 수 없다.

예를 들어, 브릿지대출 실행 전에 조합원 지위를 상실한 자에게 브릿지대출에 따른 직·간접비를 부담시킬 수는 없는 것이다.

주택법에 의해 입주자로 선정된 지위도 있지만 도시정비법(재개발,재건축 등)에 의해 입주자로 선정된 지위도 있다. 용어는 동일하지만 차이가 있다.

재개발, 재건축의 경우 기존의 부동산이 입주권으로 변환되어 있는 것으로 이는 주택 수 계산시에 포함된다. 주택조합의 입주자로 선정된 지위 및 권리(분양권 등)는 주택에 입주할 수 있는 권리로 부동산이 아니어서 주택수 계산시에 포함되지 않는다. 그러나 정책적 목적으로 2021년 1월 1일부터 부동산으로 간주하여 1세대1주택 양도소득세 비과세 유무 및 다주택자 양도소득세 중과여부 판단시 주택수에 포함하고 있다.

구분	도시정비법상의 입주권	분양권 등
양도소득세	1년 미만 보유, 70% 1년~2년 보유, 60% 2년 이상 보유, 기본세율 적용(6%~45%) 다주택자도 중과세율 미적용	1년 미만 보유, 70% 1년 이상 보유, 60%
장기보유 특별공제	종전주택 취득시점~관리처분인가일 사이에 3년 이상 보유시 적용	미해당

2. 가입계약 취소

주택조합 가입을 신청한 자는 가입비 등을 예치한 날부터 30일 이내에 어떠한 사유 없이도 자유로이 청약을 철회하고 납부한 분담금 전액을 반환받을 수 있으며, 이와 관련한 절차와 내용은 '제3편 제2장 조합원 공개모집까지의 과정' 파트에서 자세히 설명한 바 있다. (주택법 제11조의6 참조).

다만, 주택법 제11조의6(조합 가입 철회 및 가입비 등의 반환) 조항은 2020년 12월 11일 이후에 조합원 모집 신고를 한 조합에 가입한 조합원들에게만 적용된다.

가입계약을 취소할 수 있는 또 다른 방법은 조합의 기망이나 불법 행위를 증명하여 조합가입계약을 취소하는 경우이다.

조합 홍보관에서 사업에 대한 설명을 듣고 조합 가입 계약서를 작성하는 경우가 대부분인데, 홍보 과정에서 보다 많은 가입자들을 확보하기 위해 과장 광고를 하는 경우가 종종 있다. 조합이 실제로 확보한 토지 비율보다 더 높은 비율의 토지를 확보했다고 홍보하는 경우나 추가 분담금이 한 푼도 없을 것이라고 홍보하는 것 등을 예로 들 수 있다. 이 같은 조합의 홍보 행위가 기망 행위에 해당한다는 점을 입증해 기망을 이유로 조합 가입 계약을 취소하고 납부한 분담금 전액을 환불받을 수 있는데, 기망이나 불법성을 입증하기는 현실적으로 쉽지 않다.

토지를 몇 퍼센트 확보했다고 홍보하는 것을 조합원은 토지확보를 토지매입으로 오인하는 경우가 종종 있는데 이는, 기망 행위로 인정될 수 없다.

안심보장증서와 관련하여 '조합 설립이 안 될 시', '사업계획승인을 못 받을 시' 또는 '사업이 무산될 시' 납부한 분담금 전액을 반환해 주겠다는 등의 내용을 담은 안심보장증서를 교부하는 경우가 있었고 많은 논란이 되어 왔다. 그러나 최근 이에 대한 대법원 판결이 나왔다. 주요 내용은 환불 보장 약정이 무효라면 환불 보장 약정이 없더라도 조합가입계약을 체결하였을지에 관한 당사자들의 가정적 의사를 심리하여 조합가입계약의 무효 여부를 판단하여야 한다'는 것이다. ('제3편 제4장 안심보장증서' 파트 참조)

또한, 대법원은 판결을 통해 지역주택조합 사업은 조합 설립 전에 미리 조합원을 모집하면서 그 분담금 등으로 사업부지를 매수하거나 사용 승낙을 얻고, 그 후 조합설립인가를 받아 소유권을 확보하고 사업승인을 얻어 아파트를 건축하는 방식으로 진행되므로 그 진행 과정에서 조합원의 모집, 재정의 확보, 토지 매입 작업 등 사업의 성패를 좌우하는 변수가 많음에 따라 최초 사업계획이 변경되거나 당초 예정했던 사업의 진행이 지연되는 등의 사정이 발생할 수 있음을 어느 정도 예상할 수 있는 점, 이를 고려하여 지역주택조합 사업이 사업승인 미확정 상태에서 추진됨을 표시함과 아울러 조합설립인가 시기나 주택 공급 시기 등을 명시적으로 특정하지 아니하였던 점 등을 들어 조합의 의무 이행이 불가능하게 되었다거나 계약을 해제할 만한 중대한 사정 변경이 발생하였다고 볼 수 없다고 밝힌 바 있다. (대법원 2014. 6. 12. 선고 2013다75892 판결.)

조합원은 조합가입 이후 여러가지를 파악하고 나서 속았다고 생각해서 가입계약을 취소하려고 하는데, 법에서는 '그 정도는 속았다고 할 수 없다. 조금만 더 관심을 가지고 살펴보았으면 지역주택조합 사업이라는 게 본래 그러한 불안정성을 안고 있다는 것을 알 수 있었던 것을 당신이 몰랐다고 해서 속았다고 하는 것은 받아들일 수 없다.' 이 정도의 느낌이 든다. 서민들이 조금만 더 관심을 가지고 살펴본다고 지역주택조합 사업의 본래적인 불안정성을 알 수 있을 것인가? 가입하면 안 된다는 말들은 많이 하지만 왜 그런지 논리적으로 이해할 수 있도록 해 주는 경우는 드물다.

최근 주택조합과 관련한 법률 개정 방향의 중요한 한 축은 주택조합 가입자들을 보호하기 위한 내용이라고 할 수 있다. 그런데 30일 이내에 가입계약을 손해없이 철회할 수 있다는 정도로는 뭔가 좀 부족하다. 30일 내에 갑자기 어떻게 논리적으로 이해되어 철회를 결정할 수 있을 것인가?

기간의 문제보다는 실질적인 내용에 대한 문제로 접근하는 것이 더 필요해 보인다. 사기·배임·횡령의 악의를 갖고 시작하는 업무 대행사나 발기인이 없도록 좀 더 강력하고 실질적인 대책이 필요하다고 생각되며, 이를 위한 구체적인 방법을 필요한 파트마다 기술해 두었다.

제13편

토지 확보

토지 확보, 매도청구 및 기반시설 부지 수용 절차

1. 주택법상 주택조합이 단계별로 충족해야 할 토지확보율

가. 조합원을 모집하려는 자는 해당 주택건설대지의 50% 이상에 해당하는 토지의 사용권원을 확보해야 한다. (주택법 제11조의3제1항)

> 주택법 제11조의3(조합원 모집 신고 및 공개모집)
> ① 제11조제1항에 따라 지역주택조합 또는 직장주택조합의 설립인가를 받기 위하여 조합원을 모집하려는 자는 해당 주택건설대지의 50퍼센트 이상에 해당하는 토지의 사용권원을 확보하여 관할 시장·군수·구청장에게 신고하고, 공개모집의 방법으로 조합원을 모집하여야 한다. 조합 설립인가를 받기 전에 신고한 내용을 변경하는 경우에도 또한 같다. <개정 2020. 1. 23.>

나. 일정 규모의 조합원이 모집되면 그다음 단계는 지역주택조합설립인가를 받아야 하는데 이를 위해서는 해당 주택건설대지의 80% 이상에 해당하는 토지의 사용권원을 확보하여야 하며 또한 해당 주택건설대지의 15% 이상에 해당하는 토지의 소유권을 확보하여야 한다. (주택법 제11조제2항)

> 주택법 제11조(주택조합의 설립 등)
> ① 많은 수의 구성원이 주택을 마련하거나 리모델링하기 위하여 주택조합을 설립하려는 경우(제5항에 따른 직장주택조합의 경우는 제외한다)에는 관할 특별자치시장, 특별자치도지사, 시장, 군수 또는 구청장(구청장은 자치구의 구청장을 말하며, 이하 "시장·군수·구청장"이라 한다)의 인가를 받아야 한다. 인가받은 내용을 변경하거나 주택조합을 해산하려는 경우에도 또한 같다.
> ② 제1항에 따라 주택을 마련하기 위하여 주택조합설립인가를 받으려는 자는 다음 각 호의 요건을 모두 갖추어야 한다. 다만, 제1항 후단의 경우에는 그러하지 아니하다. <개정 2020. 1. 23.>
> 1. 해당 주택건설대지의 80퍼센트 이상에 해당하는 토지의 사용권원을 확보할 것
> 2. 해당 주택건설대지의 15퍼센트 이상에 해당하는 토지의 소유권을 확보할 것

다. 지역주택조합설립인가 이후 여러 가지 일들이 잘 진행되면 그다음에는 주택건설사업계획 승인을 받아야 한다. 이를 위해서는 해당 주택건설대지의 소유권을 전부 확보하여야 하나, 등록사업자와 공동으로 사업을 시행하는 주택조합의 경우에는 지구단위계획의 결정이 필요한 주택건설사업의 해당 대지면적의 95퍼센트 이상의 소유권을 확보해야 하고, 확보하지 못한 대지가 매도청구 대상이 되는 대지에 해당해야 한다. (주택법 제21조제1항 1호)

> 주택법 제21조(대지의 소유권 확보 등)
> ① 제15조제1항 또는 제3항에 따라 주택건설사업계획의 승인을 받으려는 자는 해당 주택건설대지의 소유권을 확보하여야 한다. 다만, 다음 각 호의 어느 하나에 해당하는 경우에는 그러하지 아니하다. <개정 2020. 1. 23.>
>   1. 「국토의 계획 및 이용에 관한 법률」 제49조에 따른 지구단위계획(이하 "지구단위계획"이라 한다)의 결정(제19조제1항제5호에 따라 의제되는 경우를 포함한다)이 필요한 주택건설사업의 해당 대지면적의 80퍼센트 이상을 사용할 수 있는 권원(權原)[제5조제2항에 따라 등록사업자와 공동으로 사업을 시행하는 주택조합(리모델링주택조합은 제외한다)의 경우에는 95퍼센트 이상의 소유권을 말한다. 이하 이 조, 제22조 및 제23조에서 같다]을 확보하고(국공유지가 포함된 경우에는 해당 토지의 관리청이 해당 토지를 사업주체에게 매각하거나 양여할 것을 확인한 서류를 사업계획승인권자에게 제출하는 경우에는 확보한 것으로 본다), 확보하지 못한 대지가 제22조 및 제23조에 따른 매도청구 대상이 되는 대지에 해당하는 경우

라. 사업계획승인을 받은 해당 주택건설대지에 매도청구 대상이 되는 대지가 포함되어 있으면 그 대지의 소유사가 매노에 대하여 합의를 하거나 매도청구에 관한 법원의 승소판결을 받은 경우에만 공사를 시작할 수 있다. (주택법 제21조제2항)

> 주택법 제21조(대지의 소유권 확보 등)
> ② 사업주체가 제16조제2항에 따라 신고한 후 공사를 시작하려는 경우 사업계획승인을 받은 해당 주택건설대지에 제22조 및 제23조에 따른 매도청구 대상이 되는 대지가 포함되어 있으면 해당 매도청구 대상 대지에 대하여는 그 대지의 소유자가 매도에 대하여 합의를 하거나 매도청구에 관한 법원의 승소판결(확정되지 아니한 판결을 포함한다)을 받은 경우에만 공사를 시작할 수 있다.

그러나 철거가 필요한 경우에는 매도청구 소송이 확정되지 않으면 공사는 하지 못하는 것으로 보아야 할 것이다.

이상의 내용을 표로 정리해 보면 다음과 같다.

	모집인가 신청	조합설립인가 신청	사업계획승인 신청	착공
토지사용권원 확보	50% 이상	80% 이상	-	
토지소유권 확보	-	15% 이상	95% 이상 (등록사업자와 공동시행하는 지역주택조합의 경우)	100%

- 토지사용권원: 토지 소유권을 포함해 지상권, 전세권, 사용대차 등 토지를 점유 또는
  사용·수익하는 데 필요한 권리. 토지 소유주가 자신이 소유한 토지의 사용을 허락
  하는 토지사용승낙서도 토지사용권원의 일종임.

(필관조합 예시) 토지편입조서 요약: 토지편입조서는 주로 지구단위계획 수립 업체에서
작성함

구분		사업시행후 용도별 면적(단위: m²)			
		사업구역			합계
		주택건설대지	기반시설(도시계획시설), 공공시설		
			도로	공원	
토지 확보전	사유지	12,712.0	2,448.0	1,061.0	16,221.0
	국유지	100.0	75.0	-	175.0
	공유지	2,976.0	2,849.6	6.0	5,831.6
	합계	15,788.0	5,372.6	1,067	22,227.6
			6,439.6		

(국유지·공유지 합계: 6,006.6)

- 주택법에서 토지의 사용권원 또는 소유권 용어를 사용하고 있는데 이때의 토지는 '주
  택건설대지면적'(줄여서 대지면적)을 의미한다. 이 외에 토지와 관련하여 사용되는 용어
  에는 '기반시설면적'이 있는데 이 둘을 합한 '사업구역면적'이 있다.

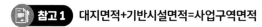 **참고 1** 대지면적+기반시설면적=사업구역면적

구분	내용
대지면적 (垈地面積)	대지란 법에 따라 '각 필지로 구획된 토지'를 말한다. 다만, 하나의 건축물을 그 필지 이상에 걸쳐 건축할 때는 그 건축물이 건축되는 모든 필지의 최외곽선으로 구획된 토지를 말한다. 대지면적은 그 대지 경계선 내의 면적이다. 다만, 대지면적 중 건축선과 도로사이의 면적 및 도시계획시설면적은 제외된다.
	건축법 제2조(정의) 1. "대지(垈地)"란 「공간정보의 구축 및 관리 등에 관한 법률」에 따라 각 필지(筆地)로 나눈 토지를 말한다. 다만, 대통령령으로 정하는 토지는 둘 이상의 필지를 하나의 대지로 하거나 하나 이상의 필지의 일부를 하나의 대지로 할 수 있다.
	건축법 시행령 제119조(면적 등의 산정방법) ① 법 제84조에 따라 건축물의 면적·높이 및 층수 등은 다음 각 호의 방법에 따라 산정한다. 　1. 대지면적: 대지의 수평투영면적으로 한다. 다만, 다음 각 목의 어느 하나에 해당하는 면적은 제외한다. 　　가. 법 제46조제1항 단서에 따라 대지에 건축선이 정하여진 경우: 그 건축선과 도로 사이의 대지면적 　　나. 대지에 도시·군계획시설인 도로·공원 등이 있는 경우: 그 도시·군계획시설에 포함되는 대지(「국토의 계획 및 이용에 관한 법률」 제47조제7항에 따라 건축물 또는 공작물을 설치하는 도시·군계획시설의 부지는 제외한다) 면적
기반시설면적	도로 및 공원을 설치하는 면적 - 주택건설사업계획승인과 동시에 결정된 도시관리계획(지구단위계획구역 및 지구단위계획)에 '기반시설'로 교통시설(도로) 및 공간시설(공원)을 언급하고 있음. - 국토의 계획 및 이용에 관한 법률에 의거 도시계획시설사업 시행자 지정을 하면서 도시계획시설로 도로와 공원을 언급하고 있으며, 동법 2조에서는 도로 및 공원을 기반시설의 일종으로 정의
사업구역면적	대지면적과 기반시설면적을 합친 면적

- 지구단위계획의 결정이 필요한 주택건설사업의 해당 대지면적의 범위에 대한 질의·회신내용

「주택법」 제16조제2항제1호에 따른 지구단위계획의 결정이 필요한 주택건설사업의 해당 대지면적의 범위(「주택법」 제16조 등 관련), 서울특별시 강동구 주택건축과 - 10604(2011.5.13)

1. 질의요지

「주택법」 제16조제2항제1호에 따르면 주택건설사업계획의 승인을 받으려는 자는 지구단위계획의 결정이 필요한 주택건설사업의 해당 대지면적의 100분의 80 이상의 권원을 확보하도록 규정하고, 「국토의 계획 및 이용에 관한 법률 시행령」 제46조제1항에서는 제1종지구단위계획구역 안에서 건축물을 건축하려는 자가 그 대지의 일부를 공공시설 또는 기반시설 중 학교와 해당 시·도 또는 대도시의 도시계획조례로 정하는 기반시설(이하 "공공 시설등"이라 함)의 부지로 제공하거나 공공시설등을 설치하여 제공하는 경우에는 그 건축물에 대하여 지구단위계획을 통해 건폐율, 용적률 등을 완화하여 적용할 수 있도록 규정하고 있는데, 「주택법」 제16조제2항제1호에 따른 "지구단위계획의 결정이 필요한 주택건설사업의 해당 대지면적"이 주택과 그 부대시설 및 복리시설을 건설하는 데 사용되는 일단의 토지인 주택단지만을 의미하는 것인지, 아니면 주택단지와 「국토의 계획 및 이용에 관한 법률 시행령」제46조에 따라 설치·제공됨으로써 주택단지 건축물에 대하여 완화된 건폐율, 용적률 등이 적용되도록 한 공공시설을 설치할 토지를 합한 것을 의미하는 것인지?

2. 회답

「주택법」 제16조제2항제1호에 따른 "지구단위계획의 결정이 필요한 주택건설사업의 해당 대지면적"은 주택과 그 부대시설 및 복리시설을 건설하는 데에 사용되는 일단의 토지인 주택단지를 의미합니다.

3. 이유 : 생략

참고 2 부대시설 및 복리시설의 정의(주택법 제2조(정의))

13. "부대시설"이란 주택에 딸린 다음 각 목의 시설 또는 설비를 말한다.
가. 주차장, 관리사무소, 담장 및 주택단지 안의 도로
나. 「건축법」 제2조제1항제4호에 따른 건축설비
다. 가목 및 나목의 시설·설비에 준하는 것으로서 대통령령으로 정하는 시설 또는 설비
14. "복리시설"이란 주택단지의 입주자 등의 생활복리를 위한 다음 각 목의 공동시설을 말한다.
가. 어린이놀이터, 근린생활시설, 유치원, 주민운동시설 및 경로당
나. 그 밖에 입주자 등의 생활복리를 위하여 대통령령으로 정하는 공동시설
12. "주택단지"란 제15조에 따른 주택건설사업계획 또는 대지조성사업계획의 승인을 받아 주택과 그 부대시설 및 복리시설을 건설하거나 대지를 조성하는 데 사용되는 일단(一團)의 토지를 말한다. 다만, 다음 각 목의 시설로 분리된 토지는 각각 별개의 주택단지로 본다.
가. 철도·고속도로·자동차전용도로
나. 폭 20미터 이상인 일반도로

다. 폭 8미터 이상인 도시계획예정도로

라. 가목부터 다목까지의 시설에 준하는 것으로서 대통령령으로 정하는 시설

📄 참고 3 **공유토지의 일부 지분 취득 or 사용권 승낙 시 확보율 계산방법**

주택건설사업계획의 승인을 얻고자 하는 자가 주택건설대지 중 공유토지에 대하여 일부 지분소유권을 취득하거나 일부 공유지분권자로부터 사용승낙을 얻은 경우에는 다른 공유자의 동의를 얻지 못하였더라도 그 공유토지 중 사업부지로 편입된 면적을 기준으로 사업자가 취득한 공유지분의 비율에 해당하는 면적만큼 사용권원을 확보한 것으로 봄이 상당하다(대법원 2010. 1. 14. 선고 2009다68651 판결 [소유권이전등기][공2010상,321])

2. 토지사용권원 확보율 계산 방법 및 매도청구 대상 면적

토지사용권원 확보율 계산방법	매도청구 대상(5%)	국·공유지
대지 15,788.0 중 확보한 면적	789.4(=15,788.0×5%)	100% 확보된 것으로 간주

- 단계별로 확보해야 하는 면적 Simulation

구분		Simulation				비고
		50%	80%	95%	100%	
1안	사유지(a)	4,818.0	9,554.4	11,922.6	12,712.0	매도청구: 789.4
	국유지	100.0				100% 확보한 것으로 간주
	공유지	2,976.0				
	합계	7,894.0(50%)	12,630.4(80%)	14,998.6(95%)	15,788(100%)	
2안 (2022년 7월 부산시 시행)	사유지(b)	6,356.0(50%)	10,169.6(80%)	12,076.4(95%)	12,712(100%)	매도청구: 635.6
	국유지	50.0	80.0	95.0	100.0	사유지와 동일한 비율로 확보한 것으로 간주
	공유지	1,488.0	2,380.8	2,827.2	2,976.0	
	합계	7,894.0(50%)	12,630.4(80%)	14,998.6(95%)	15,788(100%)	
차이	사유지(b-a)	1,538	615.2	153.8	-	

* 부산시 방식을 따르면 사유지의 토지사용권원 및 소유권을 더 많이 확보해야 함.
 - 조합설립인가 신청을 위해서는 토지사용권원은 615.2m^2, 소유권은 92.28m^2(615.2×15%) 더 확보해야 함.
 - 매도청구 규모는 153.8 m^2 만큼 줄어듦. (매도청구전에 조합이 협의매수해야 하는 면적이 늘어남을 의미함)

3. 기부채납 관련

가. 계산상 순 기부채납 규모: 433.0 ㎡ (무상귀속 **6,439.6**-무상양도 **6,006.6**)

나. 무상양도 대상인 국공유지 중 일부를 이러저러한 이유로 조합에 유상매각 하려고 할 것이므로 관련법을 잘 파악하여 대응할 필요가 있음. (다음장에서 예시를 활용하여 상세히 기술)

구분		사업시행후 용도별 면적(단위 : ㎡)					
		사업구역			합계		
		주택건설대지	기반시설(도시계획시설), 공공시설				
			도로	공원			
사유지	유상	12,712.0	2,448.0	1,061.0	16,221.0		
국유지	유상	100.0	75.0	-	175.0	750.0	6,006.6
공유지	유상	524.0	45.0	6.0	575.0		
	무상	2,452.0	2,804.6	-	5,256.6		
합계		15,788.0	5,372.6	1,067	22,227.6		
			6,439.6				

- 공공시설 부지 6,439.6㎡ 마련 위해 **3,635㎡**(2,448+1,061+75+45+6)을 매입하여 무상귀속함.
- 반면에 공유지 **2,452㎡**를 무상으로 양도받아 대지에 편입함.
- 필관조합의 실제 기부채납 규모: **1,183㎡**(3,635-2,452), 433㎡ 대비 750㎡ 더 많음.

4. 매도청구 상세

가. 사업계획승인 고시가 있은 날부터 5일이 경과한 날부터 사용권원을 확보하지 못한 대지의 소유자와 3개월 이상 협의를 하고 그 이후에 시가로 매도할 것을 청구할 수 있다.

주택법 제22조 (매도청구 등)

① 제21조제1항제1호에 따라 사업계획승인을 받은 사업주체는 다음 각 호에 따라 해당 주택건설대지 중 사용할 수 있는 권원을 확보하지 못한 대지(건축물을 포함한다. 이하 이 조 및 제23조에서 같다)의 소유자에게 그 대지를 시가(市價)로 매도할 것을 청구할 수 있다. 이 경우 매도청구 대상이 되는 대지의 소유자와 매도청구를 하기 전에 3개월 이상 협의를 하여야 한다.

　　1. 주택건설대지면적의 95퍼센트 이상의 사용권원을 확보한 경우: 사용권원을 확보하지 못한 대지의 모든 소유자에게 매도청구 가능

행정 효율과 협업 촉진에 관한 규정 제6조(문서의 성립 및 효력 발생)

① 문서는 결재권자가 해당 문서에 서명(전자이미지서명, 전자문자서명 및 행정전자시명을 포함한다. 이하 같다)의 방식으로 결재함으로써 성립한다.

② 문서는 수신자에게 도달(전자문서의 경우는 수신자가 관리하거나 지정한 전자적 시스템 등에 입력되는 것을 말한다)됨으로써 효력을 발생한다.

③ 제2항에도 불구하고 공고문서는 그 문서에서 효력발생 시기를 구체적으로 밝히고 있지 않으면 그 고시 또는 공고 등이 있는 날부터 5일이 경과한 때에 효력이 발생한다.

나. 3개월의 협의는 실질적인 협의(매매 가격 또는 그 산정을 위한 상당한 근거를 제시하였는지, 사업주체가 협의 진행을 위하여 노력하였는지, 대지 소유자가 협의에 어떠한 태도를 보였는지 등의 여러 사정을 종합적으로 고려)가 되어야 한다. 증명책임은 사업주체가 부담한다.

대법원 2013. 5. 9. 선고 2011다101315,101322 판결 [소유권이전등기·매매대금][공2013상,1015]

구 주택법이 주택건설사업계획승인을 얻은 사업주체에게 주택건설사업에 필요한 대지를 소유자로부터 매수할 수 있게 하는 매도청구권을 부여한 것은 주택의 건설·공급을 통하여 국민의 주거안정과 주거수준의 향상이라는 공익을 달성하기 위하여 사업주체에게 대지 소유자의 의사에 반하여 재산권을 박탈할 수 있도록 특별히 규정한 것이므로 그 실질이 헌법 제23조 제3항의 공공수용과 같다고 볼 수 있고, 사업주체가 매도청구권 행사 전에 거쳐야 할 요건으로서 '대지의 소유자와의 사전에 3월 이상의 기간 동안 협의' 규정은 매도청구권 행사 전에 대지 소유자가 유일하게 가지는 절차적 보장 규정이므로 대지 소유자를 보호하는 입장에서 이 규정을 엄격하게 해석하여야 할 필요가 있다.

한편 공용수용의 경우 사업시행자는 토지 등에 대한 보상에 관하여 토지소유자 및 관계인과 성실하게 협의하여야 하고, 협의의 절차 및 방법 등 협의에 관하여 필요한 사항은 대통령령으로 정하도록 하고 있다[구 공익사업을 위한 토지 등의 취득 및 보상에 관한 법률(2011. 8. 4. 법률 제11017호로 개정되기 전의 것, 이하 '구 공익사업법'이라 한다) 제16조, 제26조 제1항].

그 위임에 따른 공익사업을 위한 토지 등의 취득 및 보상에 관한 법률 시행령(이하 '공익사업법 시행령'이라 한다) 제8조 제1항에 의하면, 사업시행자는 위 규정에 의한 협의를 하고자 하는 때에는 협의기간·협의장소 및 협의방법(제1호), 보상의 시기·방법·절차 및 금액(제2호), 계약체결에 필요한 구비서류(제3호) 등을 기재한 보상협의요청서를 토지소유자 및 관계인에게 통지하여야 하고, 같은 조 제5항에 의하면, 사업시행자는 협의기간 내에 협의가 성립되지 아니한 경우에는 협의의 일시·장소 및 방법(제1호), 대상 토지의 소재지·지번·지목 및 면적과 토지에 있는 물건의 종류·구조 및 수량(제2호), 토지소유자 및 관계인의 성명 또는 명칭 및 주소(제3호), 토지소유자 및 관계인의 구체적인 주장 내용과 이에 대한 사업시행자의 의견(제4호), 그 밖에 협의와 관련된 사항(제5호) 등이 기재된 협의경위서에 토지소유자 및 관계인의 서명 또는 날인을 받아야 한다.

따라서 구 주택법에서 사업주체가 매도청구권 행사요건으로 거쳐야 할 '3월 이상의 기간 동안 협의' 과정에서도 그 실질이 유사한 공용수용에서의 협의절차에 관한 위 구 공익사업법령의 규정의 취지를 고려하여야 한다. 이러한 사정을 비롯하여 관계 법령의 내용, 형식, 체제 및 입법 취지 등에 비추어 보면, 매도청구권 행사 요건으로서 3월 이상의 기간 동안 거쳐야 하는 '협의'는 사업주체와 대지 소유자 사이에서의 구체적이고 실질적인 협의를 뜻한다고 보아야 한다. 그리고 특별한 사정이 없는 한 그와 같은 협의 요건을 갖추었는지를 판단할 때에는, 주택건설사업계획승인을 얻은 사업주체가 매매가격 또는 그 산정을 위한 상당한 근거를 제시하였는지, 사업주체가 협의 진행을 위하여 노력하였는지, 대지 소유자가 협의에 어떠한 태도를 보였는지 등의 여러 사정을 종합적으로 고려하여야 하며, 요건 충족에 대한 증명책임은 사업주체가 부담한다.

다. 3개월의 협의는 매도청구권의 행사에 의한 권리를 주장하는 소제기 이후에 이루어져도 된다. 소송 절차 내외를 불문하므로 소송 과정에서 진행된 조정 절차를 통하여서도 이루어질 수 있다.

대법원 2011. 11. 10. 선고 2010다97068 판결 [소유권이전등기][미간행]
사업계획승인 후 3월 이상의 기간 동안 사전협의를 할 것을 요구할 뿐 그 방법이나 시한 등에 대해서는 아무런 제한을 두고 있지 아니하므로, 그 협의가 매도청구권의 행사에 의한 권리를 주장하는 소제기 이후에 이루어졌다고 하여 안 된다고 할 것은 아니다.

라. 3개월의 협의 기간 만료일로부터 2개월 이내에 시가로 매도할 것을 청구할 수 있다.

> 주택법 제22조(매도청구 등)
> ③ 제1항 및 제2항에 따른 매도청구에 관하여는 「집합건물의 소유 및 관리에 관한 법률」 제48조를 준용한다. 이 경우 구분소유권 및 대지사용권은 주택건설사업 또는 리모델링사업의 매도청구의 대상이 되는 건축물 또는 토지의 소유권과 그 밖의 권리로 본다.

> 집합건물의 소유 및 관리에 관한 법률 제48조(구분소유권 등의 매도청구 등)
> ① 재건축의 결의가 있으면 집회를 소집한 자는 지체 없이 그 결의에 찬성하지 아니한 구분소유자(그의 승계인을 포함한다)에 대하여 그 결의 내용에 따른 재건축에 참가할 것인지 여부를 회답할 것을 서면으로 촉구하여야 한다.
> ② 제1항의 촉구를 받은 구분소유자는 촉구를 받은 날부터 2개월 이내에 회답하여야 한다.
> ③ 제2항의 기간 내에 회답하지 아니한 경우 그 구분소유자는 재건축에 참가하지 아니하겠다는 뜻을 회답한 것으로 본다.
> ④ 제2항의 기간이 지나면 재건축 결의에 찬성한 각 구분소유자, 재건축 결의 내용에 따른 재건축에 참가할 뜻을 회답한 각 구분소유자(그의 승계인을 포함한다) 또는 이들 전원의 합의에 따라 구분소유권과 대지사용권을 매수하도록 지정된 자(이하 "매수지정자"라 한다)는 제2항의 기간 만료일부터 2개월 이내에 재건축에 참가하지 아니하겠다는 뜻을 회답한 구분소유자(그의 승계인을 포함한다)에게 구분소유권과 대지사용권을 시가로 매도할 것을 청구할 수 있다. 재건축 결의가 있은 후에 이 구분소유자로부터 대지사용권만을 취득한 자의 대지사용권에 대하여도 또한 같다.
> ⑤ 제4항에 따른 청구가 있는 경우에 재건축에 참가하지 아니하겠다는 뜻을 회답한 구분소유자가 건물을 명도(明渡)하면 생활에 현저한 어려움을 겪을 우려가 있고 재건축의 수행에 큰 영향이 없을 때에는 법원은 그 구분소유자의 청구에 의하여 대금 지급일 또는 제공일부터 1년을 초과하지 아니하는 범위에서 건물 명도에 대하여 적당한 기간을 허락할 수 있다.
> ⑥ 재건축 결의일부터 2년 이내에 건물 철거공사가 착수되지 아니한 경우에는 제4항에 따라 구분소유권이나 대지사용권을 매도한 자는 이 기간이 만료된 날부터 6개월 이내에 매수인이 지급한 대금에 상당하는 금액을 그 구분소유권이나 대지사용권을 가지고 있는 자에게 제공하고 이들의 권리를 매도할 것을 청구할 수 있다. 다만, 건물 철거공사가 착수되지 아니한 타당한 이유가 있을 경우에는 그러하지 아니하다.
> ⑦ 제6항 단서에 따른 건물 철거공사가 착수되지 아니한 타당한 이유가 없어진 날부터 6개월 이내에 공사에 착수하지 아니하는 경우에는 제6항 본문을 준용한다. 이 경우 같은 항 본문 중 "이 기간이 만료된 날부터 6개월 이내에"는 "건물 철거공사가 착수되지 아니한 타당한 이유가 없어진 것을 안 날부터 6개월 또는 그 이유가 없어진 날부터 2년 중 빠른 날까지"로 본다.

마. 2개월 이내에 매도청구권을 행사하지 않으면 그 효력은 상실된다.

> 대법원 2000. 6. 27. 선고 2000다11621 판결 [소유권이전등기등][공2000.8.15.(112),1757]
> 집합건물의소유및관리에관한법률 제48조 제4항에서 재건축참가자 또는 매수지정자가 재건축 참여
> 여부에 대한 최고를 한 후 같은 조 제2항 소정의 기간만료일로부터 2개월 이내에 재건축에 참가하지
> 아니한 구분소유자에 대하여 매도청구권을 행사하도록 매도청구권의 행사기간을 규정한 취지는, 매
> 도청구권이 형성권으로서 재건축참가자 다수의 의사에 의하여 재건축에 참가하지 아니한 구분소유
> 자의 구분소유권에 관한 매매계약의 성립을 강제하는 것이므로, 만일 위와 같이 행사기간을 제한하
> 지 아니하면 매도청구의 상대방은 재건축참가자 또는 매수지정자가 언제 매도청구를 할지 모르게 되
> 어 그 법적 지위가 불안전하게 될 뿐만 아니라 재건축참가자 또는 매수지정자는 매수대상인 구분소유
> 권 등의 시가가 가장 낮아지는 시기를 임의로 정하여 매도청구를 할 수 있게 되어 재건축에 참가하지
> 아니한 구분소유권자의 권익을 부당하게 침해할 우려가 있는 점에 비추어 상대방의 정당한 법적 이
> 익을 보호하고 아울러 재건축을 둘러싼 법률관계를 조속히 확정하기 위한 것이라고 봄이 상당하므로
> 매도청구권은 위 행사기간 내에 이를 행사하지 아니하면 그 효력을 상실한다.

바. 대지의 소유자가 있는 곳을 확인하기가 현저히 곤란한 경우에는?

전국적으로 배포되는 둘 이상의 일간신문에 두 차례 이상 공고하고, 공고한 날부터 30
일 이상이 지났을 때에는 매도청구 대상의 대지로 본다. 사업계획승인권자가 추천에 의
해 산정된 감정평가액에 해당하는 금액을 공탁하고 주택건설사업을 시행할 수 있다.

> 주택법 제23조(소유자를 확인하기 곤란한 대지 등에 대한 처분)
> ① 제21조제1항제1호에 따라 사업계획승인을 받은 사업주체는 해당 주택건설대지 중 사용할 수 있는
> 권원을 확보하지 못한 대지의 소유자가 있는 곳을 확인하기가 현저히 곤란한 경우에는 전국적으로
> 배포되는 둘 이상의 일간신문에 두 차례 이상 공고하고, 공고한 날부터 30일 이상이 지났을 때에
> 는 제22조에 따른 매도청구 대상의 대지로 본다.
> ② 사업주체는 제1항에 따른 매도청구 대상 대지의 감정평가액에 해당하는 금액을 법원에 공탁(供託)
> 하고 주택건설사업을 시행할 수 있다.
> ③ 제2항에 따른 대지의 감정평가액은 사업계획승인권자가 추천하는 「감정평가 및 감정평가사에 관
> 한 법률」에 따른 감정평가법인등 2인 이상이 평가한 금액을 산술평균하여 산정한다. <개정 2016.
> 1. 19., 2020. 4. 7.>

사. 주택선설대지의 소유권을 학보해야 일반분양이 가능한데, 주택공급에 관한 규칙 제15조제1항 1호의 '가~다'목에 해당하는 경우에는 예외로 사용검사전까지 소유권을 확보하면 된다. '가'목은 매도청구소송을 제기하여 법원의 승소판결(판결이 확정될 것을 요구하지 아니한다)을 받은 경우이며, '나' 및 '다'목은 감정평가액을 공탁한 경우이다.

> 주택공급에 관한 규칙 제15조(입주자모집 시기)
> ① 사업주체(영 제16조에 따라 토지소유자 및 등록사업자가 공동사업주체인 경우에는 등록사업자를 말한다. 이하 이 조에서 같다)는 다음 각 호의 요건을 모두 갖춘 경우에는 착공과 동시에 입주자를 모집할 수 있다. <개정 2016. 8. 12., 2017. 9. 20., 2018. 12. 11.>
> 1. 주택이 건설되는 대지(법 제15조제3항에 따라 입주자를 공구별로 분할하여 모집한 주택 또는 이 규칙 제28조제10항제2호에 따라 입주자를 분할하여 모집한 주택에 입주자가 있는 경우에는 그 입주자가 소유한 토지를 제외한다. 이하 이 조에서 같다)의 소유권을 확보할 것(법 제61조제6항에 따라 주택이 건설되는 대지를 신탁한 경우를 포함한다. 이하 이 조에서 같다). 다만, 법 제22조 및 제23조에 따른 매도청구소송(이하 이 호에서 "매도청구소송"이라 한다) 대상 대지로서 다음 각 목의 어느 하나에 해당하는 경우에는 법 제49조에 따른 사용검사 전까지 해당 주택건설 대지의 소유권을 확보하여야 한다.
> 가. 매도청구소송을 제기하여 법원의 승소 판결(판결이 확정될 것을 요구하지 아니한다)을 받은 경우
> 나. 소유자 확인이 곤란한 대지에 대하여 매도청구소송을 제기하고 법 제23조제2항 및 제3항에 따른 감정평가액을 공탁한 경우
> 다. 사업주체가 소유권을 확보하지 못한 대지로서 법 제15조에 따라 최초로 사업계획승인을 받은 날 이후 소유권이 제3자에게 이전된 대지에 대하여 매도청구소송을 제기하고 법 제23조제2항 및 제3항에 따른 감정평가액을 공탁한 경우

아. 착공을 위해서는 철거를 해야 하는데, 철거를 위해서는 매도청구 소송이 확정되어야 한다.

자. 매도청구 소송 시 매도청구금액

매도청구의 의사 표시가 담긴 소장 부본 송달일을 기준으로 시가로 산정되는데, 시가는 감정평가사를 선정하여 감정평가를 거쳐 결정한다. 이때의 관건은 감정가를 산정함에 있어 개발 이익의 포함 여부이다. 법원 판결은 주택재개발 사업 등에서 수용보상금의 산정이 개발 이익을 배제한 수용 당시의 공시지가에 의하는 것과는 달리, 주택재건축 사업의 매도청구권 행사의 기준인 '시가'는 재건축으로 인하여 발생할 것으로 예상되는 개발 이익이 포함된 가격을 말한다고 밝히고 있다.

주택법에 의한 매도청구는 집합건물의 소유 및 관리에 관한 법률 제48조를 준용하게 되어 있는데, 집합건물의 소유 및 관리에 관한 법률 제48조는 재건축에 적용되는 조항이므로 주택법에 의한 매도청구권 행사의 기준인 시가는 발생할 것으로 예상되는 개발이익이 포함된 가격을 말한다.

또한 주택법 제22조제1항에서도 시가(市價)로 매도할 것을 청구할 수 있는 것으로 정하고 있다.

> 대법원 1996. 1. 23. 선고 95다38172 판결 [소유권이전등기등][공1996.3.1.(5),662]
> 집합건물에 관하여 집합건물의소유및관리에관한법률 제47조 소정의 재건축 결의가 있은 후 그 재건축에 참가하지 않은 자에 대하여 같은 법 제48조 제4항에 의한 매도청구권이 행사되면, 그 매도청구권 행사의 의사표시가 도달함과 동시에 재건축에 참가하지 않은 자의 구분소유권 및 대지사용권에 관하여 시가에 의한 매매계약이 성립하게 되는 것인바, 이 때의 시가란 매도청구권이 행사된 당시의 구분소유권과 대지사용권의 객관적 거래가격으로서, 노후되어 철거될 상태를 전제로 한 거래가격이 아니라 그 건물에 관하여 재건축 결의가 있었다는 것을 전제로 하여 구분소유권과 대지사용권을 일체로 평가한 가격, 즉 재건축으로 인하여 발생할 것으로 예상되는 개발이익이 포함된 가격을 말한다.

> 대법원 2014. 7. 24. 선고 2012다62561,62578 판결 [건물인도·건물명도][공2014하,1650]
> 주택재개발사업 등에서 수용보상금의 산정이 개발이익을 배제한 수용 당시의 공시지가에 의하는 것과는 달리, 주택재건축사업의 매도청구권 행사의 기준인 '시가'는 재건축으로 인하여 발생할 것으로 예상되는 개발이익이 포함된 가격을 말하는데, 이러한 차이는 주택재건축사업의 토지등소유자로 하여금 임차권자 등에 대한 보상을 임대차계약 등에 따라 스스로 해결하게 할 것을 전제로 한 것으로 보이는 점 등에 비추어 보면, 주택재건축사업에 대하여 도시정비법 제49조 제6항 단서나 공익사업법 규정이 유추적용된다고 보기도 어렵다.

5. 기반시설 사업 부지 수용

가. 토지 수용의 목적, 의미 및 절차

공익사업을 위하여 법률이 정한 절차에 따라서 국가나 지방자치단체 또는 공공단체가 강제적으로 토지의 소유권 등을 취득하는 것을 말한다. 토지 수용은 공익사업의 시행을 위하여 부득이 필요한 제도이나, 수용 대상 토지 소유자의 재산권도 보장되어야 하므로 이의 균형을 이루도록 하기 위한 행정 절차 등이 마련되어 있다. 토지 수용은 개인의 재산권에 대한 소유권 변동을 수반하게 되므로 반드시 공익사업을 위한 토지 등의 취득 및 보상에 관한 법률 등에서 정한 요건을 구비하고, 그 절차를 반드시 준수해야 한다.

> 공익사업을 위한 토지 등의 취득 및 보상에 관한 법률(약칭 토지보상법) 제1조 (목적)
> 이 법은 공익사업에 필요한 토지 등을 협의 또는 수용에 의하여 취득하거나 사용함에 따른 손실의 보상에 관한 사항을 규정함으로써 공익사업의 효율적인 수행을 통하여 공공복리의 증진과 재산권의 적정한 보호를 도모함을 목적으로 한다.

나. 적용 대상은 다음과 같다.

> 공익사업을 위한 토지 등의 취득 및 보상에 관한 법률 제3조 (적용대상)
> 이 법은 사업시행자가 다음 각 호에 해당하는 토지, 물건 및 권리를 취득 또는 사용하는 경우에 이를 적용한다.
> 1. 토지 및 이에 관힌 소유권외의 권리
> 2. 토지와 함께 공익사업을 위하여 필요로 하는 입목, 건물 기타 토지에 정착한 물건 및 이에 관한 소유권외의 권리
> 3. 광업권·어업권 또는 물의 사용에 관한 권리
> 4. 토지에 속한 흙·돌·모래 또는 자갈에 관한 권리

다. 국토의 계획 및 이용에 관한 법률 제95조에 따른 도시계획시설 사업도 7항에 해당하는 공익사업이다.

> 공익사업을 위한 토지 등의 취득 및 보상에 관한 법률 제4조 (공익사업)
>
> 이 법에 의하여 토지 등을 취득 또는 사용할 수 있는 사업은 다음 각 호의 1에 해당하는 사업이어야 한다.<개정 2005.3.31>
>
> 7. 그 밖에 다른 법률에 의하여 토지 등을 수용 또는 사용할 수 있는 사업

라. 따라서, 국토의 계획 및 이용에 관한 법률 제95조에 따라 도시·군계획시설사업의 시행자로 지정되면 사용할 토지에 대한 수용 권한이 발생하며, 이때는 공익사업을 위한 토지 등의 취득 및 보상에 관한 법률을 준용한다.

> 국토의 계획 및 이용에 관한 법률 제95조(토지 등의 수용 및 사용)
>
> ① 도시·군계획시설사업의 시행자는 도시·군계획시설사업에 필요한 다음 각 호의 물건 또는 권리를 수용하거나 사용할 수 있다. <개정 2011. 4. 14.>
>
> 　1. 토지·건축물 또는 그 토지에 정착된 물건
>
> 　2. 토지·건축물 또는 그 토지에 정착된 물건에 관한 소유권 외의 권리
>
> ---
>
> 국토의 계획 및 이용에 관한 법률 제96조(「공익사업을 위한 토지 등의 취득 및 보상에 관한 법률」의 준용)
>
> ① 제95조에 따른 수용 및 사용에 관하여는 이 법에 특별한 규정이 있는 경우 외에는 「공익사업을 위한 토지 등의 취득 및 보상에 관한 법률」을 준용한다.

[예시] 국토의 계획 및 이용에 관한 법률에 따른 도시계획시설 사업자 지정 및 실시계획인가 고시문

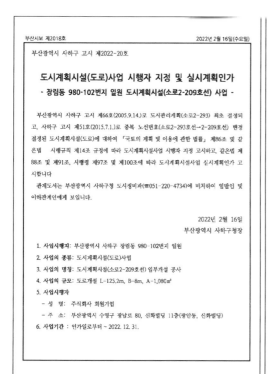

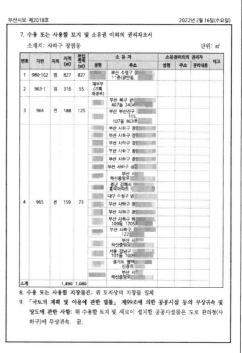

마. 토지 수용 절차 요약

토지 수용 절차는 먼저 사업 시행자가 법률에 따라 사업인정을 받고, 토지의 소유자와 협의를 하여야 한다. 협의가 이루어지지 않는 경우에는 토지수용위원회에 재결(裁決)을 신청하여 결정하고, 그 결정에 불복(不服)하는 경우에 이의신청 및 행정소송을 제기할 수 있다.

① 사업인정 : 사업시행자는 국토교통부 장관의 사업인정을 받아야 한다(공익사업을 위한 토지 등의 취득 및 보상에 관한 법률 20조). 국토교통부 장관은 사업인정을 한 때에는 사업시행자를 비롯하여 토지소유자와 관계인, 해당 시·도지사에게 지체없이 통지하고, 수용할 토지의 세부 목록 등을 관보에 고시하여야 한다(동법 22조). 고시한 뒤에는 토지에 대하여 사업에 지장을 초래할 우려가 있는 형질의 변경, 입목·건물 등 토지에 정착한 물건의 손괴, 토지에 속한 흙·돌·모래·자갈 등의 수거를 금지한다(동법 25조).

② 협의 : 사업인정을 받은 사업시행자는 토지조서 및 물건조서의 작성, 보상계획의 공고·통지 및 열람, 보상액의 산정과 토지소유자 및 관계인과 협의하는 절차를 거쳐야 한다(동법 26조 1항). 협의를 하려면 보상협의요청서에 협의기간과 보상의 방법과 금액 등을 기재하여 토지소유자 및 관계인에게 통지해야 한다. 협의기간은 특별한 사유가 없는 한 30일 이상으로 하여야 한다(동법 시행령 8조). 협의가 성립하여 관할 토지수용위원회로부터 협의성립의 확인을 받을 때에는 법률에 의한 재결로 보며, 확인된 협의의 성립이나 내용을 다툴 수 없다(동법 29조).

③ 재결 : 협의가 성립되지 않거나 협의할 수 없는 경우에 사업시행자는 사업인정의 고시가 있은 날부터 1년 안에 관할 토지수용위원회에 재결을 신청할 수 있다(동법 28조 1항). 토지수용위원회는 재결 신청서를 접수하면 지체없이 이를 공고하고, 그 날로부터 14일 이상 관계 서류를 일반이 열람할 수 있도록 해야 한다(동법 31조 1항). 열람기간이 지나면 지체없이 해당 신청에 대한 조사 및 심리를 하여야 한다(동법 32조 1항). 재결은 특별한 사유가 없는 한 심리를 개시한 날부터 14일 안에 하여야 한다(동법 35조). 토지수용위원회는 재결이 있기 전에 3명의 위원으로 구성되는 소위원회로 하여금 화해를 권고하도록 할 수 있다. 화해가 성립되면 동일한 내용의 합의가 성립된 것으로 본다(동법 33조). 재결에 불복신청이 없으면 수용절차는 종결된다.

④ 이의신청 및 행정소송 제기 : 재결에 이의가 있는 사람은 재결서의 정본을 받은 날로부터 30일 안에 중앙토지수용위원회 또는 지방토지수용위원회를 거쳐 중앙토지수용위원회에 이의신청을 할 수 있다(동법 83조). 중앙토지수용위원회는 재결이 위법 또는 부당하다고 인정하는 때에는 그 전부 또는 일부를 취소하거나 보상액을 변경할 수 있다(동법 84조). 재결에 대하여 불복하는 경우에는 재결서를 받은 날부터 90일 안에, 이의신청을 거친 경우에는 이의신청에 대한 재결서를 받은 날부터 60일 안에 각각 행정소송을 제기할 수 있다(동법 85조). 이 기간 안에 소송이 제기되지 않거나 그밖의 사유로 이의신청에 대한 재결이 확정되면 민사소송법상의 확정판결이 있은 것으로 보며, 재결서 정본은 집행력 있는 판결의 정본과 동일한 효력을 가진다(86조). (출처: 두산백과 두피디아, 두산백과)

📖 참고 매도청구 vs 토지 수용

구분	내용
매도청구	「주택법」은 사업계획승인을 받은 사업주체가 주택건설대지 중 사용할 수 있는 권원을 확보하지 못한 대지의 소유자에게 그 대지를 시가로 매도할 것을 청구할 수 있도록 사업주체의 「주택법」상 매도청구권을 명시하고 있다. 사업 대지면적의 95% 이상을 확보하면, 「주택법」 제22조에 따라 잔여 토지 소유자 전원에게 매도청구가 가능하다. 등록사업자와 공동으로 사업을 시행하는 주택조합이 아닌 자가 사업 대지면적의 80% 이상에서 95% 미만을 확보하면, 「주택법」 제22조에 따라 잔여 토지 소유자 중 지구단위계획구역 결정 고시일 기준 10년 미만 소유자에게만 매도청구권을 행사할 수 있다.
토지 수용	특정한 공익사업을 위하여 법률이 정한 절차에 따라서 국가나 지방자치단체 또는 공공단체가 강제적으로 토지의 소유권 등을 취득하는 일을 말한다. 토지수용에 관하여는 국토의 계획 및 이용에 관한 법률(95조)과 농어촌정비법(91조), 도로법(49조의 2), 광업법(87·88조)과 같이 개개의 법률에 규정이 있는 경우를 제외하고는 일반적으로 공익사업을 위한 토지 등의 취득 및 보상에 관한 법률이 정한 바를 따른다. 공익사업을 위한 토지 등의 취득 및 보상에 관한 법률은 토지수용법과 공공용지의 취득 및 손실보상에 관한 특례법을 통합하여 2002년 제정된 법률이다.

6. 총14필지 중 협의가 완료되지 않은 7필지에 대한 필관조합의 수용 절차 진행 내용 요약:

전문업체 위탁 진행함. (vat 포함 4,400만 원 소요)

가. 2020년 9월 17일 도시계획시설(도로, 소공원) 사업 시행자 지정 및 실시계획인가 고시 완료됨.

나. 조합의 2021년 1월 1일 기준개별공시지가에 대한 이의신청에 대해 2021년 7월 27일 구청이 삼성평가업자의 검증을 거쳐 부동산가격공시위원회에서 심의결과 결정지가가 적정하다고 알려옴.

다. 조합장 명의로 2021년 7월 29일 토지보상법 제15조에 의거 보상계획 열람을 공고함.

(보상 시기·방법 및 절차 등이 포함, 14일 이상 열람토록 해야 함, 서면으로 이의 제기 가능)

토지보상법 제15조(보상계획의 열람 등)

① 사업시행자는 제14조에 따라 토지조서와 물건조서를 작성하였을 때에는 공익사업의 개요, 토지조서 및 물건조서의 내용과 보상의 시기·방법 및 절차 등이 포함된 보상계획을 전국을 보급지역으로 하는 일간신문에 공고하고, 토지소유자 및 관계인에게 각각 통지하여야 하며, 제2항 단서에 따라 열람을 의뢰하는 사업시행자를 제외하고는 특별자치도지사, 시장·군수 또는 구청장에게도 통지하여야 한다. 다만, 토지소유자와 관계인이 20인 이하인 경우에는 공고를 생략할 수 있다.

② 사업시행자는 제1항에 따른 공고나 통지를 하였을 때에는 그 내용을 14일 이상 일반인이 열람할 수 있도록 하여야 한다. 다만, 사업지역이 둘 이상의 시·군 또는 구에 걸쳐 있거나 사업시행자가 행정청이 아닌 경우에는 해당 특별자치도지사, 시장 군수 또는 구청장에게도 그 사본을 송부하여 열람을 의뢰하여야 한다.

③ 제1항에 따라 공고되거나 통지된 토지조서 및 물건조서의 내용에 대하여 이의(異議)가 있는 토지소유자 또는 관계인은 제2항에 따른 열람기간 이내에 사업시행자에게 서면으로 이의를 제기할 수 있다. 다만, 사업시행자가 고의 또는 과실로 토지소유자 또는 관계인에게 보상계획을 통지하지 아니한 경우 해당 토지소유자 또는 관계인은 제16조에 따른 협의가 완료되기 전까지 서면으로 이의를 제기할 수 있다. <개정 2018. 12. 31.>

④ 사업시행자는 해당 토지조서 및 물건조서에 제3항에 따라 제기된 이의를 부기(附記)하고 그 이의가 이유 있다고 인정할 때에는 적절한 조치를 하여야 한다.

[전문개정 2011. 8. 4.]

라. 토지보상법 제68조 및 시행령 제28조에 의거 2021년 8월 31일까지 감정평가기관을 추천받음.

토지보상법 제68조(보상액의 산정)

① 사업시행자는 토지등에 대한 보상액을 산정하려는 경우에는 감정평가법인등 3인(제2항에 따라 시·도지사와 토지소유자가 모두 감정평가법인등을 추천하지 아니하거나 시·도지사 또는 토지소유자 어느 한쪽이 감정평가법인등을 추천하지 아니하는 경우에는 2인)을 선정하여 토지등의 평가를 의뢰하여야 한다. 다만, 사업시행자가 국토교통부령으로 정하는 기준에 따라 직접 보상액을 산정할 수 있을 때에는 그러하지 아니하다. <개정 2012. 6. 1., 2013. 3. 23., 2020. 4. 7.>

② 제1항 본문에 따라 사업시행자가 감정평가법인등을 선정할 때 해당 토지를 관할하는 시·도지사와 토지소유자는 대통령령으로 정하는 바에 따라 감정평가법인등을 각 1인씩 추천할 수 있다. 이 경우 사업시행자는 추천된 감정평가법인등을 포함하여 선정하여야 한다. <개정 2012. 6. 1., 2020. 4. 7.>

③ 제1항 및 제2항에 따른 평가 의뢰의 절차 및 방법, 보상액의 산정기준 등에 관하여 필요한 사항은 국토교통부령으로 정한다. <개정 2013. 3. 23.>

[전문개정 2011. 8. 4.]

토지보상법 시행령 제28조(시·도지사와 토지소유자의 감정평가법인등 추천)

① 사업시행자는 법 제15조제1항에 따른 보상계획을 공고할 때에는 시·도지사와 토지소유자가 감정평가법인등(「감정평가 및 감정평가사에 관한 법률」 제2조제4호의 감정평가법인등을 말하며, 이하 "감정평가법인등"이라 한다)을 추천할 수 있다는 내용을 포함하여 공고하고, 보상 대상 토지가 소재하는 시·도의 시·도지사와 토지소유자에게 이를 통지해야 한다. <개정 2016. 8. 31., 2021. 11. 23.>

② 법 제68조제2항에 따라 시·도지사와 토지소유자는 법 제15조제2항에 따른 보상계획의 열람기간 만료일부터 30일 이내에 사업시행자에게 감정평가법인등을 추천할 수 있다. <개정 2021. 11. 23.>

③ 제2항에 따라 시·도지사가 감정평가법인등을 추천하는 경우에는 다음 각 호의 사항을 지켜야 한다. <개정 2021. 11. 23.>

　　1. 감정평가 수행능력, 소속 감정평가사의 수, 감정평가 실적, 징계 여부 등을 고려하여 추천대상 집단을 선정할 것
　　2. 추천대상 집단 중에서 추첨 등 객관적이고 투명한 절차에 따라 감정평가법인등을 선정할 것
　　3. 제1호의 추천대상 집단 및 추천 과정을 이해당사자에게 공개할 것
　　4. 보상 대상 토지가 둘 이상의 시·도에 걸쳐 있는 경우에는 관계 시·도지사가 협의하여 감정평가법인등을 추천할 것

④ 제2항에 따라 감정평가법인등을 추천하려는 토지소유자는 보상 대상 토지면적의 2분의 1 이상에 해당하는 토지소유자와 보상 대상 토지의 토지소유자 총수의 과반수의 동의를 받은 사실을 증명하는 서류를 첨부하여 사업시행자에게 감정평가법인등을 추천해야 한다. 이 경우 토지소유자는 감정평가법인등 1인에 대해서만 동의할 수 있다. <개정 2021. 11. 23.>

⑤ 제2항에 따라 감정평가법인등을 추천하려는 토지소유자는 해당 시·도지사와 「감정평가 및 감정평가사에 관한 법률」 제33조에 따른 한국감정평가사협회에 감정평가법인등을 추천하는 데 필요한 자료를 요청할 수 있다. <개정 2016. 8. 31., 2021. 11. 23.>

⑥ 제4항 전단에 따라 보상 대상 토지면적과 토지소유자 총수를 계산할 때 제2항에 따라 감정평가법인등 추천 의사표시를 하지 않은 국유지 또는 공유지는 보상 대상 토지면적과 토지소유자 총수에서 제외한다. <신설 2019. 6. 25., 2021. 11. 23.>

⑦ 국토교통부장관은 제3항에 따른 시·도지사의 감정평가법인등 추천에 관한 사항에 관하여 표준지침을 작성하여 보급할 수 있다. <개정 2019. 6. 25., 2021. 11. 23.>

[전문개정 2013. 5. 28.][제목개정 2021. 11. 23.]

마. 감정평가법인 3인을 선정하여 토지보상법 시행령 제16조에 의거 평가를 의뢰하고, 각 법인이 평가한 평가액의 산술평균치를 보상액으로 산정.

> 토지보상법 시행규칙 제16조(보상평가의 의뢰 및 평기 등)
>
> ① 사업시행자는 법 제68조제1항의 규정에 의하여 대상물건에 대한 평가를 의뢰하고자 하는 때에는 별지 제15호서식의 보상평가의뢰서에 다음 각호의 사항을 기재하여 감정평가법인등에게 평가를 의뢰하여야 한다. <개정 2022. 1. 21.>
>
> 1. 대상물건의 표시
> 2. 대상물건의 가격시점
> 3. 평가서 제출기한
> 4. 대상물건의 취득 또는 사용의 구분
> 5. 건축물등 물건에 대하여는 그 이전 또는 취득의 구분
> 6. 영업손실을 보상하는 경우에는 그 폐지 또는 휴업의 구부
> 7. 법 제82조제1항제1호의 규정에 의한 보상액 평가를 위한 사전 의견수렴에 관한 사항
> 8. 그 밖의 평가조건 및 참고사항
>
> ② 제1항제3호의 규정에 의한 평가서 제출기한은 30일 이내로 하여야 한다. 다만, 대상물건이나 평가내용이 특수한 경우에는 그러하지 아니하다.
>
> ③ 감정평가법인등은 제1항의 규정에 의하여 평가를 의뢰받은 때에는 대상물건 및 그 주변의 상황을 현지조사하고 평가를 하여야 한다. 이 경우 고도의 기술을 필요로 하는 등의 사유로 인하여 자기가 직접 평가할 수 없는 대상물건에 대하여는 사업시행자의 승낙을 얻어 전문기관의 자문 또는 용역을 거쳐 평가할 수 있다. <개정 2022. 1. 21.>
>
> ④ 감정평가법인등은 평가를 한 후 별지 제16호서식의 보상평가서(이하 "보상평가서"라 한다)를 작성하여 심사자(감정평가업에 종사하는 감정평가사를 말한다. 이하 이 조에서 같다) 1인 이상의 심사를 받고 보상평가서에 당해 심사자의 서명날인을 받은 후 제1항제3호의 규정에 의한 제출기한내에 사업시행자에게 이를 제출하여야 한다. <개정 2022. 1. 21.>

⑤ 제4항의 규정에 의한 심사자는 다음 각호의 사항을 성실하게 심사하여야 한다. <개정 2013. 4. 25.>
  1. 보상평가서의 위산·오기 여부
  2. 법 제70조제1항 및 제76조제1항 등 관계 법령에서 정하는 바에 따라 대상물건이 적정하게 평가되었는지 여부
  3. 비교 대상이 되는 표준지의 적정성 등 대상물건에 대한 평가액의 타당성
⑥ 보상액의 산정은 각 감정평가법인등이 평가한 평가액의 산술평균치를 기준으로 한다. <개정 2022. 1. 21.>

바. 토지보상법 제16조, 시행령 제8조에 의거 소유자 및 관계자에게 협의기간·협의장소 및 협의방법, 보상의 시기·방법·절차 및 금액, 계약체결에 필요한 구비서류 안내·협의를 위해 우편통지를 함. 협의기간은 특별한 사유가 없으면 30일 이상으로 하여야 함.

토지보상법 제16조(협의)
사업시행자는 토지등에 대한 보상에 관하여 토지소유자 및 관계인과 성실하게 협의하여야 하며, 협의의 절차 및 방법 등 협의에 필요한 사항은 대통령령으로 정한다.
[전문개정 2011. 8. 4.]

토지보상법 시행령 제8조(협의의 절차 및 방법 등)
① 사업시행자는 법 제16조에 따른 협의를 하려는 경우에는 국토교통부령으로 정하는 보상협의요청서에 다음 각 호의 사항을 적어 토지소유자 및 관계인에게 통지하여야 한다. 다만, 토지소유자 및 관계인을 알 수 없거나 그 주소·거소 또는 그 밖에 통지할 장소를 알 수 없을 때에는 제2항에 따른 공고로 통지를 갈음할 수 있다.
  1. 협의기간·협의장소 및 협의방법
  2. 보상의 시기·방법·절차 및 금액
  3. 계약체결에 필요한 구비서류
② 제1항 각 호 외의 부분 단서에 따른 공고는 사업시행자가 공고할 서류를 토지등의 소재지를 관할하는 시장(행정시의 시장을 포함한다)·군수 또는 구청장(자치구가 아닌 구의 구청장을 포함한다)에게 송부하여 해당 시(행정시를 포함한다)·군 또는 구(자치구가 아닌 구를 포함한다)의 게시판 및 홈페이지와 사업시행자의 홈페이지에 14일 이상 게시하는 방법으로 한다. <개정 2016. 1. 6.>
③ 제1항제1호에 따른 협의기간은 특별한 사유가 없으면 30일 이상으로 하여야 한다.
④ 법 제17조에 따라 체결되는 계약의 내용에는 계약의 해지 또는 변경에 관한 사항과 이에 따르는 보상액의 환수 및 원상복구 등에 관한 사항이 포함되어야 한다.

⑤ 사업시행자는 제1항제1호에 따른 협의기간에 협의가 성립되지 아니한 경우에는 국토교통부령으로
정하는 협의경위서에 다음 각 호의 사항을 적어 토지소유자 및 관계인의 서명 또는 날인을 받아야
한다. 다만, 사업시행자는 토지소유자 및 관계인이 정당한 사유 없이 서명 또는 날인을 거부하거나
토지소유자 및 관계인을 알 수 없거나 그 주소·거소, 그 밖에 통지할 장소를 알 수 없는 등의 사유
로 서명 또는 날인을 받을 수 없는 경우에는 서명 또는 날인을 받지 아니하되, 해당 협의경위서에
그 사유를 기재하여야 한다.

1. 협의의 일시·장소 및 방법

2. 대상 토지의 소재지·지번·지목 및 면적과 토지에 있는 물건의 종류·구조 및 수량

3. 토지소유자 및 관계인의 성명 또는 명칭 및 주소

4. 토지소유자 및 관계인의 구체적인 주장내용과 이에 대한 사업시행자의 의견

5. 그 밖에 협의와 관련된 사항

[전문개정 2013. 5. 28.]

사. 협의 매입을 추진하였으나, 1인은 협의가 안 되어 OO지방토지수용위원회 2021년 12월
20일 재결을 신청함.

토지보상법 제28조(재결의 신청)

① 제26조에 따른 협의가 성립되지 아니하거나 협의를 할 수 없을 때(제26조제2항 단서에 따른 협의
요구가 없을 때를 포함한다)에는 사업시행자는 사업인정고시가 된 날부터 1년 이내에 대통령령으
로 정하는 바에 따라 관할 토지수용위원회에 재결을 신청할 수 있다.

② 제1항에 따라 재결을 신청하는 자는 국토교통부령으로 정하는 바에 따라 수수료를 내야 한다. <개
정 2013. 3. 23.>

[전문개정 2011. 8. 4.]

* 재결: 사업인정고시 후 협의 불성립 시 사업시행자의 재결신청에 의해 관할 토지수용위원회가 행하는 수용 또는
사용 결정의 최종적 판단 절차이다. 강제적 권력행사를 통해 공익을 실현하는 취지가 있다.

아. 구청은 2022년 3월 28일 재결신청에 따른 열람공고를 함.

> 토지보상법 제31조(열람)
> ① 제49조에 따른 중앙토지수용위원회 또는 지방토지수용위원회(이하 "토지수용위원회"라 한다)는 제28조제1항에 따라 재결신청서를 접수하였을 때에는 대통령령으로 정하는 바에 따라 지체 없이 이를 공고하고, 공고한 날부터 14일 이상 관계 서류의 사본을 일반인이 열람할 수 있도록 하여야 한다.
> ② 토지수용위원회가 제1항에 따른 공고를 하였을 때에는 관계 서류의 열람기간 중에 토지소유자 또는 관계인은 의견을 제시할 수 있다.
> [전문개정 2011. 8. 4.]

자. 토지보상법 제32조 및 제35조에 의거 ○○지방토지수용위원회의 수용재결 심의를 거쳐 재결

> 토지보상법 제35조(재결기간) 토지수용위원회는 제32조에 따른 심리를 시작한 날부터 14일 이내에 재결을 하여야 한다. 다만, 특별한 사유가 있을 때에는 14일의 범위에서 한 차례만 연장할 수 있다.
> [전문개정 2011. 8. 4.]
>
> 토지보상법 제32조(심리)
> ① 토지수용위원회는 제31조제1항에 따른 열람기간이 지났을 때에는 지체 없이 해당 신청에 대한 조사 및 심리를 하여야 한다.
> ② 토지수용위원회는 심리를 할 때 필요하다고 인정하면 사업시행자, 토지소유자 및 관계인을 출석시켜 그 의견을 진술하게 할 수 있다.
> ③ 토지수용위원회는 제2항에 따라 사업시행자, 토지소유자 및 관계인을 출석하게 하는 경우에는 사업시행자, 토지소유자 및 관계인에게 미리 그 심리의 일시 및 장소를 통지하여야 한다.
> [전문개정 2011. 8. 4.]
>
> 토지보상법 제31조(열람)
> ① 제49조에 따른 중앙토지수용위원회 또는 지방토지수용위원회(이하 "토지수용위원회"라 한다)는 제28조제1항에 따라 재결신청서를 접수하였을 때에는 대통령령으로 정하는 바에 따라 지체 없이 이를 공고하고, 공고한 날부터 14일 이상 관계 서류의 사본을 일반인이 열람할 수 있도록 하여야 한다.
> ② 토지수용위원회가 제1항에 따른 공고를 하였을 때에는 관계 서류의 열람기간 중에 토지소유자 또는 관계인은 의견을 제시할 수 있다.
> [전문개정 2011. 8. 4.]

토지보상법 제33조(화해의 권고)

① 토지수용위원회는 그 재결이 있기 전에는 그 위원 3명으로 구성되는 소위원회로 하여금 사업시행자, 토지소유자 및 관계인에게 화해를 권고하게 할 수 있다. 이 경우 소위원회는 위원장이 지명하거나 위원회에서 선임한 위원으로 구성하며, 그 밖에 그 구성에 필요한 사항은 대통령령으로 정한다.

② 제1항에 따른 화해가 성립되었을 때에는 해당 토지수용위원회는 화해조서를 작성하여 화해에 참여한 위원, 사업시행자, 토지소유자 및 관계인이 서명 또는 날인을 하도록 하여야 한다.

③ 제2항에 따라 화해조서에 서명 또는 날인이 된 경우에는 당사자 간에 화해조서와 동일한 내용의 합의가 성립된 것으로 본다.

[전문개정 2011. 8. 4.]

토지보상법 제34조(재결)

① 토지수용위원회의 재결은 서면으로 한다.

② 제1항에 따른 재결서에는 주문 및 그 이유와 재결일을 적고, 위원장 및 회의에 참석한 위원이 기명날인한 후 그 정본(正本)을 사업시행자, 토지소유자 및 관계인에게 송달하여야 한다.

[전문개정 2011. 8. 4.]

차. 2022년 6월 7일 조합은 수용재결 보상금 지급 안내 및 미청구시 공탁실시 예정을 알림.

카. 2022년 6월 30일 금전공탁서 접수함.

토지보상법 제40조(보상금의 지급 또는 공탁)

① 사업시행자는 제38조 또는 제39조에 따른 사용의 경우를 제외하고는 수용 또는 사용의 개시일(토지수용위원회가 재결로써 결정한 수용 또는 사용을 시작하는 날을 말한다. 이하 같다)까지 관할 토지수용위원회가 재결한 보상금을 지급하여야 한다.

② 사업시행자는 다음 각 호의 어느 하나에 해당할 때에는 수용 또는 사용의 개시일까지 수용하거나 사용하려는 토지등의 소재지의 공탁소에 보상금을 공탁(供託)할 수 있다.

  1. 보상금을 받을 자가 그 수령을 거부하거나 보상금을 수령할 수 없을 때

  2. 사업시행자의 과실 없이 보상금을 받을 자를 알 수 없을 때

  3. 관할 토지수용위원회가 재결한 보상금에 대하여 사업시행자가 불복할 때

  4. 압류나 가압류에 의하여 보상금의 지급이 금지되었을 때

③ 사업인정고시가 된 후 권리의 변동이 있을 때에는 그 권리를 승계한 자가 제1항에 따른 보상금 또는 제2항에 따른 공탁금을 받는다.

④ 사업시행자는 제2항제3호의 경우 보상금을 받을 자에게 자기가 산정한 보상금을 지급하고 그 금액과 토지수용위원회가 재결한 보상금과의 차액(差額)을 공탁하여야 한다. 이 경우 보상금을 받을 자는 그 불복의 절차가 종결될 때까지 공탁된 보상금을 수령할 수 없다.

[전문개정 2011. 8. 4.]

1. 新·舊 공공시설 무상귀속·양도 제도

주택법에서는 사업계획승인을 받은 사업지구의 토지에 새로 공공시설을 설치하거나 기존의 공공시설에 대체되는 공공시설을 설치하는 경우 그 공공시설의 귀속에 관하여는 「국토의 계획 및 이용에 관한 법률」 제65조 및 제99조를 준용하는 것으로 정하고 있다

> 주택법 제29조(공공시설의 귀속 등)
> ① 사업주체가 제15조제1항 또는 제3항에 따라 사업계획승인을 받은 사업지구의 토지에 새로 공공시설을 설치하거나 기존의 공공시설에 대체되는 공공시설을 설치하는 경우 그 공공시설의 귀속에 관하여는 「국토의 계획 및 이용에 관한 법률」 제65조 및 제99조를 준용한다. 이 경우 "개발행위허가를 받은 자"는 "사업주체"로, "개발행위허가"는 "사업계획승인"으로, "행정청인 시행자"는 "한국토지주택공사 및 지방공사"로 본다.

국토계획법 제 65조에서는 사업주체가 행정청이 아닌 경우 사업주체가 새로 설치한 공공시설은 그 시설을 관리할 관리청에 무상으로 귀속되고, 개발행위로 용도가 폐지되는 공공시설은 「국유재산법」과 「공유재산 및 물품 관리법」에도 불구하고 새로 설치한 공공시설의 설치비용에 상당하는 범위에서 사업주체에게 무상으로 양도할 수 있다고 정하고 있다.

이러한 법률내용은 판례 등에 의해 넓은 면적의 사업구역을 대상으로 하는 이른바 **'단지형 개발사업'에 한하여 적용되는 "新·舊 공공시설 무상귀속·양도 제도"라는 개념으로 확립되**었다.

> 국토의 계획 및 이용에 관한 법률 제65조(개발행위에 따른 공공시설 등의 귀속)
> ② 개발행위허가를 받은 자가 행정청이 아닌 경우 개발행위허가를 받은 자가 새로 설치한 공공시설은 그 시설을 관리할 관리청에 무상으로 귀속되고, 개발행위로 용도가 폐지되는 공공시설은 「국유재산법」과 「공유재산 및 물품 관리법」에도 불구하고 새로 설치한 공공시설의 설치비용에 상당하는 범위에서 개발행위허가를 받은 자에게 무상으로 양도할 수 있다.

국토계획법 99조에서는 도시·군계획시설사업에 의하여 새로 공공시설을 설치하거나 기존의 공공시설에 대체되는 공공시설을 설치한 경우에는 상기한 65조를 준용하는 것으로 정하고 있다.

> 국토의 계획 및 이용에 관한 법률 제99조(공공시설 등의 귀속)
>
> 도시·군계획시설사업에 의하여 새로 공공시설을 설치하거나 기존의 공공시설에 대체되는 공공시설을 설치한 경우에는 제65조를 준용한다. 이 경우 제65조제5항 중 "준공검사를 마친 때"는 "준공검사를 마친 때(시행자가 국토교통부장관, 시·도지사 또는 대도시 시장인 경우에는 제98조제4항에 따른 공사완료 공고를 한 때를 말한다)"로 보고, 같은 조 제7항 중 "제62조제1항에 따른 준공검사를 받았음을 증명하는 서면"은 "제98조제3항에 따른 준공검사증명서(시행자가 국토교통부장관, 시·도지사 또는 대도시 시장인 경우에는 같은 조 제4항에 따른 공사완료 공고를 하였음을 증명하는 서면을 말한다)"로 본다. <개정 2011. 4. 14., 2013. 3. 23.> [전문개정 2009. 2. 6.]

2. 용어에 대한 이해

가. 공공시설에 대한 이해

국토계획법 제2조(정의) 13호에서 "공공시설이란 도로·공원·철도·수도, 그 밖에 대통령령으로 정하는 공공용 시설을 말한다"라고 정하고 있다.

> 국토계획법 시행령 제4조(공공시설) 법 제2조제13호에서 "대통령령으로 정하는 공공용시설"이란 다음 각 호의 시설을 말한다.
>
> 1. 항만·공항·광장·녹지·공공공지·공동구·하천·유수지·방화설비·방풍설비·방수설비·사방설비·방조설비·하수도·구거(溝渠: 도랑)
> 2. 행정청이 설치하는 시설로서 주차장, 저수지 및 그 밖에 국토교통부령으로 정하는 시설
> 3. 「스마트도시 조성 및 산업진흥 등에 관한 법률」 제2조제3호다목에 따른 시설

→ 위에서 본 것처럼 국토계획법 제2조 13호에서 "공공시설"을 나열식으로 정의하고 있는데, 다양한 실무에 있어서 제대로 된 판단을 하는데 효과적으로 활용하기 위해서는 좀 더 깊은 연구를 통해 공공시설의 개념을 명확히 규명해 둘 필요가 있다.

관련성이 있는 다양한 법률에서 공공시설의 개념과 유사한 기반시설, 도시계획시설 및 정비기반시설 등의 용어를 사용하고 있으며 이들 용어와의 관계를 규명하다 보

면 공공시설의 정의가 좀 더 분명하게 규명될 수 있을 것으로 판단된다.

나. 기반시설에 대한 이해

주택법 제2조(정의) 15호에서 "기반시설이란 「국토의 계획 및 이용에 관한 법률」 제2조제6호에 따른 기반시설을 말한다"라고 정하고 있다.

> 국토계획법 제2조(정의) 이 법에서 사용하는 용어의 뜻은 다음과 같다.
>
> 6. "기반시설"이란 다음 각 목의 시설로서 대통령령으로 정하는 시설을 말한다.
>
>   가. 도로·철도·항만·공항·주차장 등 교통시설
>
>   나. 광장·공원·녹지 등 공간시설
>
>   다. 유통업무설비, 수도·전기·가스공급설비, 방송·통신시설, 공동구 등 유통·공급시설
>
>   라. 학교·공공청사·문화시설 및 공공필요성이 인정되는 체육시설 등 공공·문화체육시설
>
>   마. 하천·유수지(遊水池)·방화설비 등 방재시설
>
>   바. 장사시설 등 보건위생시설
>
>   사. 하수도, 폐기물처리 및 재활용시설, 빗물저장 및 이용시설 등 환경기초시설

다. 도시·군계획시설에 대한 이해

> 국토계획법 제2조(정의) 이 법에서 사용하는 용어의 뜻은 다음과 같다.
>
> 7. "도시·군계획시설이란 기반시설 중 도시·군관리계획으로 결정된 시설을 말한다"라고 정하고 있다.

라. 정비기반시설에 대한 이해

도시정비법 제2조(정의) 4호에서 "정비기반시설이란 도로·상하수도·구거(溝渠: 도랑)·공원·공용주차장·공동구(국토계획법 제2조제9호에 따른 공동구를 말한다), 그 밖에 주민의 생활에 필요한 열·가스 등의 공급시설로서 대통령령으로 정하는 시설을 말한다"라고 정하고 있다.

> 도시정비법 시행령 제3조(정비기반시설) 법 제2조제4호에서 "대통령령으로 정하는 시설"이란 다음 각 호의 시설을 말한다.
>
> 1. 녹지, 2. 하천, 3. 공공공지, 4. 광장, 5. 소방용수시설, 6. 비상대피시설, 7. 가스공급시설,
>
> 8. 지역난방시설, 9. 주거환경개선사업을 위하여 지정·고시된 정비구역에 설치하는 공동이용시설로서 법 제52조에 따른 사업시행계획서(이하 "사업시행계획서"라 한다)에 해당 특별자치시장·특별자치도지사·시장·군수 또는 자치구의 구청장(이하 "시장·군수등"이라 한다)이 관리하는 것으로 포함된 시설

이상의 내용으로 기반시설, 공공시설, 도시계획시설, 임의시설의 개념을 도식화해 보면 다음과 같다.

기반시설		
국·공유 시설		사유 시설
(용도지역·지구 등의 행위제한을 따름)		도시계획시설 (대외적으로 공공성 부여행위) · (도시·군계획시설의 결정·구조 및 설치기준에 관한 규칙 적용) (토지수용권 부여, 용도지역별 행위제한의 한계 극복 등 특혜 부여)
		임의시설(도시계획시설을 제외한 기반시설) (용도지역·지구 등의 행위제한을 따름) (주차장,공공공지,저수지,방화설치,방풍설비,방수설비,사방설비,방조설비등)
(공공성:비배제성, 공공재성, 행정청이 관리) 공공시설	→ 공공시설중에 기반시설이 아닌 것은 구거, 스마트도시 통합운영센터 정도임.	

(개념 검토) 용어 정의 내용

구분	내용
기반시설	「사회기반시설에 대한 민간투자법」에 따라 설치될 수도 있으므로 국·공유 뿐만 아니라 사유재산도 해당할 수 있음. 도시계획시설 및 공공시설과 비교시 범위가 가장 넓음. 시설물만 비교시 공공시설과 비슷함(공공시설 중에 기반시설이 아닌 것은 구거, 스마트도시 통합운영센터 정도임). 기반시설이면서 국·공유인 시설물중 공공시설인가, 아닌가의 판별기준은 공공성(비배제성, 공공재성, 관리주체 등)임.
도시계획시설	도시계획시설은 "기반시설 중에서 도시관리계획으로 결정하여 도시계획시설사업으로 설치할 수 있는 시설"임. 공공 필요성만 따진다면 기반시설로만 관리해도 될 텐데 도시계획시설을 별도로 둔 이유는 "도시계획시설 그 자체로 공공 필요성의 요건이 충족된다"라고 봄. 「도시·군계획시설의 결정·구조 및 설치기준에 관한 규칙」을 따라야 하며, 토지수용권 및 용도지역별 행위제한의 한계 극복 등 강력한 특혜가 있음. 도시계획시설로 결정된 시설물은 공공성이 인정된 것이므로 국·공유 시설이면 동시에 공공시설에 해당함.

임의시설	도시계획시설이 아닌 기반시설임. 국토계획법 시행령 제35조 제1항과 같은 법 시행규칙 제6조에 나열된 임의시설들에 다음과 같은 특징이 나타남. 민간이 설치하고 소유하면서 요금이나 사용료를 받고 운영할 수 있는 시설이거나(예 : 종합의료시설, 방송통신시설), 공공기관이 직접 사용하는 공용시설이거나(예:공공청사), 입지에 있어서 주변에 미치는 영향이 적거나 설치를 권장해야 할 시설(예:신재생에너지 관련 시설, 주차장) 등. 임의시설이라고 해서 도시계획시설로 결정하지 못하는 것은 아니며 반대로 임의시설을 도시계획시설로 결정해 달라는 민간의 제안을 행정청에서 거부할 수도 있음. 임의시설을 도시계획시설로 결정할지 여부는 해당 시설이 토지수용을 할 정도로 큰 공공성을 가지고 있느냐, 도시관리계획으로 관리할 필요성이 있느냐에 대한 행정청의 재량적 판단에 달려 있음.
공공시설	공공용 재산 중에서 물리적인 시설물 위주로 나열되어 있으며 다음과 같은 특성이 있음. 사용에 있어서 모든 사람들이 쓸 수 있도록 하는 '비배제성'을 가지고 있고, 민간이 자발적으로 설치하기 쉽지 않은 공공재의 성격이 강하여 행정청이 주도적으로 설치하여야 하며(사업인가의 조건으로 민간이 설치할 수 있음), 유지관리도 행정청이 해야 할 성격의 시설임에 따라 필요적으로 소유권이 국가·지방자치단체에 있어야 함(도시계획시설은 민간이 운영주체인 경우의 소유권이 민간인 경우도 있음). 이러한 성격 때문에 국토계획법에서는 공공시설에 대하여 민간이 설치하였더라도 대가 없이 행정청에 소유권을 강제로 이전시키는 무상귀속 조항이 있음. (국토계획법 제65조, 제99조)

(개념 검토 종합) 도시계획시설로 결정된 국·공유시설은 공공시설이며, 도시계획시설로 결정되지 않은 시설(임의시설을 뜻 함)중에도 공공성이 있는 국·공유시설은 공공시설임.

구분		기반시설 (국토계획법 시행령 제2조)	공공시설 (국토계획법 제2조13호 및 시행령 제4조)
시설	교통시설	도로·철도·항만·공항·주차장·자동차정류장·궤도·차량 검사 및 면허시설	도로, 철도, 항만, 공항, 주차장
	공간시설	광장·공원·녹지·공공공지·유원지	광장, 공원, 녹지, 공공공지
	유통· 공급시설	수도·공동구·유통업무설비, 전기·가스·열공급설비, 방송·통신시설, 시장, 유류저장 및 송유설비	수도, 공동구
	공공· 문화체육 시설	공공필요성이 인정되는 체육시설·학교·공공청사·문화시설·연구시설·사회복지시설·공공직업훈련시설·청소년수련시설	공공필요성이 인정되는 체육시설 중 운동장
	방재시설	하천·유수지·저수지·방화설비·방풍설비·방수설비·사방설비·방조설비	하천, 유수지, 저수지, 방화설비, 방풍설비, 방수설비, 사방설비, 방조설비
	보건위생 시설	장사시설·도축장·종합의료시설	장사시설 중 화장장·공동묘지·봉안시설 (자연장지 또는 장례식장에 화장장·공동 묘지·봉안시설 중 한 가지 이상의 시설을 같이 설치하는 경우를 포함한다)
	환경기초 시설	하수도·폐기물처리 및 재활용시설·빗물저장 및 이용시설·수질오염방지시설·폐차장	하수도
			구거(溝渠: 도랑)
			「스마트도시 조성 및 산업진흥 등에 관한 법률」 제2조제3호다목에 따른 시설 - 스마트도시 통합운영센터, 개별정보 시스템 운영센터, 별도 고시 시설
비고	기반시설중 도로·자동차정류장 및 광장은 다음 각 호와 같이 세분 1. 도로 : 가.일반도로, 나. 자동차전용도로, 다. 보행자전용도로, 라. 보행자우선도로, 마. 자전거전용도로, 바. 고가도로, 사. 지하도로 2. 자동차정류장 (가~바 상세내용 생략) 3. 광장 (가~마 상세내용 생략) 　기반시설의 추가적인 세분 및 구체적인 범위는 국토교통부령으로 정함		

3. 필관조합 사례(예시)

(이해의 편의를 위해 토지확보 파트에서 사용했던 자료를 활용.)

기존의 공공시설 중 국유지 175m² 및 공유지 575m²가 유상으로 조합에 매각됨. (총 750 m²)

구분		사업시행후 용도별 면적(단위 : m²)				
		사업구역			합계	
		주택건설대지	기반시설(도시계획시설),공공시설			
			도로	공원		
사유지	유상	12,712.0	2,448.0	1,061.0	16,221.0	
국유지	유상	100.0	75.0	-	175.0	6,006.6
공유지	유상	524.0	45.0	6.0	575.0	5,831.6
	무상	2,452.0	2,804.6	-	5,256.6	
합계		15,788.0	5,372.6	1,067	22,227.6	
			6,439.6			

공유지 575m²를 유상으로 조합에 매각한 것이 타당한 것인가에 대한 의문이 있다. (국유지 175m² 유상으로 조합에 매각한 것도 마찬가지임).

공유지 5,831.6m²를 상세히 분석해 보면 다음과 같다.

공유지(사업시행전)		사업시행후 용도별 면적(단위 : m²)				합계	
지목		무상양도	용도폐지/유상매각		무상귀속		
토지대장상	실제	대지	대지	공공시설	공공시설		
대지/전/도로	도로	562.0	-	-	890.6	1,452.6	5,256.6
도로	도로	1,890.0	-	-	1,914.0	3,804.0	
대지	대지	-	8.0	-	-	8.0	575.0
도로	현황도로	-	516.0	51.0	-	567.0	
합계		2,452.0	524.0	51.0	2,804.6	5,831.6	
		2,976.0	2,855.6				

공유지 575m² 중 8.0m²는 토지대장상이나 실제로 지목이 대지이고 사업추진 후에도 대지로 활용되므로 유상매각한 것에 대해 일견 이해되는 면이 있다.

그러나 토지대장상 도로이고 실제로도 현황도로인 567m²는 용도폐지후 조합에 유상매각 처리된 것은 이해하기 어렵다. 특히 567m² 중에 공공시설 설치 후 다시 무상귀속되는 51m²에 대해서는 더더욱 이해하기 어렵다.

[문제 제기]

> 조합주장 : 조합에 무상양도 되어야 할 공공시설 567m² 를 행정청이 법 적용을 잘못하여 조합에 유상매각하였으므로 행정청은 부당이득을 조합에 반환해야 함. 더더군다나 유상매각 후 다시 무상귀속 조치한 51 m²는 너무 부당함.
>
> 구청주장 : 567m²는 공공시설이 아니므로 무상양도 대상이 아니며, 설령 공공시설이라 하더라도 재량행위 대상임.
>
> (무상양도되어야 할 국유지도 유사하게 일부 토지가 유상매각되고 있음)

4. 검토 내용(요점만 기술함)

가. 도로부지 567m²은 무상양도 대상인 공공시설이 아닌가?

- 공공시설이기 위해시는 567m²가 '도시계획시설로 설치된 국·공유 시설'일 것 or '기반시설이면서 공공성이 있는 국·공유시설'이어야 함. 이에 대한 판단이 필요하다.

1) 도시계획시설로 설치된 도로인가?

→ 대법원 판례에서 "지방자치단체가 도시계획사업의 일환으로 토지구획정리사업을 시행하여 설치한 도로는 구 도시계획법에 따라 도시계획으로 결정되어 설치된 공공시설"로 정의하고 있는데, 567m²는 1970년대 초반 토지구획정리사업으로 설치된 도로임을 증명할 수 있는 근거를 찾아 도시계획시설로 설치된 도로(공공시설)임을 주장할 수 있다.

2) 기반시설이면서 공공성이 인정되는가? (도시계획시설이 아닌 임의시설 중, 기반시설이면서 공공성이 있는 국·공유시설이면 공공시설임)

가) 567m²가 기반시설인가에 대해 판단해 보면,

다음의 국토교통부 질의회신[도시정책과-935, 2011.2.17]에서 나타나 있듯이 567m² 도로부지가 건축법령에 적합한 도로이면 기반시설로 인정된다.

> Q : 국토의 계획 및 이용에 관한 법률(이하 국토계획법)상 제2조 제6호의 기반시설인 도로에 도로법 등 타법령에 의한 도로가 포함되는지?
>
> A : 국토계획법상 도로의 개념은 조문별로 그 목적이나 취지에 따라 다르게 운영하는데(도시계획시설 결정, 개발행위허가, 공공시설 귀속 등 에 따라 차이가 있다는 의미임), 도로법에 의한 도로나 도시계획도로는 어느 경우나 기반시설인 도로로 인정되고, **건축법에 의해 지정·공고한 도로·**사도법에 의한 사도·사설도로(이하 "기타 도로"라 함) 및 현황도로의 경우에는 개발행위허가시(국토계획법 제58조의 개발행위허가 기준상) **건축법령에 적합하면 기반시설인 도로로 인정**합니다.
>
> **참고** 공고절차는 **1999. 5 . 9일 부터 시행됨. 그 이전에는 지정절차만 있었음.**

당시의 건축법령에 적합한 적합한 도로이니 이를 접도하여 다수의 주택이 건축된 것으로 판단된다.

나) 공공성(비배제성, 공공재성, 행정청이 관리 등)이 인정되는가에 대해 판단해 보면, 현황도로는 지목이 도로이면서 대부분 부지는 일반공중 누구든지 통과도로로 활용(비배제성), 일부 부지는 일반공중에 개방된 상태로 다수 주민의 진출입로로 사용되었으며, 수십년간 행정청이 관리하는 공유지였으므로 공공시설이다. 조달청에서 발행한 행정재산 무상귀속 사전협의 매뉴얼(2019.6월 발행, p 69~70 참조)에 나와 있듯이 "행정재산(공공용재산)에 대한 실태조사후 사실상 공공용으로 사용되지 않는 공공용재산에 대해서는 국유재산법 시행령 제32조 제1항 제1호에 따라 지체없이 용도폐지하여 무상귀속되는 일이 없도록 처리" 하라는 처리지침(기획재정부 국유재산과-4746호, 2009.12.29 시행) 시행 이후에도 567m²는 용도폐지 되지 않고 여전히 '도로' 였던 점을 보면 공공용으로 사용되고 있었다는 반증이라 할 수 있음. 따라서, 기반시설이면서 공공성이 인정되는 567m²는 공공시설이다.

나. 개발사업 시행자의 재산상 손실·비용을 합리적 범위 안에서 일부라도 보전취지에 부합?

「국토계획법」제65조(개발행위에 따른 공공시설 등의 귀속) 2항의, 넓은 면적의 사업구역을 대상으로 하는 이른바 '단지형 개발사업'에 한하여 적용되는 "新·舊 공공시설 무상귀속·양도 제도"는, 새로이 설치되는 공공시설이 관리청에 무상으로 귀속됨으로 인해 야기되는 개발사업 시행자의 재산상 손실·비용을 합리적 범위 안에서 일부라도 보전해 주고자 하는데 그 입법취지가 있다. (대법원 2007.4.13. 선고 2006두11149 판결).

조합의 순수 기부채납 부지 규모는 1,183 m²(수십억 소요)로 과다하므로, 조합에 유상양도한 공유지 567m²은 무상양도로 변경되어야 한다.

다. 「국토계획법」제65조2항은 재량규정으로 행정청이 임의처분 가능한가?'에 대해서

1) '新·舊 공공시설 무상귀속·양도 제도'는 새로 설치되는 공공시설이 관리청에 무상으로 귀속됨으로 인해 야기되는 개발사업 시행자의 재산상 손실·비용을 합리적 범위 안에서 일부라도 보전해 주고자 하는데 그 입법 취지가 있으므로, 이를 위해서는 행정청이 유상매각 처분을 하기 전에 조합이 새로 설치하는 공공시설의 설치비용이 얼마나 되는지? 행정청이 양도하는 공공시설의 평가액이 얼마나 되는지? 보전방안에 대한 조합의 입장은 어떠한지? 등 법령에서 요구하는 목적에 부합되도록 다양한 관점에서의 검토 및 협의 단계가 있었어야 했다.

2) 행정청이 제시한 '공유지 협의조서'에 포함된 지번별 무상귀속·무상양도, 용도폐지 관련 내용은 「도시정비법」에 의한 성비기반시설에 해당하는지 여부에 대해 판단을 한 결과를 일방적으로 조합에 통보한 정도로 이해된다.

3) 행정청의 재량권 행사가 그 한계를 벗어나게 되면 재량권 행사의 일탈 또는 남용으로써 사법심사의 대상이 되기도 하는 점을 고려하면(대법원 2010.12.23. 선고 2010두21204 판결), 재량규정이라 하여 행정청이 아무런 기준없이 자의적이고 임의적으로 법 적용을 할 수 있을 정도로 지나치게 광범위한 재량권을 부여하고 있다고 볼 수는 없다. (2014헌바156)

도시정비사업에 의한 주택재건축조합이나 주택재개발조합이 사업시행자가 되는 경우 조합설립인가처분에 의하여 그 정비사업을 시행할 수 있는 권한을 갖는 행정주체(공법인)로서의

지위를 부여받게 되나, 주택법에 의한 사업주체 중 주택건설사업자는 영리를 목적으로 하는 민간사업자로서 그 법적 지위가 전혀 다르므로 이 둘을 달리 취급하고 있다 하더라도 <u>입법자의 재량의 범위</u>를 벗어나 현저하게 합리성이 결여되었다고 보기 어려우므로 헌법의 평등원칙을 위배한 것은 아니다(2014헌바156)라는 판결 내용이

마치 주택건설업자는 영리를 목적으로 하니 행정청이 임의로 재량권을 행사해도 된다는 것으로 오인되어서는 안 되며(관련 판례내용: 대법원 2014. 1. 29. 선고 2013다200483 판결 [부당이득금반환]), 더더군다나 공동시행자에 불과한 주택건설업자를 주택조합과 동일시하여 주택조합을 영리목적의 단체로 오인되어서도 안된다.

다음의 「주택법」 제4조에서 보는 바와 같이, 주택건설사업자는 등록해야 하나 국가, 지방자치단체 및 지역주택조합 등은 등록대상에서 제외하고 있음. 이는 '영리를 목적으로 하느냐, 아니냐'에 따른 차이라고 판단됨. 조합은 영리를 목적으로 하지 않는 비법인사단이다.

주택법 제4조(주택건설사업 등의 등록)

① 연간 대통령령으로 정하는 호수(戶數) 이상의 주택건설사업을 시행하려는 자 또는 연간 대통령령으로 정하는 면적 이상의 대지조성사업을 시행하려는 자는 국토교통부장관에게 등록하여야 한다. 다만, 다음 각 호의 사업주체의 경우에는 그러하지 아니하다.

1. 국가·지방자치단체
2. 한국토지주택공사
3. 지방공사
4. 「공익법인의 설립·운영에 관한 법률」 제4조에 따라 주택건설사업을 목적으로 설립된 공익법인
5. 제11조에 따라 설립된 주택조합(제5조제2항에 따라 등록사업자와 공동으로 주택건설사업을 하는 주택조합만 해당한다)
6. 근로자를 고용하는 자(제5조제3항에 따라 등록사업자와 공동으로 주택건설사업을 시행하는 고용자만 해당하며, 이하 "고용자"라 한다)

또한, 주택조합에 대해서는 「주택법」 제2절(제11조 ~제14조)로 별도로 규정하고 있을 만큼 일반 주택건설업자와는 차이를 두고 있으며,

특히 서민 및 무주택자의 내집마련 지원을 목적으로 하는 주택조합의 조합원이 되기 위해서는 매우 제한적인 가입자격요건을 충족해야 하고 준공 시까지의 장기간에 걸쳐 가입자격요건을 엄격히 관리하고 있는 점등을 고려하면, 영리를 목적으로 하는 일반 주택건설사업자와 주택건설사업자가 가져가는 이윤을 Zero화하여 염가에 주택을 마련하려는 지역주

택조합원을 동일하게 영리를 목적으로 한다고 할 수는 없다.

[주택건설사업자]			
이윤		20	
		유상매각	
원가	토지비	40	
	건축비	30	
	기타	10	

[지역주택조합]			
이윤		0	
		추가부담	
원가	토지비	40	
	건축비	30	
	기타	10	

공공시설을 유상매각하는 것은 주택건설업자에게서는 이윤을 줄이는 결과지만, 지역주택조합에게는 조합원들에게 추가부담을 지우는 결과임

5. 결과적으로 국토계획법상의 도시계획시설로 지정된 도로(공유지)만 공공시설로 인정되어 조합에 무상양도되었고, 국토계획법상 도시계획시설로 명시적으로 지정된 바 없는 도로(공유지)는 조합에 유상매각되었다.

이는 '新·舊 공공시설 무상귀속·양도 제도' 운영의 취지에 부합하지 않는다는 것이 필자의 판단이다.

행정청의 처분이 합리적으로 보이지 않고 일 처리 과정도 일방적이었다는 생각을 떨칠 수 없다. 필자의 생각도 100% 맞는지 확신할 수 없으므로 전문기관의 판단을 받아 볼 필요가 있을 것으로 보인다.

📄 정책 제언

新·舊 공공시설 무상귀속·양도 제도는, 현실적으로 '조달청 행정재산 무상귀속 사전협의 처리기준'의 적용을 받아 처리되고 있는데, 처리기준 제8조제2항에서는 다음과 같이 기술되어 있다. 국토계획법 "제2조제13호에 따른 공공시설에 해당하는 도로"란 같은 법 제43조에 의한 「도시·군계획시설의 결정·구조 및 설치기준에 관한 규칙」에 준하는 도로를 말한다.

이에 따라, 도시계획시설로 설치된 도로만 무상양도 대상으로 하고 있으며, '현황도로'는 무상양도 대상에서 제외되어 주택조합에 유상매각되고 있는 실정이다.

'현황도로'이더라도 공공시설이면 新·舊 공공시설 무상귀속·양도 제도의 적용을 받아 무상양도 되어야 한다는 것이 법 내용이며 대법원 판례이며 필자의 생각이다.

도시계획시설로 설치되지 않은 공공시설(도로)도 있다는 사실을 도외시하고, '현황도로'를 의도 적으로 제외하기 위한 기준으로 판단된다. '조달청 행정재산 무상귀속 사전협의 처리기준'의 재 검토가 필요해 보인다.

제14편

자금 조달

제1장 자금조달

1. 자금조달의 필요성

'제1편 제5장 토지대금 조달 방법에 따른 조합 사업 방식 이해' 파트에서 든 사례를 활용하여 설명한다.

(사례)

건립하는 공동주택 규모는 400세대이며, 총수입금은 2,030억 원(조합원 300명 세대당 4.6억, 일반분양 100명 세대당 5.7억, 상가 분양 80억)으로 가정해 보자.

공동주택을 짓는 데 소요되는 원가는 사업장별로 차이는 있겠지만(사업장 위치가 좋은 곳일수록 토지대 비율이 높아진다) 대략적으로 주택건설대지 43%(872.9억), 기반시설부지 4%(81.2억), 도급공사비 35%(710.5억), 기타 부대비용 18%(365.4억) 정도로 추정된다.

통상 조합원을 모집할 때 초기에는 계약금(통상 약 20%를 3회차로 분납, 10%는 조합설립인가 신청 전에 10%는 조합설립인가 신청 후 14일 이내 납부)만 내고 나머지(중도금 약 60%, 잔금 약 20%)는 대출로 진행된다.

따라서, 조합원 1인이 20%를 계약금으로 납부하면 0.92억(4.6억×20%)이며, 300명 전체 조합원이 납입하면 276억(0.92억×300명)이 된다.

착공 직전에 일반분양을 해야 하는데, 이를 위해 모델 하우스도 지어야 하고 공사가 진행되면 도급공사비도 지불해야 하고 기지출 비용 지급 및 향후 운영을 위해서도 상당한 금액이 필요하며, 착공을 위해서는 주택건설대지 대금을 전액 지급하고 소유권을 100% 가져와야 한다. 따라서 최소 596.9억 원(주택건설대지 대금 872.9억-(조합원 납입금 276억-α(기지출 비용)))이 부족하다. 대출이 필요하다. 즉, 지역주택조합 사업은 기본적으로 처음부터 대출을 일으켜서 진행하는 방식으로 설계되어 있다고 볼 수 있다.

---

2. 대출의 종류

사업성이 확실하다면 제1금융권으로부터 보다 저렴한 금융 비용으로 자금을 조달할 수 있으나 (통상 Project Financing, 줄여서 PF대출이라 함), 지역주택조합사업은 사업계획승인을 득해야 비로소 사업성과 안정성이 어느 정도 확보되었다고 판단하기 때문에 사업계획승인을 득하기 전에 PF대출을 해 주는 금융기관은 없다고 보면 된다. 주택건설대지의 95% 이상을 매입해야 사업계획승인 신청을 할 수 있는데, PF대출은 사업계획승인을 득한 이후에야 가능하다. (경제 상황에 따라 PF대출이 더 어려울 수도 있다.)

따라서 토지 매입을 위해서는 제2금융권을 통해 상대적으로 비싼 금융 비용으로 자금을 조달할 수밖에 없는데, 이 때의 대출을 PF대출이 가능한 시점까지 다리로 이어준다는 뜻으로 통상 브릿지대출(Bridge Loan)이라고 한다.

브릿지대출도 더 들여다보면 조합원의 신용을 바탕으로 하는 신용대출, 조합이 확보한 토지를 담보로 한 토지담보대출(신용대출보다는 금리가 낮음)이 있다.

브릿지대출을 받은 이후 사업장별로 약간의 차이는 있겠지만 약 1년에서 1.5년 사이에 토지 매입 완료 및 사업계획승인을 득하고 PF대출을 받는다. PF대출 규모는 브릿지대출액 전액 상환+도급공사비 일부 및 기타 부대비용 등을 지급할 수 있을 정도의 수준이 되어야 하고, 이렇게 조달된 PF대출은 중도금(통상 1~6회로 구성) 및 잔금 입금액, 상가 분양금 등으로 상환하게 된다.

브릿지대출	사업초기 토지매입 등에 필요한 자금을 공여하는 것을 말하며, 공여자 입장에서는 Risk가 높아 상대적으로 고금리가 적용된다. 공여자는 주로 제2금융권(증권, 캐피탈, 저축은행)이다.
PF대출	사업계획승인이 이루어지고 시공사가 결정된 뒤 미래사업수익과 시공사와 신탁사의 일정 수준 입보에 의하여 자금을 공여하는 대출로 브릿지대출보다는 상대적으로 저금리가 적용된다. PF대출을 본PF대출, 본PF대출+브릿지대출을 PF대출이라고도 한다.

주택건설대지 100%가 매입되어야 일반분양 및 착공에 들어갈 수 있는데, 일반분양 직전에 공급계약서를 체결(조합, 조합원, 시공사)하면서 중도금대출계약을 체결하게 된다.

중도금대출이란?

착공 시점 전후에 일반분양을 진행하여 수분양자(분양 받은 사람)에게 4~6개월 간격으로 중도금을 받아 공사비로 충당한다. 고가인 아파트를 분양 받을 때 온전히 내가 보유한 현금으로만 분양 대금을 납부하는 경우는 극히 드물다. 그래서 대출을 활용할 수밖에 없는데 아파트 분양 계약서는 등기가 되지 않는 권리(분양권)이기 때문에 이것을 담보로 개인적으로 대출받는 것은 불가능하다. 그래서 분양자(분양 주체, 시행사)는 수분양자가 대출을 받을 수 있도록 HUG(주택도시보증공사)의 보증을 받아 특정 금융기관과 집단 대출 계약을 체결한다. 이것이 우리가 알고 있는 중도금 대출이라는 제도다.

3. 브릿지대출 상세

브릿지대출은 조합과 1개의 금융 기관이 계약을 하는 것이 아니고, 금융 기관 입장에서 리스크를 분산하기 위해 여러 금융 기관(여럿의 농협, 새마을 금고, 수협, 신협, 저축은행 등)이 참여하게 되는데, 통상 금융컨설팅 업체들이 이를 설계하고 조합에 금융주관수수료를 청구하는 형태인데, 통상 대출금의 1~2%에 육박해서 조합으로서는 큰 부담이다.

또한 여럿 금융기관 또한 별도의 금융주관수수료, 주간수수료, 한도약정수수료, 대리은행 수수료, 취급수수료 등 다양한 명목으로 대출금의 약 2.5%를 가져간다. (막대한 금액의 금융 주관수수료 요구는 사실 이해하기 어렵다. 금융주관수수료는 컨설팅 업무의 형태에 따라 불법일 가능성이 있고, 조합도 주택법 위반이 될 가능성이 있어 실제에 있어서는 대단히 유의해야 한다. 그러나 현실에 있어서는 문제가 있다고 해도 약자인 조합이 문제제기를 하기는 쉽지 않다.) 이것뿐만 아니라, 담보물 감정을 하고 법률 자문을 받고 대출금을 신탁에서 관리하도록 하고 대주단 출장 소요 경비 등을 부담해야 하는데, 이 또한 대출금의 약 0.5% 정도 소요된다.

이렇게 지출되는 대출 간접비는 약 4%에서 5%로, 대출 이자로 지급되는 직접비에 거의 육박한다. 즉, 실질적인 금리는 대출시 적용된 금리의 2배라고 봐야 한다. (이 이외에도 대출금에 대한 몇 개월치 이자를 별도로 유보하도록 하기도 한다).

각종 대출 간접비 및 선취·유보 이자를 먼저 공제하고 그 잔액만 조합통장에 입금된다. 조합통장에 입금된 브릿지대출 금액은 입금된 당일 토지대로 지주에게 지급되는 것이 좋다. (은행에서도 이러한 조건으로 대출을 실행하고 있다.) 그렇지 않으면 건설자금이자가 발생하여 취득원가에 포함되어 취득세를 더 내어야 하는 부담이 있는데, 이에 대해서는 '제17편 제2장 취득세' 파트에서 별도로 설명하겠다.

4 PF대출 상세

PF대출은 브릿지대출과 달리 제1금융권 1개의 은행과 계약을 체결했는데도 불구하고 브릿지대출과 마찬가지로 금융주관수수료 0.33%, 금융주간수수료 1.48%, 근저당설정비 0.48%, 법률자문수수료 0.06%, 회계자문수수료 0.15%로 대출금의 2.50%를 간접비로 공제해 갔는데, 주관 및 주간 수수료를 왜 공제하는지, 법률 및 회계자문수수료는 은행이 부담해야 하는 것이 아닌지 하는 의문을 강하게 갖고 있다.

너군다나, 3개월치 이자는 선취하고, 또 다른 3개월치 이자는 유보하고 그 잔액만 조합통장으로 입금한다. 100% 조합의 비용으로 은행의 안전장치를 100%보다 훨씬 상회하게 하는 것은 아무래도 매우 불공평한 조치로 이해된다. 조합, 시공사, 은행 간에 대출약정서를 체결하여 운영하게 되는데, 자금수지계획을 잘 수립하여 입금되는 중도금으로 비용 집행 및 PF대출 상환에 차질이 없도록 해야 한다. 또한 기간(몇개월)과 일시(20??.??.01~20??.??.31일 등)를 정확히 일치하도록 표기하여 비문(非文)이 안 되도록 할 필요가 있다. 수차례에 걸쳐 제안서 및 계약서를 수정하다 보면 최종 자료에 비문이 발생하는 경우도 있다. 차질이 있을 경우 계약의 수정이 필요하며 계약의 수정을 위해 상당한 비용이 발생하며, 이는 조합에 전가될 가능성이 높기 대문이다. 필관조합의 PF대출 계약서에도 대수롭지 않은 것으로 보이는 비문이 발생하였는데, 은행에서는 이의 수정 필요성을 강력히 주장하였으며, 이에 8천만 원이 소요되었다. 결국 원인자인 시공사가 부담했다.

은행과의 협의 과정에서 이자(연4.2%) 이외에도 주관, 사업성평가, 법무, 등기, 감정, 신탁비용, 제세공과금, 유동화 관련 비용 등이 언급되어 금융 지식이 부족한 조합으로서는 불확실성을 줄이고자 모두 합쳐서 몇 퍼센트로 고정하여 운영하자는 제안을 했는데 마침 은행에서 All-in 방식이 있다고 하여 연 4.7%의 All-in 방식으로 계약이 된 것으로 이해를 했으나 추후에 알아보니 금융주관수수료인 7.7억 원을 3년으로 나누어 주면 1년에 약 2.57억이고 이는 대출금의 약 0.5%에 해당한다. 금리 4.2%에 0.5%를 합쳐서 All-in 4.7%로 사용하고 나머지 수수료는 여전히 그대로 발생했다.결과적으로 용어에 현혹되어 다른 수수료를 축소하기 위한 협의를 해 볼 수 있는 시간을 놓치는 결과가 되었다. 금융 용어에 익숙지 않은 조합을 상대로 한 은행의 응큼함으로밖에 이해되지 않는다. 금융 기관이 일반인이 잘 모르는 용어를 사용하면 그 정의가 무엇인지 정확히 파악할 필요가 있겠다.

(여담이지만 은행에서 작성하라는 서류를 보고 당황한 적이 있다. 계약서 제일 아래에 칸이 두 개 있었

는데 왼쪽에는 성명, 오른쪽에는 서명이라 되어 있었다. 왼쪽에 이름을 적고 오른쪽에 또 이름을 적느냐고 물으니 서명란에는 사인을 하라고 했다. 서명이 사인이라니? 성명과 서명이 아니라 성명과 사인으로 표기해야 헷갈림이 없을 텐데. 은행 내부적으로 사용하는 용어를 일반인에게 그대로 사용하여 일반인이 피해보는 일이 없었으면 좋겠다.)

5. 중도금대출 상세

중도금대출은 통상 PF대출을 한 금융 기관에서 하게 될 확률이 높다. PF 및 중도금대출을 묶어서 금융 기관에 입찰을 하는 방안도 좋을 것으로 생각된다.

중도금대출을 할 때 통상 금융 기관은 채권 보전을 위해 몇 가지를 요구하는데, 대략 다음과 같다.

- 주택도시보증공사(HUG) 발행 주택구입자금 보증서 발급
- 시공사 업무 협약에 의한 연대 보증 120%
- 조합, 시공사, 은행 간 업무 협약

첫째, HUG는 주택구입자금 보증서 발급을 조건으로 분양가를 낮추도록 분양자에게 요구하는 것이 현실이다. (주택구입자금 보증서 발급 업무를 하는 HUG는 고분양가로 미분양 및 입주지연 등이 발생할 우려가 있어 적정한 분양가 설정을 통해 보증 리스크를 미리 대응하기 위한다는 명분으로 고분양가 사업장 심사 기준을 별도로 운영하고 있는데, 실질적으로는 분양가 통제 수단으로 활용되고 있음.) 사업장 주변 현실을 잘 분석하여 적절히 대응할 필요가 있다.

또한 분양 보증과 관련하여 미매입 부지 소유권 확보 의무 불이행에 따른 손해 배상 책무에 대하여 보증을 요구하는 데 보험료가 수억 원대에 이른다. 무상양도되는 국·공유지를 대상에서 제외하도록 노력하고 미매입 부지 매입 시기를 최대한 당겨 보증 기간을 줄여 최대한 환급받을 수 있도록 해야겠다.

둘째, 연대보증을 할 수 있는 시공사를 선정해야 한다.

셋째, PF대출 시 조합의 자금이 PF대출 상환에 우선 사용될 수 있도록 한 PF대출 약정에 따라 조합의 비용으로 조합, 시공사, 은행 및 신탁사 간에 자금관리 대리사무 계약을 체결하여 운영하게 되는데, 조합이 신탁사에 자금인출 요청 시 반드시 은행 및 시공사의 동의를 받도록 하는 것이 핵심이다.

사업이 후반으로 가면 중도금 등으로 PF대출이 100% 상환되었을 때 은행 및 시공사의 동의권이 말소되어야 하는데, 은행은 말소에 별 문제가 없었으나 시공사는 추가 공사비를 요구하며 조합과 갈등이 발생할 수 있는데 이 때 동의권을 근거로 조합의 자금집행을 방해할 수도 있다.

이로 인한 조합의 손해에 대해 손해 배상을 청구할 수도 있겠으나, 불필요한 갈등을 사전에 예방하기 위하여 자금관리 대리사무 계약 체결 시 'PF대출 100% 상환 시 은행 및 시공사의 동의권은 자동 말소된다'라는 조항을 반드시 삽입해 두면 좋겠다. ('제4편 제1장 시공사 선정 및 공사도급계약 체결' 파트에서 상기 내용을 언급한 바 있다.)

조합과 조합원간 금융비용 정산

브릿지대출(신용대출·토지담보대출), PF대출, 중도금대출에 대해 가급적 수익자가 합리적인 기준과 방법으로 금융직·간접비를 부담하는 것이 바람직하다.

손쉽게 운영하기 위해서는 조합원 전원에게 동일한 기준으로 일괄 대출을 실행하고 통일된 기준으로 금융직·간접비를 부담하게 할 수도 있겠으나, 대출 대신 현금 납부를 희망하는 조합원이 있을 수 있으며, 납부되는 현금이 많을수록 대출 규모를 줄일 수 있거나 또는 담보 미흡으로 필요한 규모의 대출이 이루어지기 힘들 때 조합의 운신의 폭이 훨씬 넓어진다. 중도 상환을 하거나 중도에 대출을 실행하는 조합원이 있을 수도 있으며, 또는 도중에 전매·탈퇴 등이 있을 수도 있으므로 조금은 복잡할 수 있지만, 이러한 경우들을 모두 커버할 수 있도록 잘 설계하여 운영하면 조합원의 편의를 도모할 수 있고 조합원 간의 형평성에 대한 문제도 상당히 줄일 수 있다. 필관조합에서 적용한 방식을 소개하면 다음과 같다.

구분		내용
브릿지 대출	몫 산정 (c=e+f)	사업 구역 대지 100% 매입에 소요되는 금액을 추정(a) 조합원 전원의 면적 합산(b) 조합원 개인별 부담 몫(c) 산정= 조합원 개인별 면적×(a/b) 금융 기관이 토지담보대출을 해 줄 수 있는 규모 파악(d) 조합원 개인별 토지담보 몫(e) 산정= 조합원 개인별 면적×(d/b) 조합원 개인별 신용대출 몫(f) 산정= c-e
	간접비	간접비 총액을 대출 규모에 비례하여 배분. 중도 상환 무관.
	운영	신용대출 몫(f) 이상을 납부시 Favor 부여, 신용대출 몫(f) 미납시 연체료 부과.
		은행이 변동 금리를 적용하나 매월 이자 인출 자료 제공이 매우 미흡함. 따라서, 최선의 금리를 파악하여 고정 금리로 적용. 차이는 조합의 사업비로 커버. 중도 상환시 금리 일 할 계산.
PF대출	몫 산정	개인별 브릿지대출 잔액이 개인별 PF대출액으로 간주.
	간접비	간접비 총액을 대출 규모에 비례하여 배분. 중도 상환 무관.
	운영	은행이 변동 금리를 적용하나 Cash Flow 운영의 안정성 확보를 위해 최선의 금리를 파악하여 고정 금리로 적용. 차이는 조합의 사업비로 커버. 중도 상환 시 금리 일 할 계산.

중도금 대출	모 산정	통상 은행에서는 공급 가액의 60% 정도를 중도금으로 대출해 줌. 현금을 많이 납부한 조합인의 경우 대출이 60%까지는 불필요할 수 있음. 이 경우 납부한 금액의 일부를 놀려줄 수도 있음.
	간접비	간접비 총액을 대출 규모에 비례하여 배분. 중도상환 무관.
	운영	중도금을 5회차로 분할하되, 1회차에 50%, 2~5회차에 나머지 50%를 균등하게 분할하여 납부토록 함.
		중도금대출 시점에 통상적인 경우 보다 많은 현금을 납부한 조합원의 경우, 상대적으로 불리한 면이 있으므로 둘의 금리 차를 계산하여 보전함. (사례) 가.보전 대상자: 중도금대출 시점에 이미 분담금의 40%를 초과 납부한 조합원 나.보전 금액 결정: a, b 의 차액(a-b) - 기 결정된 중도금 스케줄에 결정된 금리를 적용하여 개인별 부담 총이자 산정(a) - 중도금 스케줄 설정 전에 분담금의 40% 납입 의무가 있었던 것으로 가정하고, 중도금 1회차(분담금의 30% 해당)가 납입되면 분담금의 70%가 납입되어야 하며, 중도금 차후 납입 시기가 되면 분담금의 7.5%씩 4회 납입되는 것으로 가정하고 이에 대해 결정된 금리를 적용하여 가상의 개인별 부담 총이자 산정(b)

[자금관리를 조합이 직접 수행할 필요성이 있음]

사업추진 과정에서 조합 명의로 용도별로 많은 통장이 개설되어 운영되는데, 1금융권 통장들의 거래 기록은 인터넷으로 조회되고, 엑셀로 다운로드가 가능하다. (빠른조회 기능 사용.) 입출금이 있을 때마다 내용이 무엇인지 기록하고 분류하여 두면 자금 관리에 매우 효과적인 원장이 된다.

이를 기반으로 입출금요약표, 수지분석표 및 Cash Flow표 등 필요한 자료를 실시간으로 만들 수 있다.

실시간 자료가 필요한 사유는 조합원 제공, 관공서 제공, 계약사 협의용, 회계사·세무사 제공 및 소송 대응 등 다양하게 많은데, 이를 직접 수행하면 필요시 효과적으로 대응할 수 있다.

이러한 업무를 여러 사람이 분산해서 수행하거나 업무 대행사에 맡기게 되면 비효율이 발생하거나, 유연하게 대처할 수 없는 문제가 발생할 수 있다. 조합 집행부 중 누군가는 반드시 이에 정통할 필요가 있다.

이에 관한 내용은 '제5편 제3상 조합 내부의 갈등, 사실관계 확인으로 빨리 끝내자' 파트에서 별도로 정리한 바 있다.

[제언]

제2금융권(농협, 새마을금고 등)은 조합 명의로 개설된 통장의 입출금 내역에 대한 상세 내용 제공에 소극적이어서 전체적인 자금 흐름을 파악하는 데 상당한 애로가 있다.

계좌의 소유주인 조합이 입출금 내역을 제대로 파악할 수 없도록 하는 것은 상당히 개선되어야 할 점이다.

[용어 이해]

구분	내용
기표, 기표일	은행 내부의 대부계에서 사용하는 용어로 대출신청을 통해서 대출의 가부결정과 서류 접수 등 모든 절차가 완료되어 은행에서 대출전표를 작성해서 대출의뢰 한 채무자에게 돈을 넣어 준다는 의미이며, 기표일은 은행에서 대출로 해서 돈이 나오는 날을 의미한다.
자서(자필서명 줄임말)	대출 약정 서류에 직접 설명을 듣고 사인을 하는 것을 말한다.
계약응당일	연납의 경우 제2차년도 이후의 매년 계약일과 동일한 월일을 말하지만, 월납의 경우 매월 계약일과 동일한 날을 말한다. 계약응당일은 보험료의 납입 기일, 계약의 효력 상실 및 부활, 계약 전 알릴 의무, 보험회사 면책 조항, 기타 계약 만기일 등 보험계약에 부수하는 기일과 기간을 결정하는 데 있어서 중요하다. (출처: 한경 사전) 쉽게 얘기하면 계약을 한 날과 동일한 다른 달의 날이다. 예를 들어, 12월 21일 계약했다면 계약 응당일은 매월 21일이다.

제15편

분양

제1장 | 고유번호증 및 사업자등록증에 대한 이해

1. 고유번호 부여

설립인가전 주택조합(또는 추진위원회)은 국세기본법 제13조제2항 각 호에서 정한 요건을 모두 갖추어 대표자나 관리인이 관할 세무서장에게 신청하여 승인을 받은 경우 법인으로 보아 국세기본법과 세법을 적용한다.

관할 세무서장에게 승인을 받으려는 '법인 아닌 단체'의 대표자 또는 관리인은 국세기본법 시행령제8조제1항 각 호에서 요구하는 사항을 적은 문서(참고1 참조)를 제출해야 하며, 관할 세무서장은 신청일로부터 10일 이내 승인여부를 통지해야 한다.

승인을 받은 법인 아닌 단체에 대해서는 승인과 동시에 「부가가치세법 시행령」 제12조제2항에 따른 고유번호를 부여하여야 한다. 다만, 법인세법 제111조에 따라 사업자등록을 하여야 하는 경우에는 그러하지 아니하다. 승인을 받은 '법인 아닌 단체'가 국세기본법 제13조제2항 각 호의 요건을 갖추지 못하게 되었을 때에는 관할 세무서장은 지체 없이 그 승인을 취소하여야 한다.

국세기본법 제13조(법인으로 보는 단체 등) 해석

① 설립인가후 주택조합은 수익을 구성원에게 분배하지 아니하는 것은 법인으로 보아 국세기본법과 세법을 적용한다.

② 설립인가전 주택조합(또는 추진위원회)은 다음 각 호의 요건을 모두 갖춘 것으로서 대표자나 관리인이 관할 세무서장에게 신청하여 승인을 받은 것도 법인으로 보아 이 국세기본법과 세법을 적용한다.

  1. 조직과 운영에 관한 규정(規程)을 가지고 대표자나 관리인을 선임하고 있을 것

  2. 자신의 계산과 명의로 수익과 재산을 독립적으로 소유·관리할 것

  3. 수익을 구성원에게 분배하지 아니할 것

⑦ 법인으로 보는 단체의 신청·승인과 납세번호 등의 부여 및 승인취소에 필요한 사항은 대통령령으로 정한다.

> 국세기본법 시행령 제8조(법인으로 보는 단체의 신청·승인 등)
>
> ① 법 제13조제2항에 따라 승인을 받으려는 법인(「법인세법」 제2조제1호 및 제3호에 따른 내국법인 및 외국법인을 말한다. 이하 같다)이 아닌 사단, 재단, 그 밖의 단체(이하 "법인 아닌 단체"라 한다)의 대표자 또는 관리인은 다음 각 호의 사항을 적은 문서를 관할 세무서장에게 제출하여야 한다. <개정 2010. 12. 30., 2019. 2. 12.>
>
>   1. 단체의 명칭, 2. 주사무소의 소재지, 3. 대표자 또는 관리인의 성명과 주소 또는 거소, 4. 고유사업,
>
>   5. 재산상황, 6. 정관 또는 조직과 운영에 관한 규정, 7. 그 밖에 필요한 사항
>
> ② 관할 세무서장은 제1항에 따라 법인 아닌 단체의 대표자 또는 관리인이 제출한 문서에 대하여 그 승인 여부를 신청일부터 10일 이내에 신청인에게 통지하여야 한다. <개징 2010. 12. 30.>
>
> ③ 제2항에 따라 승인을 받은 법인 아닌 단체에 대해서는 승인과 동시에 「부가가치세법 시행령」 제12조제2항에 따른 고유번호를 부여하여야 한다. 다만, 해당 단체가 수익사업을 하려는 경우로서 「법인세법」 제111조에 따라 사업자등록을 하여야 하는 경우에는 그러하지 아니하다. <개정 2010. 12. 30., 2013. 6. 28.>
>
> ④ 제2항에 따라 승인을 받은 법인 아닌 단체가 법 제13조제2항 각 호의 요건을 갖추지 못하게 되었을 때에는 관할 세무서장은 지체 없이 그 승인을 취소하여야 한다. <개정 2010. 12. 30.>
>
> [전문개정 2010. 2. 18.]

> 부가가치세법 시행령 제12조(등록번호)
>
> ② 관할 세무서장은 과세자료를 효율적으로 처리하기 위하여 법 제54조제4항 또는 제5항에 따른 자에게도 등록번호에 준하는 고유번호를 부여할 수 있다.

- 인가 전 주택조합이 부여받은 고유번호는 인가 후 주택조합에서도 여전히 사용 가능하다.

2. 고유번호증 발급의 의미

고유번호증을 교부 받음으로써 비영리법인 등도 단체명의의 통장을 개설할 수 있고, 또한 부동산등기용등록번호 신청으로 법인번호와 같은 번호를 부여받아 단체명의로 부동산등기를 할 수 있고, 대표자 선임신고를 통해 대표자 변경도 가능해지는 등 법인에 준하여 취급된다.

그러나, 세무서로부터 고유번호를 부여받았다고 해서 민법 또는 기타 특별법에 의하여 법인격이 부여되었다는 의미는 아니다.

디만, 국세기본법에 근거하여 해당 단체를 '법인으로 본다'라는 표시에 불과하다. 간혹, 업

무대행사가 추진위의 고유번호증을 제시하면서 신뢰해도 된다는 식의 코멘트를 하는 경우도 있는데, 신뢰와는 무관하다.

영리가 목적인 개인 사업자 또는 법인(주식회사 등)이 납세를 하기 위해 발급받는 것이 사업자등록증이라고 한다면, 비영리단체 또는 비영리법인이 과세자료 및 수집 업무를 처리하기 위하여 발급받는 것이 고유번호증이다. 고유번호증은 비영리단체 등의 일종의 사업자등록증이라고 할 수 있다. 사업자등록증을 가진 자는 부가가치세를 납부해야 하지만 고유번호증을 가진 자는 부가가치세를 납부할 의무가 없다.

3. 고유번호증을 발급받는 단체 등의 유형

각종 협회, 학회, 단체, 종중, 동창회, 동호회, 입주자대표회의, 아파트부녀회 등 비영리단체
법인 아닌 사단·재단
비영리민간단체, 비영리법인(사단법인, 재단법인) 등

4. 고유번호증과 사업자등록증의 관계, 수익사업개시신고

세무서에 고유번호 신청을 하여 고유번호증을 발급받아 수익사업을 영위하지 않는 비영리단체 및 법인을 운영해 오다가, 어느 시점이 되면 주된 목적사업을 수행하기 위하여 임대사업 등의 수익사업을 개시하는 경우가 있을 수 있다. 이때에 수익사업을 하기 위해서는 '수익사업 개시신고'(법인세법 시행규칙 별지 제75호의4 서식: 첨부2 참조)를 하여야 한다.
수익사업 개시신고를 마친 비영리단체 등은 고유번호증 대신 사업자등록증을 발급받게 되는데, 이때에 발급되는 사업자등록증의 번호는 기존의 고유번호증 번호와 같다.
기존의 고유번호증 번호와 같은 번호로 사업자등록증을 발급받는다는 것의 의미는 해당 단체가 수익사업을 하더라도 비영리성은 유지된다는 의미이다. 다시 말해, 수익사업에 관하여는 영리단체·법인처럼 일반적인 거래(세금계산서 발행 등)를 할 수 있으나, 비영리단체의 성격은 유지되기 때문에 구성원에게 이익금 등을 분배할 수는 없다.

	고유번호증	사업자등록증
OO 추진위원회 또는 (가칭) OO지역주택조합 초기에는 통상 고유번호증을 발급받아 활용하다가, 일반분양 및 상가분양을 하게 되고 본격적인 비용이 집행되기 시작하는 특정시점 이후에는 원활한 세무 업무를 위해 사업자등록증으로 변경하고 있다.		

5. 고유번호증의 세법 적용 종류

고유번호증의 가운데 두 자리 번호가 무엇이냐에 따라 적용받는 세법이 달라진다.
즉, 80과 89 는 법인 아닌 단체이므로 개인소득세법이 적용되고, 82는 법인으로 보는 단체이므로 법인세법이 적용된다.

6. 고유번호증의 고유번호 구성(사업자등록번호도 동일함)

고유번호는 '☆☆☆ - ★★ - ○○○○◎' 형식의 10자리 숫자로 되어 있음.

구분		내용
첫 세자리(☆☆☆)		일련번호코드, 신규 개업자에게 사용 가능한 번호 101~999를 순차적으로 부여.
가운데 두자리 (★★)	개인 사업자	① 개인과세사업자는 01부터 79까지의 범위에서 순차적으로 부여. ② 소득세법 제2조 제3항에 해당하는 자로서 '법인이 아닌 종교단체' 이외의 자(아파트 관리사무소, 개인으로 보는 단체 등) 및 다단계 판매원은 80의 코드를 부여. ③ 소득세법 제2조 제3항에 해당하는 '법인 아닌 종교단체'는 89를 부여. ④ 개인면세사업자는 90~99까지를 순차적으로 부여.
	법인	① 영리법인의 본점은 81, 86, 87, 88. ② 비영리법인의 본점 및 지점(법인격 없는 사단, 재단, 기타 법인으로 보는 단체)은 82. ③ 국가, 지방자체단체, 지방자체단체조합은 83. ④ 외국법인의 본·지점 및 연락사무소는 84. ⑤ 영리법인의 지점은 85의 코드로 분류.
다음 4자리(○○○○)		과세사업자(일반 또는 간이과세자), 면세사업자, 법인사업자별로 등록 또는 지정일자 순으로 0001~9999의 숫자 부여.
마지막 한자리(◎)		전산시스템에 의해 사업자등록번호의 오류 여부를 검증하기 위한 검증번호임.

📖 참고 판례

2022년 9월 지역주택조합의 미분양 아파트를 수탁한 신탁사에 종합부동산세가 부과된 것에 대해 소송이 제기된 바 있는데, 법원은 <u>부가가치세법상 고유번호만 부여받고 사업자등록을 하지 않은 주택조합에 대한 종합부동산세 부과 처분은 정당하다</u>고 판결한 바 있다.

원고: B지역주택조합의 미분양 아파트에 대해 부동산담보 신탁 계약을 맺은 A사.
피고: 미분양 아파트가 종부세 과세표준 합산 대상이라고 보고, 같은 해 6월 1일 당시 공시가격의 합산액이 6억 원을 초과한다는 이유로 A사에 종합부동산세와 농어촌특별세를 부과한 세무서.

위탁자(B주택조합)를 기준으로 종합부동산세법상 과세표준에서 합산배제되는 '주택건설사업자가 건축하여 소유하고 있는 미분양주택'에 해당하는지를 따져봐야 한다는 수탁자의 주장에 대해 피고 측도 다투지 않았고 재판부도 인정함.

과세 당시 구 종합부동산세법상 종부세 면제 대상인 미분양주택은 신탁재산의 경우

1. 과세기준일 현재 사업자등록을 하고

2. 주택법 제15조에 따른 사업계획승인을 얻어 해당 주택을 건축하여 소유하여야 하며

3. 미분양주택으로서 2005년 1월 1일 이후에 주택분 재산세의 납세의무가 최초로 성립하는 날부터 5년이 경과되지 아니할 것 등의 요건을 갖춰야 함.

A사는 종합부동산세법상 사업자등록은 소득세법이나 법인세법상 사업자등록에 제한되지 않고, 부가가치세법상 사업자등록도 포함된다고 봐야 하며, B주택조합의 경우 조세특례제한법상 사업자등록 의무가 없는 대신, 국세기본법과 시행령에 따라 '법인으로 보는 단체'로 승인을 받고 고유번호를 부여받았는데 이는 사업자등록번호에 준하는 것임.

즉, 2020년 종부세를 부과함에 있어 미분양주택을 합산배제하고 종부세를 산출해야 하는데 그렇게 하지 않았기 때문에 피고의 과세처분은 위법하다는 것이 A사의 주장임.

재판부는 부가가치세법은 사업자등록을 한 자와 고유번호를 부여받은 자 간에 그 권리와 의무를 달리 부여하고 있으며, 단지 고유번호만을 부여받은 사업자를 사업자등록을 한 자와 성질상 동일하다고 평가할 수 없다고 함.

또한, "만일 지역주택조합이 법인세법이나 소득세법상 소득의 귀속 주체가 되는데도 고유번호만을 유지한 채 사업자등록을 하지 않는다면 조세 탈루의 우려가 있다고 밝힘.

재판부는 구 종합부동산세법에서 사용된 '소득세법 제168조 또는 법인세법 제111조의 규정에 의한 사업자등록'이라는 표현이 개정 과정에서 '사업자등록'이라는 약칭으로 대체 사용된 연혁적 배경도 이와 같은 판단의 한 근거로 제시함.

또한, 재판부는 소득세법 제168조 2항과 법인세법 제111조 2항에 따르면, 부가가치세법에 따라 사업자등록을 한 사업자는 소득세법 또는 법인세법에 따른 사업자등록을 한 것으로 보도록 하고 있으므로, 부가가치세법상 사업자등록을 한 경우 이에 포함된다고 하겠으나, 단지 국세기본법에 따라 고유번호만을 부여받은 주택조합을 가리켜 부가가치세법상 사업자등록을 한 자에 해당한다고 볼 수는 없다고 판단함.

지역주택조합이 종합부동산세를 납부해야 한다는 결론은 필자로서는 전혀 동의하기 어렵다. 위의 판결 내용이 향후의 재판에서도 그대로 유지되었는지는 알 수 없으나, 부자과세가 목적인 종합부동산세 제도가 기술적인 문제(법률의 복잡함, 판단하는 자들의 지식과 노력 수준 미흡 등)로 서민과세로 둔갑해서는 안 되며, 조세탈루는 조세탈루를 한 자를 처벌하면 되지 조세탈루의 위험이 있다고 조세탈루를 하지 않은 자에게 경고조로 대표 처벌을 하는 것도 곤란하다.

상기 판례의 결과는 상급심에서 반드시 바로잡아졌을 것으로 믿는다. 종합부동산세와 관련한 상세 내용은 '제17편 제5장 종합부동산세' 파트에서 설명하겠다.

■ 국세기본법 시행규칙 [별지 제6호서식] <개정 2018. 3. 19.>

법인으로 보는 단체의 승인신청서

(앞쪽)

접수번호		접수일	처리기간 10일
신청단체	명 칭		결성연월일
	소재지		
	전화번호		전자우편주소
대표자 또는 관리인	성 명		주민등록번호
	주소 또는 거소		
	전화번호 (자택) (휴대전화)		전자우편주소
사업내용	고유사업		
	수익사업		

단체의 재산상황

구 분	소재지(발행처)	가액
부 동 산		
유가증권 및 그 밖의 재산		
합 계		

신청인의 위임을 받아 대리인이 신청을 하는 경우 아래 사항을 적어 주시기 바랍니다.

대 리 인 인적사항	성 명		주민등록번호
	주소 또는 거소		
	전화번호 (자택) (휴대전화)		신청인과의 관계

국세청이 제공하는 국세정보 수신동의 여부	[ ] 문자(SMS) 수신에 동의함(선택) [ ] 이메일 수신에 동의함(선택)

「국세기본법」 제13조제2항 및 같은 법 시행령 제8조제1항에 따라 위와 같이 신청합니다.

년   월   일

신청인   (서명 또는 인)

위 대리인   (서명 또는 인)

세무서장 귀하

첨부서류	1. 정관 또는 조직과 운영에 관한 규정 1부 2. 대표자 또는 관리인임을 입증할 수 있는 자료	수수료 없 음

210mm×297mm[백상지 80g/㎡(재활용품)]

■ 법인세법 시행규칙 [별지 제75호의4서식] <개정 2015.3.13.>

비영리법인의 수익사업 개시신고서
(사업자등록증 발급 신청서)

접수번호	접수일자	처리기간	3일 (보정기간은 불산입)

신 고 할 내 용

법인명 (단체명)		고유번호		대표자 (관리책임자)	
수익사업의 사업장 소재지				층	호
본점, 주사무소, 또는 사업의 실질적 관리장소의 소재지				층	호
전화번호		핸드폰번호			
고유목적사업			수익사업개시일		
사 업 연 도	월 일 ~ 월 일				

수 익 사 업 의 종 류

주 업 태	주 종 목	주업종코드	부 업 태	부 종 목	부업종코드

주 류 면 허		개 별 소 비 세 (해당란에 ○표)				부가가치세 과세사업		인·허가 사업여부			
면 허 번 호	면허신청	제 조	판 매	장 소	유 흥	여	부	신 고	등 록	인·허가	기 타
	여 부										
전자우편주소		국세청이 제공하는 국세정보 수신동의 여부		[ ]동의함 [ ]동의하지않음							

납세자의 위임을 받아 대리인이 신고를 하는 경우 아래 사항을 적어 주시기 바랍니다.

대리인 인적사항	성 명		생 년 월 일	
	전화번호		납세자와의 관계	

「법인세법」 제110조에 따라 위와 같이 비영리법인의 수익사업 개시신고서를 제출합니다.

년   월   일

신고인

(서명 또는 인)

세무서장 귀하

첨부서류	1. 고유번호증 2. 수익사업에 관련된 개시 재무상태표 1부. ※ 새롭게 사업장을 설치하고 수익사업 개시신고를 하는 경우에는 사업자등록신청서를 별도로 　제출하여야 합니다.	수수료 없 음

210mm×297mm[백상지 80g/㎡ 또는 중질지 80g/㎡]

일반분양 및 근린생활시설 분양

'제3편 제5장 임의 세대, 임의 분양 및 준조합원' 파트에서 언급하였듯이, 주택조합이 그 조합원에게 공급하기 위하여 건설하는 주택으로서 해당자에게 공급하고, 남은 주택이 30세대 이상인 경우 그 남은 주택을 공급하는 것은 「주택공급에 관한 규칙」을 따라야 한다.

1. 입주자 모집 승인

사업주체가 입주자를 모집하려는 경우에는, 주택공급에 관한 규칙 제20조제1항 각 호에서 정하고 있는 서류를 갖추어 시장·군수·구청장의 입주자모집 승인을 받아야 한다. (국가유공자, 보훈보상대상자, 장애인, 철거주택의 소유자, 그 밖에 국토교통부령으로 정하는 대상자에게는 국토교통부령으로 정하는 바에 따라 입주자 모집조건 등을 달리 정하여 별도로 공급할 수 있다.) 위반 시 2년 이하의 징역 또는 2천만원 이하의 벌금에 처한다.

주택법 제54조(주택의 공급)

① 사업주체(「건축법」 제11조에 따른 건축허가를 받아 주택 외의 시설과 주택을 동일 건축물로 하여 제15조제1항에 따른 호수 이상으로 건설·공급하는 건축주와 제49조에 따라 사용검사를 받은 주택을 사업주체로부터 일괄하여 양수받은 자를 포함한다. 이하 이 장에서 같다)는 다음 각 호에서 정하는 바에 따라 주택을 건설·공급하여야 한다. 이 경우 국가유공자, 보훈보상대상자, 장애인, 철거주택의 소유자, 그 밖에 국토교통부령으로 정하는 대상자에게는 국토교통부령으로 정하는 바에 따라 입주자 모집조건 등을 달리 정하여 별도로 공급할 수 있다. <개정 2018. 3. 13.>

1. 사업주체(공공주택사업자는 제외한다)가 입주자를 모집하려는 경우: 국토교통부령으로 정하는 바에 따라 시장·군수·구청장의 승인(복리시설의 경우에는 신고를 말한다)을 받을 것

주택공급에 관한 규칙 제20조(입주자모집 승인 및 통보)

① 사업주체(제18조 각 호의 사업주체는 제외한다)는 입주자를 모집하려면 다음 각 호의 서류를 갖추어 시장·군수·구청장의 승인을 받아야 한다. 이 경우 시장·군수·구청장은 「전자정부법」 제36조제1항에 따른 행정정보의 공동이용을 통하여 토지 등기사항증명서를 확인해야 한다. <개정 2016. 12. 30., 2019. 11. 1.>

1. 입주자모집공고안

---

2. 제15조 및 제17조에 따른 보증서·공증서·건축공정확인서 및 대지사용승낙서(해당하는 자만 제출한다)

3. 제50조의2제1항에 따른 교육의 수료를 증명하는 서류(법 제54조의2제2항에 따른 분양대행자에게 제50조의2제1항에 따른 업무를 대행하게 하는 경우만 해당한다)

주택법 제102조(벌칙) 다음 각 호의 어느 하나에 해당하는 자는 2년 이하의 징역 또는 2천만원 이하의 벌금에 처한다. <개정 2016. 12. 2., 2018. 12. 18., 2019. 4. 23., 2019. 12. 10., 2020. 1. 23.>

13. 제54조제1항을 위반하여 주택을 건설·공급한 자(제54조의2에 따라 주택의 공급업무를 대행한 자를 포함한다)

입주자모집 승인 신청을 받은 시장·군수·구청장은 사업주체가 영업정지처분 또는 벌점을 받았는지 여부, 구분지상권이 설정되어 있는 경우 구분지상권자의 동의를 받았는지 여부를 확인하고, 5일 이내에 승인여부를 결정하여야 한다. 승인 시에는 주택공급에 관한 규칙 제20조제6항 각 호의 자에게 각각 통보해야 한다.

주택공급에 관한 규칙 제20조(입주자모집 승인 및 통보)

③ 제1항에 따른 신청을 받은 시장·군수·구청장은 다음 각 호의 사항을 확인해야 한다. <개정 2019. 11. 1.>

1. 사업주체나 시공자가 제15조제3항에 해당하는지 여부. 이 경우 법 제85조에 따른 협회 또는 「건설산업기본법 시행령」 제10조에 따른 건설산업종합정보망을 통하여 확인하여야 한다.

2. 제16조제1항제3호 각 목에 따른 구분지상권자의 동의 여부(제1항 각 호 외의 부분 후단에 따라 확인한 토지 등기사항증명서에 제16조제1항제3호 각 호에 따른 구분지상권이 설정되어 있는 경우만 해당한다)

④ 제1항 및 제2항에 따른 승인이나 통보는 국토교통부장관이 지정하는 전자정보처리시스템을 통하여 할 수 있다. <개정 2018. 9. 18.>

⑤ 시장·군수·구청장은 제1항에 따른 신청을 받으면 신청일부터 5일 이내에 승인 여부를 결정하여야 한다. 다만, 법 제57조에 따른 분양가상한제 적용주택의 경우에는 10일 이내에 결정하여야 하며, 부득이한 사유가 있으면 5일의 범위에서 연장할 수 있다. <개정 2016. 8. 12., 2018. 9. 18.>

⑥ 시장·군수·구청장은 제5항에 따라 입주자모집공고안을 승인했으면 그 승인내용을 다음 각 호의 자에게 각각 통보해야 한다. <개정 2016. 8. 12., 2018. 9. 18., 2021. 2. 2.>

1. 국토교통부장관

2. 주택청약업무수행기관

3. 주택도시기금수탁자(「주택도시기금법」 제10조제2항 및 제3항에 따라 주택도시기금의 운용·관리에 관한 사무를 위탁 또는 재위탁받은 자를 말한다)

4. 분양보증기관(제15조제1항제2호 각 목의 기관을 말한다. 이하 같다)

5. 법 제85조제1항에 따라 설립된 협회

승인받은 입주자모집공고안의 중요 사항이 변경되는 경우에는 시장·군수·구청장의 승인을 다시 받아야 한다.

주택공급에 관한 규칙 제20조(입주자모집 승인 및 통보)

⑦ 사업주체는 제5항에 따라 승인받은 입주자모집공고안의 내용 중 제21조제3항 단서에 따른 중요 사항이 변경되는 경우에는 제1항에 따라 시장·군수·구청장의 승인을 다시 받아야 한다. <신설 2021. 2. 2.>

주택공급에 관한 규칙 제21조(입주자모집 공고)

③ 입주자모집공고에는 다음 각 호의 사항이 포함돼야 한다. 다만, 일간신문에 공고하는 경우에는 제1호부터 제9호까지, 제11호, 제23호, 제25호 및 제26호에 해당하는 사항 중 중요 사항만 포함할 수 있되, 글자 크기는 9호 이상으로 해야 한다. <개정 2016. 8. 12., 2018. 2. 9., 2018. 5. 4., 2018. 12. 11., 2019. 11. 1., 2021. 5. 28.>

1호~30호 : 생략

---

2. 입주자모집 시기 및 조건

모집은 시기·조건·방법·절차, 입주금의 납부 방법·시기·절차, 주택공급계약의 방법·절차 등에 적합해야 한다.

주택법 제54조(주택의 공급)

① 2. 사업주체가 건설하는 주택을 공급하려는 경우

　가. 국토교통부령으로 정하는 입주자모집의 시기(사업주체 또는 시공자가 영업정지를 받거나 「건설기술진흥법」 제53조에 따른 벌점이 국토교통부령으로 정하는 기준에 해당하는 경우 등에 달리 정한 입주자모집의 시기를 포함한다)·조건·방법·절차, 입주금(입주예정자가 사업주체에게 납입하는 주택가격을 말한다. 이하 같다)의 납부 방법·시기·절차, 주택공급계약의 방법·절차 등에 적합할 것

가. 입주자모집 시기: 사업주체는 다음 요건을 모두 갖춘 경우에는 착공과 동시에 입주자를 모집할 수 있다.

　- 주택이 건설되는 대지의 소유권을 확보할 것. 다만, 매도청구소송 대상 대지로서 주택공급에 관한 규칙 제15조제1항제1호 각 목의 어느 하나에 해당하는 경우에는 사용검사 전까지 해당 주택건설 대지의 소유권을 확보하여야 한다.

- 주택공급에 관한 규칙 제15조제1항제2호 각 목의 어느 하나에 해당하는 기관으로부터 분양보증을 받을 것

주택공급에 관한 규칙 제15조(입주자모집 시기)

① 사업주체(영 제16조에 따라 토지소유자 및 등록사업자가 공동사업주체인 경우에는 등록사업자를 말한다. 이하 이 조에서 같다)는 다음 각 호의 요건을 모두 갖춘 경우에는 착공과 동시에 입주자를 모집할 수 있다. <개정 2016. 8. 12., 2017. 9. 20., 2018. 12. 11.>

1. 주택이 건설되는 대지(법 제15조제3항에 따라 입주자를 공구별로 분할하여 모집한 주택 또는 이 규칙 제28조제10항제2호에 따라 입주자를 분할하여 모집한 주택에 입주자기 있는 경우에는 그 입주자가 소유한 토지를 제외한다. 이하 이 조에서 같다)의 소유권을 확보할 것(법 제61조제6항에 따라 주택이 건설되는 대지를 신탁한 경우를 포함한다. 이하 이 조에서 같다). 다만, 법 제22조 및 제23조에 따른 매도청구소송(이하 이 호에서 "매도청구소송"이라 한다) 대상 대지로서 다음 각 목의 어느 하나에 해당하는 경우에는 법 제49조에 따른 사용검사 전까지 해당 주택건설 대지의 소유권을 확보하여야 한다.

   가. 매도청구소송을 제기하여 법원의 승소 판결(판결이 확정될 것을 요구하지 아니한다)을 받은 경우

   나. 소유자 확인이 곤란한 대지에 대하여 매도청구소송을 제기하고 법 제23조제2항 및 제3항에 따른 감정평가액을 공탁한 경우

   다. 사업주체가 소유권을 확보하지 못한 대지로서 법 제15조에 따라 최초로 사업계획승인을 받은 날 이후 소유권이 제3자에게 이전된 대지에 대하여 매도청구소송을 제기하고 법 제23조제2항 및 제3항에 따른 감정평가액을 공탁한 경우

2. 다음 각 목의 어느 하나에 해당하는 기관으로부터 「주택도시기금법 시행령」 제21조제1항제1호에 따른 분양보증(이하 "분양보증"이라 한다)을 받을 것

   가. 「주택도시기금법」 제16조에 따른 주택도시보증공사

   나. 「보험업법」 세2소제5호에 따른 보험회사(같은 법 제4조제1항제2호라목의 보증보험을 영위하는 보험회사만 해당한다) 중 국토교통부장관이 지정하는 보험회사

분양보증을 못 받은 경우에는 해당 주택의 사용검사에 대하여 다음 제2항 1호의 요건을 갖춘 등록사업자 2 이상의 연대보증을 받아 이를 공증을 받으면 건축공정이 전체 동의 골조공사가 완료된 때에 입주자를 모집할 수 있다.

주택공급에 관한 규칙 제15조(입주자모집 시기)

② 사업주체는 제1항제1호의 요건은 갖추었으나 같은 항 제2호의 요건을 갖추지 못한 경우에는 해당 주택의 사용검사에 대하여 제1호 각 목의 요건을 모두 갖춘 등록사업자(「건설산업기본법」제9조에 따라 일반건설업 등록을 한 등록사업자 또는 영 제17조제1항에 적합한 등록사업자를 말한다) 2 이상의 연대보증을 받아 이를 공증을 받으면 제2호 각 목의 구분에 따른 건축공정에 달한 후에 입주자를 모집할 수 있다.

1. 등록사업자의 요건

    가. 시공권이 있는 등록사업자로서 전년도 또는 해당연도의 주택건설실적이 100호 또는 100세대 이상인 자일 것

    나. 전년도 또는 해당 연도의 주택건설실적이 100호 또는 100세대 이상인 자 중에서 자본금 및 주택건설실적 등을 고려하여 특별자치시장·특별자치도지사·시장·군수·구청장(이하 "시장·군수·구청장"이라 한다)이 인정하는 자일 것

    다. 「독점규제 및 공정거래에 관한 법률」제2조에 따른 사업주체의 계열회사가 아닐 것

2. 건축공정의 기준

    가. 아파트의 경우: 전체 동의 골조공사가 완료된 때

주택공급에 관한 규칙 제15조제1,2항의 요건은 갖추었다 하더라도 사업주체 또는 시공자가 영업정지처분을 받았거나 벌점을 받은 경우에는 별표 4에서 정한 건축공정에 달한 후에 입주자를 모집할 수 있다. 다만, 제2항에 따른 입주자 모집 시기(등록사업자 요건 모두 갖추고, 전체 동의 골조 공사가 완료된 때)가 별표 4에서 정한 기준에 따른 입주자 모집 시기보다 더 늦은 경우에는 제2항에 따른다.

주택공급에 관한 규칙 제15조(입주자모집 시기)

③ 제1항 및 제2항에도 불구하고 법 제54조제1항제2호가목에 따라 사업주체 또는 시공자가 영 별표 1 또는 「건설산업기본법 시행령」 별표 6에 따른 영업정지처분을 받았거나 「건설기술 진흥법 시행령」 별표 8에 따른 벌점을 받은 경우에는 별표 4에서 정한 기준에 따른 건축공정에 달한 후에 입주자를 모집할 수 있다. 다만, 제2항에 따른 입주자모집 시기가 별표 4에서 정한 기준에 따른 입주자모집 시기보다 더 늦은 경우에는 제2항에 따른다.

* 별표 4

나. 입주자모집 조건: 사업주체는 주택이 건설되는 대지의 소유권을 확보하고 있으나 그 대지에 "저당권등"이 설정되어 있는 경우에는 그 저당권등을 말소해야 입주자를 모집할 수 있다. 다만, 다음 주택공급에 관한 규칙 제16조제1항 1~3호 어느 하나에 해당하는 경우는 그렇지 않다.

주택공급에 관한 규칙 제16조(입주자모집 조건)

① 사업주체는 주택이 건설되는 대지의 소유권을 확보하고 있으나 그 대지에 저당권·가등기담보권·가압류·가처분·전세권·지상권 및 등기되는 부동산임차권 등(이하 "저당권등"이라 한다)이 설정되어 있는 경우에는 그 저당권등을 말소해야 입수자를 모집할 수 있다. 다만, 다음 각 호의 어느 하나에 해당하는 경우는 그렇지 않다. <개정 2016. 8. 12., 2019. 11. 1.>

1. 사업주체가 영 제71조제1호 또는 제2호에 따른 융자를 받기 위하여 해당 금융기관에 대하여 저당권등을 설정한 경우

2. 저당권등의 말소소송을 제기하여 법원의 승소 판결(판결이 확정될 것을 요구하지 아니한다)을 받은 경우. 이 경우 사업시행자는 법 제49조에 따른 사용검사 전까지 해당 주택건설 대지의 저당권등을 말소하여야 한다.

3. 다음 각 목의 어느 하나에 해당하는 구분지상권이 설정된 경우로서 구분지상권자의 동의를 받은 경우

　가. 「도로법」 제28조에 따른 구분지상권

　나. 「도시철도법」 제12조에 따른 구분지상권

　다. 「철도의 건설 및 철도시설 유지관리에 관한 법률」 제12조의3에 따른 구분지상권

사업주체는 대지의 사용승낙을 받아 주택을 건설하는 경우에는 입주자를 모집하기 전에 해당 대지의 소유권을 확보하여야 한다. 다만, 국·공유지인 경우 및 공공사업으로 조성된 택지를 사용할 수 있는 경우는 예외다.

주택공급에 관한 규칙 제16조(입주자모집 조건)

② 사업주체는 대지의 사용승낙을 받아 주택을 건설하는 경우에는 입주자를 모집하기 전에 해당 대지의 소유권을 확보하여야 한다. 다만, 다음 각 호의 어느 하나에 해당하는 경우에는 그러하지 아니하다.

   1. 대지의 소유자가 국가 또는 지방자치단체인 경우

   2. 사업주체가 공공사업의 시행자와 택지분양계약을 체결하여 해당 공공사업으로 조성된 택지를 사용할 수 있는 권원을 확보한 경우

사업주체는 입주자를 모집하려는 때에는 시장·군수·구청장으로부터 착공확인 또는 공정확인을 받아야 한다.

주택공급에 관한 규칙 제16조(입주자모집 조건)

③ 사업주체는 입주자를 모집하려는 때에는 시장·군수·구청장으로부터 제15조에 따른 착공확인 또는 공정확인을 받아야 한다.

---

3. 벽지·바닥재·주방용구·조명기구 등을 제외한 부분의 가격을 따로 제시하고, 이를 입주자가 선택할 수 있도록 해야 한다.

주택법 제54조(주택의 공급)

① 2. 사업주체가 건설하는 주택을 공급하려는 경우

   나. 국토교통부령으로 정하는 바에 따라 벽지·바닥재·주방용구·조명기구 등을 제외한 부분의 가격을 따로 제시하고, 이를 입주자가 선택할 수 있도록 할 것

공동주택 분양가격의 산정 등에 관한 규칙 (약칭: 공동주택분양가규칙) 제3조(기본선택품목 등)

① 법 제54조제1항제2호나목에 따라 제7조제1항에 따른 분양가격에 포함되는 품목으로서 입주자가 직접 선택하여 시공·설치할 수 있는 품목(이하 "기본선택품목"이라 한다)은 다음 각 호의 품목 외의 품목으로서 벽지, 바닥재, 주방용구, 조명기구 등 국토교통부장관이 정하여 고시하는 품목으로 한다. <개정 2008. 3. 14., 2013. 3. 23., 2016. 8. 12.>

   1. 소방시설과 관련된 품목

   2. 단열공사, 방수공사, 미장공사 등 기초마감과 관련된 품목

4. 주택을 공급받으려는 자는 입주자자격, 재당첨 제한 및 공급 순위 등에 맞게 주택을 공급받아야 한다. 투기과열지구 및 조정대상지역에서 건설·공급되는 주택을 공급받으려는 자의 입주자자격, 재당첨 제한 및 공급 순위 등은 주택의 수급 상황 및 투기 우려 등을 고려하여 지역별로 달리 정할 수 있다. 위반 시 벌칙 조항이 있다.

주택법 제54조(주택의 공급)
② 주택을 공급받으려는 자는 국토교통부령으로 정하는 입주자자격, 재당첨 제한 및 공급 순위 등에 맞게 주택을 공급받아야 한다. 이 경우 제63조제1항에 따른 투기과열지구 및 제63조의2제1항에 따른 조정대상지역에서 건설·공급되는 주택을 공급받으려는 자의 입주자자격, 재당첨 제한 및 공급 순위 등은 주택의 수급 상황 및 투기 우려 등을 고려하여 국토교통부령으로 지역별로 달리 정할 수 있다. <개정 2017. 8. 9.>

주택법 제106조(과태료)
③ 다음 각 호의 어느 하나에 해당하는 자에게는 500만원 이하의 과태료를 부과한다.
5. 제54조제2항을 위반하여 주택을 공급받은 자

5. 사업주체가 시장·군수·구청장의 승인을 받으려는 경우 견본주택에 사용되는 마감자재의 규격·성능 및 재질을 적은 목록표와 견본주택의 각 실의 내부를 촬영한 영상물 등을 제작하여 승인권자에게 제출하여야 한다. 위반 시 벌칙 조항이 있다.

주택법 제54조(주택의 공급)
③ 사업주체가 제1항제1호에 따라 시장·군수·구청장의 승인을 받으려는 경우(사업주체가 국가·지방자치단체·한국토지주택공사 및 지방공사인 경우에는 견본주택을 건설하는 경우를 말한다)에는 제60조에 따라 건설하는 견본주택에 사용되는 마감자재의 규격·성능 및 재질을 적은 목록표(이하 "마감자재 목록표"라 한다)와 견본주택의 각 실의 내부를 촬영한 영상물 등을 제작하여 승인권자에게 제출하여야 한다.

> 주택법 제102조(벌칙) 다음 각 호의 어느 하나에 해당하는 자는 2년 이하의 징역 또는 2천만원 이하의 벌
> 금에 처한다. <개정 2016. 12. 2., 2018. 12. 18., 2019. 4. 23., 2019. 12. 10., 2020. 1. 23.>
> 14. 제54조제3항을 위반하여 건축물을 건설·공급한 자

6. 사업주체는 주택공급계약을 체결할 때 입주예정자에게 견본주택에 사용된 마감자재 목록
표, 공동주택 발코니의 세대 간 경계벽에 피난구를 설치하거나 경계벽을 경량구조로 건설
한 경우, 그에 관한 정보 자료 또는 정보를 제공하여야 한다. 다만, 입주자 모집공고에 이를
표시(인터넷 포함)한 경우에는 그러하지 아니하다.

> 주택법 제54조(주택의 공급)
> ④ 사업주체는 주택공급계약을 체결할 때 입주예정자에게 다음 각 호의 자료 또는 정보를 제공하여야 한다.
>   다만, 입주자 모집공고에 이를 표시(인터넷에 게재하는 경우를 포함한다)한 경우에는 그러하지 아니하다.
>   1. 제3항에 따른 견본주택에 사용된 마감자재 목록표
>   2. 공동주택 발코니의 세대 간 경계벽에 피난구를 설치하거나 경계벽을 경량구조로 건설한 경우 그에
>   관한 정보

7. 시장·군수·구청장은 마감자재 목록표와 영상물 등을 사용검사가 있는 날부터 2년 이상 보
관하여야 하며, 입주자가 열람을 요구하는 경우에는 이를 공개하여야 한다.

> 주택법 제54조(주택의 공급)
> ⑤ 시장·군수·구청장은 제3항에 따라 받은 마감자재 목록표와 영상물 등을 제49조제1항에 따른 사용검사
>   가 있는 날부터 2년 이상 보관하여야 하며, 입주자가 열람을 요구하는 경우에는 이를 공개하여야 한다.

8. 사업주체가 마감자재 생산업체의 부도 등으로 인한 제품의 품귀 등 부득이한 사유로 인하
여 마감자재 목록표의 마감자재와 다르게 마감자재를 시공·설치하려는 경우에는 당초의 마
감자재와 같은 질 이상으로 설치하여야 한다.

> 주택법 제54조(주택의 공급)
> ⑥ 사업주체가 마감자재 생산업체의 부도 등으로 인한 제품의 품귀 등 부득이한 사유로 인하여 제15조에
>   따른 사업계획승인 또는 마감자재 목록표의 마감자재와 다르게 마감자재를 시공·설치하려는 경우에는
>   당초의 마감자재와 같은 질 이상으로 설치하여야 한다.

9. 사업주체가 마감자재 목록표의 자재와 다른 마감자재를 시공·설치하려는 경우에는 그 사실을 입주예정자에게 알려야 한다.

> 주택법 제54조(주택의 공급)
> ⑦ 사업주체가 제6항에 따라 마감자재 목록표의 자재와 다른 마감자재를 시공·설치하려는 경우에는 그 사실을 입주예정자에게 알려야 한다.

10. 사업주체는 공급하려는 주택에 대하여 국토계획법에 따른 기반시설의 설치·정비 또는 개량에 관한 사항이 포함된 표시 및 광고를 한 경우 해당 표시 또는 광고의 사본을 주택공급계약 체결기간의 시작일부터 30일 이내에 시장·군수·구청장에게 제출하여야 한다. 이 경우 시장·군수·구청장은 제출받은 표시 또는 광고의 사본을 2년 이상 보관하여야 하며, 입주자가 열람을 요구하는 경우 이를 공개하여야 한다. 위반 시 벌칙 조항이 있다.

> 주택법 제54조(주택의 공급)
> ⑧ 사업주체는 공급하려는 주택에 대하여 대통령령으로 정하는 내용이 포함된 표시 및 광고(「표시·광고의 공정화에 관한 법률」 제2조에 따른 표시 또는 광고를 말한다. 이하 같다)를 한 경우 대통령령으로 정하는 바에 따라 해당 표시 또는 광고의 사본을 시장·군수·구청장에게 제출하여야 한다. 이 경우 시장·군수·구청장은 제출받은 표시 또는 광고의 사본을 제49조제1항에 따른 사용검사가 있은 날부터 2년 이상 보관하여야 하며, 입주자가 열람을 요구하는 경우 이를 공개하여야 한다. <신설 2019. 12. 10.>
>
> 주택법 시행령 제58조(주택에 관한 표시·광고의 사본 제출 대상 등)
> ① 법 제54조제8항 전단에서 "대통령령으로 정하는 내용"이란 「국토의 계획 및 이용에 관한 법률」 제2조제6호에 따른 기반시설의 설치·정비 또는 개량에 관한 사항을 말한다.
> ② 사업주체는 법 제54조제8항 전단에 따라 제1항의 내용이 포함된 표시 또는 광고(「표시·광고의 공정화에 관한 법률」 제2조에 따른 표시 또는 광고를 말한다)의 사본을 주택공급계약 체결기간의 시작일부터 30일 이내에 시장·군수·구청장에게 제출해야 한다.
> [본조신설 2020. 6. 11.] [종전 제58조는 제58조의2로 이동 <2020. 6. 11.>]
>
> 주택법 제106조(과태료)
> ③ 다음 각 호의 어느 하나에 해당하는 자에게는 500만원 이하의 과태료를 부과한다.
>   6. 제54조제8항을 위반하여 같은 항에 따른 사본을 제출하지 아니하거나 거짓으로 제출한 자

[분양대행자]

1. 사업주체는 주택을 효율적으로 공급하기 위하여 주택의 공급업무의 일부를 제3자로 하여금 대행하게 할 수 있다.

> 주택법 제54조의2(주택의 공급업무의 대행 등)
>
> ① 사업주체는 주택을 효율적으로 공급하기 위하여 필요하다고 인정하는 경우 주택의 공급업무의 일부를 제3자로 하여금 대행하게 할 수 있다.

2. 분양대행자에게 대행하게 할 수 있는 업무는 다음과 같다.

> 주택공급에 관한 규칙 제50조(입주자선정업무 등의 대행)
>
> ④ 법 제54조의2제2항 각 호 외의 부분에서 "입주자자격, 공급 순위 등을 증명하는 서류의 확인 등 국토교통부령으로 정하는 업무"란 다음 각 호의 업무를 말한다. <개정 2019. 11. 1.>
>
> 1. 제23조 및 제24조에 따라 주택공급 신청자가 제출한 서류의 확인 및 관리
> 2. 제52조에 따른 입주자 자격의 확인 및 제57조제8항에 따른 부적격 당첨 여부 확인
> 3. 제57조 및 제58조에 따른 당첨자·부적격 당첨자의 명단관리
> 4. 제59조에 따른 주택의 공급계약 체결에 관한 업무
> 5. 제1호부터 제4호까지의 규정과 관련된 상담 및 안내 등

3. 상기 업무를 대행하게 하는 경우 분양대행자는 다음 각 호의 어느 하나에 해당하는 자여야 한다. 위반 시 벌칙 조항이 있다.

> 주택법 제54조의2(주택의 공급업무의 대행 등)
>
> ② 제1항에도 불구하고 사업주체가 입주자자격, 공급 순위 등을 증명하는 서류의 확인 등 국토교통부령으로 정하는 업무를 대행하게 하는 경우 국토교통부령으로 정하는 바에 따라 다음 각 호의 어느 하나에 해당하는 자(이하 이 조에서 "분양대행자"라 한다)에게 대행하게 하여야 한다.
>
> 1. 등록사업자
> 2. 「건설산업기본법」 제9조에 따른 건설업자로서 대통령령으로 정하는 자
> 3. 「도시 및 주거환경정비법」 제102조에 따른 정비사업전문관리업자
> 4. 「부동산개발업의 관리 및 육성에 관한 법률」 제4조에 따른 등록사업자
> 5. 다른 법률에 따라 등록하거나 인가 또는 허가를 받은 자로서 국토교통부령으로 정하는 자

> 주택법 제102조(벌칙) 다음 각 호의 어느 하나에 해당하는 자는 2년 이하의 징역 또는 2천만원 이하의 벌금에 처한다. <개정 2016. 12. 2., 2018. 12. 18., 2019. 4. 23., 2019. 12. 10., 2020. 1. 23.>
> 14의2. 제54조의2제2항을 위반하여 주택의 공급업무를 대행하게 한 자

4. 사업주체는 분양대행자에게 교육을 실시하는 등 국토교통부령으로 정하는 관리·감독 조치를 시행하여야 한다. 위반 시 벌칙 조항이 있다.

> 주택법 제54조의2(주택의 공급업무의 대행 등)
> ③ 사업주체가 제2항에 따라 업무를 대행하게 하는 경우 분양대행자에 대한 교육을 실시하는 등 국토교통부령으로 정하는 관리·감독 조치를 시행하여야 한다.
> [본조신설 2019. 4. 23.]

> 주택법 제106조(과태료)
> ② 다음 각 호의 어느 하나에 해당하는 자에게는 1천만원 이하의 과태료를 부과한다. <개정 2016. 12. 2., 2019. 4. 23., 2020. 1. 23.>
> 6. 제54조의2제3항에 따른 조치를 하지 아니한 자

[분양대행자에 대한 관리·감독]

1. 사업주체는 분양대행자가 전문교육기관으로 지정·고시된 곳에서 분양대행 업무에 필요한 전문 지식에 관한 사항, 분양대행자의 소양 및 윤리에 관한 사항에 대해 교육받도록 해야 한다.

> 주택공급에 관한 규칙 제50조의2(분양대행자에 대한 교육 등)
> ① 사업주체는 법 제54조의2제2항에 따른 분양대행자(이하 이 조에서 "분양대행자"라 한다)에게 제50조제4항 각 호의 업무(이하 이 조에서 "분양대행 업무"라 한다)를 대행하게 하는 경우 법 제54조의2제3항에 따라 분양대행자가 국토교통부장관이 전문교육기관으로 지정·고시하는 관련 기관·단체에서 다음 각 호에 해당하는 사항을 교육받도록 해야 한다.
>   1. 다음 각 목의 내용을 포함하는 분양대행 업무에 필요한 전문지식에 관한 사항
>   가. 주택의 공급방법 및 공급순위
>   나. 특별공급 대상자 자격 및 특별공급 요건
>   다. 투기과열지구 및 법 제63조의2에 따른 조정대상지역의 지정 및 해제
>   라. 법 제64조에 따른 전매행위 제한 및 법 제65조에 따른 공급질서 교란 금지
>   2. 분양대행자의 소양 및 윤리에 관한 사항

2. 상기 교육은 입주자모집공고일(사전청약의 경우 사전당첨자모집공고일) 전 1년 이내에 받아야한다

> 주택공급에 관한 규칙 제50조의2(분양대행자에 대한 교육 등)
> ② 제1항에 따른 교육은 분양대행 업무를 하려는 주택의 입주자모집공고일(사전청약의 경우에는 사전당첨자모집공고일로 한다) 전 1년 이내에 받아야 한다. <개정 2021. 11. 16.>

3. 전문교육기관은 매년 11월 30일까지 교육관련사항이 포함된 다음 연도의 교육계획서를 작성하여 입주자모집승인권자 및 사업주체에게 통보해야 한다.

> 주택공급에 관한 규칙 제50조의2(분양대행자에 대한 교육 등)
> ③ 제1항에 따른 전문교육기관은 매년 11월 30일까지 다음 각 호의 내용이 포함된 다음 연도의 교육계획서를 작성하여 입주자모집승인권자 및 사업주체에게 통보해야 한다.
> 1. 교육 일시·장소 및 시간. 이 경우 교육 기간은 1일로 한다.
> 2. 교육 예정 인원
> 3. 교육 과목 및 내용
> 4. 교육 수료 기준 및 수료증 발급에 관한 사항
> 5. 그 밖에 교육의 시행에 필요한 사항

4. 사업주체는 분양대행자를 절차와 기준에 따라 분양대행업무를 수행하도록 감독해야 한다.

> 주택공급에 관한 규칙 제50조의2(분양대행자에 대한 교육 등)
> ④ 사업주체는 분양대행자가 이 규칙에서 정한 절차와 기준에 따라 분양대행 업무를 수행하도록 감독해야 한다.

5. 「분양대행자 교육에 관한 규정」이 제정되어 있음.

> 주택공급에 관한 규칙 제50조의2(분양대행자에 대한 교육 등)
> ⑤ 제1항부터 제3항까지의 규정에 따른 교육에 관하여 필요한 사항은 국토교통부장관이 정하여 고시한다.

[입주자선정업무 대행]

1. 국민주택을 일반공급 하는 주택조합은 청약접수 업무는 입주자저축 취급기관에, 입주자 선정 및 동·호수 배정업무는 주택청약업무수행기관에 대행을 의뢰해야 한다.

> 주택공급에 관한 규칙 제50조(입주자선정업무 등의 대행)   2019.4.23일 개정, 2019.10.24일 시행
> ① 사업주체는 입주자를 선정하려는 경우에는 다음 각 호의 구분에 따른 기관에 청약접수 및 입주자선정 업무의 대행을 의뢰해야 한다. 다만, 제19조제3항에 따라 방문접수의 방법으로 입주자를 모집하거나 제47조에 따라 입수자를 모집하는 경우는 예외로 한다. <개정 2018. 5. 4., 2018. 12. 11., 2019. 8. 16., 2021. 2. 2.>
> 1. 청약접수
>   가. 제27조 및 제28조에 따라 입주자를 선정하려는 경우: 입주자저축 취급기관
>   나. 제19조제5항, 제31조부터 제33조까지 및 제35조부터 제46조까지 및 제47조의3(해당 주택이 20세대 또는 20호 이상인 경우로 한정한다)에 따라 입주자를 선정하려는 경우: 주택청약업무수행 기관
> 2. 입주자 선정 및 동·호수 배정: 주택청약업무수행기관

2. 청약접수 업무를 수행하는 기관은 청약률을 인터넷 홈페이지 등에 게시하여야 한다.

> 주택공급에 관한 규칙 제50조(입주자선정업무 등의 대행)
> ③ 제1항 및 제2항에 따라 청약접수 업무를 수행하는 기관은 청약률을 인터넷 홈페이지 등에 게시하여야 한다.

3. 사업주체는 주택청약업무수행기관에 특별공급 관련 규정에 따른 입주자선정업무 중 동·호수 배정업무의 대행을 의뢰해야 한다.

> 주택공급에 관한 규칙 제50조(입주자선정업무 등의 대행)
> ⑤ 사업주체는 주택청약업무수행기관에 제35조에서 제49조까지의 규정에 따른 입주자선정업무 중 동·호수 배정업무의 대행을 의뢰해야 한다. <개정 2021. 2. 2.>

[근린생활시설 분양]

근린생활시설의 분양은 임의 세대처럼 조합이 임의로 처분할 수 있다. 다만, 근린생활시설은 조합원 전원의 총유에 속하므로 주택조합이 조합 소유의 상가를 대행사나 타인에게 처분하기 위해서는 조합규약에서 정하고 있는 절차를 거치거나 조합원 총회에서의 결의에 따라야 한다. 조합의 적법 절차 없이 상가를 분양한 경우, 조합장이나 임원진은 배임 등의 형사책임이나 손해배상 책임을 부담할 수 있으며, 상가를 분양받은 수분양자도 분양계약의 무효로 인해 분양계약이 취소될 위험성이 있다.

대법원은 판결(2007. 12. 13. 선고 2005다52214 판결 [소유권이전등기절차이행])을 통해 주택조합이 주체가 되어 신축 완공한 건물로서 조합원 외의 일반인에게 분양되는 부분은 조합원 전원의 총유에 속하며, 총유물의 관리 및 처분에 관하여 주택조합의 정관이나 규약에 정한 바가 있으면 이에 따르고 그에 관한 정관이나 규약이 없으면 조합원 총회의 결의에 의하여야 하며, 그와 같은 절차를 거치지 않은 행위는 무효라고 밝히고 있다. (대법원 2002. 9. 10. 선고 2000다96 판결, 대법원 2003. 7. 11. 선고 2001다73626 판결 등 참조).

그런데 주택조합의 총유에 속하는 재산의 처분이 주택조합의 정관이나 규약에 정한 바에 따라 이루어졌다거나 그에 관한 조합원 총회의 적법한 결의가 있었다는 점에 대한 입증은 조합원 총회결의서 등 그러한 사실을 직접적으로 증명할 수 있는 증거에 의하여서만 할 수 있는 것은 아니고, 그러한 조합원 총회의 결의가 있었다는 점 등을 추인할 수 있는 간접사실의 입증에 의하여도 할 수 있다(대법원 1996. 8. 20. 선고 96다18565 판결 등 참조).

분양자 보호를 위해 주택의 일반분양처럼 분양보증보험에 가입해야 한다.

근린생활시설의 성공적 분양은 조합사업의 성공에 중요한 요소이므로 매우 신중히 처리되어야 할 사안이다. 조합의 재정 상태, 분양시장의 분위기, 주변 지역의 시세 동향 및 정부의 부동산 및 금융 정책 등 많은 요소가 고려되어야 하는데, 자칫하다가는 시기를 놓쳐 실패할 가능성도 아주 높다.

필관조합의 경우 업무 대행사 없이 직접 사업 전반을 추진·관리함에 따라 가급적 변수를 줄이고자 하는 방향을 잡고 있던 터라 처음부터 통매각을 추진하였으며, 시기적으로도 아주 적절하여 괜찮은 성적을 거둔 것으로 판단된다. 분양받은 분들도 사업이 번창하시길 기원한다.

[사업 시행]

규약에는 잔여주택 및 상가 등 복리시설은 일반에게 분양한다 정도로만 규정되어 있지만, 조합원 총유물의 관리·처분이므로 총회의 결의를 거쳐야 할 것으로 판단된다.

표준규약 제40조(시행방법), 필관조합의 규약 제36조(시행방법)

④ 신축주택은 조합원에게 우선 공급하며, 남는 잔여주택 및 상가 등 복리시설은 주택법령에 따라 일반에게 분양한다.

제3장 | 주택 분양보증 및 조합주택 시공보증

1. 주택 분양보증

> 주택 분양보증이란 사업주체가 파산 등의 사유로 분양계약을 이행할 수 없게 되는 경우 해당 주택의 분양
> (주택법 제49조에 따른 사용검사와 소유권보존등기를 포함한다)의 이행 또는 납부한 계약금 및 중도금의
> 환급(해당 주택의 감리자가 확인한 실행공정률이 100분의 80 미만이고, 입주자의 3분의 2 이상이 원하는
> 경우로 한정)을 책임지는 보증을 말한다.

주택조합이 입주자를 모집하기 위해서는 주택도시기금법 시행령에 따른 분양보증을 받아, 분양보증서·공증서·건축공정확인서 및 대지사용승낙서를 갖추어 시장·군수·구청장의 승인을 받아야 하며, 시장·군수·구청장은 「전자정부법」에 따른 행정정보의 공동이용을 통하여 토지 등기사항증명서를 확인해야 한다.

주택공급에 관한 규칙 제15조(입주자모집 시기)

① 사업주체(영 제16조에 따라 토지소유자 및 등록사업자가 공동사업주체인 경우에는 등록사업자를 말한다. 이하 이 조에서 같다)는 다음 각 호의 요건을 모두 갖춘 경우에는 착공과 동시에 입주자를 모집할 수 있다. <개정 2016. 8. 12., 2017. 9. 20., 2018. 12. 11.>

  2. 다음 각 목의 어느 하나에 해당하는 기관으로부터 「주택도시기금법 시행령」 제21조제1항제1호에 따른 분양보증(이하 "분양보증"이라 한다)을 받을 것

    가. 「주택도시기금법」 제16조에 따른 주택도시보증공사

    나. 「보험업법」 제2조제5호에 따른 보험회사(같은 법 제4조제1항제2호라목의 보증보험을 영위하는 보험회사만 해당한다) 중 국토교통부장관이 지정하는 보험회사

주택공급에 관한 규칙 제20조(입주자모집 승인 및 통보)

① 사업주체(제18조 각 호의 사업주체는 제외한다)는 입주자를 모집하려면 다음 각 호의 서류를 갖추어 시장·군수·구청장의 승인을 받아야 한다. 이 경우 시장·군수·구청장은 「전자정부법」 제36조제1항에 따른 행정정보의 공동이용을 통하여 토지 등기사항증명서를 확인해야 한다. <개정 2016. 12. 30., 2019. 11. 1.>

  2. 제15조 및 제17조에 따른 보증서·공증서·건축공정확인서 및 대지사용승낙서(해당하는 자만 제출한다)

사업계획승인권자는 다음 각호에 있는 사유가 있을 때는 사업계획의 승인을 취소할 수 있다. 단, 2, 3호에 해당하는 경우 주택분양보증이 된 사업은 제외한다.

> 주택법 제16조(사업계획의 이행 및 취소 등)
> ④ 사업계획승인권자는 다음 각 호의 어느 하나에 해당하는 경우 그 사업계획의 승인을 취소(제2호 또는 제3호에 해당하는 경우 「주택도시기금법」 제26조에 따라 주택분양보증이 된 사업은 제외한다)할 수 있다. <개정 2021. 1. 5.>
> 　1. 사업주체가 제1항(제2호나목은 제외한다)을 위반하여 공사를 시작하지 아니한 경우
> 　2. 사업주체가 경매·공매 등으로 인하여 대지소유권을 상실한 경우
> 　3. 사업주체의 부도·파산 등으로 공사의 완료가 불가능한 경우

주택조합이 일반분양자를 위한 분양보증 책무를 다해야 하는 것 외에도 사업추진과정에서 조합이 보장해야 하는 것이 다수 있는데, 이에 대해 전체적으로 정리해 보면 대략 다음과 같다.

사유	대처(보험료)	비고
주택분양보증 책무	주택도시보증공사(HUG) 보증으로 대처(수천만 원)	대지비 약 1/3, 건축비 약 2/3 차지
지반 조사 목적의 굴착 행위 신고증 교부 시 원상복구 이행강제금 부과	인허가보증보험으로 대처(소액임)	지하수법 제9조의4 제1항
견본주택, 홍보관 화재에 대비	재산종합보험 가입(수백만 원)	
견본주택, 홍보관 임차료 지급보증 요구	이행(지급)보증보험 기입(수십만 원)	토지소유주가 요구
견본주택, 홍보관 철거 원상복구 이행 담보 요구	이행(지급)보증보험 가입(수십만 원)	토지소유주가 요구
도시계획시설 공사 안전관리 예치금 요구	인허가보증보험으로 대처(수백만 원)	건축법 제13조 및 동법 시행령 제10조의2
도시계획시설(도로, 소공원) 사업의 시행 인가에 따른 예치금 요구	인허가보증보험으로 대처(수백만 원)	국토계획법 제89조
국토계획법에 의한 개발행위허가, 도시계획시설 사업 인가에 따른 예치금 요구	인허가보증보험으로 대처(수천만 원)	국토계획법 제60조 및 제89조
분양보증 또는 임대보증금보증 관련 미매입부지 소유권 확보 의무 불이행에 따른 손해배상 책무	이행(지급)보증보험으로 대처(수억 원)	추후 약 54% 정도 환입됨

2. 조합주택 시공보증

> 조합주택 시공보증이란 시공자가 공사의 계약상 의무를 이행하지 못하거나 의무 이행을 하지 아니할 경우
> 보증기관에서 시공자를 대신하여 계약 이행 의무를 부담하거나 총 공사 금액의 50% 이하에서 30% 이상
> 의 범위에서 주택조합이 정하는 금액을 납부할 것을 보증하는 것을 말한다.

주택조합이 공동사업주체인 시공자를 선정한 경우, 그 시공자는 공사의 시공보증을 위하여
주택법 시행규칙 제11조의3 각호에서 정하는 기관의 시공보증서를 조합에 제출하여야 한
다. (보증 금액: 총 공사금액의 30%~50%의 범위에서 조합이 정하는 금액). 사업계획승인권자는 착
공신고를 받는 경우에는 시공보증서 제출 여부를 확인하여야 한다.

주택법 제14조의4(주택조합사업의 시공보증)

① 주택조합이 공동사업주체인 시공자를 선정한 경우 그 시공자는 공사의 시공보증(시공자가 공사의 계약
상 의무를 이행하지 못하거나 의무이행을 하지 아니할 경우 보증기관에서 시공자를 대신하여 계약이행
의무를 부담하거나 총 공사금액의 50퍼센트 이하에서 대통령령으로 정하는 비율 이상의 범위에서 주
택조합이 정하는 금액을 납부할 것을 보증하는 것을 말한다)을 위하여 국토교통부령으로 정하는 기관
의 시공보증서를 조합에 제출하여야 한다.

② 제15조에 따른 사업계획승인권자는 제16조제2항에 따른 착공신고를 받는 경우에는 제1항에 따른 시공
보증서 제출 여부를 확인하여야 한다.

[본조신설 2016. 12. 2.][제14조의2에서 이동 <2020. 1. 23.>]

주택법 시행령 제26조의2(시공보증)

법 제14조의4제1항에서 "대통령령으로 정하는 비율 이상"이란 총 공사금액의 30퍼센트 이상을 말한다.
<개정 2020. 7. 24.> [본조신설 2017. 6. 2.]

주택법 시행규칙 제11조의3(시공보증)

법 제14조의4제1항에서 "국토교통부령으로 정하는 기관의 시공보증서"란 조합원에게 공급되는 주택에 대
한 다음 각 호의 어느 하나의 보증서를 말한다. <개정 2020. 7. 24.>

1. 「건설산업기본법」에 따른 공제조합이 발행한 보증서

2. 「주택도시기금법」에 따른 주택도시보증공사가 발행한 보증서

3. 「은행법」 제2조제1항제2호에 따른 은행, 「한국산업은행법」에 따른 한국산업은행, 「한국수출입은행법」에
따른 한국수출입은행 또는 「중소기업은행법」에 따른 중소기업은행이 발행한 지급보증서

4. 「보험업법」에 따른 보험회사가 발행한 보증보험증권

[본조신설 2017. 6. 2.] [제11조의2에서 이동 <2020. 7. 24.>]

주택도시보증공사(HUG, 영문명 Korea Housing & Urban Guarantee Corporation)의 조합주택 시공보증서는 다음과 같다.

HUG는 다양한 보증 상품을 취급하는데, 주택조합과 관련해서는 다음 3가지 상품이 중요하다.

구분	내용
주택 분양보증	사업주체가 파산 등의 사유로 분양계약을 이행할 수 없게 되는 경우 당해 주택의 분양의 이행 또는 납부한 계약금 및 중도금의 환급을 책임지는 보증
PF보증 (표준PF 및 유동화보증)	주택건설사업의 미래 현금 수입 및 사업성을 담보로 주택건설 사업자가 대출받는 토지비 등 사업비에 대한 주택사업금융의 원리금 상환 책임을 지는 보증. PF보증은 시공사가 해 주는 보증인데 총 사업비의 80%에서 90%까지 보증함. 시공사를 믿고 PF보증을 해주면 보증서를 가지고 금융 기관에서 저리의 금리로 대출을 받을 수 있음. PF 보증은 반드시 아파트 등 주택 사업이어야 하고 규모가 매우 큰 사업장이어야 함.
조합주택 시공보증	주택조합이 시행하는 주택건설사업의 시공자가 파산 등의 사유로 당해 주택에 대한 시공책임 등을 이행할 수 없게 되는 경우에 시공을 이행하거나 주택조합의 손해금 지급을 책임지는 보증

HUG는 분양보증을 하는 것을 기화로 분양가 상한을 통제하는 경향이 있어서 사업주체로부터 원성이 높고, 분양보증 시장을 실질적인 경쟁 체제로 운영해야 한다는 의견도 많다.

주택도시기금법 제21조(보증의 종류와 보증료)

① 법 제26조제1항제2호에 따라 공사가 할 수 있는 보증의 종류는 다음 각 호와 같다. <개정 2015. 12. 28., 2016. 8. 11., 2018. 2. 9., 2019. 4. 23., 2019. 7. 23.>

1. 분양보증: 사업주체(「주택법 시행령」 제16조에 따른 공동사업주체를 포함한다)가 「주택법」 제15조제1항 본문 또는 같은 조 제3항에 따라 사업계획의 승인을 받아 건설하는 주택(부대시설 및 복리시설을 포함한다. 이하 이 조에서 같다) 또는 같은 법 시행령 제27조제4항에 따라 사업계획의 승인을 받지 아니하고 30세대 이상의 주택과 주택 외의 시설을 하나의 건축물로 건축하는 경우에 하는 다음 각 목의 보증

   가. 주택분양보증: 사업주체가 파산 등의 사유로 분양계약을 이행할 수 없게 되는 경우 해당 주택의 분양(「주택법」 제49조에 따른 사용검사 또는 「건축법」 제22조에 따른 사용승인과 소유권보존등기를 포함한다)의 이행 또는 납부한 계약금 및 중도금의 환급(해당 주택의 감리자가 확인한 실행 공정률이 100분의 80 미만이고, 입주자의 3분의 2 이상이 원하는 경우로 한정한다. 이하 나목에서 같다)을 책임지는 보증

   나. 주택임대보증: 사업주체가 파산 등의 사유로 임대계약을 이행할 수 없게 되는 경우 해당 주택의 임대(「주택법」 제49조에 따른 사용검사 및 소유권보존등기를 포함한다)의 이행 또는 납부한 계약금 및 중도금의 환급을 책임지는 보증

2. 임대보증금에 대한 보증: 「민간임대주택에 관한 특별법」 제49조제1항 및 같은 법 시행령 제38조에 따른 민간건설임대주택의 임대보증금을 책임지는 보증

3. 하자보수보증: 「공동주택관리법 시행령」 제36조제1항에 따른 하자담보책임기간에 발생한 하자의 보수에 대한 보증

4. 감리비 예치보증: 「주택법 시행령」 제15조제2항에 따른 등록사업자가 주택건설사업을 시행하는 경우의 감리와 관련하여 감리자에게 지급하여야 할 감리비의 지급에 대한 보증

5. 조합주택 시공보증: 「주택법」 제5조제2항에 따른 주택조합과 공동으로 사업을 시행하는 등록사업자(「주택법」 제2조제11호다목에 따른 리모델링주택조합 및 「도시 및 주거환경정비법」 제35조 또는 「빈집 및 소규모주택 정비에 관한 특례법」 제23조에 따른 정비사업조합의 경우에는 도급계약을 체결한 시공자를 말한다)가 파산 등의 사유로 해당 주택에 대한 시공책임(착공신고일부터 사용검사일까지의 공사이행 책임을 말한다)을 이행할 수 없게 되는 경우에 시공을 이행하거나 일정금액을 납부하는 보증

6. 주택상환사채에 대한 보증: 「주택법」 제80조제1항에 따라 주택상환사채를 발행한 사업주체가 파산 등의 사유로 상환예정일에 주택으로 사채를 상환하지 못하는 경우에 이의 상환을 책임지는 보증

7. 주택사업금융보증: 주택을 건설·매입 또는 리모델링하여 수요자에게 분양 또는 임대하는 사업에 지원되는 금융의 원리금 상환을 책임지는 보증

---

8. 하도급계약이행 및 대금지급보증: 「하도급거래 공정화에 관한 법률」 제13조의2에 따른 보증 중 주택 건실 하노급의 계약이행 및 대금지급을 책임지는 보증

9. 도시재생사업보증: 법 제9조제2항제2호 각 목의 어느 하나에 해당하는 사업을 지원하는 금융의 원리금 상환을 책임지는 다음 각 목의 보증

　　가. 도시재생사업금융보증: 해당 사업에서 발생하는 미래의 현금수입을 주요 상환재원으로 하는 금융의 원리금 상환을 책임지는 보증

　　나. 도시재생사업특례보증: 「사회적기업 육성법」에 따른 사회적기업 등에 대해 적립금 등 별도의 재원으로 원리금 상환을 책임지는 보증

10. 그 밖에 국토교통부장관이 정하는 보증

② 법 제26조제1항제4호에 따라 공사가 할 수 있는 유동화증권에 대한 보증의 종류는 다음 각 호와 같다.

1. 유동화증권의 상환을 책임지는 보증

2. 「자산유동화에 관한 법률」 제3조제1항에 따른 유동화전문회사등에 대한 금융기관 신용공여의 상환을 책임지는 보증

③ 공사를 이용하는 자로부터 받는 보증료 등은 국토교통부장관의 승인을 받아야 한다.

④ 공사는 그가 하는 각종 보증의 구체적인 내용, 책임범위 및 조건 등에 관하여 약관을 정하여 시행할 수 있다.

일반분양자를 보호하기 위한 제도로 사업계획승인 신청일 이후부터 사업주체가 입주예정자에게 통보한 입주가능일 이후 60일까지의 기간 동안 입주예정자의 동의 없이 주택법 제61조제1항 각 호의 어느 하나에 해당하는 행위를 하여서는 아니 된다. ('제5편 제1장 사업 시행' 파트 참조)

주택법 제61조(저당권설정 등의 제한)

① 사업주체는 주택건설사업에 의하여 건설된 주택 및 대지에 대하여는 입주자 모집공고 승인 신청일(주택조합의 경우에는 사업계획승인 신청일을 말한다) 이후부터 입주예정자가 그 주택 및 대지의 소유권이전등기를 신청할 수 있는 날 이후 60일까지의 기간 동안 입주예정자의 동의 없이 다음 각 호의 어느 하나에 해당하는 행위를 하여서는 아니 된다. 다만, 그 주택의 건설을 촉진하기 위하여 대통령령으로 정하는 경우에는 그러하지 아니하다.

1. 해당 주택 및 대지에 저당권 또는 가등기담보권 등 담보물권을 설정하는 행위
2. 해당 주택 및 대지에 전세권·지상권(地上權) 또는 등기되는 부동산임차권을 설정하는 행위
3. 해당 주택 및 대지를 매매 또는 증여 등의 방법으로 처분하는 행위

② 제1항에서 "소유권이전등기를 신청할 수 있는 날"이란 사업주체가 입주예정자에게 통보한 입주가능일을 말한다.

제1항에 따른 저당권설정 등의 제한을 할 때 사업주체는 해당 주택 또는 대지가 입주예정자의 동의 없이는 양도하거나 제한물권을 설정하거나 압류·가압류·가처분 등의 목적물이 될 수 없는 재산임을 소유권등기에 부기등기(附記登記)하여야 한다.

주택법 제61조(저당권설정 등의 제한)

③ 제1항에 따른 저당권설정 등의 제한을 할 때 사업주체는 해당 주택 또는 대지가 입주예정자의 동의 없이는 양도하거나 제한물권을 설정하거나 압류·가압류·가처분 등의 목적물이 될 수 없는 재산임을 소유권등기에 부기등기(附記登記)하여야 한다. 다만, 사업주체가 국가·지방자치단체 및 한국토지주택공사 등 공공기관이거나 해당 대지가 사업주체의 소유가 아닌 경우 등 대통령령으로 정하는 경우에는 그러하지 아니하다.

부기등기는 주택건설대지에 대하여는 입주자 모집공고 승인 신청(주택건설대지 중 주택조합이 사업계획승인 신청일까지 소유권을 확보하지 못한 부분이 있는 경우에는 그 부분에 대한 소유권이전등기를 말한다)과 동시에 하여야 하고, 건설된 주택에 대하여는 소유권보존등기와 동시에 하여야 한다.

> **주택법 제61조(저당권설정 등의 제한)**
> ④ 제3항에 따른 부기등기는 주택건설대지에 대하여는 입주자 모집공고 승인 신청(주택건설대지 중 주택조합이 사업계획승인 신청일까지 소유권을 확보하지 못한 부분이 있는 경우에는 그 부분에 대한 소유권이전등기를 말한다)과 동시에 하여야 하고, 건설된 주택에 대하여는 소유권보존등기와 동시에 하여야 한다. 이 경우 부기등기의 내용 및 말소에 관한 사항은 대통령령으로 정한다.

부기등기를 하게 되면 부기등기일 이후에 해당 대지 또는 주택을 양수하거나 제한물권을 설정받은 경우 또는 압류·가압류·가처분 등의 목적물로 한 경우에는 그 효력을 무효로 하게 된다.

> **주택법 제61조(저당권설정 등의 제한)**
> ⑤ 제4항에 따른 부기등기일 이후에 해당 대지 또는 주택을 양수하거나 제한물권을 설정받은 경우 또는 압류·가압류·가처분 등의 목적물로 한 경우에는 그 효력을 무효로 한다. 다만, 사업주체의 경영부실로 입주예정자가 그 대지를 양수받는 경우 등 대통령령으로 정하는 경우에는 그러하지 아니하다.

이는 서민들의 내집마련을 안정적으로 지원할 수 있도록 하기 만든 제도로 제한물권, 압류·가압류·가처분 등의 효력을 무효로 하는 초법률적 효력을 부여하는 제도이다. 조합에서는 반드시 부기등기를 하여야 한다.

제16편

공사

제1장

이주 및 해체

1. 이주

가. 조합원

사업부지 내에 85m² 이하의 주택을 소유한 지주 조합원은 철거 시작 전에 이주하여야 하므로 조합이 총회 결의를 통해 확정한 이주시한을 통지해야 한다. 만약 이를 어겨 조합에 손해가 발생하면 이에 대한 배상책임이 발생한다.

나. 세입자

지주와 사업부지 매매 거래가 완료되어 이제 철거를 해야 하는데 세입자의 미퇴거로 철거를 시작하지 못하는 문제가 발생할 수 있다. 도시정비법이나 리모델링 허가를 받은 경우에는 이러한 상황을 해결할 수 있는 내용의 법조문이 있으나, 주택조합의 경우에는 이러한 법조문이 없어 세입자 이주 문제는 오로지 민사문제로만 해결해야 하는 상황이 발생할 수 있다.

따라서, 토지 매매 거래 약정 후 실제 계약이 완성되기까지에는 상당한 기간이 소요되므로 토지 매매 거래 약정 시 조합은 세입자를 둔 지주에게 이주 예정 기간을 알려 주어 계약 연장이나 묵시적 연장, 새로운 계약 체결 등이 되지 않도록 철저히 홍보를 해야 하며 세입자 이주 문제를 지주가 해결하는 것을 전제로 계약을 체결해야 한다.

다. 지주

부동산매매대금 지급 후 약속된 날까지 이주를 완료해야 하나, 여러 가지 사정으로 약속을 위반하는 경우도 발생할 수 있다.

퇴거하지 않은 지주 및 세입자에게 알리기 위해 철거 대상 건축물에 부착한 안내문 사례

공고 제 2019-0601-1   NO. 001

지번 : OO시 OO구 OO동 OOOO-OO

경 고 문

본 건물은 2019년 02월 01일 부로 "OO주택조합"으로 소유권 이전되었습니다.

무단으로 침입시 주거침입 및 재물손괴죄 ,기물파손 협의를 적용하여 고소·고발 할 것입니다.

이점유의하여 주시고 이유 없는 침입은 금해 수시길 바랍니다.

본 건물은 아파트건립을 위하여 건물을 철거할 예정이오니 아직 입주하고 있거나 불법으로 점유하고 있는 전 소유자 및 세입자는 2019년 06월 10일 까지 건물을 비워(명도)주시기 바랍니다.

2019년 06월 10일 까지 명도하지 않는 전 소유자 및 불법점유자에게는 건물 재산세 및 사용 임대료, 사업손해배상청구는 물론이며 불법점유자 에게는 "명도단행가처분" 및 사업손해배상청구을 하고자 하오니 2019년 06월 10일 까지 이사해주시기 바랍니다.

이사 시에는 가스, 수도, 전기 등 정산 관계를 명확하게 하기 위해 아래 연락처로 꼭 연락주시기 바라며, 2019년 06월 10일 부로 본 건물의 가스, 수도, 전기 등을 단전단수 조치함을 고지합니다.

2019. 06. 01

연 락 처 : 조합사무실 000-000-0000

OO주택조합

---

2. 해체

나대지를 확보하여 착공을 하는 주택조합이면 해체 절차가 생략될 수도 있겠으나 대부분의 경우 기존의 건축물들을 해체하고 그 부지에 새로운 공동주택을 건설해야 하기 때문에 다음 3가지 작업을 해야 한다.

가. 석면 조사·해체·제거

나. 지장물(사업부지 내 거주하는 주민들에게 공급되는 전기, 통신, 가스, 수도 등의 공급 시설) 철거

다. 기존 건축물 해체

필관조합의 경우

- 석면 조사·해체·제거 작업과 관련하여 하나의 도급계약을 체결했고(금액 1,200만 원, vat 별도),

- 지장물 철거작업은 사업자별(전기, 통신, 가스, 상수도, 하수도)로 별도로 비용이 발생했고,

구분		금액	비고
전주이설	한국전력공사	97,981,820	
전주이설	OO정보	3,300,000	
도시가스배관 철거	OO도시가스	115,322,719	
철거감리용역비	OO건축사사무소	7,700,000	
상하관폐쇄공사	OO엔지니어	59,686,000	
통신시설 이설	OO통신	9,509,060	vat 포함
	OO방송	100,370,600	
	(주)케이O	66,398,640	
	OO텔레콤(주)	57,038,300	
	OO브로드밴드	31,179,500	
	OO라인(주)	21,160,700	
	(주)OO유플	10,703,000	
	O플러스(주)	2,973,000	
	OO디엠	19,800,000	
합계		603,123,339	

- 기존 건출물 해체를 위해 하나의 도급계약을 체결한 바 있다(금액 14.5억, vat 별도).

도급계약 진행과정에서 경험한 내용중 유의해야 할 것으로 판단되는 사항은 다음과 같다.
첫째, 지장물과 관련한 것인데, 전기, 통신, 가스, 수도 등의 공급 시설물들의 철거 또는 이설을 위해서는 반드시 누전, 누수, 가스폭발 및 화재 등의 안전사고 예방을 위한 특별한 조치가 필요하고, 이를 위해 별도의 면허나 기술이 요구되는 경우가 많다. 또한 이 지장물들은 한국전력공사, 통신사, 가스를 공급하는 기관, 수돗물을 공급하는 기관이 소유하거나 관리할 권한을 가지고 있다. 따라서, 시설물의 소유자 내지 관리자

와의 긴밀한 업무 협의 등도 반드시 필요하다. 이러한 복잡한 관계가 있다 보니 사고가 발생할 가능성이 아주 높다. 사고가 나면 도급업체의 손해배상책임을 떠나 전체 공기에 영향을 미칠 수 있으니 도급인도 사고가 발생치 않도록 큰 관심을 가져야만 한다는 점이다. 또한, 전체 공기 준수를 위해서는 한국전력공사, 통신사, 가스를 공급하는 기관, 수돗물을 공급하는 기관들의 적극적인 협조가 반드시 필요한데, 도급업체의 역량이 부족할 수도 있다. 이때 조합도 적극 힘을 보태어 문제가 생기지 않도록 할 필요가 있다.

둘째, 도급업체의 건실성 문제로 부도나 파산 등의 사고가 발생할 경우를 대비하여 도급계약서에 반드시 안전 조치를 해야 한다는 점이다. 즉, 도급계약 체결 시 공사포기각서를 미리 받아두거나 제소 전 화해를 해 둘 필요가 있다. 또한 파산 시에는 공사도급계약이 자동 해제 되며, "乙"은 본 계약을 포기한 것으로 간주한다는 조항을 반드시 넣을 필요도 있다. 필관조합의 경우, 도급업체의 부도 문제로 상당한 애로를 겪은 경험이 있다.

3. 해체관련 법률 내용

가. 건축물관리법 제정 및 시행

노후화 건축물이 늘어나고 화재나 해체 공사 사고가 증가함에 따라 안전확보가 시급한 실정이며, 건축물의 성능 유시 및 사용 가치 향상에 대한 중요성이 높아지고 있는 가운데, 국토교통부는 건축물관리법을 제정하여 2020년 5월 1일부터 시행에 들어갔다.

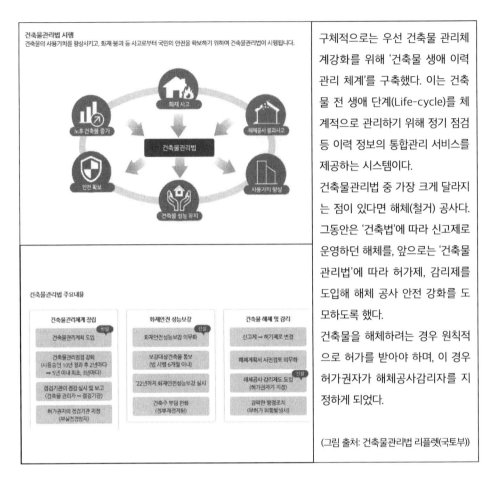

구체적으로는 우선 건축물 관리체계강화를 위해 '건축물 생애 이력 관리 체계'를 구축했다. 이는 건축물 전 생애 단계(Life-cycle)를 체계적으로 관리하기 위해 정기 점검 등 이력 정보의 통합관리 서비스를 제공하는 시스템이다.

건축물관리법 중 가장 크게 달라지는 점이 있다면 해체(철거) 공사다. 그동안은 '건축법'에 따라 신고제로 운영하던 해체를, 앞으로는 '건축물 관리법'에 따라 허가제, 감리제를 도입해 해체 공사 안전 강화를 도모하도록 했다.

건축물을 해체하려는 경우 원칙적으로 허가를 받아야 하며, 이 경우 허가권자가 해체공사감리자를 지정하게 되었다.

(그림 출처: 건축물관리법 리플렛(국토부))

또한, 2021년 6월 광주의 재개발 사업장 아파트 철거중 붕괴사고 발생 이후 해체 공사의 안전관리를 신축 공사 수준으로 강화한 건축물관리법 시행령 및 시행규칙 개정안이 마련되어 2022년 8월 4일부터 시행에 들어갔다.

나. 주요 개정 내용

1) 허가를 받아야 하는 해체 공사 대상을 확대하고, 허가 대상은 의무적으로 건축위원회 심의를 받아야 한다.

 - 예를 들어, 공사장 주변에 버스정류장이 있어 유동 인구가 많은 경우, 해체 건축물 규모 등은 신고 대상이라 하더라도 허가를 받도록 하는 등 해체 공사 허가 대상을 확대했다.

 * 신고대상: 부분 해체 또는 연면적 500m^2 미만이고 높이 12m 미만이면서 3개 층 이하인 건축물 해체, 허가 대상: 신고 대상 외 전체 건축물 해체

- 허가권자가 해체 공사와 관련한 계획서·공법 및 안전 조치 방안 등의 적정성을 철저히 검토하기 위하여 건축위원회 심의를 받도록 하여 허가 단계에서부터 안전을 강화함.

2) 해체계획서를 제대로 작성하게 하고, 해체 공사 감리자의 교육 이수를 의무화하여 해체 공사의 안전 수준을 전반적으로 높였다.

- 변경전에는 해체계획서(해체 공사 전 대상 건축물과 주변을 조사하고 공법, 작업 순서 등을 계획한 보고서)를 누가 작성하는지 관계없이 전문가(건축사, 기술사) 검토만 이루어지면 허가를 받을 수 있었으나, 앞으로는 전문가가 책임을 지고 작성하도록 하였다.

- 감리자(원)의 전문성을 강화하기 위하여 감리교육을 받은 자만 해체 공사 감리를 할 수 있도록 하고, 보수교육(매 3년)을 이수하도록 하여 감리자(원)의 전문성이 지속적으로 유지되도록 하였다.

* 감리자: 건축사사무소 또는 건설사업관리가 가능한 건설엔지니어링 사업자
  감리원: 감리자에 소속되어 있는 사람으로써 감리 자격이 있는 사람(건축사보 등)

3) 허가권자가 해체 공사 추진 현황을 체계적으로 관리할 수 있도록 점검 권한은 물론, 감리 업무를 감독할 수 있는 수단을 강화하였다.

- 허가권자가 착공 신고를 수리하기 전뿐만 아니라 감리자가 감리를 성실히 수행하지 않는 경우에 해체 공사 현장에 나가 확인하도록 제도를 강화하였다.

- 그리고 현장 점검 결과, 공사가 안전하게 진행되기 어렵다고 판단되는 경우 허가권자가 즉시 개선을 명할 수 있도록 권한을 부여하였다

- 아울러, 감리사도 하여금 수요한 해체작업의 사진·영상 촬영은 물론 감리 업무를 건축물 생애 이력 관리시스템에 매일 등록하도록 하고, 허가권자는 이를 통해 감리 진행 상황을 수시로 확인할 수 있도록 하였다.

4) 해체 허가(신고) 변경절차가 마련되었다.

- 허가받은 내용과 달리 해체 현장에서 해체공법, 장비 등을 임의로 변경하는 사례를 예방하기 위해 허가(신고)를 받은 주요 사항 변경 시, 허가권자에게 사전에 적정성 검토를 받도록 절차를 마련하였다.

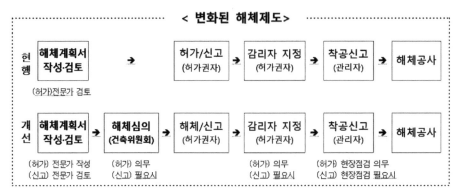

(출처: 국토교통부)

법이 강화되고 나서 철거 공기가 3배 정도 늘어났다라는 의견이 있는데, 철거 시 참고해야 할 것으로 보인다.

다. 건축물의 멸실신고 관련 법률 내용

관리자는 해당 건축물이 멸실된 날부터 30일 이내에 건축물 멸실신고서를 허가권자에게 제출하여야 한다. 다만, 건축물을 전면해체하고 건축물 해체공사 완료신고를 한 경우에는 멸실신고를 한 것으로 본다. 허가권자는 신고서를 제출받은 경우 건축물 또는 건축물 자재에 석면 함유 여부 및 신고내용을 확인한 후 건축물 멸실 신고확인증을 내주어야 한다.

건축물관리법 제34조(건축물의 멸실신고)

① 관리자는 해당 건축물이 멸실된 날부터 30일 이내에 건축물 멸실신고서를 허가권자에게 제출하여야 한다. 다만, 건축물을 전면해체하고 제33조에 따른 건축물 해체공사 완료신고를 한 경우에는 멸실신고를 한 것으로 본다. <개정 2022. 2. 3.>

② 제1항에 따른 신고의 방법·절차에 관한 사항은 국토교통부령으로 정한다.

건축물관리법 시행규칙 제17조(건축물 멸실의 신고)

① 관리자는 법 제34조제1항 본문에 따라 멸실신고를 하려는 경우에는 별지 제10호서식의 건축물 멸실 신고서를 허가권자에게 제출(전자문서로 제출하는 것을 포함한다)해야 한다.

② 허가권자는 제1항에 따라 신고서를 제출받은 경우 건축물 또는 건축물 자재에 석면이 함유되었는지를 확인해야 한다. 이 경우 석면 함유에 대한 통보에 관하여는 영 제21조제3항을 준용한다.

③ 허가권자는 제1항에 따라 건축물 멸실 신고서를 제출받았을 때에는 석면 함유 여부 및 신고 내용을 확인한 후 별지 제11호서식의 건축물 멸실 신고확인증을 신고인에게 내주어야 한다.

멸실일자는 향후 재산세 및 각종 부담금 산정 시 중요한 요소가 되므로 대장으로 잘 정리하여 관리할 필요가 있다.

라. 재산세 부과 관련

지주나 세입자가 퇴거 이후 단수·단전·출입문 봉쇄 등을 하고 난 이후 건축물 해체, 멸실신고, 멸실필증 교부가 이루어지는데, 재산세 "납세의무자"는 매년 6월 1일을 기준으로 재산을 사실상 소유한 자이다. 재산세 부과 및 납기 기준은 다음과 같다.

납기	7월(7월 16일~7월 31일)		9월(9월 16일~9월 30일)	
	주택 1기분	건축물(주택 제외)	주택 2기분	토지
납부액	주택분 1/2	전액	주택분 1/2	전액

가급적이면 일정을 잘 맞추어 6월 1일 이전에 건축물을 멸실 조치하여 재산세를 경감시킬 필요가 있다.

혹시, 단수·단전·출입문 봉쇄 조치는 하였으나 6월 1일을 경과하여 멸실한 경우 주택 및 건축물에 대해 재산세가 부과될 수 있으나, 그 주택 및 건축물이 이미 그 기능을 상실한 점을 잘 소구하여 볼 필요가 있다. 문구에 집중하면 부과해야 하겠으나, 실질을 살피면 부과대상이 아니기 때문이다.

최근 사회적으로 부실 공사(순살아파트 등)로 인한 사고에 대한 비난의 여론이 높다. 이때 제일 먼저 나오는 이슈는 '감리가 제대로 되었는가' 하는 주제이다. 감리와 관련한 법 규정이 잘 정비되어 있고 그 법 규정이 잘만 지켜진다면 이러한 일은 일어나지 않았을 텐데, 매우 안타까운 일이다.

필관조합의 경우 성실하고 책임감 넘치는 감리자 분들의 헌신으로 무사고로 별 탈 없이 순탄하게 잘 건설되었다. 너무 감사한 일이다. 감리에 대해 현재의 법 규정 중심으로 먼저 살펴보자. (품질점검단의 설치 및 운영 등에 관한 내용은 생략한다.)

1. 주택의 감리자 지정 등

가. 사업계획승인권자는 주택건설사업계획을 승인하였을 때에는 감리자격이 있는 자를 해당 주택건설공사의 감리자로 지정하여야 한다. 300세대 이상의 주택건설공사인 경우 감리자는 전문분야별 요건을 갖추어 시·도지사에게 등록한 건설엔지니어링사업자여야 한다.

> 주택법 제43조(주택의 감리자 지정 등)
> ① 사업계획승인권자가 제15조제1항 또는 제3항에 따른 주택건설사업계획을 승인하였을 때와 시장·군수·구청장이 제66조제1항 또는 제2항에 따른 리모델링의 허가를 하였을 때에는 「건축사법」 또는 「건설기술 진흥법」에 따른 감리자격이 있는 자를 대통령령으로 정하는 바에 따라 해당 주택건설공사의 감리자로 지정하여야 한다. 다만, 사업주체가 국가·지방자치단체·한국토지주택공사·지방공사 또는 대통령령으로 정하는 자인 경우와 「건축법」 제25조에 따라 공사감리를 하는 도시형 생활주택의 경우에는 그러하지 아니하다. <개정 2018. 3. 13.>

주택법 시행령 제47조(감리자의 지정 및 감리원의 배치 등)

① 법 제43조제1항 본문에 따라 사업계획승인권자는 다음 각 호의 구분에 따른 자를 주택건설공사의 감리자로 지정하여야 한다. 이 경우 인접한 둘 이상의 주택단지에 대해서는 감리자를 공동으로 지정할 수 있다. <개정 2020. 1. 7., 2021. 9. 14.>

1. 300세대 미만의 주택건설공사: 다음 각 목의 어느 하나에 해당하는 자[해당 주택건설공사를 시공하는 자의 계열회사(「독점규제 및 공정거래에 관한 법률」 제2조제3호에 따른 계열회사를 말한다)는 제외한다. 이하 제2호에서 같다]

가. 「건축사법」 제23조제1항에 따라 건축사사무소개설신고를 한 자

나. 「건설기술 진흥법」 제26조제1항에 따라 등록한 건설엔지니어링사업자

2. 300세대 이상의 주택건설공사: 「건설기술 진흥법」 제26조제1항에 따라 등록한 건설엔지니어링사업자

건설기술 진흥법 제26조(건설엔지니어링업의 등록 등)

① 발주청이 발주하는 건설엔지니어링사업을 수행하려는 자는 전문분야별 요건을 갖추어 특별시장·광역시장·특별자치시장·도지사 또는 특별자치도지사(이하 "시·도지사"라 한다)에게 등록하여야 한다. 다만, 발주청이 발주하는 건설엔지니어링 중 건설공사의 계획·조사·설계를 수행하기 위하여 시·도지사에게 등록하려는 자는 「엔지니어링산업 진흥법」 제2조제4호에 따른 엔지니어링사업자 또는 「기술사법」 제6조제1항에 따른 사무소를 등록한 기술사이어야 한다. 〈개정 2021. 3. 16.〉

⑥ 제1항 본문에 따른 건설엔지니어링업의 전문분야 구분, 전문분야별 등록요건 및 업무범위 등은 대통령령으로 정한다. 〈개정 2021. 3. 16.〉

나. 지정된 감리자는 주택법 시행령 제47조제4항 각 호의 내용에 따라 배치하여야 하며, 감리자는 사업주체와 협의하여 감리원의 배치계획을 작성한 후 사업계획승인권자 및 사업주체에게 각각 보고하여야 한다.

주택법 시행령 제47조(감리자의 지정 및 감리원의 배치 등)

④ 제1항에 따라 지정된 감리자는 다음 각 호의 기준에 따라 감리원을 배치하여 감리를 하여야 한다. <개정 2017. 10. 17.>

1. 국토교통부령으로 정하는 감리자격이 있는 자를 공사현장에 상주시켜 감리할 것

2. 국토교통부장관이 정하여 고시하는 바에 따라 공사에 대한 감리업무를 총괄하는 총괄감리원 1명과 공사분야별 감리원을 각각 배치할 것

3. 총괄감리원은 주택건설공사 전기간(全期間)에 걸쳐 배치하고, 공사분야별 감리원은 해당 공사의 기간 동안 배치할 것

4. 감리원을 해당 주택건설공사 외의 건설공사에 중복하여 배치하지 아니할 것

다. 주택법 시행령 제47조제4항제1호에서 국토교통부령으로 정하는 감리자격이 있는 자란 다음과 같다.

라. 사업계획승인권자는 잘못을 저지른 감리자를 교체하고, 1년의 범위에서 감리업무의 지정을 제한할 수 있다.

> 주택법 제43조(주택의 감리자 지정 등)
> ② 사업계획승인권자는 감리자가 감리자의 지정에 관한 서류를 부정 또는 거짓으로 제출하거나, 업무 수행 중 위반 사항이 있음을 알고도 묵인하는 등 대통령령으로 정하는 사유에 해당하는 경우에는 감리자를 교체하고, 그 감리자에 대하여는 1년의 범위에서 감리업무의 지정을 제한할 수 있다.
>
> 주택법 시행령 제48조(감리자의 교체)
> ① 법 제43조제2항에서 "업무 수행 중 위반 사항이 있음을 알고도 묵인하는 등 대통령령으로 정하는 사유에 해당하는 경우"란 다음 각 호의 어느 하나에 해당하는 경우를 말한다.
>   1. 감리업무 수행 중 발견한 위반 사항을 묵인한 경우
>   2. 법 제44조제4항 후단에 따른 이의신청 결과 같은 조 제3항에 따른 시정 통지가 3회 이상 잘못된 것으로 판정된 경우
>   3. 공사기간 중 공사현장에 1개월 이상 감리원을 상주시키지 아니한 경우. 이 경우 기간 계산은 제47조제4항에 따라 감리원별로 상주시켜야 할 기간에 각 감리원이 상주하지 아니한 기간을 합산한다.
>   4. 감리자 지정에 관한 서류를 거짓이나 그 밖의 부정한 방법으로 작성·제출한 경우
>   5. 감리자 스스로 감리업무 수행의 포기 의사를 밝힌 경우
> ② 사업계획승인권자는 법 제43조제2항에 따라 감리자를 교체하려는 경우에는 해당 감리자 및 시공자·사업주체의 의견을 들어야 한다.
> ③ 사업계획승인권자는 제1항제5호에도 불구하고 감리자가 다음 각 호의 사유로 감리업무 수행을 포기한 경우에는 그 감리자에 대하여 법 제43조제2항에 따른 감리업무 지정제한을 하여서는 아니 된다.
>   1. 사업주체의 부도·파산 등으로 인한 공사 중단
>   2. 1년 이상의 착공 지연
>   3. 그 밖에 천재지변 등 부득이한 사유

마. 사업주체와 감리자 간의 책임 내용 및 범위는 이 법에서 규정한 것 외에는 당사자 간의 계약으로 정한다.

> 주택법 제43조(주택의 감리자 지정 등)
> ③ 사업주체(제66조제1항 또는 제2항에 따른 리모델링의 허가만 받은 자도 포함한다. 이하 이 조, 제44조 및 제47조에서 같다)와 감리자 간의 책임 내용 및 범위는 이 법에서 규정한 것 외에는 당사자 간의 계약으로 정한다. <개정 2018. 3. 13.>

바. 국토교통부장관은 감리용역표준계약서를 정하여 보급할 수 있다

> 주택법 제43조(주택의 감리자 지정 등)
> ④ 국토교통부장관은 제3항에 따른 계약을 체결할 때 사업주체와 감리자 간에 공정하게 계약이 체결되도록 하기 위하여 감리용역표준계약서를 정하여 보급할 수 있다.

2. 감리자의 업무 등

가. 감리자의 업무 및 업무수행 방법은 다음의 내용과 같다.

> 주택법 제44조(감리자의 업무 등)
> ① 감리자는 자기에게 소속된 자를 대통령령으로 정하는 바에 따라 감리원으로 배치하고, 다음 각 호의 업무를 수행하여야 한다.
>   1. 시공자가 설계도서에 맞게 시공하는지 여부의 확인
>   2. 시공자가 사용하는 건축자재가 관계 법령에 따른 기준에 맞는 건축자재인지 여부의 확인
>   3. 주택건설공사에 대하여 「건설기술 진흥법」 제55조에 따른 품질시험을 하였는지 여부의 확인
>   4. 시공자가 사용하는 마감자재 및 제품이 제54조제3항에 따라 사업주체가 시장·군수·구청장에게 제출한 마감자재 목록표 및 영상물 등과 동일한지 여부의 확인
>   5. 그 밖에 주택건설공사의 시공감리에 관한 사항으로서 대통령령으로 정하는 사항
>
> 주택법 시행령 제49조(감리자의 업무)
> ① 법 제44조제1항제5호에서 "대통령령으로 정하는 사항"이란 다음 각 호의 업무를 말한다. <개정 2020. 3. 10.>
>   1. 설계도서가 해당 지형 등에 적합한지에 대한 확인
>   2. 설계변경에 관한 적정성 확인
>   3. 시공계획·예정공정표 및 시공도면 등의 검토·확인
>   4. 국토교통부령으로 정하는 주요 공정이 예정공정표대로 완료되었는지 여부의 확인
>   5. 예정공정표보다 공사가 지연된 경우 대책의 검토 및 이행 여부의 확인
>   6. 방수·방음·단열시공의 적정성 확보, 재해의 예방, 시공상의 안전관리 및 그 밖에 건축공사의 질적 향상을 위하여 국토교통부장관이 정하여 고시하는 사항에 대한 검토·확인
> ② 국토교통부장관은 주택건설공사의 시공감리에 관한 세부적인 기준을 정하여 고시할 수 있다.

주택법 시행규칙 제18조(감리원의 배치기준 등)

③ 영 제49조제1항제4호에서 "국토교통부령으로 정하는 주요 공정"이란 다음 각 호의 공정을 말한다.

    <신설 2020. 4. 1.>

    1. 지하 구조물 공사

    2. 옥탑층 골조 및 승강로 공사

    3. 세대 내부 바닥의 미장 공사

    4. 승강기 설치 공사

    5. 지하 관로 매설 공사

주택건설공사 감리업무 세부기준 제4조(감리자의 업무)

① 감리자는 다음 각 호의 업무를 수행하여야 한다.

    1. 시공계획·공정표 및 설계도서의 적정성 검토

    2. 시공자가 설계도서(내진설계를 포함한다)에 따라 적합하게 시공하는지 검토·확인

    3. 구조물의 위치·규격 등에 관한 사항의 검토·확인

    4. 사용자재의 적합성 검토·확인

    5. 품질관리시험의 계획·실시지도 및 시험성과에 대한 검토·확인

    6. 누수·방음 및 단열에 대한 시공성 검토·확인

    7. 재해예방 및 시공상의 안전관리

    8. 설계도서의 당해 지형에 대한 적합성 및 설계변경에 대한 적정성 검토

    9. 공사착공계, 중간검사신청서, 임시사용 및 사용검사신청서 적정성 검토

    10. 착공신고 시 제출한 "건설폐자재 재활용 및 처리계획서"의 이행여부

    11. 「공동주택 바닥충격음 차단구조인정 및 관리기준」 제32조에 따른 바닥충격음 저감자재의 품질 및 시공확인

    12. 「건강친화형주택 건설기준」제6조의 시험성적서 확인 및 제9조의 자체평가서의 완료 확인

    13. 그 밖에 「건축사법」 또는 「건설기술 진흥법」에서 주택건설공사 감리자의 업무로 정하는 사항

② 감리자는 다음 각 호의 기준에 따른 방법으로 업무를 수행하여야 한다.

    1. 감리자는 해당 공사가 설계도서대로 시공되는지를 확인하고 공정관리, 시공관리, 품질관리, 안전 및 환경관리 등에 대한 업무를 시공자와 협의하여 수행하여야 한다.

    2. 감리자는 감리업무의 범위에 속하는 관계법령에 따른 각종 신고·검사·시험 및 자재의 품질확인 등의 업무를 성실히 수행하여야 하고, 관계규정에 따른 검토·확인·날인 및 보고 등을 하여야 하며, 이에 따른 책임을 진다.

    3. 감리자는 공사현장에 문제가 발생하거나 시공에 관한 중요한 변경사항이 발생하는 경우에는 사업계획승인권자 및 사업주체에게 관련 사항을 보고하고 이에 대한 지시를 받아 업무를 수행하여야 한다.

    4. 감리자는 감리원과 현장종사자(기능공을 포함한다)를 대상으로 견실시공 의식을 제고시킬 수 있도록 해당 현장의 특성에 따라 분기별로 교육을 실시하도록 하여야 한다.

나. 감리자는 착공신고를 하거나 감리업무의 범위에 속하는 각종 시험 및 자재확인 등을
하는 경우에는 서명 또는 날인을 하여야 한다.

> 주택법 시행령 제47조(감리자의 지정 및 감리원의 배치 등)
> ⑤ 감리자는 법 제16조제2항에 따라 착공신고를 하거나 감리업무의 범위에 속하는 각종 시험 및 자재
> 확인 등을 하는 경우에는 서명 또는 날인을 하여야 한다.

다. 감리자는 주택법 제44조제1항 각 호에 따른 업무 수행 상황을 시행규칙 제18조제4항
각 호의 구분에 따라 감리업무 수행 상황을 사업계획승인권자 및 사업주체에게 보고해
야 하며 감리업무를 완료하였을 때는 최종보고서를 제출해야 한다.

> 주택법 제44조(감리자의 업무 등)
> ② 감리자는 제1항 각 호에 따른 업무의 수행 상황을 국토교통부령으로 정하는 바에 따라 사업계획
> 승인권자(제66조제1항 또는 제2항에 따른 리모델링의 허가만 받은 경우는 허가권자를 말한다. 이
> 하 이 조, 제45조, 제47조 및 제48조에서 같다) 및 사업주체에게 보고하여야 한다. 〈개정 2018. 3.
> 13.〉
>
> 주택법 시행규칙 제18조(감리원의 배치기준 등)
> ④ 감리자는 법 제44조제2항에 따라 사업계획승인권자(법 제66조제1항에 따른 리모델링의 허가만
> 받은 경우는 허가권자를 말한다. 이하 이 조 및 제20조에서 같다) 및 사업주체에게 다음 각 호의
> 구분에 따라 감리업무 수행 상황을 보고(전자문서에 따른 보고를 포함한다)해야 하며, 감리업무를
> 완료하였을 때에는 최종보고서를 제출(전자문서에 따른 제출을 포함한다)해야 한다. 〈개정 2020.
> 4. 1.〉
> 1. 영 제49조제1항제4호의 업무: 예정공정표에 따른 제3항 각 호의 공정 완료 예정 시기
> 2. 영 제49조제1항제5호의 업무: 공사 지연이 발생한 때. 이 경우 국토교통부장관이 정하여 고시
> 하는 기준에 따라 보고해야 한다.
> 3. 제1호 및 제2호 외의 감리업무 수행 상황: 분기별

라. 감리자는 위반사항 발견 시 지체없이 시공자 및 사업주체에게 위반 사항을 시정할 것
을 통지하고, 7일 이내에 사업계획승인권자에게 그 내용을 보고하여야 한다

> 주택법 제44조(감리자의 업무 등)
> ③ 감리자는 제1항 각 호의 업무를 수행하면서 위반 사항을 발견하였을 때에는 지체 없이 시공자 및
> 사업주체에게 위반 사항을 시정할 것을 통지하고, 7일 이내에 사업계획승인권자에게 그 내용을 보
> 고하여야 한다.

마. 시정 통지를 받은 시공자 및 사업주체는 즉시 해당 공사를 중지하고 위반 사항을 시정한 후 감리자의 확인을 받아야 한다. 감리자의 시정 통지에 이의가 있을 때에는 즉시 그 공사를 중지하고 사업계획승인권자에게 서면으로 이의신청을 할 수 있다.

> 주택법 제44조(감리자의 업무 등)
> ④ 시공자 및 사업주체는 제3항에 따른 시정 통지를 받은 경우에는 즉시 해당 공사를 중지하고 위반 사항을 시정한 후 감리자의 확인을 받아야 한다. 이 경우 감리자의 시정 통지에 이의가 있을 때에는 즉시 그 공사를 중지하고 사업계획승인권자에게 서면으로 이의신청을 할 수 있다.

바. 이의신청을 받은 경우에는 이의신청을 받은 날부터 10일 이내에 처리 결과를 회신하여야 한다. 이 경우 감리자에게도 그 결과를 통보하여야 한다.

> 주택법 제44조(감리자의 업무 등)
> ⑤ 제43조제1항에 따른 감리자의 지정 방법 및 절차와 제4항에 따른 이의신청의 처리 등에 필요한 사항은 대통령령으로 정한다.
>
> 주택법 시행령 제50조(이의신청의 처리)
> 사업계획승인권자는 법 제44조제4항 후단에 따른 이의신청을 받은 경우에는 이의신청을 받은 날부터 10일 이내에 처리 결과를 회신하여야 한다. 이 경우 감리자에게도 그 결과를 통보하여야 한다.

사. 사업주체는 공사감리비를 사업계획승인권자에게 예치하여야 하고 감리자에게 주택법 시행규칙 제18조의2에서 정하는 절차 등에 따라 조치·지급하여야 한다.

> 주택법 제44조(감리자의 업무 등)
> ⑥ 사업주체는 제43조제3항의 계약에 따른 공사감리비를 국토교통부령으로 정하는 바에 따라 사업계획승인권자에게 예치하여야 한다. <신설 2018. 3. 13.>
> ⑦ 사업계획승인권자는 제6항에 따라 예치받은 공사감리비를 감리자에게 국토교통부령으로 정하는 절차 등에 따라 지급하여야 한다. <개정 2018. 3. 13.>
>
> 주택법 시행규칙 제18조의2(공사감리비의 예치 및 지급 등)
> ① 사업주체는 감리자와 법 제43조제3항에 따른 계약(이하 이 조에서 "계약"이라 한다)을 체결한 경우 사업계획승인권자에게 계약 내용을 통보하여야 한다. 이 경우 통보를 받은 사업계획승인권자는 즉시 사업주체 및 감리자에게 공사감리비 예치 및 지급 방식에 관한 내용을 안내하여야 한다.
> ② 사업주체는 해당 공사감리비를 계약에서 정한 지급예정일 14일 전까지 사업계획승인권자에게 예치하여야 한다.

③ 감리자는 계약에서 정한 공사감리비 지급예정일 7일 전까지 사업계획승인권자에게 공사감리비 지급을 요청하여야 하며, 사업계획승인권자는 제18조제3항에 따른 감리업무 수행 상황을 확인한 후 공사감리비를 지급하여야 한다.

④ 제2항 및 제3항에도 불구하고 계약에서 선급금의 지급, 계약의 해제·해지 및 감리 용역의 일시중지 등의 사유 발생 시 공사감리비의 예치 및 지급 등에 관한 사항을 별도로 정한 경우에는 그 계약에 따른다.

⑤ 사업계획승인권자는 제3항 또는 제4항에 따라 공사감리비를 지급한 경우 그 사실을 즉시 사업주체에게 통보하여야 한다.

⑥ 제1항부터 제5항까지에서 규정한 사항 외에 공사감리비 예치 및 지급 등에 필요한 사항은 시·도지사 또는 시장·군수가 정한다.

[본조신설 2018. 9. 14.]

3. 감리자의 업무 협조

가. 감리자는 다른 법률에 따른 감리자(전기,정보통신,소방시설)와 서로 협력하여 감리업무를 수행하여야 한다.

> 주택법 제45조(감리자의 업무 협조)
> ① 감리자는 「전력기술관리법」 제14조의2, 「정보통신공사업법」 제8조, 「소방시설공사업법」 제17조에 따라 감리업무를 수행하는 자(이하 "다른 법률에 따른 감리자"라 한다)와 서로 협력하여 감리업무를 수행하여야 한다.

나. 다른 법률에 따른 감리자는 공정별 감리계획서, 공정보고서, 공사분야별로 필요한 부분에 대한 상세시공도면 자료를 감리자에게 제출하여야 하며, 감리자는 제출된 자료를 근거로 다른 법률에 따른 감리자와 협의하여 전체 주택건설공사에 대한 감리계획서를 작성하여 감리업무를 착수하기 전에 사업계획승인권자에게 보고하여야 한다.

> 주택법 제45조(감리자의 업무 협조)
> ② 다른 법률에 따른 감리자는 공정별 감리계획서 등 대통령령으로 정하는 자료를 감리자에게 제출하여야 하며, 감리자는 제출된 자료를 근거로 다른 법률에 따른 감리자와 협의하여 전체 주택건설공사에 대한 감리계획서를 작성하여 감리업무를 착수하기 전에 사업계획승인권자에게 보고하여야 한다.

> 주택법 시행령 제51조(다른 법률에 따른 감리자의 자료제출)
>
> 법 제45조제2항에서 "공정별 감리계획서 등 대통령령으로 정하는 자료"란 다음 각 호의 자료를 말한다.
>
> 1. 공정별 감리계획서
>
> 2. 공정보고서
>
> 3. 공사분야별로 필요한 부분에 대한 상세시공도면

나. 감리자는 다른 법률에 따른 감리자에게 공정 보고 및 시정을 요구할 수 있으며, 다른 법률에 따른 감리자는 요청에 따라야 한다.

> 주택법 제45조(감리자의 업무 협조)
>
> ③ 감리자는 주택건설공사의 품질·안전 관리 및 원활한 공사 진행을 위하여 다른 법률에 따른 감리자에게 공정 보고 및 시정을 요구할 수 있으며, 다른 법률에 따른 감리자는 요청에 따라야 한다.

4. 부실감리자 등에 대한 조치

- 사업계획승인권자는 감리자 또는 감리원이 고의 또는 중대한 과실로 감리를 부실하게 하거나 법령을 위반하여 감리를 함으로써 사업주체 또는 입주자 등에게 피해를 입히는 등 주택건설공사가 부실하게 된 경우에는 행정기관의 장에게 필요한 조치를 하도록 요청할 수 있다.

> 주택법 제47조(부실감리자 등에 대한 조치)
>
> 사업계획승인권자는 제43조 및 제44조에 따라 지정·배치된 감리자 또는 감리원(다른 법률에 따른 감리자 또는 그에게 소속된 감리원을 포함한다)이 그 업무를 수행할 때 고의 또는 중대한 과실로 감리를 부실하게 하거나 관계 법령을 위반하여 감리를 함으로써 해당 사업주체 또는 입주자 등에게 피해를 입히는 등 주택건설공사가 부실하게 된 경우에는 그 감리자의 등록 또는 감리원의 면허나 그 밖의 자격인정 등을 한 행정기관의 장에게 등록말소·면허취소·자격정지·영업정지나 그 밖에 필요한 조치를 하도록 요청할 수 있다.

5. 감리자에 대한 실태점검 등

가. 사업계획승인권자는 감리자를 대상으로 주택법 시행령 제53조 각 호의 사항에 대한 이
행 실태점검을 실시할 수 있다.

> 주택법 제48조(감리자에 대한 실태점검 등)
> ① 사업계획승인권자는 주택건설공사의 부실방지, 품질 및 안전 확보를 위하여 해당 주택건설공사의
>   감리자를 대상으로 각종 시험 및 자재확인 업무에 대한 이행 실태 등 대통령령으로 정하는 사항에
>   대하여 실태점검(이하 "실태점검"이라 한다)을 실시할 수 있다.
>
> 주택법 시행령 제53조(감리자에 대한 실태점검 항목)
> 법 제48조제1항에서 "각종 시험 및 자재확인 업무에 대한 이행 실태 등 대통령령으로 정하는 사항"이
> 란 다음 각 호의 사항을 말한다.
> 1. 감리원의 적정자격 보유 여부 및 상주이행 상태 등 감리원 구성 및 운영에 관한 사항
> 2. 시공 상태 확인 등 시공관리에 관한 사항
> 3. 각종 시험 및 자재품질 확인 등 품질관리에 관한 사항
> 4. 안전관리 등 현장관리에 관한 사항
> 5. 그 밖에 사업계획승인권자가 실태점검이 필요하다고 인정하는 사항

나. 사업계획승인권자는 실태점검 결과 감리업무의 소홀이 확인된 경우에는 시정명령을 하
거나, 감리자 교체를 하여야 한다.

> 주택법 제48조(감리자에 대한 실태점검 등)
> ② 사업계획승인권자는 실태점검 결과 제44조제1항에 따른 감리업무의 소홀이 확인된 경우에는 시
>   정명령을 하거나, 제43조제2항에 따라 감리자 교체를 하여야 한다.

다. 사업계획승인권자는 시정명령 또는 교체지시 사실을 7일 이내에 국토교통부장관에게
보고하여야 하며, 국토교통부장관은 해당 내용을 종합관리하여 감리자 지정에 관한 기
준에 반영할 수 있다

> 주택법 제48조(감리자에 대한 실태점검 등)
> ③ 사업계획승인권자는 실태점검에 따른 감리자에 대한 시정명령 또는 교체지시 사실을 국토교통부
>   령으로 정하는 바에 따라 국토교통부장관에게 보고하여야 하며, 국토교통부장관은 해당 내용을
>   종합관리하여 제43조제1항에 따른 감리자 지정에 관한 기준에 반영할 수 있다.

주택법 시행규칙 제20조(감리자에 대한 시정명령 또는 교체지시의 보고)

사업계획승인권자는 법 제48조제2항에 따라 감리자에 대하여 시정명령을 하거나 교체지시를 한 경우에는 같은 조 제3항에 따라 시정명령 또는 교체지시를 한 날부터 7일 이내에 국토교통부장관에게 보고하여야 한다.

6. 권한의 위임

주택법 제89조(권한의 위임·위탁)

① 이 법에 따른 국토교통부장관의 권한은 대통령령으로 정하는 바에 따라 그 일부를 시·도지사 또는 국토교통부 소속 기관의 장에게 위임할 수 있다.

② 국토교통부장관 또는 지방자치단체의 장은 이 법에 따른 권한 중 다음 각 호의 권한을 대통령령으로 정하는 바에 따라 주택산업 육성과 주택관리의 전문화, 시설물의 안전관리 및 자격검정 등을 목적으로 설립된 법인 또는 「주택도시기금법」 제10조제2항 및 제3항에 따라 주택도시기금 운용·관리에 관한 사무를 위탁받은 자 중 국토교통부장관 또는 지방자치단체의 장이 인정하는 자에게 위탁할 수 있다.

  3. 제48조제3항에 따른 부실감리자 현황에 대한 종합관리

  4. 제88조에 따른 주택정책 관련 자료의 종합관리

주택법 시행령 제90조(권한의 위임)

국토교통부장관은 법 제89조제1항에 따라 다음 각 호의 권한을 시·도지사에게 위임한다.

1. 법 제8조에 따른 주택건설사업자 및 대지조성사업자의 등록말소 및 영업의 정지

2. 법 제15조 및 제16조에 따른 사업계획의 승인·변경승인·승인취소 및 착공신고의 접수. 다만, 다음 각 목의 어느 하나에 해당하는 경우는 제외한다.

  가. 제27조제3항제1호의 경우 중 택지개발사업을 추진하는 지역 안에서 주택건설사업을 시행하는 경우

  나. 제27조제3항제3호에 따른 주택건설사업을 시행하는 경우. 다만, 착공신고의 접수는 시·도지사에게 위임한다.

3. 법 제49조에 따른 사용검사 및 임시 사용승인

4. 법 제51조제2항제1호에 따른 새로운 건설기술을 적용하여 건설하는 공업화주택에 관한 권한

5. 법 제93조에 따른 보고·검사

6. 법 제96조제1호 및 제2호에 따른 청문

7. 벌칙

주택법 제97조(벌칙 적용에서 공무원 의제)

다음 각 호의 어느 하나에 해당하는 자는 「형법」 제129조부터 제132조까지의 규정을 적용할 때에는 공무원으로 본다. <개정 2020. 1. 23.>

1. 제44조 및 제45조에 따라 감리업무를 수행하는 자

주택법 제98조(벌칙)

① 제33조, 제43조, 제44조, 제46조 또는 제70조를 위반하여 설계·시공 또는 감리를 함으로써 「공동주택관리법」 제36조제3항에 따른 담보책임기간에 공동주택의 내력구조부에 중대한 하자를 발생시켜 일반인을 위험에 처하게 한 설계자·시공자·감리자·건축구조기술사 또는 사업주체는 10년 이하의 징역에 처한다. <개정 2017. 4. 18.>

② 제1항의 죄를 범하여 사람을 죽음에 이르게 하거나 다치게 한 자는 무기징역 또는 3년 이상의 징역에 처한다.

주택법 제102조(벌칙)

다음 각 호의 어느 하나에 해당하는 자는 2년 이하의 징역 또는 2천만원 이하의 벌금에 처한다. 다만, 제5호 또는 제18호에 해당하는 자로서 그 위반행위로 얻은 이익의 50퍼센트에 해당하는 금액이 2천만원을 초과하는 자는 2년 이하의 징역 또는 그 이익의 2배에 해당하는 금액 이하의 벌금에 처한다. <개정 2016. 12. 2., 2018. 12. 18., 2019. 4. 23., 2019. 12. 10., 2020. 1. 23.>

11. 고의로 제44조제1항에 따른 감리업무를 게을리하여 위법한 주택건설공사를 시공함으로써 사업주체 또는 입주자에게 손해를 입힌 자

주택법 제104조(벌칙)

다음 각 호의 어느 하나에 해당하는 자는 1년 이하의 징역 또는 1천만원 이하의 벌금에 처한다. <개정 2019. 12. 10., 2020. 1. 23., 2020. 6. 9., 2020. 8. 18.>

6. 과실로 제44조제1항에 따른 감리업무를 게을리하여 위법한 주택건설공사를 시공함으로써 사업주체 또는 입주자에게 손해를 입힌 자

주택법 제106조(과태료)

③ 다음 각 호의 어느 하나에 해당하는 자에게는 500만원 이하의 과태료를 부과한다. <개정 2019. 12. 10., 2020. 1. 23., 2021. 8. 10.>

   3. 제44조제2항에 따른 보고를 하지 아니하거나 거짓으로 보고를 한 감리자

   3의2. 제44조제3항에 따른 보고를 하지 아니하거나 거짓으로 보고를 한 감리자

   4. 제45조제2항에 따른 보고를 하지 아니하거나 거짓으로 보고를 한 감리자

8. 필관조합의 감리 계약 규모

구분	금액(vat 포함)	비고
주택건설공사 감리 계약	12.87억	발코니 확장 및 공사비 증액에 따라 감리계약 금액 인상됨
전력시설물공사 감리 계약	3.87억	
소방시설, 정보통신공사 감리 계약	1.52억	
소계	18.26억	

제3장 | **착공**

1. 착공시점

사업계획승인을 받은 주택조합은 승인받은 사업계획대로 사업을 시행하여야 하고, 승인받은 날부터 5년 이내에 공사를 시작하여야 한다. 다만, 사업계획승인권자는 주택법 시행령 제31조 각 호에 해당하는 경우에는 주택조합의 신청을 받아 그 사유가 없어진 날부터 1년의 범위에서 주택법 제16조제1호 또는 제2호 가목에 따른 공사의 착수기간을 연장할 수 있다.

주택법 제16조(사업계획의 이행 및 취소 등)

① 사업주체는 제15조제1항 또는 제3항에 따라 승인받은 사업계획대로 사업을 시행하여야 하고, 다음 각 호의 구분에 따라 공사를 시작하여야 한다. 다만, 사업계획승인권자는 대통령령으로 정하는 정당한 사유가 있다고 인정하는 경우에는 사업주체의 신청을 받아 그 사유가 없어진 날부터 1년의 범위에서 제1호 또는 제2호가목에 따른 공사의 착수기간을 연장할 수 있다.

　1. 제15조제1항에 따라 승인을 받은 경우: 승인받은 날부터 5년 이내

　2. 제15조제3항에 따라 승인을 받은 경우

　　가. 최초로 공사를 진행하는 공구: 승인받은 날부터 5년 이내

　　나. 최초로 공사를 진행하는 공구 외의 공구: 해당 주택단지에 대한 최초 착공신고일부터 2년 이내

주택법 시행령 제31조(공사 착수기간의 연장)

법 제16조제1항 각 호 외의 부분 단서에서 "대통령령으로 정하는 정당한 사유가 있다고 인정하는 경우"란 다음 각 호의 어느 하나에 해당하는 경우를 말한다.

1. 「매장문화재 보호 및 조사에 관한 법률」 제11조에 따라 문화재청장의 매장문화재 발굴허가를 받은 경우

2. 해당 사업시행지에 대한 소유권 분쟁(소송절차가 진행 중인 경우만 해당한다)으로 인하여 공사 착수가 지연되는 경우

3. 법 제15조에 따른 사업계획승인의 조건으로 부과된 사항을 이행함에 따라 공사 착수가 지연되는 경우

4. 천재지변 또는 사업주체에게 책임이 없는 불가항력적인 사유로 인하여 공사 착수가 지연되는 경우

5. 공공택지의 개발·조성을 위한 계획에 포함된 기반시설의 설치 지연으로 공사 착수가 지연되는 경우

6. 해당 지역의 미분양주택 증가 등으로 사업성이 악화될 우려가 있거나 주택건설경기가 침체되는 등 공사에 착수하지 못할 부득이한 사유가 있다고 사업계획승인권자가 인정하는 경우

---

2. 착공신고

사업계획승인을 받은 주택조합이 공사를 시작하려는 경우에는 주택법 시행규칙 제15조제2항에 따라 착공신고서에 각 호의 서류를 첨부하여 사업계획승인권자에게 제출하여야 한다. 공사착수기간을 연장하려는 경우에는 착공연기신청서를 사업계획승인권자에게 제출하여야 한다. 사업계획승인권자는 착공신고필증 또는 착공연기확인서를 신청인 또는 신고인에게 발급해야 한다.

주택법 제16조(사업계획의 이행 및 취소 등)

② 사업주체가 제1항에 따라 공사를 시작하려는 경우에는 국토교통부령으로 정하는 바에 따라 사업계획승인권자에게 신고하여야 한다.

주택법 시행규칙 제15조(공사착수 연기 및 착공신고)

① 사업주체는 법 제16조제1항 각 호 외의 부분 단서에 따라 공사착수기간을 연장하려는 경우에는 별지 제19호서식의 착공연기신청서를 사업계획승인권자에게 제출(전자문서에 따른 제출을 포함한다)하여야 한다.

② 사업주체는 법 제16조제2항에 따라 공사착수(법 제15조제3항에 따라 사업계획승인을 받은 경우에는 공구별 공사착수를 말한다)를 신고하려는 경우에는 별지 제20호서식의 착공신고서에 다음 각 호의 서류를 첨부하여 사업계획승인권자에게 제출(전자문서에 따른 제출을 포함한다)해야 한다. 다만, 제2호부터 제5호까지의 서류는 주택건설사업의 경우만 해당한다. <개정 2020. 4. 1.>

  1. 사업관계자 상호간 계약서 사본

  2. 흙막이 구조도면(지하 2층 이상의 지하층을 설치하는 경우만 해당한다)

  3. 영 제43조제1항에 따라 작성하는 설계도서 중 국토교통부장관이 정하여 고시하는 도서

  4. 감리자(법 세43소세1항에 따라 주택건설공사 감리자로 지정받은 자를 말한다. 이하 같다)의 감리계획서 및 감리의견서

  5. 영 제49조제1항제3호에 따라 감리자가 검토·확인한 예정공정표

③ 사업계획승인권자는 제1항 및 제2항에 따른 착공연기신청서 또는 착공신고서를 제출받은 경우에는 별지 제21호서식의 착공연기확인서 또는 별지 제22호서식의 착공신고필증을 신청인 또는 신고인에게 발급하여야 한다.

착공신고 후 공사를 시작하려는 경우 해당 주택건설대지에 매도청구 대상이 되는 대지가 포함되어 있으면 해당 대지의 소유자가 매도에 대하여 합의를 하거나 매도청구에 관한 법원의 승소판결(확정되지 아니한 판결을 포함)을 받은 경우에만 공사를 시작할 수 있다.

> 주택법 제21조(대지의 소유권 확보 등)
> ② 사업주체가 제16조제2항에 따라 신고한 후 공사를 시작하려는 경우 사업계획승인을 받은 해당 주택건설대지에 제22조 및 제23조에 따른 매도청구 대상이 되는 대지가 포함되어 있으면 해당 매도청구 대상 대지에 대하여는 그 대지의 소유자가 매도에 대하여 합의를 하거나 매도청구에 관한 법원의 승소판결(확정되지 아니한 판결을 포함한다)을 받은 경우에만 공사를 시작할 수 있다. <개정 2020. 6. 9.>

그러나 철거가 필요한 경우에는, 매도 청구에 대한 법원의 확정 판결 전에는 철거를 할 수 없으므로 공사는 하지 못하는 것으로 보아야 할 것이다.

3. 사업계획승인권자는 20일 이내에 신고수리 여부를 신고인에게 통지하여야 한다.

> 주택법 제16조(사업계획의 이행 및 취소 등)
> ③ 사업계획승인권자는 제2항에 따른 신고를 받은 날부터 20일 이내에 신고수리 여부를 신고인에게 통지하여야 한다. <신설 2021. 1. 5.>

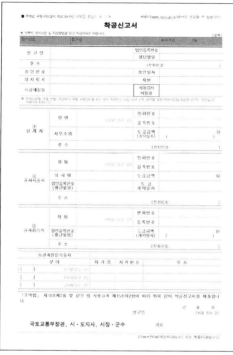

[도시계획시설 설치 관련]

필관조합의 경우 사업계획승인시 지구단위계획 결정이 의제되었으며, 지구단위계획 결정 중에는 도시관리계획이 결정되어 기반시설인 교통시설로서 도로 및 공간시설로서 공원의 배치와 규모에 관한 내용이 포함되었다. (제11편 제3장 내용 참조.)

필관조합은 도시계획시설사업 시행자 지정 및 실시계획인가를 받아 도로 및 공원을 설치하였다.

도시계획시설(도로, 소공원)사업
시행자 지정 및 실시계획인가 고시

도시계획시설(도로, 소공원)사업에 대하여 「국토의 계획 및 이용에 관한 법률」
제86조, 제88조 규정에 따라 도시계획시설사업 시행자 지정 및 실시계획인가하고,
같은 법 제91조에 따라 고시하오니 토지소유자 및 이해관계인은 보시기 바랍니다.

2020년 9월 17일

██████시 ███청장

1. 사업시행자: ████████시 █구 ██동 ██번지 일원
2. 사업의 종류 및 명칭
   가. 종류: 도시계획시설(도로, 소공원)사업
   나. 명칭: ██████████ 도시계획시설 사업
3. 사업의 면적 또는 규모
   가. 도로

| 등급 | 규모 | | | 연장 (m) | 면적 (㎡) | 비고 |
	류별	번호	폭원(m)			
소계				694	6,390	
중로	3	441	12 ~ 15	214	2,832	
소로	1	139	10	55	568	
소로	2	512	8	135	1,061	
소로	2	307	8	157	1,215	
소로	2	513	8	43	355	
소로	3	보55	4	90	359	

나. 소공원

도면표시번호	공원명	시설의종류	면적(㎡)	비고
141	공원	소공원	1,075	

4. 사업시행자
   가. 성명: ██████████ 지역주택조합장 ███
   나. 주소: ███시 █구 ██로 72, ████호(███동, ██████)
5. 사업의 착수예정일 및 준공예정일 : 인가일 ~ 2023. 9. 1.
6. 수용 또는 사용할 토지 또는 건물의 소재지·지번·지목 및 면적, 소유권과 소유권 외의 권리의 명세 및 그 소유자·권리자의 성명·주소 : **붙임참조**
7. 「국토의 계획 및 이용에 관한 법률」제99조의 규정에 의한 공공시설 등의 귀속 및 양에 관한 사항. 사업 준공 후 해당시설 관리청에 무상귀속
8. 기타 상세한 사항은 ██████시 █구청 도시과조과(██-██-████)로 문의 하시기 바랍니다.

도로 및 공원을 설치하기 위해서는 토지가 필요한데 ,이 토지는 조합이 매입하여 시설 설치 후 전체를 무상으로 양도(기부채납)하여야 하고, 주택조합 사업 구역 내에 있는 국·공유지 중 공공 시설인 토지는 조합에 무상으로 양도되어야 한다고 판단되나(제13편 제2장 내용 참조) 그 토지 중 일부(특히 골목길, 공식 용어로는 '현황도로'임)는 조합에 유상으로 양도되었다. 이에 대해서는 논란이 있을 수 있으므로 입법을 통해 해소해야 할 것으로 보인다. (서울시의 경우 2018년 7월 조례를 개정하여 무상양도 함.)

도로 설치와 관련해서도 유의해야 할 점이 있다.

1. 건축물과 차로 사이에 위치한 보도가 차로 쪽으로 약간 기울어질 수 있도록 보도와 차로 사이에 있는 연석의 높이를 결정하여 설치해야 한다. 또한 보도 전체의 높이가 허가 시 결정된 높이를 준수할 수 있도록 관심을 가져야 재공사를 방지할 수 있다.

2. 도로와 관련한 다양한 용어(차도, 차로, 보도, 길어깨, 측대, 측구 및 연석('경계석' 또는 '갓돌'로도 표현) 등)와 설치 규칙이 존재한다. 이와는 별도로 공개 공지에 대한 규정이 있다. 문제가 되는 상황은 공개 공지 중에서도 특히 휴게 보도와 도로 사이에 이를 구분하는 연석을 설치를 했을 때 어디까지가 보도이고 도로인지 결정되어야 하는데, 측량 기준과 일치하지 않아 모호한 부분이 존재하는 데 해소되어야 할 것으로 보인다.

[간선시설 설치 관련]

간신시설은 주택난시 밖의 기간(基幹)이 되는 시설로부터 주택단지의 해당 기간시설 경계선(또는 법에서 정한 구간)까지 연결하는 다음의 시설을 말한다.

주택법 시행령 [별표 2] <개정 2021. 1. 5.> 간선시설의 종류별 설치범위(제39조제5항 관련)

1. 도로
   주택단지 밖의 기간(基幹)이 되는 도로부터 주택단지의 경계선(단지의 주된 출입구를 말한다. 이하 같다)까지로 하되, 그 길이가 200미터를 초과하는 경우로서 그 초과부분에 한정한다.

2. 상하수도시설
   주택단지 밖의 기간이 되는 상·하수도시설부터 주택단지의 경계선까지의 시설로 하되, 그 길이가 200미터를 초과하는 경우로서 그 초과부분에 한정한다.

---

3. 전기시설

주택단지 밖의 기간이 되는 시설부터 주택단지의 경계선까지로 한다. 다만, 지중선로는 사업지구 밖의 기간이 되는 시설부터 그 사업지구 안의 가장 가까운 주택단지(사업지구 안에 1개의 주택단지가 있는 경우에는 그 주택단지를 말한다)의 경계선까지로 한다. 다만, 「공공주택 특별법 시행령」 제2조제1항제2호에 따른 국민임대주택을 건설하는 주택단지에 대해서는 국토교통부장관이 산업통상자원부장관과 따로 협의하여 정하는 바에 따른다.

4. 가스공급시설

주택단지 밖의 기간이 되는 가스공급시설부터 주택단지의 경계선까지로 한다. 다만, 주택단지 안에 취사 및 개별난방용(중앙집중식 난방용은 제외한다)으로 가스를 공급하기 위하여 정압조정실(일정 압력 유지·조정실)을 설치하는 경우에는 그 정압조정실까지로 한다.

5. 통신시설(세대별 전화 설치를 위한 시설을 포함한다)

관로시설은 주택단지 밖의 기간이 되는 시설부터 주택단지 경계선까지, 케이블시설은 주택단지 밖의 기간이 되는 시설부터 주택단지 안의 최초 단자까지로 한다. 다만, 국민주택을 건설하는 주택단지에 설치하는 케이블시설의 경우에는 그 설치 및 유지·보수에 관하여는 국토교통부장관이 과학기술정보통신부장관과 따로 협의하여 정하는 바에 따른다.

6. 지역난방시설

주택단지 밖의 기간이 되는 열수송관의 분기점(해당 주택단지에서 가장 가까운분기점을 말한다)부터 주택단지 안의 각 기계실입구 차단밸브까지로 한다.

1. 사업주체가 100세대 이상 주택을 건설하는 경우 각 간선시설 사업자는 해당 간선시설을 설치하여야 한다. 다만, 사업계획승인에 따른 주택건설사업계획에 포함하여 설치하는 경우에는 그러하지 아니하다(즉 사업주체가 설치하여야 한다는 뜻임).

주택법 제28조(간선시설의 설치 및 비용의 상환)

① 사업주체가 대통령령으로 정하는 호수 이상의 주택건설사업을 시행하는 경우 또는 대통령령으로 정하는 면적 이상의 대지조성사업을 시행하는 경우 다음 각 호에 해당하는 자는 각각 해당 간선시설을 설치하여야 한다. 다만, 제1호에 해당하는 시설로서 사업주체가 제15조제1항 또는 제3항에 따른 주택건설사업계획 또는 대지조성사업계획에 포함하여 설치하려는 경우에는 그러하지 아니하다.

1. 지방자치단체: 도로 및 상하수도시설
2. 해당 지역에 전기·통신·가스 또는 난방을 공급하는 자: 전기시설·통신시설·가스시설 또는 지역난방시설
3. 국가: 우체통

> **주택법 시행령 제39조(간선시설의 설치 등)**
>
> ① 법 제28조제1항 각 호 외의 부분 본문에서 "대통령령으로 정하는 호수"란 다음 각 호의 구분에 따른 호수 또는 세대수를 말한다.
>   1. 단독주택인 경우: 100호
>   2. 공동주택인 경우: 100세대(리모델링의 경우에는 늘어나는 세대수를 기준으로 한다)
> ② 법 제28조제1항 각 호 외의 부분 본문에서 "대통령령으로 정하는 면적"이란 1만6천500제곱미터를 말한다.

2. 간선시설은 특별한 사유가 없으면 사용검사일까지 설치를 완료하여야 한다.

> **주택법 제28조(간선시설의 설치 및 비용의 상환)**
>
> ② 제1항 각 호에 따른 간선시설은 특별한 사유가 없으면 제49조제1항에 따른 사용검사일까지 설치를 완료하여야 한다.

3. 간선시설의 설치 비용은 설치의무자가 부담한다. 도로 및 상하수도시설의 설치 비용은 그 비용의 50퍼센트의 범위에서 국가가 보조할 수 있다.

> **주택법 제28조(간선시설의 설치 및 비용의 상환)**
>
> ③ 제1항에 따른 간선시설의 설치 비용은 설치의무자가 부담한다. 이 경우 제1항제1호에 따른 간선시설의 설치 비용은 그 비용의 50퍼센트의 범위에서 국가가 보조할 수 있다.

4. 전기간선시설을 지중선로(地中線路)로 설치하는 경우에는 전기를 공급하는 자와 지중에 설치할 것을 요청하는 자가 각각 50퍼센트의 비율로 그 설치 비용을 부담한다.

> **주택법 제28조(간선시설의 설치 및 비용의 상환)**
>
> ④ 제3항에도 불구하고 제1항의 전기간선시설을 지중선로(地中線路)로 설치하는 경우에는 전기를 공급하는 자와 지중에 설치할 것을 요청하는 자가 각각 50퍼센트의 비율로 그 설치 비용을 부담한다. 다만, 사업지구 밖의 기간시설로부터 그 사업지구 안의 가장 가까운 주택단지(사업지구 안에 1개의 주택단지가 있는 경우에는 그 주택단지를 말한다)의 경계선까지 전기간선시설을 설치하는 경우에는 전기를 공급하는 자가 부담한다.

5. 지방자치단체는 사업주체가 자신의 부담으로 200m 이하의 도로 또는 상하수도시설(해당 주택건설사업 또는 대지조성사업과 직접적으로 관련이 있는 경우로 한정한다)의 설치를 요청할 경우에는 이에 따를 수 있다.

> 주택법 제28조(간선시설의 설치 및 비용의 상환)
> ⑤ 지방자치단체는 사업주체가 자신의 부담으로 제1항제1호에 해당하지 아니하는 도로 또는 상하수도시설(해당 주택건설사업 또는 대지조성사업과 직접적으로 관련이 있는 경우로 한정한다)의 설치를 요청할 경우에는 이에 따를 수 있다.

6. 간선시설의 종류별 설치범위는 별표 2와 같다.

> 주택법 제28조(간선시설의 설치 및 비용의 상환)
> ⑥ 제1항에 따른 간선시설의 종류별 설치 범위는 대통령령으로 정한다.

> 주택법 시행령 제39조(간선시설의 설치 등)
> ⑤ 법 제28조제6항에 따른 간선시설의 종류별 설치범위는 별표 2와 같다.

7. 간선시설 설치의무자가 기간 내 간선시설의 설치를 완료하지 못할 특별한 사유가 있는 경우에는 사업주체가 그 간선시설을 자기부담으로 설치하고 간선시설 설치의무자에게 그 비용의 상환을 요구할 수 있다.

> 주택법 제28조(간선시설의 설치 및 비용의 상환)
> ⑦ 간선시설 설치의무자가 제2항의 기간까지 간선시설의 설치를 완료하지 못할 특별한 사유가 있는 경우에는 사업주체가 그 간선시설을 자기부담으로 설치하고 간선시설 설치의무자에게 그 비용의 상환을 요구할 수 있다.

8. 간선시설 설치 비용의 상환 방법 및 절차는 다음과 같다.

> 주택법 제28조(간선시설의 설치 및 비용의 상환)
> ⑧ 제7항에 따른 간선시설 설치 비용의 상환 방법 및 절차 등에 필요한 사항은 대통령령으로 정한다.

주택법 시행령 제40조(간선시설 설치비의 상환)

① 법 제28조제7항에 따라 사업주체가 간선시설을 자기부담으로 설치하려는 경우 간선시설 설치의무자는 사업주체와 간선시설의 설치비 상환계약을 체결하여야 한다.

② 제1항에 따른 상환계약에서 정하는 설치비의 상환기한은 해당 사업의 사용검사일부터 3년 이내로 하여야 한다.

③ 간선시설 설치의무자가 제1항에 따른 상환계약에 따라 상환하여야 하는 금액은 다음 각 호의 금액을 합산한 금액으로 한다.

   1. 설치비용

   2. 상환 완료 시까지의 설치비용에 대한 이자. 이 경우 이자율은 설치비 상환계약 체결일 당시의 정기예금 금리(「은행법」에 따라 설립된 은행 중 수신고를 기준으로 한 전국 상위 6개 시중은행의 1년 만기 정기예금 금리의 산술평균을 말한다)로 하되, 상환계약에서 달리 정한 경우에는 그에 따른다.

9. 사업계획승인권자는 법에서 정한 규모 이상의 주택건설 또는 대지조성에 관한 사업계획을 승인하였을 때에는 그 사실을 지체 없이 간선시설 설치의무자에게 통지하여야 한다. 또한, 간선시설 설치의무자는 사용검사 예정일까지 설치하지 못할 특별한 사유가 있을 때에는 통지를 받은 날부터 1개월 이내에 그 사유와 설치 가능 시기를 명시하여 해당 사업주체에게 통보하여야 한다.

주택법 제28조(간선시설의 설치 및 비용의 상환)

③ 사업계획승인권자는 제1항 또는 제2항에 따른 규모 이상의 주택건설 또는 대지조성에 관한 사업계획을 승인하였을 때에는 그 사실을 지체 없이 법 제28조제1항 각 호의 간선시설 설치의무자(이하 "간선시설 설치의무자"라 한다)에게 통지하여야 한다.

④ 간선시설 설치의무자는 사업계획에서 정한 사용검사 예정일까지 해당 간선시설을 설치하지 못할 특별한 사유가 있을 때에는 제3항에 따른 통지를 받은 날부터 1개월 이내에 그 사유와 설치 가능 시기를 명시하여 해당 사업주체에게 통보하여야 한다.

필관조합의 경우 하수도 간선시설 설치가 필요하여 조합의 신청과 구청의 고시를 거쳐 '공공하수도 관리청이 아닌 자의 공공하수도 공사시행 허가'를 받았다. 허가내용에는 다양한 조건이 포함되었다. (통상 비관리청 공사라고 한다.)

공공하수도 관리청이 아닌 자의 공공하수도 공사시행 허가 고시

「하수도법」 제16조 및 같은 법 시행령 제12조의 규정에 의거, 공공하수도 관리청이 아닌 자의 공공하수도 공사시행 허가 내용을 아래와 같이 고시합니다.

2022. 8. 12.

■■■■■■시 ■구청장

1. 사업시행자 명칭 및 주소
   - 사업시행자 명칭 : ■■■■■지구 지역주택조합 ■■■■
   - 사업시행자 주소 : ■■■■시 ■구 ■로 ■, ■동 ■호

2. 사업시행의 목적 : ■■■■ ■■■■■ 아파트 건설에 따라 신축 아파트 및 인근 지역 공공하수를 원활하게 처리하기 위함.

3. 사업시행의 위치 : ■■■■시 ■구 ■동 ■■■번지 일원

4. 설치하고자 하는 시설의 종류 및 명칭

구분	시설명	규격	단위	수량
우수공	우수관	D600	m	15.0
		D900	m	101.4
	집수정	1.1x1.1m	BA	1
	우수맨홀	2호	BA	4
	사각박스	1.0x1.0m	BA	1

5. 배수구역 및 하수처리구역 : ■구 ■■■하수처리구역

6. 사업시행기간 : 2022. 8. 12 ~ 2023. 8. 28.

7. 토지소유자 및 이해관계인의 성명 및 주소 : 붙임 참조

8. 수용 또는 사용할 토지·건물의 조서, 그 지번 및 지목 등과 소유권 외의 권리의 명세서 : 해당없음

토 지 조 서

일련번호	주소	지번	지목	면적(㎡)	편입면적(㎡)	소유자 성명	소유자 주소	관계인 성명	관계인 주소	권리관계
1	■■■■시 ■■구	11■■-17	대	219	6	■구	■■■■■■			
2		11■■-9	도	179	8	■구	■■■■■■			
3		11■■-2	도	331	22	■구	■■■■■■			
4		11■■-2	답	651	55	2인	■■■■■■			
합계				1,380	91					

제목 공공하수도관리청이 아닌 자의 공공하수도 공사시행 허가 통보[■■■■■ 지역주택조합]

1. 민원접수번호 : 26■■3(2022. 8. 10.)와 관련입니다.

2. 귀 조합에서 위호로 접수하신 '■■■■■ 지역주택조합 공공하수도 공사 허가 신청'과 관련하여, 「하수도법」 제16조(공공하수도 관리청이 아닌 자의 공사시행 등)에 따라 아래와 같이 조건부 허가하오니 조건사항 이행과 공사추진 및 안전관리에 만전을 기하여 주시기 바랍니다.

붙임 1. 허가조건 1부.
     2. 고시문 1부. 끝.

허 가 조 건

1. 사업시행기간은 2022. 8. 12. ~ 2023. 8. 28.까지로 합니다.
   단, 시업기간의 변경 시 「하수도법」 같은 법 시행령 제12조의 규정에 따라 공공하수도 설치공사 변경허가를 받은 후 시행하여야 합니다.

2. 공사허가 후 착공 7일전에 착공계를 제출하여야 하며, 착공계 제출 시에는 시공계획서 및 공사예정공정표, 공사 전 현장사진, 현장대리인 선임계, 도급계약 시 도급계약서 사본 및 상하수도 전문건설업 등록증 사본을 첨부하여야 합니다.

3. 사업기간 내에는 공공하수도 관리청의 입회 및 공사감독에 협조하여야 하며, 본 공사시행으로 인한 모든 민원은 사업시행자 책임 하에 해결하여야 하며, 민원사항 발생 시 그 내용과 처리 결과를 공공하수도 관리청에 통보하여야 합니다.

4. 허가기간 내 반드시 공사가 완료될 수 있도록 공사 추진에 만전을 기하시기 바라며, 공사 시행 시 발생될 수 있는 안전사고 및 재해 예방에 대하여서 사전 점검 후 조치하시고, 도시계획시설사업 공사 연계하여 공사의 지연 등으로 발생하는 안전사고 및 재해 발생 등의 책임은 시행자에게 있습니다.

5. 사업기간 내 공사로 인한 도로의 교통소통대책 및 시설을 유지관리를 위하여 관계기관(■■■시 교통개획, ■■구 교통관리과) 등의 의견을 반영하여 사업을 시행하여야 합니다.

6. 공공하수도 설치공사는 시방서 및 하수도시설기준(환경부)에 적합하여야 하며, 「건설산업기본법」 및 「건설기술진흥법」에서 규정하고 있는 사항을 준수하여야 하며, 비산먼지 발생신고, 특정공사 사전신고, 폐기물 발생신고 등 환경관련법 상에서 정하는 사항은 물론 기타 개별법의 규정에 따라 인·허가를 득하여야 하는 사항에 대하여서 법도의 인·허가를 받은 후 사업 시행하여야 합니다.

7. 공사시행과정에서 당초계획이 변경되는 경우에는 반드시 사전에 관리청의 승인을 득한 후 사업 시행하여야 합니다.

8. 공사가 완료 될 때에는 준공계를 제출하여야 하며, 준공계 제출 시에는 준공검사조서(책임감리자), 우리 시에서 운영 중인 하수관리시스템(GIS DB구축)에 등록하여 주시고 준공도면 2부(A3도면, CD 2매), 관로CCTV 조사보고서(CD 1매) 및 수밀시험보고서 각 1부, 공사현장에 대한 전·중·후 사진대 1부(CD 1매 포함)을 첨부하여야 합니다.

9. 준공계 접수 후 관리청은 현장조사를 할 수 있고, 그 결과에 따라 시설물의 보완이 필요하여 보완 요청 시 특별한 사유가 없는 한 보완하여야 합니다.

10. 허가조건 규정을 위반한 경우 「하수도법」 제25조 및 같은법 제26조에 따라 공사의 중지명령 또는 허가 취소 등의 행정조치 및 사업시행자에게 불이익이 있을 수 있으니 허가조건 및 신청서와 같이 시공하여야 합니다.

11. 본 공사시행 중 기타 법령, 공익상 및 공공하수도 유지관리에 필요하다고 관리청이 인정하는 경우 허가조건을 추가하거나 변경할 수 있습니다. 끝.

비관리청 및 도시계획시설 설치 공사를 하면서 불합리하다고 느낀 점과 제언을 간단히 정리해 보면 다음과 같다.

1. 하수도원인자부담금을 별도로 납부하도록 하면서, 또 별도로 하수도 간선시설 설치비용을 주택조합이 전적으로 부담하도록 하는 것은 수긍하기 어려운 면이 있다.

2. 공사를 하면서 굴착을 해 보니 기존의 시설이 잘못된 것이 많이 발견되어 정상적인 공사를 진행하기가 어려운 상황이 발견되었을 때, 구청은 조합이 원인자이므로 알아서 처리하라는 입장을 견지했다. 원인자는 기존의 시설을 잘못 설치한 구청이라 생각하고 의견을 피력

하였지만 구청이 받아들이지 않아 조합이 기한 내 공사를 완료하기 위해서는 직접 주변의 민원인들을 직접 설득해야 하는 상황이 되었다. 조합이 민원을 해결하는 것은 한계가 있을 수밖에 없으므로 구청의 협조도 필요한데, 구청은 전혀 관여하지 않는 입장을 취해 너무 큰 어려움을 겪었다.

도시계획시설 설치·확장 사업에서도 유사한 일이 발생했다. 도로 한쪽 변에 인접해 있는 연립주택이 수십 년 전에 연립 주택과 도로 사이의 도로 부지에 무단으로 화단을 설치하여 활용해 오고 있었는데, 필관조합이 도시계획시설 설치와 관련하여 도로를 확장해야 함에 따라 무단으로 설치된 화단이 제거되어야 하는 상황이 발생했을 때도 상기와 동일한 상황이 되었다. 원인자는 조합이 아니고 무단 설치된 화단을 방치해 온 구청임에도 구청은 전혀 협조하지 않고 조합이 알아서 처리할 것만 요구했다. 연립 주택 주민들의 사유재산인 화단을 조합이 어떻게 처분할 수 있는 권한은 없다. 정말 난감한 일이다. 이런 일이 발생할 때는 정말 하늘이 노랗다. 전문가 의견 및 판례를 갖고 가서 설명해도 요지부동이었다. 결과적으로 많은 시간이 흐른 후에 모든 작업이 이루어지긴 했지만 아쉬움이 남는 대목이다.

건설을 하겠다는 사업자가 나타나면 관할관청은 기존의 난제 또는 묵은 숙제를 이를 통해 손 안 대고 다 해결하려 든다는 느낌을 지울 수 없다. 민원도 해결하고 간선시설 및 도시계획시설 설치 공사도 무난히 완료될 수 있도록 구청의 전향적인 업무 처리 방식의 변화가 필요해 보인다.

제5장 지적확정측량

1. 정의

지적측량이란 토지를 지적공부에 등록하거나 지적공부에 등록된 경계점을 지상에 복원하기 위하여 「공간정보의 구축 및 관리 등에 관한 법률」 제2조(정의) 제21호에 따른 필지의 경계 또는 좌표와 면적을 정하는 측량을 말하며, 지적확정측량 및 지적재조사측량을 포함한다.

지적재조사측량이란 「지적재조사에 관한 특별법」에 따른 지적재조사사업에 따라 토지의 표시를 새로 정하기 위하여 실시하는 지적측량을 말한다.

지적확정측량은 「공간정보의 구축 및 관리 등에 관한 법률」 제86조제1항에 따른 사업(도시개발사업, 농어촌정비사업, 그 밖에 대통령령으로 정하는 토지개발사업)이 끝나 토지의 표시를 새로 정하기 위하여 실시하는 지적측량을 말한다.

지적확정측량 시행을 통하여 확정대상 지역의 종전 지적공부를 폐쇄하고 지적확정측량 성과에 따라 토지의 소재, 지번, 지목, 면적 및 좌표 등을 새로이 정하여 지적공부에 등록하는 행정행위를 하게 된다.

2. 대상: 「주택법」에 따른 주택건설사업은 「공간정보의 구축 및 관리 등에 관한 법률」 제86조 제1항 및 「공간정보의 구축 및 관리 등에 관한 법률 시행령」 제83조제1항에 따라 지 적확정측량 대상이다.

공간정보의 구축 및 관리 등에 관한 법률 제86조(도시개발사업 등 시행지역의 토지이동 신청에 관한 특례)
① 「도시개발법」에 따른 도시개발사업, 「농어촌정비법」에 따른 농어촌정비사업, 그 밖에 대통령령으로 정하는 토지개발사업의 시행자는 대통령령으로 정하는 바에 따라 그 사업의 착수·변경 및 완료 사실을 지적소관청에 신고하여야 한다.

공간정보의 구축 및 관리 등에 관한 법률 시행령 제83조(토지개발사업 등의 범위 및 신고)
① 법 제86조제1항에서 "대통령령으로 정하는 토지개발사업"이란 다음 각 호의 사업을 말한다.
  1. 「주택법」에 따른 주택건설사업

3. 문제점

대규모 토지 개발 사업지구에 대한 지적확정측량 성과 검사가 현장 공사 완료 단계에 진행되어 사업지구 현장 경계가 지적도면 등록 경계와 일부 불일치하여 현장 공사 재시공 및 사업계획 변경으로 사업 기간 지연 등 문제점이 발생하고 있다. 이를 사전에 해소하기 위해 사업지구 추진 과정 중 사업시행자 및 지적측량 수행자가 공사 현장 지적 경계 설정 기준 등에 대하여 사전 검토를 요청하면 담당 공무원이 현장에 방문하여 주요 사항을 설명하고 문제점을 해결하는 『지적확정측량 사전검토제』 제도를 시행하고 있는 지자체도 있다.

참고 필관조합의 지적측량업무의 용역 규모는 다음과 같다.

지적측량업무 계약서	
1. 사 업 명 : ▨▨▨▨▨▨ 지역주택조합 아파트 신축공사 2. 계약업무량 : ①지구계분할측량 130필 : ----------57,390,000 ②경계복원측량 9필 : --------------6,102,000 ③택지예정좌표(지구계점) 45점 : -----13,680,000 ④택지예정좌표(지구내) 1필 : ---------3,263,000 ⑤지적기준점측량 10점 : -----------1,240,000 소　　계　　　　81,675,000 ⑥지적확정(구획정리)측량 : 　　20,856,000 소　　계　　　102,531,000 ① ~ ⑥부가세　　　　10,253,100 총　　계　　　112,784,100 3. 계 약 단 가 : 2020년도 국토해양부 장관이 고시한 지적측량수수료 단가표에 의함 4. 계 약 금 액 : 일금 : 익억일천이백칠십팔만사천일백원정(₩112,784,100) 5. 계 약 기 간 : 2020년 6월 일 ~ 준공 완료 한 날로부터 소관청의 검사 기간에 대한 계약 기간의 4분의 1을 포함한 기간까지 한다.	이 외에도 소소한 분할 측량들이 있어 5,903,700원이 추가 지급 되었다.

제17편

세금

제1장 원시취득, 보존등기 및 대출에 대한 이해

취득에는 통상 원시(소유권 새로이 창출), 승계(매매·상속·증여·기부 등), 간주(용도·지목 변경)의 세 가지 방법이 있다.

즉, 원시취득이란 원래는 없던 것을 새로이 창출하여 취득하는 것인데, 토지를 원시취득하는 방법은 간척·개간·공유수면 매립 외의 방법은 없다. 따라서 지역주택조합에 필요한 사업 부지는 간척·개간·공유수면 매립으로 확보하는 일은 없을 것이므로 토지의 원시취득은 있을 수 없으며 대부분 승계취득으로 확보한다.

기존의 주택 단지를 철거해 버리고 그 자리에 새로이 공동주택을 건축하여 사용검사를 받으면 조합원은 그 신축 건축물을 이 세상에서 최초로 취득하게 되므로 원시취득하게 된다. (일반분양분은 조합이 원시취득하고, 일반분양자가 이를 이전등기를 통하여 승계취득하게 된다)

원시취득이냐 승계취득이냐에 따라 취득세율이 달라진다.

보존등기는 그 부동산에 관하여 최초로 행하여지는 등기를 말한다. 보존등기를 하게 되면 그 부동산에 관한 등기용지(登記用紙)가 새롭게 개설되고, 이후에 일어나는 그 부동산에 관한 권리 변동과 그에 따른 등기는 보존등기를 기초로 하여 이루어지게 된다.

사용검사 후 취득세 납부 및 보존등기가 이루어지는 절차 및 대출관련 사항은 다음과 같다.

> 사용검사 또는 동별 사용검사 → 건축물대장 작성완료(사용검사 후 2~3일 후) → 취득세 납부(사용검사일로부터 60일 이내, 등기 전까지 취득세 신고납부) → 소유권 보존등기(사용검사 후 60일 이내 등기) → 잔금대출, 보금자리론 및 디딤돌대출 등 가능 → 도시계획시설 및 간선시설 등에 대한 준공검사 → 보금자리론, 디딤돌대출 등 토지 후취담보에 관한 특약 이행

보존등기와 동시에 잔금대출, 보금자리론 및 디딤돌대출 등이 가능하다. (해당은행 및 소속 조합이 지정한 법무사가 동일인이면 일이 좀 더 간편하게 처리될 수 있다.) 그러나, 간혹 건물에 대해서는 동별 사용검사를 받았지만 도시계획시설 및 간선시설에 대한 준공검사가 나지 않아 토지의 소유권 이전 등기가 되지 않아 대지권을 담보로 제공할 수 없는 상황이 발생할 수 있는데 이로 인

해 보금자리론 및 디딤돌대출을 받지 못할까 봐 이에 대한 질문이 많지만, 걱정하지 않아도 된다. 보금자리론 또는 디딤돌대출 계약 시 다음과 같은 내용 등이 포함된 특약을 계약서에 넣어 체결하게 된다.

– 토지 후취담보에 관한 특약 –

제12조 토지 미등기 아파트에 대한 근저당권 설정

본건 대출이 토지 미등기된 아파트를 담보로 한 경우에는 토지 미등기 사유가 없어져 본인이 해당 토지에 대한 소유권을 이전받은 즉시 은행 또는 공사가 제1순위 근저당권을 설정할 수 있도록 이에 필요한 조치를 곧 이행하기로 합니다.

위 특약사항 제12조에 동의함	본인		(인)

(한국주택금융공사(HF)의 계약서 내용중 발췌)

추후 준공인가 이후 토지 후취담보에 관한 특약을 이행하면 된다.

다음 장의 '취득세' 파트에서 좀 더 자세히 알아보자.

제2장 │ 취득세

부동산의 취득세율과 관련한 내용은 지방세법 제11조에 규정되어 있으며 그 내용은 다음과 같다.

지방세법 제11조(부동산 취득의 세율)

① 부동산에 대한 취득세는 제10조의2부터 제10조의6까지의 규정에 따른 과세표준에 다음 각 호에 해당하는 표준세율을 적용하여 계산한 금액을 그 세액으로 한다. <개정 2010. 12. 27., 2013. 12. 26., 2015. 7. 24., 2016. 12. 27., 2018. 12. 31., 2019. 12. 31., 2021. 12. 28., 2023. 3. 14.>

1. 상속으로 인한 취득

　가. 농지: 1천분의 23

　나. 농지 외의 것: 1천분의 28

2. 제1호 외의 무상취득: 1천분의 35. 다만, 대통령령으로 정하는 비영리사업자의 취득은 1천분의 28로 한다.

3. **원시취득: 1천분의 28**

4. 삭제 <2014. 1. 1.>

5. 공유물의 분할 또는 「부동산 실권리자명의 등기에 관한 법률」 제2조제1호나목에서 규정하고 있는 부동산의 공유권 해소를 위한 지분이전으로 인한 취득(등기부등본상 본인 지분을 초과하는 부분의 경우에는 제외한다): 1천분의 23

6. 합유물 및 총유물의 분할로 인한 취득: 1천분의 23

7. 그 밖의 원인으로 인한 취득

　가. 농지: 1천분의 30

　나. 농지 외의 것: 1천분의 40

8. 제7호나목에도 불구하고 유상거래를 원인으로 주택[「주택법」 제2조제1호의 주택으로서 「건축법」에 따른 건축물대장·사용승인서·임시사용승인서나 「부동산등기법」에 따른 등기부에 주택으로 기재[「건축법」(법률 제7696호로 개정되기 전의 것을 말한다)에 따라 건축허가 또는 건축신고 없이 건축이 가능하였던 주택(법률 제7696호 건축법 일부개정법률 부칙 제3조에 따라 건축허가를 받거나 건축신고가 있는 것으로 보는 경우를 포함한다)으로서 건축물대장에 기재되어 있지 아니한 주택의 경우에도 건축물대장에 주택으로 기재된 것으로 본다]된 주거용 건축물과 그 부속토지를 말한다. 이하 이 조에서 같다]를 취득하는 경우에는 다음 각 목의 구분에 따른 세율을 적용한다. 이 경우 지분으로 취득한 주택의 취득당시가액(제10조의3 및 제10조의5제3항에서 정하는 취득당시가액으로 한정한다. 이하 이 호에서 같다)은 다음 계산식에 따라 산출한 전체 주택의 취득당시가액으로 한다.

[전체 주택의 취득당시가액 = 최득 지분의 취득당시가격 x (전체주택의 시가표준액/취득지분의 시가표준액)]

가. 취득당시가액이 6억원 이하인 주택: 1천분의 10

나. 취득당시가액이 6억원을 초과하고 9억원 이하인 주택: 다음 계산식에 따라 산출한 세율. 이 경우 소수점이하 다섯째자리에서 반올림하여 소수점 넷째자리까지 계산한다.

[(해당 주택의 취득당시가액 x 2/3 억원 -3) x 1/100]

다. 취득당시가액이 9억원을 초과하는 주택: 1천분의 30

② 제1항제1호·제2호·제7호 및 제8호의 부동산이 공유물일 때에는 그 취득지분의 가액을 과세표준으로 하여 각각의 세율을 적용한다. <개정 2010. 12. 27., 2013. 12. 26.>

③ 제10조의4 및 제10조의6제3항에 따라 건축(신축과 재축은 제외한다) 또는 개수로 인하여 건축물 면적이 증가할 때에는 그 승가된 부분에 대하여 원시취득으로 보아 제1항제3호의 세율을 적용한다. <개정 2021. 12. 28.>

④ 주택을 신축 또는 증축한 이후 해당 주거용 건축물의 소유자(배우자 및 직계존비속을 포함한다)가 해당 주택의 부속토지를 취득하는 경우에는 제1항제8호를 적용하지 아니한다. <신설 2015. 12. 29., 2019. 12. 31., 2020. 8. 12.>

1. 삭제 <2020. 8. 12.>

2. 삭제 <2020. 8. 12.>

⑤ 법인이 합병 또는 분할에 따라 부동산을 취득하는 경우에는 제1항제7호의 세율을 적용한다. <신설 2023. 3. 14.>

지방세법 제11조의 취득세율을 표로 요약 정리해 보면 대략 다음과 같다.

구분		취득세율 (제11조)	참고			비고
			농특세율(*)	지방교육세율	합계	
상속 취득	농지	2.30%	0.20%	0.06%	2.56%	
	농지 외	2.80%		0.16%	3.16%	
무상 취득	비영리사업자	2.80%		0.16%	3.16%	
	그 외	3.50%		0.30%	4.00%	
원시취득		2.80%		0.16%	3.16%	신축, 개축, 간척 등
공유물 분할 또는 공유권 해소 지분 취득, 합유물 및 총유물의 분할로 인한 취득		2.30%	0.20%	0.06%	2.56%	

그 밖의 원인으로 인한 취득	농지(전, 답, 과수원, 목장)	3.00%	0.20%	0.20%	3.40%	법인이 합병 또는 분할에 따라 부동산을 취득 시에도 적용
	농지 외 (토지, 건물, 상가, 오피스텔 등)	4.00%	0.20%	0.40%	4.60%	
	농지 외 (유상거래 주택) 6억 이하	1.00%	0.20%	0.10%	1.30%	
	6억 초과 ~9억 이하	(취득가액× 2/3 억 원-3)/100		0.1% ~ 0.30%	1.30%~ 3.50%	금액비례 (2020년 이후)
	9억 초과	3.00%		0.30%	3.50%	

* 농어촌특별세: 국민주택(85m^2 이하) 또는 농가주택에 대해서는 비과세

1. 취득세율중 주택조합과 밀접한 세율

주택조합과 관련하여 취득세를 납부해야 하는 사항은 다음 네 가지라고 할 수 있다.

사업부지 마련을 위해 토지를 매입할 때, 사용검사 후 조합 또는 조합원 명의로 건축물을 최초 취득할 때, 일반분양 및 근린생활시설 수분양자가 조합으로부터 소유권을 이전등기할 때 및 최종 준공인가 시 기부채납건을 정리하면서 국·공유지를 조합이 무상으로 취득할 때이다.

지방세법 제11조에 규정된 다양한 취득세율 중 주택조합과 관련한 세율은 다음 네 가지이다.

3호의 원시취득(2.8%), 7호 '나'목의 농지 외의 것(4.0%), 8호 '가'~'다'목의 주택(1.0~3.0%), 2호의 무상취득(3.5%).

이를 좀 더 자세히 알아보자.

지역주택조합 사업을 위한 부지를 확보하고자 사업 구역 내의 토지·건물·상가·오피스텔 등을 취득할 때는 4.0%, 주택을 취득할 때는 취득가액에 따라 1.0~3.0%의 취득세를 납부하여야 한다.

> 많은 사람들이 주택조합의 토지취득세율을 4%라고 알고 있으나 이는 잘못 알고 있는 것이다.
> 이는 아마도 통상 지역주택조합이 사업 부지로 이미 조성된 토지를 매입하여 추진하는 경우 취득세율을 4%를 적용하여 납부해야 하는데 이를 일반화하여 표현한 것이 아닌가?
> 또는 지역주택조합이 사업계획승인을 득하고 필요 토지 전부를 확보한 이후 시점(이때는 통상 사업지 내에 있는 주택·건물·상가 등을 철거하여 사업 부지를 조성한 상태임)에 조합원 자격을 승계하는 조합원이 있는 경우(통상 전매라고 함), 승계한 조합원은 토지 지분에 대해 4%의 취득세를 내야 하는 점을 오인한 것이 아닌가하고 짐작해 본다.

또한, 사용검사 후 원시취득한 건축물에 대해 2.8%의 원시취득세를 납부하여야 한다.

조합원 소유의 건축물은 **조합원**이 원시취득 및 소유권 보존등기를 하게 되고(취득세 2.8%+지방교육세 0.16% 납부, 85m² 이하인 경우 농특세 0.2%는 비과세),

일반분양분 건축물은 **조합이** 원시취득 및 소유권 보존등기를 하게 되고(취득세 2.8%+지방교육세 0.16% 납부, 85m² 이하인 경우 농특세 0.2%는 비과세),

근린생활시설은 **조합이** 원시취득 및 소유권 보존등기를 하게 된다(취득세 2.8%+농특세 0.2%+지방교육세 0.16% 납부).

일반분양분 및 근린생활시설의 건축물은 조합이 원시취득 및 보존등기를 하고 수분양자에게 토지 및 건축물을 이전등기를 하게 되는데, 이 때 **수분양자는** 지방세법 제11조제1항 7호 및 8호의 세율을 적용하여 다음과 같이 납부해야 한다.

- 일반분양자: 85m² 이하는 농특세 0.2%는 비과세, 취득가액에 따라 취득세 및 지방교육세율 달라짐.
- 근린생활시설 분양자: 취득세 4.0%, 농특세 0.2% 및 지방교육세 0.4%.

그리고 최종적으로 전체 준공인가를 받기 위해서는 기부채납건을 정리해야 하는데, 이 때 조합이 무상으로 양도 받는 국·공유지에 대해서는 지방세법 제11조제1항 2호를 적용하여 취득세 3.5%(농특세 0.2% 및 지방교육세 0.3% 별도로 있음)를 납부하여야 한다.

2. 취득세율에 대한 오해

취득세와 관련하여 일반분양자는 한 번만 납부하는데 반해 조합원은 두 번이나 납부(토지를 살 때와 건축물을 원시취득할 때)해야 하고 특히, 토지를 살 때는 취득세율이 높으므로 주택조합원은 일반분양자 대비 취득세를 훨씬 많이 부담한다는 주장들이 많다.

인터넷으로 검색을 해 봐도 지역주택조합은 토지에 대해 4.6%+건축물에 대해 2.96%로 총 7.56%의 세금을 부담하는 반면 일반분양자는 취득가액에 따라 1.1%~3.3%만 부담하므로 지역주택조합이 훨씬 비싼 세금을 납부해야 한다고 주장하는 내용들이 많다.

이는 대단히 잘못 알고 있는 것이다.

일반분양자에게 분양된 주택은 주택조합이 토지와 건축물에 대해 납부한 세금과 이윤이 모두 포함된 분양 가격에 추가로 1.1%~3.3%(취득가액에 따라 다름)를 더 납부한다고 이해하는 것이 타당하다.

즉, 일반분양자는 일반분양가(토지대+공사비+세금을 포함한 간접비+이윤이 모두 포함된 금액) 및 추가공사비(발코니 확장 및 빌트인 옵션 관련) 전체 금액에 1.1%~3.3%를 적용하는 반면, 주택 조합은 사업 부지로 조성된 토지를 주택조합이 매입할 때 토지대에 대해 4.6%와 사용검사 후 건축물을 원시취득할 때 건축물에 대해 2.96%를 납부한다(토지 및 건축물의 취득가액을 모 두 합해도 일반분양가에 미달한다).

더군다나 주택조합이 토지를 확보할 때 이미 조성된 토지(나대지)를 매입하면 4.6%를 부담 한다고 주장하는 것은 맞으나, 통상 주택조합이 사업부지를 마련하기 위해서는 기존의 노 후화된 주택지의 부동산을 취득하는 형태로 이루어지므로 부동산의 종류별로 세율이 다 르므로 일괄적으로 4.6%를 부담하는 것은 아니다.

단순히 '일반분양 1.1%~3.3% < 주택조합 4.6%+2.96%'라고 할 사안은 아니고,

일반분양 수분양자 승계 취득세(a): (일반분양가+추가 공사비)×1.1%~3.3%,

주택조합 조합원 원시 취득세(b): (세대당 토지대×Max 4.6%)+(세대당 건축비×2.96%)라고 할 때

a와 b 중 어느 것이 더 큰 것인가 판단해야 할 문제인데 단순히 율만 비교해서 b가 크다고 주 장하는 것은 타당하지 않다.

3. 사업부지 마련 시 지출한 비용 처리방법

조합이 사업부지 마련을 위하여 부동산을 취득 또는 보유하면서 지출한 비용들(취득세, 재 산세, 감정평가비, 등기 및 법무사비 등)을 조합과 조합원 간에 어떻게 정산할지는 사업장의 사 정에 따라 다양한 방법이 있을 수 있다.

분담금 책정 시에 이미 이를 포함하여 둔 조합이 있을 수 있고, 아니면 처음 분담금 책정 시에는 제외했다가 비용이 확정되면 추가분담금으로 부과하는 조합이 있을 수 있다.

가입계약 체결 시 명확히 해 두어야 추후 분쟁을 줄일 수 있다.

참고할 만한 내용은 '제3편 제6장 모집계약 시의 계약금, 분담금 및 각종 비용 정의' 파트에 기술되어 있다.

4. 공동주택 원시취득 시 취득세 산정방법

가. 건축연면적 산정(a)

: 공동주택의 계약면적(공급면적+기타공용면적) + 근린생활시설 계약면적(전용면적+공용면적)

나. 과세표준 산정(b)

: 조합이 지출한 비용 중 우선 공동주택 건축비로 지출된 내용을 발췌(토지대 및 기반시설 설치 관련 비용 제외)하고, 법과 판례에 따라 제외토록 된 부분을 제외하여 합계 금액 산정(사실상의 취득가액 산정 작업임, vat를 제외한 공급금액만 산정). 이 작업은 전문성이 필요하므로 전문가에게 위임하여 진행하는 것이 바람직함. (필관조합의 경우 취득세 과세표준 신고업무 대행 업체에 vat 별도 용역비 2천만 원을 지급함.)

다. 계약면적에 따라 개인별 과세표준 산정

: (b/a×개인별 계약면적)+발코니확장 및 주체구조부 옵션(빌트인) 설치 등의 추가 공사비

라. 원시취득세 산정 및 납부(농특세 및 지방교육세 포함)

- 조합원: 개인별 과세표준×2.96%, 조합원이 납부(85 m^2이상인 경우 3.16%)
- 일반분양자: 개인별 과세표준×2.96%, 조합이 납부(85 m^2이상인 경우 3.16%)
- 근린생활시설 분양자: 개인별 과세표준×3.16%, 조합이 납부

원시취득 시 취득세와 관련하여 두 가지 정도의 이슈가 발생한다.

가. 일반분양자 및 근린생활시설의 원시취득세는 조합이 부담해야 하는데, 이들의 과세표준에는 원래 분양계약에는 없었던 수분양자들의 희망으로 발생한 추가 공사비(발코니 확장 및 빌트인 옵션 설치 등)가 포함되는 문제가 있다. 원시취득, 보존등기 및 소유권 이전 등기가 이루어지고 난 이후 수분양자들이 추가 공사를 하면 이러한 문제는 발생하지 않을 수 있으나, 건축 완료 후 바로 다시 추가 공사를 하는 것은 사회적으로도 낭비이므로 타당하지 않다고 판단된다. 그렇다면 원시취득 시에는 조합이 취득세를 납부한다 하더라도 추가 공사로 인해 증가한 취득세에 대해서는 추후라도 수분양자에게 상환을 청구할 수 있도록 보완되어야 할 필요가 있다.

참고 관련 판례

> 2017년 7월 서울행정법원은 유상 옵션품목은 아파트를 공급하는 조합이 아닌 별도의 업체와 일반분양자가 개별적으로 체결한 계약인 만큼 조합이 취득세를 납부할 의무가 없다라고 판결한 바 있으나, 현장에서는 아직 잘 적용되지 않고 있다

> 조합은 2017년 6월 해당 부대시설비용은 조합이 취득하는 아파트의 취득가격에 포함돼서는 안 된다는 이유로 과오납된 취득세 등의 환급을 구하는 '경정청구'를 함.
> 구청은 부대시설은 아파트의 주체구조부와 하나가 되어 건축물로서 효용가치를 이루는 것이라는 이유로 취득세 과세표준에 포함된다며 경정청구를 거부함.
> 재판부는 해당 부대시설이 수분양자와 시공자 또는 옵션판매업체 사이에 체결된 계약으로 조합이 관여하지 않았다고 봄. 따라서 아파트 분양가격에 포함되어 있지 않았으므로 조합이 취득한 것은 아니라고 판단했다. 또한, "부대시설비용에 관한 취득세를 조합에 부과할 경우 취득세가 사업비용의 일부가 되기 때문에 조합원의 부담으로 돌아가게 된다"며 "부대시설을 취득하지 않은 사람들에게 취득세를 부과하는 것과 다름없다"며 경정거부처분 취소를 취소하라고 판결했다.

　　나. 취득세를 줄이고자 사용검사 이후 발코니 확장 및 주체구조부 옵션(빌트인) 설치 공사를 한다면 이는 사회적으로 큰 낭비일 수 있으므로, 사용승인 전에 추가 공사를 했다 하더라도 비과세로 할 필요가 있겠다.

5. 일반분양분 및 근린생활시설 수분양자 소유권 이전 등기 시 취득세 등

　　조합명의로 소유권 보존등기 된 수분양자 몫의 부동산을 수분양자에게 이전 등기를 하여야 하는데, 이때의 취득세 등은 다음과 같이 산정한다. (수분양자가 부담)

　　가. 주택: 과세표준×(1.1% ~ 3.3%). (공동주택의 경우 85m² 이하로 농특세는 없는 것으로 간주.)

　　나. 상가: 과세표준×4.6%

　　* 과세표준 = 분양가격+주체구조부와 하나가 되어 건축물로서의 효용가치를 이루고 있는 조작 및 부대 설비 설치 가액(발코니 확장 및 빌트인 옵션 등을 의미함)

　　법무사 사무실에서 부대 설비 설치가액을 과세표준에 포함할 때 빌트인 옵션뿐만 아니라 모든 옵션을 포함하여 산정하는 경우도 있으니, 수분양자는 그러지 않도록 관심을 가져야 한다.

6. 건설자금이자가 과세표준에 포함되는가? 관련

주택조합의 사업 부지 마련을 위하여 발생한 대출 이자는 건설자금이자에 해당하며, 건설자금이자는 취득세 과세대상이므로 취득세를 추가로 납부해야 한다는 담당 공무원의 주장으로 악몽 같은 시간을 보낸 적이 있다. 그렇지 않아도 금융 비용이 예상보다 너무 많아 사업성이 나빠져 걱정하고 있는데 금융 비용을 또 토지 취득원가에 넣고 거기에 또 취득세를 물린다니? (브릿지대출 직·간접 금융 비용이 약 60억 원이니 세율 3.16%만 적용해도 약 1.9억 원 정도 추정됨. 4.6%를 적용하면 2.76억 원임.) 도대체 이해할 수가 없었다. 담당 공무원은 그래도 현실 법이 그렇다고 주장을 하니 답답하기 그지 없었다. 세법 전문가들도 추가 취득세를 내어야 한다고 했다. 결과적으로 내지 않았다. 업무 대행사가 있었더라면 납부했을 것이다. 자기 돈도 아니고, 법이 그렇다고 주장하면 당해 낼 재간이 없다.

기초 데이터를 직접 만지며 다루고 있었고, 상식에 부합하지 않으니 방법이 있을 것이란 믿음으로 깊게 파다 보니 한줄기 빛을 찾았다. 그것을 주장하니 담당 공무원은 의문을 갖고 여러 가지 자료를 요구했고 요구된 모든 자료를 신속하고 완벽하게 만들어 제공했다. 결국은 승리했다. 세무사분들도 이러한 내용을 알게 되어 고맙다고 한다. 아마도 알고는 있었는데 자료가 준비될 줄은 몰라서 하는 말이 아닌가 하고 짐작해본다.

지방세법 시행령 제18조제1항에 따르면 취득세의 과세표준이 되는 취득가격은 취득시기를 기준으로 그 이전에 해당 물건을 취득하기 위하여 거래 상대방 또는 제3자에게 지급하였거나 지급하여야 할 직접 비용과 간접 비용을 말하는 것으로서 여기에는 건설자금에 충당한 차입금의 이자 또는 이와 유사한 금융 비용이 포함된다고 규정하고 있다.

그러나 위의 문구 중 '그 이전에'라는 문구에 착안하여 고민하던 중에 건설자금이자는 토지 취득 시점을 기준으로 그 이전에 발생된 이자만을 취득세 과세표준에 포함하는 것이고 취득일 이후에 발생한 건설자금 이자는 포함되지 않는다는 질의회신 내용을 확인했다[행정안전부 도세과-295('08.4.2)].

지방세운영과-2591(20110603) 취득세

토지취득 이후 지급한 건설자금이자의 신축 건축물 과세표준 포함 여부 질의 회신

관계법령 지방세법 제10조제5항 지방세법시행령 제18조제1항

답변요지

취득세의 과세표준이 되는 취득가격은 취득시기를 기준으로 이전에 해당 물건을 취득하기 위하여 지급하였거나 지급하여야 할 직·간접비용의 합계액으로서, 건설자금에 충당한 차입금의 이자 또는 이와 유사한 금융비용이 포함되므로 건설자금이자는 토지 취득시점을 기준으로 이전에 발생된 이자만을 포함하는 것이고 금융기관의 대출금을 토지취득 비용에 충당하였고 대출금을 건축물의 건축공사대금으로 사용한 자료가 없다면 취득일 이후에 발생한 이자는 포함되지 않는다.

본문

1. 대구시 세정담당관-4261('11.4.14)호 관련입니다.

2. 사실관계 및 질의내용(요약)

  ○ 토지취득 이후에 발생한 건설자금이자가 신축 건축물 과세표준에 포함되는지의 여부 판단

3. 회신내용

  가. 관련규정

    ○ 지방세법 제10조 제5항 제3호에서는 법인장부로 취득가격이 증명되는 경우에는 사실상의 취득가격 또는 연부금액을 과세표준으로 하도록 규정하고 있고, 지방세법시행령 제18조 제1항 제1호에서는 법 제10조 제5항 제1호부터 제4호까지의 규정에 따른 취득가격 또는 연부금액은 취득시기를 기준으로 그 이전에 해당 물건을 취득하기 위하여 거래 상대방 또는 제3자에게 지급하였거나 지급하여야 할 직접비용과 간접비용(건설자금이자, 용역비, 수수료 등)의 합계액으로 한다고 규정하고 있습니다.

  나. 검토결과

    ○ 지방세법시행령 제18조제1항에서는 취득세의 과세표준이 되는 취득가격은 취득시기를 기준으로 그 이전에 해당 물건을 취득하기 위하여 거래상대방 또는 제3자에게 지급하였거나 지급하여야 할 직접비용과 간접비용의 합계액을 말하는 것으로서, 여기에는 건설자금에 충당한 차입금의 이자 또는 이와 유사한 금융비용이 포함된다고 규정하고 있습니다.

    ○ 건설자금이자는 토지 취득시점을 기준으로 그 이전에 발생된 이자만을 취득세 과세표준에 포함하는 것이고 취득일 이후에 발생한 건설자금이자는 포함되지 않는 것이므로[행정안전부 도세과-295 (2008.4.2)],

      - 금융기관의 대출금을 토지취득 비용에 충당하였고 이 대출금을 건축물의 건축공사대금으로 사용한 명백한 자료가 없을 경우에는 토지 취득일 이후에 발생한 건설자금이자는 건축물의 취득세 과세표준에 포함되지 않는다고 판단되나, 이에 해당되는지의 여부는 과세권자가 사실관계 등을 파악하여 판단할 사항입니다.

이것으로 담당 공무원을 설득하니, 그러면 대출금으로 건축비로 사용하였을 것이므로 건축물 취득 시 건설자금이자에 대해서 취득세를 부과 하겠다고 하였다.

그러나, 아래의 내용에서처럼 "금융기관의 대출금을 토지취득 비용에 충당하였고 이 대출금을 건축물의 건축 공사 대금으로 사용한 명백한 자료가 없을 경우에는 토지 취득일 이후에 발생한 건설자금이자는 건축물의 취득세 과세표준에 포함되지 않는다"는 내용을 확인하고 담당 공무원과 협의하니, 건축비에 사용되지 않았다는 점을 증명하기를 요구하였다.

(건설자금이자 관련 판례)

가. 쟁점

토지 취득시의 금융기관 차입금에 대한 건설자금이자가 토지 취득 이후에도 발생한 경우 그 지상 건축물의 과세표준에 포함되는지 여부

나. 경과

1) 조세심판원 결정(조심 2009지0601)에 의하면, 지방세법령에서 취득세 과세표준이 되는 취득가격의 범위에 건설자금이자를 포함하고 있고, 일단의 토지를 취득한 후 그 지상에 건축물을 신축하는 행위는 단일사업으로서 일련의 건축과정에 있다고 할 것이어서 당해 사업 시작시점부터 일련의 건축물 신축공사가 완료된 시점까지 당해 차입금의 효용이 유지되고 있다고 보아야 하겠으므로 토지 취득행위와 건축물 신축행위를 각각 분리하여 건설자금이자를 계산하는 것은 타당하지 아니하여 이 건 토지 취득 이후에 발생할 입금 이자라 하더라도 이 건 건축물 취득시점까지 발생한 차입금 이자는 모두 건설자금이자로 보아 이 건 건축물 신축에 소요된 비용에 포함된다고 하였으나,

2) 이에 불복하여 제기한 법원1심 판결(춘천지방법원 2010구합1093 취득세부과처분취 소)은 토지의 매입비용 및 운영비 등으로 사용한 것으로 보이는 대출금을 건축물 건축공사대금 등 건축물 취득비용으로 사용하였음을 인정할 자료가 없으면 건축물의 취득가격에 포함될 수 없다고 판결하였음.

지방세운영과-4925, 2011.10.20

질의

토지 취득을 위한 대출금 이자가 토지취득 이후에두 발생한 경우 신축 건축물의 괴세표준에 포함뇌는시의 여부

회신

○ 「지방세법」제10조제5항제3호에서는 법인장부로 취득가격이 증명되는 경우에는 사실상의 취득가격 또는 연부금액을 과세표준으로 하도록 규정하고 있고, 「지방세법 시행령」제18조제1항에서는 취득세의 과세표준이 되는 취득가격은 취득시기를 기준으로 그 이전에 해당 물건을 취득하기 위하여 거래상대방 또는 제3자에게 지급하였거나 지급하여야 할 직접비용과 간접비용의 합계액을 말하는 것으로서 여기에는 건설자금에 충당한 차입금의 이자 또는 이와 유사한 금융비용이 포함된다고 규정하고 있습니다.

○ 따라서, 토지취득을 위한 은행 대출금을 토지취득에 사용하였고 이 대출금을 다시 건축공사대금으로 사용한 명백한 자료가 없을 경우에는, 토지 취득일 이후에 발생한 이자는 건축물의 취득세 과세표준에 포함되지 않는다고 판단되나 이에 해당되는지의 여부는 과세권자가 사실관계 등을 면밀히 파악하여 결정할 사안입니다.

※ 춘천지빙법원 2010구합1093(취득세부과처분취소) 참조

데이터를 찾고 자료를 만들어 담당 공무원에게 제공하는 과정을 몇 번 거쳐서 결국은 담당 공무원을 설득하였다. 다음의 내용에서처럼 255,200원을 취득세로 추가로 납부하는 것으로 마무리되었다. (대출금으로 토지대 잔금을 전액 지급하지 못한 것이 8필지였으며, 몇일 후에 잔금을 모두 지급함에 따라 건설자금이자가 발생함. 건설자금이자를 과세표준에 반영하여 재산정 하니 본세 189,710원, 과소신고 가산세 16,890원, 납부지연 가산세 48,600원, 총 합계 255,520원이 됨)

취득세 명세서

중요한 점 한 가지를 발견하였다. 대출로 자금을 마련하여 토지 대금을 지급할 때는 대출금 기표일자에 토지대 잔금이 지급되도록 하여 토지대 잔금 지급 전 대출이자가 발생치 않도록 유의할 필요가 있다. 또한, 없으면 당한다는 생각으로 지출에 대한 데이터 관리를 평소에 잘해 둘 필요가 있다.

📑 참고1 지방세 세목

2011년 지방세법 개정으로 기존 16개 세목에서 11개 세목으로 조정됨.

구분	조정전	조정후
중복과세 통폐합	취득세+등록세(취득관련분)	취득세
	재산세+도시계획세	재산세
	등록세(취득무관분)+면허세	등록면허세
유사세목 통합	공동시설세+지역개발세	지역자원시설세
	자동차세+주행세	자동차세
폐지	도축세	※ 폐지
현행유지	주민세, 지방소득세, 지방소비세, 담배소비세, 레저세, 지방교육세	

📑 참고2 농어촌특별세

농어업의 경쟁력 강화와 농어촌 산업 기반 시설의 확충, 그리고 농어촌 지역개발 사업을 위해 필요한 재원을 확보하기 위하여 소득세나 취득세, 종합부동산세 산출 시 부과되는 세금으로, 1994년 7월부터 부과되었다. 이는 당시 우루과이라운드(UR) 협상 타결로 농수산물 수입 개방이 현실로 닥친 데 따른 후속 대책으로 시작된 것이다. (통상 농특세로 호칭)

농특세는 조세특례제한법 등에 의한 감면 세액과 특별소비세, 취득세 등을 과세표준으로 하여 0.15~30%의 세율로 과세하는 부가세적 형태로 운영되고 있다. 농특세는 당초 2004년 6월 30일까지 10년간 한시적으로 시행되는 목적세로 시행됐으나, 10년이 지난 일몰 때마다 연장하고 있다. 이에 현재 농특세의 기한은 2024년 6월 30일까지다. (출처: 네이버 지식백과)

농어촌특별세는 국세이지만 지방세인 취득세에 부가되는 세금이다. 산출한 취득세액을 기준으로 부과(10%)되는 경우와 감면세액을 기준으로 부과(20%)되는 농어촌특별세로 구분된다. 다만, 국민주택(85㎡이하)과 농가 주택에 대해서는 비과세된다.

취득세액을 기준으로 부과(10%)되는 농어촌특별세 산출 방식을 보면 먼저 「지방세법」 제11조의 표준세율을 2%로 적용하고 중과세를 적용한 세액을 더하여 산출한 취득세액에서 10%를 적용한다.

① 주택 유상 거래에 따른 취득세 표준세율(1%~3%)이 적용되는 경우 2%로 취득세를 산출한 후 이에 10%를 적용하므로 일괄적으로 0.2%의 세율이 적용된다.

② 4% 적용받던 다주택자가 유상 거래 중과세율 8%가 적용되는 경우에는 4%(→2%로 조정)+4%로, 조정된 2%와 4%를 합한 6%에서 10%를 적용하면 0.6%가 된다. 다주택자·법인 및 무상취득 중과세율 12%에 해당하는 경우에는 4%(→2%로 조정)+8%로, 조정된 2%와 8%를 합한 10%에서 10%를 적용하면 1%가 농어촌특별세율이다.

③ 그 밖에 무상취득(상속, 증여)과 원시취득(신축·증축)의 경우에는 0.2%의 세율이 적용된다. 감면세액을 기준으로 부과(20%)되는 농어촌특별세의 경우, 예를 들어 취득세가 75% 감면대상인 주택을 취득한 경우 감면세액(과세표준×취득세율×75%)에 20%를 적용하여 과세된다.

농어촌특별세법 제5조(과세표준과 세율)

① 농어촌특별세는 다음 각 호의 과세표준에 대한 세율을 곱하여 계산한 금액을 그 세액으로 한다. <개정 1994. 12. 22., 1998. 12. 28., 1999. 12. 28., 2000. 12. 29., 2001. 12. 29., 2005. 1. 5., 2007. 12. 31., 2010. 12. 30., 2013. 5. 28., 2021. 12. 21.>

호별	과세표준	세율
1	「조세특례제한법」·「관세법」·「지방세법」 및 「지방세특례제한법」에 따라 감면을 받는 소득세·법인세·관세·취득세 또는 등록에 대한 등록면허세의 감면세액(제2호의 경우는 제외한다)	100분의 20
2	「조세특례제한법」에 따라 감면받은 이자소득·배당소득에 대한 소득세의 감면세액	100분의 10
3	삭제 <2010.12.30>	
4	「개별소비세법」에 따라 납부하여야 할 개별소비세액 가. 「개별소비세법」 제1조제3항제4호의 경우 나. 가목 외의 경우	100분의 30 100분의 10
5	「자본시장과 금융투자업에 관한 법률」에 따른 증권시장으로서 대통령령으로 정하는 증권시장에서 거래된 증권의 양도가액	1만분의 15
6	「지방세법」 제11조 및 제12조의 표준세율을 100분의 2로 적용하여 「지방세법」, 「지방세특례제한법」 및 「조세특례제한법」에 따라 산출한 취득세액	100분의 10
7	「지방세법」에 따라 납부하여야 할 레저세액	100분의 20
8	「종합부동산세법」에 따라 납부하여야 할 종합부동산세액	100분의 20

② 「조세특례제한법」 제72조제1항에 따른 조합법인 등의 경우에는 제1호에 규정된 세액에서 제2호에 규정된 세액을 차감한 금액을 감면을 받는 세액으로 보아 제1항제1호를 적용한다. <개정 2010. 12. 30.>

  1. 해당 법인의 각 사업연도 과세표준금액에 「법인세법」 제55조제1항에 규정된 세율을 적용하여 계산한 법인세액

2. 해당 법인의 각 사업연도 과세표준금액에 「조세특례제한법」 제72조제1항에 규정된 세율을 적용하여 계산한 법인세액

③ 비과세 및 소득공제를 받는 경우에는 대통령령으로 정하는 계산방법에 의하여 계산한 금액을 감면을 받는 세액으로 보아 제1항제1호를 적용한다. <개정 2010. 12. 30.>

④ 「조세특례제한법」에 따라 이자소득·배당소득에 대한 소득세가 부과되지 아니하거나 소득세특례세율이 적용되는 경우에는 제1호에 규정된 세액에서 제2호에 규정된 세액을 차감한 금액을 감면을 받는 세액으로 보아 제1항제2호를 적용한다. <개정 2010. 12. 30.>

  1. 이자소득·배당소득에 다음 각 목의 어느 하나의 율을 곱하여 계산한 금액

    가. 이자소득의 경우에는 100분의 14

    나. 배당소득의 경우에는 100분의 14

  2. 「조세특례제한법」에 따라 납부하는 소득세액(소득세가 부과되지 아니하는 경우에는 영으로 한다)

⑤ 제1항제6호에도 불구하고 「지방세법」 제15조제2항에 해당하는 경우에는 같은 항에 따라 계산한 취득세액을 제1항제6호의 과세표준으로 본다. <신설 2010. 12. 30.>

참고 3 지방교육세

교육 부문에 투자를 늘려 과밀학급 해소, 의무교육 연한 연장, 교원의 처우 개선 등을 목적으로 설치된 목적세를 말한다. 교육세는 당초 1982년부터 도입된 5년 기간의 한시세였으나 부과 기간이 연장되고 결국 교육양여금 제도 도입과 함께 1992년 1월부터 영구세로 전환되었다. 교육세는 여타의 목적세와는 달리 독자적인 세원을 가지고 과세하는 것이 아니라 다른 국세 또는 지방세액에 덧붙여서 부과하는 부가세 성질을 가지고 있다. 즉, 특별소비세, 주세, 금융·보험업자의 수익 금액, 교통세 등에 일정 비율을 가산해 부과·징수되고 있다.

지방 교육의 질적 향상에 필요한 지방교육재정의 확충에 소요되는 재원을 확보하기 위하여 등록면허세, 레저세, 담배소비세, 주민세균등분, 재산세 등 일정한 지방세에 부가하여 과세하는 목적세로서 특별시세·광역시세·도세로 구분된다. 지방자치단체장의 교육 재원 확보 및 교육 서비스 향상에 대한 역할과 책임을 강화하고, 향후 교육자치의 실현을 위해 지방자치와 교육자치의 주체적인 역할을 담당하도록 하기 위하여 지방세에 부가하여 과세되어 오던 국세인 교육세를 지방교육세로 전환하였다. (출처: 네이버 지식백과)

주택취득에 부가되는 지방교육세 세율은 각각의 취득 유형별로 아래와 같은 산출 방식에 따라 부과된다.

① 주택 유상거래에 따른 취득세 표준세율(1%~3%)이 적용되는 경우,

해당 세율에 50%를 곱한 세율을 적용하여 산출한 금액의 20% 적용.

즉, 주택 유상거래 취득세율의 10%에 해당하는 0.1%~0.3%의 세율이 적용됨.

② 다주택자와 법인의 유상취득, 조정지역 내 무상취득 등 중과세(8%·12%)가 적용되는 경우, 0.4%의 세율 일괄적으로 적용.

③ 원시취득과 무상취득의 경우, 각각의 취득세율에서 2%를 뺀 세율을 적용하여 산출한 금액에서 20%를 적용.

재산세

1. 지역주택조합과 관련된 재산세 개요

가. 재산세 과세대상: 토지, 건축물, 주택, 항공기 및 선박

지방세법 제105조(과세대상)

재산세는 토지, 건축물, 주택, 항공기 및 선박(이하 이 장에서 "재산"이라 한다)을 과세대상으로 한다.

지방세법 제104조(정의) 재산세에서 사용하는 용어의 뜻은 다음과 같다. <개정 2014. 6. 3.>

1. "토지"란 「공간정보의 구축 및 관리 등에 관한 법률」에 따라 지적공부의 등록대상이 되는 토지와 그 밖에 사용되고 있는 사실상의 토지를 말한다.

2. "건축물"이란 제6조제4호에 따른 건축물을 말한다.

> 지방세법 제6조(정의) 취득세에서 사용하는 용어의 뜻은 다음 각 호와 같다.
>
> 4. "건축물"이란 「건축법」 제2조제1항제2호에 따른 건축물(이와 유사한 형태의 건축물을 포함한다)과 토지에 정착하거나 지하 또는 다른 구조물에 설치하는 레저시설, 저장시설, 도크(dock)시설, 접안시설, 도관시설, 급수·배수시설, 에너지 공급시설 및 그 밖에 이와 유사한 시설(이에 딸린 시설을 포함한다)로서 대통령령으로 정하는 것을 말한다.
>
> 건축법 제2조(정의) ① 이 법에서 사용하는 용어의 뜻은 다음과 같다.
>
> 2. "건축물"이란 토지에 정착(定着)하는 공작물 중 지붕과 기둥 또는 벽이 있는 것과 이에 딸린 시설물, 지하나 고가(高架)의 공작물에 설치하는 사무소·공연장·점포·차고·창고, 그 밖에 대통령령으로 정하는 것을 말한다.(하위법령 아직 법령 없음)

3. "주택"이란 「주택법」 제2조제1호에 따른 주택을 말한다. 이 경우 토지와 건축물의 범위에서 주택은 제외한다.

> 주택법 제2조(정의) 이 법에서 사용하는 용어의 뜻은 다음과 같다.
>
> 1. "주택"이란 세대(世帶)의 구성원이 장기간 독립된 주거생활을 할 수 있는 구조로 된 건축물의 전부 또는 일부 및 그 부속토지를 말하며, 단독주택과 공동주택으로 구분한다.

4. "항공기"란 제6조제9호에 따른 항공기를 말한다.

5. "선박"이란 제6조제10호에 따른 선박을 말한다.

6. 삭제 <2010. 12. 27.>

나. 납세의무자: 매년 6월 1일을 기준으로 재산을 사실상 소유한 자

> 지방세법 제107조(납세의무자)
>
> ① 재산세 과세기준일 현재 재산을 사실상 소유하고 있는 자는 재산세를 납부할 의무가 있다. 다만, 다음 각 호의 어느 하나에 해당하는 경우에는 해당 각 호의 자를 납세의무자로 본다. <개정 2014. 1. 1.>
>
> 지방세법 제114조(과세기준일) 재산세의 과세기준일은 매년 6월 1일로 한다.

다. 납기 및 가산금 등

납기	7월(7월 16일~7월 31일)		9월(9월 16일~9월 30일)	
	주택 1기분	건축물(주택 제외)	주택 2기분	토지
납부액	주택분 1/2	전액	주택분 1/2	전액
가산금	지방세징수법 제30조, 제31조에 따라 납부기한이 지난 날부터 가산금(지방세액의 3%)이 가산 체납된 지방세액이 30만 원 이상인 경우에는 그 후 1개월이 지날 때 마다(최대 60개월) 중가산금(지방세액의 0.75%)이 추가			
비고	주택분 재산세액이 20만 원 이하인 경우 7월에 전액 부과·징수할 수 있다. 사유 발생 시 수시로 부과·징수할 수 있다.			

> 지방세법 제115조(납기)
>
> ① 재산세의 납기는 다음 각 호와 같다. <개정 2010. 12. 27., 2013. 1. 1., 2017. 12. 26.>
>
>   1. 토지 : 매년 9월 16일부터 9월 30일까지
>
>   2. 건축물 : 매년 7월 16일부터 7월 31일까지
>
>   3. 주택 : 해당 연도에 부과·징수할 세액의 2분의 1은 매년 7월 16일부터 7월 31일까지, 나머지 2분의 1은 9월 16일부터 9월 30일까지. 다만, 해당 연도에 부과할 세액이 20만원 이하인 경우에는 조례로 정하는 바에 따라 납기를 7월 16일부터 7월 31일까지로 하여 한꺼번에 부과·징수할 수 있다.
>
>   4. 선박: 매년 7월 16일부터 7월 31일까지
>
>   5. 항공기: 매년 7월 16일부터 7월 31일까지
>
> ② 제1항에도 불구하고 지방자치단체의 장은 과세대상 누락, 위법 또는 착오 등으로 인하여 이미 부과한 세액을 변경하거나 수시부과하여야 할 사유가 발생하면 수시로 부과·징수할 수 있다.

지방세징수법 제30조(가산금)

지방세를 납부기한까지 완납하지 아니하면 납부기한이 지난 날부터 체납된 지방세의 100분의 3에 상당하는 가산금을 징수한다. 다만, 국가와 지방자치단체(「지방자치법」 제176조에 따른 지방자치단체조합을 포함한다)에 대해서는 가산금을 징수하지 아니한다. <개정 2020. 3. 24., 2021. 1. 12.>

지방세징수법 제31조(중가산금)

① 체납된 지방세를 납부하지 아니하였을 때에는 납부기한이 지난 날부터 1개월이 지날 때마다 체납된 지방세의 1만분의 75에 상당하는 가산금(이하 "중가산금"이라 한다)을 제30조에 따른 가산금에 더하여 징수한다. 이 경우 중가산금을 가산하여 징수하는 기간은 60개월을 초과할 수 없다. <개정 2018. 12. 24.>

② 제1항은 제30조 단서의 경우와 체납된 납세고지서별 세액이 30만원 미만일 때에는 적용하지 아니한다. 이 경우 같은 납세고지서에 둘 이상의 세목이 함께 적혀 있을 때에는 세목별로 판단한다.

③ 외국의 권한 있는 당국과 상호합의절차가 진행 중이라는 이유로 체납액의 징수를 유예한 경우에는 제1항을 적용하지 아니하고 「국제조세조정에 관한 법률」 제49조제5항에 따른 가산금에 대한 특례를 적용한다. <개정 2020. 12. 22.>

2. 과세표준 산정 방법

토지·건축물·주택에 대한 재산세의 과세표준은 시가표준액에 대통령령으로 정하는 공정시장가액 비율을 곱하여 산정한 가액으로 한다.

2024. 01.01	지방세법 제110조(과세표준) ① 토지·건축물·주택에 대한 재산세의 과세표준은 제4조제1항 및 제2항에 따른 시가표준액에 부동산 시장의 동향과 지방재정 여건 등을 고려하여 다음 각 호의 어느 하나에서 정한 범위에서 대통령령으로 정하는 공정시장가액비율을 곱하여 산정한 가액으로 한다. 〈개정 2023. 3. 14.〉 1. 토지 및 건축물: 시가표준액의 100분의 50부터 100분의 90까지 2. 주택: 시가표준액의 100분의 40부터 100분의 80까지. 다만, 제111조의2에 따른 1세대 1주택은 100분의 30부터 100분의 70까지 ② 선박 및 항공기에 대한 재산세의 과세표준은 제4조제2항에 따른 시가표준액으로 한다. ③ 제1항에 따라 산정한 주택의 과세표준이 다음 계산식에 따른 과세표준상한액보다 큰 경우에는 제1항에도 불구하고 해당 주택의 과세표준은 과세표준상한액으로 한다. 〈신설 2023. 3. 14.〉 과세표준상한액 = 대통령령으로 장하는 직전 연도 해당 주택의 과세표준 상당액 + (과세기준일 당시 시가표준액으로 산정한 과세표준 X 과세표준상한율) 과세표준상한율 = 소비자물가지수, 주택가격변동률, 지방재정 여건 등을 고려하여 0에서 100분의 5 범위 이내로 대통령령으로 정하는 비율 [시행일: 2024. 1. 1.] 제110조제3항
2023. 03.14	지방세법 제110조(과세표준) ① 토지·건축물·주택에 대한 재산세의 과세표준은 제4조제1항 및 제2항에 따른 시가표준액에 부동산 시장의 동향과 지방재정 여건 등을 고려하여 다음 각 호의 어느 하나에서 정한 범위에서 대통령령으로 정하는 공정시장가액비율을 곱하여 산정한 가액으로 한다. 〈개정 2023. 3. 14.〉 1. 토지 및 건축물: 시가표준액의 100분의 50부터 100분의 90까지 2. 주택: 시가표준액의 100분의 40부터 100분의 80까지. 다만, 제111조의2에 따른 1세대 1주택은 100분의 30부터 100분의 70까지 ② 선박 및 항공기에 대한 재산세의 과세표준은 제4조제2항에 따른 시가표준액으로 한다.
2023. 03.14 이전	지방세법 제110조(과세표준) ① 토지·건축물·주택에 대한 재산세의 과세표준은 제4조제1항 및 제2항에 따른 시가표준액에 부동산 시장의 동향과 지방재정 여건 등을 고려하여 다음 각 호의 어느 하나에서 정한 범위에서 대통령령으로 정하는 공정시장가액비율을 곱하여 산정한 가액으로 한다. 1. 토지 및 건축물: 시가표준액의 100분의 50부터 100분의 90까지 2. 주택: 시가표준액의 100분의 40부터 100분의 80까지 ② 선박 및 항공기에 대한 재산세의 과세표준은 제4조제2항에 따른 시가표준액으로 한다.

가. 시가표준액

- 토지 및 주택: 「부동산 가격공시에 관한 법률」에 따라 공시된 가액(價額). 다만, 개별공시지가 또는 개별주택가격이 공시되지 아니한 경우에는 자치구의 구청장이 토지가격비준표 또는 주택가격비준표를 사용하여 산정한 가액으로 하고, 공동주택가격이 공시되지 아니한 경우에는 대통령령으로 정하는 기준에 따라 자치구의 구청장이 산정한 가액으로 한다. 즉, 시가표준액은 공시된 개별공시지가, 개별주택가격 및 공동주택가격이 이에 해당한다. 공시 되지 아니한 경우에는 자치구의 구청장이 산정한 가액으로 한다.

- 건축물 시가표준액: 거래가격, 수입가격, 신축·건조·제조가격 등을 고려하여 정한 기준가격에 종류, 구조, 용도, 경과연수 등 과세대상별 특성을 고려하여 지방세법 시행령 제4조제1항에 따라 지방자치단체의 장이 결정한 가액.

지방세법 제4조(부동산 등의 시가표준액)

① 이 법에서 적용하는 토지 및 주택에 대한 시가표준액은 「부동산 가격공시에 관한 법률」에 따라 공시된 가액(價額)으로 한다. 다만, 개별공시지가 또는 개별주택가격이 공시되지 아니한 경우에는 특별자치시장·특별자치도지사·시장·군수 또는 구청장(자치구의 구청장을 말한다. 이하 같다)이 같은 법에 따라 국토교통부장관이 제공한 토지가격비준표 또는 주택가격비준표를 사용하여 산정한 가액으로 하고, 공동주택가격이 공시되지 아니한 경우에는 대통령령으로 정하는 기준에 따라 특별자치시장·특별자치도지사·시장·군수 또는 구청장이 산정한 가액으로 한다. <개정 2013. 3. 23., 2016. 1. 19., 2016. 12. 27.>

② 제1항 외의 건축물(새로 건축하여 건축 당시 개별주택가격 또는 공동주택가격이 공시되지 아니한 주택으로서 토지부분을 제외한 건축물을 포함한다), 선박, 항공기 및 그 밖의 과세대상에 대한 시가표준액은 거래가격, 수입가격, 신축·건조·제조가격 등을 고려하여 정한 기준가격에 종류, 구조, 용도, 경과연수 등 과세대상별 특성을 고려하여 대통령령으로 정하는 기준에 따라 지방자치단체의 장이 결정한 가액으로 한다.

지방세법 시행령 제4조(건축물 등의 시가표준액 산정기준)

① 법 제4조제2항에서 "대통령령으로 정하는 기준"이란 매년 1월 1일 현재를 기준으로 과세대상별 구체적 특성을 고려하여 다음 각 호의 방식에 따라 행정안전부장관이 정하는 기준을 말한다. <개정 2013. 3. 23., 2014. 3. 14., 2014. 11. 19., 2017. 7. 26., 2020. 12. 31., 2021. 12. 31.>

  1. 오피스텔

  1의2. 제1호 외의 건축물: 건설원가 등을 고려하여 행정안전부장관이 산정·고시하는 건물신축가격기준액에 다음 각 목의 사항을 적용한다.

    가. 건물의 구조별·용도별·위치별 지수

    나. 건물의 경과연수별 잔존가치율

    다. 건물의 규모·형태·특수한 부대설비 등의 유무 및 그 밖의 여건에 따른 가감산율

10. 토지에 정착하거나 지하 또는 다른 구조물에 설치하는 시설: 종류별 신축가격 등을 고려하여 정한 기준가격에 시설의 용도·구조 및 규모 등을 고려하여 가액을 산출한 후, 그 가액에 다시 시설의 경과연수별 잔존가치율을 적용한다.

11. 건축물에 딸린 시설물: 종류별 제조가격(수입하는 경우에는 수입가격을 말한다), 거래가격 및 설치가격 등을 고려하여 정한 기준가격에 시설물의 용도·형태·성능 및 규모 등을 고려하여 가액을 산출한 후, 그 가액에 다시 시설물의 경과연수별 잔존가치율을 적용한다.

② 제1항제11호에 따른 건축물에 딸린 시설물(이하 이 항에서 "시설물"이라 한다)의 시가표준액을 적용할 때 그 시설물이 주거와 주거 외의 용도로 함께 쓰이고 있는 건축물의 시설물인 경우에는 그 건축물의 연면적 중 주거와 주거 외의 용도 부분의 점유비율에 따라 제1항제11호에 따른 시가표준액을 나누어 적용한다.

참고 **공시지가(부동산 공시가격 알리미: www.realtyprice.kr)**

구분	내용
표준 공시지가	국토부장관이 우리나라의 토지 전체를 대상으로 매년 그 적정 가치를 가격으로 환산하기는 절대적으로 어렵다. 그래서 전국 몇천만 토지를 분류하고, 해당 구역 내에서 대표성을 지닌 50만의 필지를 대상으로 가치를 평가하여 토지의 단위면적당 가격을 정한다. 그리고 매년 1월 1일 토지의 가격을 산정하여 매년 2월에 공시하여 모든 국민이 한 달 동안 열람을 자유롭게 할 수 있다. 표준공시지가는 대표적으로 개별공시지가를 산정하는 기준자료로 활용된다.(1989년부터 매년 1월1일 발표)
개별 공시지가	각 지방자치단체(시·군·구청장)가 주관이 되어 산정된 개별 토지의 가격을 의미한다. 매년 5월에 발표되며, 일반적으로 공시지가라 하면 개별공시지가를 의미한다. 국토교통부장관이 대표성을 지닌 50만 필지의 적정가치를 고시하면, 각 지방자치단체는 이를 기준으로 하여 해당 구역내, 토지의 적정가치를 다시 조사하여 발표해야 한다. 공시지가는 세금을 부여 하기 위한 용도로 활용되는데, 공시지가를 바탕으로 국세와 지방세를 과세하게 된다. 개별공시지가는 세금을 부여하는 용도 외에 도시개발계획 범주에 들어가는 토지 수용보상금 또는 개발부담금, 농지전용부담금을 산출하는 용도로도 활용된다. 표준공시지가가 대표성을 지닌 특정 지역의 땅의 가격을 발표한 것이라면 개별공시지가는 해당 토지의 가격에 영향을 미치는 요소 들을 꼼꼼하게 따져 토지의 가격을 산정한 것이다. 예를 들어서 토지의 가치가 높다면 표준공시지가보다 개별공시지가가 높게 나올 수 있고, 반대의 경우라면 낮게 나올 수 있는 것이다. 만약 발표된 개별공시지가에 이의를 제기하고 싶다면, 개별공시지가 결정일로부터 30일 이내에 각 지방자치단체장에게 재조사 청구를 요청할 수 있다.

국토교통부장관	시장·군수·구청장
표준지 공시지가 (결정공시일; 1월 1일) 지가정보제공 감정평가의 기준	개별 공시지가 (결정공시일: 5월 31일) 조세부과의 기준 개발부담금 부과기준

나. 공정시장가액비율

2023. 06.30	지방세법 시행령 제109조(공정시장가액비율) ① 법 제110조제1항 각 호 외의 부분에서 "대통령령으로 정하는 공정시장가액비율"이란 다음 각호의 구분에 따른 비율을 말한다. <개정 2022. 6. 30., 2023. 3. 14., 2023. 6. 30.> 　1. 토지 및 건축물: 시가표준액의 100분의 70 　2. 주택: 시가표준액의 100분의 60. 다만, 2023년도에 납세의무가 성립하는 재산세의 과세표준을 산정하는 경우 제110조의2에 따라 1세대 1주택으로 인정되는 주택(시가표준액이 9억원을 초과하는 주택을 포함한다)에 대해서는 다음 각 목의 구분에 따른다. 　　가. 시가표준액이 3억원 이하인 주택: 시가표준액의 100분의 43 　　나. 시가표준액이 3억원을 초과하고 6억원 이하인 주택: 시가표준액의 100분의 44 　　다. 시가표준액이 6억원을 초과하는 주택: 시가표준액의 100분의 45 ② 행정안전부장관은 제1항에 따른 공정시장가액비율의 점검·평가를 위하여 필요한 경우 관계 전문기관에 조사·연구를 의뢰할 수 있다. <신설 2023. 3. 14.>
2023. 03.14	지방세법 시행령 제109조(공정시장가액비율) ① 법 제110조제1항 각 호 외의 부분에서 "대통령령으로 정하는 공정시장가액비율"이란 다음 각호의 구분에 따른 비율을 말한다. <개정 2022. 6. 30., 2023. 3. 14.> 　1. 토지 및 건축물: 시가표준액의 100분의 70 　2. 주택: 시가표준액의 100분의 60. 다만, 2022년도에 납세의무가 성립하는 재산세의 과세표준을 산정하는 경우 제110조의2에 따라 1세대 1주택으로 인정되는 주택(시가표준액이 9억원을 초과하는 주택을 포함한다)에 대해서는 시가표준액의 100분의 45로 한다. ② 행정안전부장관은 제1항에 따른 공정시장가액비율의 점검·평가를 위하여 필요한 경우 관계 전문기관에 조사·연구를 의뢰할 수 있다. <신설 2023. 3. 14.>
2022. 06.30	지방세법 시행령 제109조(공정시장가액비율) 법 제110조제1항 각 호 외의 부분에서 "대통령령으로 정하는 공정시장가액비율"이란 다음 각 호의 구분에 따른 비율을 말한다. <개정 2022. 6. 30.> 1. 토지 및 건축물: 시가표준액의 100분의 70 2. 주택: 시가표준액의 100분의 60. 다만, 2022년도에 납세의무가 성립하는 재산세의 과세표준을 산정하는 경우 제110조의2에 따라 1세대 1주택으로 인정되는 주택(시가표준액이 9억원을 초과하는 주택을 포함한다)에 대해서는 시가표준액의 100분의 45로 한다.
~	지방세법 시행령 제109조(공정시장가액비율) 법 제110조제1항 각 호 외의 부분에서 "대통령령으로 정하는 공정시장가액비율"이란 다음 각 호의 비율을 말한다. 1. 토지 및 건축물: 시가표준액의 100분의 70 2. 주택: 시가표준액의 100분의 60

3. 재산세 세율(요약)

구분	과세대상	과세표준	세율	비고
재산세	주택	6천만 원 이하	0.1% (0.05%)	(시가표준액 9억 이하 1세대 1주택에 한해 세율 특례 적용: 좌측의 괄호 안 내용
		1억 5천만 원 이하	6만 원+6천만 원 초과 금액의 0.15% (3만 원+6천만 원 초과 금액의 0.1%)	
		3억 원 이하	19만5천 원+1.5억 원 초과 금액의 0.25% (12만 원+1.5억 원 초과 금액의 0.2%)	
		3억 원 초과	57만 원+3억 원 초과 금액의 0.4% (42만 원+3억 원 초과 금액의 0.35%)	
	건축물	골프장, 고급오락실	0.4%	과밀억제권역 안의 공장 신, 증설 (5년간 1.25%)
		주거지역 및 지정지역 내 공장용 건축물	0.5%	
		기타 건축물	0.25%	
	나대지 등 (종합합산과세)	5천만원 이하	0.2%	
		1억 원 이하	10만 원+5천만 원 초과 금액의 0.3%	
		1억 원 초과	25만 원+1억 원 초과 금액의 0.5%	
	사업용토지 (별도합산과세)	2억 원 이하	0.2%	
		10억 원 이하	40만 원+2억 원 초과 금액의 0.3%	
		10억 원 초과	280만 원+10억 원 초과 금액의 0.4%	
	기타토지 (분리과세)	전,답,과수원,목장용지 및 임야	0.07%	
		골프장 및 고급 오락장용 토지	4%	
		위 외의 토지	0.2%	
	도시지역분	재산세 과세표준액	0.14%	
지역자원 시설세 (소방분)	(건축물 가액 또는 시가표준액) × 공정시장 가액비율	600만 원 이하	0.04%	화재위험 건축물 중 4층~10층은 당해세율의 2배 중과세, 11층 이상은 3배 중과세
		1,300만 원 이하	2,400원+600만 원 초과 금액의 0.05%	
		2,600만 원 이하	5,900원+1,300만 원 초과 금액의 0.06%	
		3,900만 원 이하	13,700원+2,600만 원 초과 금액의 0.08%	
		6,400만 원 이하	24,100원+3,900만 원 초과 금액의 0.10%	
		6,400만 원 초과	49,100원+6,400만 원 초과 금액의 0.12%	
지방 교육세	재산세	연간 재산세액	20%	

지방세법 제111조(세율)

① 재산세는 제110조의 과세표준에 다음 각 호의 표준세율을 적용하여 계산한 금액을 그 세액으로 한다. <개정 2010. 12. 27., 2016. 12. 27., 2019. 12. 31.>

1. 토지

　가. 종합합산과세대상

　　- 5000만 원 이하　　　　　　: 1,000분의 2

　　- 5,000만 원 초과 1억 원 이하 : 10만 원 + 5,000만 원 초과금액의 1,000분이 3

　　- 1억 원 초과　　　　　　　: 25만 원 + 1억 원 초과금액의 1,000분의 5

　나. 별도합산과세대상 :

　　- 2억 원 이하　　　　　　 : 1,000분의 2

　　- 2억 원 초과 10억원 이하 : 40만 원+2억 원 초과금액의 1,000분의 3

　　- 10억 원 초과　　　　　 : 280만 원+10억 원 초과금액의 1,000분의 4

　다. 분리과세대상

　　1) 제106조제1항제3호가목에 해당하는 전·답·과수원·목장용지 및 같은 호 나목에 해당하는 임야: 과세표준의 1천분의 0.7

　　2) 제106조제1항제3호다목에 해당하는 골프장용 토지 및 고급오락장용 토지: 과세표준의 1천분의 40

　　3) 그 밖의 토지: 과세표준의 1천분의 2

2. 건축물

　가. 제13조제5항에 따른 골프장, 고급오락장용 건축물: 과세표준의 1천분의 40

　나. 특별시·광역시(군 지역은 제외한다)·특별자치시(읍·면지역은 제외한다)·특별자치도(읍·면지역은 제외한다) 또는 시(읍·면지역은 제외한다) 지역에서 「국토의 계획 및 이용에 관한 법률」과 그 밖의 관계 법령에 따라 시성된 수거지역 및 해당 지방자치단체의 조례로 정하는 지역의 대통령령으로 정하는 공장용 건축물: 과세표준의 1천분의 5

　다. 그 밖의 건축물: 과세표준의 1천분의 2.5

3. 주택

　가. 삭제 <2023. 3. 14.>

　나. 그 밖의 주택 : 6천만 원 이하 1,000분의 1 / 6천만 원 초과 1억 5천만 원 이하 60,000+6천만 원 초과금액의 1,000분의 1.5 /

　　　　　　　　 1억 5천만 원 초과 3억 원 이하 195,000+1억 5천만 원 초과금액의 1,000분의 2.5 /

　　　　　　　　 3억 원 초과 570,000+3억 원 초과금액의 1,000분의 4

4. 선박

　가. 제13조제5항제5호에 따른 고급선박: 과세표준의 1천분의 50

　나. 그 밖의 선박: 과세표준의 1천부의 3

5. 항공기: 과세표준의 1천분의 3

② 「수도권정비계획법」 제6조에 따른 과밀억제권역(「산업집적활성화 및 공장설립에 관한 법률」을 적용받는 산업단지 및 유치지역과 「국토의 계획 및 이용에 관한 법률」을 적용받는 공업지역은 제외한다)에서 행정안전부령으로 정하는 공장 신설·증설에 해당하는 경우 그 건축물에 대한 재산세의 세율은 최초의 과세기준일부터 5년간 제1항제2호다목에 따른 세율의 100분의 500에 해당하는 세율로 한다. <개정 2013. 3. 23., 2014. 11. 19., 2017. 7. 26.>

③ 지방자치단체의 장은 특별한 재정수요나 재해 등의 발생으로 재산세의 세율 조정이 불가피하다고 인정되는 경우 조례로 정하는 바에 따라 제1항의 표준세율의 100분의 50의 범위에서 가감할 수 있다. 다만, 가감한 세율은 해당 연도에만 적용한다.

지방세법 제111조의2(1세대 1주택에 대한 주택 세율 특례)

① 제111조제1항제3호나목에도 불구하고 대통령령으로 정하는 1세대 1주택(제4조제1항에 따른 시가표준액이 9억 원 이하인 주택에 한정한다)에 대해서는 다음의 세율을 적용한다. <개정 2021. 7. 8.>

- 6천만 원 이하 : 1,000분의 0.5
- 6천만 원 초과 1억 5천만 원 이하 : 30,000+6천만 원 초과금액의 1,000분의 1
- 1억 5천만 원 초과 3억 원 이하 : 120,000+1억 5천만 원 초과금액의 1,000분의 2
- 3억 원 초과 : 420,000+3억 원 초과금액의1,000분의 3.5

② 제1항에 따른 1세대 1주택의 해당여부를 판단할 때 「신탁법」에 따라 신탁된 주택은 위탁자의 주택 수에 가산한다.

③ 제1항에도 불구하고 제111조제3항에 따라 지방자치단체의 장이 조례로 정하는 바에 따라 가감한 세율을 적용한 세액이 제1항의 세율을 적용한 세액보다 적은 경우에는 제1항을 적용하지 아니한다.

④ 「지방세특례제한법」에도 불구하고 동일한 주택이 제1항과 「지방세특례제한법」에 따른 재산세 경감 규정(같은 법 제92조의2에 따른 자동이체 등 납부에 대한 세액공제는 제외한다)의 적용 대상이 되는 경우에는 중복하여 적용하지 아니하고 둘 중 경감 효과가 큰 것 하나만을 적용한다.

[본조신설 2020. 12. 29.]

4. 재산세 산정 계산식 및 시가표준액 확인방법

구분	재산세 산정 계산식	시가표준액 확인방법
주택	과세표준(공시가액×공정시장가액비율) ×세율 0.1%~0.4% 공정시장가액비율: 1주택 초과보유 : 60% 1주택, 3억 이하 43% 1주택, 3억 초과 ~ 6억 이하 44% 1주택, 6억 초과 45%	시가표준액 확인방법: 부동산공시가격알리미(https://www.realtyprice.kr)에 접속하여 위쪽 왼편에 있는 세가지 공시가격 버튼(공동주택, 표준단독주택,개별단독주택) 중 해당 버튼을 선택. - 공동주택 버튼 선택, 해당사항을 선택/입력하여 공동주택가격을 확인할 수 있음 - 개별단독주택 버튼 선택, 지역선택버튼 선택(일사천리 화면으로 진입), 해당사항을 선택·입력하여 개별주택가격을 확인할 수 있음.
건축물	과세표준(시가표준액× 공정시장가액비율 70%)× 세율 0.25%	시가표준액 산정방법: 건물신축가격기준액×(구조지수×용도지수×위치지수)×경과연수별잔존가치율×개별건물의 특성에 따른 조정율 ×면적(m^2). 홈택스의 기준시가조회를 통하여 계산할 수 있으나 번거로움. 위택스(https://www.wetax.go.kr)에 접속, 우측상단에 있는 "지방세정보"를 클릭, 시가표준액 조회→건축물 시가표준액으로 진입, 기존건물 or 신축건물 선택, 해당사항을 선택/입력하여 건축물 시가표준액을 확인할 수 있음(상가, 오피스텔 등 일반건축물만 조회 가능). * 서울시내 위치 부동산은 이택스에 접속하여 조회 가능
토지	과세표준(공시가액× 면적(m^2)× 공정시장가액비율 70%)× 분리과세 세율 0.2% 적용	시가표준액 확인방법: 부동산공시가격알리미(https://www.realtyprice.kr)에 접속하여 위쪽 오른편에 "개별공시지가" 버튼을 클릭, 지역선택버튼을 선택(일사천리화면으로 진입), 해당 사항을 선택·입력하면 화면 가운데에 단위면적당 개별공시지가를 확인할 수 있음. (지역주택조합 사업부지에 대해 별도합산 또는 종합합산 세율을 적용하는 것은 잘못된 것임)

참고1 상가의 경우

구분	계산식	시가표준액 확인방법
건물분	과세표준(시가표준액(건축물)× 공정시장가액비율 70%)× 세율 0.25%	위택스(https://www.wetax.go.kr)에 접속, 우측상단에 있는 "지방세정보"를 클릭, 시가표준액 조회→건축물 시가표준액으로 진입, 기존건물 or 신축건물 선택, 해당사항을 선택·입력하여 건축물 시가표준액을 확인할 수 있음(상가, 오피스텔 등 일반건축물만 조회 가능). * 서울시내 위치 부동산은 이택스에 접속하여 조회가능
토지분	과세표준(공시가액× 대지권면적(m²)× 공정시장가액비율 70%)× 세율	부동산공시가격알리미(https://www.realtyprice.kr)에 접속하여 위쪽 오른편에 "개별공시지가" 버튼을 클릭, 지역선택버튼을 선택(일사천리화면으로 진입), 해당 사항을 선택·입력하면 화면 가운데에 단위면적당 개별공시지가를 확인할 수 있음 대지권면적(m²): 등기부등본 표제부에 있음 (사업용 토지의 경우 별도합산 세율인 0.2%~0.4% 적용, 지역주택조합 사업부지인 경우 분리과세 세율인 0.2% 적용)

참고2 상가주택의 경우

상가주택의 재산세는 '주택 부분은 주택의 재산세 산정절차와 동일'하고, '상가 부분은 상가의 재산세 산정절차와 동일'하다.

구분		시가표준액 확인방법
주택		부동산공시가격알리미(https://www.realtyprice.kr)에 접속하여 위쪽 왼편에 있는 세가지 공시가격 버튼(공동주택, 표준단독주택,개별단독주택)중 해당 버튼을 선택, 지역선택버튼 선택(일사천리 화면으로 진입), 해당사항을 선택·입력하여 개별주택가격(=공시가액)을 확인할 수 있음.
상가	건물분	위택스(https://www.wetax.go.kr)에 접속, 우측상단에 있는 "지방세정보"를 클릭, 시가표준액 조회→건축물 시가표준액으로 진입, 기존건물 or 신축건물 선택, 해당사항을 선택·입력하여 건축물 시가표준액을 확인할 수 있음(상가, 오피스텔 등 일반건축물만 조회 가능).
	토지분	부동산공시가격알리미(https://www.realtyprice.kr)에 접속하여 위쪽 오른편에 "개별공시지가" 버튼을 클릭, 지역선택버튼을 선택(일사천리화면으로 진입), 해당 사항을 선택·입력하면 화면 가운데에 단위면적당 개별공시지가를 확인할 수 있음

참고 상가주택 관련 법률 내용

지방세법 제106조(과세대상의 구분 등)

② 주거용과 주거 외의 용도를 겸하는 건물 등에서 주택의 범위를 구분하는 방법, 주택 부속토지의 범위 산정은 다음 각 호에서 정하는 바에 따른다. <개정 2021. 12. 28.>

　1. 1동(棟)의 건물이 주거와 주거 외의 용도로 사용되고 있는 경우에는 주거용으로 사용되는 부분만을 주택으로 본다. 이 경우 건물의 부속토지는 주거와 주거 외의 용도로 사용되는 건물의 면적비율에 따라 각각 안분하여 주택의 부속토지와 건축물의 부속토지로 구분한다.

5. 지역주택조합 토지는 분리과세대상

「주택법」 제11조에 따른 주택조합이 주택을 건설하기 위하여 사업계획승인을 받은 토지로서 주택건설사업에 제공되고 있는 토지는 분리과세대상이다. (주택조합이 조합원이 납부한 금전으로 매수하여 소유하고 있는 「신탁법」에 따른 신탁재산의 경우에는 사업계획의 승인을 받기 전의 토지를 포함한다.)

지방세법 제106조(과세대상의 구분 등)

① 토지에 대한 재산세 과세대상은 다음 각 호에 따라 종합합산과세대상, 별도합산과세대상 및 분리과세대상으로 구분한다. <개정 2010. 12. 27., 2015. 12. 29., 2016. 12. 27., 2017. 12. 26., 2019. 12. 3.>

　1. 종합합산과세대상: 과세기준일 현재 납세의무자가 소유하고 있는 토지 중 별도합산과세대상 또는 분리과세대상이 되는 토지를 제외한 토지

　　가. 삭제 <2019. 12. 3.>

　　나. 삭제 <2019. 12. 3.>

　2. 별도합산과세대상: 과세기준일 현재 납세의무자가 소유하고 있는 토지 중 다음 각 목의 어느 하나에 해당하는 토지

　　가. 공장용 건축물의 부속토지 등 대통령령으로 정하는 건축물의 부속토지

　　나. 차고용 토지, 보세창고용 토지, 시험·연구·검사용 토지, 물류단지시설용 토지 등 공지상태(空地狀態)나 해당 토지의 이용에 필요한 시설 등을 설치하여 업무 또는 경제활동에 활용되는 토지로서 대통령령으로 정하는 토지

　　다. 철거·멸실된 건축물 또는 주택의 부속토지로서 대통령령으로 정하는 부속토지

　3. 분리과세대상: 과세기준일 현재 납세의무자가 소유하고 있는 토지 중 국가의 보호·지원 또는 중과가 필요한 토지로서 다음 각 목의 어느 하나에 해당하는 토지

　　사. 국토의 효율적 이용을 위한 개발사업용 토지로서 대통령령으로 정하는 토지

지방세법 시행령 제102조(분리과세대상 토지의 범위)

⑦ 법 제106조제1항제3호사목에서 "대통령령으로 정하는 토지"란 다음 각 호에서 정하는 토지(법 제106조제1항제3호다목에 따른 토지는 제외한다)를 말한다. 다만 제9호 및 제11호에 따른 토지 중 취득일로부터 5년이 지난 토지로서 용지조성사업 또는 건축을 착공하지 않은 토지는 제외한다. <신설 2017. 12. 29., 2018. 2. 9., 2018. 2. 27., 2019. 4. 2., 2020. 12. 31., 2021. 6. 8., 2022. 2. 17., 2023. 7. 7.>

7. 「주택법」에 따라 주택건설사업자 등록을 한 주택건설사업자(같은 법 제11조에 따른 주택조합 및 고용자인 사업주체와 「도시 및 주거환경정비법」 제24조부터 제28조까지 또는 「빈집 및 소규모주택 정비에 관한 특례법」 제17조부터 제19조까지의 규정에 따른 사업시행자를 포함한다)가 주택을 건설하기 위하여 같은 법에 따른 사업계획의 승인을 받은 토지로서 주택건설사업에 제공되고 있는 토지(「주택법」 제2조제11호에 따른 지역주택조합·직장주택조합이 조합원이 납부한 금전으로 매수하여 소유하고 있는 「신탁법」에 따른 신탁재산의 경우에는 사업계획의 승인을 받기 전의 토지를 포함한다)

6. 재산세 부과와 동시에 부과되는 재산세 도시지역분, 지역자원시설세 및 지방교육세

재산세 도시지역분 (종전의 도시계획세)	도시계획에 필요한 비용 충당을 위해 지정한 주택, 건축물, 토지에 부과하는 세금.	재산세 과세표준액의 0.14%
지역자원 시설세 (소방분, 지방세법 제11장 참조)	지역의 부존자원 보호·보전, 환경보호·개선, 안전·생활편의시설 설치 등 주민생활환경 개선사업 및 지역개발사업에 필요한 재원을 확보하고 소방사무에 소요되는 제반비용에 충당하기 위하여 부과한다. 종전의 공동시설세와 지역개발세가 통합된 것으로 소방시설, 오물처리시설, 그 밖의 공공시설로 인하여 이익을 받는 특정부동산 소유자가 납부하는 세금.	(건축물의 시가표준액 ×공정시장가액비율) ×세율
	특정자원분, 특정시설분 및 소방분 지역자원시설세가 있으나 지역주택조합과 관련해서는 소방분만 해당한다. 즉, 소방시설로 인하여 이익을 받는 건축물(주택의 건축물 부분을 포함)의 소유자에게 부과된다	
지방교육세 (지방세법 제12장 참조)	지방교육의 질적 향상에 필요한 지방교육재정의 확충에 드는 재원을 확보하기 위하여 부과한다. 등록면허세, 레저세, 담배소비세, 주민세균등분, 재산세 등 일정한 지방세에 부가하여 과세하는 목적세로서 특별시세·광역시세·도세로 구분된다. 지방자치단체장의 교육재원 확보 및 교육서비스 향상에 대한 역할과 책임을 강화하고, 향후 교육자치의 실현을 위해 지방자치와 교육자치의 주체적인 역할을 담당하도록 하기 위하여 지방세에 부가하여 과세되어 오던 국세인 교육세를 지방교육세로 전환됨.	재산세의 20%

 **참고** **재산세 도시지역분 법률 내용**

지방세법 제112조(재산세 도시지역분)

① 지방자치단체의 장은 「국토의 계획 및 이용에 관한 법률」 제6조제1호에 따른 도시지역 중 해당 지방의회의 의결을 거쳐 고시한 지역(이하 이 조에서 "재산세 도시지역분 적용대상 지역"이라 한다) 안에 있는 대통령령으로 정하는 토지, 건축물 또는 주택(이하 이 조에서 "토지등"이라 한다)에 대하여는 조례로 정하는 바에 따라 제1호에 따른 세액에 제2호에 따른 세액을 합산하여 산출한 세액을 재산세액으로 부과할 수 있다. <개정 2010. 12. 27., 2013. 1. 1., 2020. 12. 29.>

  1. 제110조의 과세표준에 제111조의 세율 또는 제111조의2제1항의 세율을 적용하여 산출한 세액

  2. 제110조에 따른 토지등이 과세표준에 1천분의 1.4를 적용하여 산출한 세액

② 지방자치단체의 장은 해당 연도분의 제1항제2호의 세율을 조례로 정하는 바에 따라 1천분의 2.3을 초과하지 아니하는 범위에서 다르게 정할 수 있다.

③ 제1항에도 불구하고 재산세 도시지역분 적용대상 지역 안에 있는 토지 중 「국토의 계획 및 이용에 관한 법률」에 따라 지형도면이 고시된 공공시설용지 또는 개발제한구역으로 지정된 토지 중 지상건축물, 골프장, 유원지, 그 밖의 이용시설이 없는 토지는 제1항제2호에 따른 과세대상에서 제외한다. <개정 2010. 12. 27., 2013. 1. 1.>

[제목개정 2013. 1. 1.]

Summary

구분	주택	건축물	토지
과세대상	주택과 부속 토지	건물과 시설물	토지
시가표준액(A)	공시가액 (개별 및 공동주택가격) * 개별 및 공동주택가격 미공시시 자치구 구청장이 산정한 가액	기준가격에 과세대상별 특성을 고려하여 지방세법 시행령 제4조제1항에 따라 지방자치단체장이 결정한 가액 (건물신축가격기준액×적용지수×잔존가치율×면적×가감산율)	공시가액 (개별공시지가×면적(m²)) * 개별공시지가 미공시시 자치구 구청장이 산정한 가액
공정시장 가액비율(B)	2주택 이상 : 60% 1주택 - 3억 이하 43% - 3억 초과 ~ 6억 이하 44% - 6억 초과 45%	70%	70%
과세표준(C)	A×B		

세율(D)	재산세 세율(요약) 표기 페이지 참조	
산출세액(E)	C×D	
감면(F)	지방세특례제한법에 따른 감면	
세부담상한 초과액 경감(G)	당해년도에 부담해야 할 재산세액이 직전년도에 비하여 지나치게 늘어나는 걸 막기 위해 전년도 대비 증가 상한선을 정하고 그 상한을 초과하는 경우 그 상한에 해당하는 금액을 당해 징수 합산세액으로 하는 제도 - 건축물 및 토지에 대해서는 전년대비 150%를 상한으로 하고, 주택에 대해서는 세부담 상한제는 폐지하고 과세표준 상한제가 신설됨. '(참고1) 세부담 상한제 관련' 참고	
재산세(H)	납부할 세액(E - (F, G 내용 반영))	
재산세 도시지역분	재산세 과세표준액의 0.14%	
지역자원시설세 (소방분)	과세표준(건축물의 시가표준액×공정시장가액비율)×세율	해당없음
지방교육세	납부할 재산세액(H)의 20%	
참고	지방세법 제106조제1항 3호에서 분리과세대상 토지를 정의하면서 지방세법 시행령 제102조제7항 7호의 다음 두가지 경우의 토지도 포함하고 있음. 가. 주택을 건설하기 위하여 주택법에 따른 사업계획의 승인을 받은 토지로서 주택건설사업에 제공되고 있는 토지 나. 조합원이 납부한 금전으로 매수하여 소유하고 있는 「신탁법」에 따른 신탁재산의 경우에는 사업계획의 승인을 받기 전의 토지 즉, 가항의 토지뿐만 아니라 나항의 토지도 분리과세대상으로 정의되어 있으나, 나항의 토지에 대해 분리과세 대상이 아닌 별도합산 또는 종합합산과세를 적용하는 지자체도 일부 있으며 이는 잘못된 것으로 판단됨	

📋 참고 1 세부담 상한제 관련

주택에 대한 세부담 상한제가 폐지되고, 과세표준 상한제가 2024. 1. 1일부로 도입되었다.

<법률 제19230호, 2023. 3. 14.>
제1조(시행일) 이 법은 공포한 날부터 시행한다. 다만, 다음 각 호의 개정규정은 각 호의 구분에 따른 날부터 시행한다.
  2. 제122조의 개정규정: 2024년 1월 1일
제15조(주택 세부담상한제 폐지에 관한 경과조치) 제122조의 개정규정 시행 전에 주택 재산세가 과세된 주택에 대해서는 제122조의 개정규정에도 불구하고 2028년 12월 31일까지는 종전의 규정에 따른다.

개정 전	개정 후
지방세법 제122조(세 부담의 상한) 해당 재산에 대한 재산세의 산출세액(제112조제1항 각 호 및 같은 조 제2항에 따른 각각의 세액을 말한다)이 대통령령으로 정하는 빙법에 따라 계산한 직전 연도의 해당 재산에 대한 재산세액 상당액의 100분의 150을 초과하는 경우에는 100분의 150에 해당하는 금액을 해당 연도에 징수할 세액으로 한다. 다만, 주택[법인(「국세기본법」 제13조에 따라 법인으로 보는 단체를 포함한다) 소유의 주택은 제외한다]의 경우에는 다음 각 호에 의한 금액을 해당 연도에 징수할 세액으로 한다. <개정 2011. 12. 31., 2016. 12. 27., 2021. 12. 28.>	지방세법 제122조(세 부담의 상한) 해당 재산에 대한 재산세의 산출세액(제112조제1항 각 호 및 같은 조 제2항에 따른 각각의 세액을 말한다)이 대통령령으로 정하는 방법에 따라 계산한 직전 연도의 해당 재산에 대한 재산세액 상당액의 100분의 150을 초과하는 경우에는 100분의 150에 해당하는 금액을 해당 연도에 징수할 세액으로 한다. 다만, 주택의 경우에는 적용하지 아니한다. <개정 2011. 12. 31., 2016. 12. 27., 2021. 12. 28., 2023. 3. 14.>
1. 제4조제1항에 따른 주택공시가격(이하 이 조에서 "주택공시가격"이라 한다) 또는 특별자치시장·특별자치도지사·시장·군수 또는 구청장이 산정한 가액이 3억원 이하인 주택의 경우: 해당 주택에 대한 재산세의 산출세액이 직전 연도의 해당 주택에 대한 재산세액 상당액의 100분의 105를 초과하는 경우에는 100분의 105에 해당하는 금액	1. 삭제 <2023. 3. 14.>
2. 주택공시가격 또는 특별자치시장·특별자치도지사·시장·군수 또는 구청장이 산정한 가액이 3억원 초과 6억원 이하인 주택의 경우: 해당 주택에 대한 재산세의 산출세액이 직전 연도의 해당 주택에 대한 재산세액 상당액의 100분의 110을 초과하는 경우에는 100분의 110에 해당하는 금액	2. 삭제 <2023. 3. 14.>
3. 주택공시가격 또는 특별자치시장·특별자치도지사·시장·군수 또는 구청장이 산정한 가액이 6억원을 초과하는 주택의 경우: 해당 주택에 대한 재산세의 산출세액이 직전연도의 해당 주택에 대한 재산세액 상당액의 100분의 130을 초과하는 경우에는 100분의 130에 해당하는 금액	3. 삭제 <2023. 3. 14.>

지방세법 제110조(과세표준)	지방세법 제110조(과세표준)

① 토지·건축물·주택에 대한 재산세의 과세표준은 제4조제1항 및 제2항에 따른 시가표준액에 부동산 시장의 동향과 지방재정 여건 등을 고려하여 다음 각 호의 어느 하나에서 정한 범위에서 대통령령으로 정하는 공정시장가액비율을 곱하여 산정한 가액으로 한다. <개정 2023. 3. 14.>
 	
  1. 토지 및 건축물: 시가표준액의 100분의 50부터 100분의 90까지
 	
  2. 주택: 시가표준액의 100분의 40부터 100분의 80까지. 다만, 제111조의2에 따른 1세대 1주택은 100분의 30부터 100분의 70까지
 	
② 선박 및 항공기에 대한 재산세의 과세표준은 제4조제2항에 따른 시가표준액으로 한다.
	① 토지·건축물·주택에 대한 재산세의 과세표준은 제4조제1항 및 제2항에 따른 시가표준액에 부동산 시장의 동향과 지방재정 여건 등을 고려하여 다음 각 호의 어느 하나에서 정한 범위에서 대통령령으로 정하는 공정시장가액비율을 곱하여 산정한 가액으로 한다. <개정 2023. 3. 14.>
	
	  1. 토지 및 건축물: 시가표준액의 100분의 50부터 100분의 90까지
	
	  2. 주택: 시가표준액의 100분의 40부터 100분의 80까지. 다만, 제111조의2에 따른 1세대 1주택은 100분의 30부터 100분의 70까지
	
	② 선박 및 항공기에 대한 재산세의 과세표준은 제4조제2항에 따른 시가표준액으로 한다.
	
	③ 제1항에 따라 산정한 주택의 과세표준이 다음 계산식에 따른 과세표준상한액보다 큰 경우에는 제1항에도 불구하고 해당 주택의 과세표준은 과세표준상한액으로 한다. <신설 2023. 3. 14.>
	
	과세표준상한액 = 대통령령으로 장하는 직전 연도 해당 주택의 과세표준 상당액 + (과세기준일 당시 시가표준액으로 산정한 과세표준 X 과세표준상한율
	
	과세표준상한율 = 소비자물가지수, 주택가격변동률, 지방재정 여건 등을 고려하여 0에서 100분의 5 범위 이내로 대통령령으로 정하는 비율

앞으로도 많은 변화가 예상되는데, 국회 입법조사처에서 보도한 다음의 내용을 미리 참고로
알아 두자.

올해 도입되는 재산세(주택분)의 과세표준상한율, 합리적인 수준으로 설정해야

- 과세표준상한제가 도입되는 첫 해의 과세표준이 향후 재산세(주택분) 부담에 중요 -

□ 국회입법조사처(처장 박상철)는 2024년 1월 24일(수),「과세표준상한제 관련 재산세(주택분) 제도 개편과
향후 과제」라는 제목의『이슈와 논점』을 발간함

□ 재산세(주택분)은 시·군·자치구가 주택 소유자에게 부과하는데, 납세자가 상당히 많고 전체 지방세 중에서
네 번째로 규모가 큰 중요한 지방세임

　○ 최근 주택가격이 급등하고 주택공시가격이 인상되면서 납세자의 재산세(주택분) 부담이 크게 증가하
였음

　○ 납세자의 재산세(주택분) 부담을 완화하고자 재산세(주택분) 제도를 개편해 2024년부터 적용할 예정임

□ 재산세(주택분)를 산정할 때 필요한 요소를 보면, 주택공시가격, 공정시장가액비율, 과세표준상한액, 재산
세 세율, 세부담상한액 등임

　○ 주택공시가격이 2021년과 2022년에 상당히 높았지만 2023년과 2024년에 낮아졌음

　○ 주택에 60%를 적용하던 공정시장가액비율을 1세대 1주택자에게만 43~45%를 적용하고 있음

　○ 2024년에 신설되는 과세표준상한제는 주택공시가격이 크게 올라도 일정 금액 이상으로 증가하지 못하
도록 과세표준의 상한액을 정하는 제도임

　○ 공시가격이 9억 원 이하인 주택을 보유하고 있는 1세대 1주택자에게만 낮은 특례세율을 한시적으로 적
용하고 있음

　○ 금년도의 재산세 부담이 작년도보다 급격하게 커지는 것을 제한하는 세부담상한제가 2005년부터 운
영되고 있으나, 과세표준상한제 도입에 따라 2029년에는 세부담상한제가 폐지될 예정임

□ 2024년부터 과세표준상한제를 실시하게 되었으므로 합리적인 수준으로 과세표준상한율을 설정해야 할
것임

　○ 과세표준상한율을 고려해 현재의 공정시장가액비율을 유지하거나 변경하는 것이 필요함

　○ 정부가 공시하는 주택공시가격은 주택의 공정한 가격을 제시하는 기능에 충실해야 할 것임

　○ 재산세 제도가 일관되게 유지되도록 재산세(주택분)에 대한 종합적인 로드맵을 설정해야 할 것임

구분	내용
기준시가 (국토부) 홈택스	공시지가가 토지의 가격만 산정한 가격이라면, 기준시가는 토지위에 지어져 있는 모든 건물까지 포함하고 있다. 기준시가는 국토교통부장관이 고시하며 국세의 과세기준이 되는 토지와 주택의 가격을 고시한다. 이때 오피스텔과 상업용 건물은 국세청장이 별도로 매년 4월 30일에 고시를 한다. 기준시가는 국세를 부여하는 기준으로서 대표적으로 부동산을 상속, 매매, 증여할 때 세금을 과세 하는 기준이 된다. 기준시가는 상속세나 증여세를 산정하는데 있어 시세를 정확하게 알기 어려운 경우 활용된다.
	기준시가는 일반적으로 실거래가의 80% 정도로 책정이 된다. 일반적으로 부동산과 관련하여 상속, 매매, 증여가 이루어지고, 관련 기관에 실거래가를 정상적으로 신고했다면 문제가 되지 않는다. 다만 부동산 양도소득세를 신고하지 않거나, 비교할 수 있는 부동산의 거래내역이 없어 산정이 어려운 경우, 기준시가를 적용하여 납부해야 할 세금이 얼마인지 산정한다.
	공동주택,개별주택,토지의 기준시가는 부동산공시가격알리미에서 조회하도록 되어 있는 것으로 보아 공시가격을 그대로 국세를 계산하는 기준시가로 활용하고 있음을 알 수 있다.
시가표준액 (행안부) 위택스	시가표준액은 토지나 건물의 지방세의 과세 기준이 되는 가격을 의미한다. 지방세의 대표적인 예시로 취득세, 등록면허세, 재산세, 국민주택채권의 과세기준 등을 들 수 있다.
	토지 시가표준액: 지가공시 및 토지등의 평가에 관한 법률에 의한 개별공시지가에 지자체장이 결정 고시한 과세표준액 적용비율을 곱하여 산정한 가액(매년 6월 고시)
	건물 시가표준액: 지자체장이 거래가격등을 참작하여 정한 기준가격에 종류,구조,용도,경과연수 등 과세대상별 특성을 감안하여 산정(매년 1월1일 고시, 통상 기준시가 보다 낮음)
	행정안전부에서 매년 "지방세 시가표준액 조사·산정 업무요령" 작성, 배포함

국토교통부장관	시장·군수·구청장
기준시가 국세 부과기준(상속세, 양도소득세, 증여세 등)	시가표준액 지방세 부과기준(취득세,종부세,재산세 등)
표준주택 (공시기준일: 1월 1일) 개별주택가격 산정의 기준	개별주택 (결정공시일: 4월 30일) 주택시장 가격정보 제공, 조세부과를 위한 기준
공동주택 (결정공시일: 4월 30일) 주택시장 가격정보 제공, 조세부과를 위한 기준	

 **참고 3** 기준시가의 산정 관련 법률 내용

소득세법 제99조(기준시가의 산정)

① 제100조 및 제114조제7항에 따른 기준시가는 다음 각 호에서 정하는 바에 따른다.

1. 제94조제1항제1호에 따른 토지 또는 건물

가. 토지

「부동산 가격공시에 관한 법률」에 따른 개별공시지가(이하 "개별공시지가"라 한다). 다만, 개별공시지가가 없는 토지의 가액은 납세지 관할 세무서장이 인근 유사토지의 개별공시지가를 고려하여 대통령령으로 정하는 방법에 따라 평가한 금액으로 하고, 지가(地價)가 급등하는 지역으로서 내통령령으로 정하는 지역의 경우에는 배율방법에 따라 평가한 가액으로 한다.

나. 건물

건물(다목 및 라목에 해당하는 건물은 제외한다)의 신축가격, 구조, 용도, 위치, 신축연도 등을 고려하여 매년 1회 이상 국세청장이 산정·고시하는 가액

다. 오피스텔 및 상업용 건물

건물에 딸린 토지를 공유로 하고 건물을 구분소유하는 것으로서 건물의 용도·면적 및 구분소유하는 건물의 수(數) 등을 고려하여 대통령령으로 정하는 오피스텔(이에 딸린 토지를 포함한다) 및 상업용 건물(이에 딸린 토지를 포함한다)에 대해서는 건물의 종류, 규모, 거래상황, 위치 등을 고려하여 매년 1회 이상 국세청장이 토지와 건물에 대하여 일괄하여 산정·고시하는 가액

라. 주택

「부동산 가격공시에 관한 법률」에 따른 개별주택가격 및 공동주택가격. 다만, 공동주택가격의 경우에 같은 법 제18조제1항 단서에 따라 국세청장이 결정·고시한 공동주택가격이 있을 때에는 그 가격에 따르고, 개별주택가격 및 공동주택가격이 없는 주택의 가격은 납세지 관할 세무서장이 인근 유사주택의 개별주택가격 및 공동주택가격을 고려하여 대통령령으로 정하는 방법에 따라 평가한 금액으로 한다.

필관조합의 재산세 부과 실제사례 분석

1. 2018년~2022년도 재산세 부과 내용 요약

    다음의 자료는 기존의 주택지역에 있는 주택, 상가 및 나대지를 매입하여 지역주택조합을 추진하여 2020년 6월 12일에 사업계획승인 득, 2020년 9월 9일에 착공신고를 하고 2023년 3월 30일에 사용검사승인 필증을 교부받은 사업장의 부동산에 대한 재산세 부과내역을 요약한 내용이다.

| 귀속 | 재산세 납부액 | | | | 소계 |
| | 7월 | | 9월 | | |
	주택분	건축분	주택분	토지분	
2018년	701,570 (4건)				701,570
2019년	18,143,170 (115건)	1,561,930 (12건)	8,176,520 (54건)	3,744,570 (15건- 종합 2건 별도 12건 면제 1건)	31,626,190
2020년	1,401,340 (12건)	163,800 (1건)	1,176,020 (9건)	79,918,300 (75건- 종합 2건 별도 73건)	82,659,460
2021년	-		172,120 (1건) 1건-기반시설용 부지로 2021년 매입	85,829,850 (140건- 종합 1건 분리 139건) 1건-국유지 2020.7.27 매입	86,001,970
2022년	-		-	113,018,210 (154건- 종합 1건 분리 153건)	113,018,210
소계	21,971,810		13,269,230	278,766,360	314,007,400

   2018년 이후 순차적으로 사업부지 매입·철거를 진행했다. 사업계획승인 이후인 2021 및 2022년도에는 재산세 부과시 주택분 1건(멸실이 늦음)을 제외하고는, 모두 토지분으로 분리과세를 적용하였으며 이는 올바로 처리된 것으로 판단된다. (종합합산과세대상 1건은 나대지임.)

   사업계획승인을 득하기 전인 2018년~2020년 기간에 대해 처리된 내용에 대해 알아보자.

주택에 대한 재산세 부과내용(2018년 4건, 2019년 115건, 2020년 12건)을 분석해 본 결과, 공정시장가액비율 60% 적용, 인별합산 및 세율도 정확히 적용되어 산출된 것으로 판단된다.

토지에 대한 재산세 부과내용을 요약해 보면 다음과 같다.

구분	2019		2020	
	종합합산	별도합산	종합합산	별도합산
필지	2건	12건	2건	73건
세율	0.2%	40만원+(12건 과표 합산-2억)×0.3% 적용	0.2%	280만원+(73건 과표 합산-10억)×0.4% 적용
과세표준	26,502,700	776,774,768	26,781,300	13,105,900,220
부과세액	53,005	2,130,324	53,562	51,223,600

각 년도별 부과내용을 분석해 보자.

2. 토지에 대한 2019년도 재산세 실제 부과 내용 분석

　　가. 재산세(토지) 부과고지서 내용 중 산출 내역 발췌

산출내역

납부세액

재산세	종합합산과세	53,005
	별도합산과세	2,130,324
	분리과세	0
	도시지역분	1,124,581
지방교육세		436,660

과세표준액

종합합산과세	26,502,700	2건	31.0 ㎡
별도합산과세	776,774,768	12건	735.3 ㎡
분리과세	0	0건	0.0 ㎡
도시지역분	803,277,468	14건	766.3 ㎡

과세내역

대표물건　■■■동 1189-15 외 14건 (면적 766.28㎡)

물건소재지	면적(㎡)	과세구분
신 -13 (1호)	34.90	2
신 -3 (1동)	96.19	2
신 -7 (1동 1호)	43.90	2
신 -15	47.94	2
신 -19	57.10	2
신 -1	20.00	1
신 -9 (1동 1호)	80.00	2
신 -15	1.00	5
신 -17	143.35	2
신 -19 (1동)	71.30	2
신 -51	30.30	2
신 -54	16.90	2
신 -61 (1동)	54.10	2
신 -88 (1호)	57.30	2
	11.00	1

※과세구분 : 종합(01)/별도(02)/분리(03)/면제(05)

나. 자료확보(과세내역서)

- 세금을 부과한 기관(구청)으로부터 14건 각 지번에 대한 과세 내역서를 발급받음(아래 참조)

과세 번호	납 세 의 무 자		물건 소재지	토 지 내 역					토 지 형 태			취득 일자	코드	재산세(도시지역분)			재산세(토지)	
	납세자명	납세자 번호	토지소재지 본번-부번 동-호수	사건 장수	지목 공부	적용 현황 변화	비율	공시지가 공부면적	대분	소분	신변공시지가 현황면적				도시지역면적	과 표 상한세액	현년세액 전년세액	과 표 상한세액	현년세액 전년세액
0 7	신학주 식회사 지역	*******	동 ▩-▩-1 0000-0000	08	08 동	70		1,574,000 228.00	02	01	1,492,000 34.90	2019-12-19			38,452,820 34.9	53,833	38,452,820 105,457	105,457	
																53,833 51,029	105,457 99,469		99,469
			동 ▩-▩-1 0000-0001	08	08 동	70		1,606,000 172.00	02	01	1,522,000 98.19	2019-01-31			110,395,198 98.19	154,536	110,395,198 302,734	302,734	
																154,536 146,456	302,734 285,481		285,481
			동 ▩-▩-1 0001-0000	08	08 동	70		1,525,000 212.00	02	01	1,445,000 43.90	2019-01-31			46,863,250 43.9	65,908	46,863,250 128,523	128,523	
																65,908 62,166	128,523 121,179		121,179

다. 재산세(토지) 과세표준액 및 세액산정 내역

- 과세내역서의 지번별로 공시지가×현황면적×공정시장가액비율 70% 적용하여 과세표준액 산정
- 지번별로 산정된 과세표준액을 유형별로 분류(종합합산, 별도합산, 분리과세)하여 유형별로 합산
- 도시지역분 재산세 및 지방교육세 세액을 산정

과세표준액			
종합합산과세	26,502,700	2건	31.0 ㎡
별도합산과세	776,774,768	12건	735.3 ㎡
분 리 과 세	0	0건	0.0 ㎡
도시지역분	803,277,468	14건	766.3 ㎡

[과세표준액 산정]

종합합산과세(나대지 등) 과세표준액 26,502,700 2건

별도합산과세(사업용토지) 과세표준액 776,774,768 12건

분리과세 0건

총 803,277,468 14건

납부세액		
재산세	종합합산과세	53,005
	별도합산과세	2,130,324
	분 리 과 세	0
	도시지역분	1,124,581
지 방 교 육 세		436,660

세 목	납기내금액
재 산 세	3,307,910
지 방 교 육 세	436,660
합 계	3,744,570

[세액 산정]

종합합산과세: 26,502,700×0.2%=53,005

별도합산과세: 40만 원+ (776,774,768-2억)×0.3%=2,130,324

도시지역분: 803,277,468×0.14%=1,124,588(+7)

지방교육세: (53,005+2,130,324)×20%=436,666(+6)

라. 분석

1) 상기한 방법으로 산정한 금액과 실제 부과된 세액을 비교해 보니, 도시지역분은 7원, 지방교육세는 6원 정도 차이남.

따라서, 구청은 토지에 대해 분리과세가 아닌 종합합산 및 별도합산 과세한 것이 확실함.

지번	과세표준	별도합산 및 종합합산				분리과세			
		구분	재산세	도시지역분	교육세	상한세액-현년세액	재산세 (a, 0.2%)	도시지역분 (0.14%)	교육세 (a의 20%)
생략	38,452,820					105,457	76,906	53,834	15,381
생략	110,385,198					302,734	220,770	154,539	44,154
생략	46,863,250					128,523	93,727	65,609	18,745
생략	51,175,950					140,351	102,352	71,646	20,470
생략	60,954,250					167,168	121,909	85,336	24,382
생략	73,696,000	별도합산	40만원 + (과표-2억)* 0.3%	과표의 0.14%	재산세의 20%	202,113	147,392	103,174	29,478
생략	151,320,260					414,999	302,641	211,848	60,528
생략	76,362,300					209,425	152,725	106,907	30,545
생략	32,345,250					88,707	64,691	45,283	12,938
생략	17,153,500					47,073	34,307	24,015	6,861
생략	57,941,100					158,904	115,882	81,118	23,176
생략	60,124,890					164,893	120,250	84,175	24,050
소계	776,774,768	3,643,874	2,130,324	1,087,485	426,065	2,130,347	1,553,550	1,087,485	310,710
생략	15,638,000	종합합산	과표의 0.2%	과표의 0.14%	재산세의 20%	31,275	31,276	21,893	6,255
생략	10,864,700					21,729	21,729	15,211	4,346
소계	26,502,700	100,710	53,005	37,104	10,601	53,005	53,005	37,104	10,601
합계	803,277,468	3,744,584	2,183,330	1,124,588	436,666	2,183,352	1,606,555	1,124,588	321,311
총계		3,744,584			3,744,584	2,183,352			3,052,454
	실제부과		2,183,329	1,124,581	436,660				
					3,744,570				

2) 분리과세를 적용했더라면 재산세는 2,183,329원이 아닌 1,606,555원(576,774원 차이)이, 지방교육세는 436,660원이 아닌 321,311원(115,349원 차이)이 부과되었을 것임.

(총 692,123원 과다 부과됨)

3. 2020년 토지분도 상기절차로 계산해 볼 수 있다.

: 계산상 합계 79,918,347원이 산정되나, 실제는 79,918,300원이 부과됨. (47원 차이 남.)

분리과세를 하였다면 49,904,187원을 부과했을 것임. (30,014,113 과다 부과.)

구분	과세표준 (a)	별도합산 및 종합합산				분리과세			
		재산세	도시 지역분	교육세	합계	재산세 (b=a×0.2%)	도시지역 (a×0.14%)	교육세 (b의 20%)	합계
별도합산 (73필지)	13,105,900,220	280만원+ (과표-10억원) x0.4%= 51,223,600	과표x 0.14%= 18,348,260	재산세의 20%= 10,244,720	79,816,580	26,211,800	18,348,260	5,242,360	49,802,420
종합합산 (2필지)	26,781,300	과표의 0.2% =53,562	과표x 0.14%= 37,493	재산세의 20%= 10,712	101,767	53,562	37,493	10,712	101,767
합계	13,132,681,520	51,277,162	18,385,753	5,253,072	79,918,347	26,265,362	18,385,753	5,253,072	49,904,187

4. 지역주택조합 추진용 사업 부지는 분리과세 대상임.

지방세법 제106조제1항 3호 사목과 동법 시행령 제102조제7항 7호를 통하여 '주택을 건설하기 위하여 주택법에 따른 사업계획의 승인을 받은 토지로서 주택건설사업에 제공되고 있는 토지(조합원이 납부한 금전으로 매수하여 소유하고 있는 「신탁법」에 따른 신탁재산의 경우에는 사업계획의 승인을 받기 전의 토지를 포함)'는 분리과세 대상임을 적시하고 있다. 법률에 명시되어 있음에도 불구하고 분리과세를 적용하지 않는 것은 이해하기 어렵다.

지자체에서 사업계획승인을 득하기 전의 토지에 대해 종합합산 및 별도합산 과세 대상으로 분류하여 재산세를 부과하니, 세무서에서는 이를 근거로 종합부동산세까지 부과하고 있는 것이 현실이다.

필관조합과 유사한 시기에 유사하게 추진된 부평지역주택조합이 필관조합과 마찬가지로 종합합산 및 별도합산 과세 처분을 받고 조세심판원에 심판청구를 한 결과, 분리과세 대상이므로 경정해야 하는 것으로 결정된 바도 있다.

참고 조심2018지0287의 내용 요약. (2017년 6월 부과된 재산세에 대한 분쟁이었음)

구분	내용
	주택조합이 주택건설을 위해 취득·소유하는 토지는 사업계획승인 이전 단계인 취득 시부터 분리과세를 적용하는 것으로, 분리과세를 받기 위해서는 주택조합이 조합원이 납부한 금전으로 매수하여 소유하고 있는 「신탁법」에 따른 신탁재산이 되어야 한다. 주택조합 소유가 아닌 신탁회사 명의로 신탁등기가 된 토지는 분리과세 규정이 적용되지 않는다.
과세관청 주장	「지방세법」 제107조에서 '재산을 사실상 소유하고 있는 자'라 함은 공부상 소유자로 등재된 여부를 불문하고 당해 재산에 대한 실질적인 소유권을 가진 자를 말한다. 그런데 「신탁법」상 신탁계약이 이루어져 수탁자 앞으로 부동산의 소유권이전등기가 마쳐지면 대내외적으로 소유권이 수탁자에게 완전히 이전되어 수탁자는 신탁의 목적에 따라 신탁재산인 부동산을 관리·처분할 수 있는 권능을 갖게 되고 수탁자는 신탁의 목적 범위 내에서 신탁재산을 관리·처분하여야 하는 신탁계약상의 의무만을 부담하며 위탁자와의 내부관계에 있어서 부동산의 소유권이 위탁자에게 유보되어 있는 것이 아니므로 부동산에 관한 사실상의 소유자는 수탁자로 보아야 하는 바(대법원 2014.11.27. 선고 2012두 26852 판결, 같은 뜻임), 같은 법 제107조 제1항 제3호에서 「신탁법」에 따라 수탁자 명의로 등기·등록된 신탁재산의 경우 위탁자별로 구분된 재산에 대해서는 그 수탁자가 납세의무자임. 따라서, 과세기준일 현재 납세의무자는 신탁사이다.
조세 심판원 검토 결론	「지방세법 시행령」 제102조 제5항 제7호에서 주택건설사업자가 주택을 건설하기 위하여 사업계획의 승인을 받아 주택건설사업에 제공되는 토지를 분리과세대상 토지로 규정하고 있고 괄호에서 분리과세대상 토지에 주택조합이 조합원이 납부한 금전으로 매수하여 소유하고 있는 「신탁법」에 따른 신탁재산의 경우에는 사업계획의 승인을 받기 전의 토지를 포함한다고 규정하고 있는 바, 이는 주택건설사업자가 주택건설사업을 보다 효율적으로 수행할 수 있도록 하기 위하여 주택건설사업에 사용되는 토지를 저율의 분리과세함으로써 조세부담을 경감하여 주고, 주택조합의 경우에는 사업계획승인 이전에 취득하는 토지에 대해서도 주택조합을 통한 주택공급의 활성화를 위해 저율의 분리과세를 적용하도록 하는데 그 입법취지가 있음.
	참고: 조합원(최초 신탁 위탁자) → 주택조합(신탁 수탁자, 재신탁 위탁자) → 신탁사(재신탁 수탁자)
	조합이 조합원이 납부한 금전 등으로 매수한 토지는 「신탁법」에 따른 신탁재산임.(토지를 신탁사에 재신탁하였다 하여 달리 볼 것은 아님) 조합이 신탁사에 토지를 재신탁한 것은 위탁자가 부담하는 채무 내지 책임의 이행을 보장하기 위하여 수탁자를 통해 신탁부동산의 소유권 및 담보가치를 보전하고 위탁자의 채무불이행시 환가 정산하는데 그 목적이 있을 뿐임. 따라서 재신탁된 토지는 「지방세법 시행령」 제102조 제5항 제7호의 분리과세대상 요건을 충족함.

재산세가 잘못 부과된 후 소송을 통하여 환급 받을 경우 서민들의 시간적 금전적 손해가 크다.

> **참고** 2023년 행정안전부에 대한 국정감사 내용중 지방세와 관련한 사항
> - 2017~2022년 지방세 과오납건수 및 금액: 52만8050건, 1146억6000만 원.
> - 과오납 사유: 과세자료 착오로 761억6000만 원(29만7000건), 감면대상 착오 311억8000만 원(17만4000건), 이중부과는 22억3000만 원(8000건).
> - 연도별 과오납 규모: 2017년 292억8000만 원, 2021년 117억 원, 2022년 146억4000만 원.
> - 2022년 지역별 과오납액: 경기도 40억1000만 원, 서울 33억 원, 경북 27억3000만 원, 울산 7억8000만 원, 부산 7억6000만 원.

우선적으로 서민들이 피해를 입지 않도록 전국 자치단체 담당자에게 주택조합용 사업 부지는 분리과세 대상임을 안내·교육할 필요가 있다.

신고·납부 국세에 대한 경정 청구기한은 5년, 부과·납부 세금에 대한 불복기한은 90일이다. 재산세(토지분) 부과 내용에 대해 상세한 기준을 잘 모르는 서민들(서민들의 집합체인 주택조합도 마찬가지임)은 구청에서 보내오는 납부고지서를 믿고 납부하는 것이 일반적이다.

추후에 납부 세금이 잘못된 것을 알아도 90일이 경과하면 불복 절차를 진행할 수 없는데, 90일 이내에 잘못된 것을 알아내기는 대단히 어렵다.

부과·납부 대상인 종합부동산세에 대해서는 이러한 어려움을 감안하여 2022년 12월 31일부로 국세기본법을 개정하여 경정청구(5년 기한 적용)를 허용했다. 국세기본법이 변경된 점을 감안하면 지방세법도 연동되어 재산세에 대해서도 경정청구(5년 기한 적용)가 적용되는 날이 오기를 기대한다.

[지방세 구제제도]

1. 개요

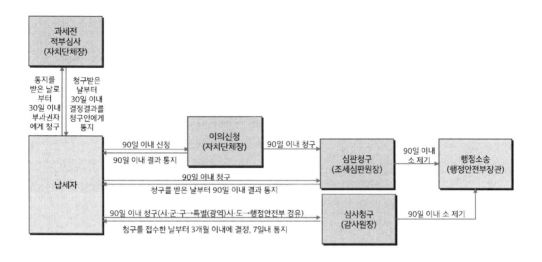

구분	내 용
과세 전 적부심사	(지방세기본법 제88조) 세금이 고지되기 전에 세무조사 결과에 대한 서면 통지와 과세예고 통지를 받은 경우 그 통지 내용의 적법성 여부에 대한 심사를 과세권자에게 청구할 수 있는 제도. 통지받은 날부터 30일 이내에 부과권자에게 청구 가능. 지방자치단체의 장은 청구받은 날부터 30일 이내에 결정 결과를 청구인에게 알려야 한다. 신청: 시·군·구세는 시장·군수·구청장, 특별(광역)시·도세는 시장·도지사
	세금이 고지되기 전에 세무조사 결과에 대한 서면 통지와 과세예고 통지를 받은 자는 과세 전 적부심사를 청구하지 아니하고 그 통지를 한 과세권자에게 통지받은 내용의 전부 또는 일부에 대하여 과세표준 및 세액을 조기에 결정 또는 경정결정을 해 줄 것을 신청할 수 있다. 이 경우 해당 지방자치단체의 장은 신청받은 내용대로 즉시 결정 또는 경정결정을 하여야 한다.
이의신청	(지방세기본법 제90조) 지방세 부과징수 처분에 이의가 있는 경우 침해된 권리를 구제받을 수 있도록 하는 제도 그 처분이 있은 것을 안 날(처분의 통지를 받았을 때에는 그 통지를 받은 날)부터 90일 이내에 과세권자에게 신청 가능. 신청을 받은 날부터 90일 이내 결정서 송달.

심판청구 (조세심판원)	(지방세기본법 제91조, 국세기본법 제7장제3절) 지방세 부과징수 처분에 이의가 있는 경우 침해된 권리를 구제받을 수 있도록 하는 제도. 이의신청을 거친 후에 청구할 때에는 이의신청에 대한 결정 통지를 받은 날부터 90일, 결정기간 내에 이의신청에 대한 결정의 통지를 받지 못한 경우 그 결정기간이 지난 날부터 90일, 이의신청에 대한 재조사 결정이 있은 후 처분기간 내에 처분 결과의 통지를 받지 못한 경우 그 처분기간이 지난 날부터 90일 또는 이의신청을 거치지 아니하고 바로 심판청구를 할 때에는 그 처분이 있은 것을 안 날(처분의 통지를 받았을 때에는 통지받은 날)부터 90일 이내에 조세심판원장에게 청구. 청구를 받은 날부터 90일 이내에 결정서를 청구인에게 통지.
심사청구 (감사원)	(감사원법 제3장) 심사청구의 원인이 되는 행위가 있음을 안 날부터 90일 이내에, 그 행위가 있은 날부터 180일 이내에 청구의 원인이 되는 처분이나 그 밖의 행위를 한 관계 기관장을 거쳐 감사원장에게 청구 가능. 특별한 사유가 없으면 그 청구를 접수한 날부터 3개월 이내에 결정, 7일 이내에 심사청구자와 관계 기관장에게 심사 결정서 등본을 첨부하여 통지.
행정소송	(행정소송법 제3절) 지방세 부과 징수처분에 이의가 있는 경우 심판청구(조세심판원장) 또는 심사청구(감사원장)의 절차를 거쳤으나 청구의 결정에 이의가 있는 경우 침해된 권리를 구제받을 수 있도록 하는 제도 심판청구나 심사청구에 대한 결정의 통지를 받은 날부터 90일 이내 행정안전부장관을 대상으로 소 제기. 처분 등이 있은 날부터 1년을 경과하면 소 제기 불가능. 다만, 정당한 사유가 있는 때에는 그러하지 아니하다. 서울 지역의 경우 행정법원, 서울 이외 지역의 경우 해당 지방법원. 2021년 1월부터 이의신청이나 심판청구를 거치지 않고는 바로 행정소송을 제기할 수 없다.

2. 90일 경과 후에 재산세가 과오납된 것을 안 경우 환급받을 수 있는 방법은?

   90일이 경과하였으므로 상기한 지방세 구제제도로는 환급받을 수 있는 길이 없다.

3. 부과처분 취소 또는 감액경정 방법은 없는가?

   과세관청의 착오로 재산세가 과다하게 부과된 경우 「지방세기본법」 제38조에 의거 부과 처분을 취소 또는 감액경정하는 방법이 있을 수 있는데, 부과의 제척기간이 경과했다면 과세관청은 그 부과 처분을 취소 또는 감액경정할 수 없다는 법제처의 법령 해석이 다음과 같이 있었다.

이는 제척기간이 경과하지 않은 경우 과세관청은 취소 또는 감액경정할 수 있는 것으로 해석된다. 그렇다면 90일은 경과되고, 제척기간 내에 있다면 이의신청이나 심판청구(감사원)를 거치지 않아 행정소송을 제기할 수는 없을 것 같고, 민사소송을 통해 해결 할 수밖에 없을 것으로 판단된다. (민사소송이 진행되는 동안에 행정청이 자발적으로 부과 처분 취소 또는 감액경정하는 방법도 있을 수 있을 것 같다.)

4. 민사소송

민사소송절차로 해결 가능한지 판단해 보아야 하는데, 대법원 판례에 의하면 조세부과 처분이 당연무효임을 전제로 하여 이미 납부한 세금의 반환을 청구하는 것은 민사상의 부당이득반환청구로서 민사소송절차에 따라야 하는데, 과세처분이 당연무효라고 하기 위하여서는 그 처분에 중대한 하자가 있는 것만으로는 부족하고 그 하자가 객관적으로(외형적으로) 명백한 것이어야 한다는 법리가 확고하게 자리를 잡고 있는 것 같다. (중대성과 명백성 요건을 모두 충족해야 함)

대법원 1995. 4. 28. 선고 94다55019 판결 [부당이득금][공1995.6.1.(993),1967]

【판결요지】

가. 조세부과처분이 당연무효임을 전제로 하여 이미 납부한 세금의 반환을 청구하는 것은 민사상의 부당이득반환청구로서 민사소송절차에 따라야 한다.

나. 과세처분이 당연무효라고 하기 위하여는 그 처분에 중대한 하자가 있는 것만으로는 부족하고 그 하자가 객관적으로(외형적으로) 명백한 것이어야 한다.

법리가 명백히 밝혀져서 해석에 다툼의 여지가 없음에도 과세관청이 그 법령의 규정을 적용하여 과세처분을 하였다면 그 하자는 중대하고도 명백하다고 할 것이나,

법리가 명백히 밝혀지지 아니하여 해석에 다툼의 여지가 있는 때에는 과세관청이 이를 잘못 해석하여 과세처분을 한 것에 대해서, 이는 과세요건 사실을 오인한 것에 불과하여 그 하자가 명백하다고 할 수 없다는 것이 다수 의견이다. (조세법률주의 원칙에 역행하는 것으로서 그 효력이나 정당성을 인정받기 어렵다는 소수 의견도 있다.)

[다수의견]

과세처분이 당연무효라고 하기 위하여는 그 처분에 위법사유가 있다는 것만으로는 부족하고 그 하자가 법규의 중요한 부분을 위반한 중대한 것으로서 객관적으로 명백한 것이어야 하며, 하자가 중대하고 명백한지를 판별할 때에는 과세처분의 근거가 되는 법규의 목적·의미·기능 등을 목적론적으로 고찰함과 동시에 구체적 사안 자체의 특수성에 관하여도 합리적으로 고찰하여야 한다. 그리고 어느 법률관계나 사실관계에 대하여 어느 법령의 규정을 적용하여 과세처분을 한 경우에 그 법률관계나 사실관계에 대하여는 그 법령의 규정을 적용할 수 없다는 법리가 명백히 밝혀져서 해석에 다툼의 여지가 없음에도 과세관청이 그 법령의 규정을 적용하여 과세처분을 하였다면 그 하자는 중대하고도 명백하다고 할 것이나, 그 법률관계나 사실관계에 대하여 그 법령의 규정을 적용할 수 없다는 법리가 명백히 밝혀지지 아니하여 해석에 다툼의 여지가 있는 때에는 과세관청이 이를 잘못 해석하여 과세처분을 하였더라도 이는 과세요건사실을 오인한 것에 불과하여 그 하자가 명백하다고 할 수 없다.

[대법관 김신, 대법관 권순일, 대법관 김재형, 대법관 박정화의 반대의견]

납세의무에 관한 법령이 충분히 명확하지 못하여 해석에 다툼의 여지가 있다면 그러한 법령에 바탕을 둔 세금의 부과·신고·납부는 조세법률주의 원칙에 역행하는 것으로서 그 효력이나 정당성을 인정받기 어렵다. 과세처분에 납세의무에 관한 법령을 잘못 해석한 중대한 하자가 있고, 그로써 납세의무 없는 세금이 부과·납부된 경우, 그 과세처분의 효력을 무효로 보지 않는 것은 잘못된 법령 해석으로 인한 불이익을 과세관청이 아닌 납세의무자에게 전가시키는 결과가 되어 납득할 수 없다.

과세관청이 어느 법률관계나 사실관계에 대하여 법령의 규정을 적용할 수 있다는 해석론에 기초하여 과세 처분을 하였으나, 그 해석론이 잘못되었다는 법리가 뒤늦게나마 분명하게 밝혀져 과세처분에 정당성이 없 다는 사정이 확인되었으면, 국가는 충분한 구제수단을 부여하여 이를 바로잡을 필요가 있을 뿐 아니라 바 로잡는 것이 마땅하다. 국가가 그러한 구제수단을 마련하지 않거나 구제수단을 제한한 채 납부된 세액의 반환을 거부하고 그 이익을 스스로 향유한다면, 국민의 권리와 재산을 지킨다는 본연의 존립 목적에 반하 는 것이다.

과세처분이 무효로 인정되기 위하여 하자의 중대성과 명백성을 모두 갖추어야 한다고 보더라도, 적어도 과 세처분에 적용된 과세법리가 납세의무에 관한 법령을 잘못 해석·적용한 데에서 비롯되었음이 대법원판결 로 확인된 경우까지 그 판결 선고 이전에 하자의 명백성 요건이 결여되었다는 점을 내세워 하자가 무효사 유가 될 수 없다고 하여서는 안 된다.

이상에서 본 바와 같이 과세처분에 적용된 과세법리가 납세의무에 관한 법령을 잘못 해석·적용한 결과 정당 한 세액을 초과하는 세금이 부과·납부된 경우 그 과세처분에 있는 하자는 무효사유가 된다고 보아야 한다.

재산세 부과 시 분리과세되었어야 할 주택조합의 토지에 대해 별도합산과세된 것이 중대하 고 명백한 당연무효 사유에 해당하는지에 대해 판단해 보면, 주택조합의 신탁 토지에 대해 서 분리과세해야 한다는 것은 지방세법 제106조제1항제3호 및 지방세법 시행령 제102조제 7항제7호에 명확히 규정되어 있으며, 조세심판원 결정(조심2018지0287 참조)이나 대법원 판결 (2016두53951, 2011두5551 참조)에 포함된 문언에 비추어 보면 과세법리가 명백히 밝혀져서 해 석에 다툼의 여지가 없다.

따라서, 2019년, 2020년 필관조합의 토지에 대해 분리과세가 아닌 별도합산과세로 부과된 재산세는 그 하자가 중대하고도 명백하다고 판단된다. (따라서, 과다 부과된 것으로 판단되는 2019년분 692,123원 및 2020년분 30,014,113원은 환급되어야 한다.)

제4장 지역자원시설세

지역자원시설세는 3가지 종류(특정 자원분, 특정 시설분 및 소방분)로 구분되며, 통상 주택에 부과되는 지역자원시설세는 소방분이다.

소방분 지역자원시설세는 화재 가능성이 있는 특정 부동산분에 부과한다. 즉, 토지는 제외하고 건축물에만 부과된다.

통상 주택은 부속 토지를 수반하는데 부속 토지를 제외한 건축물만의 시가표준액을 산정해 내어야 한다. 시가표준액 산정 방법은 다음과 같다.

건축물 시가표준액 산출체계도	건물신축가격기준액 (A)	적용지수			경과연수별잔가율 (E)	면적(m²)	가감산율	과세표준= 시가표준액× 공정시장가액비율(*) (*) 2주택 이상 : 60% 　1주택, 3억 이하 43% 　　3억 초과~6억 이하 44% 　　6억 초과 45%
		구조지수 (B)	용도지수 (C)	위치지수 (D)				
산출요령	1) 산출한 m²당 금액(A×B×C×D×E)에서 1,000원 미만 숫자는 절사 　다만, 1 m²당 금액이 1,000원 미만일 때는 1,000원으로 한다 2) 내용년수가 경과된 건물은 최종년도의 잔가율을 적용한다							

[사례] OO시 OO구 OOO로 OOO번길23 200동 1300호 아파트

개요		
	시가표준액	625,000.000 (부동산공시가격알리미에서 확인, 2023년 1월 1일부)
	전용면적	119.0606 m² (건축물대장 전유부 및 부동산공시가격알리미에서 확인)
	공용면적	77.1112 m² (건축물대장 전유부에서 확인, 지하주차장 41.4201m² 포함)
	전체면적	196.1718 m²
	사용승인일	2003년 9월 2일(건축물대장 표제부에서 확인)
	구조 : 철근콘크리트조, 용도 : 아파트 (건축물대장 전유부에서 확인)	

납부고지서 내용

지역자원시설세 14,080원 부과

세목		납기내 세액	납기후 세액	부과내역(과세표준)	세율
재산세	주택분	190,750원	399,760원	281,250,000원	안내참조
	도시지역분	196,870원			
지역자원시설세		14,080원	14,500원	43,073,420원	안내참조
지방교육세		38,240원	39,380원	382,500원	안내참조
합계		439,940원	453,640원		

※ 전자송달로 공제된 세액 : 500원

행정안전부 발표 2023년도 지방세 시가표준액 조사·산정 업무요령을 상기 사례에 적용하여 지역자원시설세를 산정해 보자. (준비물: 건축물대장 및 개별공시지가)

1. 건축물 신축가격 기준액: 2023년 1월 1일부 주거용 건물 810,000원/m² (매년 발표) 확인함.

   ○ 건물신축가격기준액은 다음과 같다.

번호	용도별 건물신축가격기준액	2022년	2023년
1	I. 주거용 건물	780,000원/㎡	810,000원/㎡
2	II. 상업용 건물	780,000원/㎡	800,000원/㎡
3	III. 공업용 건물	780,000원/㎡	790,000원/㎡
4	IV. 농수산용 건물	780,000원/㎡	750,000원/㎡
5	V. 사회문화용 건물	780,000원/㎡	810,000원/㎡
6	VI. 공공용 건물	780,000원/㎡	800,000원/㎡
7	VII. 그 외 건물	780,000원/㎡	790,000원/㎡

2. 구조지수: 건축물대장에 확인결과 구조는 철근콘크리트조이므로, 아래표에서 1.00 산출함.

○ 지방세 시가표준액 조사·산정 기준의 구조지수는 다음과 같다.

구조번호	구조별	지수
1	통나무조	1.35
2	목구조	1.25
3	철골(철골철근)콘크리트조	1.20
4	철근콘크리트조, 라멘조, 석조, 스틸하우스조, 프리캐스트 콘크리트조, 철골조, 연와조	1.00
5	보강콘크리트조, 보강블록조	0.95
6	황토조, ALC조, 시멘트벽돌조	0.90
7	목조	0.83
8	경량철골조	0.65
9	시멘트블록조, 와이어패널조	0.60
10	조립식패널조, FRP 패널조	0.55
11	석회 및 흙벽돌조, 돌담 및 토담조	0.35
12	컨테이너	0.30
13	철파이프조	0.30

3. 용도지수: 건축물대장에 확인결과 용도는 아파트이므로, 아래표에서 1.00 산출함.

주거용 건축물 용도지수

구분	용도		번호	대상건물	지수
l	주거용	주거시설	1	○공동주택 : 아파트	1.00
			2	○공동주택 : 연립주택, 다세대주택	0.91
			3	○단독주택 : 단독주택, 다중주택, 다가구주택	0.91
			4	○도시형 생활주택 : 소형주택, 단지형 연립주택, 단지형 다세대주택	0.91
			5	○전업농어가주택, 광산주택 등 기타 주거용건물	0.87
		준주택시설	6	○기숙사(학생복지주택 포함), 다중생활시설, 노인복지주택	0.91
			7	○주거용 오피스텔	1.23

4. 위치지수: 토지의 개별공시지가를 기준으로 함(주택의 경우 부속토지의 공시지가)

개별공시지가(부동산공시가격알리미) 2023년 1월 1일 기준: 2,559,000원,

따라서 250만 원 이상 ~ 300만 원 미만 구간이므로 위치지수는 115임.

○ 지방세 시가표준액 조사·산정 기준의 위치지수

(단위 : 천원/㎡)

지역번호	건물부속토지가격	지수	지역번호	건물부속토지가격	지수
1	10이하	80	17	3,000초과 ~ 4,000이하	118
2	10초과 ~ 30이하	82	18	4,000초과 ~ 5,000이하	121
3	30초과 ~ 50이하	84	19	5,000초과 ~ 6,000이하	124
4	50초과 ~ 100이하	86	20	6,000초과 ~ 7,000이하	127
5	100초과 ~ 150이하	88	21	7,000초과 ~ 8,000이하	130
6	150초과 ~ 200이하	90	22	8,000초과 ~ 9,000이하	133
7	200초과 ~ 350이하	92	23	9,000초과 ~ 10,000이하	136
8	350초과 ~ 500이하	94	24	10,000초과 ~ 20,000이하	140
9	500초과 ~ 650이하	96	25	20,000초과 ~ 30,000이하	145
10	650초과 ~ 800이하	98	26	30,000초과 ~ 40,000이하	150
11	800초과 ~ 1,000이하	100	27	40,000초과 ~ 50,000이하	155
12	1,000초과 ~ 1,200이하	103	28	50,000초과 ~ 60,000이하	160
13	1,200초과 ~ 1,600이하	106	29	60,000초과 ~ 70,000이하	163
14	1,600초과 ~ 2,000이하	109	30	70,000초과 ~ 80,000이하	166
15	2,000초과 ~ 2,500이하	112	31	80,000초과	169
16	2,500초과 ~ 3,000이하	115			

5. 경과연수별잔가율: 철근콘크리트조, 2003년도 신축이므로 0.58임.

○ 지방세 시가표준액 조사·산정 기준의 경과연수별 잔가율은 다음과 같다.

건축물 구조 / 구분	철골(철골철근)콘크리트조, 통나무조	철근콘크리트조, 라멘조, 석조, 프리캐스트콘크리트조, 목구조	철골조, 스틸하우스조, 연와조, 보강콘크리트조, 보강블록조, 황토조, 시멘트벽돌조, 목조, ALC조, 와이어패널조	시멘트블록조, 경량철골조, 조립식패널조, FRP 패널조	석회 및 흙벽돌조, 돌담 및 토담조, 칠파이프조, 컨테이너건물
내용연수	50	40	30	20	10
최종연도잔가율	15%	15%	10%	10%	10%
매년상각률	0.017	0.021	0.030	0.045	0.090
경과연수별잔가율	1-(0.017 × 경과연수)	1-(0.021 × 경과연수)	1-(0.030 × 경과연수)	1-(0.045 × 경과연수)	1-(0.090 × 경과연수)

○ 건축물 신축연도별 잔가율은 다음과 같다.

내용연수 50년 신축연도	잔가율	내용연수 40년 신축연도	잔가율	내용연수 30년 신축연도	잔가율	내용연수 20년 신축연도	잔가율	내용연수 10년 신축연도	잔가율
2023	1	2023	1	2023	1	2023	1	2023	1
2022	0.983	2022	0.979	2022	0.970	2022	0.955	2022	0.910
2021	0.966	2021	0.958	2021	0.940	2021	0.910	2021	0.820
2020	0.949	2020	0.937	2020	0.910	2020	0.865	2020	0.730
2019	0.932	2019	0.916	2019	0.880	2019	0.820	2019	0.640
2018	0.915	2018	0.895	2018	0.850	2018	0.775	2018	0.550
2017	0.898	2017	0.874	2017	0.820	2017	0.730	2017	0.460
2016	0.881	2016	0.853	2016	0.790	2016	0.685	2016	0.370
2015	0.864	2015	0.832	2015	0.760	2015	0.640	2015	0.280
2014	0.847	2014	0.811	2014	0.730	2014	0.595	2014	0.190
2013	0.830	2013	0.79	2013	0.700	2013	0.550	2013년이전	0.100
2012	0.813	2012	0.769	2012	0.670	2012	0.505		
2011	0.796	2011	0.748	2011	0.640	2011	0.460		
2010	0.779	2010	0.727	2010	0.610	2010	0.415		
2009	0.762	2009	0.706	2009	0.580	2009	0.370		
2008	0.745	2008	0.685	2008	0.550	2008	0.325		
2007	0.728	2007	0.664	2007	0.520	2007	0.280		
2006	0.711	2006	0.643	2006	0.490	2006	0.235		
2005	0.694	2005	0.622	2005	0.460	2005	0.190		
2004	0.677	2004	0.601	2004	0.430	2004	0.145		
2003	0.660	2003	0.58	2003	0.400	2003년이전	0.100		
2002	0.643	2002	0.559	2002	0.370				
2001	0.626	2001	0.538	2001	0.340				
2000	0.609	2000	0.517	2000	0.310				
1999	0.592	1999	0.496	1999	0.280				
1998	0.575	1998	0.475	1998	0.250				
1997	0.558	1997	0.454	1997	0.220				
1996	0.541	1996	0.433	1996	0.190				
1995	0.524	1995	0.412	1995	0.160				
1994	0.507	1994	0.391	1994	0.130				
1993	0.490	1993	0.37	1993년이전	0.100				
1992	0.473	1992	0.349						
1991	0.456	1991	0.328						
1990	0.439	1990	0.307						
1989	0.422	1989	0.286						
1988	0.405	1988	0.265						
1987	0.388	1987	0.244						
1986	0.371	1986	0.223						
1985	0.354	1985	0.202						
1984	0.337	1984	0.181						
1983	0.320	1983년이전	0.150						
1982	0.303								
1981	0.286								
1980	0.269								
1979	0.252								
1978	0.235								
1977	0.218								
1976	0.201								
1975	0.184								
1974	0.167								
1973년이전	0.150								

6. 면적(㎡), 건축물대장[전유부]에서 전용면적, 공용면적 및 합계면적 계산함.

전용면적	119.0606 ㎡ (건축물대장 전유부 및 부동산공시가격알리미에서 확인)
공용면적	77.1112 ㎡ (건축물대장 전유부에서 확인, 지하주차장 41.4201 ㎡ 포함)
전체면적	196.1718 ㎡

7. 가감산율: 지하주차장 41.4201 ㎡, 45/100 감산율 확인함.

O 지방세 시가표준액 조사·산정 기준의 감산율은 다음과 같다.

구분	감산율 적용대상 건축물기준	감산율	감산율적용 제외부분
Ⅰ	[단독주택]		
	(1) 1구의 연면적이 60㎡초과 85㎡이하	**0.03**	○ 다가구주택
	(2) 1구의 연면적이 60㎡이하	**0.05**	
Ⅱ	(3) 주택의 차고	0.45	○ 복합건축물의 차고
Ⅲ	(4) 특수구조 건물		
	○ 무벽 면적비율 1/4이상 ~ 2/4미만	0.20	○ 농수산용 건축물(용도번호
	○ 무벽 면적비율 2/4이상 ~ 3/4미만	0.30	**Ⅳ-2, Ⅳ-5**)
	○ 무벽 면적비율 3/4이상	0.40	
Ⅳ	(5) 지하2층 이상 상가부분(지식산업센터 공장 포함)	**0.40**	
	(6) 지하1층 상가부분(지식산업센터 공장 포함)		
	○ 10층 이하 건물	**0.25**	
	○ 10층 초과 건물	**0.20**	
	(7) 5층 이상 10층 이하 건물		
	○ 5층이상 상가부분	**0.12**	○ 오피스텔(용도번호 Ⅰ-7,
	(8)11층 이상 20층 이하 건물		Ⅱ-18)
	○ 5층 이상 상가부분	**0.05**	
	(9)21층 이상 30층 이하 건물		
	○ 5층 이상 상가부분	0.02	
	(10) 30층 초과 건물		
	○ 5층 이상 상가부분	0.01	
	※ 지하층 및 옥탑 등은 층수계산시 제외		
Ⅴ	(11) 주차장		
	○ 주차장으로 사용되고 있는 2층 이상 건축물	0.10	
	※ 지하층 및 옥탑 등은 층수계산시 제외		
Ⅵ	(12) 철골조 건축물(벽면 구조)		
	○ 조립식패널, 칼라강판, 시멘트블록, 슬레이트벽	0.10	
	(13) 연면적 30㎡ 이하 컨테이너 구조 가설건축물	0.20	
	※ 2개 이상의 컨테이너를 상하 또는 좌우로 붙여서 한 곳에 설치한 경우에는 모두 합산하여 연면적을 계산함		

참고

소득세법 제99조(기준시가의 산정)

① 제100조 및 제114조제7항에 따른 기준시가는 다음 각 호에서 정하는 바에 따른다.

    1. 제94조제1항제1호에 따른 토지 또는 건물

        나. 건물 : 건물(다목 및 라목에 해당하는 건물은 제외한다)의 신축가격, 구조, 용도, 위치, 신축연도 등을 고려하여 매년 1회 이상 국세청장이 산정·고시하는 가액

국세청 건물 기준시가 계산방법 고시 제5조(기준시가 계산)

① 건물 기준시가를 산정하기 위한 기본 계산식은 다음과 같다.

    (1) 기준시가 = 평가대상 건물의 면적(m^2)[1] × m^2당 금액[2]

    (2) m^2당 금액 = 건물신축가격기준액x구조지수x용도지수x위치지수x경과연수별잔가율x개별건물의 특성에 따른 조정율[3]

        1) 연면적을 말하며, 집합건물의 경우 전용면적과 공용면적을 포함한 면적을 말한다.

        2) m^2당 금액은 1,000원단위 미만은 버린다

        3) 개별건물의 특성에 따른 조정률은 「상속세 및 증여세법」 제61조제1항제2호에 따라 기준시가를 계산하는 경우에만 적용한다

② 제1항의 건물 기준시가 산정 기본 계산식에서 개별건물의 특성에 따른 조정률은 「소득세법」 제99조제1항제1호나목에 따라 기준시가를 계산하는 경우에는 적용하지 않고, 「상속세 및 증여세법」 제61조제1항제2호에 따라 기준시가를 계산하는 경우에만 적용한다.

---

m^2당 금액 = 건물신축가격기준액(A)×구조지수(B)×용도지수(C)×위치지수(D)×경과연수별잔가율(E)

        = 810,000원(A)×1.00(B)×1.00(C)×1.15(D)×0.580(E)=540,270원,

천 원 미만은 절사 540,000원

지하주차장(감면특례적용) 540,000×41.4201 m^2×55/100   = 12,301,770원

감면특례 제외   540,000×154.7517 m^2(196.1718-41.4201) = 83,565,918원

합계(기준시가)   = 95,867,688원

공정시장가액비율(1주택, 6억 초과)   45%   43,140,459원

(납부 고지서상 과세표준 금액은 43,073,420원으로 67,039원 차이가 남. 사유파악이 어려움)

24,100+(43,073,420-39,000,000)×0.1% = 28,173원, 2회 분할 납부 14,087원으로 산정됨.

(국고금 관리법에 따라 10원 미만 절사하면 14,080원임)

구분	과세대상	과세표준	세율	비고
지역자원 시설세 (소방분)	(건축물 가액 또는 시가표준액) × 공정시장 가액비율	600만원 이하	0.04%	화재위험 건축물중 4층~10층은 당해세율의 2배 중과세, 11층 이상은 3배 중과세
		1,300만원 이하	2,400원+600만원 초과금액의 0.05%	
		2,600만원 이하	5,900원+1,300만원 초과금액의 0.06%	
		3,900만원 이하	13,700원+2,600만원 초과금액의 0.08%	
		6,400만원 이하	24,100원+3,900만원 초과금액의 0.10%	
		6,400만원 초과	49,100원+6,400만원 초과금액의 0.12%	

세목		납기 내 세액	납기 후 세액	부과내역(과세표준)	세율
재산세	주택분	190,750원	399,760원	281,250,000원	안내참조
	도시지역분	196,870원			
지역자원시설세		14,080원	14,500원	43,073,420원	안내참조
지방교육세		38,240원	39,380원	382,500원	안내참조
합계		439,940원	453,640원		

※ 전자송달로 공제된 세액 : 500원

1. 종합부동산세 도입 배경 및 경과

가. 도입 배경

> 종합부동산세(綜合不動産稅, 간단히 종부세)는 국세청이 일정한 기준을 초과하는 토지 및 주택의 소유자에 대해 부과하는 세금 또는 그 제도를 말한다.
>
> 종부세는 「종합부동산세법」에 따라 부과되며, 고액의 부동산 보유자에게 종합부동산세를 부과하여 부동산 보유에 대한 조세부담의 형평성을 제고하고 부동산의 가격 안정을 도모함으로써 지방재정의 균형 발전과 국민 경제의 건전한 발전에 기여하기 위한 것이다. (출처: 위키백과 종합부동산세)

나. 경과

> 종부세 도입 이전에는 부동산에 대한 세금으로 지방자치단체가 부과하는 종합토지세가 있었다. 종합부동산세는 추가적으로 특정 가격이 넘는 부동산을 가지고 있을 경우 부과되는 누진세이다.
>
> 2003년 부동산 보유세 개편방안으로 제안되어 2005년부터 시행되었다. 2005년까지는 개인별로 합산해 부과되었고, 2006년부터는 세대별로 합산해 부과되었다.
>
> 2008년 이명박 정부에서 종부세 개편안이 발표되었다. 2008년 11월 기준으로 국세청 기준시가 6억 원 이상 건물에 대해 부과되지만, 개정안은 의하면 1세대 1주택자에 한해서 9억 원으로 상향조정되며 세대별 합산 대신 개인별 합산이 적용된다. 추가적으로 신고 납부제에서 부과 고지제로 전환되었다. 2015년 종합부동산세에 대한 재산세 공제액 산식을 명확화했으며, 2016년 3월 2일자로 종합부동산세 물납제도 폐지하는 개정안이 공포되었다.
>
> 문재인 정부 출범 이후부터, 서울에 비정상적인 주택 가격 상승으로 큰 사회 문제가 되자 2018년 9월 13일 부동산 종합대책안를 발표하면서 종합부동산세 개편안을 내놓았다. 개편안에는 3주택 이상 보유자와 조정대상지역 2주택 보유자에 대해 추가 과세 하고 조정대상지역 외 2주택 및 고가 1주택에 대해서도 종부세 최고세율 2.7%까지 높인다. 종부세 세부담 상한도 기존 150%에서 300%로 상향 조정 한다.

2020년 7월 10일 부동산 대책을 발표하면서, 개인의 경우 '3주택 이상 및 조정대상지역 2주택'에 대해 과세표준 구간별로 1.2%~6%의 세율을 적용하며, 법인은 다주택 보유 법인에 대해 중과 최고세율인 6%를 적용한다. 2021년 법인에 대해서 종부세 기본공제 6억 원 및 세부담 상한제를 폐지했다.

윤석열 정부 출범 이후부터, 2022 세법개정안을 발표했으며, 종합부동산세 경감안이 다수 포함되었다. 개편안에는 개인의 종합부동산세 기본공제금액을 △1세대 1주택자는 11억 원에서 12억 원으로 △1세대 1주택이 아닌 자는 6억 원에서 9억 원으로 상향했다. (출처: 위키백과 종합부동산세 변천)

2. 종합부동산세 개요

가. 과세기준일(매년 6월 1일) 현재 국내에 소재한 재산세 과세 대상인 주택 및 토지를 유형별로 구분하여 인별로 합산한 결과, 그 공시 가격 합계액이 각 유형별로 공제금액을 초과하는 경우 그 초과분에 대하여 과세되는 세금이다.

1차로 부동산 소재지 관할 시·군·구에서 관내 부동산을 과세 유형별로 구분하여 재산세를 부과하고,

2차로 각 유형별 공제액을 초과하는 부분에 대하여 주소지(본점 소재지) 관할세무서에서 인별로 종합부동산세를 부과.

유형별 과세 대상	공제금액
주택(부속 토지 포함)	인별 9억 원(1세대 1주택자 12억 원) * 2023년 이전에는 인별 6억 원(1세대 1주택자 9억 원)
종합합산토지(나대지·잡종지 등)	인별 5억 원
별도합산 토지(상가·사무실 부속 토지 등)	인별 80억 원

* 2021년 귀속분부터 법인 주택분 종합부동산세 기본 공제 배제

일정한 요건을 갖춘 임대 주택, 미분양 주택 등과 주택건설사업자의 주택 신축용 토지에 대하여는 9월 16일부터 9월 30일까지 합산배제신고 하는 경우, 종합부동산세에서 과세 제외된다.

나. 납부 기간 등

- 납부 기간: 매년 12월 1일~12월 15일. (다만, 납부 기한이 토요일, 공휴일인 경우에는 그다음에 도래하는 첫 번째 평일을 기한으로 한다.)
- 국세청에서 세액을 계산하여 납세 고지서를 발부(신고 납부도 가능)하며, 세액의 납부는 일시 납부 원칙이나, 분할 납부도 가능하다.
- 농어촌특별세: 납부할 종합부동산세액의 20%

※ 분납: 납부할 세액이 250만 원을 초과하는 경우에는 납부할 세액의 일부를 납부기한 경과 후 6개월 이내에 납부
  - 250만 원 초과 500만 원 이하: 250만 원 초과금액을 분납
  - 500만 원 초과: 납부할 세액의 100분의 50 이하의 금액을 분납
  - 농어촌특별세: 종합부동산세의 분납비율에 따라 분납

다. 공정시장가액비율 변천 경과

- 공정시장가액비율은 60%~100% 범위에서 대통령령으로 정할 수 있음
- 2018년까지 80% 비율로 적용해오다 2019년부터 5%씩 상향조정함
  단, 2022년 이후 60%를 적용하고 있음

2008~2018년	2019년	2020년	2021년	2022년	2023년
80%	85%	90%	95%	60%	60%

라. 세율(출처: 국세청 홈페이지)

◉ '23년 이후

〈 개인 〉

주택(2주택 이하)		주택(3주택 이상)		종합합산토지분		별도합산토지분	
과세표준	세율 (%)	과세표준	세율 (%)	과세표준	세율	과세표준	세율
3억원 이하	0.5	3억원 이하	0.5	15억원 이하	1.0%	200억원 이하	0.5
6억원 이하	0.7	6억원 이하	0.7	45억원 이하	2.0%	400억원 이하	0.6
12억원 이하	1.0	12억원 이하	1.0				
25억원 이하	1.3	25억원 이하	2.0				
50억원 이하	1.5	50억원 이하	3.0	45억원 초과	3.0%	400억원 초과	0.7
94억원 이하	2.0	94억원 이하	4.0				
94억원 초과	2.7	94억원 초과	5.0				

〈법인〉

주택(2주택 이하)		주택(3주택 이상)		종합합산토지분		별도합산토지분	
과세표준	세율	과세표준	세율	과세표준	세율	과세표준	세율
3억원 이하		3억원 이하		15억원 이하	1.0%	200억원 이하	0.5
6억원 이하		6억원 이하		45억원 이하	2.0%	400억원 이하	0.6
12억원 이하		12억원 이하					
25억원 이하	2.7%	25억원 이하	5.0%				
50억원 이하		50억원 이하		45억원 초과	3.0%	400억원 초과	0.7
94억원 이하		94억원 이하					
94억원 초과		94억원 초과					

◉ '21 ~ '22년 세율

〈 개인 〉

주택(일반)		주택(조정2, 3주택이상)		종합합산토지분		별도합산토지분	
과세표준	세율	과세표준	세율	과세표준	세율	과세표준	세율
3억 원 이하	0.6%	3억 원 이하	1.2%	15억 원 이하	1%	200억 원 이하	0.5%
6억 원 이하	0.8%	6억 원 이하	1.6%				
12억 원 이하	1.2%	12억 원 이하	2.2%	45억 원 이하	2%	400억 원 이하	0.6%
50억 원 이하	1.6%	50억 원 이하	3.0%				
94억 원 이하	2.2%	94억 원 이하	5.0%	45억 원 초과	3%	400억 원 초과	0.7%
94억 원 초과	3.0%	94억 원 초과	6.0%				

〈법인〉

주택(일반)		주택(조정2, 3주택이상)		종합합산토지분		별도합산토지분	
과세표준	세율	과세표준	세율	과세표준	세율	과세표준	세율
3억 원 이하		3억 원 이하		15억 원 이하	1%	200억 원 이하	0.5%
6억 원 이하		6억 원 이하					
12억 원 이하	3%	12억 원 이하	6%	45억 원 이하	2%	400억 원 이하	0.6%
50억 원 이하		50억 원 이하					
94억 원 이하		94억 원 이하		45억 원 초과	3%	400억 원 초과	0.7%
94억 원 초과		94억 원 초과					

✅ **'19 ~ '20년 세율**

주택(일반)		주택(조정2, 3주택이상)		종합합산토지분		별도합산토지분	
과세표준	세율	과세표준	세율	과세표준	세율	과세표준	세율
3억 원 이하	0.5%	3억 원 이하	0.6%	15억 원 이하	1%	200억 원 이하	0.5%
6억 원 이하	0.7%	6억 원 이하	0.9%				
12억 원 이하	1%	12억 원 이하	1.3%	45억 원 이하	2%	400억 원 이하	0.6%
50억 원 이하	1.4%	50억 원 이하	1.8%				
94억 원 이하	2%	94억 원 이하	2.5%	45억 원 초과	3%	400억 원 초과	0.7%
94억 원 초과	2.7%	94억 원 초과	3.2%				

✅ **'09 ~ '18년 세율**

주택분		종합합산토지분		별도합산토지분	
과세표준	세율	과세표준	세율	과세표준	세율
6억 원 이하	0.5%	15억 원 이하	0.75%	200억 원 이하	0.5%
12억 원 이하	0.75%	45억 원 이하	1.5%	400억 원 이하	0.6%
50억 원 이하	1%				
94억 원 이하	1.5%	45억 원 초과	2%	400억 원 초과	0.7%
94억 원 초과	2%				

✅ **'06년 ~ '08년 세율**

주택분		종합합산토지분		별도합산토지분	
과세표준	세율	과세표준	세율	과세표준	세율
3억 원 이하	1%	17억 원 이하	1%	160억 원 이하	0.6%
14억 원 이하	1.5%	97억 원 이하	2%	960억 원 이하	1%
94억 원 이하	2%	97억 원 초과	4%	960억 원 초과	1.6%
94억 원 초과	3%				

※ 서비스업용 등 토지('07 ~ '08년 한시적용) : 200억 초과분 0.8% 단일세율

✅ **'05년 세율(최초 시행)**

주택분		종합합산토지분		별도합산토지분	
과세표준	세율	과세표준	세율	과세표준	세율
5.5억 원 이하	1%	7억 원 이하	1%	80억 원 이하	0.6%
5.5억 원 초과	2%	7억 원 초과	2%	80억 원 초과	1%
45.5억 원 초과	3%	47억 원 초과	4%	480억 원 초과	1.6%

마. 종합부동산세액 계산 흐름도(출처: 국세청 홈페이지)

구분	주택분	종합합산 토지분	별도합산 토지분
∑ 공시가격	∑ 주택 공시가격	∑ 종합합산 토지 공시가격	∑ 별도합산 토지 공시가격
−		−	
공제금액	'2. 가'의 표내용 참조	5억원	80억원
×		×	
공정시장 가액비율		'2. 다'의 표내용 참조	
=		=	
종부세 과세표준	주택분 종합부동산세 과세표준	종합합산 토지분 종합부동산세 과세표준	별도합산 토지분 종합부동산세 과세표준
×		×	
세율(%)	'2. 라'의 "'19~'20년 세율' 참조	• 15억원 이하 세율 1.0% 누진공제 없음 • 45억원 이하 세율 2.0% 누진공제 1,500만원 • 45억원 초과 세율 3.0% 누진공제 6,000만원	• 200억원 이하 세율 0.5% 누진공제 없음 • 400억원 이하 세율 0.6% 누진공제 2,000만원 • 400억원 초과 세율 0.7% 누진공제 6,000만원
=		=	
종합부동산 세액	주택분 종합부동산세액	토지분 종합합산세액	토지분 별도합산세액
−		−	
공제할 재산세액		재산세로 부과된 세액 중 종합부동산세 과세표준금액에 부과된 재산세 상당액 → 과세대상 유형별(주택, 종합합산 토지, 별도합산 토지)로 구분하여 계산	
=		=	
산출세액	주택분 산출세액	종합합산 토지분 산출세액	별도합산 토지분 산출세액
−		−	
세액공제(%)	해당 없음	해당 없음	해당 없음
−		−	
세부담상한 초과세액	해당 없음		150%
=		=	
납부할 세액		각 과세유형별 세액의 합계액 [250만원 초과 시 분납 가능(6개월)]	

3. 지역주택조합 사업용 취득 부동산에 대한 종부세 부과 실제 사례

재산세 주제에서 다루었던 사례의 필관조합에 실제 부과된 내용을 활용하여 알아보자. 필관조합의 경우 2020년 6월 12일에 사업계획승인을 득하였으며, 실제 부과된 재산세 및 종부세 내역은 다음과 같다.

귀속	재산세 납부액 7월 주택분	재산세 납부액 7월 건축분	재산세 납부액 9월 주택분	재산세 납부액 9월 토지분	소계
2018년	701,570 (4건)				701,570
2019년	18,143,170 (115건)	1,561,930 (12건)	8,176,520 (54건)	3,744,570 (15건-종합 2건, 별도 12건, 면제 1건)	31,626,190
2020년	1,401,340 (12건)	163,800 (1건)	1,176,020 (9건)	79,918,300 (75건-종합 2건, 별도 73건)	82,659,460
2021년	-		172,120 (1건)	85,829,850 (140건-종합 1건, 분리 139건) (1건-기안작업용 부지로 2021년 매입)	86,001,970
2022년	-		-	113,018,210 (154건-종합 1건, 분리 153건)	113,018,210
소계	21,971,810		13,269,230	278,766,360	314,007,400

구분	종부세	농어촌	가산세	합계	비고 (종부세 산정시 공제액)
2020.01.15 2020.06.16 (주택 112건)	203,064,640 203,064,630	40,612,930 40,612,920	7,310,310	250,987,880 243,677,550	주택 8,506,436
2020.12.15 (주택 12건, 별도합산 73건)	29,247,330	5,849,460		35,096,790	주택 680,836 토지 27,021,219
	435,376,600	87,075,310	7,310,310	529,762,220	

사업계획승인을 득하기 전 기간인 2019년 및 2020년에 유형별로 일정금액을 초과한 부동산에 대해 종부세가 부과되었다.

구분	주택			토지			
	2018	2019	2020	2019 종합합산	2019 별도합산	2020 종합합산	2020 별도합산
재산세	4건	112건	12건	2건	12건	2건	73건
재산세	공정시장가액비율 60% 적용, 인별 합산			0.2%	40만원+(12건 과표-2억)×0.3% 적용	0.2%	280만 원+(73건 과표-10억)×0.4% 적용
종부세	공시가격 합이 공제액(6억)에 미달	종부세 부과		공시가격 합이 공제액(5억)에 미달	공시가격 합이 공제액(80억)에 미달	공시가격 합이 공제액(5억)에 미달	종부세 부과

종부세 고지서에 기록된 내용을 기준으로 종부세 산정 내용을 정리해 보면 다음과 같다.

2019년 및 2020년 공제금액 및 공정시장가액 비율		
유형별 **과세대상**	**공제금액**	
	2019년	**2020년**
주택 (부속토지 포함)	인별 6억원 (1세대 1주택자 9억원)	좌동
종합합산토지 (나대지,잡종지 등)	해당 없음	해당 없음
별도합산토지 (상가·사무실·부속토지 등)	해당 없음	인별 80억원
구분	**2019년**	**2020년**
공정시장가액비율	85%	90%

종합부동산세 계산 방법 상세(고지서 기록 기준)			
구분	2019년 귀속분 3주택등(112건)	2020년 귀속분	
		주택(12건)	별도합산토지(73건)
감면후 공시가격	19,891,754,055	1,625,399,999	18,722,714,600
차감	- 600,000,000	- 600,000,000	- 8,000,000,000
계산결과	19,291,754,055	1,025,399,999	10,722,714,600
공정시장가액비율	85.00%	90.00%	90.00%
과세표준	16,397,990,947	922,859,999	9,650,443,140
6월 세율	3.20%	1.30%	0.50%
계산액	524,735,710	11,997,180	48,252,216
누진공제	- 110,100,000	- 3,300,000	
종합부동산세액	414,635,710	8,697,180	48,252,216
공제할재산세액	- 8,506,436	- 680,836	- 27,021,219
산출세액	406,129,274	8,016,344	21,230,997
			29,247,341
농어촌특별세(20%)	81,225,855		5,849,468

2019년 및 2020년 종합부동산세 세율										
주택분					종합합산 토지분			별도합산 토지분		
	일반		3주택등							
과세표준	세율 (%)	누진 공제	세율	누진 공제	과세표준	세율	누진공제	과세표준	세율	누진공제
3억원 이하	0.5	-	0.6	-	15억원 이하	1.0	-	200억원 이하	0.5	-
6억원 이하	0.7	60만원	0.9	90만원						
12억원 이하	1	240만원	1.3	330만원	45억원 이하	2.0	1,500만원	400억원 이하	0.6	2,000만원
50억원 이하	1.4	720만원	1.8	930만원						
94억원 이하	2	3,720만원	2.5	4,430만원	45억원 초과	3.0	6,000만원	400억원 초과	0.7	6,000만원
94억원 초과	2.7	10,300만원	3.2	11,010만원						

4. 지역주택조합 부동산에 종부세 부과가 정당한지?

주택조합의 부동산에 대한 종합부동산세 납세의무자는 수탁자인 조합이 아니고 위탁자인 조합원이다. 따라서, 납세 의무가 없는 주택조합에 과세하는 것은 정당하지 않다.

필관조합의 경우와 거의 동일한 사안에 대한 최근의 재판(2021구합5455 종합부동산세부과 처분 취소 소송, 조정으로 종료되었지만 사실상 원고가 완승한 항소심 2022누10548 참조)에서도 원고(조합)의 신청 사유가 타당한 것으로 확인된 바 있다. 당시 재판부의 판결 내용을 요약·정리해 보면 다음과 같다.

가. 신탁법상 신탁재산은 수탁자의 고유재산으로부터 독립되어 있을 뿐만 아니라 위탁자별로도 각각 독립되어 있으므로, 수탁자가 신탁재산인 부동산을 대내외적으로 보유하면서 신탁의 목적에 따라 관리·처분할 수 있는 권능을 가진다고 하더라도 이는 개별 신탁관계에 기초하여 각각의 부동산을 보유하는 것으로 보아야 한다.

구 종합부동산세법 의 입법 목적은 고액의 부동산 보유자에 대하여 종합부동산세를 부과하여 부동산 보유에 대한 조세부담의 형평성을 제고하고 부동산의 가격안정을 도모하고자 함에 있다. 만약 어느 한 수탁자가 다수의 위탁자로부터 부동산을 신탁받았다고 하여 그 재산세 과세표준을 합산하는 방법으로 종합부동산세의 과세표준을 산정한다면 종합부동산세를 도입한 취지와 어긋날 뿐만 아니라, 세제상의 불이익으로 인하여 신탁법상 신탁관계의 이용을 꺼리게 하는 결과를 초래한다.

이에 2014.1.1. 법률 제12153호로 개정된 지방세법 제 107조 제1항 제3호도 '위탁자별로 구분된 신탁법 상의 신탁재산에 대한 납세의무자는 각 각 다른 납세의무자로 본다'는 규정을 신설함으로써 신탁법상 신탁재산에 관하여는 재산세의 과세표준을 위탁자별로 산정하여야 한다는 것을 명확하게 하였다.

그렇다면 위탁자별로 구분된 신탁법상 신탁재산인 토지나 주택의 종합부동산세 과세표준은 수탁자가 보유한 모든 토지나 주택의 재산세 과세표준을 합산할 것이 아니라, 위탁자별로 구분하여 그 신탁재산의 재산세 과세표준을 합산한 금액에서 각각 일정한 과세기준금액을 공제하는 방법으로 산정하여야 한다고 봄이 타당하므로, 종합부동산세의 납세의무자인 수탁자는 위탁자별로 산정한 각각의 종합부동산세액과 자신의 고유재산에 관하여 산정한 종합부동산세액을 합산한 금액을 납부할 의무가 있다고 보아야 한다(대법원 2014. 11. 27. 선고 2012두26852 판결 등 참조).

나. 이 사건 부동산은 위탁자별로 구분된 신탁법 상의 신탁재산에 해당하고 원고는 신탁재산을 사실상 소유한 자로서 종합부동산세 납부의무를 부담하는 것이므로, 위탁자인 조합원별로 구분하여 그들이 보유한 부동산의 종합부동산세 과세표준을 각각 산정한 후 그 종합부동산세액을 합산하여 부과하지 아니한 채 원고가 신탁재산인 이 사건 부동산을 모두 보유한 것으로 보아 하나의 종합부동산세 과세표준을 산정하여 종합부동산세액을 부과한 이 사건 처분은 그 정당한 세액을 초과하는 범위 내에서 위법하다고 할 것이다.

그러나 이 사건 기록에 나타난 사정만으로는 법원이 직권으로 위탁자인 조합원별로 구분한 종합부동산세 과세표준을 산정할 수 없어 원고가 납부의무를 지는 정당한 종합부동산세액을 계산할 수 없으므로, 결국 이 사건 처분은 그 전부가 위법하다고 보지 않을 수 없다.

다. 종합부동산세법 부과목적은 고액의 부동산 보유자에 대하여 종합부동산세를 부과하여 부동산보유에 대한 조세부담의 형평성을 제고하고 부동산의 가격안정을 도모 하는 데 있으므로 주택건설사업을 위하여 신탁목적으로 일시적으로 부동산의 소유권을 취득하는 지역주택조합을 위 법률에서 뜻하는 '고액의 부동산 보유자'라고 보기 어렵고, 원고는 이 사건 부동산에 관하여 소유권이전등기를 마쳤으나 신탁등기를 마치지 않은 사실상 소유자로서 신탁재산에 대하여 입법정책에 따라 재산세 및 종합부동산 세 납세의무를 부담하는 지위에 있는바, 그 과세표준의 산정방법이 신탁등기 여부에 따라서 달라진다고 보기 어렵다. 따라서, 이 사건 부과처분은 취소되어야 함.

일시	내용
~2012.12.31	지방세법 제107조(납세의무자) ② 제1항에도 불구하고 재산세 과세기준일 현재 다음 각 호의 어느 하나에 해당하는 자는 재산세를 납부할 의무가 있다. 5. 「신탁법」에 따라 수탁자명의로 등기·등록된 신탁재산의 경우에는 위탁자. 이 경우 수탁자는 「지방세기본법」 제135조에 따른 납세관리인으로 본다.
2013.01.01~ 법률 제11617호	지방세법 제107조(납세의무지) ② 제1항에도 불구하고 재산세 과세기준일 현재 다음 각 호의 어느 하나에 해당하는 자는 재산세를 납부할 의무가 있다. <개정 2013. 1. 1.> 5. 「신탁법」에 따라 수탁자명의로 등기·등록된 신탁재산의 경우에는 위탁자(다만, 「주택법」 제2조제11호에 따른 지역주택조합·직장주택조합이 조합원이 납부한 금전으로 매수하여 소유하고 있는 신탁재산의 경우에는 해당 지역주택조합·직장주택조합). 이 경우 수탁자(지역주택조합·직장주택조합의 경우에는 조합원)는 「지방세기본법」 제135조에 따른 납세관리인으로 본다.
2014.01.01~ 법률 제12153호	지방세법 제107조(납세의무자) ① 재산세 과세기준일 현재 재산을 사실상 소유하고 있는 자는 재산세를 납부할 의무가 있다. 다만, 다음 각 호의 어느 하나에 해당하는 경우에는 해당 각 호의 자를 납세의무자로 본다. <개정 2014. 1. 1.> 3. 「신탁법」에 따라 수탁자 명의로 등기·등록된 신탁재산의 경우: 위탁자별로 구분된 재산에 대해서는 그 수탁자. 이 경우 위탁자별로 구분된 재산에 대한 납세의무자는 각각 다른 납세의무자로 본다.
2020.12.29~ 법률 제17769호	지방세법 제107조(납세의무자) ② 제1항에도 불구하고 재산세 과세기준일 현재 다음 각 호의 이느 하나에 해당하는 사는 재산세를 납부할 의무가 있다. <개정 2013. 1. 1., 2013. 3. 23., 2014. 1. 1., 2014. 11. 19., 2017. 2. 8., 2017. 7. 26., 2018. 12. 31., 2020. 12. 29.> 5. 「신탁법」 제2조에 따른 수탁자(이하 이 장에서 "수탁자"라 한다)의 명의로 등기 또는 등록된 신탁재산의 경우에는 제1항에도 불구하고 같은 조에 따른 위탁자(「주택법」 제2조제11호가목에 따른 지역주택조합 및 같은 호 나목에 따른 직장주택조합이 조합원이 납부한 금전으로 매수하여 소유하고 있는 신탁재산의 경우에는 해당 지역주택조합 및 직장주택조합을 말하며, 이하 이 장에서 "위탁자"라 한다). 이 경우 위탁자가 신탁재산을 소유한 것으로 본다.

또한, '제17편 제3장 재산세' 파트에서 언급하였듯이 조합이 취득한 사업용 토지는 재산세 부과 시 명백히 분리과세 대상임에도 불구하고 시·군·구청이 오판하여 별도합산과세 대상으로 분류하여 과중한 재산세를 부과한 것으로 판단되는데 이는 취소되어야 한다.

세무서는 시·군·구청이 별도합산과세한 것을 근거로 토지에 대해 종부세를 부과한 것으로 보이므로 이 또한 취소되어야 한다. (결과적으로 2023년 10월에 취소되어 환급 받았다.)

또한, 조합이 철거를 전제로 취득한 주택이 철거 시까지 주택으로서의 역할을 하지 않는데, 이를 주택으로 보고 과세하는 것이 옳은 것인지 판단도 필요해 보인다.

5. 경정청구

종합부동산세의 경우 부과·고지 국세이기는 하나 신고납부한 납세자와 동일하게 경정청구가 허용되어 기한이 5년으로 변경되었다(2022년 12월 31일 신설). 따라서 2019년도 종부세는 2024년까지 경정청구를 하면 된다.

구분	내용
신고·납부 국세 경정청구기한	국세기본법 제45조의2(경정 등의 청구) ① 과세표준신고서를 법정신고기한까지 제출한 자 및 제45조의3제1항에 따른 기한후과세표준신고서를 제출한 자는 다음 각 호의 어느 하나에 해당할 때에는 최초신고 및 수정신고한 국세의 과세표준 및 세액의 결정 또는 경정을 법정신고기한이 지난 후 5년 이내에 관할 세무서장에게 청구할 수 있다.(이하 생략)
2022-12-31부 신설된 국세기본법 제45조의2제6항 종합부동산세 경정청구기한 5년 부여	국세기본법 제45조의2(경정 등의 청구) ⑥ 「종합부동산세법」 제7조 및 제12조에 따른 납세의무자로서 종합부동산세를 부과·고지받은 자의 경우에는 제1항부터 제4항까지의 규정을 준용한다. 이 경우 제1항 각 호 외의 부분 본문 중 "과세표준신고서를 법정신고기한까지 제출한 자 및 제45조의3제1항에 따른 기한후과세표준신고서를 제출한 자" 및 제2항 각 호 외의 부분 중 "과세표준신고서를 법정신고기한까지 제출한 자 또는 국세의 과세표준 및 세액의 결정을 받은 자"는 "과세기준일이 속한 연도에 종합부동산세를 부과·고지받은 자"로, 제1항 각 호 외의 부분 본문·단서 및 제2항제5호 중 "법정신고기한이 지난 후"는 "종합부동산세의 납부기한이 지난 후"로, 제1항제1호 중 "과세표준신고서 또는 기한후과세표준신고서에 기재된 과세표준 및 세액"은 "납부고지서에 기재된 과세표준 및 세액"으로 본다. <신설 2022. 12. 31.>

부과·고지하는 종합부동산세에 대한 경정청구 허용 취지	경정청구는 납세의무자가 자신이 신고한 과세표준과 세액을 경정할 수 있도록 하는 제도로서, 이에 따라 종합부동산세의 경우 신고납부하는 납세의무자는 경정청구를 할 수 있었으나, 부과·고지를 받아 종합부동산세를 납부하는 납세의무자는 경정청구제도를 이용할 수 없는 문제가 있어, 동일한 종합부동산세를 납부하는 납세의무자 사이의 형평성을 고려하여 앞으로는 부과·고지를 받아 납부하는 납세의무자도 납부기한이 지난 후 5년 이내에 세무서장에게 경정청구를 할 수 있도록 함

6. 정책제언

필관조합과 동일한 처지에 있던 특정 주택조합이 세무서장을 상대로 소송을 하여 1심에서 100% 승소하였으나 피고(세무서, 국세청)가 항소하여 2심이 진행 중이었는데, 피고가 종부세 100% 환급 및 소송 총비용 피고 부담을 조건으로 하는 조정권고안을 받아들이고 2023년 5월 원고는 소를 취하한 바 있다.

항소재판이 판결까지 제대로 진행되었으면 판결 내용이 많은 사람들에게 알려져 비슷하게 억울한 피해를 입는 사람들이 줄어들 텐데, 세무서의 조정 권고 신청이 받아들여져 조정 권고로 마무리됨에 따라 빅 뉴스로 다루어질 기회가 없어졌다.

필관조합의 경우에도 경정청구서를 직접 작성하여 제출하니 세무사를 통하여 진행하라고 한다. 세무사는 경정청구 금액의 두 자릿수 퍼센트의 성공 보수를 요구했으나 사정하여 한 자릿수로 줄였다. 세무사가 작성한 경정청구는 받아들여졌는데, 조합이 작성한 것과 비교해 보니 조합이 작성한 내용과 별반 차이가 없었다. 많은 아쉬움이 남는 대목이다.

경정청구를 당사자가 직접 할 수 있어야 하고, 그 절차도 지금보다는 훨씬 쉬워져야 할 것으로 보인다. 용어도, 절차도 일반 국민들이 좀 더 쉽게 이해하고 알 수 있도록 하는 노력이 필요해 보인다. 경정청구 사례집이라도 작성하여 배포되면 크게 도움이 될 것 같다.

필관조합의 경우 결국 2023년 10월과 2023년 11월에 기 납부한 종부세 및 환급가산금을 합쳐 국세청으로부터 환급받았다. 그동안 사업자금이 묶임으로 인해 입은 피해 및 환급받는 데 든 세무사 성공 보수 수천만 원 및 심적·정신적 고통이 피해가 되겠다. 억울하기 그지없다.

[국세청의 필관조합에 대한 종합부동산세 환급 통지서]

2020.01.15일 납부한 250,987,880원 환급, 환급가산금 15,841,310원 별도	**국세환급금 통지서** 일련번호 1 상호(법인명) 성명(대표자) 신탁(지역주택조합) 사업자등록번호 주민등록번호 10 주소(사업장) 충(시 농 구) 로 301 환급관서 세무서장 환급사유 경정청구 세목 종합부동산세 환급금 ₩250,987,880 환급가산금 ₩15,841,310 환급금계 ₩266,829,190 충당금액 ₩0 지급요구일 20231027 지급요구번호 0066666 가까운 우체국에서 2023.10.30 일부터 현금으로 지급하여 드립니다. 지급기한 : 2024.10.26
2020.06.16일 납부한 243,677,550원 환급, 환급가산금 13,427,630원 별도	**국세환급금 통지서** 일련번호 1 상호(법인명) 성명(대표자) 신탁(지역주택조합) 사업자등록번호 주민등록번호 10 주소(사업장) 충(시 구) 로 301 환급사유 경정청구 세목 종합부동산세 환급금 ₩243,677,550 환급가산금 ₩13,427,630 환급금계 ₩257,105,180 충당금액 ₩0 환급관서 세무서장 지급요구일 20231027 지급요구번호 0066667 가까운 우체국에서 2023.10.30 일부터 현금으로 지급하여 드립니다. 지급기한 : 2024.10.26
2020.12.15일 납부한 35,096,790원 환급, 환급가산금 1,616,190원 별도	**국세환급금 통지서** 일련번호 2 관리번호(우체국용) 16002 상호(법인명) 성명(대표자) 지역주택조합 사업자등록번호 주민등록번호 주소(사업장) H 시 구 동 로 72 환급관서 세무서장 환급사유 경정청구 세목 종합부동산세 환급금 ₩35,096,790 환급가산금 ₩1,616,190 환급금계 ₩36,712,980 충당금액 ₩0 지급요구일 20231026 지급요구번호 0133257 가까운 우체국에서 2023.10.27 일부터 현금으로 지급하여 드립니다. 지급기한 : 2024.10.25

518   주택조합 성공 필독서

[종합부동산세 경정청구 용역계약 체결한 세무사의 수수료 청구 관련 내용]

1. 세무컨설팅 내용

   2019년 및 2020년 귀속 종합부동산세 납부액에 대한 경정청구를 수행하였고, ▓세무서(2020년귀속)와 ▓세무서(2019년귀속)로부터 기 납부 세액 전액을 환급 받았습니다.
   (경정청구액과 환급금의 차이는 환급가산금 임)

2. 수수료 청구액 (경정청구액 × 7%)

   2019년 귀속분 494,665,430원 × 7% = 34,626,580원
   2020년 귀속분   35,096,790원 × 7% = 2,456,770원

   합계 37,083,350원(VAT별도)

   청구액(VAT포함) 37,083,350 × 1.1 = 40,791,680원

3. 입금계좌

   ▓▓은행 ▓▓▓▓▓▓▓ (예금주 ▓▓세무회계)

   2023년 11월10일

   세무사 ▓▓▓▓

   *경정청구서사본첨부

제6장 법인세

지역주택조합은 통상 공동주택 일반분양 및 근린생활시설 분양으로 인한 사업소득이 발생한다. 조합은 이 사업소득에 대해 법인세를 납부해야 한다. 법인세가 어떤 과정을 거쳐 산정되는지 알아보자.

1. 다음의 예시와 같이 건축물 계약면적 종합표를 정확히 작성. (차이가 반드시 Zero가 되어야 함.)

■ 1. 공동주택 분양면적 종합(384세대, 조합원 283세대, 일반분양 101세대) [단위 : ㎡]

구 분	세대당			세대수 (세대)	합 계			비 고
	공급면적	기타공용면적	계약면적		공급면적	기타공용면적	계약면적	
59타입	80.3614	31.7589	112.1203	122	9,804.0908	3,874.5858	13,678.6766	
75타입	102.1155	40.3844	142.4999	96	9,803.0880	3,876.9024	13,679.9904	
84타입(A)	112.2766	45.1030	157.3796	165	18,525.6390	7,441.9950	25,967.6340	
84타입(B)	112.3017	45.1030	157.4047	1	112.3017	45.1030	157.4047	101동 2204호
합 계				384	38,245.1195	15,238.5862	53,483.7057	

■ 1-1. 공동주택 조합원 분양(283세대) [단위 : ㎡]

구 분	세대당			세대수 (세대)	합 계			비 고
	공급면적	기타공용면적	계약면적		공급면적	기타공용면적	계약면적	
59타입	80.3614	31.7589	112.1203	79	6,348.5506	2,508.9531	8,857.5037	
75타입	102.1155	40.3844	142.4999	69	7,045.9695	2,786.5236	9,832.4931	
84타입(A)	112.2766	45.1030	157.3796	134	15,045.0644	6,043.8020	21,088.8664	
84타입(B)	112.3017	45.1030	157.4047	1	112.3017	45.1030	157.4047	101동 2204호
조합원 분양 계				283	28,551.8862	11,384.3817	39,936.2679	

■ 1-2. 공동주택 일반분양(101세대) [단위 : ㎡]

구 분	세대당			세대수 (세대)	합 계			비 고
	공급면적	기타공용면적	계약면적		공급면적	기타공용면적	계약면적	
59타입	80.3614	31.7589	112.1203	43	3,455.5402	1,365.6327	4,821.1729	
75타입	102.1155	40.3844	142.4999	27	2,757.1185	1,090.3788	3,847.4973	
84타입	112.2766	45.1030	157.3796	31	3,480.5746	1,398.1930	4,878.7676	
일반분양 계				101	9,693.2333	3,854.2045	13,547.4378	
오차검증					-	-	-	-

아주 미미한 차이라도 반드시 Zero화하기 위하여 84타입(B) 1세대의 면적을 조합원에게 양해를 구하고 일부 조정함.

■ 2. 근린생활시설 분양면적 [단위 : ㎡]

구 분		전용면적	공용면적	계약면적(A + B)	비 고
근린생활시설	101호	71.6926	51.5966	123.2892	
	102호	44.2013	31.8113	76.0126	
	103호	38.6261	27.7989	66.4250	
	104호	40.7706	29.3423	70.1129	
	105호	40.7585	29.3336	70.0921	
	106호	40.7250	29.3095	70.0345	
	107호	35.4357	25.5028	60.9385	
	107-1호	27.2895	19.6400	46.9295	
	108호	41.4851	29.8565	71.3416	
	109호	43.9244	31.6121	75.5365	
	110호	109.3690	78.7119	188.0809	
	110-1호	48.0159	34.5565	82.5724	
	111호	44.6355	32.1239	76.7594	
	112호	43.6000	31.3786	74.9786	
	113호	43.6000	31.3786	74.9786	
	114호	46.3250	33.3398	79.6648	
합 계		760.4542	547.2929	1,307.7471	

■ 3. 검토결과 [단위 : ㎡]

구 분	승인고시(A)	조합자료(B)			차 이 (B - A)
		공동주택	근린생활시설	계	
건축연면적	54,791.4528	53,483.7057	1,307.7471	54,791.4528	-

계약면적 합계와 승인 고시된 건축 연면적이 일치함을 확인함.

2. 계약면적을 공동주택(조합원용과 일반분양분 분리)과 근린생활시설로 배분하여 비율을 산정함

구분	과세대상여부	비과세	과세		
	전체	조합원 283세대	일반분양 101세대(a)	근린생활시설(b)	(a)+(b)
계약면적	54,791.4528	39,936.2679	13,547.4378	1,307.7471	14,855.1849
비율	100.00%	72.89%	24.73%	2.39%	27.11%

3. 일반분양분과 근린생활시설의 계약금액을 수익란에 기입. (vat 제외한 공급가액으로 기입)

구분	과세대상여부	비과세	과세		
	전체	조합원 283세대	일반분양 101세대(a)	근린생활시설(b)	(a)+(b)
계약면적	54,791.4528	39,936.2679	13,547.4378	1,307.7471	14,855.1849
비율	100.00%	72.89%	24.73%	2.39%	27.11%
수익			56,978,900,000	6,700,000,000	63,678,900,000

4. 공동주택 및 근린생활시설 건축에 소요된 총원가 산정

   - 사업 부지 확보비, 도급공사비, 부대공사비, 용역수수료, 분양비, 금융비용, 인허가비, 각
     종 공과금, 설계·감리, 사업운영비 등 사업 추진에 소요된 모든 원가를 포함하여 총원가
     산정.

5. 손익 및 법인세 산정

   가. 이해의 편의를 돕기 위하여 총원가를 2,000억 원으로 가정(사업이 완료되어야 총액이 산
       정 가능함)하고, 총원가를 조합원, 일반분양, 근린생활시설의 계약면적 비율에 비례하여
       배분

   나. 수익에서 원가를 차감하면 과세분에 대해서는 9,454,439,283원의 이익 발생

   다. 이익금에 세율 19%을 적용(누진공제 2,000만 원)하면 1,776,343,464원의 법인세가 산정
       됨. (지방세 10% 별도로 있음)

구분	과세대상여부	비과세	과세		
	전체	조합원 283세대	일반분양 101세대(a)	근린생활시설(b)	(a)+(b)
계약면적	54,791.4528	39,936.2679	13,547.4378	1,307.7471	14,855.1849
비율	100.00%	72.89%	24.73%	2.39%	27.11%
수익			56,978,900,000	6,700,000,000	63,678,900,000
원가	200,000,000,000	145,775,539,283	49,450,916,549	4,773,544,169	54,224,460,717
손익			7,527,983,451	1,926,455,831	9,454,439,283
법인세					1,776,343,464

법인세는 준공년도에 소득으로 인식, 납부해야 함.

 참고

주택조합의 경우 매년 결산시에 결손이 발생했을 것이므로 실제로는 수익에서 차감되는 절차가 추가로
있을 것이고, 모델하우스 매도 등으로 수익도 있을 것이므로 손익에 가산되는 절차가 추가로 있을 것이
나, 위의 예시는 이해를 돕기 위해 단순화하여 표기하였음.

제18편

부담금

지방자치단체의 조례나 규칙 등을 찾아보려면

인터넷으로 '자치법규정보시스템'을 검색하면 된다.

전국 지방자치단체의 조례나 규칙 내용을 모두 볼 수 있는데,

대다수 내용은 지방자치 단체 간에 차이가 별로 없는 것으로 보인다.

지방자치단체의 부담금 부과에 대한 대법원 판례를 보면

많은 경우 '부담금관리 기본법 제5조(부담금 부과의 원칙)'을 위반한 것으로 나타나고 있다.

그럼에도 불구하고 수정·교정되지 않고 동일하게 운영되어 똑같은 문제가 재현되고 있는 것 같

아 많이 안타깝다.

제1장 학교용지부담금

학교용지부담금에 대해 제대로 이해하려면 다음의 사례를 참고해 보면 많은 도움이 될 것이다.

기존의 주택지역을 철거하고 그 곳에 384세대의 공동주택을 건설하는 지역주택조합에 대해 2021년 6월 구청이 384 전체 세대수의 분양가격을 기준으로 0.8%의 학교용지부담금(14.77억)을 부과하였는데

총 세대수	부과 세대수	부과세대 총 분양가격	부과금액	산출근거
384세대	384세대(분양완료)	184,606,291,700	1,476,850,330	분양가격의 8/1,000

주택조합은 이 지역의 인구가 지속적으로 유출되고 있어 학교 증축·신축의 필요성이 없음에도 구청이 조합에게 학교용지부담을 부과하는 처분은 위법하므로 취소되어야 한다는 취지로 소송을 제기(2021구합8898)하였으며, 법원은 학교용지 부담금을 부과하는 경우에도 이 사건 사업을 통하여 증가되는 222세대(신설되는 384세대-기존 162세대)를 초과하여 부과된 학교용지부담금 부분은 위법하여 취소되어야 한다고 판단(2022년 9월)하였으며 재판부의 구체적 판단 내용은 다음과 같다.

1. 학교용지부담금의 성격 및 정당화 요건

학교용지부담금은 일정 규모 이상의 주택 건설로 인하여 늘어나는 공익 시설에 대한 수요 중에서 초·중·고등학교의 학교 용지 확보나 기존 학교 증축에 대한 수요를 충족시키기 위하여 부과되는 것이므로 부과 원인에 따른 분류에 의하면 원인자부담금의 하나에 해당한다. 그리고 학교 시설의 건립이라는 특정한 공익 사업을 시행함으로 인하여 주택 수분양자의 자녀들이 근거리에서 교육을 받을 수 있는 특별한 이익을 얻게 되므로 수익자 부담금으로서의 성격도 가지고 있다. (헌법재판소 2005. 3. 31. 선고 2003헌가20 전원재판부 결정 참조.)

또한 학교용지부담금은 기본적으로 필요한 학교 시설의 확보에 있어서 소요되는 재정을 충당하기 위한 것이고, 부담금을 부과함으로써 택지 개발이나 주택 공급 등을 제한하거나 금지하기 위한 성격은 매우 희박하므로 '순수한 재정 조달 목적 부담금'에 해당한다. (헌법재판소 2008. 9. 25. 선고 2007헌가1 전원재판부 결정 참조.)

이러한 재정 조달 목적 부담금이 헌법적으로 정당화되기 위하여서는

가. 조세에 대한 관계에서 예외적으로만 인정되어야 하고 일반적 공익 사업을 수행하는 데 사용할 목적으로 부담금을 남용하여서는 아니되고,

나. 부담금 납부의무자는 일반국민에 비해 '특별히 밀접한 관련성'을 가져야 하며,

다. 부담금이 장기적으로 유지되는 경우에 있어서 그 징수의 타당성이나 적정성이 입법자에 의해 지속적으로 심사되어야 하는데(헌법재판소 2008. 9. 25. 선고 2007헌가9 결정 등 참조),

이러한 요건 중 부담금 납부의무자가 일반 국민에 비해 '특별히 밀접한 관련성'을 가져야 한다는 부담금에 대한 헌법적 규제의 요청은 비단 개별 법령의 위헌 심사뿐만 아니라 법원이 구체적 처분의 위법 여부를 판단하기 위한 전제로서 법령을 해석함에 있어서도 마땅히 고려되어야 한다.

2. 이 사건 처분의 적법 여부

가. 학교용지부담금의 부과 요건

제시된 증거물의 기재내용 및 변론 전체의 취지에 의하여 알 수 있는 다음과 같은 사정을 종합하면, 이 사건 사업구역에는 학교 증축 내지 신설의 수요가 있고, 학교 증축 내지 신설의 원인자임과 동시에 수익자에 해당하는 원고는 학교용지부담금의 납부의무가 있다.

1) 이 사건 사업부지는 OO초등학교 통학구역으로 OO초등학교 학생 수는 2018년 1,088명, 2019년 1,092명, 2020년 1,090명, 2021년 1,079명으로 취학 인구가 비슷하게 유지되고 있는 지역이다. 이 사건 사업부지 내 기존 주택의 철거로 인한 이주가 발생하였음에도 OO초등학교 학생 수는 크게 감소되지 않고 일정하게 유지되었다.

2) 향후 이 사건 사업의 완료로 인하여 공급될 세대수는 총 384세대에 이르고, 기존

거주 세대를 감안하더라도 그 세대 수가 사회통념상으로 결코 적지 않을 뿐만 아니라 학교용지법 제2조 제2호에서 정한 '개발행위'의 기준인 100세대를 현저히 초과한다. 이와 같은 세대수 증가에 특별히 취학 인구의 유입이 없을 것으로 추단되는 사정도 보이지 않으므로, 일반적인 취학 인구수를 고려하더라도 세대수의 증가에 따라 학생수는 자연히 증가할 것으로 예상된다.

3) OO시 교육청은 이 사건 사업 및 주변 개발사업으로 인해 2023년 OO초등학교 학생수가 1,162명으로 증가할 것으로 예상하면서, 위 학생수를 수용하기 위하여는 45학급을 편성해야 하는데 이는 OO초등학교의 최대 학급수인 42학급을 초과하게 된다는 이유로 통학구역 조정을 염두에 두고 있다.

나. 학교용지부담금의 부과 범위

1) '학교용지부담금 부과 기준 가구 수' 산정방법

앞서 본 관계 법령 및 법리에 의하면, 부담금납부의무자는 일반국민에 비해 '특별히 밀접한 관련성'을 가져야 한다. 개발사업시행자에 대하여 부과되는 학교용지부담금에서 '특별히 밀접한 관련성'이란 '당해 사업으로 인한 인구 유입 및 그에 따른 취학수요의 증가'로 인하여 학교시설 확보의 필요성을 유발하였기 때문에 인정되는 것인데, 만약 '증가한 세대 수 부분'이 아니라 당해 사업으로 인하여 조성된 세대 '전부'에 대하여 학교용지부담금을 부과한다면, 기존에 존재하던 세대 수 부분에 관하여는 학교시설 확보의 필요성이 유발되었다고 볼 수 없음에도 불구하고 그 부분에 대하여 학교용지부담금을 부과하게 되는 것이므로 앞서 본 '특별히 밀접한 관련성' 요건을 충족시킬 수 없다. 따라서 학교용지법 제5조제1항에 따라 공동주택분양사업으로 인하여 사업지역 내 세대 수가 증가하여 학교용지부담금을 부과함에 있어서, 그 사업으로 인하여 '증가한 세대 수'에 한하여 부과하여야 하고, 그와 달리 그 사업에 따라 단순히 세대 수가 증가하여 학교용지부담금 부과요건을 갖추었다는 이유만으로 당해 사업지역 내 조성된 세대 전부에 대하여 학교용지부담금을 부과하여서는 아니된다.

한편, 증가한 세대수는 '이 사건 사업에 따라 공급되는 공동주택의 세대 수'에서 이 사건 사업 시행 이전 가구 수인 '기존 가구 수'를 빼는 방법으로 산정하여야 하고, 이러한 학교용지법상 학교용지부담금 부과요건인 '기존 가구 수' 내지 '당해 사업으로 증가한 가구 수'에 관한 증명책임은 피고에게 있다.

그리고 기존에 주택을 소유하였던 조합원 세대와 주택을 임차하였던 세입자 세대 사 이에 취학에 대한 수요 측면에서는 아무런 차이가 없을 뿐만 아니라, 당해 사업으로 인한 학교시설 확보의 필요성 유발 여부를 판단함에 있어 조합원 세대와 세입자 세대를 구분하지 않고 기존의 전체 세대 수를 기준으로 산정하는 것이 학교용지부담금의 취지와 목적에 부합하므로, 원고에게 부과하는 학교용지부담금 액수를 산정하기 위한 기준인 '기존 가구 수'에는 이 사건 사업 시행 이전의 기존 주택의 소유자 세대 수뿐만 아니라 세입자 세대 수를 모두 포함하는 것이 타당하다.

2) 이 사건 학교용지부담금의 구체적 산정 및 취소의 범위

피고는 이 사건 사업 시행 이전에 사업부지 내에 거주하였던 소유자 및 세입자 등 기존 세대수에 대한 고려 없이 이 사건 사업으로 조성되는 총 세대수를 기준으로 이 사건 학교용지부담금의 액수를 산정하였으므로, 이 사건 처분에는 '학교용지부담금 부과 기준 세대 수' 산정에 대한 위법이 존재하여 취소를 면할 수 없다.

다만, ① 외형상 하나의 행정처분이 가분성이 있거나 그 처분대상의 일부가 특정될 수 있다면 그 일부만을 취소할 수 있는데(대법원 1995. 11. 16. 선고 95누8850 전원합의체 판결 등 참조), 이 사건 처분은 처분대상에서 제외되는 세대 수에 대하여 일부분만 취소가 가능한 처분인 점, ② 피고는 기존 세대 수에 관하여 별다른 의견이나 자료를 제출하지 않은 반면, 제시된 증거물의 각 기재에 의하면 이 사건 사업 시행 이전의 이 사건 사업 구역 내 세대수는 단독주택 134세대, 세입자 28세대로 추정되는 점에 비 추어 이 사건 학교용지부담금은 이 사건 사업 시행 전 기존 세대수를 총 162(134+28) 세대로 보아 증가한 세대분에 해당하는 학교용지부담금을 산정함이 타당하다.

따라서 이 사건 학교용지부담금은 이 사건 사업으로 인해 증가한 222세대(=384세대-기존 세대수 162세대)를 기준으로 학교용지법 제5조의2에 따라 산정한 853,804,099원(=총분양금액 184,606,291,700÷384세대×222세대×0.008)인 바, 이 사건 처분 중 이를 초과하는 부분에 한하여만 취소함이 타당하다.

1심 결과에 불복하여

조합은 학교용지부담금은 순수한 재정조달 목적 부담금에 해당하므로 학교 증축 또는 신설의 필요성이 현실적으로 발생했을 때 부과되어야 하고, 단순히 학생수 증가로 학교 증축 또는 신

축 가능성이 있다는 사정만으로 부과될 수 없으므로 증가예정 세대수에 대해 부과된 학교용지부담금도 취소되어야 한다는 취지로,

구청은 학교용지법의 학교용지부담금 부과요건에 관한 규정을 종합해보면, 학교용지법 제2조 제2호에서 열거하고 있는 개발사업 중 같은 법 제5조제1항 각 호에서 열거하는 개발사업 이외의 경우에는 같은 법 제5조의2 등 규정에 따라 해당 개발사업을 통해 신축 예정인 세대수를 기준으로 학교용지부담금을 부과하는 것이 타당하며, 이 사건 사업은 주택재개발사업이 아니라 원고가 부지 내 주택을 모두 매수하여 철거한 후 아파트를 신축하여 분양하는 사업이므로, 신축 예정 세대수 384세대를 기준으로 학교용지 부담금을 부과해야 한다는 취지로 2022.12월 항소를 제기(2022누10838)하였는데 2023.6월 항소심 재판부는 다음과 같이 판단하였다.

원고(조합)의 주장에 대한 판단내용

1. '학교용지 확보 등에 관한 특례법'(이하 '학교용지법'이라 한다) 제5조제1항은 "시·도지사는 개발사업지역에서 단독주택을 건축하기 위한 토지를 개발하여 분양하거나 공동주택을 분양하는 자에게 부담금을 부과·징수할 수 있다."라고 규정하고 있어, 문언상 위 규정에 따른 학교용지부담금 부과는 재량행위로 해석된다. 따라서 학교용지부담금의 부과 대상이 되는 개발사업에 대하여 구체적 사정에 따라 학교용지부담금을 부과하는 것이 '부담금관리 기본법'에서 정한 한계를 넘거나 비례·평등원칙 등에 위배된다고 볼 만한 특별한 사정이 있을 때에 한하여 재량권을 일탈·남용한 것으로서 위법하게 된다. (대법원 2010. 9. 30. 선고 2010두 12651 판결 참조.)

   특히 학교시설 확보의 필요성은 그동안 누적된 수요가 기존 학교시설의 수용 한계를 초과하는 때에 비로소 발현되고, 교육환경에 대한 사회적 인식과 교육정책의 변화 등에 따라 같은 수의 학생을 수용하는 데에 종전보다 더 많은 학교시설이 필요한 경우도 있으며, 종래 취학 인구가 감소하던 지역이더라도 인구유입과 지역적 상황의 변화에 따라 향후 학교 신설의 수요가 발생할 가능성도 있다. (대법원 2022. 12. 29. 선고 2020두49041 판결 참조.) 따라서 학교 증축 또는 신설의 필요성이 현실적으로 발생하였을 때에 한하여 학교용지부담금을 부과할 수 있다고 볼 수는 없다.

2. 이러한 법리에 비추어, 제1심이 든 사정에다가 이 법원에 제출된 OO시 교육청에 대한 사실조회결과에 의하면, OO시 교육청은 이 사건 사업으로 증가하는 학생 수에 대비하여 통학구역을 조성하여 인근 초등학교로 학생을 배치하고자 했는데, 해당 초등학교의 학생 수도

꾸준히 증가하자 2022년 사업비 약 21억 원을 편성하여 급식소 증축과 일반교실 5개를 확충하기 위한 공사를 진행 중임을 알 수 있는 점을 보태어 보면, 학교용지부담금의 부과 요건이 충족되지 않았다는 원고의 주장은 이유 없다.

피고(구청)의 주장에 대한 판단내용

제1심이 적절하게 든 사정에다가 아래의 사정을 더하여 보면, 학교용지법 제5조의2제2항제1호(세대별 공동주택 분양가격×1천분의 8)에 정한 방법으로 원고에게 부과할 학교용지부담금을 산정함에 있어서 기준이 되는 세대 수는 이 사건 사업으로 공급되는 공동주택의 세대 수에서 이 사건 사업 시행 전에 이 사건 사업구역에 거주하고 있던 기존 세대수(이하 '기존 세대 수'라고만 한다)를 빼는 방법으로 산정함이 옳다. 따라서 피고의 주장은 받아들일 수 없다.

1. 학교용지부담금의 설치 근거가 되는 '부담금관리 기본법' 제5조제1항은 '부담금은 설치목적을 달성하기 위하여 필요한 최소한의 범위 안에서 공정성 및 투명성이 확보되도록 부과되어야 한다.'고 규정하는 등 부담금 부과에서 준수되어야 할 한계를 명시하고 있다. 따라서 학교용지부담금의 부과대상이 되는 개발사업이 학교용지법 제5조제1항 단서 조항에 해당하지 않더라도, 구체적 사정에 따라 그에 대하여 학교용지부담금을 부과하는 것이 '부담금 관리 기본법'에서 정하는 비례·평등원칙 등에 위배되는 것이라고 볼 만한 특별한 사정이 있을 때에는 재량권을 일탈, 남용한 것으로서 위법하게 된다. (대법원 2010. 9. 30. 선고 2010두12651 판결 참조.)

2. 학교용지법 제5조제1항은 그 단서에서 학교용지부담금의 부과 대상에서 제외되는 개발사업분을 규정하고 있다. 여기에는

   ① 도시개발법 제2조제1항제2호에 따른 도시개발사업 시행 결과 해당 도시개발구역 내 세대 수가 증가하지 아니하는 경우(제3호),

   ② '도시 및 주거환경정비법 제2조제2호 가목에 따른 주거환경개선사업의 경우(제4호),

   ③ '도시 및 주거환경정비법' 제2조제2호 나목부터 다목까지의 규정에 따른 정비사업 및 '빈집 및 소규모주택 정비에 관한 특례법' 제2조제1항제3호 나목. 다목에 따른 소규모주택정비사업 시행결과 해당정비구역 및 사업시행구역 내 세대 수가 증가하지 아니하는 경우(제5호),

   ④ 주택법 제2조제11호 다목에 따른 리모델링주택조합의 구성원에게 분양하는 경우(제6호) 등이 있다.

이는 개발사업이 시행되었다고 하더라도 세대 수가 증가하지 않았다면 개발사업으로 말미암아 학교의 증축 내지 신설의 필요성이 발생하였다고 볼 수 없으므로 개발사업의 시행자에게 학교용지부담금을 부과할 수 없음을 분명하게 하는 데 그 취지가 있다 할 것이다.

이 사건 사업은 주택법 제11조에 따라 설립된 지역주택조합인 원고가 이 사건 사업구역에 있는 기존 주택을 철거하고 공동주택 384세대를 신축하여 이를 원고의 조합원들과 비조합원인 사람들에게 분양하는 주택건설사업으로서 학교용지법 제5조제1항 단서 각 호에는 해당하지 않는다. 하지만 이 사건 사업구역 내에 원래 거주자가 있었던 이상 그 세대 수, 즉 기존 세대 수에 상응하는 개발사업분은 학교의 증축 내지 신설의 필요성을 새롭게 유발하였다고 보기 어렵다는 면에서 학교용지법 제5조제1항 단서 제3~6호에서 정한 경우와 차이가 없다. 그럼에도 기존 세대 수까지 포함하여 학교용지부담금을 부과하는 것은, 부담금의 부과는 그 설치목적을 달성하기 위하여 필요한 최소한의 범위에서 이루어져야 한다는 부담금관리 기본법 제5조제1항에 반하여 위법하다.

[소결론]

앞서 판단한 대로, 원고는 이 사건 사업의 시행자로서 학교용지부담금을 납부할 의무가 있고, 원고에게 부과할 학교용지부담금을 산정함에 있어서 기준이 되는 세대 수는 이 사건 사업으로 공급되는 공동주택의 세대 수에서 기존 세대 수를 빼는 방법으로 산정하여야 한다. 그런데 이 사건 사업의 경우 기존 세대 수가 162세대라는 사실에 관하여 당사자 사이에 다툼이 없다. 그렇다면 원고에게 부과하여야 할 학교용지부담금은 853,804,099원[=총 분양금액 184,606,291,700원 ÷ 이 사건 사업으로 공급되는 공동주택의 세대수 384세대×기존 세대 수를 공제한 나머지 세대 수 222세대×0.008, 소수점 이하 버림)이 되고, 이 사 건 처분 중 853,804,099원을 초과하는 부분은 위법하므로 취소되어야 한다.

[결론]

원고의 청구는 앞서 인성한 범위 내에서 이유 있으므로 이를 인용하고, 나머지 청구는 이유 없으므로 이를 기각하여야 한다. 제1심판결은 이와 결론을 같이하여 정당하다.

따라서 원고의 부대항소와 피고의 항소는 이유 없으므로 이를 모두 기각한다.

상기 사례의 건은 2023년 7월 구청이 대법원에 상고하여 2023년 12월 1일부로 심리불속행기간이 도과한 상태로 현재 계류 중인데, 대법원의 판단이 나올 것으로 기대된다. (2021년 6월에 부과된 이후 2년 이상 진행되는 동안 조합 사업비 수억이 묶인 결과가 됨.)

📋 문제점 및 정책제언

1. 법은 상식에 기초해야 한다는 말이 있고 이 말은 지극히 맞다고 생각한다.

   상기 사례에 대한 재판부의 판단 내용은 대단히 상식에 기초하여 이루어진 것이라 보여진다.

   이처럼 상식적인 내용에 대해 다툼이 생길 수 있도록 되어 있는 현실이 너무도 안타깝고, 이처럼 상식적인 판단에 대한 내용으로 상고심까지 진행되는 것에 대해 대단히 안타까운 마음이다.

2. 원고인 조합은 변호사의 조력을 얻을 수밖에 없으며, 이러한 사건에 대한 변호사의 성공보수비는 승소액의 수십 퍼센트에 해당한다. 법 해석의 차이가 발생할 여지가 있는 법문의 모호함으로 서민인 조합원들의 고혈이 고통스럽게 쉽게 낭비되고 있다.

   분규가 생길 여지가 줄어들 수 있도록 법 내용을 교정하고, 행정 조직에서도 실력을 키워 시민들을 제대로 지원해 줄 수 있도록 제도적 조치가 뒤따르면 좋겠다.

3. 민원인들이 볼 때 민원인을 일선에서 만나는 공무원들은 조직 내에서 주니어 계층인 경우가 많다. 또한 짧은 기간 근무 후 순환하다 보니 직무에 대한 전문 지식이 미흡하다고 느껴지는 경우도 많다. 요즘 인터넷 보급 등으로 민원인들도 스스로 의문이나 문제를 해결하고 있으며, 정작 필요한 경우에만 관공서를 방문하는 경향이 증대하고 있는데, 만나는 공무원에게 고맙다는 인사를 해야 하는 상황보다는 답답한 마음만 갖고 돌아오는 경우가 많다. 실력 있는 공무원이 민원인을 상대해야 한다. 민원인의 민원이 공무원의 격무를 부추기는

기재로 작동하기보다는 공무원들의 실력을 키우는, 그래서 대국민 서비스의 질을 향상시킬 수 있는 기회로 작동할 수 있으면 좋겠다. 일선 공무원들이 직무내용에 대해 연구하고 공부하는 분위기 조성 및 진작책이 필요해 보인다.

4. 대법원 판례로 법리로 굳어진 것으로 보이는 사항에 대해서는 자치 법규들이 적절하게 수정·교정되어 동일한 사안으로 시민들이 고통받지 않도록 되면 좋겠다.

참고 **관련 법률 내용**

학교용지 확보 등에 관한 특례법 제1조(목적)

이 법은 공립 유치원·초등학교·중학교 및 고등학교용 학교용지(學校用地)의 조성·개발·공급과 관련 경비의 부담 등에 관한 특례를 규정함으로써 학교용지의 확보를 쉽게 하고 학교용지를 확보할 수 없는 경우 가까운 곳에 있는 기존 학교의 증축을 쉽게 함을 목적으로 한다.

학교용지 확보 등에 관한 특례법 제2조(정의)

이 법에서 사용하는 용어의 뜻은 다음과 같다.

1. "학교용지"란 공립 유치원·초등학교·중학교 및 고등학교의 교사(校舍)·체육장 및 실습지, 그 밖의 학교시설을 신설하는 데에 필요한 토지를 말한다.

2. "개발사업"이란 다음 각 목의 어느 하나에 해당하는 법률에 따라 시행하는 사업 중 100세대 규모 이상의 주택건설용 토지를 조성·개발하거나 공동주택(「주택법」 제2조제4호에 따른 준주택 중 대통령령으로 정하는 규모의 오피스텔을 포함한다. 이하 같다)을 건설하는 사업을 말한다.

   가·리 생략,   라. 「주택법」,   마 ~ 서 생략

3. "학교용지부담금"이란 개발사업에 대하여 특별시장·광역시장·특별자치시장·도지사 또는 특별자치도지사(이하 "시·도지사"라 한다)가 학교용지를 확보하거나, 학교용지를 확보할 수 없는 경우 가까운 곳에 있는 학교를 증축하기 위하여 개발사업을 시행하는 자에게 징수하는 경비(이하 "부담금"이라 한다)를 말한다.

학교용지 확보 등에 관한 특례법 제5조(부담금의 부과·징수)

① 시·도지사는 개발사업지역에서 단독주택을 건축하기 위한 토지를 개발하여 분양하거나 공동주택을 분양하는 자(이하 이 조에서 "공동주택분양자등"이라 한다)에게 부담금을 부과·징수할 수 있다. 다만, 다음 각 호의 어느 하나에 해당하는 개발사업분의 경우에는 그러하지 아니하다.

   1. 「공익사업을 위한 토지 등의 취득 및 보상에 관한 법률」에 따른 이주용(移住用) 택지나 이주용 주택을 분양하는 경우

   2. 임대주택을 분양하는 경우

   3. 「도시개발법」 제2조제1항제2호에 따른 도시개발사업 시행 결과 해당 도시개발구역 내 세대 수가 증가하지 아니하는 경우

---

4. 「도시 및 주거환경정비법」 제2조제2호가목에 따른 주거환경개선사업의 경우

5. 「도시 및 주거환경정비법」 제2조제2호나목부터 다목까지의 규정에 따른 정비사업 및 「빈집 및 소규모주택 정비에 관한 특례법」 제2조제1항제3호나목·다목에 따른 소규모주택정비사업 시행 결과 해당 정비구역 및 사업시행구역 내 세대 수가 증가하지 아니하는 경우

6. 「주택법」 제2조제11호다목에 따른 리모델링주택조합의 구성원에게 분양하는 경우

② 공동주택분양자등은 단독주택 건축을 위한 토지 또는 공동주택을 분양한 때에는 분양공급계약자 및 분양공급계약내역 등의 분양자료를 대통령령으로 정하는 기한까지 시·도지사에게 제출하여야 한다. <신설 2017. 3. 21.>

③ 시·도지사는 제2항에 따른 분양자료를 받은 때에는 즉시 부담금의 금액·납부기한·납부방법·납부장소 등을 기재한 납부고지서를 해당 공동주택분양자등에게 발부하여야 한다. <신설 2017. 3. 21.>

④ 제3항에 따른 부담금의 납부기한은 고지한 날부터 30일로 한다. <신설 2017. 3. 21.>

⑤ 시·도지사는 다음 각 호의 어느 하나에 해당하는 경우에는 부담금을 면제할 수 있다. 다만, 제1호·제3호 및 제4호의 경우에는 부담금을 면제하여야 한다. <개정 2007. 12. 14., 2009. 5. 28., 2017. 3. 21.>

1. 개발사업시행자가 제3조제3항에 따른 교육감 의견으로 제시된 학교용지를 시·도 교육비특별회계에 기부채납(寄附採納)하는 경우

2. 최근 3년 이상 취학 인구가 지속적으로 감소하여 학교 신설의 수요가 없는 지역에서 개발사업을 시행하는 경우

3. 「노인복지법」 제32조에 따른 노인복지주택 등 취학 수요가 발생하지 아니하는 용도의 개발사업을 시행하는 경우

4. 개발사업시행자가 학교용지 또는 학교시설을 시·도 교육비특별회계 소관 공유재산으로 무상공급하는 경우

⑥ 제1항부터 제5항까지에서 규정한 사항 외에 부담금 부과·징수의 방법·절차 등에 필요한 사항은 대통령령으로 정한다. <개정 2007. 12. 14., 2017. 3. 21.>

학교용지 확보 등에 관한 특례법 제5조의2(부담금의 산정기준)

① 제5조제1항에 따른 부담금은 공동주택인 경우에는 분양가격을 기준으로 부과하고, 단독주택을 건축하기 위한 토지인 경우에는 단독주택 용지의 분양가격을 기준으로 부과한다.

② 제1항에 따른 부담금은 다음 각 호의 기준에 따라 산정한다.

1. 공동주택 : 세대별 공동주택 분양가격×1천분의 8

2. 단독주택을 건축하기 위한 토지 : 단독주택지 분양가격× 1천분의 14

부담금관리 기본법 제2조(정의)

이 법에서 "부담금"이란 중앙행정기관의 장, 지방자치단체의 장, 행정권한을 위탁받은 공공단체 또는 법인의 장 등 법률에 따라 금전적 부담의 부과권한을 부여받은 자(이하 "부과권자"라 한다)가 분담금, 부과금, 기여금, 그 밖의 명칭에도 불구하고 재화 또는 용역의 제공과 관계없이 특정 공익사업과 관련하여 법률에서 정하는 바에 따라 부과하는 조세 외의 금전지급의무(특정한 의무이행을 담보하기 위한 예치금 또는 보증금의 성격을 가진 것은 제외한다)를 말한다.

부담금관리 기본법 제5조(부담금 부과의 원칙)

① 부담금은 설치목적을 달성하기 위하여 필요한 최소한의 범위에서 공정성 및 투명성이 확보되도록 부과되어야 하며, 특별한 사유가 없으면 하나의 부과대상에 이중으로 부과되어서는 아니 된다.

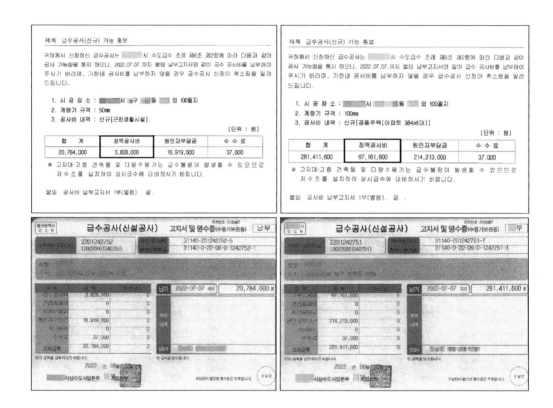

제2장 상수도 원인자부담금 및 급수공사비

필관조합의 급수공사 신청에 대해 'OO시 상수도사업본부'는 2022년 6월 'OO시 수도급수 조례 제6조제2항'에 따라 '급수공사(신규) 가능' 의견을 통보해 왔다.

통보서는 신규(근린생활시설)과 신규(공동주택)으로 구분되어 별도였으며, 공사비 내역의 내용은 동일하게 정액공사비, 원인자부담금 및 수수료로 구성되어 있었으며, 급수공사(신설공사) 제목의 고지서도 근린생활시설분과 공동주택분으로 구분하여 첨부해 왔다.

이는 'OO시 수도급수 조례 제6조'의 수돗물을 공급받고자 하는 자는 시장에게 급수공사를 신청해야 하며, 시장은 급수기능 여부와 급수공사 비용을 신청인에게 통지하도록 되어 있는 것에 근거한 것이다.

OO시 수도급수 조례 제6조(급수공사의 신청 등)
① 수돗물을 공급받고자 하는 자는 시장에게 급수공사를 신청하여야 한다.
② 시장은 제1항의 신청을 받은 경우에는 기존 수용가의 급수지장여부, 인근지역 수압 등을 조사하여 급수가능 여부와 제12조에 따른 급수공사 비용을 신청인에게 통지하여야 한다. <개정 2008·12·31, 2011·12·30>

급수공사비가 정액공사비라는 명칭으로 부과된 것은 'OO시 수도급수 조례 제12조제3항'에 근거한다.

OO시 수도급수 조례 제12조(급수공사비의 산출)
① 급수공사비는 자재비, 시공비, 도로굴착복구비, 설계수수료, 시공자재검사수수료, 준공검사수수료, 방수 및 검침기 등 비용 합계액으로 한다. <개정 2008·12·31>
② 제1항에 따른 급수공사비외에 소요되는 비용은 그 실비를 가산한다. <개정 2008·12·31>
③ 급수공사비는 정액제로 하며 그 금액은 시장이 별도로 고시한다. 다만, 정액제를 적용할 수 없는 급수공사비는 별도의 설계에 따라 산정한다. <개정 2008·12·31>

정액공사비(급수공사비)와 상수도 원인자부담금에 대해 상세히 알아보자.

1. 정액공사비(급수공사비) 관련

'OO시 수도급수 조례 제2조'에 의하면, 급수공사란 급수설비(수도사업자가 일반의 수요자에게 원수 또는 정수를 공급하기 위하여 설치한 배수관으로부터 분기하여 설치된 급수관(옥내급수관을 포함한다)·계량기·저수조·수도꼭지·그 밖에 급수를 위하여 필요한 기구)의 신설·개조·수선·철거 또는 개량하는 공사를 말하는 것으로 정의하고 있다.

OO시 수도급수 조례 제2조 (정의) 이 조례에서 사용하는 용어의 뜻은 다음과 같다.

1. "급수설비"란 수도사업자가 일반의 수요자에게 원수 또는 정수를 공급하기 위하여 설치한 배수관으로부터 분기하여 설치된 급수관(옥내급수관을 포함한다)·계량기·저수조·수도꼭지·그 밖에 급수를 위하여 필요한 기구를 말한다.
3. "급수공사"란 급수설비의 신설·개조·수선·철거 또는 개량하는 공사를 말한다.

'OO시 수도급수 조례 제12조제1항'에서 급수공사비는 자재비, 시공비, 도로굴착복구비, 설계수수료, 시공자재검사수수료, 준공검사수수료, 방수 및 검침기 등 비용 합계액으로 하며, 동조 제3항에서 급수공사비는 정액제로 하며 그 금액은 시장이 별도로 고시하는 것으로 정하고 있다.

OO시 수도급수 조례 제12조(급수공사비의 산출)
① 급수공사비는 자재비, 시공비, 도로굴착복구비, 설계수수료, 시공자재검사수수료, 준공검사수수료, 방수 및 검침기 등 비용 합계액으로 한다. <개정 2008·12·31>
② 제1항에 따른 급수공사비외에 소요되는 비용은 그 실비를 가산한다. <개정 2008·12·31>
③ 급수공사비는 정액제로 하며 그 금액은 시장이 별도로 고시한다. 다만, 정액제를 적용할 수 없는 급수공사비는 별도의 설계에 따라 산정한다. <개정 2008·12·31>

정액제 급수공사비 관련하여 시장이 고시한 내용 및 실제 적용된 계산내역은 다음과 같다.

[정액제 급수공사비 적용결과]

o 일반 건축물은 계량기 구경별 적용: 50mm=3,828,000원
o 공동주택은 세대별 적용
  : 174,900원[184,500-(25×384세대)]×384 세대
  =67,161,600원

계산 결과는 납부 안내문의 정액공사비 금액과 일치한다.

[검토의견]

가. 'OO시 수도급수 조례 제12조제1항에서 '급수공사비는 자재비, 시공비, 도로굴착복구비, 설계수수료, 시공자재검사수수료, 준공검사수수료, 방수 및 검침기 등 비용 합계액으로 한다.' 로 정하면서 동법 제3항에서 '급수공사비는 정액제로 하며 그 금액은 시장이 별도로 고시한다.'로 규정되어 있는 점을 감안하면 정액공사비를 납부했을 때는 제12조제1항에 있는 각 구성 항목의 비용을 모두 납부한 것으로 미루어 짐작할 수 있을 것이다.

그런데, 필관조합의 경우 50mm에 37,000원, 100mm에 37,000원의 수수료가 별도로 부과되었다. 이는 아마도 'OO시 수도급수 조례 제40조(제수수료)' 의 내용중 '설계수수료 14,000원, 시공자재검사수수료 10,000원 및 준공검사수수료 13,000원' 을 합산한 것으로 보이는데, 정액공사비에 포함되어 납부된 것을 이중으로 부과한 것으로 보인다.

OO시 수도급수 조례 제40조 (제수수료) 설계수수료·시공자재검사수수료·준공검사수수료·수도계량기검사수수료·정수처분해제수수료 또는 수질검사수수료는 다음과 같다. <개정 2007.4.5., 2015.7.30.>

1. 제12조제3항의 설계수수료 : 급수관 구경 40밀리미터 미만 11,000원, 급수관 구경 40밀리미터 이상 14,000원

   다만, 정액제에 따를 수 없는 공사의 설계(75밀리미터 이상) 수수료는 설계금액 100분의 1로한다.

2. 제7조제4항의 시공자재검사수수료 : 급수관 구경 40밀리미터 미만 6,000원, 급수관 구경 40밀리미터 이상 10,000원

3. 제7조제4항의 준공검사수수료 : 급수관 구경 40밀리미터 미만 9,000원, 급수관 구경 40밀리미터 이상 13,000원

4. 제19조의2의 수도계량기검사수수료 : 급수관 구경 40밀리미터 미만 11,000원, 급수관 구경 40밀리미터 이상 17,000원

5. 제39조제2항의 정수처분해제수수료 : 급수관 구경 40밀리미터 미만 10,000원, 급수관 구경 40밀리미터 이상 13,000원

6. 제40조의3의 수질검사수수료는 「국립환경과학원 시험의뢰 규칙」에 의한 금액

나. 공동주택 384세대 신축전에 기존에 있던 162세대(학교용지부담금 관련하여 법원에서 인정된 세대수)를 차감한 222세대에만 적용해야 하는 것 아닌가 하는 의문이 있다. [184,500-(25×세대수)] 산식에 반영되어 있다고 주장하는 사람도 있는 것 같은데 쉽게 수긍하기 어렵다.

2. 상수도 원인자부담금 관련

원인자부담금의 부과대상과 산정 기준 및 징수방법에 대해 알아보자.

가. 원인자부담금의 부과대상은 수도법 제71조제1항에 의거 '수도공사를 하는 데에 비용 발생의 원인을 제공한 자(주택단지·산업시설 등 수돗물을 많이 쓰는 시설을 설치하여 수도시설의 신설이나 증설 등의 원인을 제공한 자를 포함한다) 또는 수도시설을 손괴하는 사업이나 행위를 한 자'로 규정되어 있으며, 이에 대해서는 하위법령이나 조례로 위임한다는 내용은 없다.

(수도법 시행령 제65조제1항 내용중에 '수도사업자는 법 제71조제1항에 따라 ~ 에게 원인자부담금을 부담하게 하려면 법 제71조제2항에 따른 원인자부담금의 산정기준과 납부방법 등에 대하여 이를 부담할 자와 미리 협의하여야 한다' 라고 규정하고 있는데 이는 부과대상의 확장이나 축소에 대한 것이 아닌, 부담금의 산정 기준이나 징수방법에 대한 것으로 이해된다).

나. 원인자부담금의 산정 기준 및 징수방법은 수도법 제71조제2항에 의거 대통령령으로 정하도록 되어 있으며, 수도법 시행령 제65조제1항에서 원인자부담금을 부담하게 하려면 법 제71조제2항에 따른 원인자부담금의 산정기준과 납부방법 등에 대하여 이를 부담할 자와 미리 협의하여야 한다는 내용과, 제3항에서 합산할 비용명세를 제시하고 있으며, 제6항에서 비용의 산출에 필요한 세부기준은 해당 지방자치단체의 조례로 정하도록 하고 있으며, OO시 상수도 원인자부담금 징수 조례 제6조에서 상세내용을 규정하고 있는데, 산정기준은 별표1과 같다. (별표1 내용: 필관조합의 경우 징수 조례 제5조제1항 제2호의 경우에 해당되어 순자산 기준이 적용된다)

수도법 제70조(수도 설치비용의 부담)
수도(급수설비는 제외한다)의 설치비용은 수도사업자가 부담한다.

수도법 제71조(원인자부담금)
① 수도사업자는 수도공사를 하는 데에 비용 발생의 원인을 제공한 자(주택단지·산업시설 등 수돗물을 많이 쓰는 시설을 설치하여 수도시설의 신설이나 증설 등의 원인을 제공한 자를 포함한다) 또는 수도시설을 손괴하는 사업이나 행위를 한 자에게 그 수도공사·수도시설의 유지나 손괴 예방을 위하여 필요한 비용의 전부 또는 일부를 부담하게 할 수 있다.
② 제1항에 따른 부담금의 산정 기준과 징수방법, 그 밖에 필요한 사항은 대통령령으로 정한다.
③ 제1항에 따른 부담금은 수도의 신설, 증설, 이설, 개축 및 개수 등 공사에 드는 비용으로만 사용할 수 있다. <신설 2011. 7. 28.>

수도법 시행령 제65조(원인자부담금)

① 수도사업자는 법 제71조제1항에 따라 수도공사를 하는 데에 비용 발생의 원인을 제공한 자(주택단지·산업시설 등 수돗물을 많이 쓰는 시설을 설치하여 수도시설의 신설이나 증설 등의 원인을 제공한 자를 포함한다)에게 원인자부담금을 부담하게 하려면 법 제71조제2항에 따른 원인자부담금의 산정기준과 납부방법 등에 대하여 이를 부담할 자와 미리 협의하여야 한다. 이 경우 협의가 이루어지지 아니하면 수도사업자는 수돗물 사용량에 따라 수도공사에 드는 비용 등을 고려하여 그 부담금액을 정할 수 있다. <개정 2008. 1. 3., 2017. 4. 11.>

② 수도사업자는 제1항에 따라 원인자부담금을 부담하게 하려면 수도공사 등에 드는 비용을 산출하여 그 금액·납부기한 및 납부장소를 납입고지서에 적어 부담금을 낼 자에게 알려야 한다. <개정 2008. 1. 3.>

③ 제1항에 따른 원인자부담금은 다음 각 호의 비용을 합산한 금액으로 한다.

　　1. ~ 7. 생략

④ 수도사업자는 법 제71조제1항에 따라 수도시설을 손괴하는 사업이나 행위를 한 자에게 원인자부담금을 부담하게 하려면 수도시설의 수선과 유지에 관한 비용이나 손괴 예방을 위한 시설의 설치에 필요한 비용을 산출하여 부담금의 금액·납부기한 및 납부장소를 납입고지서에 적어 부담금을 낼 자에게 알려야 한다. <신설 2008. 1. 3.>

⑤ 제4항에 따른 원인자부담금은 다음 각 호의 비용을 합산한 금액으로 한다. <신설 2008. 1. 3.>

　　1. 수도시설의 손괴 등으로 인하여 새거나 사용할 수 없게 된 수돗물의 요금에 상당하는 금액

　　2. 제3항제2호 및 제4호부터 제7호까지의 규정에 따른 비용

⑥ 제3항 및 제5항에 따른 비용의 산출에 필요한 세부기준은 해당 지방자치단체의 조례로 정한다. <개정 2008. 1. 3.>

OO시 상수도 원인자부담금 징수 조례 제6조(부담금 산정기준)

① 제5조제1항에 따른 부담금의 산정은 「지방자치단체를 당사자로 하는 계약에 관한 법률 시행규칙」제6조의 원가계산에 따른 예정가격의 결정에 따르고, 설계도서 작성 및 준공검사비 등의 수수료를 포함하며, 산정기준은 별표 1과 같다.<개정 2024. 3. 7.>

② 제5조제2항에 따른 부담금의 산정은 다음 각 호의 기준을 적용한다. <개정 2020. 4. 1., 2024. 3. 7.>

　　1. ~ 7. 생략

③ 작업시간은 출장시간부터 작업완료 후 1시간까지로 계산한다. 단, 1일 작업시간은 8시간을 기준으로 한다.

④ 시장은 제1항부터 제3항까지에 따라 산정된 부담금 중 종전의 부담금(시설분담금을 포함한다) 납부사항 등을 고려하여 감면할 수 있으며, 감면대상 및 범위는 규칙으로 정한다. <개정 2024. 3. 7.>

먼저, 필관조합이 원인자부담금 부과대상인지 알아보자.

수도법 제71조제1항에서 정하고 있는 원인자부담금 부과대상인 '수도공사를 하는 데에 비용발생의 원인을 제공한 자(주택단지·산업시설 등 수돗물을 많이 쓰는 시설을 설치하여 수도시설의 신설이나 증설 등의 원인을 제공한 자를 포함한다) 또는 수도시설을 손괴하는 사업이나 행위를 한 자'에 필관조합이 해당하는지에 대한 의문이 있다.

OO시 상수도 원인자부담금 징수 조례 제2조제1호 가목의 괄호 안 내용 즉, '물을 이용하는 시설을 설치하여 기존의 수도시설을 이용함으로써 장래 수도시설의 신설 또는 증설을 유발시키는 경우도 포함' 부분, OO시 상수도 원인자부담금 징수 조례 제5조제1항제2호의 '급수구역 내·외에 위치하는 건축물 등에 수돗물을 공급할 때 기존 수도시설 건설에 소요된 비용을 수돗물을 사용할 자에게 부담' 그리고 OO시 상수도 원인자부담금 징수 조례 시행규칙 제3조제2항 별표1의 30세대 이상(주거시설) 또는 1,000m² 이상인 제1,2종 근린생활시설(판매·영업·업무시설)의 신축을 근거로 필관조합에 상수도 원인자부담금을 부과한 것으로 보이나, 수도법에서는 부과대상을 하위법령에서 정하도록 위임한 바가 없다.

OO시 상수도 원인자부담금 징수 조례 제2조(정의) 이 조례에서 사용하는 용어의 뜻은 다음과 같다.

1. "원인자부담금"(이하 "부담금"이라 한다)이란 수도공사 또는 다른 행위를 함에 있어 비용발생의 원인을 제공한 자가 그로 인해 소요되는 비용을 부담하는 금액으로서 다음 각 목과 같이 구분한다.

    가. 수돗물을 다량으로 이용하는 시설을 설치함으로써 수도시설의 신설 또는 증설공사 등이 필요한 경우 공사에 소요되는 비용을 그 공사의 원인을 제공한 자에게 부담시키는 것(물을 이용하는 시설을 설치하여 기존의 수도시설을 이용함으로써 장래 수도시설의 신설 또는 증설을 유발시키는 경우도 포함한다)

    나. 다른 공사 또는 다른 행위로 인해 이미 설치된 수도시설의 개조 및 이설과 수선·철거 등이 필요한 경우에 그 소요비용을 당해 공사의 원인을 제공한 자에게 부담시키는 것

    다. 수도시설을 손괴하거나 수도공사의 하자로 누수가 발생한 경우에는 그로 인한 수도시설의 수선 및 유지비용이나 손괴예방을 위하여 필요한 시설의 설치비용을 사업자 또는 행위자에게 부담시키는 것

OO시 상수도 원인자부담금 징수 조례 제5조(부담금 부과대상 및 범위 등)

① 제2조제1호가목에 따른 부담금은 다음 각 호와 같이 구분하고, 세부기준은 규칙으로 정한다.

    1. 급수구역 내·외에 주택단지 및 산업시설 등 수돗물을 많이 쓰는 시설을 설치하여 수도사업자의 공급능력 이상의 물 수요를 야기함으로써 취수장·정수장·배수지·가압장 및 송·배수시설 등 수도시설의 신설 또는 증설 등의 원인을 제공한 자에게 공사비용을 부담시키는 경우

    2. 급수구역 내·외에 위치하는 건축물 등에 수돗물을 공급할 때 기존 수도시설 건설에 소요된 비용을 수돗물을 사용할 자에게 부담시키는 경우

OO시 상수도 원인자부담금 징수 조례 시행규칙 제3조(원인자부담금 부과대상)

① 조례 제5조제1항제1호에 따른 "주택단지 및 산업시설 등 수돗물을 많이 쓰는 시설"이란 다음 각 호의 어느 하나에 해당하는 사업을 수행하는 시설을 말한다. <개정 2018·12·27>

　　1. 「도시개발법」, 「도시 및 주거환경정비법」, 「택지개발촉진법」 및 「공공주택특별법」 등에 따른 개발사업

　　2. 「산업입지 및 개발에 관한 법률」 및 「산업집적활성화 및 공장설립에 관한 법률」 등에 따른 산업단지 조성사업

　　3. 「관광진흥법」, 「온천법」 및 「자연공원법」 등에 따른 관광지·관광단지 개발사업

　　4. 「항공법」 등에 따른 공항건설사업

② 조례 제5조제1항제2호에 따른 부과 대상은 별표 1과 같다.

OO시 상수도 원인자부담금 징수 조례 제2조는 아래의 '환경부 상수도 원인자부담금 산정·징수 등에 관한 표준조례 제2조에서 정한 사항과 동일하며, 이 표준조례는 모법인 수도법에 근거가 없는 것이다.

환경부 상수도원인자부담금 산정·징수 등에 관한 표준조례 제2조 (정의) 이 조례에서 사용하는 용어의 정의는 다음과 같다.

1. "원인자부담금"이라 함은 수도공사 또는 다른 행위를 행함에 있어 비용발생의 원인을 제공한 자가 그로 인해 소요되는 비용을 부담하는 금액으로서 다음 각 목과 같이 구분한다.

　가. 수돗물을 다량으로 이용하는 시설을 설치함으로써 수도시설의 신설 또는 증설공사 등이 필요한 경우에 당해 공사에 소요되는 비용을 그 공사의 원인을 제공한 자에게 부담시키는 것(물을 이용하는시설을 설치하여 기존의 수도시설을 이용함으로써 장래 수도시설의 신·증설을 유발시키는 경우도 포함한다).

나. 다른 공사 또는 다른 행위로 인해 기 설치된 수도시설의 개조 및 이설과 수선·철거 등이 필요한 경우에 그 소요비용을 당해 공사의원인을 제공한 자에게 부담시키는 것.

다. 수도시설을 손괴하거나 수도공사의 하자로 누수가 발생한 경우 그로인한 수도시설의 수선 및 유지비용이 나 손괴예방을 위하여 필요한 시설의 설치비용을 사업자 또는 행위자에게 부담시키는 것.

요약해 보면 다음과 같다. '수도법 제71조제1항'에서 규정된 상수도 원인자부담금 부과대상이 'OO시 징수조례 제2조 및 제5조'를 거쳐 '시행규칙 제3조'에서 구체화되었는데, '시행규칙 제3조' 의 내용이 '수도법 제71조제1항'의 부과대상 규정내용에 부합하지 않는다는 것이 필자의 생각 이다.

즉, 30세대 이상의 주거시설을 건설하는 것 또는 1,000m² 이상의 상가를 신축하는 것이, 주택 단지·산업시설 등 수돗물을 많이 쓰는 시설을 설치하여 수도시설의 신설이나 증설 등의 원인 을 제공하는 것과 유사한 정도인지에 대해, 그렇지 않다는 것이 필자의 생각인 것이다.

수도법 제71조	OO시 징수조례 제2조	OO시 징수조례 제5조	시행규칙 제3조
① 수도사업자는 수도공사 를 하는 데에 비용 발생 의 원인을 제공한 자(주 택단지·산업시설 등 수 돗물을 많이 쓰는 시설 을 설치하여 수도시설 의 신설이나 증설 등의 원인을 제공한 자를 포 함한다) 또는 수도시설 을 손괴하는 사업이나 행위를 한 자에게 그 수 도공사·수도시설의 유 지나 손괴 예방을 위하 여 필요한 비용의 전부 또는 일부를 부담하게 할 수 있다.	1. "원인자부담금"(이하 "부담금"이라 한다)이란 수도공사 또는 다른 행위 를 함에 있어 비용발생의 원인을 제 공한 자가 그로 인해 소요되는 비용 을 부담하는 금액으로서 다음 각 목 과 같이 구분한다. 가. 수돗물을 다량으로 이용하는 시 설을 설치함으로써 수도시설의 신설 또는 증설공사 등이 필요한 경우 공사에 소요되는 비용을 그 공사의 원인을 제공한 자에게 부 담시키는 것(물을 이용하는 시설 을 설치하여 기존의 수도시설을 이용함으로써 장래 수도시설의 신설 또는 증설을 유발시키는 경 우도 포함한다) 나. 다른 공사 또는 다른 행위로 인 해 이미 설치된 수도시설의 개 조 및 이설과 수선·철거 등이 필 요한 경우에 그 소요비용을 당해 공사의 원인을 제공한 자에게 부 담시키는 것 다. 수도시설을 손괴하거나 수도공 사의 하자로 누수가 발생한 경우 에는 그로 인한 수도시설의 수선 및 유지비용이나 손괴예방을 위 하여 필요한 시설의 설치비용을 사업자 또는 행위자에게 부담시 키는 것	① 제2조제1호가목에 따른 부담금은 다음 각 호와 같이 구분하고, 세 부기준은 규칙으로 정한다. 1. 급수구역 내·외에 주택단지 및 산업시설 등 수돗물을 많이 쓰 는 시설을 설치하여 수도사업 자의 공급능력 이상의 물 수요 를 야기함으로써 취수장·정수 장·배수지·가압장 및 송·배수 시설 등 수도시설의 신설 또는 증설 등의 원인을 제공한 자에 게 공사비용을 부담시키는 경 우 2. 급수구역 내·외에 위치하는 건 축물 등에 수돗물을 공급할 때 기존 수도시설 건설에 소 요된 비용을 수돗물을 사용할 자에게 부담시키는 경우 ② 제2조제1호나목과 다목에 따른 수도시설의 개조, 이설, 손괴 등 으로 인한 부담금은 다음 각 호의 비용을 합한 금액으로 한다. 1. 원상복구비(설계도서 작성 및 준공검사비 등 수수료 포함)	② 조례 제5조제1항 제2호에 따른 부 과대상은 별표 1과 같다. [별표1 내용] 30세대 이상(주거시 설) 또는 1,000m² 이 상인 제1,2종 근린생 활시설(판매·영업·업 무시설)의 신축

다음으로 원인자부담금 산정 기준에 대해 알아보자.

앞에서 보았듯이 원인자부담금의 산정 기준은 조례에 위임되어 있다. 필관조합에 부과된 상수도 원인자부담금 산정의 근거가 되는 '단위당사업비 등 변경 고시'에는 '징수 조례 제6조제1항 별표1에 따라~' 라고 언급하고 있는데, 별표1의 내용은 다음과 같으며, 필관조합의 경우 제5조 제1항제2호의 경우에 해당되어 순자산 기준이 적용되었다

[별표 1]
원인자부담금 산정기준(제6조제1항 관련)

□ 제5조제1항제1호의 경우

원인자부담금 = 단위사업비(총자산/시설용량) × 부과대상사업의 수돗물 사용량(㎥) + 추가사업비

1. 단위사업비는 매년 고시에 의해 결정한다.
   가. "단위사업비"란 최근 완료된 OO광역시 수도시설(원수, 정수, 송수, 배수시설)의 총자산에 대한 수돗물 1㎥당 사업비를 말한다.
   나. "총자산"이란 가능성비자산취득가액에서 감가상각누계액과 기타가능성비 자산에서 제외한 것을 말한다.
   다. "시설용량"이란 울산광역시의 정수장 시설용량을 말한다.
2. "부과대상 사업의 수돗물 사용량"이란 가정용의 경우 사업계획서 또는 설계서를 기초로 OO시 수도정비기본계획을 기준으로 한 계획인원에 1인당 1일 최대 급수량을 곱하여 산정한 양으로 정하고, 비가정용(일반용, 욕탕당용)의 경우 울산광역시의 전년도 사용량을 평균한 값으로 한다.
   가. 1인1일 최대급수량 = 1인1일급수량 × 첨두계수(1.19)
   나. 1인1일급수량 = (사용량/사용인구)/365
   다. 사용인구 = 준공 예정 시점용 기준
   라. 식용원료 : 주거시설의 경우 가정용사용량, 비 주거시설은 해당 시설의 업종(용도)별 전년도 평균 사용용량 기준

3. "추가사업비"란 급수구역 내·외에 위치하는 건축물 등에 수돗물을 공급하기 위하여 설치하는 수도시설(급수설비 제외) 설치에 따른 실소요 공사비용을 말한다.
4. 단위사업비 중 총자산은 한국은행이 매년 공표하는 과년도 연간생산자 물가상 승률을 곱하여 적용한다.

□ 제5조제1항제2호의 경우

원인자부담금 = (순자산/시설용량) × 부과대상사업의 수돗물 사용량(㎥)

1. "순자산"이란 OO시가 직접 투자하지 않은 자산의 금액을 공제한 금액을 말하며 다음과 같은 공식으로 산출한다.
   순자산 = (가동별비자산-건설중인 자산+기부금 누계액) - (시설분담금+공사부담금+원인자 부담금+재평가적립금 누계액) × (1-감가상각누계액/가동설비자산 취득가액)
   ※ 다만, 제5조제1항제1호의 사업으로서 원인자부담금을 부담한 경우에는 제5 조제1항제2호에 따른 원인자부담금을 부과하지 않는다.

OO시 상수도 원인자부담금 징수 조례 제6조(부담금 산정기준)
① 제5조제1항에 따른 부담금의 산정은 「지방자치단체를 당사자로 하는 계약에 관한 법률 시행규칙」 제6조의 원가계산에 따른 예정가격의 결정에 따르고, 설계도서 작성 및 준공검사비 등의 수수료를 포함하며, 산정기준은 별표 1과 같다. <개정 2024. 3. 7.>
② 제5조제2항에 따른 부담금의 산정은 다음 각 호의 기준을 적용한다. <개정 2020. 4. 1., 2024. 3. 7.>
   1. ~ 7. 생략
③ 작업시간은 출장시간부터 작업완료 후 1시간까지로 계산한다. 단, 1일 작업시간은 8시간을 기준으로 한다.
④ 시장은 제1항부터 제3항까지에 따라 산정된 부담금 중 종전의 부담금(시설분담금을 포함한다) 납부사항 등을 고려하여 감면할 수 있으며, 감면대상 및 범위는 규칙으로 정한다. <개정 2024. 3. 7.>

OO시 상수도 원인자부담금 징수 조례 제5조(부담금 부과대상 및 범위 등)
① 제2조제1호가목에 따른 부담금은 다음 각 호와 같이 구분하고, 세부기준은 규칙으로 정한다.
   1. 급수구역 내·외에 주택단지 및 산업시설 등 수돗물을 많이 쓰는 시설을 설치하여 수도사업자의 공급능력 이상의 물 수요를 야기함으로써 취수장·정수장·배수지·가압장 및 송·배수시설 등 수도시설의 신설 또는 증설 등의 원인을 제공한 자에게 공사비용을 부담시키는 경우
   2. 급수구역 내·외에 위치하는 건축물 등에 수돗물을 공급할 때 기존 수도시설 건설에 소요된 비용을 수돗물을 사용할 자에게 부담시키는 경우

참고 「지방자치단체를 당사자로 하는 계약에 관한 법률 시행규칙」 제6조.

지방자치단체를 당사자로 하는 계약에 관한 법률 시행규칙 제6조(원가계산에 의한 예정가격의 결정)

① 공사·제조·구매(수입물품의 구매는 제외한다) 및 용역의 경우 영 제10조제1항제2호에 따른 원가계산에 의한 가격을 기준으로 예정가격을 결정할 때에는 그 예정가격에 다음 각 호의 비목을 포함시켜야 한다. <개정 2013. 3. 23., 2014. 11. 19., 2017. 7. 26., 2021. 1. 7.>

1. 재료비 계약목적물의 제조·시공 또는 용역 등에 소요되는 규격별 재료량에 그 단위당 가격을 곱한 금액

2. 노무비 계약목적물의 제조·시공 또는 용역 등에 소요되는 공종별(工種別) 노무량에 그 임금단가를 곱한 금액

3. 경비 계약목적물의 제조·시공 또는 용역 등에 소요되는 비목별 경비의 합계액

4. 일반관리비 재료비, 노무비 및 경비의 합계액에 제8조제1항(제10호는 제외한다)에 따른 일반관리비율을 곱한 금액

5. 이윤 노무비, 경비(행정안전부장관이 정하는 비목은 제외한다) 및 일반관리비의 합계액에 제8조제2항(제3호는 제외한다)에 따른 이윤율을 곱한 금액

② 수입물품을 구매하는 경우 원가계산에 의한 가격을 기준으로 예정가격을 결정할 때에는 그 예정가격에 다음 각 호의 비목을 포함시켜야 한다.

1. 수입물품의 외화표시원가, 2. 통관료, 3. 보세창고료, 4. 하역료, 5. 국내운반비, 6. 신용장개설수수료

7. 일반관리비 제1호부터 제6호까지의 합계액에 제8조제1항제10호에 따른 일반관리비율을 곱한 금액

8. 이윤 제2호부터 제7호까지의 합계액에 제8조제2항제3호에 따른 이윤율을 곱한 금액

③ 지방자치단체의 장 또는 계약담당자는 제1항 또는 제2항에 따라 예정가격을 결정할 때에는 예정가격조서에 제1항 각 호 또는 제2항 각 호의 사항을 명백히 하여야 한다.

④ 재료비, 노무비 및 경비의 비목은 행정안전부장관이 따로 정한다. <개정 2013. 3. 23., 2014. 11. 19., 2017. 7. 26.>

[전문개정 2010. 11. 5.]

이제 필관조합에 부과된 상수도 원인자부담금 산정내용을 알아보자.

필관조합이 위치한 도시의 '상수도 원인자부담금 단위사업비 등 고시' 내용은 다음과 같다.

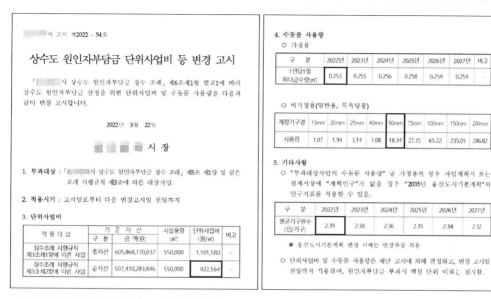

* 위의 표에 의해 필관조합은 징수 조례 시행규칙 제3조제2항이 적용되었고, 순자산을 기준으로 산정한 것으로 보아 징수 조례 제5조제1항제2호의 '급수구역 내·외에 위치하는 건축물 등에 수돗물을 공급할 때 기존 수도시설 건설에 소요된 비용을 수돗물을 사용할 자에게 부담시키는 경우'에 해당한 것으로 파악할 수 있다.

실제 부과된 내용은 다음과 같다

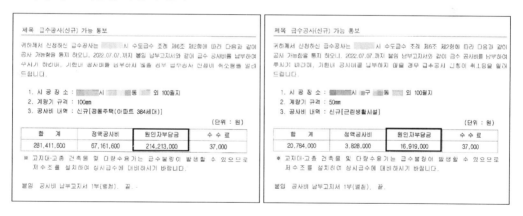

공동주택 384세대에 대하여 214,213,000원의 상수도 원인자부담금을 부과 받았는데 그 산정 내역은 다음과 같다

- 922,564원/m³×0.253 m³×2.39인/가구×384 세대 = 214,213,161 → 214,213,000 부과

  (기존의 162세대를 차감하지 않아 90,371,177 과다 부과 한 것으로 판단됨)

징수 조례는 기존 세대수를 제외하지 않는 등 부담금 부과의 원칙을 반영하지 못하고 있다.

부담금 관리기본법 제5조(부담금 부과의 원칙)

① 부담금은 설치목적을 달성하기 위하여 필요한 최소한의 범위에서 공정성 및 투명성이 확보되도록 부과되어야 하며, 특별한 사유가 없으면 하나의 부과대상에 이중으로 부과되어서는 아니 된다.

② 부과권자가 부담금을 부과하는 경우에는 부담금의 납부의무자에게 미리 다음 각 호의 사항을 알려야 한다.

  1. 부담금 납부의무자 ~ 8. 그 밖에 부담금의 부과 및 납부에 필요한 사항

또한 근린생활시설에 대하여 16,919,000원의 상수도 원인자부담금을 부과 받았는데 그 산정내역은 다음과 같다.

- 922,564원/m³×18.34 = 16,919,824 → 16,919,000 부과

  (비거주용인데 부과 대상인지, 그것도 목욕탕용과 동일하게 적용하는 것이 맞는 것인지 의문이다.)

광주의 모 지역주택조합이 다음의 사례에서와 같이 광주광역시를 상대로 제기한 급수공사비 및 상수도 원인자부담금 무효확인 소송에서 승소했다.

(결과)

2023년 10월 광주지방법원은 OO지역주택조합이 광주시 상수도사업본부 OO사업소장을 상대로 낸 급수공사비 및 상수도원인자부담금 부과 처분 무효 확인 소송에서 원고 승소 판결함.

(경과)

조합은 2019년 4월에 공동주택 360여 세대 신축 공사에 착수했고, 2021년 10월에 상수도사업본부로부터 상수도 원인자부담금과 시설부담금을 부과받음.

조합은 상수도사업본부가 광주시 수도급수 조례를 잘못 적용했으며, 비거주용 건축물인 상가에 대해서도 상수도 원인자부담금을 이중 부과했다고 소송을 제기함.

재판부는 상수도사업본부가 위법하게 급수공사비를 정액으로 적용하고, 상수도 원인자부담금 부과 사유와 타당성을 전혀 반영하지 않고 자의적으로 부과했다며 원고 승소 판결함.

재판부는 급수공사비 고시 조항은 공동주택 세대수 증가에 따른 1세대당 공사비 감액을 규정하고 있지 않으며, 모든 공동주택에 전용면적만을 기준으로 1세대당 21만 원~26만 원 사이의 정액 공사비를 적용한 결과, 주택조합은 실제 공사비의 4배를 초과하는 정액공사비를 부담했으며 이는 대법원 판례상 정액 급수공사비 부과 고시는 위법하다고 판단함. 또한 비거주용 건축물인 상가에 법령상 근거도 없이 자의적으로 일반주택 급수공사비(관경 50mm)를 적용한 것은 중대·명백한 하자라고 판단했다.

원인자부담금과 관련해서도 주택건설사업은 징수조례 제5조제1항제2호에 따른 원인자부담금의 부과 대상에 해당하지 않는데도, 상수도사업본부는 이 조례를 적용해 공동주택에 대한 부담금을 부과했으며, 상가에도 부담금을 이중 부과해 부담금관리 기본법 제5조제1항을 위반했다고 판단했다.

필관조합도 다음과 같이 문제제기가 가능하다. (자치단체들의 조례 및 시행규칙은 조문 및 내용에는 거의 차이가 없다.)

1. 주택건설사업은 징수조례 제5조제1항제2호에 따른 상수도 원인자부담금 부과 대상에 해당하지 않는다.

   (부담금 관리기본법을 위반했다.)

2. 비거주용 건축물인 상가에 대해 구경 50㎜ 급수공사비를 적용한 것은 잘못이다.

3. 급수공사비 고시 조항은 공동주택 세대수 증가에 따른 1세대당 공사비 감액을 규정하고 있지 않다.

   - 광주광역시는 2022년 1월 1일부로 차감공식을 도입함: [200,000원-(100원×세대수)]

변경 전				변경 후			
구 분	60㎡미만	60~85㎡	85㎡초과	구 분	30세대 이하	31~1,000세대	1,001세대 이상	2,001세대 이상
정액공사비	210	233	260	정액공사비 (세대당)	200천원	{200천원-(100×세대수)}	80천원	60천원

   (감액 규정 도입이라기보다는 세대수가 많을수록 정액공사비가 줄어들도록 설계한 것에 불과한 것으로 판단됨)

   * **참고** 대법원 2019. 6. 13. 선고 2017두33985 판결문에 언급되어 있는 내용
   - OO시는 기존 세대수 미차감 지적에 대한 대응차원에서 2016년 12월 8일 징수 조례를 기존의 7단계에서 광주광역시와 유사하게 3단계로 축소한 바 있으며, 현재는 51~1, 500세대에 대해 [184,500-(25×세대수)]로 되어 있음.

제3장 | 하수도 원인자부담금

하수도법 제61조제3항에서는 건축물 등을 신축·증축하거나 용도변경하여 오수가 하루에 10 m² 이상 증가되는 경우 또는 타행위로 공공하수도 공사가 필요하게 된 경우, 원인자부담금 부과 및 징수 등에 관한 사항을 지방자치단체의 조례로 정하도록 하고 있다.

하수도법 제61조(원인자부담금 등)

① 공공하수도관리청은 건축물 등을 신축·증축하거나 용도변경하여 오수가 대통령령으로 정하는 양 이상 증가되는 경우 해당 건축물 등의 소유자(건축 또는 건설 중인 경우에는 건축주 또는 건설주체를 말한다)에게 공공하수도 개축비용의 전부 또는 일부를 부담시킬 수 있다.

② 공공하수도관리청은 대통령령으로 정하는 타공사 또는 공공하수도의 신설·증설 등을 수반하는 개발행위(이하 "타행위"라 한다)로 인하여 필요하게 된 공공하수도에 관한 공사에 소요되는 비용의 전부 또는 일부를 타공사 또는 타행위의 비용을 부담하여야 할 자에게 부담시키거나 필요한 공사를 시행하게 할 수 있다. <개정 2011. 11. 14., 2020. 5. 26.>

③ 제1항 및 제2항에 따른 원인자부담금의 산정기준·징수방법 그 밖의 필요한 사항은 해당 지방자치단체의 조례로 정한다.

④ 제1항 및 제2항에 따른 원인자부담금은 해당 지방자치단체의 조례로 정하는 바에 따라 신용카드 또는 직불카드 등의 방법으로 낼 수 있다. <신설 2021. 1. 5.>

⑤ 제1항 및 제2항에 따라 징수한 원인자부담금은 공공하수도의 신설, 증설, 이설, 개축 및 개수 등 공사에 드는 비용으로만 사용할 수 있다. <신설 2011. 11. 14., 2021. 1. 5.>

하수도법 시행령 제35조(원인자부담금 등)

① 법 제61조제1항에서 "대통령령으로 정하는 양 이상 증가되는 경우"란 하루에 10세제곱미터 이상 증가되는 경우를 말한다.

② 법 제61조제2항에서 "대통령령이 정하는 타공사 또는 공공하수도의 신설·증설 등을 수반하는 개발행위"란 다음 각 호의 구분에 따른 것을 말한다. <개정 2012. 5. 14.>

  1. 타공사 공공하수도를 이설·보수·개수하게 하는 원인을 제공한 공공하수도 외의 상수도관, 가스관, 통신관, 전주 및 도로·철도 등의 설치공사

  2. 공공하수도의 신설·증설 등을 수반하는 개발행위로서 다음 각 목의 어느 하나에 해당하는 행위

    가. 도시개발사업(「국토의 계획 및 이용에 관한 법률」, 「주택법」, 「도시 및 주거환경정비법」, 「택지개발촉진법」 및 「도시개발법」 등에 따른 개발사업 등)의 수행

나. 산업단지조성사업(「산업입지 및 개발에 관한 법률」 및 「산업집적활성화 및 공장설립에 관한 법률」 등에 따른 산업단지 조성사업 등)의 수행

다. 공항건설사업의 수행

라. 관광지·관광단지의 개발사업(「관광진흥법」, 「온천법」 및 「자연공원법」 등에 따른 개발사업 등)의 수행

마. 그 밖에 하수처리구역에 포함되지 아니한 지역의 개발행위자가 하수처리구역으로 포함하여 줄 것을 요청하여 공공하수도의 신설·증설 등이 필요한 행위

하수도법 제61조제3항에 따른 해당 지방자치단체의 조례내용은 다음과 같다.

○○시 하수도 사용조례 제24조(건축물 등에 대한 원인자부담금) [제목개정 2021. 9. 24.]

① 법 제61조제3항에 따른 원인자부담금의 산정기준·징수방법 등은 다음 각 호와 같다. <개정 2009· 8·10, 2014·12·11, 2017·12·28, 2021. 9. 24., 2022. 6. 23.>

1. 오수발생량은 「하수도법 시행령」(이하 "영"이라 한다) 제24조제5항에 따라 고시된 오수발생량 산정기준을 적용하여 산정하되, 공공하수처리시설로 유입하는 폐수시설의 오수발생량은 인허가 받은 폐수배출량을 적용하여 산정한다.

2. 원인자부담금 부과대상 오수발생량은 다음과 같이 산정한다.

가. 신축·증축·용도변경 등 각 각의 행정행위로 인한 오수발생량이 10㎥/일 이상인 경우 전체오수발생량

나. 수회에 걸쳐 이루어지는 신축·증축·용도변경 등의 행정행위로 오수발생량이 10㎥/일 이상인 경우 10㎥/일을 초과하는 양

다. 가목과 나목에 대한 산정예시는 별표 6에 따른다.

3. 건축물 등의 오수발생량은 해당 건축물 전체를 기준으로 산정하는 것을 원칙으로 하며, 불가피한 경우 건축물 소유자 별로 산정할 수 있다.

4. 원인자부담금은 제2호에 따라 산정한 원인자부담금 부과대상 오수발생량(㎥/일)에 단위단가(원/㎥/일)를 곱하여 산정한다.

5. 오수발생량 1㎥/일에 대한 원인자부담금 단위단가는 별표 7의 산정방식에 따라 산정한 금액을 초과하지 않는 범위에서 시 공보, 게시판, 일간신문 중 하나 이상과 시 인터넷 홈페이지에 공고하여야 한다.

6. 원인자부담금의 부과·징수(납부) 시기 등은 원칙적으로 다음과 같이 하며, 그 밖에 필요한 사항은 규칙으로 정한다. 가. ~ 나. 생략

○○시 하수도 사용조례 제26조(타행위에 대한 원인자부담금)

① 법 제61조제2항에 따른 타행위(이하 "타행위"라 한다)에 대한 원인자부담금은 타행위에 의해 발생되는 하수량을 처리할 수 있는 공공하수처리시설 설치비용과 해당 지역에서 발생하는 하수를 공공하수도로 연결시키기 위한 하수관로 설치비용의 전액을 사업시행자에게 부과한다.<개정 2014·12·11>

② 제1항에 따른 공공하수처리시설 설치비용은 제1호에 따라 산정한 하수발생량(㎥/일)에 제2호에 따라 산정한 단위단가(원/㎥/일)를 곱하여 산정한다. <개정 2009· 8·10, 2014·12·11, 2017·12·28, 2019. 8. 1., 2022. 6. 23.>

1. 하수발생량 산정

　가. 하수발생량은 타행위의 준공연도에 해당하는 실시설계보고서의 계획 인구와 법 제6조에 따른 하수도정비기본계획의 하수발생량 원단위(일최대)를 기준으로 산정한다.(이 경우 타행위의 준공연도가 하수도정비기본계획상 목표연도의 중간일 경우에는 직선보간법으로 산정한다)

　나. 공동주택 및 실소유 개발 방식 사업의 하수발생량은 환경부 고시 건축물의 용도별 오수발생량 산정방법을 적용하여 산정한다.

　다. 가목과 나목에 따른 하수발생량 산정시 타행위 지역 안의 기존 건축물에서 발생하는 하수량은 제외한다.

2. 하수발생량에 대한 원인자부담금 단위단가는 별표 7의 산정방식에 따라 산정한 금액을 초과하지 않는 범위에서 시 공보, 게시판, 일간신문 중 하나 이상과 시 인터넷 홈페이지에 공고하여야 한다.

환경부 고시 건축물의 용도별 오수발생량 산정방법 중 별표자료의 일부내용은 다음과 같다

분류번호	건축물 용도		오수발생량			정화조 처리대상인원	
			1일 오수발생량	BOD농도 (mg/L)	비고	인원산정식	비고
1	주거시설	단독주택 / 단독주택, 농업인 주택, 공관	200 L/인	200	농업인주택과 읍·면지역의 1일 오수발생량은 170L/인을 적용한다.	N = 2.0+(R-2)×0.5	N은 인원(인), R은 1호당 거실 개수(개)를 의미한다.
		공동주택 / 아파트, 연립주택, 다세대주택, 다가구주택	200 L/인	200		N = 2.7+(R-2)×0.5	1호가 1거실[1]로 구성되어 있을 때는 2인으로 한다.
		기숙사, 고시원(제2종 근린생활시설)[2], 다중주택[3]	7.5 L/㎡	200	개별취사시설이 있을 경우 단독주택용도를 적용한다.	N = 0.038A / N = P (정원이 명확한 경우)	A는 연면적[4] (㎡), P는 정원(인)을 의미한다.

OO시장이 2022.11.17일 공고한 원인자부담금 단위단가는 1,914,000원/m³ 이다.

▨▨▨시 공고 제2022 - 1614호 ▨▨▨▨▨시 하수도 원인자부담금 단위단가 공고 「하수도법」 제61조 및 「▨▨▨▨▨시 하수도 사용 조례」 제24조, 제26조의 규정에 따라 부과·징수하는 원인자부담금을 산정함에 있어 부과기준이 되는 하수도 원인자부담금 단위단가를 다음과 같이 공고합니다. 2022년 11월 17일 ▨▨▨ ▨▨ ▨ 시 장 1. 원인자부담금 부과대상 하수량 산정방법 - 하수도법 제61조 및 같은 법 시행령 제35조, ▨▨▨▨시 하수도 사용조례 제24조 및 제26조의 규정에 의함 2. 원인자부담금 단위단가 : 1,914,000원/m³ 3. 적용기간 : 2023년 1월 1일부터 추후 단위단가 적용 전까지	(단위단가는 지자체별로 차이가 있음)

이제 이러한 내용들을 반영하여 필관조합의 하수도 원인자부담금을 산정하여 보자

[준비물]

환경부 고시 제2021-59호(건축물의 용도별 오수발생량 및 정화조 처리대상인원 산정방법 및 별표지료) 필관조합의 신축 건축물에 대한 인허가 자료 및 기존 건축물에 대한 등기부등본 (오수량 산정시 오수 발생량이 'L/인'의 경우 거실(방) 숫자가 필요하며, 'L/m²'의 경우 바닥면적이 필요함) OO시 하수도 원인자 부담금 단위단가 공고 내용

[원인자부담금 산정]

o 신규 건축물에 대한 오수 발생량 산정 결과(a) : 323.23 m³

층 별 (동 별)	건물 용도별	산출근거			정원	면적(m²)	단 위 인 원		인원(인)	단 위 오수량		오수량 (m²)
부대복리시설	근린생활시설(소매점)	N=	0.075 A	(A=면적)		936.1696	0.075	인/m²	70.21	15	L/m²	14.04
	부대복리시설	N=	0.060 A	(A=면적)		1,660.4574	0.060	인/m²	99.63	12	L/m²	19.93
	경로당	N=	0.045 A	(A=면적)		95.9867	0.045	인/m²	4.32	9	L/m²	0.86
	보육시설	N=	0.050 A	(A=면적)		237.9928	0.050	인/m²	11.90	6	L/m²	1.43
	경비실	N=	0.060 A	(A=면적)		49.3556	0.060	인/m²	2.96	12	L/m²	0.59
	펌프실, 기계실	N=	0.125 A	(A=면적)		443.9826	0.125	인/m²	55.50	5	L/m²	2.22
	소 계					3,423.9447			244.52			39.07
공동주택	59형	N= 2.7+(R-2)x0.5	(R=4)		122	80.3614	3.7	인/세대	451.40	200	L/인	90.28
	75형	N= 2.7+(R-2)x0.5	(R=4)		96	102.1155	3.7	인/세대	355.20	200	L/인	71.04
	84형	N= 2.7+(R-2)x0.5	(R=4)		166	112.2766	3.7	인/세대	614.20	200	L/인	122.84
	소 계				384	38,245.0944			1,420.80			284.16
합 계						41,669.0391			1,665.32			323.23

o 기존 건축물에 대한 오수 발생량 산정 결과 예시(b) : 173.18 m³

- 구청에서 정확히 어떻게 산정하였는지 알수 없어 추정하여 작성한 예시 자료임

연번	지 목	구분	층수	면적(m²)	단위인원	단위인원	가구수	설계 인용 계산	단위 오수량	오수량 (m²)	비고
1	대	단독주택(다가구주택)	1층	94.28	N= 2.7+(R-2)×0.5	3.7	1세대	7.4	200	0.74	4거실
			1층	2.48							변소및창고
			2층	61.59	N= 2.7+(R-2)×0.5	3.7	1세대		200	0.74	4거실
5	대	제1종근린생활시설(소매점)	1층	53.54	N= 0.075A	4.02			15	0.80	
		단독주택(다가구주택)	2층	120.84	N= 2.7+(R-2)×0.5	3.7	1세대	15.12	200	0.74	4거실
			3층	120.84	N= 2.7+(R-2)×0.5	3.7	1세대		200	0.74	4거실
			4층	61.56	N= 2.7+(R-2)×0.5	3.7	1세대		200	0.74	4거실
17	대	공동주택(다세대주택)	1층~5층	659.77	N= 2.7+(R-2)×0.5	3.7	8세대	29.6	200	5.92	4거실
21	대	제2종근린생활시설(사무소)	1층	44.1	N= 0.075A	3.31		3.31	15	0.66	
27	대	공동주택(연립주택)-나동	1~2층	235.96	N= 2.7+(R-2)×0.5	3.7	4세대	3.7	200	2.96	4거실
30	대	공동주택(아파트)	1~8층	2023.235	N= 2.7+(R-2)×0.5	3.7	16세대	59.2	200	11.84	4거실
31	대	제1종근린생활시설(소매점)	1층	154.68	N= 0.075A	11.60		14.60	15	2.32	
		단독주택(단독주택)	2층	135.58	N= 2.7+(R-2)×0.5	3	1세대		200	0.60	4거실
52	대	단독주택(단독주택)	1층	67.54	N= 2.0+(R-2)×0.5	3	1세대	3	200	0.60	4거실
78	대	단독주택(단독주택)	1층	76.86	N= 2.0+(R-2)×0.5	3	1세대	3	200	0.60	4거실
			1층	1.98							창고
합 계				14,828.86						173.18	

○ 차이 : 150.05m^3 증가(323.23 m^3-173.18 m^3)

이상의 내용을 종합하여 하수도 원인자부담금을 산정하면 다음과 같다.

150.05m^3(323.23m^3-173.18m^3)×1,914,000원/m^3=287,195,700원.

(실제는 납입고지서 금액에 맞추어 173.18 m^3 을 역산하여 적용한 내용임)

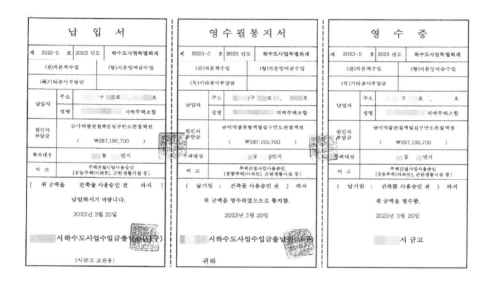

간혹 b를 무시하고 a만 반영하여 하수도 원인자부담금을 부과한 지자체들이 있고, 이에 대해 소송이 제기되어 패소한 지자체들도 있다. 학교용지부담금의 사례와 너무도 동일하다. 부담금 관리 기본법의 취지에 부합될 수 있도록 증분(a-b)에 대해서만 부과하는 것이 상식이 될 수 있기를 기대한다.

「건축물의 용도별 오수 발생량 및 정화조 처리 대상 인원 산정 방법」에 대한 환경부 고시 자료, 신규건축물에 대한 인허가 시 자료 및 기존 건축물에 대한 등기부등본을 확보하여, 엑셀로 찬찬히 정리해 보면 답이 보일 것이다. 빠뜨리면 원인자부담금이 늘어난다는 생각으로 정밀하게 정리해 보자. 조금 복잡하고 양이 많아 어려움이 있지만, 노력한 만큼 사업비 절약으로 보답받을 수 있다.

하수도 원인자부담금을 납부해야 하는 것은 알겠으나, 조례의 내용이 하수도법 및 시행령에 부합되게 조정될 필요는 있을 것 같으며, 부과대상 오수량 산정 실무지침이 있으면 이를 누구나 쉽게 알 수 있도록 일반에 공유되면 좋겠다.

대도시권에서 특정한 사업을 시행하는 자에게 광역교통시설 등의 건설 및 개량, 광역버스운송 사업에 대한 지원 등을 위해 부과하는 부담금을 말한다.

대도시권 광역교통 관리에 관한 특별법 제11조(광역교통시설 부담금의 부과 대상) 약칭 : 광역교통법

① 광역교통시행계획이 수립·고시된 대도시권에서 다음 각 호의 어느 하나에 해당하는 사업을 시행하는 자는 광역교통시설 등의 건설 및 개량, 광역버스운송사업에 대한 지원 등을 위한 광역교통시설 부담금(이하 "부담금"이라 한다)을 내야 한다. <개정 2012. 2. 22., 2013. 8. 6., 2017. 2. 8., 2020. 6. 9.>

1. 「택지개발촉진법」에 따른 택지개발사업
2. 「도시개발법」에 따른 도시개발사업
3. 「주택법」에 따른 대지조성사업 및 법률 제6916호 주택건설촉진법개정법률 부칙 제9조에 따라 종전의 규정에 따르도록 한 아파트지구개발사업
4. 「주택법」에 따른 주택건설사업(다른 법령에 따라 사업 승인이 의제되는 협의를 거친 경우를 포함한다)
5. 「도시 및 주거환경정비법」에 따른 재개발사업 및 재건축사업. 다만, 재개발사업의 경우에는 20세대 이상의 공동주택을 건설하는 경우만 해당한다.
6. 「건축법」 제11조에 따른 건축허가를 받아 주택 외의 시설과 20세대 이상의 주택을 동일 건축물로 건축하는 사업
7. 그 밖에 제1호부터 제6호까지의 사업과 유사한 사업으로서 대통령령으로 정하는 사업

주택조합은 광역교통법 제11조제1항 4호에 해당하는 부과 대상이긴 하나, 제11조의2제2항제5호에 해당(도시지역에서 시행되는 주택건설사업)되어 50% 경감대상이다. (제11조의2제2항제1~4호에 해당하는 사업이었으면 75% 경감대상이었을 것임.)

대도시권 광역교통 관리에 관한 특별법 제11조의2(부담금의 감면)

② 다음 각 호의 사업에 대하여는 부담금의 100분의 50을 경감한다. 다만, 제5호의 사업 중 제1호부터 제4호까지에 해당하는 사업은 100분의 75를 경감한다. <개정 2013. 5. 22., 2013. 8. 6., 2017. 2. 8., 2023. 8. 16.>

1. 국가나 지방자치단체가 시행하는 사업
2. 「도시 및 주거환경정비법」에 따른 재개발사업
3. 「도시 및 주거환경정비법」에 따른 재건축사업

---

4. 제11조제1항제4호의 사업으로서 「빈집 및 소규모주택 정비에 관한 특례법」에 따른 소규모주택정비 관리지역 내의 소규모주택정비사업

5. 「국토의 계획 및 이용에 관한 법률」 제6조제1호에 따른 도시지역에서 시행되는 제11조제1항 각 호의 사업

③ 삭제 〈2013. 8. 6.〉

[전문개정 2012. 1. 17.]②, ③ 생략

부담금 산정 기준은 광역교통법 제11조의3제1항 2호에 의거 다음과 같다.

({1㎡당 표준건축비×부과율×건축연면적}-공제액)에 경감율을 적용하여 산정한다.

대도시권 광역교통 관리에 관한 특별법 제11조의3(부담금의 산정기준)

① 제11조제1항제1호부터 제6호까지의 사업에 대한 부담금은 다음 각 호의 계산식으로 계산한 금액으로 한다. 〈개정 2013. 8. 6.〉

1. 제11조제1항제1호부터 제3호까지의 사업에 해당하는 부담금 = {1㎡당 표준개발비 × 부과율 × 개발면적 × (용적률 ÷ 200)} - 공제액

2. 제11조제1항제4호 및 제5호의 사업에 해당하는 부담금 = {1㎡당 표준건축비 × 부과율 × 건축연면적} - 공제액

3. 제11조제1항제6호의 사업에 해당하는 부담금 = {1㎡당 표준건축비 ×부과율×건축연면적(주택인 시설의 건축연면적의 합계를 말한다)} - 공제액

⑤ 제1항에 따른 개발면적, 용적률, 건축연면적, 공제액 등에 대한 기준은 대통령령으로 정한다.

---

1. 1m² 당 표준건축비(공공건설임대주택 표준 건축비에 따름)

구분(주거전용면적기준)		건축비 상한가격(주택공급면적에 적용)	
		2016년 6월 8일 ~	2023년 2월 1일 ~
21층 이상	40m² 이하	1,058,800	1,162,600
	40m² 초과~ 50m² 이하	1,069,000	1,173,800
	50m² 초과~ 60m² 이하	1,037,500	1,139,200
	60m² 초과	1,036,800	1,138,400

* 주택공급면적이라 함은 「주택공급에 관한 규칙」 제21조제5항에 따른 공급면적 중 그 밖의 공용면적을 제외한 면적을 말하며 표준건축비에는 부가가치세가 포함되었음

2. 부과율: ㅇㅇ시 조례에 따라 100분의 1

대도시권 광역교통 관리에 관한 특별법 시행령 제16조의2(부담금의 산정기준)

⑧ 법 제11조의3제3항에 따른 부과율은 다음 각호와 같다. <개정 2006. 3. 29., 2014. 2. 5.>

    1. 법 제11조의3제1항제1호의 부과율 : 100분의 15. 다만, 별표 1의 대도시권중 수도권인 경우에는 100분의 30

    2. 법 제11조의3제1항제2호 및 제3호의 부과율 : 100분의 2. 다만, 별표 1의 대도시권중 수도권인 경우에는 100분의 4

ㅇㅇ시 광역교통시설부담금 부과·징수 및 광역교통시설특별회계 설치에 관한 조례 제3조(부과율)

법 제11조의3제3항에 따른 부담금의 부과율은 다음 각 호의 어느 하나와 같다.<개정 2009.10.8., 2013.11.12., 2018.3.2.>

1. 법 제11조의3제1항제1호의 부과율: 100분의 7.5

2. 법 제11조의3제1항제2호 및 제3호의 부과율

    가. 주택의 전용면적이 85제곱미터 이하의 경우: 100분의 1

    나. 주택의 전용면적이 85제곱미터를 초과하는 경우: 100분의 1.5

    다. 주택 이외의 시설: 100분의 2

3. 건축 연면적: 주거 전용 및 공용면적을 의미함. (필관조합의 경우 다음과 같음.)

Type	세대수	전용면적(m²)	주거공용면적(m²)			분양면적 (m²)	소계
			벽체공유	계단공유	소계		
59	122	59.7186	6.8570	13.7858	20.6428	80.3614	9 804.0908
75	96	75.9378	8.6478	17.5299	26.1777	102.1155	9,803.0880
84	166	84.8107	7.8878	19.5781	27.4659	112.2766	18,637.9156
합계	384						38,245.0944

4. 공제액: 해당 사항 없음

대도시권 광역교통 관리에 관한 특별법 시행령 제16조의2(부담금의 산정기준)

④ 법 제11조의3제1항제1호부터 제3호까지의 규정에 따른 공제액은 다음 각 호의 금액을 모두 합한 금액으로 한다.

    1. 당해 사업과 관련하여 도시철도 또는 철도의 건설 및 개량에 소요되는 비용을 부담하는 경우에는 그 금액

    2. 법 제11조제1항 각 호에 따른 사업이 시행되는 지구·구역 또는 사업지역 밖에서 다음 각 목의 어느 하나에 해당하는 도로를 설치하거나 그 비용의 전부 또는 일부를 부담하는 경우에는 그 금액

        가. 도로관계 법령에 의한 고속국도, 자동차전용도로, 일반국도, 특별시도, 광역시도 또는 지방도

        나. 광역도로에 해당하는 시·군·구도

        다. 법 제7조의2제3항에 따라 확정된 광역교통개선대책에 따라 건설 또는 개량되는 도로

        라. 그 밖에 시·도지사가 광역교통에 영향을 미친다고 인정하는 도로

[부담금 부과액]

198,296,884로 산정되었으나 198,296,000원이 부과됨.

Type	세대수	분양면적	면적합계 (m²)	표준건축비 (2020.7월)	부과율	부담금	경감율	부과액
59	122	80.3614	9 804.0908	1,037,500	1.0%	101,717,442		
75	96	102.1155	9,803.0880	1,036,800	1.0%	101,638,416	50%	
84	166	112.2766	18,637.9156	1,036,800	1.0%	193,237,909		
합계	384		38,245.0944			396,593,767		198,296,884

시장은 납부의무자가 부담금의 분할 납부를 신청하는 경우에는 다음 각 호의 기준으로 분할 납부를 허용할 수 있으며, 필관조합은 3회로 분납함.

OO시 광역교통시설부담금 부과·징수 및 광역교통시설특별회계 설치에 관한 조례 제5조(부담금의 분할납부)

① 시장은 법 제11조의4제2항 및 영 제17조제4항부터 제6항까지의 규정에 따라 납부의무자가 부담금의 분할납부를 신청하는 경우에는 다음 각 호의 기준으로 분할납부를 허용할 수 있다. 다만, 정하여진 납부기한 전에 그 사업이 준공되거나 사용승인을 받을 경우에는 전액을 납부하여야 한다. <개정 2009.10.8., 2018.3.2.>

  1. 당초 부과고지된 납부기한까지: 부담금의 30퍼센트 이상

  2. 당초 납부고지일부터 1년 초과 2년 이내: 부담금의 40퍼센트 이상

  3. 당초 납부고지일부터 2년 초과 3년 이내: 잔여 부담금

② 삭제<2006·1·12>

③ 시장은 제1항 각 호에 따라 납부의무자가 1회의 분할 부담금 납부액을 납부기한까지 납부하지 아니하여 독촉한 납부기한까지도 납부하지 아니할 경우에는 분할납부 허용을 취소할 수 있다. <개정 2009·10· 8>

④ 부담금의 분할납부 고지의 시기 및 방법은 규칙으로 정한다.

부 과 내 역		
부과면적(m²)	부과금액(원)	부과일자 (납부기한)
38,245.0944	198,296,000	2020.07.01 (2021.07.01)

o 분할납부 내역 (단위 : 원)

구 분	합 계	제1회(30%)	제2회(40%)	제3회(30%)
분납금액	198,296,000	60,000,000	79,500,000	59,796,000
납부기한		2021.07.01	2022.07.01	2023.07.01

제5장 개발부담금

필관조합은 사업계획승인을 득한 직후인 2020년 6월 구청으로부터 '개발이익 환수에 관한 법률(약칭, 개발이익환수법) 제5조제1항 및 같은 법 시행령 제4조 별표1의 규정에 따라 개발부담금 부과대상 사업이니, 개발사업 완료 시점부터 40일 이내에 개발비용 신출명세서를 제출하라'는 안내문을 받은 바 있다.

먼저 개발이익환수법 제5조제1항 각 호의 내용을 살펴보았다. 주택건설사업을 하는 필관조합은 해당사항이 없는 것으로 보이는데, 어찌된 일이지 하는 의문이 생겼다.

개발이익 환수에 관한 법률 제5조(대상 사업)   약칭: 개발이익환수법

① 개발부담금의 부과 대상인 개발사업은 다음 각 호의 어느 하나에 해당하는 사업으로 한다. <개정 2014. 1. 14.>

　　1. 택지개발사업(주택단지조성사업을 포함한다. 이하 같다)

　　2. 산업단지개발사업

　　3. 관광단지조성사업(온천 개발사업을 포함한다. 이하 같다)

　　4. 도시개발사업, 지역개발사업 및 도시환경정비사업

　　5. 교통시설 및 물류시설 용지조성사업

　　6. 체육시설 부지조성사업(골프장 건설사업 및 경륜장·경정장 설치사업을 포함한다)

　　7. 지목 변경이 수반되는 사업으로서 대통령령으로 정하는 사업

　　8. 그 밖에 제1호부터 제6호까지의 사업과 유사한 사업으로서 대통령령으로 정하는 사업

이어서, 개발이익환수법 제4조 및 별표1의 내용을 살펴보았다.

개발이익 환수에 관한 법률 시행령 제4조(대상 사업)

① 법 제5조에 따라 부담금의 부과 대상이 되는 개발사업의 범위는 별표 1과 같고, 그 규모는 관계 법률에 따라 국가 또는 지방자치단체로부터 인가·허가·면허 등(신고를 포함하며, 이하 "인가등"이라 한다)을 받은 사업 대상 토지의 면적(부과 종료 시점 전에 「공간정보의 구축 및 관리 등에 관한 법률」 제84조에 따라 등록 사항 중 면적을 정정한 경우에는 그 정정된 면적을 말한다)이 다음 각 호에 해당하는 경우로 한다. 이 경우 동일인 [법인을 포함하며, 자연인인 경우에는 배우자 및 직계존비속(直系尊卑屬)을 포함한다. 이하 같다]이 연접(連接)한 토지[동일인이 소유한 연속된 일단(一團)의 토지인 경우를 포함한다]에 하나의 개발사업이 끝난 후 5년 이내에 개발사업의 인가등을 받아 사실상 분할하여 시행하는 경우에는 각 사업의 대상 토지 면적을 합한 토지에 하나의 개발사업이 시행되는 것으로 본다. <개정 2009. 12. 14., 2014. 7. 14., 2015. 6. 1.>

■ 개발이익 환수에 관한 법률 시행령 [별표 1]

부담금 부과 대상 개발사업(제4조 관련)

사업 종류	근거 법률 및 사업명	비고
1. 택지개발사업(주택단지조성사업을 포함한다)	다음 각 목의 어느 하나에 해당하는 사업	다음의 어느 하나에 해당하는 사업은 제외한다. 1) ~ 3) 생략
	가. 「주택법」에 따른 대지조성사업	
	나. 「주택법」에 따른 주택건설사업	다음의 어느 하나에 해당하는 주택건설사업은 제외한다. 1) 「택지개발촉진법」에 따른 택지개발사업 등 국토교통부령으로 정하는 개발부담금 부과 대상 개발사업의 시행(이하 "토지개발사업시행"이라 한다)으로 조성이 끝난 토지에서 최초로 시행하는 주택건설사업 2) 주택건설사업과 동시에 이루어지는 토지개발사업시행으로 조성되는 토지에서 최초로 시행하는 주택건설사업 3) 「도시개발법」에 따른 환지(換地) 방식의 도시개발사업 시행으로 조성이 끝난 토지나 해당 주택건설사업과 동시에 이루어지는 환지 방식의 도시개발사업 시행으로 조성되는 토지에서 최초로 시행하는 주택건설사업
	다. 「택지개발촉진법」에 따른 택지개발사업	

1. 택지개발사업(주택단지조성사업을 포함한다)의 하위개념중 '나'항에 주택법에 따른 주택건설사업을 포함하고 있다. '가' 및 '다'항은 택지개발사업이어서 포함되는 것이 이해되나, '나'항은 분명히 택지개발사업이 아닌데 포함하는 것이 이상하다고 생각된다.

'비고'란은 주택법에 따른 주택건설사업중 부과 대상에서 제외되는 사업들을 열거하고 있는데, 공통점은 조성이 끝난 토지에서 시행되는 주택건설사업들이라는 점이다.

또한, 대지조성공사가 필요 없는 토지에 주택건설사업만을 하는 경우에는 개발부담금 부과대상 사업에 해당한다고 볼 수 없다는 대법원 판례(대법원 2015. 11. 26. 선고 2014두43349 판결 참조)도 있는 점을 감안하면,

대지조성공사가 필요 없는 필관조합은 개발이익부담금 부과대상이 아닌 것으로 판단된다.

구청에서 필관조합에 보내온 안내문 전문은 다음과 같다.

■ 구청의 개발부담금 부과 대상 안내문 내용

제목 개발부담금 부과 대상 안내(▨▨▨동 ▨▨▨번지 외 ▨필지, ▨▨▨▨지역주택조합)

1. 항상 구정 발전에 협조하여 주셔서 감사드립니다.

2. 귀하께서 시행하고 있는 개발사업은 「개발이익 환수에 관한 법률」 제5조제1항 및 같은 법 시행령 제4조 별표1의 규정에 따라 개발부담금 부과 대상 사업입니다.

3. 「개발이익환수에 관한 법률」 제24조 및 같은 법 시행규칙 제20조 규정에 따라 사업시행자(토지소유자)는 개발사업의 완료(준공ㆍ용인 등) 시점부터 40일 이내에 개발비용 산출명세서를 제출하여 주시기 바라며, 기한 내 미제출시 같은 법 제29조 규정에 따라 200만원 이하의 과태료가 부과됨을 알려드립니다.

　가. 개발부담금 부과 대상사업

사업종류	근거법률	시행 시행자	토지소유자 (부과대상자)	인가 등 공정 변경 날	사업 부과 토지	
					소재지	면적
주택건설 사 업	개발이익 환수에 관한 법률 제5조제1항제1호	지역주택조합 외 1인	지역주택조합	2020.6.12.	▨▨ 126번지	22,035㎡

※ 부과대상기준 : 「개발이익 환수에 관한 법률」 시행령, 제5조(도시지역 660㎡ 이상) 및 별표1(8호)

　나. 제출하실 내용 : 개발비용 산출명세서(설계서, 지번별조서 등 개발비용산출 증명서류 포함)

붙임　1. 안내문(개발부담금 부과) 1부.
　　　2. 개발비용 산출명세서(양식) 1부. 끝.

발사업인 경우: 25%. 다만, 「국토의 계획 및 이용에 관한 법률」 제38조에 따른 개발제한구역에서 해당 개발사업을 시행하는 경우로서 납부 의무자가 개발제한구역으로 지정될 당시부터 토지 소유자인 경우에는 20%로 한다.

3. 개발사업의 시행자 및 납부 의무자 준수사항 및 협조 요청사항

　가. 개발사업 또는 토지의 양도ㆍ양수 시 조치사항
　　개발사업을 완료하기 전에 양도ㆍ양수로 인하여 개발사업의 시행자의 지위 또는 토지소유자 등이 변경된 경우 그 양수자가 전체 개발사업 기간에 대한 개발부담금 납부 의무자가 된다는 사실을 사전에 주지시켜 주시기 바랍니다.

　나. 개발비용 산출명세서 제출의무
　　개발부담금 납부 의무자가 국가 또는 지방자치단체로부터 개발사업의 준공인가 등을 받았거나 납부 의무자가 개발사업의 목적 용도로 토지의 사용을 시작하거나 타인에게 분양하는 등의 경우에는 40일 이내에 개발비용 산출명세서를 제출해야 합니다.

　　만일 정해진 기한 내에 개발비용산출명세서를 제출하지 않으면 과태료가 부과될 수 있습니다.

　다. 개발부담금 납부 방법
　　개발부담금은 일시불로 납부하는 것이 원칙이나, 예외적으로 특수한 경우에 해당하면 3년의 범위에서 납부를 연기하거나 5년의 범위에서 분할 납부도 허용하고 있습니다. 납부 연기 또는 분할 납부를 원하시는 납부 의무자께서는 담당자와 사전에 협의하여 주시기 바랍니다.

　　개발부담금은 현금 납부를 원칙으로 하나, 예외적으로 물납(物納)을 허용하고 있습니다.

　라. 조기 성실납부자에 대한 일부 환급
　　개발부담금은 고지일부터 6개월 내에 납부하여야 합니다. 다만, 납기 만료 이전에 성실하게 납부한 경우에는 다음의 계산식에 따라 산정된 금액을 환급해 드립니다.

　　일부 환급액＝개발부담금 납부 금액 × 율(국토교통부장관이 결정ㆍ고시하는 이자율) × (조기 납부 일수/365일)
　　　※ 산정된 환급액이 10만원 미만인 경우에는 환급액이 없는 것으로 보아 환급하지 않습니다.

　　납부의무자께서는 조기 납부하였을 경우 개발부담금의 일부 환급액을 받을 장소(거래은행, 계좌번호, 예금주)를 미리 알려 주셔야 합니다.

　마. 개발부담금 부과 처분에 대한 이의신청 등
　　납부 의무자가 개발비용 산출명세서류 제출한 후 개발부담금을 산정하여 예정 통지를 하려면 납부 의무자는 예정통지를 받은 날로부터 30일 이내에 고지 전 심사를 청구할 수 있습니다.

　　또한 개발부담금 부과ㆍ징수에 대하여 이의가 있어 행정심판을 청구하려는 경우에는 「공익사업을 위한 토지 등의 취득 및 보상에 관한 법률」에 따른 중앙토지수용위원회에 청구하여야 합니다.

첨부 1. 안내문(개발부담금 부과)

안　내　장

1. 개발부담금 납부 의무자
　가. 사업시행자
　나. 개발사업을 위탁하거나 도급한 경우에는 그 위탁이나 도급을 한 자
　다. 타인이 소유하는 토지를 임차하여 개발사업을 시행한 경우에는 그 토지의 소유자
　라. 개발사업을 완료하기 전에 사업시행자의 지위나 나목 또는 다목에 해당하는 자의 지위를 승계하는 경우에는 그 지위를 승계한 자

2. 개발부담금 산정방법

(준료시점지가 - 개시시점지가 - 정상지가상승분 - 개발비용) × 부담률(%)

　가. 종료시점지가: 표준지공시지가를 기준으로 산정한 가액, 처분 가격 또는 감정평가한 금액을 기준으로 산정
　나. 개시시점지가: 개발공시지가 또는 실제 매입 가액이나 취득 가액을 기준으로 산정
　다. 정상지가상승분: 평균지가변동률 또는 국토교통부장관이 결정ㆍ고시하는 이자율을 고려하여 산정
　라. 개발비용
　　1) 순공사비, 조사비, 설계비, 일반관리비, 기부채납액, 부담금 납부액, 토지의 개량비, 제세공과금, 보상비, 「개발이익 환수에 관한 법률」 제12조에 따른 양도소득세 또는 법인세 납부액
　　※ 개발사업 면적이 2,700㎡ 이하인 경우 순공사비, 조사비, 설계비, 일반관리비의 합계액을 산정할 때 국토교통부장관이 고시하는 단위면적당 표준비용을 적용할 수 있습니다.
　마. 부담율
　　1) 「개발이익 환수에 관한 법률」 제5조제1항제1호에서 제6호까지지에 해당하는 개발사업인 경우: 20%
　　2) 「개발이익 환수에 관한 법률」 제5조제1항제7호 및 제8호에 해당하는 개

첨부2. 개발비용 산출명세서

개발비용 산출명세서

접수번호	접수일자	처리기간	즉시

신고인	성명(대표자명)		생년월일(사업자등록번호 또는 법인등록번호)
	상호(법인명)		
	전화번호		휴대전화번호
	사무소 소재지 또는 주소		

신고내용	대상 개발사업명	
	종료시점지가	원
	개시시점지가	원
	개발비용 명세	

○ 단위면적당 표준비용을 적용하지 않는 경우　(단위: 원)

순공사비	조사비	설계비	일반 관리비	기부 채납액	부담금 납부액	토지 개량비	제세 공과금	보상비	「개발이익 환 수에 관한 법 률」제12조에 따른 양도소득 세 또는 법인세	비용 총액

○ 단위면적당 표준비용을 적용하는 경우　(단위: 원)

표준비용	기부 채납액	부담금 납부액	토지 개량비	제세 공과금	보상비	「개발이익 환 수에 관한 법 률」제12조에 따른 양도소득 세 또는 법인세	비용 총액

* 표준비용＝사업면적(　　㎡) × 단위면적당 표준비용(　원/㎡)＝　원

「개발이익 환수에 관한 법률」 제24조 및 같은 법 시행규칙 제20조에 따라 위와 같이 제출합니다.

년　월　일

제출인　　　　　　　　　(서명 또는 인)

울산광역시 남구청장 귀하

신고인 제출서류	설계서 등 개발비용 산출 증명서류 다만, 「개발이익 환수에 관한 법률」, 제11조제2항에 따라 국토교통부장관이 고시하는 단위면적당 표준비용을 지급하는 경우에는 순공사비ㆍ조사비ㆍ설계비ㆍ일반관리비의 개발비용에 대한 개발비용 산출 증명서류는 제출하지 않습니다.	수수료 없음

210㎜×297㎜[백상지 80g/㎡(재활용품)]

개발비용 산출명세서의 다음 빈칸을 채워야 하는데

신고내용	대상 개발사업명									

	종료시점지가					원				

	개시시점지가					원				

개발비용 명세
ㅇ 단위면적당 표준비용을 적용하지 않는 경우(　　　)　　(단위: 원)

순공사비	조사비	설계비	일반 관리비	기부 채납액	부담금 납부액	토지 개량비	제세 공과금	보상비	「개발이익 환수에 관한 법률」제12조에 따른 양도소득세 또는 법인세	비용 총액

ㅇ 단위면적당 표준비용을 적용하는 경우(　　　)　　(단위: 원)

표준비용			기부 채납액	부담금 납부액	토지 개량비	제세 공과금	보상비	「개발이익 환수에 관한 법률」제12조에 따른 양도소득세 또는 법인세	비용 총액

＊ 표준비용 = 사업면적(　　㎡) × 단위면적당 표준비용(　　원/㎡) =　　원

빈칸을 채우기 위해 시도해 보았지만, 구체적인 작성 지침이 없어 애로를 겪다가 전문업체에 용역을 의뢰했으며, 전문업체에서는 다음의 자료들을 요청하여 제공했다.

구분	항목	필요자료
인허가 및 준공 등 관련서류	인허가 및 변경 허가서	관련공문
	사용승인 관련 서류	관련공문
	기부채납 관련서류	관련공문
순공사비	토사운반비	계약서 및 세금계산서
	벌목비	계약서 및 세금계산서
	철거비	계약서 및 세금계산서
	폐기물처리비	계약서 및 세금계산서
	오염토정화비	계약서 및 세금계산서
조사비	지질조사비	계약서 및 세금계산서, 보고서 사본
	측량비	세금계산서
	문화재조사비	계약서 및 세금계산서
	구조물안전진단비	계약서 및 세금계산서
	교통영향평가비	계약서 및 세금계산서
	환경영향평가비	계약서 및 세금계산서
	석면조사비	계약서 및 세금계산서
	방재안전대책수립비	계약서 및 세금계산서
기부채납액	도시계획시설 확정 용지도	용지도서, 관련 도면,관련 공문 등
	도시계획시설 공사비	계약서 및 내역서,세금계산서
	도시계획시설 토지매입 관련	부동산거래신고필증, 취득세 납부확인서
	도시계획시설 설계비	계약서 및 세금계산서

부담금납부액	학교용지부담금	영수증
	상수도원인자부담금	영수증
	급수공사비	영수증 또는 납입확인서
	하수도원인자부담금	영수증
	광역교통시설부담금	영수증
	대체산림자원조성비	영수증
	농지보전부담금	영수증 또는 납입확인서
	기반시설부담금	영수증
보상비	사업 부지에 대한 건물보상비	사업 부지 부동산거래 신고필증, 취득세 납부 확인서
	지장전주이설비	계약서 및 세금계산서
	통신선로이설비	계약서 및 세금계산서
	지장물(가로수 가스설비 등) 이설비	계약서 및 세금계산서
	분묘이장비	계약서 및 입금증
	영업손실보상비	계약서 및 입금증
	주거이주비	계약서 및 입금증
	지장물(과수, 설비, 건물) 보상비	계약서 및 입금증
제세공과금	지목변경취득세	영수증
기타	토목준공도면(사업 부지, 기부채납 부지)	토목, CAD 파일

이후 업체에서 558쪽 분량의 보고서를 다음과 같이 만들어 구청에 제출하였다.

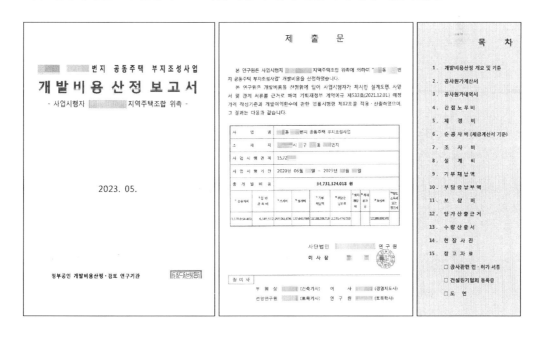

개발비용 원가계산서 / 경비배부율 적용 경비산출서

구청에서는 일부 항목에 대한 금액을 가감하는 등의 검토를 거쳐, 결과적으로 개발이익이 없는 것으로 판단하고 다음과 같이 개발부담금 비부과 통지문을 보내왔다.

제목 개발부담금 비부과 통지(1919)

귀하께서 시행하신 주택건설사업(공동주택 부지조성사업)과 관련하여 『개발이익 환수에 관한 법률』 제14조에 따라 개발부담금을 산출한 결과, 아래와 같이 개발이익이 발생하지 않아 개발부담금이 부과되지 않음을 알려드립니다.

- 아 래 -

1. 개발비용 검토내역
(단위 : 원)

구 분	제출내역	검토내역	증 감	비 고
계	34,731,324,018	29,897,634,682	−4,833,689,336	○ 개발비용 제외 금액
순공사비	1,570,854,400	1,563,878,015	−6,976,385	- 순공사비
일반관리비	6,345,572	5,926,000	−419,572	· 재료비: −5,891,132원 · 제경비: −952,998원
조사비	259,961,636	259,961,636	0	- 설계비: −1,056,917원
설계비	122,643,069	121,586,152	−1,056,917	- 일반관리비: −419,572원
기부채납액	18,189,206,718	13,408,523,874	−4,780,682,844	- 기부채납액: −4,780,682,844원
토지개량비	2,193,474,030	2,193,474,030	0	- 보상비: −44,553,618원
보상비	12,388,838,593	12,344,284,975	−44,553,618	

※ 개발비용 제외
  - 자연석 쌓기 재료 단가(65,000원/ton→27,000원/ton) 정정
    : 재료비, 제경비 변경으로 순공사비 감소
  - 순공사비 감소로 일반관리비 및 설계비 감소
  - 기부채납액 중 분양(처분) 분 및 기부채납도로 면적 87㎡ 제외
  - 통신선로 이설비 부가가치세 및 한전 배선설로 증빙자료 미비로 제외

개발이익 환수에 관한 법률 제14조(부담금의 결정·부과)

① 시장·군수·구청장은 부과 종료 시점부터 5개월 이내에 개발부담금을 결정·부과하여야 한다. 다만, 제9조제3항 각 호 외의 부분 단서에 해당하는 경우로서 해당 사업이 대규모 사업의 일부에 해당되어 제11조에 따른 개발비용의 명세(明細)를 제출할 수 없는 경우에는 대통령령으로 정하는 바에 따라 개발부담금을 결정·부과할 수 있다. <개정 2013. 3. 23., 2014. 1. 14., 2020. 2. 18.>

② 시장·군수·구청장은 제1항에 따라 개발부담금을 결정·부과하려면 대통령령으로 정하는 바에 따라 미리 납부 의무자에게 그 부과 기준과 부과 금액을 알려야 한다. <개정 2013. 3. 23., 2014. 1. 14., 2020. 2. 18.>

③ 제2항에 따라 통지받은 개발부담금에 대하여 이의가 있는 자는 대통령령으로 정하는 바에 따라 심사를 청구할 수 있다.

사례의 지역주택조합이 전문업체와 체결한 용역비 계약 내용은 다음과 같다.

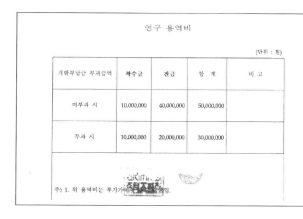

연구 용역비
(단위 : 원)

개발부담금 부과금액	착수금	잔금	합계	비고
미부과 시	10,000,000	40,000,000	50,000,000	
부과 시	10,000,000	20,000,000	30,000,000	

주) 1. 위 용역비는 부가가치세 별도임.

개발부담금이 부과되면 3천만 원, 미부과되면 5천만 원을 지급하기로 계약하였는데

결과적으로 미부과되어 5천만 원을 지급하였다(vat 5백만 원 별도 지급)

문제제기 및 정책제언

필관조합과 같은 지역주택조합이 개발부담금 부과대상인지 아닌지를 고민하지 않고 알 수 있도록 법체계가 보완되면 좋겠다. 만약 부과대상이라면, 바로 이어서 개발이익이 나는지 안 나는지를 판단을 해야 하는데, 이를 위해서는 필요한 자료들을 준비하고 관련 문건들을 만들어야 한다. 이것을 서민들이 직접 하기에는 현재로서는 불가능하다. 개발이익환수법 제14조제2항에 있는 바와 같이, 미리 부과 기준과 부과 금액을 알려주는 과정에서 많은 도움을 주기를

기대한다.

국토교통부에서 2022년 11월 발간한 〈개발부담금 업무편람〉(총 377쪽)이 있긴 하지만, 조합의 임원이 스스로 작성할 수 없기는 마찬가지이다. 조력이 필요한데 외부의 비싼 비용이 드는 전문업체에 의뢰하지 않는 방법으로 조력을 받을 수 있는 방법이 있으면 좋겠다.

샘플을 만들든지, 안내문을 만들든지, 규정을 좀 더 명확하게 하든지 하는 노력들이 있으면 좋겠다. 제출된 보고서를 검토한 구청 공무원이 일부 항목에 대한 금액을 가감하는 것을 보니 충분히 그러한 역량이 있을 것 같다. 서민들이 비용을 절약할 수 있도록 적극적인 행정이 필요해 보인다.

참고 개발부담금 부과·징수업무 절차도(출처: 개발부담금 업무 편람, 국토교통부, 2022년 11월)

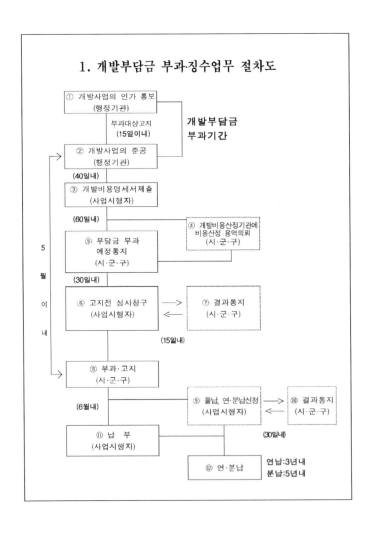

구분	내용
① 개발사업의 인가 (개발부담금 부과개시시점)	○ 인가권자 : 관계 행정청 ○ 부과대상 : 시행령 별표1에 열거된 사업 ※ 부과대상의 고지(법 제25조, 영 제27조, 규칙 제22조) ○ 시장·군수·구청장은 개발사업의 인가 등이 통보된 날부터 15일 이내에 납부 의무자에게 개발부담금 부과사항을 미리 고지
② 개발사업의 준공(법 제9조3항) (개발부담금 부과종료시점)	○ 준공일 : 사용검사일(준공전이라도 건축물의 사용 또는 사업토지의 처분시 에는 이를 준공으로 간주)
③ 개발비용명세서 제출 (법 제24조)	○ 제출자 : 사업시행자(납부의무자) ○ 개발비용 : 개발사업의 시행과 관련하여 지출된 순공사비 등, 기부채납 비 용 등 ○ 제출기한 : 사업종료 후 40일 내 ○ 벌칙 : 기한내 미제출시 100만 원, 3개월 이내에 미제출하거나 거짓으로 제 출할 경우 200만 원의 과태료 부과
④ 개발비용 산정기관에 비용산정 용역의뢰 (영 제12조제5항)	○ 의뢰기관 : 시장·군수·구청장(사업시행자가 제출한 비용명세서의 사실여부 확인이 필요할 경우에 용역의뢰) ○ 개발비용 산정기관 : 개발비용 산정기관의 요건(규칙 제10조의2)을 갖춘 기 관 ※ 개발부담금 산정(법 제8조 내지 제13조, 영 제7조 내지 제14조) ○ 산정기관 : 토지소재지 관할 시장·군수·구청장 ○ 산정방법 : 종료시점지가에 개시시점지가와 개발비용, 사업기간중의 정상 지가상승분을 공제하고 남은 개발이익의 20% 또는 25%를 부과 ※ 종료시점지가 : 종료시점 당시의 당해 토지와 유사한 표준지의 공시지가를 기준으로 부동산가격공시법에 의한 비교표에 의하여 산정한 금액을 기준 으로 부과종료시점까지의 정상지가상승분의 합 (예외적으로 아파트 분양 가 등 처분가가 제한된 경우에는 그 처분가로 산정) ※ 개시시점지가 : 개시시점 당시의 개별공시지가를 기준으로 부과개시시점 까지의 정상지가상승분의 합(예외적으로 국가 등 공공기관으로 부터 매입 한 경우에 매입가로 산정) ※ 정상지가상승분 : 해당 시·군·구의 평균지가변동율 단, 기부채납토지와 부 과기간 동안의 정상지가상승분은 평균지가변동율과 정기예금이자율 중 높은율 적용
⑤ 부담금부과 예정통지 (영 제15조)	○ 사업시행자가 개발비용명세서를 제출하면 부과권자는 60일 내에 부담금 을 산정하여 부과예정통지
⑥ 고지전 심사청구 (영 제16조제1항)	○ 사업시행자는 부담금 부과예정통지에서 산출한 부담금에 이의가 있는 경 우에는 30일 내에 부과권자에게 고지전 심사청구

⑦ 심사청구에 대한 결과통지 (영 제16조3항)	○ 부과권자는 심사청구에 대한 심사를 한 후 15일 내에 그 결과를 사업시행자에게 통지
⑧ 부과·고지 (법 제14조, 영 제19조)	○ 부과권자는 사업 종료 후 5월 내에 개발부담금 부과고지
⑨ 물납, 연·분납신청 (법 제20조제2항·3항, 영 제20조)	○ 물납신청 : 현금대신 토지 또는 건축물로 물납(물납부동산 가액이 부담금부과액을 초과하지 못함) 물납토지가액은 개별공시지가로 산정, 물납건축물은 시가표준액으로 산정) ○ 연·분납신청 : 재해 또는 부도 등 사유가 있는 경우에는 3년의 범위 내에서 납부연기 또는 5년의 범위 내에서 분납 가능
⑩ 물납 또는 연·분납신청 결과통지 (법 제20조, 영 제24조)	○ 부과권자는 신청 후 30일 내에 물납허용 여부 및 연·분납허용 여부에 대한 결과통지
⑪ 납부(법 제18조제1항)	○ 사업시행자는 부과고지후 6월 내 부담금 납부
⑫ 연·분납(법 제20조)	○ 납부연기 : 3년 범위 내 ○ 분할납부 : 5년 범위 내 ○ 연·분납의 경우에는 유예기간이 1년 이상 시 1년 초과기간에 대하여 별도 고시하는 이자율로 산정한 금액을 가산하여 징수

제19편

완료

제1장 중도 해산 및 사업 종결

2020년 1월 23일에 주택법 제14조의2(주택조합의 해산 등)가 신설되어 2020년 7월 24일에 시행 됨. [종전 제14조의2는 제14조의4로 이동]

1. 주택조합 설립인가를 받은 날부터 3년이 되는 날까지 사업계획승인을 받지 못하는 경우 중 도 해산 여부를, 조합원 모집 신고가 수리된 날부터 2년이 되는 날까지 주택조합 설립인가 를 받지 못하는 경우 사업 종결 여부를 대통령령으로 정하는 바에 따라 총회의 의결을 거 쳐 결정하여야 한다.

> 주택법 제14조의2(주택조합의 해산 등)
> ① 주택조합은 제11조제1항에 따른 주택조합의 설립인가를 받은 날부터 3년이 되는 날까지 사업계획승 인을 받지 못하는 경우 대통령령으로 정하는 바에 따라 총회의 의결을 거쳐 해산 여부를 결정하여야 한다.
> ② 주택조합의 발기인은 제11조의3제1항에 따른 조합원 모집 신고가 수리된 날부터 2년이 되는 날까지 주 택조합 설립인가를 받지 못하는 경우 대통령령으로 정하는 바에 따라 주택조합 가입 신청자 전원으로 구성되는 총회 의결을 거쳐 주택조합 사업의 종결 여부를 결정하도록 하여야 한다.

2020년 7월 24일 전에 조합원 모집 신고를 하였으나 2020년 7월 24일 현재 조합 설립인가 를 받지 않은 경우, 이 법 시행일은 조합원 모집 신고가 수리된 날로 본다. (즉, 2020년 7월 24 일 부터 2년이 되는 날인 2022년 7월 23일 까지 조합 설립인가를 받지 않은 경우 사업종결여부를 총회 의 의결을 거쳐 결정해야 한다는 뜻임.)

2020년 7월 24일 전에 조합 설립인가를 받았으나 2020년 7월 24일 현재 사업계획 승인을 받지 않은 경우, 이 법 시행일은 조합 설립인가를 받은 날로 본다.

주택법 부칙 <법률 제16870호, 2020. 1. 23.> 제6조(주택조합의 해산에 관한 적용례)

① 이 법 시행 전에 조합원 모집 신고를 하였으나 이 법 시행일 현재 주택조합 설립인가를 받지 않은 경우(법률 제14344호 주택법 일부개정법률 부칙 제4조의 규정에 따라 조합원 모집 신고를 하지 않았으나 이 법 시행일 현재 주택조합 설립인가를 받지 않은 경우를 포함한다)에는 제14조의2제2항의 개정규정을 적용함에 있어 이 법 시행일을 제11조의3제1항에 따른 조합원 모집 신고가 수리된 날로 본다.

② 이 법 시행 전에 주택조합 설립인가를 받았으나 이 법 시행일 현재 사업계획 승인을 받지 않은 경우에는 제14조의2제1항의 개정규정을 적용함에 있어 이 법 시행일을 제11조제1항에 따른 주택조합의 설립인가를 받은 날로 본다.

표준규약 제52조(조합의 해산)

① 조합은 조합설립인가 후 3년이 지나는 날까지 사업계획승인을 받지 못하는 경우 총회 의결을 거쳐 해산 여부를 결정하여야 한다.

【주】조합의 해산은 제23조 및 제24조에 따라 재적조합원 2/3 이상의 출석과 출석조합원 2/3 이상의 찬성으로 의결할 수 있음.

② 주택조합의 발기인은 조합원 모집 신고가 수리된 날부터 2년이 되는 날까지 주택조합 설립인가를 받지 못하는 경우 주택조합 가입 신청자 전원으로 구성되는 총회 의결을 거쳐 주택조합 사업의 종결 여부를 결정하도록 하여야 한다.

2. 주택조합의 중도 해산 또는 사업 종결 여부를 결정하려는 경우에는 다음 각 호의 구분에 따른 날부터 3개월 이내에 총회를 개최해야 한다.

- 조합 설립인가를 받은 날부터 3년이 되는 날까지 사업계획승인을 받지 못하는 경우: 해당 설립인가를 받은 날부터 3년이 되는 날

- 조합원 모집 신고가 수리된 날부터 2년이 되는 날까지 주택조합 설립인가를 받지 못하는 경우: 해당 조합원 모집 신고가 수리된 날부터 2년이 되는 날

주택법 시행령 제25조의2(주택조합의 해산 등)

① 주택조합 또는 주택조합의 발기인은 법 제14조의2제1항 또는 제2항에 따라 주택조합의 해산 또는 주택조합 사업의 종결 여부를 결정하려는 경우에는 다음 각 호의 구분에 따른 날부터 3개월 이내에 총회를 개최해야 한다.

  1. 법 제11조제1항에 따른 주택조합 설립인가를 받은 날부터 3년이 되는 날까지 사업계획승인을 받지 못하는 경우: 해당 설립인가를 받은 날부터 3년이 되는 날

  2. 법 제11조의3제1항에 따른 조합원 모집 신고가 수리된 날부터 2년이 되는 날까지 주택조합 설립인가를 받지 못하는 경우: 해당 조합원 모집 신고가 수리된 날부터 2년이 되는 날

3. 중도 해산 또는 사업 종결 여부를 결정하는 총회를 소집하려는 주택조합의 임원 또는 발기인은 총회가 개최되기 7일 전까지 회의 목적, 안건, 일시 및 장소를 정하여 조합원 또는 주택조합 가입 신청자에게 통지하여야 한다. 위반 시 벌칙 조항이 있다.

> 주택법 제14조의2(주택조합의 해산 등)
> ③ 제1항 또는 제2항에 따라 총회를 소집하려는 주택조합의 임원 또는 발기인은 총회가 개최되기 7일 전까지 회의 목적, 안건, 일시 및 장소를 정하여 조합원 또는 주택조합 가입 신청자에게 통지하여야 한다.
>
> 주택법 제104조(벌칙) 다음 각 호의 어느 하나에 해당하는 자는 1년 이하의 징역 또는 1천만원 이하의 벌금에 처한다. <개정 2019. 12. 10., 2020. 1. 23., 2020. 6. 9., 2020. 8. 18.>
> 4의3. 제14조의2제3항을 위반하여 총회의 개최를 통지하지 아니한 자

4. 총회에서 주택조합 사업의 종결 여부를 결정하는 경우, 사업의 종결 시 회계 보고에 관한 사항, 청산 절차, 청산금의 징수·지급 방법 및 지급 절차 등 청산 계획에 관한 사항을 포함해야 한다.

> 주택법 시행령 제25조의2(주택조합의 해산 등)
> ② 법 제14조의2제2항에 따라 개최하는 총회에서 주택조합 사업의 종결 여부를 결정하는 경우 다음 각 호의 사항을 포함해야 한다.
> 　1. 사업의 종결 시 회계보고에 관한 사항
> 　2. 청산 절차, 청산금의 징수·지급방법 및 지급절차 등 청산 계획에 관한 사항
>
> 표준규약 제52조(조합의 해산)
> ③ 제2항에 따라 개최하는 총회에서 주택조합 사업의 종결 여부를 결정하는 경우 다음 각 호의 사항을 포함해야 한다.
> 　1. 사업의 종결 시 회계보고에 관한 사항
> 　2. 청산 절차, 청산금의 징수·지급방법 및 지급절차 등 청산 계획에 관한 사항

5. 사업 종결 여부를 결정하기 위하여 개최하는 총회는 가입 신청자의 3분의 2 이상의 찬성과, 가입 신청자의 20% 이상이 직접 출석해야 한다. 감염병의 예방 및 관리에 관한 법률에 따라 시·군·구에 여러 사람의 집합을 제한하거나 금지하는 조치가 내려진 경우에는 전자적 방법으로 총회를 개최해야 한다. 이 경우 조합원의 의결권 행사는 「전자서명법」에 따른 전자서명 및 인증서를 통해 본인 확인을 거쳐 전자적 방법으로 해야 한다. 이 경우 주택법 시행령 제20조제6항 각 호의 사항을 조합원에게 통지해야 한다.

주택법 시행령 제25조의2(주택조합의 해산 등)

③ 법 제14조의2제2항에 따라 개최하는 총회는 다음의 요건을 모두 충족해야 한다. <개정 2021. 2. 19.>

    1. 주택조합 가입 신청자의 3분의 2 이상의 찬성으로 의결할 것

    2. 주택조합 가입 신청자의 100분의 20 이상이 직접 출석할 것. 다만, 제20조제5항 전단에 해당하는 경우는 제외한다.

    3. 제2호 단서의 경우에는 제20조제5항 후단 및 같은 조 제6항에 따를 것. 이 경우 "조합원"은 "주택조합 가입 신청자"로 본다.

주택법 시행령 제20조(주택조합의 설립인가 등)

⑤ 제4항에도 불구하고 총회의 소집시기에 해당 주택건설대지가 위치한 특별자치시·특별자치도·시·군·구(자치 구를 말하며, 이하 "시·군·구"라 한다)에 「감염병의 예방 및 관리에 관한 법률」 제49조제1항제2호에 따라 여러 사람의 집합을 제한하거나 금지하는 조치가 내려진 경우에는 전자적 방법으로 총회를 개최해야 한다. 이 경우 조합원의 의결권 행사는 「전자서명법」 제2조제2호 및 제6호의 전자서명 및 인증서(서명자의 실제 이름을 확인할 수 있는 것으로 한정한다)를 통해 본인 확인을 거쳐 전자적 방법으로 해야 한다. <신설 2021. 2. 19.>

⑥ 주택조합은 제5항에 따라 전자적 방법으로 총회를 개최하려는 경우 다음 각 호의 사항을 조합원에게 사전에 통지해야 한다. <신설 2021. 2. 19.>

    1. 총회의 의결사항

    2. 전자투표를 하는 방법

    3. 전자투표 기간

    4. 그 밖에 전자투표 실시에 필요한 기술적인 사항

표준규약 제52조(조합의 해산)

④ 제2항에 따라 개최하는 총회는 다음의 요건을 모두 충족하여야 한다.

    1. 주택조합 가입 신청자의 3분의 2 이상의 찬성으로 의결할 것

    2. 주택조합 가입 신청자의 100분의 20 이상이 직접 출석

【주】사업의 종결 여부를 위한 총회 의결은 「주택법」 시행령 제25조의2에서 규정하고 있음.

6. 주택조합의 발기인은 사업 종결 여부를 결정하기 위한 총회의 결과를 10일 이내에 서면으로 관할 시장·군수·구청장에게 통지하여야 한다. (사업 종결을 결의한 경우에는 총회의 결과 청산 계획을 포함한다.)

주택법 제14조의2(주택조합의 해산 등)

⑤ 주택조합의 발기인은 제2항에 따른 총회의 결과(사업의 종결을 결의한 경우에는 청산계획을 포함한다)를 관할 시장·군수·구청장에게 국토교통부령으로 정하는 바에 따라 통지하여야 한다.

주택법 시행규칙 제11조의2(총회 결과의 통지)

주택조합의 발기인은 법 제14조의2제5항에 따라 총회의 결과를 총회 개최일부터 10일 이내에 서면으로 관할 시장·군수·구청장에게 통지해야 한다.

[본조신설 2020. 7. 24.][종전 제11조의2는 제11조의3으로 이동 <2020. 7. 24.>]

---

7. 주택조합을 해산하려는 경우 시장·군수·구청장의 인가를 받아야 하며, 해산인가를 하거나 주택법 제14조제2항 각 호의 사유로 설립인가를 취소하였을 때에는 주택조합설립인가대장에 그 내용을 적고, 인가필증을 회수하여야 한다.

주택법 시행규칙 제7조(주택조합의 설립인가신청 등)

⑧ 시장·군수·구청장은 법 제11조제1항에 따라 주택조합의 해산인가를 하거나 법 제14조제2항에 따라 주택조합의 설립인가를 취소하였을 때에는 주택조합설립인가대장에 그 내용을 적고,인가필증을 회수하여야 한다.

주택법 제11조(주택조합의 설립 등)

① 많은 수의 구성원이 주택을 마련하거나 리모델링하기 위하여 주택조합을 설립하려는 경우(제5항에 따른 직장주택조합의 경우는 제외한다)에는 관할 특별자치시장, 특별자치도지사, 시장, 군수 또는 구청장(구청장은 자치구의 구청장을 말하며, 이하 "시장·군수·구청장"이라 한다)의 인가를 받아야 한다. 인가 받은 내용을 변경하거나 주택조합을 해산하려는 경우에도 또한 같다.

주택법 제14조(주택조합에 대한 감독 등)

② 시장·군수·구청장은 주택조합 또는 주택조합의 구성원이 다음 각 호의 어느 하나에 해당하는 경우에는 주택조합의 설립인가를 취소할 수 있다.

  1. 거짓이나 그 밖의 부정한 방법으로 설립인가를 받은 경우

  2. 제94조에 따른 명령이나 처분을 위반한 경우

---

8. 해산인가를 받으려는 자는 신청서에 조합해산의 결의를 위한 총회의 의결정족수에 해당하는 조합원의 동의를 받은 정산서 및 의결정족수 및 의결절차 서류를 첨부하여야 한다. 중도 해산의 경우 표준규약에서는 재적조합원 3분의 2 이상의 출석과 출석조합원 3분의 2 이상의 찬성으로 의결하도록 되어 있다.

> 주택법 시행령 제20조(주택조합의 설립인가 등)
> ① 법 제11조제1항에 따라 주택조합의 설립·변경 또는 해산의 인가를 받으려는 자는 신청서에 다음 각 호의 구분에 따른 서류를 첨부하여 주택건설대지(리모델링주택조합의 경우에는 해당 주택의 소재지를 말한다. 이하 같다)를 관할하는 시장·군수·구청장에게 제출해야 한다. <개정 2019. 10. 22., 2020. 7. 24.>
>   3. 해산인가신청: 조합해산의 결의를 위한 총회의 의결정족수에 해당하는 조합원의 동의를 받은 정산서
>   9. 총회의 의결을 필요로 하는 사항과 그 의결정족수 및 의결절차
> ④ 총회의 의결을 하는 경우에는 조합원의 100분의 10 이상이 직접 출석하여야 한다. 다만, 창립총회 또는 제3항에 따라 국토교통부령으로 정하는 사항을 의결하는 총회의 경우에는 조합원의 100분의 20 이상이 직접 출석하여야 한다. <신설 2017. 6. 2.>

> 표준규약 제24조(총회의 의결방법)
> ① 총회에서 의결을 하는 경우에는 조합원의 100분의 10(창립총회, 「주택법 시행규칙」 제7조제5항에 따라 반드시 총회의 의결을 거쳐야 하는 사항을 의결하는 총회의 경우에는 조합원의 100분의 20을 말한다) 이상이 직접 출석하여야 한다.
> ③ 제1항에 불구하고 다음 각 호에 관한 사항은 재적조합원 2/3 이상의 출석과 출석조합원 2/3 이상의 찬성으로 의결한다.
>   1. 사업종료의 경우를 제외하고 조합해산을 의결하는 경우

9. 중도 해산이나 사업 종결을 결의한 경우 주택조합의 임원이나 발기인이 청산인이 된다. 다만, 조합규약 또는 총회의 결의로 정한 경우에는 그에 따른다.

> 주택법 제14조의2(주택조합의 해산 등)
> ④ 제1항에 따라 해산을 결의하거나 제2항에 따라 사업의 종결을 결의하는 경우 대통령령으로 정하는 바에 따라 청산인을 선임하여야 한다.

> 주택법 시행령 제25조의2(주택조합의 해산 등)
> ④ 주택조합의 해산 또는 사업의 종결을 결의한 경우에는 법 제14조의2제4항에 따라 주택조합의 임원 또는 발기인이 청산인이 된다. 다만, 조합규약 또는 총회의 결의로 달리 정한 경우에는 그에 따른다.

10. 국토교통부장관 또는 지방자치단체의 장은 필요하다고 인정할 때에는 주택조합에 필요한 보고를 하게 하거나, 관계 공무원으로 하여금 사업장에 출입하여 필요한 검사를 하게 할 수 있다. 검사를 할 때에는 검사 7일 전까지 검사 일시, 검사 이유 및 검사 내용 등 검사계획을 주택조합에 알려야 한다. 다만, 긴급한 경우나 사전에 통지하면 증거인멸 등으로 검사목적을 달성할 수 없다고 인정하는 경우에는 그러하지 아니하다.

> 주택법 제93조(보고·검사 등)
> ① 국토교통부장관 또는 지방자치단체의 장은 필요하다고 인정할 때에는 이 법에 따른 인가·승인 또는 등록을 한 자에게 필요한 보고를 하게 하거나, 관계 공무원으로 하여금 사업장에 출입하여 필요한 검사를 하게 할 수 있다.
> ② 제1항에 따른 검사를 할 때에는 검사 7일 전까지 검사 일시, 검사 이유 및 검사 내용 등 검사계획을 검사를 받을 자에게 알려야 한다. 다만, 긴급한 경우나 사전에 통지하면 증거인멸 등으로 검사 목적을 달성할 수 없다고 인정하는 경우에는 그러하지 아니하다.
> ③ 제1항에 따라 검사를 하는 공무원은 그 권한을 나타내는 증표를 지니고 이를 관계인에게 내보여야 한다.

11. 시장·군수·구청장은 모집주체가 주택법을 위반한 경우 시정요구 등 필요한 조치를 명할 수 있다. 위반 시 벌칙 조항이 있다.

> 주택법 제14조(주택조합에 대한 감독 등)
> ④ 시장·군수·구청장은 모집주체가 이 법을 위반한 경우 시정요구 등 필요한 조치를 명할 수 있다. <신설 2019. 12. 10.>

> 주택법 제104조(벌칙)
> 다음 각 호의 어느 하나에 해당하는 자는 1년 이하의 징역 또는 1천만원 이하의 벌금에 처한다. <개정 2019. 12. 10., 2020. 1. 23., 2020. 6. 9., 2020. 8. 18.>
> 4의2. 제14조제4항에 따른 시정요구 등의 명령을 위반한 자

제2장 | 사용검사, 준공검사 및 사용승인

사업주체는 주택건설사업을 완료한 경우에는 신청서에 감리자의 감리의견서를 첨부하여 사용검사권자인 시장·군수·구청장에게 제출하여 사용검사를 받아야 한다. 공구별로 분할하여 주택을 건설한 경우에는 '분할 사용검사'를 받을 수 있고, 주택법 시행령 제54조제2항 각 호의 어느 하나에 해당하는 경우 '동별 사용검사'를 받을 수 있다. 사용검사권자는 사용검사를 할 때 주택이 사업계획의 내용에 적합한지 사용검사를 받기 전까지 조치해야 하는 하자를 조치 완료했는지 여부를 확인하여야 한다. 사용검사는 신청일로부터 15일 이내에 해야 한다.

주택법 제49조(사용검사 등)

① 사업주체는 제15조에 따른 사업계획승인을 받아 시행하는 주택건설사업 또는 대지조성사업을 완료한 경우에는 주택 또는 대지에 대하여 국토교통부령으로 정하는 바에 따라 시장·군수·구청장(국가 또는 한국토지주택공사가 사업주체인 경우와 대통령령으로 정하는 경우에는 국토교통부장관을 말한다. 이하 이 조에서 같다)의 사용검사를 받아야 한다. 다만, 제15조제3항에 따라 사업계획을 승인받은 경우에는 완공된 주택에 대하여 공구별로 사용검사(이하 "분할 사용검사"라 한다)를 받을 수 있고, 사업계획승인 조건의 미이행 등 대통령령으로 정하는 사유가 있는 경우에는 공사가 완료된 주택에 대하여 동별로 사용검사(이하 "동별 사용검사"라 한다)를 받을 수 있다.

주택법 시행규칙 제21조(사용검사 등)

① 법 제49조 및 영 제56조제2항에 따라 사용검사를 받거나 임시 사용승인을 받으려는 자는 별지 제23호서식의 신청서에 다음 각 호의 서류를 첨부하여 사용검사권자에게 제출(전자문서에 따른 제출을 포함한다)해야 한다. <개정 2020. 4. 1.>

　1. 감리자의 감리의견서(주택건설사업인 경우만 해당한다)

　2. 시공자의 공사확인서(영 제55조제1항 단서에 따라 입주예정자대표회의가 사용검사 또는 임시 사용승인을 신청하는 경우만 해당한다)

주택법 시행령 제54조(사용검사 등)

① 법 제49조제1항 본문에서 "대통령령으로 정하는 경우"란 제27조제3항 각 호에 해당하여 국토교통부장관으로부터 법 제15조에 따른 사업계획의 승인을 받은 경우를 말한다.

② 법 제49조제1항 단서에서 "사업계획승인 조건의 미이행 등 대통령령으로 정하는 사유가 있는 경우"란 다음 각 호의 어느 하나에 해당하는 경우를 말한다.

  1. 법 제15조에 따른 사업계획승인의 조건으로 부과된 사항의 미이행

  2. 하나의 주택단지의 입주자를 분할 모집하여 전체 단지의 사용검사를 마치기 전에 입주가 필요한 경우

  3. 그 밖에 사업계획승인권자가 동별로 사용검사를 받을 필요가 있다고 인정하는 경우

③ 사용검사권자는 사용검사를 할 때 다음 각 호의 사항을 확인해야 한다. <개정 2020. 12. 22.>

  1. 주택 또는 대지가 사업계획의 내용에 적합한지 여부

  2. 법 제48조의2제3항, 제48조의3제6항 후단, 이 영 제53조의2제2항 및 제53조의6제6항에 따라 사용검사를 받기 전까지 조치해야 하는 하자를 조치 완료했는지 여부

④ 제3항에 따른 사용검사는 신청일부터 15일 이내에 하여야 한다.

사용검사를 받은 후가 아니면 주택을 사용하게 하거나 사용할 수 없다. 다만, 사용검사권자의 '임시 사용승인'을 받은 경우(건축물의 동별로 공사가 완료된 경우 가능)에는 주택을 사용하게 할 수 있으며, 세대별로 '임시 사용승인'을 할 수 있다. 사용검사권자는 확인 결과 적합한 경우에는 사용검사 확인증 또는 임시사용승인서를 발급하여야 한다.

주택법 제49조(사용검사 등)

④ 사업주체 또는 입주예정자는 제1항에 따른 사용검사를 받은 후가 아니면 주택 또는 대지를 사용하게 하거나 이를 사용할 수 없다. 다만, 대통령령으로 정하는 경우로서 사용검사권자의 임시 사용승인을 받은 경우에는 그러하지 아니하다.

주택법 시행령 제56조(임시 사용승인)

① 법 제49조제4항 단서에서 "대통령령으로 정하는 경우"란 다음 각 호의 구분에 따른 경우를 말한다.

  1. 주택건설사업의 경우: 건축물의 동별로 공사가 완료된 경우

  2. 대지조성사업의 경우: 구획별로 공사가 완료된 경우

② 법 제49조제4항 단서에 따른 임시 사용승인을 받으려는 자는 국토교통부령으로 정하는 바에 따라 사용검사권자에게 임시 사용승인을 신청하여야 한다.

③ 사용검사권자는 제2항에 따른 신청을 받은 때에는 임시 사용승인대상인 주택 또는 대지가 사업계획의 내용에 적합하고 사용에 지장이 없는 경우에만 임시사용을 승인할 수 있다. 이 경우 임시 사용승인의 대상이 공동주택인 경우에는 세대별로 임시 사용승인을 할 수 있다.

필관조합의 경우 기반시설공사가 완료되지 않아 '동별 사용검사'(동별로 공사가 완료된 경우와는 다름)를 받고 입주했다.

향후, 사업계획승인 조건으로 부과된 도시계획시설(도로 및 소공원)이 완료되면 「국토의 계획 및 이용에 관한 법률」 제62조에 따라 도시·군계획시설사업 '준공검사'를 받아야 한다.

사용검사를 받았을 때에는 주택법 제19조(다른 법률에 따른 인가·허가 등의 의제 등) 제1항에 따라 의제되는 인·허가 등에 따른 해당 사업의 사용승인·준공검사 또는 준공인가 등을 받은 것으로 본다. 이 경우 사용검사권자는 미리 관계행정기관의 장과 협의하여야 한다. 협의 요청을 받은 관계행정기관의 장은 정당한 사유가 없으면 그 요청을 받은 날부터 10일 이내에 의견을 제시하여야 한다.

주택법 제49조(사용검사 등)

② 사업주체가 제1항에 따른 사용검사를 받았을 때에는 제19조제1항에 따라 의제되는 인·허가등에 따른 해당 사업의 사용승인·준공검사 또는 준공인가 등을 받은 것으로 본다. 이 경우 사용검사권자는 미리 관계 행정기관의 장과 협의하여야 한다. <개정 2020. 1. 23.>

주택법 시행령 제54조(사용검사 등)

⑤ 법 제49조제2항 후단에 따라 협의 요청을 받은 관계 행정기관의 장은 정당한 사유가 없으면 그 요청을 받은 날부터 10일 이내에 의견을 제시하여야 한다.

주택법 제49조제3항 각 호의 어느 하나에 해당하는 경우와 같이, 주택조합이 아닌 자가 사용검사를 받을 수 있는 경우도 있다.

주택법 제49조(사용검사 등)

③ 제1항에도 불구하고 다음 각 호의 구분에 따라 해당 주택의 시공을 보증한 자, 해당 주택의 시공자 또는 입주예정자는 대통령령으로 정하는 바에 따라 사용검사를 받을 수 있다.
  1. 사업주체가 파산 등으로 사용검사를 받을 수 없는 경우에는 해당 주택의 시공을 보증한 자 또는 입주예정자
  2. 사업주체가 정당한 이유 없이 사용검사를 위한 절차를 이행하지 아니하는 경우에는 해당 주택의 시공을 보증한 자, 해당 주택의 시공자 또는 입주예정자. 이 경우 사용검사권자는 사업주체가 사용검사를 받지 아니하는 정당한 이유를 밝히지 못하면 사용검사를 거부하거나 지연할 수 없다.

주택법 시행령 제55조(시공보증자 등의 사용검사)

① 사업주체가 파산 등으로 주택건설사업을 계속할 수 없는 경우에는 법 제49조제3항제1호에 따라 해당 주택의 시공을 보증한 자(이하 "시공보증자"라 한다)가 잔여공사를 시공하고 사용검사를 받아야 한다. 다만, 시공보증자가 없거나 파산 등으로 시공을 할 수 없는 경우에는 입주예정자의 대표회의(이하 "입주예정자대표회의"라 한다)가 시공자를 정하여 잔여공사를 시공하고 사용검사를 받아야 한다.

---

② 제1항에 따라 사용검사를 받은 경우에는 사용검사를 받은 자의 구분에 따라 시공보증자 또는 세대별 입주자의 명의로 건축물관리대장 등재 및 소유권보존등기를 할 수 있다.

③ 입주예정자대표회의의 구성·운영 등에 필요한 사항은 국토교통부령으로 정한다.

④ 법 제49조제3항제2호에 따라 시공보증자, 해당 주택의 시공자 또는 입주예정자가 사용검사를 신청하는 경우 사용검사권자는 사업주체에게 사용검사를 받지 아니하는 정당한 이유를 제출할 것을 요청하여야 한다. 이 경우 사업주체는 요청받은 날부터 7일 이내에 의견을 통지하여야 한다.

통상 준공이라 함은 공동주택에 대한 '사용검사'를 득하고 도시계획시설에 대한 '준공검사'를 득한 경우를 칭한다고 볼 수 있다. (준공은 정확한 법률 용어는 아니다.) 도시계획시설공사 완료 시 국토계획법에 따른 검사를 받아야 하는데, 이 때 사용하는 용어가 준공검사이다. 이와 관련한 법률 내용을 참고 삼아서 한번 보자.

국토의 계획 및 이용에 관한 법률 제98조(공사완료의 공고 등)

① 도시·군계획시설사업의 시행자(국토교통부장관, 시·도지사와 대도시 시장은 제외한다)는 도시·군계획시설사업의 공사를 마친 때에는 국토교통부령으로 정하는 바에 따라 공사완료보고서를 작성하여 시·도지사나 대도시 시장의 준공검사를 받아야 한다. <개정 2011. 4. 14., 2013. 3. 23.>

② 시·도지사나 대도시 시장은 제1항에 따른 공사완료보고서를 받으면 지체 없이 준공검사를 하여야 한다.

③ 시·도지사나 대도시 시장은 제2항에 따른 준공검사를 한 결과 실시계획대로 완료되었다고 인정되는 경우에는 도시·군계획시설사업의 시행자에게 준공검사증명서를 발급하고 공사완료 공고를 하여야 한다. <개정 2011. 4. 14.>

④ 국토교통부장관, 시·도지사 또는 대도시 시장인 도시·군계획시설사업의 시행자는 도시·군계획시설사업의 공사를 마친 때에는 공사완료 공고를 하여야 한다. <개정 2011. 4. 14., 2013. 3. 23.>

⑤ 제2항에 따라 준공검사를 하거나 제4항에 따라 공사완료 공고를 할 때에 국토교통부장관, 시·도지사 또는 대도시 시장이 제92조에 따라 의제되는 인·허가등에 따른 준공검사·준공인가 등에 관하여 제7항에 따라 관계 행정기관의 장과 협의한 사항에 대하여는 그 준공검사·준공인가 등을 받은 것으로 본다. <개정 2013. 3. 23.>

⑥ 도시·군계획시설사업의 시행자(국토교통부장관, 시·도지사와 대도시 시장은 제외한다)는 제5항에 따른 준공검사·준공인가 등의 의제를 받으려면 제1항에 따른 준공검사를 신청할 때에 해당 법률에서 정하는 관련 서류를 함께 제출하여야 한다. <개정 2011. 4. 14., 2013. 3. 23.>

⑦ 국토교통부장관, 시·도지사 또는 대도시 시장은 제2항에 따른 준공검사를 하거나 제4항에 따라 공사완료 공고를 할 때에 그 내용에 제92조에 따라 의제되는 인·허가등에 따른 준공검사·준공인가 등에 해당하는 사항이 있으면 미리 관계 행정기관의 장과 협의하여야 한다. <개정 2013. 3. 23.>

⑧ 국토교통부장관은 제5항에 따라 의제되는 준공검사·준공인가 등의 처리기준을 관계 중앙행정기관으로부터 받아 통합하여 고시하여야 한다. <개정 2013. 3. 23.> [전문개정 2009. 2. 6.]

주택법의 '사용검사'와 유사하게 건축법에서는 '사용승인'이라는 용어를 사용하고 있다. 주택조합은 공동주택에 대한 사용검사 후 건축물대장을 작성하는데, 건축물대장 총 3쪽 중 제2쪽에는 허가일, 착공일 및 사용승인일 기입란이 있는데, 사용승인일란에 사용검사일이 기입되는 점을 감안하면 사용승인과 사용검사는 같은 개념으로 사용하는 것으로 보인다.

■ 건축물대장의 기재 및 관리 등에 관한 규칙 [별지 제1호서식]										(3쪽 중 제2쪽)
대지위치				명칭				호수/가구수/세대수		
지번		지번 관련 주소		도로명주소						
				도로명수소 관련 주소						

구분	성명 또는 명칭	면허(등록)번호	※주차장					승강기		인허가 시기
			구분	옥내	옥외	인근	면제	승용 대 / 비상용 대		허가일
건축주			자주식	대 ㎡	대 ㎡	대 ㎡		※하수처리시설	※급수설비(저수조) 구분 / 수량 및 총 용량 개 ㎡	착공일
설계자			기계식	대 ㎡	대 ㎡	대 ㎡	대	형식 / 지상		
공사감리자			전기차	대 ㎡	대 ㎡	대 ㎡		용량 / 지하	개 ㎡	사용승인일
공사시공자 (현장관리인)									개 ㎡	

※건축물 인증 현황			건축물 구조 현황		건축물 관리 현황	
인증명	유효기간	성능	내진설계 적용 여부	내진능력	관리계획 수립 여부 (해당, 미해당)	
			특수구조 건축물 [해당(유형:), 미해당]	지하수위 G.L m	건축물 관리점검 현황	
			기초형식: [ ] 지내력기초(1/㎡) [ ] 파일기초	구조설계해석법: [ ] 등가정적해석법 [ ] 동적해석법	종류 / 점검유효기간	

변동사항				그 밖의 기재사항
변동일	변동내용 및 원인	변동일	변동내용 및 원인	

※ 표시 항목은 총괄표제부가 있는 경우에는 적지 않을 수 있습니다.

건축법에서 규정하고 있는 건축물의 사용승인과 관련한 법률 내용도 참고로 알아두자.

건축법 제22조(건축물의 사용승인)

① 건축주가 제11조·제14조 또는 제20조제1항에 따라 허가를 받았거나 신고를 한 건축물의 건축공사를 완료[하나의 대지에 둘 이상의 건축물을 건축하는 경우 동(棟)별 공사를 완료한 경우를 포함한다]한 후 그 건축물을 사용하려면 제25조제6항에 따라 공사감리자가 작성한 감리완료보고서(같은 조 제1항에 따른 공사감리자를 지정한 경우만 해당된다)와 국토교통부령으로 정하는 공사완료도서를 첨부하여 허가권자에게 사용승인을 신청하여야 한다. <개정 2013. 3. 23., 2016. 2. 3.>

② 허가권자는 제1항에 따른 사용승인신청을 받은 경우 국토교통부령으로 정하는 기간에 다음 각 호의 사항에 대한 검사를 실시하고, 검사에 합격된 건축물에 대하여는 사용승인서를 내주어야 한다. 다만, 해당 지방자치단체의 조례로 정하는 건축물은 사용승인을 위한 검사를 실시하지 아니하고 사용승인서를 내줄 수 있다. <개정 2013. 3. 23.>
   1. 사용승인을 신청한 건축물이 이 법에 따라 허가 또는 신고한 설계도서대로 시공되었는지의 여부
   2. 감리완료보고서, 공사완료도서 등의 서류 및 도서가 적합하게 작성되었는지의 여부

③ 건축주는 제2항에 따라 사용승인을 받은 후가 아니면 건축물을 사용하거나 사용하게 할 수 없다. 다만, 다음 각 호의 어느 하나에 해당하는 경우에는 그러하지 아니하다. <개정 2013. 3. 23.>

　　1. 허가권자가 제2항에 따른 기간 내에 사용승인서를 교부하지 아니한 경우

　　2. 사용승인서를 교부받기 전에 공사가 완료된 부분이 건폐율, 용적률, 설비, 피난·방화 등 국토교통부령으로 정하는 기준에 적합한 경우로서 기간을 정하여 대통령령으로 정하는 바에 따라 임시로 사용의 승인을 한 경우

④ 건축주가 제2항에 따른 사용승인을 받은 경우에는 다음 각 호에 따른 사용승인·준공검사 또는 등록신청 등을 받거나 한 것으로 보며, 공장건축물의 경우에는 「산업집적활성화 및 공장설립에 관한 법률」 제14조의2에 따라 관련 법률의 검사 등을 받은 것으로 본다. <개정 2009. 1. 30., 2009. 6. 9., 2011. 4. 14., 2011. 5. 30., 2014. 1. 14., 2014. 6. 3., 2017. 1. 17., 2018. 3. 27., 2020. 3. 31.>

　　1. 「하수도법」 제27조에 따른 배수설비(排水設備)의 준공검사 및 같은 법 제37조에 따른 개인하수처리시설의 준공검사

　　2. 「공간정보의 구축 및 관리 등에 관한 법률」 제64조에 따른 지적공부(地籍公簿)의 변동사항 등록신청

　　3. 「승강기 안전관리법」 제28조에 따른 승강기 설치검사

　　4. 「에너지이용 합리화법」 제39조에 따른 보일러 설치검사

　　5. 「전기안전관리법」 제9조에 따른 전기설비의 사용전검사

　　6. 「정보통신공사업법」 제36조에 따른 정보통신공사의 사용전검사

　　7. 「도로법」 제62조제2항에 따른 도로점용 공사의 준공확인

　　8. 「국토의 계획 및 이용에 관한 법률」 제62조에 따른 개발 행위의 준공검사

　　9. 「국토의 계획 및 이용에 관한 법률」 제98조에 따른 도시·군계획시설사업의 준공검사

　　10. 「물환경보전법」 제37조에 따른 수질오염물질 배출시설의 가동개시의 신고

　　11. 「대기환경보전법」 제30조에 따른 대기오염물질 배출시설의 가동개시의 신고

　　12. 삭제 <2009. 6. 9.>

⑤ 허가권자는 제2항에 따른 사용승인을 하는 경우 제4항 각 호의 어느 하나에 해당하는 내용이 포함되어 있으면 관계 행정기관의 장과 미리 협의하여야 한다.

⑥ 특별시장 또는 광역시장은 제2항에 따라 사용승인을 한 경우 지체 없이 그 사실을 군수 또는 구청장에게 알려서 건축물대장에 적게 하여야 한다. 이 경우 건축물대장에는 설계자, 대통령령으로 정하는 주요 공사의 시공자, 공사감리자를 적어야 한다.

제3장 | 입주관리

1. 사전방문 및 점검

사업주체는 사용검사를 받기 전에 입주예정자가 사전방문할 수 있게 하여야 한다. 위반 시 벌칙 조항이 있다. 표준규약에서는 공사완료 30일 이전에 통보하도록 되어 있다.

주택법 제48조의2(사전방문 등)

① 사업주체는 제49조제1항에 따른 사용검사를 받기 전에 입주예정자가 해당 주택을 방문하여 공사 상태를 미리 점검(이하 "사전방문"이라 한다)할 수 있게 하여야 한다.

주택법 제16조(과태료)

① 다음 각 호의 어느 하나에 해당하는 자에게는 2천만원 이하의 과태료를 부과한다. <개정 2020. 1. 23.>

　　1. 제48조의2제1항을 위반하여 사전방문을 실시하게 하지 아니한 자

표준규약 제51조(입주 등)

① 조합원은 공사완료 30일 이전에 등록사업자가 통보한 입주자사전점검일에 공사 목적물을 사전점검 할 수 있다.

입주예정자는 방문결과 하자가 있다고 판단하는 경우 보수공사 등 적절한 조치를 해줄 것을 요청할 수 있다

주택법 제48조의2(사전방문 등)

② 입주예정자는 사전방문 결과 하자[공사상 잘못으로 인하여 균열·침하(沈下)·파손·들뜸·누수 등이 발생하여 안전상·기능상 또는 미관상의 지장을 초래할 정도의 결함을 말한다. 이하 같다]가 있다고 판단하는 경우 사업주체에게 보수공사 등 적절한 조치를 해줄 것을 요청할 수 있다.

주택법 시행령 제53조의2(사전방문 결과에 대한 조치 등)

① 법 제48조의2제2항에 따른 하자(이하 "하자"라 한다)의 범위는 「공동주택관리법 시행령」 제37조 각 호의 구분에 따르며, 하자의 판정기준은 같은 영 제47조제3항에 따라 국토교통부장관이 정하여 고시하는 바에 따른다.

「공동주택 하자의 조사, 보수비용 산정 및 하자판정기준」이 제정되어 있음

하자 조치요청을 받은 사업주체는 중대한 하자 여부에 따른 조치계획을 수립하여, 사전방문 기간의 종료일부터 7일 이내에 사용검사권자에게 해당 조치계획을 제출하고, 계획에 따라 보수공사 등의 조치를 완료해야 한다.

주택법 시행령 세53조의2(사전빙문 결과에 대한 조치 등)
② 법 제48조의2제2항에 따라 하자에 대한 조치 요청을 받은 사업주체는 같은 조 제3항에 따라 다음 긱호의 구분에 따른 시기까지 보수공사 등의 조치를 완료하기 위한 계획(이하 "조치계획"이라 한다)을 국토교통부령으로 정하는 바에 따라 수립하고, 해당 계획에 따라 보수공사 등의 조치를 완료해야 한다.
   1. 제4항에 해당하는 중대한 하자인 경우: 사용검사를 받기 전. 다만, 제5항의 사유가 있는 경우에는 입주예정자와 협의(공용부분의 경우에는 입주예정자 3분의 2 이상의 동의를 받아야 한다)하여 정하는 날로 한디.
   2. 그 밖의 하자인 경우: 다음 각 목의 구분에 따른 시기. 다만, 제5항의 사유가 있거나 입주예정자와 협의(공용부분의 경우에는 입주예정자 3분의 2 이상의 동의를 받아야 한다)한 경우에는 입주예정자와 협의하여 정하는 날로 한다.
      가. 전유부분: 입주예정자에게 인도하기 전
      나. 공용부분: 사용검사를 받기 전
③ 조치계획을 수립한 사업주체는 법 제48조의2에 따른 사전방문 기간의 종료일부터 7일 이내에 사용검사권자(법 제49조제1항에 따라 사용검사를 하는 자를 말한다. 이하 같다)에게 해당 조치계획을 제출해야 한다.

하자에 대한 조치요청을 받은 사업주체는 보수공사 등 적절한 조치를 하여야 하며, 주택법 시행령 제53조의2제4항 각 호의 어느 하나에 해당하는 하자로서 사용검사권자가 중대한 하자라고 인정하는 하자는 제5항 각 호에 해당하는 특별한 사유가 없으면 사용검사를 받기 전까지 조치를 완료하여야 한다.

주택법 제48조의2(사전방문 등)
③ 제2항에 따라 하자(제4항에 따라 사용검사권자가 하자가 아니라고 확인한 사항은 제외한다)에 대한 조치 요청을 받은 사업주체는 대통령령으로 정하는 바에 따라 보수공사 등 적절한 조치를 하여야 한다. 이 경우 입주예정자가 조치를 요청한 하자 중 대통령령으로 정하는 중대한 하자는 대통령령으로 정하는 특별한 사유가 없으면 사용검사를 받기 전까지 조치를 완료하여야 한다.

주택법 시행령 제53조의2(사전방문 결과에 대한 조치 등)

④ 법 제48조의2제3항 후단에서 "대통령령으로 정하는 중대한 하자"란 다음 각 호의 어느 하나에 해당하는 하자로서 사용검사권자가 중대한 하자라고 인정하는 하자를 말한다.

　　1. 내력구조부 하자: 다음 각 목의 어느 하나에 해당하는 결함이 있는 경우로서 공동주택의 구조안전상 심각한 위험을 초래하거나 초래할 우려가 있는 정도의 결함이 있는 경우

　　　가. 철근콘크리트 균열

　　　나. 「건축법」 제2조제1항제7호의 주요구조부의 철근 노출

　　2. 시설공사별 하자: 다음 각 목의 어느 하나에 해당하는 결함이 있는 경우로서 입주예정자가 공동주택에서 생활하는 데 안전상·기능상 심각한 지장을 초래하거나 초래할 우려가 있는 정도의 결함이 있는 경우

　　　가. 토목 구조물 등의 균열

　　　나. 옹벽·차도·보도 등의 침하(沈下)

　　　다. 누수, 누전, 가스 누출

　　　라. 가스배관 등의 부식, 배관류의 동파

　　　마. 다음의 어느 하나에 해당하는 기구·설비 등의 기능이나 작동 불량 또는 파손

　　　　1) 급수·급탕·배수·위생·소방·난방·가스 설비 및 전기·조명 기구

　　　　2) 발코니 등의 안전 난간 및 승강기

⑤ 법 제48조의2제3항 후단에서 "대통령령으로 정하는 특별한 사유"란 다음 각 호의 어느 하나에 해당하여 사용검사를 받기 전까지 중대한 하자에 대한 보수공사 등의 조치를 완료하기 어렵다고 사용검사권자로부터 인정받은 사유를 말한다.

　　1. 공사 여건상 자재, 장비 또는 인력 등의 수급이 곤란한 경우

　　2. 공정 및 공사의 특성상 사용검사를 받기 전까지 보수공사 등을 하기 곤란한 경우

　　3. 그 밖에 천재지변이나 부득이한 사유가 있는 경우

입주예정자가 요청한 사항이 하자가 아니라고 판단하는 사업주체는 사용검사권자에게 하자 여부를 확인해줄 것을 요청할 수 있다. 이 경우 사용검사권자는 품질점검단의 자문을 받는 등 대통령령으로 정하는 바에 따라 하자 여부를 확인할 수 있다

주택법 제48조의2(사전방문 등)

④ 제3항에도 불구하고 입주예정자가 요청한 사항이 하자가 아니라고 판단하는 사업주체는 대통령령으로 정하는 바에 따라 제49조제1항에 따른 사용검사를 하는 시장·군수·구청장(이하 "사용검사권자"라 한다)에게 하자 여부를 확인해줄 것을 요청할 수 있다. 이 경우 사용검사권자는 제48조의3에 따른 공동주택 품질점검단의 자문을 받는 등 대통령령으로 정하는 바에 따라 하자 여부를 확인할 수 있다.

사업주체는 조치한 내용 및 하자가 아니라고 확인받은 사실 등을 입주예정자 및 사용검사권자에게 알려야 한다.

> 주택법 제48조의2(사전방문 등)
> ⑤ 사업주체는 제3항에 따라 조치한 내용 및 제4항에 따라 하자가 아니라고 확인받은 사실 등을 대통령령으로 정하는 바에 따라 입주예정자 및 사용검사권자에게 알려야 한다.

국토교통부장관은 사전방문에 필요한 표준양식을 정하여 보급하고 활용하게 할 수 있다.

> 주택법 제48조의2(사전방문 등)
> ⑥ 국토교통부장관은 사전방문에 필요한 표준양식을 정하여 보급하고 활용하게 할 수 있다.

사업주체는 사전방문을 입주지정기간 시작일 45일 전까지 2일 이상 실시해야 하며, 사전방문기간 시작일 1개월 전까지 방문기간 및 방법 등을 포함한 사전방문계획을 수립하여 사용검사권자에게 제출하고 입주예정자에게 그 내용을 서면으로 알려야 한다. 사전 방문에 필요한 점검표를 제공하여야 한다.

> 주택법 제48조의2(사전방문 등)
> ⑦ 제2항에 따라 보수공사 등 적절한 조치가 필요한 하자의 구체적인 기준 등에 관한 사항은 대통령령으로 정하고, 제1항부터 제6항까지에서 규정한 사항 외에 사전방문의 절차 및 방법 등에 관한 사항은 국토교통부령으로 정한다.

> 주택법 시행규칙 제20조의2(사전방문의 절차 및 방법 등)
> ① 사업주체는 법 제48조의2제1항에 따른 사전방문(이하 "사전방문"이라 한다)을 주택공급계약에 따라 정한 입주지정기간 시작일 45일 전까지 2일 이상 실시해야 한다.
> ② 사업주체가 사전방문을 실시하려는 경우에는 사전방문기간 시작일 1개월 전까지 방문기간 및 방법 등 사전방문에 필요한 사항을 포함한 사전방문계획을 수립하여 사용검사권자에게 제출하고, 입주예정자에게 그 내용을 서면(전자문서를 포함한다)으로 알려야 한다.
> ③ 사업주체는 법 제48조의2제6항에 따른 표준양식을 참고하여 입주예정자에게 사전방문에 필요한 점검표를 제공해야 한다. [본조신설 2021. 1. 22.]

2. 입주

사업주체는 실제 입주가 가능한 날부터 2개월 전에 입주예정월을, 실제 입주가 가능한 날부터 1개월 전에 실제 입주가 가능한 날을 계약자에게 각각 통보해야 한다.

> 주택공급에 관한 규칙 제60조의2(입주예정일 통보 및 입주지정기간 설정)
> ① 사업주체는 제21조에 따른 입주자모집 공고에 포함된 입주예정일을 고려하여 실제 입주가 가능한 날부터 2개월 전에 입주예정월을, 실제 입주가 가능한 날부터 1개월 전에 실제 입주가 가능한 날을 제59조에 따른 주택 공급계약의 계약자에게 각각 통보해야 한다.
>
> 표준규약 제51조(입주 등)
> ② 조합은 공사를 완료하고 사용검사필증을 교부받은 때에는 등록사업자와 협의하여 조합원에게 입주일자를 통지하여야 한다.

사업주체는 60일 이상의 입주지정기간을 설정해야 한다. 다만, 500세대 미만의 경우에는 45일 이상으로 할 수 있다.

> 주택공급에 관한 규칙 제60조의2(입주예정일 통보 및 입주지정기간 설정)
> ② 사업주체는 원활한 입주를 위하여 입주가 가능한 날부터 60일 이상의 입주지정기간을 설정해야 한다. 다만, 500호 또는 500세대 미만의 주택을 공급하는 경우에는 45일 이상으로 할 수 있다.

3. 기타

입주를 위해서는 잔금, 부담금, 연체료 등을 완납하여야 한다.

> 표준규약 제51조(입주 등)
> ③ 조합원은 제2항에 따라 지정된 입주일자에 입주하는 경우, 잔금납부와 조합원 부담금, 연체료 등을 완납하여야 한다. 이를 완납하지 아니한 자에게는 입주를 허용하여서는 아니된다.

조합이 입주통지를 한 때에는 지체없이 소유자별로 등기신청을 할 수 있도록 필요한 조치를 하여야 하며, 사업부지 및 건축시설 중 일반분양한 것에 대하여는 조합명의로 등기한 후 이전등기절차를 이행하여야 한다.

사전방문 및 입주기간 동안의 입주관리 업무가 의외로 많고 전문성도 필요하며 비용도 많
이 든다(약 3억 원 정도로 추정). 필관조합의 경우 공사도급계약체결 시 시공사의 업무범위에
포함하여 다소 수월하게 시행한 바 있다.

제3조 (공사 및 업무의 범위)

① 도급계약금액의 범위에 포함되는 "乙"이 수행하여야 하는 공사 및 업무는 다음 각호와 같
다.

　1. 아파트 단지 내 건축공사를 위한 토목공사

　　[단, 철거 및 벌목(벌개제근, 분묘처리 포함), 지장물 이설(전신주 등), 방음벽공사, 지
　　하매설관로시설 및 개량공사, 지하오염토 및 매립폐기물 처리 등은 제외한다]

　2. 아파트 및 기타 부대복리시설 건축공사

　　[단, 상가 칸막이 및 부대복리시설 집기류(운동기구 및 이동식 가구류) 및 인테리어 공
　　사는 제외한다]

　3. 아파트단지내 조경공사 및 도로포장공사

　4. 위 1,2,3호 공사와 관련된 제반 인·허가 사항 및 비용

　5. 주택법 제10조 제2항에 따라 "甲"과 공동사업주체로 사업계획승인 신청

　6. 시공보증서 제공

　7. 입주관리

제4장 해산 및 청산

1. 조합의 해산

조합을 해산하려는 경우 반드시 총회의 의결을 거쳐야 한다. 해산과 관련한 의결정족수 및 의결절차는 조합규약에 포함되어야 한다. 조합원의 20% 이상 출석, 재적 조합원 과반수의 출석으로 개의하고 출석 조합원의 과반수 찬성으로 의결한다.

주택법 시행령 제20조(주택조합의 설립인가 등)
③ 제2항제9호에도 불구하고 국토교통부령으로 정하는 사항은 반드시 총회의 의결을 거쳐야 한다.

주택법 시행규칙 제7조(주택조합의 설립인가신청 등)
⑤ 영 제20조제3항에서 "국토교통부령으로 정하는 사항"이란 다음 각 호의 사항을 말한다. <개정 2017. 6. 2., 2019. 5. 31., 2020. 7. 24.>
8. 조합해산의 결의 및 해산시의 회계 보고

주택법 시행령 제20조(주택조합의 설립인가 등)
② 제1항제1호가목3)의 조합규약에는 다음 각 호의 사항이 포함되어야 한다. <개정 2017. 6. 2., 2020. 7. 24.>
9. 총회의 의결을 필요로 하는 사항과 그 의결정족수 및 의결절차

표준규약 제52조(조합의 해산)
⑤ 조합은 입주 및 등기절차가 완료된 후 지체없이 총회를 소집하여 조합의 해산을 결의해야 한다.

표준규약 제24조(총회의 의결방법)
① 총회에서 의결을 하는 경우에는 조합원의 100분의 10(창립총회, 「주택법 시행규칙」 제7조제5항에 따라 반드시 총회의 의결을 거쳐야 하는 사항을 의결하는 총회의 경우에는 조합원의 100분의 20을 말한다) 이상이 직접 출석하여야 한다.
② 총회는 이 규약에 달리 정함이 없는 한 재적조합원 과반수의 출석으로 개의하고 출석조합원의 과반수 찬성으로 의결한다.

조합을 해산하려는 경우 시장·군수·구청장의 인가를 받아야 하며, 해산인가신청서에는 조합원의 동의를 받은 정산서 및 기타 해산 인가에 필요한 서류를 첨부하여 제출해야 한다.

주택법 제11조(주택조합의 설립 등)

① 많은 수의 구성원이 주택을 마련하거나 리모델링하기 위하여 <u>주택조합을 설립하려는 경우</u>(제5항에 따른 직장주택조합의 경우는 제외한다)에는 관할 특별자치시장, 특별자치도지사, 시장, 군수 또는 구청장 (구청장은 자치구의 구청장을 말하며, 이하 "시장·군수·구청장"이라 한다)의 <u>인가를 받아야 한다.</u> 인가 받은 내용을 변경하거나 <u>주택조합을 해산하려는 경우</u>에도 또한 같다.

주택법 시행령 제20조(주택조합의 설립인가 등)

① <u>법 제11조제1항에 따라 주택조합의 설립·변경 또는 해산의 인가를 받으려는 자는</u> 신청서에 다음 각 호의 구분에 따른 서류를 첨부하여 주택건설대지(리모델링주택조합의 경우에는 해당 주택의 소재지를 말한다. 이하 같다)를 관할하는 <u>시장·군수·구청장에게 제출해야 한다.</u> <개정 2019. 10. 22., 2020. 7. 24.>

3. <u>해산인가신청: 조합해산의 결의를 위한 총회의 의결정족수에 해당하는 조합원의 동의를 받은 정산서</u>

표준규약 제52조(조합의 해산)

⑧ 조합이 해산하는 경우, 다음 각 호의 서류를 첨부하여 관할 행정관청의 해산인가를 받아야 한다.

1. <u>주택조합 해산인가신청서</u>
2. <u>조합원의 동의를 얻은 정산서</u>
3. <u>기타 해산인가에 필요한 서류</u>

시장·군수·구청장은 해산인가를 하거나 설립인가를 취소하였을 때에는 주택조합설립인가 대장에 그 내용을 적고, 인가필증을 회수하여야 한다.

주택법 시행규칙 제7조(주택조합의 설립인가신청 등)

① 영 제20조제1항 각 호 외의 부분에 따른 신청서는 별지 제9호서식에 따른다.

⑧ 시장·군수·구청장은 법 제11조제1항에 따라 <u>주택조합의 해산인가를 하거나</u> 법 제14조제2항에 따라 주택조합의 설립인가를 취소하였을 때에는 주택조합설립인가대장에 그 내용을 적고, 인가필증을 회수하여야 한다.

임원 및 발기인은 거래 행위에 관하여 장부를 월별로 작성하여 그 증빙서류와 함께 주택조합 해산인가를 받는 날까지 보관하여야 한다. 이 경우 정보처리시스템을 통하여 장부 및 증빙서류를 작성하거나 보관할 수 있다.

주택법 제14조의3(회계감사)

② 주택조합의 임원 또는 발기인은 계약금등(해당 주택조합사업에 관한 모든 수입에 따른 금전을 말한다)
의 징수·보관·예치·집행 등 모든 거래 행위에 관하여 장부를 월별로 작성하여 그 증빙서류와 함께 제
11조에 따른 주택조합 해산인가를 받는 날까지 보관하여야 한다. 이 경우 주택조합의 임원 또는 발기인
은 「전자문서 및 전자거래 기본법」 제2조제2호에 따른 <u>정보처리시스템을 통하여 장부 및 증빙서류를 작
성하거나 보관할 수 있다.</u>

[본조신설 2020. 1. 23.]

[별지 제9호 서식 - 해산인가 신청서]

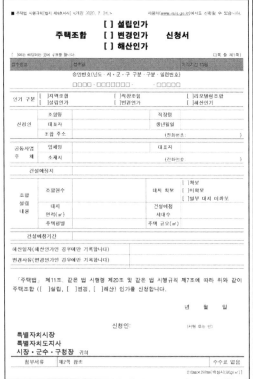

2. 조합의 청산

조합원 전원이 자필로 연명한 조합규약에는 사업이 종결되었을 때의 청산절차, 청산금의 징수·지급방법 및 지급절차에 관한 내용이 포함되어야 한다.

> 주택법 시행령 제20조(주택조합의 설립인가 등)
> ① 법 제11조제1항에 따라 주택조합의 설립·변경 또는 해산의 인가를 받으려는 자는 신청서에 다음 각 호의 구분에 따른 서류를 첨부하여 주택건설대지(리모델링주택조합의 경우에는 해당 주택의 소재지를 말한다. 이하 같다)를 관할하는 시장·군수·구청장에게 제출해야 한다. <개정 2019. 10. 22., 2020. 7. 24.>
> 　1. 설립인가신청: 다음 각 목의 구분에 따른 서류
> 　　가. 지역주택조합 또는 직장주택조합의 경우
> 　　　3) 조합원 전원이 자필로 연명(連名)한 조합규약
> ② 제1항제1호가목3)의 조합규약에는 다음 각 호의 사항이 포함되어야 한다. <개정 2017. 6. 2., 2020. 7. 24.>
> 　10. 사업이 종결되었을 때의 청산절차, 청산금의 징수·지급방법 및 지급절차

조합이 해산을 결의한 때에는 해산 당시의 조합장이 청산인이 된다. 조합이 해산하는 경우 청산에 관한 업무와 채권의 추심 및 채무의 변제 등에 관하여 필요한 사항은 「민법」의 관계규정에 따른다.

> 표준규약 제52조(조합의 해산)
> ⑥ 조합이 해산을 결의한 때에는 해산 당시의 조합장이 청산인이 된다.
> ⑦ 조합이 해산하는 경우 청산에 관한 업무와 채권의 추심 및 채무의 변제 등에 관하여 필요한 사항은 「민법」의 관계규정에 따른다.

청산인의 임무: 표준규약 내용은 필관조합의 규약내용과 동일하다.

> 표준규약 제53조(청산인의 임무) 청산인은 다음 각호의 업무를 성실히 수행하여야 한다.
> 1. 조합 청산사무의 종결, 2. 채권의 추심 및 채무의 변제, 3. 잔여재산의 처분, 4. 기타 청산에 필요한 사항

채무변제 및 잔여재산의 처분: 표준규약의 내용대로 하는 것이 바람직하다.

표준규약 제54조 (채무변제 및 잔여재산의 처분)

청산 종결 후 조합의 채무 및 잔여재산이 있을 때에는 해산당시의 조합원에게 조합원의 권리(통상적으로는 부담금의 액수가 될 것임)에 비례하여 공정하게 배분하여야 한다.

필관조합의 규약 제50조(채무변제 및 잔여재산의 처분)

① 조합은 확정지분제 일 경우 청산종결 후 조합의 채무 및 잔여재산이 있을 때에는 시공사가 임의로 처분하여 사업비로 충당하는데 동의하며, 이러한 경우 조합원은 일체의 이이를 제기하지 않기로 한다.

② 조합은 도급제일 경우 조합의 채무 및 잔여재산이 있을 때에는 청산종결 시 전 조합원에게 배분키로 한다.

관련서류의 이관: 표준규약의 내용은 필관조합의 규약내용과 동일하다.

표준규약 제55조 (관련서류의 이관)

조합은 사업을 완료하였을 때에는 다음 각 호의 서류를 당해 공동주택을 관리하는 관리주체에 이관하여 이를 보관하도록 하여야 한다. 다만, 관할 행정기관이 관련서류의 이관을 요청하는 때에는 그 요청에 따라야 한다.

1. 조합설립인가 및 사업계획승인에 관한 서류
2. 조합의 규약 또는 내부규정에 관한 서류
3. 조합주택의 공급내역 및 청산에 관한 명세서류
4. 기타 주택의 관리를 위하여 필요하다고 인정되는 서류